Die Auswirkungen der Ost-Erweiterung auf die Handlungsfähigkeit der Europäischen Union

Kerstin Reget

Die Auswirkungen der Ost-Erweiterung auf die Handlungsfähigkeit der Europäischen Union

Fallstudien zu den Haushaltsverhandlungen der EU

PETER LANG

Bibliografische Information der Deutschen Nationalbibliothek
Die Deutsche Nationalbibliothek verzeichnet diese Publikation in der Deutschen Nationalbibliografie; detaillierte bibliografische Daten sind im Internet über http://dnb.d-nb.de abrufbar.

Zugl.: Frankfurt (Main), Johann Wolfgang Goethe-Universität, Dissertation, 2018

Mit freundlicher Unterstützung der Konrad-Adenauer-Stiftung, Sankt Augustin und der Dr. Dorothée Wilms-Stiftung, Essen

Umschlagabbildung: Pixabay GmbH

D 30
ISBN 978-3-631-79111-0 (Print)
E-ISBN 978-3-631-79130-1 (E-PDF)
E-ISBN 978-3-631-79131-8 (EPUB)
E-ISBN 978-3-631-79132-5 (MOBI)
DOI 10.3726/b15854

Peter Lang – Berlin · Bern · Bruxelles · New York · Oxford · Warszawa · Wien

Diese Publikation wurde begutachtet.

www.peterlang.com

Inhaltsverzeichnis

Tabellenverzeichnis

Abbildungsverzeichnis

Teil 1: Analyserahmen

1. Einleitung

Mit der Grundsatzentscheidung der EU-15 Mitte der 90er Jahre, den europäischen Integrationsverbund für die Anwärterstaaten aus Mittel- und Ost-Europa (MOE) zu öffnen, fiel die Zustimmung für die sowohl quantitativ größte als auch qualitativ folgenreichste Erweiterung in der Geschichte der Europäischen Union. In der nachfolgenden Untersuchung geht es um die Fähigkeit der EU, neue Mitglieder aufzunehmen, ohne hierdurch an Entscheidungsfähigkeit und folglich an Handlungsfähigkeit zu verlieren. Die Befürchtung, dass ein solcher Verlust eintreten könnte, ist weit verbreitet. Sie setzte mit der Süd-Erweiterung ein, wurde mit der Ost-Erweiterung akut und dürfte mit Blick auf die Integration der Balkanstaaten weiter zunehmen. Die Untersuchung nimmt sich somit eines Themas an, das nicht nur von historischem, sondern auch von aktuellem Interesse ist und das durch die Bewegung in die umgekehrte Richtung, den Austritt Großbritanniens aus der EU, noch gesteigert werden dürfte.

Trotz ihres unterschiedlichen historischen, politischen und (sozio-) ökonomischen Hintergrundes ist es den neuen Mitgliedstaaten gelungen, sich erfolgreich in die EU zu integrieren. Diese Errungenschaft kann nicht darüber hinwegtäuschen, dass die Integration eine Reihe von Fragen aufwirft. Die Aufnahme von inzwischen dreizehn MOE-Staaten[1] bedeutete für die Europäische Union eine enorme Bewährungsprobe, die sich auf alle Ebenen und Politikbereiche des EU-Systems erstreckt. Auf der einen Seite stand die EU vor der gewaltigen Aufgabe, die neuen Demokratien in die Wirtschafts-, Gesellschafts- und Stabilitätsstrukturen West-Europas einzubinden. Nur so konnte sie ihre historische Pflicht erfüllen, die durch einen Eisernen Vorhang willkürlich von wirtschaftlicher Prosperität und demokratischer Entwicklung getrennten Staaten Mittel- und Ost-Europas aktiv bei der viel zitierten „Rückkehr nach Europa" zu begleiten.[2]

---

1 Mit dem Beitritt Kroatiens zur Europäischen Union am 1. Juli 2013 zählen zu den seinerzeit 28 Mitgliedstaaten 13 Länder aus dem mittel- und osteuropäischen Raum. Zuvor erfolgte mit Bulgarien und Rumänien am 1. Januar 2007 die Aufnahme des 26. und 27. Mitgliedstaates.

2 Bereits im Mai 1996 forderte der von 1993 bis 2003 amtierende tschechische Staatspräsident Václav Havel von der EU eine klare und konkrete Konzeption der Erweiterung. Die Union müsse ihren östlichen Partnern rechtzeitig Signale setzen, dass sie kein elitärer Club sei: Vgl. Havel (1996).

Auf der anderen Seite musste sie im Unterschied zu früheren Erweiterungen einen internen Reformprozess in Gang setzen, der bereits Ende der neunziger Jahre als Vorraussetzung für eine erfolgreiche Ost-Integration antizipiert wurde: „*Nur wenn die EU aus der Reform gestärkt hervorgeht (…), wird sie die Erweiterung verkraften und die mit ihr verbundenen weiteren Herausforderungen meistern können*“ (van Velzen 1998: 30).

Die Frage, ob der Union dies gelungen ist, geht also bei Weitem über die Bewertung einer erfolgreichen Einbindung der Neumitglieder hinaus. Der Europäische Rat legte auf dem Kopenhagener Gipfel von 1993 vier grundlegende Beitrittskriterien fest,[3] die die Anwärterstaaten erfüllen müssen, um Mitglied der Europäischen Union werden zu können. Trotz ihrer Bedeutsamkeit wurde einer weiteren Bedingung über längere Zeit nicht die gleiche Aufmerksamkeit wie den anderen Kopenhagen-Kriterien zuteil. Um „*die Stoßkraft der europäischen Integration zu erhalten*“, machten die Staats- und Regierungschefs das Voranschreiten des Erweiterungsprozesses auch von der „*Fähigkeit der Union, neue Mitglieder aufzunehmen*“ abhängig (Europäischer Rat Kopenhagen 1993: 14). Diese Forderung zielt augenscheinlich auf das Kriterium des Aufnahmevermögens der EU, aber auch auf die Wahrung ihrer Handlungsfähigkeit ab (Leuffen 2006a: 2).

Der institutionelle Rahmen des europäischen Integrationsverbundes war ursprünglich für eine Gemeinschaft von sechs Staaten konzipiert, die in ihrer wirtschaftlichen, politischen und kulturellen Verfasstheit weitgehend homogen waren. Trotz der Vertragsrevision von Nizza, die die Ost-Erweiterung institutionell vorbereitet hat und erfolgten Nachbesserungen im Rahmen der vertraglichen Neukonzeption von Lissabon, stellt sich die Frage nach der Regierungs- und Handlungsfähigkeit innerhalb der erweiterten EU. Gegenstand des Forschungsprojektes ist die Untersuchung der potenziellen Auswirkungen der beiden Ost-Erweiterungen auf das Regieren in der Europäischen Union. In der Dissertation soll der noch ungeklärten Frage nachgegangen werden, ob sich (und wenn ja inwiefern) die veränderte

3 a) Politische Kriterien: Stabile Institutionen, die die Rechtsstaatlichkeit, die Menschenrechte und die Achtung und den Schutz von Minderheiten garantieren;
b) Wirtschaftliche Kriterien: Eine funktionsfähige Marktwirtschaft und die Fähigkeit, dem Wettbewerb und den Marktkräften in der EU standzuhalten;
c) Die Fähigkeit zur Erfüllung der Verpflichtungen aus der EU-Mitgliedschaft und zur Übernahme der Ziele der politischen Union sowie der Wirtschafts- und Währungsunion;
d) Die Übernahme des gesamten europäischen Rechtsbestands und dessen wirksame Anwendung mittels geeigneter Verwaltungs- und Justizstrukturen (Europäische Kommission – Generaldirektion Erweiterung 2007: 6).

Mitgliederstruktur infolge des Beitritts von inzwischen dreizehn Staaten aus Mittel- und Ost-Europa auf die Prozesse der Entscheidungsfindung ausgewirkt hat. Das politische Funktionieren innerhalb der Gemeinschaft bildet ein wichtiges Evaluationskriterium, um mögliche Folgen der vollzogenen Erweiterungen in Bezug auf die heutige Gestalt der Europäischen Union zu ergründen. Die Untersuchung von Entscheidungssituationen und der dabei erzielten Politikergebnisse ist ein probates Mittel zur empirischen Erfassung von Handlungsfähigkeit. Das Regieren in der Europäischen Union nach der Ost-Integration soll mit Hilfe einer qualitativen Analyse am Beispiel der EU-Haushaltsverhandlungen erforscht werden. Als Fallstudien sind zwei Verhandlungssituationen vorgesehen, die Aushandlung und Verabschiedung des Mehrjährigen Finanzrahmens für die Jahre 2007 bis 2013 (Agenda 2007) sowie des Jahresbudgets 2011 der EU.

Mit der sogenannten „Finanziellen Vorausschau", einer verbindlichen Vereinbarung zwischen Kommission, Parlament, Ministerrat und Europäischem Rat, fixiert die Europäische Union die Struktur ihres Haushaltes über einen mehrjährigen Zeitraum. Diese seit Lissabon als Mehrjähriger Finanzrahmen bezeichnete Rahmensetzung wird bereits seit 1988 angewandt, um den Jahreshaushaltsverhandlungen eine feste Struktur zu geben und die damit verbundenen Konflikte um die Gestaltung des EU-Budgets einzuhegen. Diese Mehrjahresplanung ersetzt demnach nicht die Jahreshaushaltsverhandlungen. Der jährliche Haushalt richtet sich jedoch nach den im Rahmen des mehrjährigen Haushalts festgelegten Obergrenzen für die einzelnen Ausgabenkategorien und muss in jedem Jahr neu festgesetzt und verhandelt werden. Bei den ausgewählten Fällen handelt es sich um zentrale Entscheidungsprozesse, deren Verlauf und Ausgang als Indikatoren für die politische Funktionsfähigkeit der Union messbar gemacht werden können. In der ersten Analyse geht es um die Untersuchung der Abschlussverhandlungen über die Haushaltsplanung 2007 bis 2013, an denen zehn der neuen EU-Mitgliedstaaten teilgenommen haben. Ein strenger Test ist auf Basis dieses einen Falles nicht möglich. In einem zweiten Beispiel soll daher die Entscheidungssituation um die Verabschiedung des Jahresbudgets 2011 der EU explorativ erfasst werden, an der zwölf neue Mitgliedstaaten partizipiert haben. Diese stellt zugleich den ersten Verhandlungsprozess über die EU-Finanzen unter den neuen institutionellen Rahmenbedingungen des Lissabon-Vertrags dar, der seinerseits die Erweiterung konsolidieren sollte. Im zweiten Fallbeispiel sind vor allem die veränderten machtpolitischen Gegebenheiten im europäischen Institutionengefüge in Folge des parlamentarischen Kompetenzzuwachses nach Lissabon von Bedeutung. Seit in Krafttreten des neuen Vertrages entscheidet das Europäische Parlament in voller Gleichberechtigung mit dem Rat über das EU-Jahresbudget. Im Rahmen der Verhandlungen um den Haushalt 2011 versuchte das supranationale EU-Organ das Zugeständnis der Mitgliedstaaten durchzusetzen, auch bei der Aushandlung des Mehrjährigen Finanzrahmens in Zukunft mehr Mitspracherechte zu erhalten. Inwiefern diese neuen Rechte im Jahreshaushaltsverfahren in Bezug auf die mehrjährige Haushaltsplanung instrumentalisiert werden konnten, wird die nachfolgende Untersuchung zeigen.

In Folge der Ost-Erweiterung liegt beiden Verhandlungssituationen die Besonderheit eines signifikanten Akteurszuwachses zu Grunde. Es steht außer Frage, dass mit der Zunahme an Mitgliedstaaten die Interessen innerhalb der EU heterogener geworden sind. Dies bedeutet nicht zwangsläufig, dass die neuen Staaten als „Blockierer" auftreten und die Abläufe innerhalb der erweiterten Union paralysieren. Den Einfluss einer Zunahme an Akteuren und damit an mitgliedstaatlichen Einzelinteressen auf EU-Entscheidungsprozesse mit Hilfe einer Forschung zu belegen, verspricht allein keinen wissenschaftlichen Mehrwert zu liefern. Weitaus interessanter ist das Forschungsdesiderat, ob die Vielzahl an gouvernementalen Akteuren und Präferenzen den Verhandlungsverlauf um die EU-Finanzen und die dabei erzielten Politikergebnisse nach der Ost-Integration weitestgehend alleine beeinflusst haben oder nur als eine Variable unter mehreren anzusehen sind. In einem ersten Schritt soll daher herausgearbeitet werden, wer die am Entscheidungsprozess beteiligten Akteure und Organe sind, welche Interessen sie vertreten, wie diese Interessen unter Einwirkung des institutionellen Bezugsrahmens wirken und letztlich zu Verhandlungsergebnissen führen. Eine umfassende Sondierung des Einigungsprozesses zwischen den jeweiligen EU-Organen ist in einem eng verflochtenen Kompetenz- und Entscheidungsgefüge wie dem der Europäischen Union unerlässlich. Bei der empirischen Überprüfung muss ein besonderes Augenmerk auf das Verhalten der alten und neuen Mitgliedstaaten im Aushandlungsprozess sowie auf das Zusammenspiel der EU-Organe untereinander gerichtet werden. Gleichzeitig gilt es darauf zu achten, inwieweit Übereinkünfte auf Kompensationsmechanismen zurückgeführt werden müssen. Die Frage nach den Auswirkungen der Ost-Erweiterung kann also nur beantwortet werden, wenn die "Black Box" Europäische Union aufgebrochen und ihre Handlungsfähigkeit auf die höchst komplexe innere Struktur des EU-Systems bezogen wird. Darum soll es in der Dissertation gehen.

Auch aus theoriebezogener Perspektive ist der Untersuchungsgegenstand äußerst spannend, da sich die Frage stellt inwiefern sich die gängigen Theorien, die sich für die Erforschung der Erweiterungsursachen bewährt haben, auch für die Evaluation der Erweiterungsfolgen eignen. Die meisten politischen Theorien gingen zumindest von der Möglichkeit eines *"gridlock"* (Leuffen 2006b: 5), also einer Art Systemkollaps in Folge der Ost-Erweiterung aus. Dies gilt nicht nur für rationalistische Ansätze. Auch soziologische und konstruktivistische Ansätze generierten in der Vergangenheit skeptische Prognosen zum Regieren innerhalb der erweiterten Gemeinschaft. Aus theoretischem Blickwinkel beginne ich die Analyse mit einer rationalistischen Lesart des politischen Entscheidens innerhalb der Europäischen Union vor und auch nach der Ost-Erweiterung. Hierbei gilt es jedoch nicht nur den Eigeninteressen der mitgliedstaatlichen Akteure, sondern auch den institutionellen (darunter auch bürokratischen) Zwängen im EU-Entscheidungssystem Rechnung zu tragen. In der Studie wird daher der Versuch unternommen, den rationalistischen und den soziologischen Institutionalismus als Erklärungsansatz miteinander zu verbinden.

2. Entwicklung des Forschungsdesigns: Fragestellung und Auswahl der Fallstudien, Bestimmung der Untersuchungsvariablen und Aufstellung der Hypothesen

Es ist ein alt bekannter Mechanismus, dass insbesondere in Krisenzeiten das Vertrauen in bewährte Institutionen schwindet. Dies gilt auch für die Europäische Union, deren Zusammenhalt und Aufnahmefähigkeit in diesen Tagen mehr denn je in Frage steht. Eine Analyse der Handlungs- und Leistungsfähigkeit ("Capacity") des Integrationsverbundes setzt zunächst ein elementares Verständnis für die Gründe der Bereitschaft zur Abgabe von Souveränitätsrechten seitens der nationalen Mitgliedstaaten an die EU sowie der Akzeptanz einer mit diesem "Arrangement" verbundenen Verpflichtungen voraus. Das Haupt-Motiv für einen Zusammenschluss beruhte sowohl für die Gründerstaaten als auch für die beigetretenen Staaten in der gemeinsamen Verfolgung zweier zentraler Ziele: der Sicherung nachhaltigen Friedens und der Verwirklichung wirtschaftlichen Wohlstands. Auch der Charakter der real europäischen Einigung, nämlich das Zulassen eines offenen politischen Prozesses sowie eine auf Weiterentwicklung ausgerichtete Koordinierung, hat die Union zu dem gemacht was sie heute ist. Die Mitgliedstaaten ziehen aus ihrem Zusammenschluss und der Bündelung nationaler Kapazitäten auf gemeinschaftlicher Ebene einen vielfältigen Nutzen. Sie sind aber auch politische Verpflichtungen eingegangen und stehen mitunter finanziell füreinander ein. Teil dieser Entwicklung ist die Entscheidung der EU-15, den gravierenden Schritt einer Öffnung nach Mittel- und Ost-Europa zu gehen. Die Motive für die Ost-Erweiterung sind die Gleichen, die in der Gründungsphase zur europäischen Einigung geführt haben. Mit der Übertragung des Erfolgsmodells Europäische Union und der ihr inhärenten Werte (Freiheit, Demokratie, Rechtsstaatlichkeit, Achtung und Schutz der Menschenrechte und Grundfreiheiten) auf die Beitrittsstaaten sollen politische Stabilität, Frieden und Sicherheit innerhalb der erweiterten Integrationsgemeinschaft dauerhaft garantiert werden. Die Verwirklichung dieser Ziele respektive die Wahrung des Status quo sind kein Selbstläufer und fordern von allen Mitgliedstaaten ein hohes Maß an Solidarität und Kompromissbereitschaft.

Die Ausdehnung der Union nach Mittel- und Ost-Europa markiert in der europäischen Integrationsgeschichte ein besonderes Ereignis. Allein die Anzahl der beigetretenen Staaten hat das Wesen der Europäischen Union maßgeblich verändert. Die wirtschaftliche Entwicklung in den alten und neuen EU-Ländern ist durch ein deutlich differierendes Tempo gekennzeichnet, das den Abstand zwischen den Unions-Mitgliedern weiter vergrößert und möglicherweise eine Kluft zwischen alten und neuen Netto-Empfängern aufgetan hat. Hinzu kommen gravierende Unterschiede in der ordnungs- sowie sozialpolitischen Ausrichtung der Mitgliedstaaten. Während vor allem die ökonomischen Folgen der Ost-Erweiterung in den vergangenen Jahren einschlägig beforscht wurden, bleibt ein naheliegendes Forschungsdesiderat bis dato weitestgehend unbeantwortet: Hat sich (und wenn ja inwieweit) die Gruppengröße und die zunehmende Uneinheitlichkeit in der Mitgliederstruktur auf das Entscheidungssystem innerhalb der neuen EU ausgewirkt? Haben sich die Funktions- und Handlungsfähigkeit oder abstrakt gesprochen das Regieren im politischen System der Union in Folge der Ost-Erweiterung verändert, indem eine Vielzahl von heterogenen Mitgliedstaaten formal gleichberechtigt Beschlüsse fällen? Mit hinreichender zeitlicher Distanz soll in der vorliegenden Arbeit anhand der supranationalen Entscheidungsprozesse untersucht werden, ob und wenn ja inwieweit das Funktionieren der EU durch die Ost-Erweiterung beeinflusst worden ist und inwieweit es ihr gelungen ist, ihre eigenen Institutionen und Verfahren erfolgreich an diese Integrationsentwicklung anzupassen.

Die Forschungsfrage nach einer etwaigen Veränderung der Entscheidungs- und Handlungsfähigkeit kann nur unter Berücksichtigung der institutionellen Strukturen beantwortet werden. Neben dem Vertragswerk von Nizza, das den institutionellen Grundstein für die Ost-Erweiterung gelegt hat, ist ein besonderes Augenmerk auf die Revision von Lissabon zu richten, die die Entscheidungsverfahren demokratischer, vielleicht aber auch schwerfälliger und störungsanfälliger gemacht hat. Die Lissabonner Union hat die Rechte des Europäischen Parlamentes umfassend gestärkt und das Machtverhältnis innerhalb des europäischen Institutionengefüges auf eine, wenn man so will, neue Integrationsstufe gehoben. In dieser Studie wird es deshalb auch darum gehen zu prüfen, inwiefern die Mitgliedstaaten der Anforderung einer adäquaten Anpassung des Primärrechtes an die Gegebenheiten einer vergrößerten Union gerecht wurden, die ihrerseits den Anspruch verfolgt, demokratischer zu werden. Hierzu werde ich im zweiten Teil der Dissertation die jüngsten Reformen der Institutionen und Entscheidungsverfahren genau analysieren.

Da der Vertrag über eine Verfassung für Europa (EVV oder auch kurz Verfassungsvertrag genannt)[4] gescheitert ist, wird es vor allem um eine Bewertung der Neuordnung nach Lissabon[5] gehen. Gleichwohl ist der Verfassungsentwurf mit der Ablehnung keineswegs gegenstandslos geworden. Ein Großteil des zurückgewiesenen Verfassungsdokumentes fand Eingang in den neuen Vertrag von Lissabon (Vgl. Terhechte 2008: 145). Dies betrifft etwa 95 Prozent der Rechtssubstanz. Allerdings wurden wesentliche Elemente insbesondere in Bezug auf den Verfassungstopos modifiziert[6] (Vgl. Maier 2007). Nicht allein das Scheitern einer europäischen Verfassung, sondern auch die Folgen der halbherzigen Vertragsreform von Nizza wurden sowohl in der öffentlichen Wahrnehmung als auch in der wissenschaftlichen Retrospektive als partielle Unfähigkeit der Europäischen Union bewertet, sich selbst mit effizienten institutionellen und prozeduralen Strukturen auszustatten. Die Erwartungen an den Revisionsprozess, die Schwächen der beiden vorangegangenen Reformen auf der einen Seite zu kompensieren und auf der anderen Seite die Zugkraft der Europäischen Integration zu stärken und zu beflügeln, waren folglich hoch.

Die Europäische Union ist nach dem Beitritt von inzwischen dreizehn Ländern aus Mittel- und Ost-Europa heute heterogener denn je. Die Aufnahme der neuen Mitgliedstaaten bedeutete einen erheblichen quantitativen Zuwachs an politischen Akteuren. Wie verläuft politisches Entscheiden in der heutigen Europäischen Union: Ist die Entscheidungsfindung nach der Erweiterung schwerfälliger geworden oder zeigt sich Kontinuität in der Arbeit innerhalb der Beschlussorgane und in deren interinstitutionellem Zusammenspiel?

Der Kommission gehörten nach dem Beitritt Kroatiens und vor dem Austritt Großbritanniens zwischenzeitlich 28 Kommissare an. In den Rat der Europäischen Union[7] wird je ein Vertreter aus den Mitgliedstaaten gesandt, in der Regel

---

4 Vgl. Vertrag über eine Verfassung für Europa (2004)

5 Vgl. Konsolidierte Fassungen des Vertrags über die Europäische Union und des Vertrags über die Arbeitsweise der Europäischen Union (2010)

6 Im sogenannten Lissabon-Urteil der deutschen Bundesverfassungsgerichtsbarkeit heißt es vage formuliert: *„Der Vertrag von Lissabon ersetzt den nicht von allen Mitgliedstaaten ratifizierten Vertrag über eine Verfassung für Europa (Verfassungsvertrag) vom 29. Oktober 2004 (ABl Nr. C 310/1). Zwar übernimmt der Vertrag von Lissabon dessen Inhalte zu weiten Teilen; gleichwohl bestehen Unterschiede“* (BVerfG, 2 BvE 2/08 vom 30.06.2009, Absatz-Nr. 3).

7 Ich verwende die Begriffe „Rat der Europäischen Union“, „Rat“ und „Ministerrat“ in der Studie als Synonyme, wobei die erstbenannte Bezeichnung des EU-Organs die

der zuständige Ressortminister. Damit zählt auch der Rat nach Aufnahme des 28. Mitgliedstaates genauso viele nationale Repräsentanten. Der Europäische Rat, der mit der Revision von Lissabon juristisch erstmalig zum EU-Organ geworden ist, umfasste bis zum Brexit insgesamt 30 Mitglieder.[8] Die Zahl der Abgeordneten-Sitze im Europäischen Parlament wurde gemäß den neuen primärrechtlichen Vertragsbedingungen mit der Europawahl 2014 auf 751 reduziert. In der Kommission werden Gesetzesvorschläge mit einfacher Mehrheit angenommen. Im Europäischen Parlament sehen sich die Abgeordneten bei Abstimmungen eher ihren Parteifamilien als ihrem Herkunftsland verpflichtet. Wie gestaltet sich jedoch die Entscheidungsfindung im Ministerrat sowie im Europäischen Rat, also in den Gremien, die als *„Hauptinstanz für die Vertretung nationaler Interessen"* gelten (Leuffen 2009)? Entscheidungen in den gouvernementalen EU-Organen sind regelmäßig ein wichtiger Indikator für die Konsensfähigkeit innerhalb der Europäischen Union und damit auch für deren Handlungsfähigkeit. Doch sind mit diesem Zuwachs tatsächlich keine spürbaren Auswirkungen auf die politischen Entscheidungsabläufe verbunden und wie funktioniert das Zusammenwirken im interinstitutionellen Kompetenz- und Dezisionsgefüge der erweiterten Union?

Die Topoi „Vertiefung" und (beziehungsweise oder) „Erweiterung" bildeten in den letzten Jahren zu Recht den Schwerpunkt der Debatte über den Kurs der Europäischen Integration sowie über die Entwicklung des politischen und institutionellen Systems der EU. Ein zentrales Kriterium wurde dabei lange vernachlässigt, nämlich die Frage nach den Auswirkungen der veränderten Gruppengröße auf die Funktionsfähigkeit der Union. Vor allem am Rande der großen Gipfeltreffen wird häufig nach der Einigkeit innerhalb der Gemeinschaft gefragt. Ihre Entscheidungs- und Handlungsfähigkeit als selbstverständlich anzusehen ist heute Quelle der Probleme, die weniger im politischen Tagesgeschäft als in handfesten Konflikten in Bezug auf sensible Politikbereiche und in Form schwer zu vereinender Positionen der Regierungen zu Tage treten. Dies gilt vor allem mit Blick auf existentielle Handlungsfelder wie die gemeinsame Lösung der europäischen Schuldenkrise, die Stabilisierung der Wirtschafts- und Finanzmärkte sowie in Bezug auf die aktuelle Flüchtlings- und Asylkrise. Tagesaktuelle

---

formal korrekte darstellt. Da die Termini Rat und Ministerrat auch in der Amtssprache stark frequentiert werden, erscheint eine austauschbare Anwendung möglich.

8 Dem Europäischen Rat gehören die Staats- und Regierungschefs aller Mitgliedstaaten, der Präsident des Europäischen Rates (Neuerung nach dem Vertrag von Lissabon) sowie der Kommissionspräsident an, wobei die beiden Präsidenten kein Stimmrecht inne haben.

Probleme sind für eine Analyse der Handlungsfähigkeit der erweiterten Union gänzlich ungeeignet. Dass sich diese Thematiken als Fallstudie nicht eignen, liegt vor allem daran, dass hierbei eine Reihe von externen Faktoren auf die Entscheidungs- und Handlungsoptionen der beteiligten Akteure einwirken. Das interne Funktionieren in der EU mit Hilfe einer solchen Fallauswahl zu untersuchen, ist methodisch kaum möglich.

Für die empirische Erfassung des Forschungsgegenstandes bieten sich Fallstudien zu den EU-Finanzverhandlungen insofern an, als diese regelmäßig zu einer intensiven Bewährungsprobe für das Verhältnis zwischen den Mitgliedstaaten und nach Lissabon möglicherweise auch zwischen den Institutionen werden. Zum einen wird die Entscheidungsfindung zwischen den Repräsentanten im Ministerrat sowie im Europäischen Rat erschwert, da sowohl allokative als auch distributive Fragen behandelt werden und somit unwiderruflich Präferenz-Differenzen zwischen den Akteuren gegeben sind. Zum anderen sind Spannungen innerhalb der gouvernementalen Institutionen (Ministerrat / Europäischer Rat) sowie zwischen diesen und den supranationalen Institutionen (Parlament / Kommission) vorprogrammiert, denn mit dem EU-Haushalt wird festgeschrieben, wie viele Finanzmittel bereit gestellt und für welche Politikfelder sie ausgegeben werden. Die künftigen integrationspolitischen Weichenstellungen der Union hängen maßgeblich von der Haushaltspolitik der Union ab (Vgl. Leuffen 2006a: 13/14).

Mit Hilfe zweier Fallstudien zu den EU-Haushaltsverhandlungen möchte ich aufzeigen wie Regieren im politischen System der EU nach dem vollzogenen Schritt der großen Ost-Erweiterung funktioniert. Der Analysefokus liegt auf dem Prozess der Entscheidungsfindung. Die erste Fallstudie nimmt sich der Verabschiedung des Mehrjährigen Finanzrahmens für die Zeit von 2007 bis 2013 an, an der zehn neue Mitgliedstaaten aus Mittel- und Ost-Europa beteiligt waren (EU-25). Die zweite Studie untersucht auf der aktuellen Rechtsgrundlage des Lissabonner Vertrages die Verhandlungen zum EU-Jahreshaushalt 2011, an denen zwölf neue Mitgliedstaaten partizipiert haben (EU-27). Um einer Untersuchung des komplexen Verhandlungssystems der EU methodisch gerecht werden zu können, untersuche ich den Verhandlungsverlauf im Ministerrat und im Europäischen Rat, den interinstitutionellen Verhandlungsverlauf zwischen Parlament und Ministerrat respektive Europäischem Rat, die Verhandlungsinhalte, die Verhandlungsergebnisse (Output) sowie die Verfahrensdauer.

Die Forschungsfrage soll mit Hilfe der Überprüfung ausgewählter Arbeitshypothesen sowie der Wirkung der unabhängigen Variablen auf die abhängige Variable beantwortet werden. Im Nachfolgenden werden die aufgestellten

Hypothesen näher erläutert sowie das Zusammenspiel der unabhängigen Variablen präzisiert. Die mit Blick auf die Forschungsfrage interessierende abhängige Variable ist die Handlungsfähigkeit der Europäischen Union. Ein zentraler Aspekt der Erforschung von Handlungsfähigkeit ist der Zusammenhang zwischen der Gruppengröße und dem Spektrum der Handlungsprioritäten und Präferenzen, die innerhalb einer Gruppe vertreten werden. Ich lege meinem Ansatz eine qualitative Herangehensweise zu Grunde und bestimme die „Ziele, Verhandlungspositionen und – Strategien der mitgliedstaatlichen Delegationen im Ministerrat sowie im Europäischen Rat“ (Interessenheterogenität) als erste unabhängige Variable.

Gleichermaßen gilt es den institutionellen Strukturen, in die die Akteure, ihre Präferenzen und ihr strategisches Handeln eingebunden sind, eine grundlegende Bedeutung zuzuweisen. Gemäß diesem Verständnis lege ich dem Untersuchungsdesign die Ausgangsthese zu Grunde, dass Politikergebnisse in der Europäischen Union nicht allein das Produkt nationaler Regierungsinteressen sind. Um die Entscheidungsprozesse und die Handlungsfähigkeit der EU nach der Erweiterung durchdringen beziehungsweise erfassen zu können, werden methodisch – neben dem Einfluss der singulären mitgliedstaatlichen Interessen im Verhandlungsprozess – weitere unabhängige Variablen bestimmt, die sich aus dem institutionellen Kontext ableiten lassen. Zudem setzt die zunehmende Wirkungstiefe des Europäischen Integrationsprozesses eine Herausarbeitung der institutionellen Kooperationsmuster und Handlungslogiken, denen die europäischen Organe folgen, voraus.[9] Aufgrund dessen lege ich die „Ziele, Verhandlungspositionen und – Strategien des Europäischen Parlamentes“ sowie „formelle und informelle Entscheidungsregeln“ (formelle Abstimmungsregeln; Schatten der Vergangenheit, Gegenwart und Zukunft) als weitere unabhängige Variablen fest (Vgl. Conceição-Heldt 2006: 83–85). Neben der Erklärung der jeweiligen Bedeutung und Relevanz der unabhängigen Variablen und deren möglicher Wirkung auf die abhängige Variable gilt es nun im Nachfolgenden die Arbeitshypothesen vorzustellen, die in der Untersuchung als Analysewerkzeug durch die beiden Fallstudien führen sollen.

Die erste Hypothese, die es mit Hilfe der beiden Fallstudien zu überprüfen gilt, nimmt Bezug auf die angewachsene Mitgliederzahl. Verhandlungen sind für das Funktionieren und die dynamische Entwicklung der EU unerlässlich. In diesem Sinne wird die Europäische Union in der Literatur auch als *“permanent/ negotiation institute”* (Bal 1995: 1) oder als *“compulsory negotiation system”* (Scharpf

9 Zur Machtverteilung in der institutionellen Ordnung der EU: Vgl. Barr/Passarelli (2007)

2006: 3) beschrieben. Andere Autoren sprechen von einem *“multilateral inter-bureaucratic negotiation marathon”* (Kohler-Koch 1996: 367) oder von einem *“integrated system of multi-level bargaining”* (Grande 1996: 325). Die Europäische Union wird somit zu einer kontrollierten Arena aus Kooperation und Konflikt. In der neueren kooperationstheoretischen Literatur ist die Grundannahme weit verbreitet, dass die Aussichten auf Kooperation im internationalen System schwinden, wenn die Anzahl der Akteure ansteigt (Oye 1986: 18). Wird diese Vermutung auch für das Verhandeln und Entscheiden im EU-System instrumentalisiert, hätte dies zur Folge, dass sich die beiden Ost-Erweiterungen voraussichtlich nachteilig auf die Effizienz in EU-Verhandlungen auswirken.

Hypothese 1: Verhandlungen in der Europäischen Union sind konfliktanfälliger und damit langwieriger, wenn die Zahl der Mitgliedstaaten und die Interessen-Heterogenität innerhalb der EU zunimmt.

Zur Überprüfung dieser Hypothese werden nicht ausschließlich die erzielten Verhandlungsergebnisse analysiert. Haushaltsentscheidungen in der EU basieren formalrechtlich und verfahrensbezogen auf einem mehrstufigen Ablauf, der sowohl eine politische als auch eine gesetzgeberische Entscheidungsebene beinhaltet. Dieser Prozess ist sehr komplex und nicht ohne Weiteres zu durchdringen. Zur Untersuchung der Arbeitshypothese ist ein Blick hinter die Kulissen der nicht-öffentlichen Verhandlungen im Rat sowie im Europäischen Rat notwendig. Erste Kompromisse werden häufig als Entscheidungsfundament auf informellem Wege am Rande der offiziellen Ratssitzungen respektive der großen Gipfeltreffen gefunden, indem die Ratspräsidentschaft Vorab-Konsultationen mit den mitgliedstaatlichen Delegationen führt und deren Positionen und Grenzen auslotet. Diese Prozesse sind besonders interessant, bleiben der interessierten Öffentlichkeit jedoch vorenthalten. Die vorliegende Studie versucht, diese Lücke zu schließen. Sie stützt sich auf eine Vielzahl nicht-öffentlicher Dokumente des Rates (unter anderem auf Vermerke des Ratsvorsitzes für den Europäischen Rat sowie auf Positionspapiere der mitgliedstaatlichen Regierungen) sowie auf Informationen aus Hintergrundgesprächen mit Vertretern der deutschen Verhandlungsdelegation. Darüber hinaus greift sie auf öffentliche Dokumente des Rates, des Europäischen Rates, des Parlamentes sowie der Kommission zurück. Der gewährte Zugang zu diesen Materialien aus erster Hand macht es möglich, auf einer empirischen Analysegrundlage nachzuvollziehen, wie Haushaltsverhandlungen auf supranationaler Ebene tatsächlich verlaufen. Dabei wird erkennbar wie die Vielzahl an gouvernementalen Entscheidungsträgern aus den alten und neuen Mitgliedstaaten innerhalb des institutionellen Rahmens agiert haben, um ihre jeweiligen Ziele zu erreichen.

Eine Analyse des politischen Funktionierens kommt ohne ein Verständnis der geltenden europäischen Rechtsordnung sowie der jeweiligen Beschlussmechanismen in den Entscheidungseinheiten nicht aus. Welche Gestalt die Europäische Union heute annimmt, über welche Kompetenzen und über welchen Einfluss die Entscheidungsorgane verfügen und welche Handlungsoptionen sich den einzelnen Akteuren bieten, hängt maßgeblich von den primärrechtlichen Bedingungen ab. Das Primärrecht gibt sämtliche Abläufe im komplexen Beschlussgefüge der Europäischen Union vor und steuert damit den möglichen Aktionsradius der Entscheidungsträger. Die Erforschung der Auswirkungen der EU-Ost-Erweiterung auf das politische und institutionelle Funktionieren innerhalb der Gemeinschaft kann deshalb nur unter Berücksichtigung der rechtlichen Strukturen erfolgen. Sowohl die in den beiden Untersuchungseinheiten jeweils zur Anwendung kommenden Verfahren als auch die institutionelle Machtverschiebung zwischen Parlament und Rat in Folge der primärrechtlichen Entwicklung nach Lissabon gilt es in der Untersuchung daher zwingend zu berücksichtigen.

Ich gehe folglich von der These aus, dass der Verhandlungsverlauf sowie die Durchsetzbarkeit von politischen Zielen und nationalen Einzelinteressen im supranationalen Entscheidungsgefüge der EU maßgeblich von den geltenden primärrechtlichen Bedingungen und der hieraus resultierenden institutionellen und verfahrensbezogenen Konstitution der Union abhängen. Dabei gilt es zu überprüfen, inwieweit die entscheidungsrelevanten Akteure (mitgliedstaatliche Delegationen in den gouvernementalen Organen sowie Parlament "versus" Rat beziehungsweise Europäischer Rat) unter diesen Voraussetzungen ihre jeweiligen Ziele, Positionen und Strategien in die Entscheidungsprozesse um die Agenda 2007 sowie um den Jahreshaushalt 2011 (erfolgreich oder weniger erfolgreich) einbringen konnten. Anhand des Jahreshaushaltsverfahrens soll gleichzeitig analysiert werden, ob die institutionellen Anpassungen der Europäischen Union (Vertrag von Nizza sowie die Korrekturen des Vertrages von Lissabon) zur Implementierung der Ost-Erweiterung ausreichend waren, um die Entscheidungs- und Handlungsfähigkeit der neuen, erweiterten EU dauerhaft sicherzustellen. Das Jahresbudget 2011 wurde auf der institutionellen Grundlage des neuen Lissabon-Vertrages verhandelt. Während im Rat die Abstimmungsregel von Nizza zur Anwendung kam, unterlag das interinstitutionelle Entscheidungsverfahren zwischen Rat und Parlament dem Vertragswerk von Lissabon.

Trotz des relativ hohen Integrationsgrades, den die Europäische Union heute erreicht hat, werden Entscheidungsprozesse über wichtige finanzpolitische Fragen maßgeblich von nationalstaatlicher Interessenpolitik bestimmt. Die dabei erzielten Politikergebnisse spiegeln die Präferenzen und die relative Machtposition der Mitgliedstaaten im komplexen Verhandlungssystem der EU wider. Auf der theoretischen Grundlage des rationalistischen Institutionalismus präsentiert der vorliegende Forschungsansatz eine akteurszentrierte Analyse von Entscheidungssituationen am Beispiel der EU-Haushaltsverhandlungen. Da Akteure nicht nur strategisch-rational agieren, sondern ihr Verhalten in Entscheidungsprozessen in einen institutionellen sowie normativen Kontext eingebunden ist, muss der theoretische Ansatz durch Elemente des soziologischen Institutionalismus ergänzt werden. Normen, Leitbilder und Erwartungen des institutionellen Umfeldes können das Handeln von Akteuren in Entscheidungssituationen beeinflussen und sogar zu einer Umkehr von Positionen führen. Auf Basis dieser Annahmen stelle ich eine zweite, theoriegeleitete Hypothese auf:

Hypothese 2: Staaten, die der Europäischen Union beitreten, nehmen aufgrund institutioneller (darunter auch bürokratischer) Zwänge in Entscheidungsprozessen diejenigen Verhandlungspraktiken und Verhaltensstandards der Alt-Mitglieder an, die sich als rational und effektiv erweisen. Diese Adaption reduziert den Effekt, den eine Zunahme der Gruppengröße auf die Beschlussfähigkeit hat.

In der Entscheidungsanalyse haben sich in der Differenzierung verschiedener Verhandlungsformen zwei idealtypische Modi der Sachkommunikation durchgesetzt: das "Arguing" (Argumentieren) und das "Bargaining" (Aushandeln).[10] Die Wirkung des Argumentierens hängt von der Überzeugungskraft und der Glaubwürdigkeit der Akteure im Verlauf der Verhandlungsführung ab. Politikergebnisse und die ihnen vorangegangenen Entscheidungsprozesse basieren dabei auf einer normativ-diskursiven Bestimmung. Das Aushandeln erfolgt im Kontext ungleicher Machtressourcen, die ihrerseits die Durchsetzbarkeit partikularer Interessen in Verhandlungssituationen vorgeben. Ich gehe davon aus, dass der Modus der Entscheidungsfindung (Arguing versus Bargaining) Aufschluss darüber geben kann, ob ein (oder mehrere) Akteur(e) in der Europäischen Union politische Führung übernehmen kann (können). Im Rat und insbesondere bei den Gipfeltreffen der nationalen Regierungen überwiegt der Modus des Bargainings. In der Kommission und im Parlament herrscht zwar die Verhandlungsform des Arguings vor. Das Argumentieren kann jedoch auch in den beiden supranationalen Organen durch das Aushandeln abgelöst werden, wenn es um die Durchsetzung politischer oder institutioneller Eigeninteressen

10 Zur Arguing-Bargaining-Thematik: Vgl. Elster (1991); Esser (2004); Holzinger (2004); Kotzian (2007); Müller (2004); Müller/Risse/Ulbert (2004); Saretzki (1996); Zangl/Zürn (1996)

geht. In den Fallstudien gilt es die (Wechsel-) Wirkung der beiden Modi zu analysieren mit dem Ziel, deren mögliche Folgen für das politische Entscheiden in der erweiterten Union zu bewerten.[11] Ich gehe davon aus, dass im Verlauf der Aushandlungsprozesse um die EU-Finanzen der Übergang vom Modus des Bargaining in den des Arguing zu einer Auflösung der verhärteten Verhandlungspositionen zwischen den Mitgliedstaaten im Ministerrat und im Europäischen Rat sowie zwischen den EU-Organen geführt und letztendlich eine Entscheidungsfindung ermöglicht hat.

Die Analyse behandelt dreierlei Dimensionen. Bei der politischen Dimension geht es zum Auftakt der Verhandlungsprozesse zunächst um das Agenda-Setting. Gegenstand der Untersuchung sind die von den Mitgliedstaaten eingebrachten Positionen und Einzelinteressen. Eine verhandlungstaktische Dimension fragt in den Verhandlungen innerhalb der gouvernementalen EU-Organe sowie zwischen Rat / Europäischem Rat und Parlament nach dem Arguing und dem Bargaining. Auf dieser Grundlage gilt es mögliche Verschiebungen von Positionen und Interessen zu erforschen. Am Ende der Entscheidungsanalyse steht eine materielle Dimension, die sich mit den Rückflüssen in die nationalen Mitgliedstaaten sowie mit der Frage nach der Verteilung der Finanzierungslasten befasst. Auch die Verhandlungsdauer ist ein Indikator für die Bewertung der Handlungs- und Beschlussfähigkeit. Ich lege der Arbeit die Annahme zu Grunde, dass die vergleichsweise lange Dauer bei den Finanzverhandlungen auf die unterschiedlichen Interessenkonstellationen (Mitgliedstaaten, supranationale Akteure) und ihre Verschiebungen im Entscheidungsprozess zurückzuführen ist.

Mit Blick auf die Forschungsintention drängt sich die Leitfrage auf inwieweit sich die Verhandlungsmacht der beigetretenen Mitgliedstaaten auf den Entscheidungsablauf und die Ergebnisse um die Verabschiedung des EU-Haushalts ausgewirkt hat. Einerseits knüpft der vorliegende Forschungsansatz an die weit verbreitete rationalistische Annahme an, dass aufgrund der repräsentierten, oftmals heterogenen Interessen in zwischenstaatlichen Verhandlungen das

11 Des Weiteren wird in der Literatur eine Unterscheidung zwischen „distributivem" und „integrativem" Verhandeln vorgenommen. Mit distributivem Verhandeln wird ein Entscheidungsprozess unter Null-Summen-Bedingungen beschrieben. Dabei geht der Gewinn eines Akteurs zu Lasten des anderen Akteurs. Alle Bemühungen konzentrieren sich dabei auf die Überzeugung der anderen Partei vom eigenen Ziel und dessen Verteilungsgerechtigkeit und der Unerfüllbarkeit der Ziele des anderen. Dagegen zielt integratives Verhandeln auf ein gewinnbringendes Ergebnis für alle Parteien ab. Mit Blick auf weitere Verhandlungen erleichtert diese Strategie den Weg für die zukünftige Zusammenarbeit (Dorsch/Strunz 2001: 152/153).

Regieren auf Ebene der erweiterten Union erschwert wird und gemeinwohlorientierte Ergebnisse nur begrenzt zu erwarten sind. Andererseits schließt er an die Vermutung an, dass aufgrund der integrationspolitischen Dynamik des supranationalen Entscheidungssystems der EU (repräsentiert durch das Parlament, die Kommission und die unterschiedlichen Ausschüsse) die Handlungsfähigkeit nach der Ost-Integration gewahrt bleibt und gemeinwohlorientierte Beschlüsse immer wieder erzielt werden können. In diesem Sinne gilt es die dritte entwickelte Hypothese zu prüfen:

> ***Hypothese 3: Innerhalb des komplexen Entscheidungsgefüges der Europäischen Union sind auch solche Politikergebnisse möglich, die der im Verhandlungssystem vorliegenden Machtverteilung nicht entsprechen.***

Haushaltsverhandlungen gelten auf nationaler Ebene gemeinhin als *„Sternstunden des Regierens"* (Leuffen 2006a: 14). Dies gilt gleichermaßen für das supranationale Gefüge der Europäischen Union. Jeder der Mitgliedstaaten hält in den Aushandlungsprozessen um die Verabschiedung des Mehrjährigen Finanzrahmens aufgrund des Einstimmigkeitserfordernisses im Europäischen Rat eine starke Vetoposition inne. Gleichzeitig ist allen Staats- und Regierungschefs bewusst, dass die maßgeblich in den gouvernementalen Gremien vorbereiteten Finanzpakete ihre rechtliche Wirksamkeit nur im Falle einer Zustimmung von Seiten der Kommission und des Parlamentes entfalten[12] (Leuffen 2006a: 13/14).

Sind Institutionen erst einmal eingerichtet, können sie sich selbst zu einem eigenständigen Akteur entwickeln. Dies trifft auch auf die supranationalen EU-Institutionen zu, denen die Mitgliedstaaten zur Erfüllung ihrer originären Aufgaben Autorität verliehen und Ressourcen zur Verfügung gestellt haben (Principal-Agent-Modell). Die ihnen übertragene Autorität und die bereit gestellten Mittel nutzen die Institutionen, um eigene Ziele wie die Vergrößerung ihrer Autonomie

---

12 Vor Lissabon erfolgte die institutionenübergreifende Einigung in Form einer Interinstitutionellen Vereinbarung (IIV). Die Interinstitutionelle Vereinbarung war im Primärrecht der EU nur im Vertrag von Nizza in Form einer Erklärung (Artikel 100 EGV, Nr. 6) verankert. Der Europäische Gerichtshof hat zu keiner Zeit ein Urteil zur IIV gesprochen, so dass ihre Rechtsverbindlichkeit nie geklärt wurde. In Urteilen wie beispielsweise zur Frage der Abgrenzung zwischen obligatorischen und nichtobligatorischen Ausgaben und dem damit zusammenhängenden Höchstsatzverfahren des Art. 203 Abs. 9 EGV vom Dezember 1995 hat der EuGH auf den besonderen Stellenwert der Einigung zwischen Rat und Parlament hingewiesen. Damit hob der Europäische Gerichtshof die hohe Bedeutung der Übereinkunft zwischen den Organen hervor, die in der Rechtspraxis vor Lissabon vor allem in der Interinstitutionellen Vereinbarung zum Tragen kam (Becker 2006b: 113, Fußnote 11).

und die Erweiterung ihrer Kompetenzen zu verfolgen (Taschowsky 2001: 9). Im Rahmen des hier präsentierten Forschungsansatzes soll ein besonderes Augenmerk auf die Untersuchung der Eigenwirkung des Parlamentes auf EU-Verhandlungen sowie auf die Einbindung aller am Entscheidungsprozess beteiligten Akteure in den Geltungsbereich institutioneller Regeln und Normen gelegt werden. Die Reform von Lissabon hat die Gesetzgebungskompetenzen des Europäischen Parlaments in wichtigen Politikbereichen erweitert und gleichzeitig seine Stellung im interinstitutionellen Gefüge der Union gestärkt. Dies zeigt sich auch in der heutigen Funktion von Parlament und Rat als gleichberechtigte Teile der Haushaltsbehörde. In den Verhandlungen um die Verabschiedung des EU-Budgets agieren die Kommission und das Parlament neben den Mitgliedstaaten als zentrale Akteure. Was passiert jedoch, wenn supranationale Institutionen graduell neue Rollen übernehmen, die im Rahmen ihrer ursprünglichen Einrichtung nicht vorgesehen sind (Vgl. Pollack 1997: 108 ff.)? Kiewiet und McCubbins fassen die Delegationsproblematik wie folgt zusammen: *"Delegation (…) entails side effects that are known, in the parlance of economic theory, as agency losses. There is almost always some conflict between the interests of those who delegate authority (principals) and the agents to whom they delegate it. Agents behave opportunistically, pursuing their own interests subject only to the constraints imposed by their relationship with the principal. The opportunism that generates agency losses is a ubiquitous feature of the human experience"* (Kiewiet/McCubbins 1991: 5). Diese Delegations-Problematik soll am Beispiel des Europäischen Parlaments untersucht werden. Als Repräsentant der Unionsbürger und als Sprachrohr der Europäischen Gemeinschaften setzt es sich für eine fortlaufende Vertiefung des Integrationsprozesses ein, verbunden mit weiteren Kompetenzübertragungen von der nationalen auf die supranationale Ebene. Hiermit ist auch ein Selbstinteresse verbunden, die eigenen institutionellen Zuständigkeiten auszuweiten. Bei der Verabschiedung des EU-Haushaltes für 2011 hat das Parlament seine Vetomacht genutzt und versucht Eigeninteressen durchzusetzen, die im Widerspruch zu denen der Mitgliedstaaten standen. Aus dem einfachen Agenten, der einen Auftrag des Prinzipalen zu erfüllen hat, ist ein Spieler mit eigenständigen Präferenzen geworden, der im Entscheidungsprozess um die Finanzen der Union eine dominante Rolle eingenommen hat. Anhand des Fallbeispiels um die Aushandlung des Jahresbudgets 2011 möchte ich prüfen, ob es dem Parlament in diesem Verhandlungsrahmen gelungen ist, das institutionelle Kompetenzgefüge auf dem essentiellen Terrain der Haushaltspolitik zu den eigenen Gunsten zu verändern.

In Anlehnung an Pollack (1997: 100/101) gilt es zu prüfen welche Bedingungen vorliegen müssen, damit supranationale Institutionen autonom handeln und innerhalb der erweiterten Union tatsächlich Einfluss auf die (zum Zeitpunkt der

Untersuchung 28) mitgliedstaatlichen Regierungen ausüben beziehungsweise den Ausgang von Entscheidungen beeinflussen können. Die Schwierigkeiten der Verständigung über den Jahreshaushalt 2011 sind Vorboten für weitere Verschiebungen im Kompetenzdreieck zwischen Kommission, Ministerrat/Europäischem Rat und Parlament. Das Europäische Parlament nutzte das zentrale Politikfeld der EU-Finanzen um sein Anrecht zu demonstrieren, die Weichen der europäischen Politik auf Augenhöhe mit den Mitgliedstaaten zu stellen (Kietz/Ondarza 2010: 1). Um die Handlungsfähigkeit der Europäischen Union nicht zu gefährden, müssen sich die alten und neuen Mitgliedstaaten nach Lissabon somit nicht nur in den gouvernementalen Organen aufeinander, sondern auch auf die neuen institutionellen Spielregeln einstellen.

Seit Inkrafttreten des Lissabonner-Vertrages entscheidet das Europäische Parlament in voller Gleichberechtigung mit dem Rat über den EU-Jahreshaushalt. Hierbei kommt ihm die Kompetenz zu, hinsichtlich der Höhe des Budgetvolumens korrigierend einzuwirken. Im Rahmen der Verhandlungen um den Haushalt 2011 versuchte das supranationale EU-Organ das Zugeständnis des Europäischen Rates durchzusetzen, auch bei der Aushandlung des Mehrjährigen Finanzrahmens in Zukunft mehr Mitspracherechte zu erhalten, da es bis dato nur in Form eines Vetorechts intervenieren kann. Dieses neue und selbstbewusste Streben des Europäischen Parlamentes nach Macht und Einflussnahme soll am Beispiel des Jahresbudgetverfahrens 2011 näher untersucht werden. Ich gehe von der Annahme aus, dass nicht allein die gouvernementalen Institutionen ihre Partikularinteressen verfolgen. Auch die supranationalen Organe agieren als Akteure mit eigenen Zielen, die sie aktiv in den Entscheidungsprozessen verfolgen. Daher lege ich als zweite unabhängige Variable die Präferenzen, die Ziele und die Verhandlungspositionen des Europäischen Parlamentes fest.

Auch die Kommission steht vor der Herausforderung, sich an das neue Verhältnis zwischen den gouvernementalen Institutionen auf der einen und dem Parlament auf der anderen Seite anpassen zu müssen, um im Machtkarussell der EU-Institutionen nicht an Boden zu verlieren. Ihr kommt im Gesetzgebungsprozess die in den Europäischen Verträgen verankerte Rolle des *"formal or procedural agenda setting"* zu (Pollack 1997: 101). Dieses Vorschlagsrecht greift auch in den Haushaltsverfahren. Bei den schwierigen Verhandlungen um die Agenda 2007 sowie um den Jahreshaushalt 2011 wurde deutlich, dass die Rolle der Kommission bei Weitem über die einer neutralen Mediatorin hinausging. Die Kommission ist in Haushaltsverhandlungen bemüht, ihre Politikvorschläge vor allem in Hinblick auf die Höhe der Budgetvolumina als Kompromiss beziehungsweise als *„Wahl des kleineren Übels"* (Schmidt 2001: 184) zu präsentieren, damit gleichzeitig eigene Interessen durchzusetzen und ihren politischen Einfluss zu steigern. Hierbei wendet sie die *"lesser evil strategy"* an (Schmidt 2000: 43),[13] mit der sie auf die hohen Kosten verweist, die im Falle einer Nichteinigung entstehen.[14] Die Vielzahl und die Heterogenität der mitgliedstaatlichen Präferenzen in Folge der Ost-Erweiterung macht sie sich dabei zu Nutze. Mit dieser Vorgehensweise kann sie die Regierungsinteressen unter bestimmten Voraussetzungen sogar zu Gunsten eigener Politikvorstellungen umlenken (Vgl. Pollack 1997: 128 ff.). Der Analysefokus dieser Dissertation liegt jedoch vorrangig auf den Zielen, Verhandlungspositionen und – Strategien des zweiten supranationalen EU-Organs sowie der gouvernementalen Akteure in den Entscheidungsprozessen nach der Ost-Integration:

> ***Hypothese 4: Die Möglichkeiten des Parlamentes innerhalb des interinstitutionellen Entscheidungsgefüges der Europäischen Union Politikergebnisse nach eigenen Interessen zu beeinflussen, erhöhen sich, wenn für alle beteiligten Akteure die Kosten einer Nichteinigung gleich hoch sind.***

Um das *„Verfahren der Präferenz-Aggregation"* (wie Henning und Pappi (2001: 26) Entscheidungsprozesse treffend umschreiben) innerhalb der erweiterten Union nachbilden zu können, ist es notwendig, neben den unterschiedlichen Präferenzen der am politischen Prozess beteiligten Akteure auch die Wirkung der formalen Abstimmungsregeln zu berücksichtigen. Die akteurzentrierten Variablen müssen daher um die Operationalisierung einer verfahrensorientierten Variablen ergänzt werden, nämlich um die „formelle Beschlussregel im Entscheidungsverfahren", die im entwickelten Forschungsgerüst die dritte unabhängige Variable bildet. Die Abstimmungsmethode der Einstimmigkeit im Europäischen Rat wurde auch nach Lissabon beibehalten.[15] Haushaltsverhandlungen gehören

---

13 Schmidt (2000) zeigt in einer Studie auf, wie die Kommission Verhandlungen im Ministerrat auch über ihre Rolle als Agenda-Setter hinaus zu beeinflussen vermag.

14 So wäre im Falle des Scheiterns der Verhandlungen um das Budget 2011 das Haushaltsjahr mit einem Zwölftel-Haushalt begründet worden, der die Mitgliedsländer deutlich schlechter gestellt hätte, beispielsweise aufgrund der budgetären Begrenzung von Förderprogrammen und -Projekten im Rahmen der Zwölftel-Regelung und einer womöglich nicht fristgerechten Kapitalzuwendung. Im Falle einer Nicht-Einigung hätte sich der EU-Haushalt zum Jahresbeginn 2011 monatlich aus einem Zwölftel des Vorjahres-Haushalts zusammengesetzt. Die Option einer beliebigen Umschichtung zwischen den Haushaltsposten besteht im Rahmen dieser Regelung nicht.

15 Dies gilt nicht nur für sensible Bereiche, die weitreichende Auswirkungen auf die Mitgliedsländer haben (wie beispielsweise die Verabschiedung des Mehrjährigen Finanzrahmens, die Revision der europäischen Verträge, die Aufnahme weiterer Mitgliedstaaten). In nahezu allen Politikfeldern beschließt das neue EU-Organ weiterhin im Konsens, lediglich operative Fragen werden nach dem Mehrheitsprinzip entschieden.

zu den besonders sensiblen Politikbereichen. Während der Mehrjährige Finanzrahmen bis heute im Europäischen Rat mit Einstimmigkeit finalisiert wird,[16] gilt bei den Jahreshaushaltsverhandlungen im Rat die Abstimmungsregel der qualifizierten Mehrheit. Gleichwohl setzt auch die Verhandlung um die Jahreshaushalte ein hohes Maß an Konsensfähigkeit von Seiten der Mitgliedstaaten voraus. Hierbei liegt die Vermutung nahe, dass der qualitative Output sowie die Verfahrensdauer der Verhandlungen insbesondere von der Kompromissbereitschaft der mitgliedstaatlichen Delegationen abhängen. Das Haushaltsverfahren 2011 wurde im Ministerrat nach der Abstimmungsregel von Nizza entschieden. Aufgrund der Anwendung des Prinzips der Stimmengewichtung halten die Unionsmitglieder in Abhängigkeit von ihrer Größe eine divergierende Entscheidungsmacht inne. Dies gilt auch für den Untersuchungsfall, indem geprüft werden muss inwiefern die mitgliedstaatlichen Delegationen diese formelle Macht eingesetzt haben, um spezifische Interessen durchzusetzen und unter welchen Voraussetzungen sie bereit waren, Kompromisse einzugehen. Auch die zweite Untersuchungseinheit um den Fall der Agenda 2007 erweist sich in Bezug auf die Abstimmungsregel als interessant, da der Europäische Rat über die Mehrjährige Finanzplanung mit Einstimmigkeit beschließt und somit ein Hard Case des Entscheidens vorliegt.

In der ausgewählten Fallstudie um die Verabschiedung des Jahreshaushaltes 2011 werden unter den Begriff der formellen Entscheidungsregeln die qualifizierte Mehrheit im Rat, das interinstitutionelle Entscheidungsverfahren zwischen Parlament und Rat sowie das neu geschaffene Vermittlungsverfahren subsumiert. Im Fall der Mehrjährigen Finanzplanung fällt hierunter die Beschlussregel der qualifizierten Mehrheit im Rat sowie die Einstimmigkeit im Europäischen Rat sowie die Notwendigkeit einer Einigung über die Interinstitutionelle Vereinbarung zwischen Parlament, Rat und Kommission. Die Formierung von Entscheidungen in den supranationalen EU-Organen wird hingegen nicht Gegenstand der Untersuchung sein.

---

16 Auf eine Differenzierung zwischen strikter Einstimmigkeit und Einstimmigkeit mit Enthaltungsmöglichkeit kann in der Studie verzichtet werden: Nach Artikel 238 Abs. 4 AEUV (ex-Artikel 205 Absätze 1 und 2 EGV) steht eine Stimmenenthaltung dem Zustandekommen von Beschlüssen im Europäischen Rat, die eine Einstimmigkeit erfordern, nicht entgegen. Nimmt jedoch ein Mitgliedstaat an einer Abstimmung nicht teil und entsendet keine Vertretung, wird dies nicht als Enthaltung gewertet, sondern als Gegenstimme.

Die Einstimmigkeitsregel bewahrt jeden der alten und neuen Mitgliedstaaten davor, in zentralen Angelegenheiten überstimmt zu werden. Einstimmigkeit birgt in Hinblick auf die Effizienz von Entscheidungsverfahren aber auch ein enormes Risiko, da sich die Konsensfindung in der erweiterten EU als besonders kompliziert und langatmig erweisen kann (Vgl. Conceição-Heldt 2006: 83/84). Die Präferenz-Differenzen der Mitgliedstaaten und das Beharren auf nationalen Besitzständen haben bereits in einer EU-15 in Verhandlungsprozessen etwa zu wichtigen Fragen der Allokation von Haushaltsmitteln oder der Lastenverteilung unter der Einstimmigkeitsregel Zwischenlösungen auf dem kleinsten gemeinsamen Nenner hervorgebracht. In der Studie gilt es daher zu prüfen, ob sich diese Tendenz nach der Ost-Erweiterung weiter verstärkt und nachteilig auf Entscheidungsfindung und Integrationsdynamik ausgewirkt hat. Durch die Verzögerung von Entscheidungen können indirekte Folgekosten wie zum Beispiel hohe Transaktionskosten entstehen. Eine Grundannahme der Entscheidungstheorie lautet: "*The costs of centralized decisions are likely to rise where more and more persons of differing tastes participate*" (Cauley/Loehr/Sandler 1978: 69). Basierend auf den Annahmen des Transaktionskostenansatzes ist es denkbar, dass die Integration der neuen Mitgliedstaaten zu einer Erhöhung der Transaktionskosten geführt hat, da die Kommunikation und die Koordination innerhalb der Gruppe umständlicher und damit aufwendiger und teurer geworden ist.

Die Anwendung der Einstimmigkeitsregel bei Entscheidungen mit national unterschiedlichen Auswirkungen kann außerdem dazu führen, dass eine Einigung nur dann erzielt werden kann, wenn mehrere zur Abstimmung stehende Politikfelder miteinander verbunden werden, um eine für alle Beteiligten akzeptable Paketlösung zu schnüren. Das Prinzip der Einstimmigkeit verleiht jedem Mitgliedstaat eine große Verhandlungsmacht. Einzelne Akteure können Entscheidungssituationen zu ihren Gunsten manipulieren oder blockieren. Mit dem Ziel im Blick, für die eigene Regierung Konzessionen zu erstreiten, werden in EU-Verhandlungen immer wieder Gesetzesentwürfe oder Politikmaßnahmen aus taktischen Gründen abgelehnt. Jeder Verhandlungspartner wird somit zu einem potentiellen Vetospieler (Conceição-Heldt 2006: 84). Dieser ist nach Tsebelis als individueller oder kollektiver Entscheidungsträger definiert, dessen Zustimmung erforderlich ist, um den Status quo zu ändern (Tsebelis 2000: 442). Eine Gruppenerweiterung fördert damit eine erhöhte Politikstabilität und reduziert gleichzeitig die Gewinnaussichten einzelner Mitgliedstaaten oder spezifischer Koalitionsgruppierungen in einer Entscheidungssituation. Ob diese aus der Vetospieler-Theorie abgeleitete Annahme relativiert werden muss, gilt es im Forschungsprojekt zu prüfen. Unter Zuhilfenahme der Clubtheorie sowie des Transaktionskostenansatzes leite ich für die Analyse der Aushandlungsprozesse um die EU-Finanzen folgende Hypothese ab:

Hypothese 5: In Folge der Ost-Erweiterung tritt im Sinne eines Wettbewerbs um knappe, budgetäre Ressourcen eine Zunahme an Konkurrenz und Verteilungskonflikten im Club der Europäischen Union ein. Politikergebnisse müssen in Haushaltsverhandlungen durch materielle Kompensation oder politische Package Deals teuer erkauft werden.

Die Regel der Einstimmigkeit in den EU-Haushaltsverhandlungen um die Mehrjährige Finanzplanung erhöht den Druck der Kompromissfindung und lässt vermuten, dass Politikergebnisse zustande kommen, die die aufgestellte Hypothese bestätigen. Die Erkundung, inwiefern die neuen Staaten aus Mittel- und Ost-Europa die formelle Regel der Beschlussfassung genutzt haben, um eigene Ziele und Präferenzen durchzusetzen, wird zur Beantwortung der Forschungsfrage maßgeblich beitragen. Gleichzeitig erweist sich die Überprüfung dieser Arbeitshypothese anhand eines Entscheidungsfalls, der mit Mehrheitsbeschluss verabschiedet wird, als nicht minder interessant. Hierbei wird sich zeigen welche Auswirkungen die Abstimmungsregel der qualifizierten Mehrheit im Ministerrat auf den Verlauf, den Ausgang und die Dauer der Verhandlungen um den Jahreshaushalt 2011 sowie um die Agenda 2007 hatte. Beide Untersuchungseinheiten orientieren sich an einigen wichtigen Leitfragen: Hat es eine Koalitionsbildung gegeben (Majoritäten oder Blockademinoritäten aus verschiedenen Ländergruppierungen)? In welcher Verhandlungskonstellation war (k)eine Einigung zwischen den Akteuren möglich? Unter welchen Voraussetzungen (etwa über den Weg von Ausgleichszahlungen oder in Folge der Ausübung eines moralischen Drucks) waren die „Spieler“ bereit, ihre Haltung zu bestimmten Politikfeldern zu ändern?

Als weitere unabhängige Variable soll (neben den „Präferenzen der Mitgliedstaaten im Rat und im Europäischen Rat“, den „Präferenzen des Parlaments“ und der „formellen Beschlussregel“) die „Wirkung informeller Regeln“ im Entscheidungssystem der EU überprüft werden. In Anlehnung an die Arbeit von Friis und Murphy differenziere ich zwischen dem sogenannten Schatten der Vergangenheit, der Gegenwart und der Zukunft (Friis/Murphy 1997: 10), der über jeder Verhandlungssituation schwebt und einen Entscheidungsprozess und deren Ausgang beeinflussen kann. Informelle Regeln sind abstrakt und lassen sich als Variable schwer operationalisieren. Ihre Einbeziehung ist jedoch notwendig, da Entscheidungen in der EU nicht immer isoliert voneinander betrachtet werden können. Vielmehr stellt das Verhandlungssystem der Union eine komplizierte Steuerungsinstitution dar, in der Verfahren niemals von vorne beginnen, sondern einem fortwährenden und sich gegenseitig beeinflussenden Aushandlungsprozess unterliegen.

Als Erstes soll die Wirkung des Schattens der Vergangenheit dargestellt werden. Dieser lässt sich am Besten mit dem analytischen Konzept der Pfadabhängigkeit erklären. Vom historischen Institutionalismus beeinflusst (Vgl. Pierson 1994) und heute in der Europaforschung vielfach als Erklärungsmuster für den fortschreitenden Integrationsverlauf benutzt, eignet sich das Modell der Pfadabhängigkeit auch zur Untersuchung von Akteursverhalten in Entscheidungssituationen. Das Besondere an pfadabhängigen Prozessen ist, dass zu Beginn von Verhandlungen grundsätzlich immer mehrere Optionen zur Verfügung stehen, der tatsächliche Verlauf aber oftmals einem Pfad ähnelt. Dies kann damit erklärt werden, dass in der Vergangenheit getroffene politische Entscheidungen, geschaffene Verhandlungsstandards und eingebürgerte Denkweisen und Routinen in die Gegenwart hineinwirken. Dies gilt natürlich auch für vergangene Konflikte (Mayntz 2002: 27/28), die Einfluss auf gegenwärtige intergouvernementale oder interinstitutionelle Entscheidungen und Beziehungsmuster nehmen. Diese Pfadabhängigkeiten engen die potenziellen Handlungsoptionen der Akteure in Verhandlungen ein und beeinflussen die Entwicklungsrichtung und den Ausgang von Entscheidungen maßgeblich. Die Historizität lässt Pfadabweichungen oder Pfadwechsel nur in Ausnahmefällen zu, so dass sich die Mitgliedstaaten in einem von ihnen selbst konstruierten System wiederfinden. In diesem Zusammenhang wird daher auch von einem institutionellen *"Lock-in"* gesprochen (Pierson 1994: 19). Ich lege der Arbeit die These zugrunde, dass Routinen und Gesetzmäßigkeiten (Prinzip der Pfadabhängigkeit) das Handeln der Institutionen sowie einzelner Entscheidungsträger in einer Verhandlungssituation beeinflussen und dazu führen können, dass Dissonanzen ausgeräumt und in einen Konsens überführt werden. Für die Untersuchung von Entscheidungen, die zu einer Zeit stattgefunden haben, in der die alten und neuen Mitgliedstaaten auf keine oder eine nur überschaubare gemeinsame Verhandlungshistorie zurückblicken konnten, eignet sich der Schatten der Vergangenheit als Prüfkriterium nicht. Dieser kann allein für die Verhandlungsführung der alten Mitgliedstaaten herangezogen und möglicherweise als eine von mehreren Determinanten für das Zustandekommen von Politikergebnissen beschrieben werden. In Entscheidungsprozessen wirkt auch ein Schatten der Gegenwart auf den Ablauf von Verhandlungen und deren Ausgang ein, da die beteiligten Akteure durch parallel stattfindende Aushandlungsvorgänge beeinflusst werden können (Conceição-Heldt 2006: 84). Der Einfluss des Schattens der Gegenwart verspricht für die ausgewählten Entscheidungssituationen eine Relevanz aufzuweisen und muss daher in der empirischen Analyse mit entsprechender Aufmerksamkeit untersucht werden. Eine ebenso große Rolle für die Erforschung von Akteursverhalten in EU-Verhandlungen spielt der sogenannte Schatten der

Zukunft (Axelrod 1984). Allen Beteiligten ist bewusst, dass sich kooperatives beziehungsweise konfliktbehaftetes Handeln in aktuellen Entscheidungslagen auch auf zukünftige Entscheidungen auswirken kann (Friis/Murphy 1997: 10). Dabei ist es unerheblich, ob das Prinzip der Erwartungsverlässlichkeit künftigen Akteurverhaltens als *„gleichsam kategorischer Imperativ der Kooperation"* optimistisch oder pessimistisch begründet wird: Optimistisch durch die Annahme eines Verhandlungspartners, dass eigene Kooperations(vor)leistungen in der Gegenwart ein entgegenkommendes Verhalten des anderen Verhandlungspartners in der Zukunft bewirken oder eher pessimistisch durch Beschwörung des Schattens der Zukunft (Meyers 2010: 277): *"The more future payoffs are valued relative to current payoffs, the less the incentive to defect today – since the other side is likely to retaliate tomorrow (…)"* (Axelrod/Keohane 1993: 91, zitiert nach Meyers 2010: 277).

Anhand der beiden ausgewählten Verhandlungsprozesse um die EU-Finanzen möchte ich unter anderem prüfen, ob die informelle Regel des Schattens der Zukunft mit Rekurs auf kooperatives Verhalten in diesem Politikfeld (teilweise) außer Kraft gesetzt worden ist. In den Verhandlungen um den mehrjährigen Unions-Haushalt werden die finanzpolitischen Weichen für die nächsten sieben Jahre gestellt. Wenn Regierungen erwarten, dass eine in der Gegenwart getroffene Vereinbarung eine erhebliche Auswirkung auf die Zukunft haben wird, dann ist der Anreiz höher, im aktuellen Entscheidungsprozess eine unnachgiebige Position zu vertreten und damit die gegenwärtigen Verhandlungen zu blockieren (Conceição-Heldt 2006: 85). In der Abhandlung "Bargaining, Enforcement, and International Cooperation" hat Fearon nachfolgende These aufgestellt: "Thus, *as the shadow of the future lengthens, (…) states choose tougher and tougher bargaining strategies on average, implying longer and longer delay till cooperation begins"* (Fearon 1998: 282, Hervorhebung im Originaltext). In Anlehnung an diese Vorüberlegungen gilt es in dem vorgestellten Untersuchungsdesign nachfolgende Hypothese zu prüfen:

Hypothese 6: Je länger der Schatten der Zukunft ist, desto schwieriger und langwieriger ist die Erzielung von Politikergebnissen in einer gegenwärtigen Verhandlungssituation.

Ob die Aufnahme wirtschaftsschwacher Staaten in die Europäische Union das Erfordernis weiter verstärkt hat, in diffizilen Verhandlungssituationen bewährte Methoden wie sogenannte "side payments" oder "package deals" einzusetzen mit dem Ziel, einen Konsens zu erkaufen, muss in den Fallstudien geprüft werden (Vgl. Conceição-Heldt 2006: 85). Zugleich müssen mögliche Auswirkungen einer Verschiebung der Stellung der Mitgliedstaaten in ihrer Position als Nettoempfänger untersucht werden. So könnte die Anspruchsberechtigung der neuen Länder aus Mittel- und Ost-Europa mutmaßlich zu Blockaden oder Blockadekoalitionen von Seiten der alten Nettoempfänger oder auch der Nettozahler führen, deren Regionen aus der Förderung herausfallen.

Zu den informellen Entscheidungsregeln gehört als zweite Ausprägung eine akteursspezifische Komponente. Neben der formellen Macht, die den Mandatsträgern von Amts wegen zukommt, muss die Wirkung der informellen Macht auf einer Akteursebene überprüft werden. Hierbei ist an persönliche Ressourcen der in die Verhandlungen einbezogenen Einzelakteure wie etwa Verhandlungsgeschick zu denken, die den Ausgang von Entscheidungen beeinflussen können. Ein Verständnis für die Wirkung der jeweiligen individuellen Eigenschaften der Entscheidungsträger ist deshalb wichtig, da diese untereinander Ranghierarchien und Konkurrenzverhältnisse ausbilden und somit Einfluss auf Gestaltungsspielräume sowie auf die Durchsetzbarkeit politischer Inhalte und Interessen nehmen können. Gleichzeitig gilt es die Bedeutung der Reputation und der Autorität der nationalen Herkunftsländer zu überprüfen, die eine tragende Rolle spielen können. Um eine Struktur in die Fallanalyse zu bringen, bietet sich eine Typisierung der beiden Entscheidungseinheiten anhand einer Reihe von Kriterien an, die sich möglicherweise auf Verhandlungsablauf, Dauer der Verhandlungen sowie auf den qualitativen und quantitativen Output auswirken:

1. Gruppengröße beziehungsweise Anzahl der Teilnehmer in der Entscheidungseinheit;
2. Kategorisierung der Mitgliedstaaten durch Zuordnung in den Kreis der alten und der neuen Unions-Länder;
3. Kategorisierung der Mitgliedstaaten durch Zuordnung in den Kreis großer, mittelgroßer und kleiner Länder anhand des objektivierbaren Kriteriums der Einwohnerzahl;
4. Positionierung der Fälle innerhalb ihres primärrechtlichen Umfeldes (Kompetenzverteilung in und zwischen den EU-Organen, formelle Verfahrens- und Abstimmungsregeln);
5. Einfluss informeller Entscheidungsregeln (Schatten der Vergangenheit und der Zukunft);
6. Mögliche Hierarchisierung innerhalb der EU-Mitgliederstruktur (etwa Dauer der Unionszugehörigkeit);
7. Positionierung der verhandelnden Einzelakteure in den gouvernementalen Organen in Abhängigkeit von der Stellung ihrer Herkunftsländer als Nettoempfänger respektive Nettozahler;
8. Einfluss der mitgliedstaatlichen Partikularinteressen;

9. Stellenwert und Einfluss der Präferenzen der supranationalen Organe Kommission und Parlament innerhalb des Entscheidungssystems der EU;
10. Bedeutung von Gemeinschaftswerten und Normen.

Anhand dieses mehrdimensionalen Analysekonstruktes gilt es nun in der nachfolgenden Untersuchung die aufgestellten Hypothesen zu prüfen und die Wirkung der unabhängigen Variablen auf die abhängige Variable (Capacity der Europäischen Union) am Beispiel der Aushandlung und Verabschiedung der Agenda 2007 sowie des Jahresbudgets der EU für das Haushaltsjahr 2011 zu erforschen.

3. Methodik

Die Studie basiert auf einer umfassenden Dokumentenauswertung unter besonderer Berücksichtigung bislang nicht erschlossener EU-Primärquellen in Form öffentlicher sowie nicht-öffentlicher Dokumente der an den Entscheidungsprozessen beteiligten Organe Kommission, Europäisches Parlament, Ministerrat sowie Europäischer Rat. Neben der Analyse einschlägiger Kommissionsdokumente wurden vor allem relevante Ratsdokumente analysiert und ausgewertet. In den für den Untersuchungsgegenstand maßgeblichen Verhandlungsprozessen innerhalb der gouvernementalen Institutionen, Ministerrat und Europäischer Rat, brachten die mitgliedstaatlichen Delegationen ihre nationalen Interessen ein und versuchten diese geltend zu machen. Eine wichtige Datengrundlage bildeten in diesem Analysekontext Positionspapiere von Seiten der Mitgliedstaaten, die bereits vor dem offiziellen Auftakt der Verhandlungen eingebracht wurden sowie die sogenannte Verhandlungsbox des Ratsvorsitzes, aus der die Entwicklung der Verhandlungen (Fortschritte, offene Punkte) hervorgeht. Am Fallbeispiel der Agenda 2007 werden im Anhang die Positionen aller Mitgliedstaaten sowie aller verhandlungsbeteiligten EU-Institutionen zu den Einnahmen und Ausgaben aufgearbeitet, um einen Eindruck in Bezug auf die vielschichtige Einflussnahme bei der wichtigen mehrjährigen Finanzplanung zu vermitteln und um die Interessenpluralität transparent zu machen. Die Verhandlungsergebnisse wurden neben offiziellen Deklarationen auch von Regierungsvertretern der Mitgliedstaaten, die die Verhandlungen begleitet haben, kommentiert. Des Weiteren zeichneten Europa-Korrespondenten, Fachmedien und traditionelle Medien im Rahmen der Presse-Berichterstattung ein spezifisches Bild von den Verhandlungen und deren Ausgang. Auch diese Proklamationen werden überprüft. Alle nicht-öffentlichen Dokumente können bei der Autorin eingesehen werden.

Die über die Dokumentenanalyse gewonnenen Erkenntnisse und Ergebnisse wurden mit Hilfe von Zeitzeugen-/ Experteninterviews mit Ansprechpartnern der deutschen Verhandlungsdelegation zusätzlich abgesichert (respektive revidiert). Das erste Interview fand mit Dr. Regine Grienberger vom Auswärtigen Amt statt, die von deutscher Seite an den Verhandlungen zum Mehrjährigen Finanzrahmen 2014 bis 2020 teilgenommen hat. Dr. Grienberger stand mir am 24. September 2014 für ein umfangreiches Interview zur Verfügung. Da die Mitarbeiter des Auswärtigen Amtes im dreijährigen Turnus ihr Aufgabenfeld wechseln, war die Gesprächspartnerin ausschließlich bei den Verhandlungen zum Mehrjährigen Finanzrahmen 2014 bis 2020 anwesend. Nichtsdestotrotz gewährte das Interview einen hilfreichen Einblick in das europäische Finanzsystem, die allgemeinen politischen Entscheidungsprozesse um den Mehrjährigen Finanzrahmen der EU sowie in Bezug auf die interinstitutionellen Verhandlungen im Speziellen. Als Ansprechpartner aus dem Bundesministerium der Finanzen stand mir Herr Regierungsdirektor Martin Leuvering am 23. Oktober 2014 für ein Interview zur Verfügung. Herr Leuvering hat von deutscher Seite die Jahreshaushaltsverhandlungen über mehrere Jahre begleitet. Dies gilt auch für den Untersuchungsfall des EU-Jahreshaushaltes 2011. Diese Interviews wurden in der Studie als Hintergrundgespräche berücksichtigt. Zur Auswertung der Dokumente sowie der Interviews bediene ich mich methodisch der qualitativen Inhaltsanalyse nach Mayring (Vgl. Mayring 2015).[17]

Die Arbeit untersucht zwei Fallbeispiele um die Verabschiedung der EU-Finanzen. Die geringe Fallzahl erlaubt die Berücksichtigung eines breiten Spektrums an Variablen. Die beiden Untersuchungsfälle werden zunächst als geschlossene Untersuchungseinheiten getrennt voneinander erforscht. Im Anschluss soll geprüft werden, ob sich bei den Ergebnissen Ähnlichkeiten oder Unterschiede feststellen lassen (most similar oder most different results). Ziel der Analyse ist es, die gewonnenen Forschungsresultate zu kontrollieren und generalisierende Aussagen zu treffen. Hierbei gehe ich von einer erwartbaren Varianz über die Zeit aus. Anhand der beiden Fallbeispiele gilt es zu untersuchen, ob die veränderte Gruppengröße und die Heterogenität der Präferenzen (gouvernementale Organe und EU-Parlament) sowie die in Folge der Erweiterung notwendig gewordene Anpassung der institutionellen Strukturen (formelle und informelle Entscheidungsregeln) die Entscheidungsprozesse und die Handlungsfähigkeit

17 Die qualitative Inhaltsanalyse stellt eine Methode zur Datenauswertung im Bereich der empirischen Sozialforschung dar. Ihre Aufgabe besteht in der Strukturierung von manifesten und latenten Inhalten.

innerhalb der erweiterten Europäischen Union verändert haben. Diese jeweiligen Entscheidungseinheiten liegen mit einem Abstand von fünf Jahren zeitlich weit auseinander. Eine Beurteilung möglicher Rückwirkungen von Gruppengröße und veränderter Mitgliederstruktur unter Beteiligung von fünfzehn alten Mitgliedstaaten und zehn neuen Mitgliedstaaten (Fall 1: MFR 2007 bis 2013) beziehungsweise von fünfzehn alten Mitgliedstaaten und zwölf neuen Mitgliedstaaten (Fall 2: Jahreshaushalt 2011) auf die Handlungsfähigkeit der EU nach der Ost-Integration wird anhand von zwei Fällen untersucht, die beide das sensible Politikfeld der EU-Finanzen zum Gegenstand haben. Die Entscheidungsverfahren zur Verabschiedung der Agenda 2007 und der Jahreshaushalte sind nicht identisch. Diese Gegebenheit ist methodisch unproblematisch. Entscheidend ist, dass in beiden Fällen eine Einigung innerhalb der gouvernementalen Organe sowie zwischen den beiden Teilen der Haushaltsbehörde notwendig ist. Der Mehrjährige Finanzrahmen wird letztinstanzlich im Europäischen Rat mit Einstimmigkeit beschlossen. In beiden Haushaltsverfahren unterliegt die Abstimmung im Ministerrat der Abstimmungsmethode der qualifizierten Mehrheit. Dabei ist es von besonderem Interesse wie das Verhandeln und das Entscheiden nach qualifizierter Mehrheit unter der Voraussetzung verschiedener Mehrheits- und Blockadeoptionen funktioniert. Es ist anzunehmen, dass die neuen Unionsländer aus Mittel- und Ost-Europa in den Verhandlungen nach einer gewissen Zeit der Mitgliedschaft möglicherweise selbstbewusster und fordernder als unmittelbar nach dem Beitritt aufgetreten sind. In den ausgewählten Entscheidungssituationen werde ich den Blick daher gezielt auf das Agieren und Interagieren der mitgliedstaatlichen Akteure in den gouvernementalen Institutionen richten. Dabei geht es vor allem um die Klärung der Frage, ob die vergrößerte Zahl an Entscheidern eine Konsensfindung im Rat / Europäischen Rat behindert oder konterkariert und damit die innere Handlungsfähigkeit und (Re-) Aktionsfähigkeit der Europäischen Union beeinträchtigt hat oder ob mit ihr keine spürbaren Auswirkungen verbunden waren.

Gleichzeitig wird die Wirkung des primärrechtlichen Gefüges in der Analyse akzentuiert. Der Verlauf von Verhandlungen wird auf der Ebene der Europäischen Union von den institutionellen Strukturen und Verfahren und den sich daraus ergebenden Kompetenzen respektive Einflussschranken der Entscheidungsakteure beeinflusst. Die Mitgliedstaaten sind sich bewusst, dass sie sowohl im Verfahren zur Verabschiedung des Mehrjährigen Finanzrahmens als auch im Jahreshaushaltsverfahren auf die Zustimmung des Parlamentes angewiesen sind. Mit der Revision von Lissabon liegt zwischen den Fällen sogar eine primärrechtliche Vertragsänderung, die sich aufgrund der Verschiebung der Entscheidungskompetenzen zu Gunsten des Europäischen Parlamentes möglicherweise auf die Verhandlungen und auf die Politikergebnisse im Jahreshaushaltsverfahren ausgewirkt hat. Die Effizienz der institutionellen und verfahrensbezogenen Anpassungen auf der Rechtsgrundlage von Lissabon wird mit Hilfe der Analyse des interinstitutionellen Entscheidens zwischen Rat und Parlament am Fallbeispiel des Jahreshaushaltes 2011 überprüft.

4. Stand der Forschung und Präzisierung der Forschungslücke

Mit der Entscheidung der Europäischen Union für die Erweiterung nach Mittel- und Ost-Europa besiegelten die alten Mitgliedstaaten das Ende der Trennung zwischen Ost und West. Dieser Schritt steht zugleich für die Verwirklichung dauerhaften Friedens, von Sicherheit und allgemeinem Wohlstand in Europa. Das Untersuchungsfeld der Erweiterung ist mit der Öffnung der Union nach Osten zunehmend in den Fokus der Forschung gerückt. Neben der Europaforschung selbst (Vgl. Hoffmeister 2006; Hommers 2009; Quaisser/Wegner 2004) sei auf die Arbeiten der Wirtschaftsforschung sowie auf relevante Studien verwiesen, die sich in den letzten Jahren intensiv mit den ökonomischen Auswirkungen der Ost-Integration auf die alten, aber auch auf die neuen EU-Mitgliedstaaten beschäftigt und bereits belastbare Ergebnisse geliefert haben (Vgl. Borbély/Welfens 2009; Brücker et al. 2009; Dauderstädt 2009, 2010; Dietz 2006; Hishow 2004 a, b, c, d; Lang 2006; Malnowski/Nagel 2005; Nowicka 2007; Ohr 2007; Pohl 2004; Reichart 2005; Scholz 2007).

Die wissenschaftliche Durchdringung der Forschungsmaterie aus einer politikwissenschaftlichen Perspektive wurde in der Anfangsphase von einer deskriptiven Herangehensweise bestimmt (Vgl. Browning/Joenniemi 2003; Ersboell 1994; Glenn 2003; Grabbe 2002; Heidenreich 2004; Nugent 2004; Phinnemore 2002; De Witte 2002). Diese ist schnell von einer theoriegeleiteten Forschung abgelöst worden, die sich zunächst mit den Ursachen der Erweiterung befasste (Vgl. Baldwin 1995; Breuss 2001; Brown et al. 1997; Friis 1997; Friis/Murphy 1999; Lewis 2003; Moravcsik/Vachudova 2003; Schimmelfennig 2002, 2003; Schimmelfennig/Sedelmeier 2002; Sedelmeier 1998, 2000, 2002, 2005; Wallace 2000).[18] Heute wird die akademische Auseinandersetzung mit der Erweiterungsthematik von der Erforschung der Integrationsfolgen dominiert. Hier ist vor allem auf die Forschung am Lehrstuhl für Europäische Politik der ETH Zürich sowie am Lehrstuhl für Politikwissenschaft / Schwerpunkt Internationale Politik

18 Literaturhinweise nach Bailer/Hertz/Leuffen (2008)

der Universität Konstanz hinzuweisen, auf die ich im Folgenden eingehe und an die die vorliegende Dissertation anknüpft.

In der politikwissenschaftlichen Debatte um die Entwicklung der Europäischen Integration stand in den letzten Jahren die Frage im Vordergrund, ob deren dynamischer Verlauf das Regieren in Europa verändert hat. Im Zentrum der Forschung standen insbesondere *Top Down* – Ansätze, bei denen es um die Auswirkungen des Integrationsprozesses auf die *Polities* und die Folgen für die nationalstaatliche Souveränität ging. Der Analysefokus lag meist auf dem Spannungsverhältnis zwischen Europäischer Union und Nationalstaat, das durch den wachsenden Einfluss der EU auf die legislative, judikative und institutionelle Struktur der Mitgliedstaaten gekennzeichnet ist. Auch zu der Frage, ob der europäische Integrationsverlauf und die ihm inhärente Ausweitung von Kompetenzen ein institutionelles oder strukturelles Legitimitäts- und Demokratiedefizit verursacht hat, liegen inzwischen zahlreiche Arbeiten vor (Vgl. Abels/Eppler/Träsch 2010; Follesdal 2006; Follesdal/Hix 2005; Habermas 1995, 2011; Hix 2008; Kohler-Koch/Rittberger 2007; Moravcsik 2002; Scharpf 1999; Wimmel 2008). Die Entwicklung des Mehrebenenparlamentarismus und der Mehrebenendemokratie nach Lissabon (Vgl. Crum/Fossum 2009; Maurer 2009), das Lissabon-Urteil des Bundesverfassungsgerichts vom 30. Juni 2009 (Vgl. Auel 2010; Ketelhut/Lhotta 2009) sowie das Feld der European Governance (Vgl. Börzel 2010) wurden ebenfalls aufgearbeitet.

Die qualitative Erforschung der Auswirkungen der Integration der neuen Mitgliedstaaten aus Mittel- und Ost-Europa auf das Regieren in der EU steckt noch in einer Anfangsphase. In Bezug auf die supranationale Ebene überwiegen Arbeiten, in denen nach inzwischen sieben Erweiterungsrunden und einer meist additiven Organbesetzung nach etwaigen Veränderungen in den institutionellen Entscheidungsabläufen (etwa Abstimmungsverhalten in den einzelnen EU-Organen, Bildung von Blockadekoalitionen), aber auch nach der Quantität des politischen Outputs gefragt wird. Im Gegensatz zu diesen in der Regel quantitativ angelegten Studien zu den Folgen der Erweiterung (Vgl. Achen et al. 2006; Best/Christiansen/Settembri 2008; Birdsall/Peterson 2008; Hagemann 2008; Hix/Noury 2009; Lindahl/Naurin 2008; Mattila 2008, 2009; Thomson 2009), liegen qualitativ-empirische Analysen nur punktuell vor (Vgl. Börzel/Dimitrova/Schimmelfennig 2017; Dehousse/Deloche-Gaudez/Duhamel 2006; Duer 2010; Mair/Zielonka 2002; Pollack 2009). Die meisten Ergebnisse wurden bis dato als „Zwischenprodukte“ in Form von Kurzstudien und Arbeitspapieren publiziert (Vgl. Bailer/Hertz/Leuffen 2008; Hertz/Leuffen 2007, 2008, 2009, 2010; Leuffen 2006a, b, 2008, 2009, 2010; Leuffen/Schimmelfennig 2004).

Für die Verbindung von qualitativer und quantitativer Arbeit dürfte vor allem ein vom Lehrstuhl für Europäische Politik der ETH Zürich durchgeführtes und vom Schweizerischen Nationalfonds finanziertes Forschungsprojekt unter der Leitung der Professoren Dirk Leuffen und Frank Schimmelfennig von Interesse sein. Die Autoren des Projektes "Does Group Size Matter?, European Governance after Enlargement" kündigten an, die Auswirkungen der Zunahme der Gruppengröße auf den legislativen Output in der EU nach der Erweiterung zu untersuchen und damit die Frage zu beantworten, ob die Entscheidungsfähigkeit innerhalb der erweiterten Union nachgelassen hat (Vgl. Hertz et al. 2006–2011). Sie folgen einem quantitativen Ansatz und bedienen sich dabei verschiedener mathematisch-statistischer Methoden (ökonometrische Analysen und Netzwerk-Analysen). Interessanterweise unterstützen bisher veröffentlichte Studienergebnisse über den legislativen Output in der EU (als Instrument zur Erfassung des politischen Funktionierens nach der Erweiterung) Vorhersagen über mögliche negative Auswirkungen einer Ost-Integration nicht.

Die Forschergruppe unter Leuffen kommt bereits im Jahr 2008 zu ersten Ergebnissen, die den Schluss nahelegen, dass die Erweiterungen keine signifikante Reduktion der EU-Gesetzgebung bewirkt haben (Vgl. Hertz/Leuffen 2008). In diesem Zusammenhang sind punktuelle Studien zu der Frage aufschlussreich, inwieweit die Antizipation eines Beitritts neuer Mitgliedstaaten den legislativen Output in bestimmten Politikfeldern beeinflusst hat (Vgl. dazu: Hertz/Leuffen 2007, 2008). Diese Fragestellung wurde in Zürich bearbeitet und findet im hier konzipierten Forschungsprojekt deshalb keine Berücksichtigung. Dem Hinweis von Hertz und Leuffen folgend gilt es grundsätzlich zu bedenken, dass sich der legislative Output im Zeitverlauf auch aufgrund anderer Ursachen als der Ost-Erweiterung verändern kann. Vor allem muss in Anbetracht der progressiven Integrationsentwicklung inzwischen von einem hohen legislativen Sättigungsgrad in der EU ausgegangen werden. Die vorliegende Dissertation knüpft thematisch an die Forschung von Dirk Leuffen an, konzentriert sich dabei aber auf eine qualitativ-empirische Analyse anhand zweier Entscheidungsprozesse.

5. Theorienkonzept

5.1. Die Klassiker der Europäischen Integrationstheorie als geeignetes Theoriengerüst?: Neofunktionalismus und Intergouvernementalismus auf dem Prüfstand

Die Europäische Integrationstheorie hat die Aufgabe, die Europäische Integration zu erklären, von den Anfängen der Europäischen Einigung in den 50er Jahren, ihrer weiteren Entwicklung bis hin zum heutigen Status quo. Europäische Integration ist dabei definiert als „*mehrdimensionaler Prozess der Entstehung, Ausdehnung, Vertiefung und Erweiterung von EU-Institutionen*“ (Rittberger/Schimmelfennig 2005: 19). Die Europäische Integrationstheorie beschäftigt sich mit zwei zentralen Forschungskomplexen: Zum einen befasst sie sich mit den Ursachen zwischenstaatlicher Kooperation, insbesondere mit den Motiven souveräner Staaten, der Etablierung supranationaler Institutionen zuzustimmen: Welche Voraussetzungen müssen vorliegen, damit sich nationale Regierungen bereit erklären, in ausgewählten Politikbereichen Souveränität an eine gemeinschaftliche Ebene abzutreten, jene Souveränität mit anderen Staaten zu teilen und sich einem gemeinsam erstellten System von Regeln unterzuordnen (Vgl. Faust/Vogt 2010: 3/4)? Zum anderen geht es um das Durchdringen des Charakters und der Dynamik der Europäischen Integration sowie um die aus dem Prozess der Vertiefung und der Erweiterung resultierende Veränderung der institutionellen Strukturen und Entscheidungsverfahren. Vertiefung und Erweiterung sind keine sich widersprechende Modelle.

Die Frage nach den Auswirkungen der Ost-Erweiterung auf die Europäische Union stellt auch aus einer theoriebezogenen Perspektive einen interessanten Forschungsbelang dar. Im Rahmen der Entwicklung des Forschungsdesigns wurde schnell ersichtlich, dass die Kategorisierung der relevanten Akteure, die Einordnung ihrer Handlungsorientierungen, ihr tatsächliches Verhalten in Entscheidungssituationen sowie die Systematisierung ihrer Interaktionsformen im institutionellen Kontext nur mit Hilfe eines Theorienmusters erfolgen kann, das die Wirkung von Akteuren und Institutionen gleichermaßen berücksichtigt. Im Nachfolgenden soll dieser theoretische Rahmen, der zur Bewältigung der Untersuchungsmaterie und deren Operationalisierung notwendig ist, ausführlich vorgestellt werden.

Seit Beginn der Europaforschung wird die theoriebezogene Integrationsdebatte bei aller Vielfalt von der Dichotomie zweier Denkschulen dominiert: dem Supranationalismus und dem Intergouvernementalismus.[19] Seit Anfang der 90er

19 Der Neofunktionalismus als Vorgängertheorie des gegenwärtigen Supranationalismus gilt als die Integrationstheorie der Frühzeit der Europäischen Integration: Vgl. Groom/

Jahre treten diese in neuen Varianten auf: Der supranationale Institutionalismus, der unter anderem von Wayne Sandholtz und Alec Stone Sweet vertreten wird (Sandholtz/Stone Sweet 1997, 1998; Sandholtz 2001), steht dem Liberalen Intergouvernementalismus von Andrew Moravcsik gegenüber. Mitte der 90er Jahre sind Ansätze einer konstruktivistischen Integrationstheorie hinzugekommen und haben die Kontroverse zusätzlich belebt (Christiansen/Jorgensen/Wiener 2001) (Rittberger/Schimmelfennig 2005: 22). Heute wird das Wissenschaftsfeld der Europäischen Integration zunehmend von institutionalistischen Ansätzen beherrscht. In Anknüpfung an diese Entwicklung legt der hier präsentierte Forschungsansatz ein besonderes Augenmerk auf die Relevanz der Eigenwirkung von EU-Institutionen sowie auf die Einbindung der Akteure in den Geltungsbereich institutioneller Regeln und Normen. Vor dem Hintergrund dieser theoriebezogenen Annahme gehe ich davon aus, dass mit dem Beitritt der neuen Mitgliedstaaten nicht nur eine Übernahme des europäischen Primärrechts sowie der geltenden Vorschriften, sondern auch eine Internalisierung des Normenbestandes sowie gängiger Verhaltensmuster stattgefunden hat.

Bevor allerdings eine endgültige Festlegung auf ein theoretisches Konzept erfolgen kann, sehe ich mich zunächst in der Pflicht zu prüfen, ob die beiden prominentesten Vertreter der Europäischen Integrationstheorie, der Neofunktionalismus oder der Intergouvernementalismus, für den Untersuchungsgegenstand in Frage kommen. Im nächsten Kapitel teste ich wie diese beiden Theorien mit den zentralen Kategorien „Macht und Interessen", „Kooperation" und „Konflikt" im komplexen EU-System umgehen. Diese Kategorien dienen als Indikatoren, um festzustellen, ob zentrale Entscheidungsprozesse, anhand derer die Auswirkungen der Ost-Erweiterungen auf die neue Europäische Union untersucht werden sollen, mit Hilfe der klassischen Integrationstheorien zufriedenstellend analysiert werden können oder ob eine Weiterentwicklung der theoretischen Erklärungsmuster notwendig erscheint.

In der Integrationstheorie gilt der Intergouvernementalismus als eine von zwei zentralen Herangehensweisen, um die Entstehung und die Entwicklung der Europäischen Union zu erfassen und zu begründen. Sein möglicher Erklärungswert für den Untersuchungsgegenstand soll als erstes überprüft werden. Europäische Integration wird im Intergouvernementalismus als Folge einer

Taylor (1975); Haas (1964, 1968); Schmitter (1969 a, b, 1971, 2004). Etwa in der Mitte der 1960er Jahre etablierte sich als Gegenposition der Intergouvernementalismus. Zu seinen bedeutendsten Verfechtern gehören Stanley Hoffmann (1966) und später Alan Milward (1992), Milward et al. (1993).

gezielten Entscheidung der politischen Eliten verstanden, einen kontrollierten Souveränitätstransfer von bestehenden Formen politischer Organisation auf neue, supranationale Organisationen zuzulassen.[20] Trotz des hohen Integrationsgrades, den die EU bis heute erreicht hat, insistiert der Intergouvernementalismus auf der Persistenz nationaler Souveränität (*"protection of sovereignty"*) (Moravcsik 1991: 26). Demnach wird der europäische Integrationsprozess von den Mitgliedstaaten nur dann protegiert, wenn dieser mit einem von den Exekutiven selbst gesteuerten und kontrollierten *(im Original: „keinem")* Souveränitätstransfer von der nationalen Ebene an die europäische Ebene einhergeht (Moravcsik 1991: 26 f., 49). Ihre Übertragung ist allein auf das machtpolitische Kalkül der Mitgliedstaaten zurückzuführen (Thurner 2006: 21).

> *"The decision to join a regime involves some sacrifice of national sovereignty in exchange for certain advantages. Policymakers safeguard their countries against the future erosion of sovereignty by demanding the unanimous consent of regime members to sovereignty-related reforms. They also avoid granting open-ended authority to central institutions that might infringe on their sovereignty, preferring instead to work through intergovernmental institutions such as the Council of Ministers, rather than through supranational bodies such as the Commission and Parliament"* (Moravcsik 1991: 26/27).

Das überstaatliche Rechtskonstrukt der Europäischen Union beruht auf intergouvernementalen Verträgen. Die nationalen Staats- und Regierungschefs bleiben trotz fortschreitender Integration und der damit einhergehenden Ausweitung des Gemeinschaftsrechts die *„Herren der Verträge"* (Vgl. BVerfG 2 BvE 2/08 vom 30.06.2009, Absatz 298 b), die den Souveränitätstransfer kontrollieren. Laut intergouvernementaler Theorie bestimmen die Mitgliedstaaten als zentrale Akteure im Prozess der Europäischen Integration das Ausmaß der Vergemeinschaftung, die Ausgestaltung des gemeinschaftlichen Besitzstandes sowie die Determinierung von Institutionen und Verfahren. Supranationale Institutionen verbleiben

---

20 Moravcsik weist in einem Beitrag den Vorwurf des Konstruktivismus zurück, rationalistische Integrationstheorien (sowie auch rationalistische IB-Theorien im Allgemeinen) vernachlässigen den Einfluss von Ideen auf Akteure. Unter dem provokanten Titel "Is something Rotten in the State of Denmark?', Constructivism and European Integration" richtet sich Moravcsik insbesondere an die Vertreter der Kopenhagener Schule. Hier heißt es, Ideen seien sowohl notwendig als auch allgegenwärtig: *"Collective ideas are like air; it is essentially impossible for humans to function as social beings without them. (…). In this (trivial) sense there is little point in debating whether "ideas matter." **Existing rationalist theories claim only something far more modest, namely that ideas are causally epiphenomenal to more fundamental underlying influences on state behavior**"* (Moravcsik 1999: 674, Hervorhebung im Originaltext).

für liberale Intergouvernementalisten wie Moravcsik im Schatten der nationalen Regierungen: *"From its inception, the EC has been based on interstate bargains between its leading member states. Heads of government, backed by a small group of ministers and advisers, initiate and negotiate major initiatives in the Council of Ministers or the European Council. Each government views the EC through the lens of its own policy preferences; EC politics is the continuation of domestic policies by other means. Even when societal interests are transnational, the principal form of their political expression remains national"* (Moravcsik 1991: 25).

Auch wenn der besondere Charakter der Europäischen Union als Staatenverbund anerkannt wird, bleibt dieser aus Sicht der Intergouvernementalisten ein Zweckverband der nationalen Regierungen. Die Mitgliedstaaten versuchen im politischen Prozess ihre partikularen Interessen gegen die Interessen der anderen Länder durchzusetzen. Für den Intergouvernementalismus gilt die Verfolgung nationaler (insbesondere ökonomischer) Interessen als hauptsächliche Motivation der Regierungen, um Kooperation einzugehen (Moravcsik 1993, 1998). Auf die supranationale Ebene werden Aufgaben nur dann verlagert, wenn diese für einen Nationalstaat nicht genauso effektiv im Alleingang bearbeitet werden können. Das Ausmaß der Vergemeinschaftung hängt also von der Problemlösungsfähigkeit auf nationaler Ebene ab. Gleichzeitig ist Integration Mittel zum Zweck: Die Bestimmung nationaler Präferenzen erfolgt auf einer innenpolitischen Ebene, auf der eine Vielzahl von Interessengruppen bestimmte Politikergebnisse erwarten und einfordern. Dies gilt analog für außenpolitische Ziele, die maßgeblich von den wirtschafts- und gesellschaftspolitischen Kräften eines Landes beeinflusst werden. Nach dem (liberalen) Intergouvernementalismus hängt das politische Überleben nationaler Regierungen von jenen Akteuren im Inland ab. Die mitgliedstaatlichen Regierungen versuchen daher über den Weg der Europäischen Integration ihre Macht zu festigen, indem sie ihre Autonomie gegenüber der innenpolitischen Basis vergrößern (Vgl. Bailer 2006: 28): *"(…) the foreign policy goals of national governments are viewed as varying in response to shifting pressure from domestic social groups, whose preferences are aggregated through political institutions. National interests are, therefore, neither invariant nor unimportant, but emerge trough domestic political conflict as societal groups compete for political influence, national and transnational coalitions form, and new policy alternatives are recognized by governments. An understanding of domestic politics is a precondition for, not a supplement to, the analysis of the strategic interaction among states (Moravcsik 1991, 1992)"* (zitiert nach Moravcsik 1993: 481).

Die Mitgliedstaaten richteten supranationale Institutionen wie die Europäische Kommission und das Europäische Parlament zur Ausgestaltung und

Steuerung der Integration ein mit dem Ziel, Transaktionskosten zu reduzieren (Bailer 2006: 28). Die nationalen Mitgliedstaaten bleiben dabei zu jeder Zeit die Prinzipale, die Verfügungsmacht an ihre Agenten (supranationale EU-Organe) delegieren, ohne dabei die Kontrolle über diese abzugeben oder gar zu verlieren. Jene Institutionen werden im Intergouvernementalismus allein als Instrumente der Mitgliedsländer wahrgenommen, um nationale Interessen durchzusetzen. Ein eigenständiger Einfluss auf die Europäischen Integration oder auf den Ablauf und den Ausgang von EU-Entscheidungen wird ihnen nicht zugesprochen.

Der Analysefokus zur empirischen Erfassung des Forschungsgegenstandes liegt auf dem Prozess der Entscheidungsfindung. Im Intergouvernementalismus kommen Entscheidungen im Regelfall als Ergebnis machtpolitischer Auseinandersetzungen zwischen den Mitgliedstaaten zustande. Der Ausgang von EU-Entscheidungen ist im Wesentlichen durch die Machtverteilung in den gouvernementalen Organen, im Ministerrat und im Europäischen Rat, vorherbestimmt. Das Bargaining innerhalb der Europäischen Union spielt sich nach Moravcsik auf dem kleinsten gemeinsamen Nenner der größten EU-Mitglieder (Deutschland, Frankreich und Großbritannien) ab (Moravcsik 1991: 25/26). Die grundlegenden Richtlinien der Europapolitik werden von den großen Mitgliedstaaten vorgegeben. Auch die epochalen, zwischenstaatlichen EU-Gipfeltreffen werden regelmäßig zur Arena des Kräftemessens zwischen den nationalen Regierungen. Hier wird nicht nur über die generelle Zielrichtung der Europäischen Integration entschieden. Vielmehr stimmen die Regierungsvertreter politische Vorgehensweisen ab und handeln in Abhängigkeit von ihrer Macht, ihren Präferenzintensitäten und der Glaubwürdigkeit ihrer Drohungen konkrete Politikergebnisse aus (Bailer 2006: 28). Etwaige Widerstände kleiner Staaten werden durch sogenannte *"side-payments"* überwunden (Moravcsik 1991: 26, Tabelle 1).

Institutionalisten wie auch Neofunktionalisten kritisieren den Intergouvernementalismus in seiner Argumentationsführung, die auf eine monokausale Analyse des EU-Systems durch eine Fokussierung auf nationale Interessen abstellt und den Europäischen Integrationsprozess als politische *„Einbahnstraße"* ansieht (Faber 2005: 180). Der Intergouvernementalismus betrachtet Entscheidungen auf EU-Ebene nahezu ausschließlich als alleiniges Ergebnis zwischenstaatlicher Verhandlungen, die ihrerseits auf der Präferenzgrundlage eines gesellschaftlichen Meinungsbildungsprozesses auf nationaler Ebene beruhen.

In Bezug auf die Anwendbarkeit des Intergouvernementalismus auf den Untersuchungsgegenstand lässt sich festhalten, dass die Interessen der nationalen Mitgliedstaaten und die Reichweite ihrer Macht innerhalb der gouvernementalen

EU-Organe, aber auch gegenüber den supranationalen Organen, eine überaus bedeutende Rolle spielen. Andererseits deutet sich bereits an dieser Stelle an, dass der intergouvernementale Ansatz ein verfälschtes Bild von dem tatsächlichen Prozess der europäischen Entscheidungsfindung zeichnet: Dieser reduziert den EU-Entscheidungsapparat weitestgehend auf die Ebene des Ministerrates und der großen europäischen Gipfeltreffen. Die tragende Rolle des Europäischen Parlamentes (insbesondere nach Lissabon) sowie des Komitologie-Apparates mit all seinen komplexen Verwaltungsstrukturen und Expertenausschüsse wird im Intergouvernementalismus bei Weitem unterschätzt und bedarf einer differenzierteren Betrachtung. *"The traditional focus of intergovernmentalist attention on treaty bargaining only analyses the tip of the iceberg and ignores the everyday reality of European integration"* (Garrett/Tsebelis 1996: 293).

Damit leite ich zur zweiten Großtheorie über, die in der Europaforschung als theoretisches Konstrukt zur Erklärung der Europäischen Integration großen Zuspruch erfahren hat: zum Neofunktionalismus. Im Nachfolgenden teste ich, inwiefern seine konzeptuellen Annahmen für den Untersuchungsgegenstand fruchtbar gemacht werden können. Der Neofunktionalismus grenzt sich vom Intergouvernementalismus vor allem in Hinblick auf die Frage nach der Autonomie und dem Einfluss supranationaler Institutionen ab. In Anlehnung an den Funktionalismus weise ich den EU-Institutionen eine zentrale Rolle im europäischen Integrationsprozess zu. Dies entspricht der Meinungsführung von Dehousse und Majone, die zu Recht darauf hinweisen, dass die Kausalkette in der Argumentation des Intergouvernementalismus *"(…) domestic interests → state preferences → interstate bargaining → outcomes (…)"* (Moravcsik (1992) (Dehousse/Majone 1994: 93) nur in eine Richtung verläuft und damit die wechselseitige Beeinflussung der einzelnen Faktoren vernachlässigt wird: *"(…) we are of the opinion that the key to understanding the dynamics of European integration is to grasp the relationships of mutual dependence that tie together the various actors. But neither do we accept the intergovernmentalist view of the Commission as a mere facilitator of interstate bargaining"* (Dehousse/Majone 1994: 93).

Für den Neofunktionalismus hingegen wird Integration durch einen technokratischen Prozess angetrieben. Supranationale Zusammenarbeit ist die Folge funktionaler Sachzwänge, die allein staatenübergreifend aufzulösen sind. Nationalstaaten gehen Kooperation ein, um effektiv auf politische, ökonomische und gesellschaftliche Interdependenzen und die damit verbundenen Probleme reagieren zu können. Internationale (und damit auch europäische) Organisationen sind Zweckverbände für die Bearbeitung vielfältiger Politikfelder. Diese entlasten und entmachten die Mitgliedstaaten gleichermaßen. Wirtschaftliche und soziale Probleme schaffen sich ihren Lösungsrahmen selbst. Überstaatliche Kooperation legitimiert sich durch Nützlichkeits- und Effizienzerwägungen über den Weg einer politikfeldspezifischen Sachkooperation (Groom/Taylor 1975, Mitrany 1943, 1975). Die Abkehr der politischen Elite von der Verfahrensweise, Problemstellungen im Alleingang national zu lösen hin zur erfolgreichen gemeinsamen Bearbeitung durch maßgeschneiderte institutionelle (europäische) Lösungen setzt einen Lernprozess in Gang: Die Erkenntnis, dass Kooperation allen beteiligten Akteuren nützt. Dieser Einstellungswandel und die damit verbundene Bereitschaft der Nationalstaaten, sich auf supranationaler Ebene auf Kooperation einzulassen, ist nicht das Ergebnis von internationalen Verhandlungen oder die Folge eines äußeren Zwanges. Hieraus ergibt sich ein entscheidendes Charakteristikum des funktionalistischen Ansatzes: Der Europäische Integrationsprozess wird von den politischen Akteuren selbst legitimiert und vorangetrieben, indem sie ihre Nutzenerwartungen und Loyalitäten auf die supranationale Ebene übertragen (Haas 1968, Lindberg/Scheingold 1971). Eine weitere Besonderheit des Funktionalismus liegt in der selbstverstärkenden Eigendynamik der supranationalen Politik. Bereits integrierte Politikbereiche können auf andere Bereiche übergreifen (Spill-over) und somit zu einer stetigen Ausdehnung von Kooperation führen: *"Am Beginn des Integrationsprozesses stehen vertragliche Absprachen zwischen den beteiligten Akteuren, ökonomische und soziale Probleme in kleineren, überschaubaren, versachlichten bzw. unpolitischen Teilbereichen technokratisch und ideologiefrei zu lösen ("low politics"). Erfolgreiche Lösungsansätze greifen auf weitere Teilgebiete aus, verdichten sich, schwappen schließlich über in genuin politische Bereiche ("high politics") und führen schrittweise auch zu deren Integration (Logik der Sektor-Integration: supranationale Vergemeinschaftung von Staatsaufgaben in einer Sukzession aneinander angrenzender Politikfelder mit Spill-over-Effekt erzeugt Integrationsautomatik)"* (Haas 1968, Lindberg/Scheingold 1971). Dieser Automatismus sorgt dafür, dass der Prozess der Europäischen Integration stimuliert und gleichzeitig auch legitimiert wird (Meyers 2000: 482). Eigentlicher Motor der Integration und des Souveränitätstransfers ist damit nicht die Macht und der explizite Wille der nationalen Eliten, sondern eine sich selbst verstärkende Dynamik innerhalb der europäischen Politik (Bailer 2006: 27).

In diesem Punkt liegt jedoch die Schwierigkeit begründet, die neofunktionalistische Theorie für den Untersuchungsgegenstand fruchtbar machen zu können. Der Intergouvernementalismus unterschätzt seinerseits die Kraft einer sich selbst verstärkenden europäischen Integrationsdynamik und überschätzt die Kategorien der Macht und Interessen gouvernementaler Akteure im komplexen EU-System. Der Neofunktionalismus steht diesem Ansatz konträr gegenüber und auch darin besteht eine Schwäche. Analog zum klassischen Theorien-Gegenspieler Intergouvernementalismus findet auch im Neofunktionalismus eine augenscheinliche Unterbewertung des systemimmanenten Spannungsverhältnisses zwischen einerseits gouvernementalen und andererseits supranationalen Einflusselementen statt, das im europäischen Integrationsprozess sowie im Entscheidungsgefüge der EU prägend ist. Die Funktionalisten unterschätzen ihrerseits die Tragweite und Beständigkeit nationalstaatlicher Eigeninteressen. Der Stellenwert von Macht in Verhandlungssituationen sowie die Bedeutung ausgehandelter Politikergebnisse, die ihrerseits Einfluss auf die Entwicklung der Europäischen Integration nehmen, werden im Neofunktionalismus nicht ausreichend reflektiert. Hier sei im historischen Rückblick beispielhaft auf Frankreichs Politik des leeren Stuhls, die Aushandlung des britischen Beitragsrabattes, die suboptimalen, von nationalen Egoismen gezeichneten Resultate bei der Reform der Gemeinsamen Agrarpolitik zur Vorbereitung der Ost-Erweiterung und im Allgemeinen auf Verhandlungsergebnisse um materielle Politiken und um die Finanzen der EU verwiesen.

Die Neofunktionalisten geraten in Erklärungsnot, wenn es darum geht:

1. egoistisches Handeln der nationalen Akteure zu begründen, das von einem pro-integrativen Kurs abweicht;
2. auf der Handlungsebene der supranationalen EU-Institutionen zu explizieren, warum diese unter bestimmten Voraussetzungen ihre Autorität überschreiten (Bailer 2006: 27).

In Anlehung an Garrett und Tsebelis gehe ich davon aus, dass die supranationalen Organe der Europäischen Union nicht nur pro-integrative Interessen verfolgen, sondern ihre Befugnisse (so weit es ihr Mandat zulässt) ausdehnen, um ihre eigenen Politik-Vorstellungen zu realisieren. Nationalstaaten delegieren aus Effizienzgründen Souveränität und weitreichende Macht an europäische Institutionen. Dieser Kompetenztransfer ermöglicht den supranationalen Akteuren, den Kurs der Europäischen Integration maßgeblich mitzubestimmen und zu beeinflussen. Gleichzeitig ist das Interesse der nationalen Regierungen an einer Überwachung der supranationalen Institutionen groß, damit sich diese auf die Erfüllung ihrer primären Aufgaben beschränken und ihre Handlungskompetenzen nicht überschreiten (Garrett/Tsebelis 2001: 363). Zusammenfassend kann festgehalten werden, dass ein wesentliches Theoriedefizit beider Theorien der Europäischen Integration in ihrer Erklärungsfähigkeit hinsichtlich der im Europäischen Integrationsprozess zu beobachtenden Koexistenz gouvernementaler und supranationaler Elemente besteht. Daher komme ich zu dem Schluss, dass sowohl der Intergouvernementalismus als auch der Neofunktionalismus die tatsächliche Struktur der EU sowie die alltäglichen (Entscheidungs-) Abläufe nicht hinreichend erklären. Das de jure vorgegebene und in Entscheidungsverfahren kontinuierlich stattfindende Interagieren zwischen gouvernementalen Organen (Ministerrat, Europäischer Rat) und supranationalen Organen (Kommission, Parlament) zur gemeinsamen Realisierung von Politikergebnissen sowie die sich daraus ergebende Wechselwirkung aus Konflikt und Kooperation können weder mit Hilfe des Neofunktionalismus noch mit Hilfe des Intergouvernementalismus ausreichend erklärt werden. Die Bedeutung des Neofunktionalismus liegt in erster Linie darin, die großen Integrationsfortschritte im Prozess der Europäischen Integration zu explizieren. Der Stellenwert des neuen liberalen Intergouvernementalismus beruht vor allem in seiner Fähigkeit, den Einfluss der rivalisierenden (staatlich repräsentierten gesellschaftlichen) Interessen der Unionsländer auf Verhandlungen und Politikergebnisse innerhalb des supranationalen Entscheidungssystems der Europäischen Union zu explizieren.

Die Theorie, die für den Forschungsgegenstand instrumentalisiert werden kann, muss den Anspruch erfüllen, den institutionellen Strukturen und Regularien, die in der heutigen EU die politischen Prozesse und die Entscheidungsfindung maßgeblich determinieren, eine angemessene Gewichtung einzuräumen. Die Dynamik der Europäischen Integration und somit auch einzelne Folgen dieser Entwicklung wie die große Ost-Erweiterung und deren Auswirkungen lassen sich weder mit einer alleinigen Fokussierung auf die Abläufe in den gouvernementalen Institutionen, einer einseitigen Betrachtung individueller Akteursinteressen, noch mit einem Integrationsautomatismus in spezifischen Politikfeldern erklären. Vielmehr gilt es die Wirkung der Interaktion zwischen allen entscheidungsrelevanten Akteuren (innerhalb der Institutionen und interinstitutionell), deren Interessen, Positionen und Strategien sowie formeller Verfahren und informeller Regeln auf die Funktions- und Leistungsfähigkeit der EU zu ermitteln. Ich lege der Arbeit daher die Annahme zu Grunde, dass die primärrechtliche (institutionelle und verfahrensbezogene) Struktur der Europäischen Union die Verhandlungsprozesse und – Ergebnisse innerhalb des komplexen Dezisionsapparates maßgeblich steuert. Dies bedeutet allerdings nicht, dass die supranationalen Organe aufgrund der dynamischen Entwicklung im Europäischen Integrationsverlauf sowie im Zuge der Erweiterungen zwingend einen Zugewinn an Autonomie erfahren haben wie es beispielsweise der Funktionalismus voraussagt. Ich gehe davon aus, dass "institutions matter." Welche Rolle der Europäischen Kommission sowie dem Europäischen Parlament, deren Einflussmöglichkeiten im EU-Entscheidungssystem durch das Primärrecht genau vorgegeben sind, in der Praxis tatsächlich zukommt und inwiefern diese in Anbetracht des dominierenden Einflusses der Nationalstaaten auf Verhandlungsverlauf und – Output einwirken können, muss im empirischen Teil der Arbeit zunächst geprüft werden.

5.2. Bestimmung des Theorieninstrumentariums: Rationalistischer und Soziologischer Institutionalismus

Im vorangegangenen Kapitel habe ich den Erklärungswert der klassischen Europäischen Integrationstheorie für den Forschungsgegenstand geprüft. In der Vorbereitung des Projektes und mit Blick auf die zu untersuchende Materie schien deren Anwendung naheliegend. Im Ergebnis mussten die prominentesten Vertreter, der Intergouvernementalismus und der Neofunktionalismus, für die Analyse als nur in Ansätzen geeignet qualifiziert werden. Jeder weitere Versuch, ein einheitliches Theorizing zu entwickeln, erwies sich als schwierig. Um dem Untersuchungsgegenstand auf theoriebezogener Ebene schließlich gerecht werden zu können, war es notwendig, auf verschiedene Theorieelemente zurückzugreifen: Die Dissertation ist daher an der Schnittstelle mehrerer Lehrmeinungen angesiedelt, die die Theorienlandschaft in den Internationalen Beziehungen und in der Europaforschung prägen. Nichtsdestotrotz ist ein vorsichtiger Umgang mit den zum Teil verschiedenen theoretischen Grundannahmen sowie der Bildung analytischer Kategorien geboten, da diese nur unter bestimmten Voraussetzungen miteinander kombiniert werden können.

Die vorliegende Dissertation beruht auf dem theoretischen Fundament des rationalistischen Institutionalismus sowie auf rationalistischen Modellen der Entscheidungstheorie. Dieses Konzept wird notwendigerweise durch die Annahmen des soziologischen Institutionalismus ergänzt. Im Nachfolgenden stelle ich dieses Theorieninstrumentarium mit all seinen wichtigen Voraussetzungen vor und erläutere gleichzeitig die analytische Relevanz für den Untersuchungsgegenstand. Zur Bewältigung der Forschungsmaterie ist es in einem ersten Schritt erforderlich, dem Projekt mehrere konzeptuelle Annahmen zu Grunde zu legen. Mit Hilfe dieser Annahmen treffe ich eine theoriebezogene Vorentscheidung in Bezug auf die Bedeutung der Europäischen Union für ihre Mitgliedstaaten, die Präferenzen und Handlungsorientierungen der Unionsländer als politische Akteure sowie die Funktionen und die Wirkungsweise der von ihnen geschaffenen europäischen Institutionen innerhalb des EU-Systems. Während es im Nachfolgenden aufzuzeigen gilt, wie diese Prämissen im ausgewählten Theoriegebäude verortet sind, werde ich im Hauptteil prüfen, inwieweit diese auf einer theoriebezogenen Ebene für die empirische Untersuchung fruchtbar gemacht werden können. Tabelle 1 fasst zunächst die wichtigsten Merkmale des rationalistischen sowie des soziologischen Institutionalismus zusammen. Die Theorienansätze lassen in einigen Punkten durchaus deckungsgleiche, aber auch widersprüchliche Erwartungen zu.

Tabelle 1: Rationalistischer und Soziologischer Institutionalismus

	Rationalistischer Institutionalismus	**Soziologischer Institutionalismus**
Akteure, Institutionen	Verständnis der nationalen Mitgliedstaaten als rational handelnde Akteure; Institutionen geben Handlungsrahmen vor	Mitgliedstaaten können wertekommunikativ handeln; Einbindung aller Akteure in ein norm- und wertebasiertes Handlungs- und Entscheidungsgerüst
Präferenzen	Exogen; stabil; in der Regel materiell orientiert	Endogen; veränderbar (Sozialisierung); keine Fixierung auf materielle Vorgaben
Handlungstheoretische Logik	Konsequenzialistische Handlungslogik (logic of consequentiality), Nutzenorientierung	Norm- und wertebasierte Logik der Angemessenheit (logic of appropriateness)
Interaktionsmodus	Bargaining, aber reziproke Typisierung habitualisierter Routinehandlungen zwischen Rollen-/Verhandlungs-Partnern; kooperationsfördernde Wirkung von EU-Institutionen; Normen und Vorschriften vereinfachen Kooperation; Institutionen und Verfahren grenzen Verhaltens- und Entscheidungsoptionen der nationalstaatlichen Akteure ein	Arguing: Entscheidungen kommen als Ergebnis eines auf Vernunft beruhenden Austausches begründeter Argumente zustande; Die Logik der Angemessenheit gibt das Verhalten der Akteure vor, das im Einklang mit den geltenden Bestimmungen, den moralischen Prinzipien und der Erwartungshaltung der Union stehen muss.
Verhandlungsergebnisse	Die Verhandlungsergebnisse sind abhängig von den mitgliedstaatlichen und institutionellen Präferenzen, der Verhandlungsmacht der Entscheidungsträger sowie von den institutionellen Strukturen. Politikergebnisse sind zu erwarten, die weitestgehend der im Verhandlungssystem vorliegenden Machtverteilung entsprechen.	Politikergebnisse können auch jenseits materieller Einflussfaktoren erzielt werden. Diese sind abhängig von Normen, Werten und Resonanz. So sind Ergebnisse möglich, die der im Verhandlungssystem vorliegenden Machtverteilung nicht entsprechen.

Quelle: modifiziert nach Leuffen (2006a: 5, Tabelle 1)

Das Nebeneinander von supranationalen und gouvernementalen Elementen innerhalb der europäischen Vertrags-Architektur ist einer der Gründe warum sich die Struktur der EU mit Hilfe klassischer Leitbilder nicht präzise beschreiben lässt. Die Europäische Union ist kein rein gouvernementaler Staatenbund

und erst recht keine internationale Organisation. Ebenso wenig weist sie Merkmale eines mustergültigen Bundesstaates auf.[21] Die erste grundlegende Annahme basiert auf dem Verständnis der Europäischen Union als Staatenverbund,[22] der von seinen Mitgliedern ins Leben gerufen wurde, um das Regieren jenseits des Nationalstaates zu strukturieren und zu vereinfachen.

In Anlehnung an den rationalistischen Institutionalismus sowie an den Realismus betrachte ich die Nationalstaaten als die Hauptakteure in der internationalen und demzufolge auch in der europäischen Politik. Ich lege dem Untersuchungsdesign das Verständnis der EU-Staaten als eigennützig handelnde Akteure zu Grunde, die gemäß ihrer individuellen, nationalen Präferenzen versuchen, ihren Nutzen zu maximieren. Beide Großtheorien gehen von einer konsequenzialistischen Handlungslogik aus. Das heißt Akteure wählen aus einem gegebenen Set an Handlungsmöglichkeiten diejenige Handlung aus, mit der sie ihre exogen vorgegebenen Interessen am Besten durchsetzen können

21 Gegen das Vorliegen eines losen zwischenstaatlichen Zusammenschlusses spricht vor allem ihre supranationale Verfasstheit (Umfang und Heterogenität der vergemeinschafteten Politikbereiche, Rechtsetzung mit Durchgriffswirkung, Suprematie des Gemeinschaftsrechts, eigene Gerichtsbarkeit, Mehrheitsentscheid des Rates als Regelfall). Die Union lässt sich ebenso wenig als Bundesstaat identifizieren. Die Mitgliedstaaten bleiben trotz beispielloser Integrationstiefe bis heute die zentralen Akteure, die bestimmen ob und in welchem Umfang politische Herrschaft auf die Gemeinschaftsebene übertragen wird, welche Aufgabengebiete auf der nationalen Ebene belassen und welche Politikfelder wiederum vergemeinschaftet werden. Ein weiterer Aspekt der gegen eine Klassifizierung als Bundesstaat spricht ist die Tatsache, dass traditionelle nationalstaatliche Kernbereiche wie etwa die Steuerpolitik, die Verteidigungspolitik oder das Polizei- und Ordnungsrecht dem Einfluss der Gemeinschaft entzogen sind (Pollak/Slominski 2006: 118).

22 Im sogenannten Maastricht-Urteil von 1993 wies das oberste deutsche Verfassungsgericht auf die besondere Gestalt der EG/EU hin und prägte erstmalig die Begrifflichkeit und das Verständnis der Europäischen Union als sogenannter *„Staatenverbund“* (BVerfGE 89, 155, 2): *„Der Unionsvertrag begründet einen Staatenverbund zur Verwirklichung einer immer engeren Union der – staatlich organisierten – Völker Europas, keinen sich auf ein europäisches Staatsvolk stützenden Staat“* (BVerfGE 89, 155, 8). Damit schloss das Gericht gleichzeitig eine mögliche Qualifizierung der EU als Bundesstaat aus, da eine wesentliche Voraussetzung nicht erfüllt ist, das Fundament eines die Union tragenden europäischen Staatsvolkes. Die Europäische Union lässt sich nach Auffassung des Gerichtes aber auch nicht mit der Begrifflichkeit eines reinen Staatenbundes umschreiben: Die Europäische Union nimmt als Verbund demokratischer Staaten *„hoheitliche Aufgaben“* wahr und übt dazu *„hoheitliche Befugnisse“* aus (BVerfGE 89, 155 vom 12. Oktober 1993, Az: 2 BvR 2134, 2159/92).

(Rittberger/Zangl 2003: 34). *"Consistently with realism – and accounting for the fact that it is frequently denoted as "neorealist" – institutionalist theory assumes that states are the principal actors in world politics and that they behave on the basis of their conceptions of their own self-interests. Relative capabilities – realism's "distribution of power" – remain important, and states must rely on themselves to assure themselves gains from cooperation. However, institutionalist theory also emphasizes the role of international institutions in changing conceptions of self-interest. Thus it draws on liberal thinking about the formation of interests"* (Keohane 1993b: 271).

Während im Realismus absolute Anarchie herrscht, geht der Institutionalismus von einem halbanarchischen System aus. Staaten sind in einer interdependenten Welt miteinander verbunden und aufeinander angewiesen. Die hieraus resultierende Interaktion zwischen den Nationalstaaten wirkt wie ein äußerer Zwang auf deren (außen-) politische Entscheidungen (Gu 2010: 144). Der entscheidende Anreiz für grundsätzlich rational – gleichzeitig jedoch egoistisch – handelnde Staaten mit anderen Staaten auf internationaler (europäischer) Ebene Kooperation einzugehen, besteht in der Abmilderung der Vulnerabilität gegenüber fremden Entscheidungen und der damit verbundenen Unsicherheit über die eigene Position und um das Verhalten der anderen Staaten in einer interdependenten Anarchie. Maßgeblicher Grund, Kooperation der Selbsthilfe vorzuziehen (und damit auch supranationale Institutionen zu konstituieren, die die nationalstaatliche Souveränität beschränken), ist die Perspektive, diese Risiken zu managen und Transaktionskosten zu reduzieren (Gu 2010: 153–155).

In Hinblick auf das Zustandekommen von Kooperation und deren Aufrechterhaltung im komplexen IB-System gehe ich weiterhin davon aus, dass sich der Prozess der internationalen (europäischen) Institutionenbildung *„als eine über Zeit hinweg stabile reziproke Typisierung habitualisierter Routinehandlungen zwischen typisierten Rollenpartnern"* begreifen lässt (Meyers 2010: 279). Dies bedeutet gleichzeitig eine Abkehr von der realistisch determinierten Auffassung, dass sich politische Strukturen *„deduktiv von abstrakten Axiomen (etwa dem Anarchie-Theorem)"* ableiten lassen. Vielmehr kann ihre Genese und Weiterentwicklung mitunter *„aus (beobachtbarem) praktischem Routineverhalten der Akteure"* rekonstruiert werden (ebenda).

> *"Neoliberal institutionalist do not assert that international agreements are easy to make or to keep: indeed, we assume the contrary. What we do claim is that the ability of states to communicate and cooperate depends on human-constructed institutions, which vary historically and across issues, in nature (with respect to the policies they incorporate) and*

> *in strength (in terms of the degree to which their rules are clearly specified and routinely obeyed)* (Aggarwal 1985: 31). *States are at the center of our interpretation of world politics, as they are for realists; but formal and informal rules play a much larger role in the neoliberal than in the realist account"* (Keohane 1989: 2).

Für die theoriebezogene Erfassung des Forschungsgegenstandes ist es wichtig, auf den Charakter des Institutionenbegriffs hinzuweisen. Keohane definiert Institutionen als *"(...) persistent and connected sets of rules (formal and informal) that prescribe behavioural roles, constrain activity, and shape expectations"* (Keohane 1993a: 28). Um die kooperationsfördernde Wirkung von komplexen Institutionen im IB-System besser zu verstehen, ist auch die von Krasner eingeführte Definition von einfachen internationalen Regimen hilfreich, die von den Institutionalisten weitestgehend übernommen wurde (Vgl. Gu 2010: 153): *"Regimes can be defined as sets of implicit or explicit principles, norms, rules, and decision-making procedures around which actors' expectations converge in a given area of international relations. Principles are beliefs of fact, causation, and rectitude. Norms are standards of behavior defined in terms of rights and obligations. Rules are specific prescriptions or proscriptions for action. Decision-making procedures are prevailing practices for making and implementing collective choice"* (Krasner 1982: 186). Normen und Vorschriften vereinfachen nach institutionalistischem Verständnis Kooperation, *„indem sie vorschreiben, dass relevante Informationen gleichmäßig unter den Partnern verteilt werden; indem sie allgemein akzeptierte Bewertungskriterien für das Verhalten der Partner etablieren; indem sie Prozeduren zur Überwachung von Abmachungen und Koordinierung von Sanktionen gegen Übertreter bereithalten"* (Hellmann/Wolf 1993: 158). Die Integration der Mitgliedstaaten unter das Dach der Europäischen Union legt diesen also auch Verhaltensrestriktionen auf. Dies führt mich zu der zweiten konzeptuellen Annahme, die ich dem Theorienkonzept zu Grunde lege. Der Handlungsautonomie der Mitgliedsländer sind im komplexen System der EU Grenzen gesetzt: Für die Entscheidungsabläufe innerhalb der Europäischen Union stellen die politisch-institutionellen und die politisch-prozessualen Bedingungen wichtige Einflussgrößen dar (Vgl. Schmidt 2003: 267). Ich gehe in der Dissertation von einer maßgeblichen Wirkung von Institutionen und Verfahren auf die Verhaltensoptionen der nationalstaatlichen Akteure und somit auch auf deren Entscheidungsspielräume aus und nehme damit dezidiert eine institutionalistische Untersuchungsperspektive ein. In Anlehnung an den in den 90er Jahren entwickelten rationalistischen Institutionalismus, der unter anderem auf Geoffrey Garrett und George Tsebelis (1996, 2001) zurückgeht, vermute ich in diesem Sinne, dass institutionelle und verfahrensbezogene Strukturen die Handlungs- und Interaktionsmöglichkeiten der an der Entscheidungssituation teilnehmenden politischen Akteure einschränken können und sogar in der Lage sind, die gegebene und für den Aushandlungsprozess relevante Macht- und Interessenkonstellation zu beeinflussen (Vgl. Gehring et al. 2005: 15/16).

Diese Perspektive rekurriert auch auf den politikwissenschaftlichen Neo-Institutionalismus, den March und Olsen in den 80er Jahren entwickelt haben, und der für die Untersuchung politischer Entscheidungsprozesse auf EU-Ebene ein geeignetes theoretisches Fundament bietet (March/Olsen 1984, 1989; systematisiert in: March/Olsen 1995, 1998, 2005). *„Ihnen zufolge definieren Institutionen die Rahmenbedingungen für das Handeln politischer Akteure und prägen gleichzeitig deren Verhalten – unter anderem durch die Konstituierung und Legitimierung politischer Rollen, durch die Festlegung von Verhaltensregeln für die in den Institutionen Handelnden, durch das Setzen von Maßstäben für die Einschätzung und Bewertung der Realität, durch das Vorhalten von Rahmen für affektive Beziehungen, durch die Schaffung von Voraussetzungen für zielgerichtetes Handeln und durch die Setzung von Regeln für den Besitz und die Nutzung politischer Macht"* (Meyers 2010: 280).

An dieser Stelle möchte ich ergänzend auf den Management-Ansatz der Compliance-Forschung des früheren Harvard Professors Abram Chayes und seiner Frau Antonia Handler Chayes (Vgl. Chayes/Handler Chayes 1995) eingehen. Dieser hat sich eingehend mit der essentiellen Frage nach der Wirkung von Institutionen und deren Bindungskraft beziehungsweise mit den Gründen für kooperatives Akteursverhalten im internationalen System auseinandergesetzt. Die beiden Juristen veröffentlichten Mitte der 90er Jahre eine Studie, in der sie anhand zahlreicher Fallbeispiele den weitverbreitenden Enforcement-Ansatz des Institutionalismus auf seine empirische Gültigkeit testeten. Dieser geht von einem Zusammenhang zwischen einer anreizenden beziehungsweise sanktionierenden Wirkung internationaler Regelwerke auf der einen und der Kooperations- und Einhaltungsbereitschaft staatlichen Verhaltens auf der anderen Seite aus. Sie stellten hingegen fest, dass die Befolgung internationaler Regeln und ein als angemessen oder als normgeleitet zu qualifizierendes Akteursverhalten nur in geringem Maße auf die abschreckende Wirkung von Sanktionen oder die Angst vor Bestrafung zurückzuführen sei. Im Unterschied zum Enforcement-Ansatz begründet ihr Management-Ansatz das Eintreten von Regelkonformität nicht mit Zwang. Die Autoren kommen zu dem Ergebnis, dass die Einrichtung von internationalen Regelwerken selbst mit einem Prozess des Aushandelns und Feilschens verbunden sei, durch den eine Sozialisation beziehungsweise eine Identifikation der Staaten mit den ausgehandelten Normen stattfindet. Nach den Untersuchungen von Chayes internalisieren die Akteure die geltenden Normen, die ein

Verpflichtungsgefühl hervorrufen und letztendlich zu Regeltreue (Compliance) führen (Vgl. Chayes/Handler Chayes 1995: 114 ff.) (zitiert nach Gu 2010: 159).

Diese Schlussfolgerung erweist sich für die Untersuchung als ein interessanter Ansatzpunkt. Denn sie lässt im Umkehrschluss Zweifel aufkommen, ob die neuen Mitgliedstaaten aus Mittel- und Ost-Europa einen Bezug zu den etablierten Institutionen sowie zu den geltenden Verfahren und Normen der EU aufbauen konnten ohne hierauf im Vorfeld einwirken zu können. Nach der vollzogenen Nord-Erweiterung der Europäischen Union im Jahre 1973 um Dänemark, Großbritannien und Irland stand die vorbehaltlose Übernahme des Acquis Communautaire[23] im Rahmen von Beitrittsverhandlungen nicht mehr zur Disposition. Die neuen EU-Mitgliedstaaten aus Mittel- und Ost-Europa mussten nicht nur den gesamten Rechtsbestand der Union ohne Einschränkung übernehmen, sondern auch die (Entscheidungs-) Verfahren und den Normenbestand akzeptieren, ohne auf deren Entstehungsprozess Einfluss nehmen zu können. Mithin erweist sich der Fall der Ost-Integration neben seiner quantitativen Qualität auch aufgrund der Gegebenheit eines Eintrittes in eine nahezu „vollendete“ Integrationsgemeinschaft als äußerst spannend. Denn das politische Funktionieren in der Europäischen Union hängt ganz entscheidend von der Bereitschaft der postkommunistischen Länder ab, bereits bestehende institutionelle Strukturen und Verfahrensstandards, vor allem aber auch die Werte der Union zu adaptieren. In den beiden zu untersuchenden Fällen gilt es zu überprüfen, ob die neuen Staaten für Spannungen oder gar Entscheidungsblockaden im Mitgliederkreis verantwortlich waren oder ob die Aufnahme von dreizehn Ländern aus dem Kulturkreis Mittel- und Ost-Europas in der Retrospektive keine spürbare Auswirkung auf die Europäische Union gehabt hat.

Die dritte und nicht zuletzt wichtige konzeptuelle Annahme, die ich der Arbeit zu Grunde lege, ist das Verständnis der nationalstaatlichen EU-Mitglieder als rational handelnde Akteure. Diese sind in ihrem Handeln innerhalb des (Entscheidungs-) Systems der Europäischen Union an deren institutionelle Bedingungen gebunden. Des Weiteren liegen in den ausgewählten Fallbeispielen Verfahrensabläufe vor (Erfordernis einer interinstitutionellen Einigung), die im Habermas'schen Sinne rationale Ergebnisse erwarten lassen. Gleichwohl gehe ich nicht davon aus, dass die mitgliedstaatlichen Regierungen freiwillig im Sinne des Gemeinwohls handeln und darauf verzichten, ihre partikularen Interessen so gut es geht durchzusetzen. In Verhandlungssituationen treffen sie strategische

23 im Wortlaut übersetzt: gemeinschaftliche Errungenschaften; amtliche Bedeutung: gemeinschaftlicher Besitzstand

Entscheidungen und versuchen dabei ihren individuellen, nationalen Nutzen zu vergrößern.

Der soziologische Institutionalismus insistiert auf der Annahme, dass politische Akteure kommunikativ handeln (können). Demnach verfolgen diese ihre Präferenzen nicht zwingend auf der Grundlage von machtgestützten Bargaining-Prozessen. Entscheidungen kommen vielmehr als Ergebnis eines auf Vernunft beruhenden Austausches begründeter Argumente zustande (Vgl. Müller 1994; Risse 2000). Ein wesentlicher Aspekt ist das Konzept der Logik der Angemessenheit (logic of appropriateness) (March/Olsen 1989: 23/24, 160–62), die das Handeln der Akteure in der internationalen Politik bestimmt. Auch auf der komplexen Ebene der EU gibt die "logic of appropriateness" das Verhalten der beteiligten Akteure vor, das im Einklang mit den geltenden Bestimmungen und den moralischen Prinzipien der Union stehen und sich an der Erwartungshaltung der Gemeinschaftskonformität messen lassen muss. Gerade weil die Annahme nahe liegt, dass die Regeln der EU und das am Ende von Entscheidungsverfahren stehende Erfordernis einer Übereinkunft der beteiligten Einzelakteure und Institutionen diese dazu anhalten, „kommunikativ" zu interagieren, ist es methodisch nicht sinnvoll, dies im Vorfeld zu unterstellen. Vielmehr liegt es im Forschungsinteresse, die generativen Mechanismen im Verhandlungsprozess zu identifizieren, die die Akteure zu der erwarteten Verhaltensumstellung veranlassen, ohne eine solche Vermutung bereits vorauszusetzen (Vgl. Gehring et al. 2005: 16). Im Umkehrschluss bedeutet dies, dass ich der Untersuchung zunächst das klassische Akteursbild des "Homo oeconomicus" zu Grunde lege. Demzufolge gehe ich davon aus, dass Politikergebnisse zu erwarten sind, die weitestgehend der im Verhandlungssystem vorliegenden Machtverteilung entsprechen. Dieses Akteursverständnis soll im nächsten Kapitel, das die theoretischen Grundlagen für die Verhandlungs- und Entscheidungsanalyse ausdifferenziert, näher erklärt werden.

Um Prozesse der Entscheidungsfindung innerhalb der Europäischen Union realitätsnah nachbilden zu können, ist es notwendig, das der Arbeit zu Grunde gelegte Theorienkonzept für die Analyse der ausgewählten Verhandlungs- und Entscheidungsfälle zu instrumentalisieren und gegebenenfalls weiter zu entwickeln. Die Schwierigkeit dabei besteht darin, dass dieses auf eine Durchleuchtung des mitgliedstaatlichen Akteurshandeln abstellen und zugleich den institutionellen und prozessualen Gegebenheiten in den Entscheidungsabläufen der Union Rechnung tragen muss. Auf einer metatheoretischen Ebene lässt sich nicht nur die Realistische Schule als Rationalistische Theorie klassifizieren; dies gilt gleichermaßen für den dem Forschungsdesign zu Grunde gelegten Ansatz des Neo-Institutionalismus. Laut rationalistischer Wissenschaftstradition verhalten sich die Akteure (Nationalstaaten, Gesellschaften) grundsätzlich rational und entscheiden sich für diejenige Strategie, die eine Maximierung ihres eigenen Vorteils verspricht (Haftendorn 1990: 406) (zitiert nach Wilhelm 2006: 37). Diese Verhaltensannahme, die sowohl vom Realismus vertreten wird als auch vom Neo-Institutionalismus aus dem Rational-Choice-Modell übernommen wurde, gilt auch für die Entscheidungstheorie.[24] Mit ihrer Hilfe soll das politische Funktionieren in der EU nach den beiden Ost-Erweiterungen anhand der ausgewählten Verhandlungseinheiten analysiert werden. Dabei werden die Entscheidungsträger als rational handelnde Akteure betrachtet.

„*Außenpolitische Entscheidungsfindung*" ist im Regelfall kein gradliniger, sondern ein „*auf konkurrierenden Interessen, Ideen und Vorschlägen beruhender oder um politische Macht und Einfluss ringender Prozess*" (Wilhelm 2006: 138). Um einen Zugang zur Analyse außenpolitischer und damit auch europäischer Entscheidungsprozesse zu finden, möchte ich zunächst zwei Modelle vorstellen: Anhand deren theoriegestützter Zuhilfenahme kann politisches Handeln beschrieben, nationalstaatliche Motivationen und Triebkräfte in der Europapolitik erschlossen und Entscheidungsverhalten im EU-System erforscht werden.

Als erstes stelle ich die realistische Theorie-Schule der Außenpolitikforschung vor, die in ihren Wurzeln auf den klassischen Realismus beziehungsweise auf dessen Begründer, Hans Joachim Morgenthau, zurückgeht (Vgl. Morgenthau 1963). Morgenthaus Sichtweise beruht auf der Prämisse, dass sich objektive Gesetze aus der menschlichen Natur ableiten lassen, die auch die Politik dominieren. Demzufolge ist das außenpolitische Handeln der Nationalstaaten vorwiegend durch die Kategorien „Macht" und „Interessen" determiniert (Wilhelm 2006: 39): Die Zielsetzung der Länder ist damit die egoistische Eigennutznahme und die Verfolgung materieller Präferenzen. Das realistische Verständnis von Außenpolitik lässt sich mit dem Ansatz der rationalen Wahl (Rational Choice) in Verbindung bringen: Das Rational Actor-Modell führt das Wesen und die Ausgestaltung externer Politik auf die Willensführung und die Beschlusslenkung der einzelnen, rationalen Akteure zurück. Diesem liegt zugleich die Voraussetzung des rationalen Denkens zu Grunde, das auf den britischen Sozialphilosophen und Juristen sowie Begründer des klassischen Utilitarismus Jeremy Bentham zurückgeht. Bentham kreierte die Fiktion einer

---

24 „*Die Theorie oder die Theorieansätze, die die Bedingungen, Motivationen, Prozesse und Strukturen der außenpolitischen Entscheidungsfindung zu erklären versuchen, werden als außenpolitische Entscheidungstheorien bezeichnet*" (Gu 2010: 219).

Entscheidungsfigur namens Homo oeconomicus und postulierte damit einen mit Rationalität ausgestatteten und vollständig informierten Entscheidungsträger, der aufgrund klar umrissener Präferenzen seine Ziele verfolgt und die Ziel-Mittel-Relation kennt.[25] Ihm wird ein nutzenmaximierendes beziehungsweise kostenminimierendes Handeln zugeschrieben, das er dank seiner spezifischen Fähigkeiten zu verfolgen in der Lage ist: Der Homo oeconomicus wägt vor jedem Entschluss alle verfügbaren Handlungsalternativen ab und ordnet diesen ein Urteil über den zu erwartenden Nutzen beziehungsweise die damit verbundenen Kosten zu. Außerdem legt er seine individuellen Bestrebungen im Sinne einer Wertpräferenzskala fest und bringt diese in eine eindeutige Rangordnung (Gu 2010: 223).[26] Gleichzeitig wählt er die nach Akzeptanz und Erfolgschancen beste Option aus und richtet die Ziele und Strategien seines Handelns daraufhin aus (Wilhelm 2006: 39). Das rationale Akteursmodell schließt keinesfalls aus, dass Präferenzen durch die jeweilige Biographie der Akteure determiniert sind und ihr Handeln hierdurch beeinflusst wird (Gu 2010: 223). Damit kann ein Interessenmuster generiert werden, das die Handlungsstrategien der Entscheidungsträger prognostizierbar macht. Verhandlungen und Politikergebnisse in der EU müssen auch unter dem Blickwinkel der beabsichtigten europapolitischen Ziele der einzelnen Mitgliedstaaten betrachtet werden (Vgl. Wilhelm 2006: 39). Für Entscheidungsträger steht in diesem Sinne die Maximierung von Gewinnen und die Reduzierung von finanziellen Aufwendungen, aber auch von Risiken im Vordergrund. Daher ist eine Untersuchung von Entscheidungssituationen unter der Rationalitätsprämisse ohne eine Konzentration auf die partikularen Interessen der beteiligten Akteure nicht möglich. Hierbei gilt es gleichzeitig das mitgliedstaatliche Abwägen der Konsequenzen einer Nichteinigung mit zu berücksichtigen (Vgl. Seidelmann 2000: 8).

---

25 Von Hayek hingegen sieht John Stuart Mill (Vgl. Mill 1844), dessen Vater James Mill Schüler und enger Vertrauter von Jeremy Bentham war, als Begründer des Homo oeconomicus: *„Es wäre kaum übertrieben zu sagen, dass in den Augen jener britischer Philosophen der Mensch von Natur aus faul und lässig, sorglos und verschwenderisch ist und daß er nur durch die Macht der Umstände dazu gebracht wurde, sich wirtschaftlich zu verhalten, und gelernt hat, seine Mittel seinen Zwecken sorgsam anzupassen. Der Homo oeconomicus wurde neben vielem anderen, das eigentlich der rationalistischen und nicht der evolutionären Überlieferung angehört, erst vom jüngeren Mill in die klassische Nationalökonomie eingeführt“* (von Hayek 2005: 81).

26 *„Ein Minimalkriterium rationaler Entscheidungen ist, dass Personen Präferenzen haben und sich diese Präferenzen in eine Rangordnung bringen lassen“* (Diekmann 2009: 77).

Trotz der Übertragung wesentlicher Kompetenzen von den Mitgliedstaaten an supranationale Organe wie das Europäisches Parlament und die Europäische Kommission bleiben die nationalen Regierungen die wichtigsten Entscheidungsträger innerhalb der EU. Im Rahmen der empirisch-analytischen Untersuchung möglicher Auswirkungen der Ost-Erweiterungen auf die Europäische Union wird daher ein Blick auf die Interaktion der „alten" und „neuen" Repräsentanten im Rat respektive im Europäischen Rat unerlässlich. Obgleich das Rational-Actor-Modell in der vorliegenden Studie grundsätzlich nicht in Frage gestellt wird, lässt sich das Handeln der nationalstaatlichen Akteure in EU-Verhandlungsprozessen nicht ausschließlich mit rationalen Interessen erklären. Aufgrund der hohen Vergemeinschaftung, die die Europäische Union heute erreicht hat, muss das Spektrum der Entscheidungstheorie um einen Analyserahmen ergänzt werden, der die institutionelle und normative Struktur der Europäischen Union angemessen berücksichtigt. In der Entscheidungstheorie liegen jüngere Modelle vor, die aus einer neo-institutionalistischen Perspektive entwickelt wurden, und für die Untersuchung politischer Verhandlungsprozesse auf EU-Ebene nutzbar gemacht werden können. Diese widmen sich dem Zustandekommen kollektiver Entscheidungen zwischen den nationalen Repräsentanten im Europäischen Rat (Staats- und Regierungschefs) und im Ministerrat (Ressortminister, EU-Botschafter) sowie der Untersuchung der Koordination und Arbeitsteilung zwischen den am Aushandlungsprozess beteiligten Bürokratien (Komitologie-Apparat, Europäisches Parlament, Ausschuss der Ständigen Vertreter der Mitgliedstaaten (AStV)). In Hinblick auf das Herrschaftsgefüge der Europäischen Union erscheint es auffällig, dass politische Macht bewusst über eine große Anzahl von Akteuren verteilt und in intergouvernementale und supranationale Elemente fragmentiert ist.

Neo-institutionalistische Modelle erscheinen a priori geeignet, wenn es darum geht, einen systematischen Erklärungsrahmen für das Zustandekommen von Entscheidungen innerhalb des komplexen EU-Systems bereitzustellen. Diese Konstruktionen unterscheiden sich von reinen Rational-Choice-Modellen aufgrund ihres differenzierten Verständnisses von außenpolitischen Entscheidungsprozessen, vor allem aber auch in Bezug auf ihre analytische Herangehensweise. Eine wichtige Einschränkung, die der Institutionalismus vornimmt und die im hier erarbeiteten Theorienkonzept aufgegriffen wird, ist die Auslegung, dass Rationalität kontextabhängig ist. Das bedeutet, Entscheidungsträger handeln nicht vorbehaltlos gemäß ihrer spezifischen rationalen (nationalstaatlichen) Interessen, die sie auf EU-Ebene vertreten. Sie halten sich an die Regeln und Verfahren, die durch die EU vorgegeben sind. Diese werden in der Untersuchung als institutioneller Rahmen oder Kontext bezeichnet.

Dies bedeutet keineswegs, dass im neo-institutionalistischen Modell Akteurspräferenzen nicht aus dem Räderwerk eines Kosten-Nutzen-Denkens hervorgehen. Die wesentlichen Differenzierungskriterien bestehen hingegen erstens in der grundsätzlichen Möglichkeit der Gestaltung einer (dauerhaften) Kooperationsbeziehung sowie zweitens in einer utilitaristischen Grundhaltung der Verhandlungspartner anstelle eines ausschließlich machtorientierten Habitus. Im Institutionalismus geht Akteur A auch dann eine Kooperationsbeziehung mit Akteur B ein, wenn Akteur B größere Gewinne als Akteur A generiert, denn die absoluten Gewinne sind hierbei wichtiger als die relativen (Meyers 2000: 470/471, 484). Die Institutionalisten verweisen zudem darauf, dass das Streben nach relativen Gewinnen in einem multilateralen Gefüge (anders als in einer bilateralen Konstellation) zu vernachlässigen ist (Gu 2010: 157): *"As the number of actors increases, the impact of relative gains motivations on cooperation declines"* (Keohane 1993b: 277). Hieraus ergibt sich die Schlussfolgerung, dass kompensatorische Tauschgeschäfte sowie das Schnüren von Paketlösungen nach institutionalistischem Verständnis nicht nur möglich, sondern vielmehr üblich sind. Mit Hilfe solcher "package deals" werden Übereinkünfte im Aushandlungsprozess erleichtert, deren Implementierung abgesichert und Transaktionskosten gering gehalten (Meyers 2000: 470/471, 484). Diese theoretischen Annahmen scheinen der heutigen empirischen Wirklichkeit näher zu kommen als das realistische Dogma eines Insistierens auf relativen Gewinnen, das eine Kooperation im supranationalen Gebäude der Europäischen Union praktisch unmöglich macht.

Die zweite Einschränkung, mittels derer sich die institutionalistische Entscheidungstheorie von kruden rationalistischen Ansätzen abgrenzt und die im Forschungsdesign übernommen wird, ist die Annahme einer situationsgebundenen anstelle einer vollständigen Rationalität. Die moderne außenpolitische Entscheidungsforschung geht im Wesentlichen auf eine behavioristische Studie von Bruck, Sapin und Snyder (Bruck/Sapin/Snyder 1962) zurück, die erstmalig in den 50er Jahren vorgelegt wurde. Das in diesem Rahmen beschriebene Modell bildet einen tauglichen Ausgangspunkt zum besseren Verständnis von Verhandlungs- und Entscheidungsprozessen innerhalb der EU. Ihr Ansatz beruht im Wesentlichen auf Benthams fiktiver Entscheidungsfigur des Homo oeconomicus. Die Autoren entwickelten diesen rationalistischen Ansatz jedoch weiter in Richtung eines prozessorientierten Dezisionsmodells. Außenpolitisches Handeln von Entscheidungsträgern vollzieht sich demzufolge nicht allein *„(…) nach objektiven Gesetzen im Sinne einer „klugen" Staatsräson"* (Wilhelm 2006: 39). *„Der Schlüssel zur Erklärung, warum ein Staat sich in einer bestimmten Weise verhält, [ist] in der Art zu finden, wie seine Entscheidungsträger als Akteure ihre Situation definieren"* (Bruck/Sapin/Snyder 1975: 229 ff.) (zitiert nach Gu 2010: 223).

Das perfekte Bild des Homo oeconomicus muss im Sinne von Bruck, Sapin und Snyder modifiziert werden: Zum einen verfügen die an einer Entscheidung teilhabenden Akteure nicht über die Möglichkeit, alle potentiellen Handlungsalternativen zu erschließen und deren jeweilige Konsequenzen vorauszusagen. Zum anderen können eine Reihe von Entscheidungsrestriktionen die Art und Weise der Beratungen beeinflussen und sich möglicherweise auf die Dauer und das Politikergebnis der Verhandlungen auswirken. Diese Einschränkungen können Bedingungen, Ereignisse oder andere Akteure sein, die von Innen oder Außen auf die Entscheidungssituation einwirken (Gu 2010: 223/224). Sie können alleine oder in Kombination miteinander das Zustandekommen von Entscheidungen innerhalb der Europäischen Union erschweren oder sogar verhindern:

Knappe Ressourcen: Die Anzahl denkbarer Handlungsoptionen kann durch die zur Verfügung stehenden Ressourcen (disponible Finanzmittel, Zeit, Motivation der Entscheidungsträger) reduziert werden.

Informationsmängel: Informationen liegen den Entscheidungsträgern nur unvollständig vor und sind in der Verhandlungssituation nicht direkt und verlässlich verifizierbar.

Kommunikationsdefizite: Nicht alle Entscheidungsträger sind mit ausreichenden beziehungsweise mit gleichen Informationen versorgt oder aber die Relevanz von Informationen wird von den Akteuren selbst nicht richtig eingeschätzt.

Routineverhalten: Routineverhalten kann in Entscheidungsprozessen der Auswahl von Handlungsalternativen im Wege stehen, die sich möglicherweise als geeigneter darstellen würden.

Perzeptionen: Die Wahrnehmung der eigenen Handlung sowie der des Verhandlungspartners kann den Ausgang von Entscheidungen positiv oder negativ beeinflussen (Bruck/Sapin/Snyder 1962: 93 ff.).

In der Entscheidungsanalyse soll das Rational Actor-Modell grundsätzlich nicht in Frage gestellt werden. Dennoch gehe ich davon aus, dass Bedingungen vorliegen können, in denen nationalstaatliche Entscheidungsträger nicht vorbehaltlos gemäß ihrer spezifischen rationalen Interessen handeln. Sie halten sich wie vom soziologischen Institutionalismus angezeigt weitestgehend an bestimmte Regeln, die durch den institutionellen Rahmen und den Wertebestand der EU vorgegeben sind. Zudem gehe ich in Anlehnung an Bruck, Sapin und Snyder von einem Akteurshandeln aus, das zu einem gewissen Grad situationsabhängigen Einflüssen unterliegen kann. In einem komplexen (Entscheidungs-) System wie dem der Europäischen Union kann es grundsätzlich keine vollständige Rationalität geben. Inwiefern sich das dargestellte Theorieninstrumentarium als Erklärungsangebot für den Gang der Untersuchung eignet, gegebenenfalls modifiziert oder durch andere Ansätze ergänzt werden muss, wird im empirischen Teil der Arbeit eingehend geprüft.

6. Einführung in die Entscheidungsanalyse

Entscheiden lässt sich als *„Auswahl einer von mehreren möglichen Handlungsalternativen"* (Laux 2005: 1) definieren, die seitens einer Verhandlungsdelegation oder einzelner Mandatsträger getroffen wird. Die wissenschaftliche Analyse von Entscheidungssituationen hat sich innerhalb unterschiedlicher Disziplinen zu einem wichtigen Forschungskomplex entwickelt. Die Auseinandersetzung mit dem Entscheidungsverhalten von Gruppen oder Individuen beschäftigt heute vor allem die Geisteswissenschaften. Forschungsziel dieser Studie ist es, die Handlungsfähigkeit der Europäischen Union nach Aufnahme der neuen Mitgliedstaaten aus Mittel- und Ost-Europa zu überprüfen. Dabei ist ein ungeschönter Blick hinter die Fassade der im Bereich der Haushaltspolitik oftmals intransparenten Prozesse des politischen Entscheidens innerhalb und zwischen den Institutionen notwendig. Als Ausgangspunkt der nachfolgenden empirischen Untersuchungen gilt es in diesem Kapitel zunächst einen allgemeinen Zugang zu Entscheidungsprozessen zu entwickeln. In der Literatur wird disziplinübergreifend zwischen deskriptiver und präskriptiver (oder auch normativer) Entscheidungstheorie unterschieden. Diese beiden Analysedimensionen werden in der vorliegenden Untersuchung durch eine weitere ergänzt, die möglicherweise Einfluss auf den Verlauf von Entscheidungen in der EU nehmen kann: die nomothetische Dimension. Hierbei ist anzumerken, dass diese Dimensionen der Entscheidungstheorie bei der Bearbeitung der Fallstudien weniger in einer klassisch theoriebezogenen als in einer methodischen Funktion mit der Absicht zur Anwendung kommen, eine Vorstrukturierung der Entscheidungsanalyse vorzunehmen. Auch ein Exkurs in die außenpolitische Entscheidungstheorie ist dabei hilfreich.

Aufgabe der deskriptiven Dimension ist es, den Verlauf von Entscheidungen sowie deren Steuerung durch die (ver-) handelnden Akteure zunächst im Wesentlichen zu „beschreiben". Eine empirische Analyse von Entscheidungssituationen greift in Form einer rein darstellenden Betrachtung zu kurz. Die deskriptive Entscheidungstheorie ist hierauf keinesfalls beschränkt. Sie hilft dabei, Einsichten in das Zustandekommen von Entscheidungen zu gewinnen und den politischen Output zu bewerten. Zielsetzung ist es, das Verhalten von Gruppen oder Individuen in einer Entscheidungssituation im Vorfeld zu antizipieren, während ihres

Verlaufes oder wie im Rahmen dieser Untersuchung rückblickend zu analysieren. Je nach Zeitpunkt der Analyse sowie nach Forschungsintention geht es darum, den Ausgang von Entscheidungen zu prognostizieren, zu steuern oder wie im Untersuchungsfall zu erklären. Die ausgewählten Fallbeispiele liegen beide in der Vergangenheit. Neben der eigentlichen Beschreibung des Verhandlungsablaufes sowie der Ergebnisse geht es vor allem um das Durchdringen des Entscheidungsfindungsprozesses, um die Analyse der jeweiligen Positionen, Partikularinteressen und Wahrnehmungen, insbesondere auch um die angewandten Verhandlungstaktiken und Problemlösungsstrategien aller am Aushandlungsprozess beteiligten Akteure (Entscheidungsträger aus den nationalen Mitgliedstaaten sowie entscheidungsrelevante EU-Organe in ihrer Eigenschaft als kollektive Akteure). Gleichermaßen gilt es das institutionelle Zusammenspiel innerhalb des Entscheidungsapparates der Union zu analysieren und zu prüfen, inwiefern Verfahrensregeln, Routinen oder sonstige Faktoren das Handeln der Akteure beeinflusst haben. Dabei soll ein kognitiver Prozess in Gang gesetzt werden, der Aufschluss darüber gibt, unter welchen Verhandlungsbedingungen eine Einigung zwischen den Entscheidungsträgern oder Institutionen möglich oder unmöglich erschien.

Entscheidungsanalytische Untersuchungen werden je nach Forschungsziel auch mit der Intention vorgenommen, vorschreibende Aussagen zu generieren. Die wesentliche Zielsetzung der präskriptiven (oder auch normativen) Entscheidungstheorie beruht im Aufzeigen rationaler Lösungsangebote für Entscheider in einer Entscheidungssituation. Die präskriptive Variante wird daher auch als Entscheidungslogik bezeichnet. Die Absicht der präskriptiven / normativen Dimension beruht keineswegs auf dem Vorsatz einer dogmatischen Handlungssteuerung der Entscheidungsträger. Es geht überdies nicht um eine Beeinflussung der Akteure durch Aufzeigen von Vorteilen etwaiger Handlungsalternativen oder möglicher Entscheidungsfolgen. Vielmehr werden die Ziele des Entscheiders als gegeben angenommen und akzeptiert. Die präskriptive Entscheidungstheorie soll den Akteuren allein im Sinne einer Zielpräferenz und deren Wünschbarkeit eine Orientierungshilfe an die Hand geben. Demzufolge versucht sie Leitlinien zu generieren, die den Entscheider dabei unterstützen, ihre partikularen Vorstellungen und Interessen in ein widerspruchfreies Zielsystem zu überführen. Idealerweise steht am Ende des Entscheidungsprozesses eine Dezision, die sowohl mit dem individuellen Zielsystem des Entscheiders als auch mit dem Gemeinwohl in Einklang steht (Vgl. Laux 2005: 1–5). Innerhalb des Entscheidungsgefüges der Europäischen Union liegt ein allen Beteiligten bekanntes, jedoch nicht einfach aufzulösendes Spannungsverhältnis vor: Die mitgliedstaatlichen Entscheidungsträger orientieren sich im Rahmen von EU-Verhandlungen an der Verfolgung ihrer nationalen

Einzelinteressen. Gleichzeitig sind sie dem europäischen Gemeinwohl und der Weiterentwicklung der Europäischen Integration verpflichtet. Die Maßgabe einer Orientierung am Gemeininteresse der EU kann zu einer Selbstverpflichtung der Akteure führen, die wiederum in einem Widerspruch zum individuellen Partikularinteresse des Entscheiders stehen kann. Die Betrachtung von Handlungsalternativen der Entscheider spielt insofern eine forschungsrelevante Rolle, da nicht nur das tatsächliche Verhalten der Akteure und die Auswahl der konkreten Entscheidungsoption von Interesse sind, sondern auch eine mögliche Verschiebung von Präferenzen im institutionellen und normativen Entscheidungskontext. Ebenso wichtig ist in diesem Zusammenhang die Rolle der supranationalen EU-Organe, die nicht nur Motor der Integration sind, sondern auch eine Art Kontrollfunktion in Hinblick auf eine Orientierung aller Akteure am Gemeinwohl einnehmen.

Politisches Entscheiden ist auf EU-Ebene in der Regel interessengeleitet. Entscheidungen innerhalb der Europäischen Union zeichnen sich vor allem durch ihre Komplexität aus. Sie sind weit mehr als nur ein punktueller Willensakt einzelner oder mehrerer Entscheidungsträger beziehungsweise Organe. EU-Entscheidungen unterliegen des Weiteren nicht nur institutionellen und normativen Zwängen, sondern werden gegebenenfalls auch durch Gesetzmäßigkeiten (nomothetische Dimension) beeinflusst. Verhandlungsergebnisse lassen sich möglicherweise durch den Einfluss früherer Beschlüsse ableiten oder stehen im Zusammenhang mit zukünftig zu treffenden Entscheidungen (Schatten der Vergangenheit, Schatten der Zukunft). In der ausgewählten Fallstudie zum Mehrjährigen Finanzrahmen der EU für die Jahre 2007 bis 2013 gilt zu beachten, dass die neuen Mitgliedstaaten aus Mittel- und Ost-Europa allein mit der politischen Wirklichkeit der Gegenwart sowie mit dem Schatten der Zukunft konfrontiert waren, die sie in ihrem Entscheidungsverhalten möglicherweise hätten beeinflussen können. Da die zu untersuchende Verhandlung im Europäischen Rat und im Rat unmittelbar nach dem Beitritt der zehn neuen Mitglieder in die Union stattgefunden hat, ist in diesen Entscheidungssituationen von einer stärkeren Konsensbereitschaft jener Länder auszugehen. Ob diese Vermutung tatsächlich zutrifft und wie sich die neuen Mitgliedstaaten einige Jahre später im Rahmen der Verhandlungen um den Jahreshaushalt 2011 verhalten haben, gilt es zu prüfen.

Haftendorn (1990: 403–408) entwickelte in Anlehnung an Chan und Sylvan (1984) ein Würfelmodell zur Analyse außenpolitischer Entscheidungen, das sich auch für die Untersuchung von Beschlussfassungen auf supranationaler Ebene nutzbar machen lässt. Den Seiten ihres Würfels ordnet Haftendorn drei Analysedimensionen zu und nimmt hierbei weitere Differenzierungen vor:

Abbildung 1: Würfelmodell zur Analyse außenpolitischer Entscheidungen

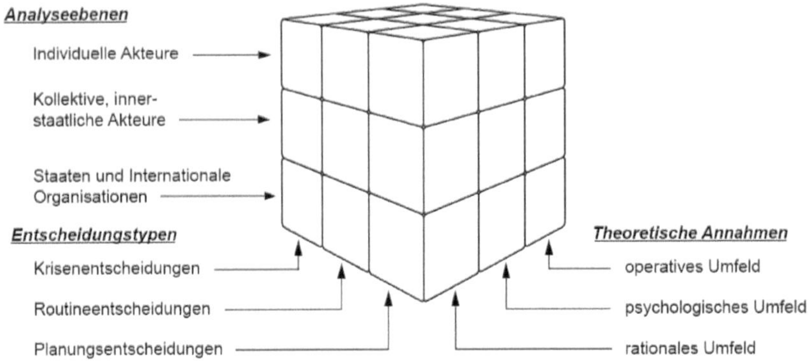

Quelle: Haftendorn (1990: 407), zitiert und modifiziert nach Gu (2010: 220), eigene Nachbildung

Die Führungsrolle der Mitgliedstaaten der Europäischen Union ist nicht nur traditionell, sondern auch rechtlich bei der staatlichen Exekutive der jeweiligen Mitgliedsländer verankert[27] (Wilhelm 2006: 138). Gleichzeitig gilt es auf das Gewicht der von den nationalen Regierungen entsandten (Ministerrat und Europäischer Rat), ernannten (Kommission) respektive vom Volk direkt gewählten (Parlament) individuellen Akteure in den zentralen EU-Organen hinzuweisen. Diesen einzelnen Mandatsträgern kommt ein enormer Einfluss zu, da sie innerhalb des komplexen EU-Entscheidungsgefüges und auf dessen mehrstufigen Beschlussebenen für die Formulierung und die Inkraftsetzung der europäischen Politik verantwortlich sind. Die Einzelakteure in den europäischen Organen nehmen eine Doppelfunktion als Träger und als Adressat von Entscheidungen an. Ihre Aufgabe und gleichzeitige Herausforderung ist es, die Interessen des europäischen Integrationsverbundes auf der einen Seite sowie die ihrer nationalen Herkunftsländer auf der anderen Seite mit gleicher Priorität zu vertreten und miteinander in Einklang zu bringen. Jene Mandatsträger sind als handelnde politische Akteure in der Europapolitik an keine unmittelbare

27 Außenpolitisches Entscheiden wird auf nationaler Ebene von kollektiven, innerstaatlichen Akteuren gesteuert und getragen. In der Bundesrepublik Deutschland zählen hierzu vorrangig Mitglieder des Kabinetts, Parteispitzen und Verwaltungseinheiten. Auch im weiteren innerstaatlichen Umfeld (etwa Parlament, politische Opposition, Interessenverbände, Bevölkerung) findet eine Einflussnahme auf die Außenpolitikformulierung eines Staates statt, wenn auch in geringerem Maße als von Seiten der staatlichen Exekutive (Wilhelm 2006: 138).

Weisung ihrer nationalen Herkunftsstaaten gebunden und erfüllen keinen klar definierten Handlungsauftrag. Obgleich diese elementare Regel innerhalb aller EU-Organe de jure Gültigkeit hat (auch für die Mitglieder der Kommission und des Ministerrates), hat sie in der Praxis allenfalls für die Abgeordneten des Europäischen Parlamentes Bestand. In der politischen Wirklichkeit bleiben die europäischen Amtsinhaber der Verfolgung nationalstaatlicher Interessen verpflichtet. Trotz des bisher erreichten Integrationsgrades sind es die nationalen Mitgliedstaaten, die innerhalb des EU-Entscheidungsgefüges als zentrale Lenkungsakteure agieren. Geht es nach Bruck, Sapin und Snyder, so lässt sich die Handlung der individuellen Mandatsträger in der Außenpolitik (und somit auch in der Europapolitik) mit der der jeweiligen nationalen Herkunftsstaaten gleichsetzen (Bruck/Sapin/Snyder 1975: 229).

Auf der akteurszentrierten Untersuchungsebene der individuellen Mandatsträger werden in der vorliegenden Studie allein diejenigen Entscheider berücksichtigt, die ihre nationalen Herkunftsländer in den gouvernementalen EU-Institutionen Ministerrat und Europäischer Rat repräsentieren und in deren Namen Entscheidungen treffen.[28] Hierbei handelt es sich um Führungskräfte aus Regierung und Verwaltung (Staats- und Regierungschefs, Minister mit ressortspezifischer Verantwortung, Botschafter oder hochrangige EU-Beamte). An dieser Stelle gilt es auf die Faktizität zu verweisen, dass die individuellen Entscheidungsträger in den gouvernementalen EU-Organen im Regelfall auf die Erfüllung der partikularen Interessen ihrer Herkunftsländer abzielen. Um diese Präferenzen in das politische Geschehen einzubringen, greifen sie auf ein Spektrum an formellen und informellen Machtmitteln zurück, die sie in Abhängigkeit ihres jeweiligen Einflusses einsetzen (Pollak/Slominski 2006: 124). Im Rat wird den Ressortministern aus den nationalen Mitgliedstaaten divergierender Größe über das Prinzip der Stimmengewichtung unterschiedliche Entscheidungsmacht übertragen. Neben dieser formellen Befugnis, die ihnen von Amts wegen zukommt, ist eine weitere Komponente von Bedeutung: die informelle Macht der Akteure. Hier kommen mehrere Aspekte zusammen, die Einfluss auf Gestaltungsspielräume

28 In einer globalisierten Welt, in der sich eine kontinuierliche Multiplikation der Außenbeziehungen vollzogen hat, kommt den internationalen Akteuren (andere Nationalstaaten, Internationale Organisationen, multinationale Konzerne, global operierende Interessengruppen) eine enorme Bedeutung zu. Diese versuchen direkt vor Ort in Brüssel (vor allem über eine Einflussnahme auf die Kommission und die Abgeordneten des EP´s) sowie in den nationalen Zielländern der Union eine Verbesserung der gesetzlichen Rahmenbedingungen zur Verwirklichung der eigenen Vorhaben und Interessen herbeizuführen.

und letztlich auf die Durchsetzbarkeit politischer Inhalte und Interessen nehmen können. Zum einen spielen die Reputation und die Autorität der nationalen Herkunftsländer selbst eine wesentliche Rolle. Zum anderen kann das individuelle Politikverständnis der in die Verhandlungen einbezogenen Einzelakteure entscheidend sein (kognitive Karte) (Wilhelm 2006: 138).

Die gouvernementalen Einzelakteure müssen ihre Interessen nicht nur mit den Delegierten aus den anderen Mitgliedstaaten in Einklang bringen. Abstimmungsbedarf besteht auch mit den supranationalen Gemeinschaftsinstitutionen Kommission und Parlament. Diese werden in der nachfolgenden Studie als kollektive Entscheidungsakteure betrachtet. Im Rahmen der Untersuchung der Verhandlungen zwischen den Ressortministern oder Botschaftern im Rat sowie zwischen den Staats- und Regierungschefs auf den Europäischen Gipfeltreffen wird es hingegen möglich und nötig sein, die Analyse auf die Ebene der individuellen Akteure herunterzubrechen. Das Parlament betrachte ich aufgrund meiner Forschungsintention als geschlossene Handlungs- und Entscheidungseinheit innerhalb der europäischen Institutionenlandschaft. Die Positionen der parlamentarischen Fraktionen oder einer repräsentativen Auswahl einzelner EU-Parlamentarier aus den alten und den neuen Mitgliedstaaten können im Rahmen dieser Arbeit nicht im Einzelnen berücksichtigt werden. Analyserelevant sind die Präferenzen, Standpunkte und Verhandlungsstrategien des Parlamentes in seiner Funktion und in seinem Selbstverständnis als supranationales Gemeinschaftsorgan. Zudem ist die Durchsetzbarkeit des Bestrebens des Parlamentes im Rahmen des Jahreshaushaltsverfahrens von Interesse, die eigenen Befugnisse gegenüber den gouvernementalen Entscheidungsorganen der Europäischen Union auch im Verfahren um die mehrjährige Finanzplanung auszuweiten. Auf der zweiten Seite des Würfels zur Erklärung außenpolitischer respektive supranationaler Entscheidungen stehen theoretische Annahmen. Das Treffen von mindestens einer theoriebezogenen Vororientierung kann dabei helfen, Handlungsmuster der Akteure in einer Entscheidungssituation zu erklären. Ich gehe davon aus, dass das Verhalten der Akteure in Entscheidungsfällen einer rationalen, ziel- und zweckgerichteten Logik folgt und sich auf der Grundlage derjenigen Handlungsalternative vollzieht, die die größtmögliche Nutzengenerierung verspricht (rational choice). Des Weiteren werden die Entscheidungsspielräume der Akteure durch das operative Umfeld begrenzt. Dieses umfasst die primärrechtlichen und institutionellen Strukturen auf EU-Ebene. In den vorliegenden Untersuchungsfällen treten die vertraglichen Pflichten sowie die Handlungsrestriktionen hinzu, die sich aus der EU-Mitgliedschaft ergeben. Für den Verlauf und den Ausgang von Entscheidungsprozessen sind drittens psychologische Faktoren von Relevanz. Diese steuern insbesondere ein spezifisches

Rollenverhalten sowie gegenseitige Wahrnehmungsmuster der beteiligten Akteure (Vgl. Haftendorn 1990: 402, zitiert nach Gu 2010: 221; Wilhelm 2006: 36). Die beschriebenen theoriebezogenen Annahmen weisen einen Wert auf, wenn es darum geht, einen analytischen Zugang zu den beiden ausgewählten Entscheidungsfällen zu finden. In Hinblick auf die Erforschung des tatsächlichen Verhaltens der mitgliedstaatlichen Einzelakteure in Entscheidungssituationen können sie jedoch nur als Orientierung dienen. Vor allem aufgrund der unterschiedlichen Präferenzen, die die einzelnen Akteure in den Prozess der Entscheidungsfindung um die EU-Finanzen einbringen, sind Verlauf und Ausgang der Verhandlungen wenig berechenbar.

Schließlich lassen sich in der Entscheidungstheorie drei Formen der Beschlussfassung klassifizieren. Diese unterscheiden sich vor allem in Hinblick auf Bedeutung und Dringlichkeit der Entscheidungsinhalte. Hierbei wird zwischen Routineentscheidungen,[29] Krisenentscheidungen[30] und Planungsentscheidungen differenziert. Planungsentscheidungen werden nicht nur zu grundlegenden Sach- und Verwaltungsfragen, sondern auch in Hinblick auf zentrale politische Ziele und Handlungsfelder getroffen. Da sie oftmals auf lange Sicht Gültigkeit haben, müssen sie dem Anspruch an eine langfristige, zukunftsorientierte Planung und Politikgestaltung gerecht werden und etwaige Auswirkungen für die Zukunft miteinkalkulieren. Sie finden daher auf der Grundlage eines sorgfältigen Abwägens, aber auch unter Einbeziehung innovativer Lösungen statt. Planungsentscheidungen werden in der Regel ohne Zeitdruck oder in einem vorab definierten, angemessenen Zeitrahmen getroffen (Vgl. Gu 2010: 220/221;

---

29 Routineentscheidungen sind wiederkehrende Entscheidungen zu Problemen mit mäßigem politischen Stellenwert, deren Ablauf durch standardisierte Verfahren und Regeln exakt vorgegeben sind. Sie werden unter Beteiligung nachgeordneter Instanzen in der Bürokratie, im Regelfall durch verantwortliche Beamte auf Arbeitsebene, sowie meist unter geringem Zeitdruck getroffen. Sie sind leichter zu korrigieren oder aufzuheben als vergleichsweise Krisenentscheidungen, die sofort greifen (Gu 2010: 220/221; Wilhelm 2006: 136/137).

30 Krisenentscheidungen finden mit der Zielsetzung statt, unmittelbar akute Konfliktsituationen mit hohem politischen Risiko zu entschärfen oder aufzulösen. In der Regel geht es um die Bedrohung vitaler Interessen und Werte, so dass Entscheidungsträger meist unter einem enormen psychologischen Druck agieren. Aufgrund der Tragweite der zu fassenden Beschlüsse und den erheblichen Risiken, die mit diesen verbunden sind, unterliegen sie dem Votum außenpolitischer Spitzenpolitiker (Staats- und Regierungschefs, Außenminister). Krisenentscheidungen finden unter meist schwierigen Bedingungen statt (hoher Zeitdruck, nicht vollständige Information). Eine Neubewertung ist nur in Ausnahmefällen möglich, da ihre Reichweite im Regelfall in der nahen Zukunft liegt (Gu 2010: 220/221; Wilhelm 2006: 136/137).

Wilhelm 2006: 136/137). Bei den ausgewählten Entscheidungsfällen handelt es sich um Planungsentscheidungen. Die Aufstellung der Finanzplanung weist nicht nur für die Europäische Union selbst eine hohe politische Tragweite auf, sondern auch für jedes ihrer Mitgliedstaaten auf einer innenpolitischen Ebene. Zum einen zieht diese eine Fixierung von Programmen und Fördermaßnahmen nach sich, durch die die Mitgliedstaaten in umfassender Weise profitieren. Zum anderen sind harte materielle Interessen der nationalen Regierungen betroffen, wenn es darum geht die Nettozahler- respektive Nettoempfänger-Position festzulegen und gegebenenfalls zu verändern.

Teil 2: Forschungskontext

1. Die Auswirkungen der Ost-Erweiterung auf die primärrechtliche Entwicklung der Institutionen und Abstimmungsverfahren der Europäischen Union: Die Vertragsreformen von Nizza und Lissabon

Die Erforschung der Erweiterungsfolgen muss im Lichte der Dynamik des Integrationsverlaufes und der damit verbundenen Entwicklung der europäischen Rechtsordnung betrachtet werden. Um zu beurteilen, ob die Europäische Union nach der großen Ost-Erweiterung handlungsfähig geblieben ist und inwieweit sich der Beitritt der MOE-Staaten auf die Prozesse der Entscheidungsfindung ausgewirkt hat, ist es notwendig, die Befugnisse der Beschlussorgane und ihre Stellung innerhalb des institutionellen Dezisionssystems sowie die Kompetenzen der Entscheidungsträger innerhalb der Organe zu kennen. Nur wenn das primärrechtliche Fundament und die verfahrensbezogenen Abläufe der Europäischen Union transparent sind, auf denen die EU-Gesetzgebung und das Zustandekommen von Beschlüssen beruhen, lässt sich die Black Box des Verhandelns und Entscheidens öffnen. Während der Vertrag von Nizza die Left over von Amsterdam aufgearbeitet hat, sollte es Aufgabe der Lissabonner Reform sein, die Versäumnisse von Nizza aufzuarbeiten und die Aufnahme von inzwischen dreizehn Staaten aus Mittel- und Ost-Europa auf einer institutionellen und verfahrensbezogenen Ebene endgültig zu konsolidieren. Das Funktionieren innerhalb der erweiterten EU hängt maßgeblich von der primärrechtlichen Struktur ab, die die Mitgliedstaaten als Herren der Verträge selbst etabliert haben.

Die ohnehin hohen Erwartungen an die Europäische Union in ihrer Funktion und Rolle als regionaler und globaler Akteur sind nach der großen Ost-Erweiterung weiter gestiegen. Dies gilt auch für die Erwartungshaltung innerhalb der eigenen Reihen an die Vorteile einer Mitgliedschaft. Vor allem die neuen EU-Staaten aus Mittel- und Ost-Europa, die enorme Reform- und Anpassungsleistungen im eigenen Land zur Vorbereitung auf den Beitritt bewältigen mussten, hegten große Hoffnung für die Zeit nach dem Beitritt. Um dem Anspruch an eine leistungsfähige Gemeinschaft gerecht zu werden, musste auch die Europäische Union selbst einen umfassenden Revisionsprozess in Gang setzen. Die Öffnung der EU nach Osten nahm im Vergleich zu den bisher erfolgten Erweiterungen sowohl quantitativ als auch qualitativ eine einzigartige Dimension ein. Innerhalb der neuen Union hat sich das Wohlstandsgefälle zwischen ihren

Mitgliedern noch weiter vergrößert. Bei den neuen Mitgliedstaaten handelt es sich ausnahmslos um Nettoempfänger, die auch langfristig auf finanzielle Transferleistungen aus dem EU-Haushalt angewiesen sind. Einfache statistische Sachverhalte deuten auf die Risiken der Ost-Integration hin. Die Europäische Union hat sich am 1. Mai 2004 sowohl in ihrer Fläche als auch in Bezug auf die repräsentierte Bevölkerungszahl um fast ein Viertel vergrößert, die Zahl der Mitgliedstaaten ist sogar um zwei Drittel angewachsen. Aus dieser Relation lassen sich drei maßgebliche Risikofaktoren deduzieren:

- Potentielle Negativeffekte auf die Entscheidungsfähigkeit der Union in Folge der veränderten Gruppengröße;
- Potentielle Negativeffekte in Folge der Aufnahme von ausschließlich Nettoempfängern;
- Gefahr einer fortschreitenden Verschiebung der Proportionalität in den Entscheidungsverfahren in Folge des Beitrittes vorrangig kleiner Staaten.

Die Ost-Erweiterung hat den Reformdruck auf die EU vor dem Hintergrund der veränderten Gruppengröße, dem Nebeneinander unterschiedlicher Interessen und einer mutmaßlich diffiziler werdenden Entscheidungsfindung zusätzlich erhöht. Die Gefahr einer wachsenden Heterogenität und Differenzierung innerhalb der Union, aber auch einer potentiellen Verschiebung der Machtbalance zwischen großen und kleinen Mitgliedstaaten verlangte nach einer neuen Vertragsgrundlage, die

- erstens von den alten und von den neuen Mitgliedstaaten gleichermaßen getragen wird,
- zweitens ein angemessenes Gleichgewicht zwischen großen und kleinen Mitgliedstaaten innerhalb der Institutionen und in den Abstimmungsverfahren herstellt und
- drittens die Akzeptanz der alten Mitgliedstaaten für ihre Entscheidung zur Öffnung nach Mittel- und Ost-Europa auch auf lange Sicht sicherstellt (Vgl. Jung/Weidenfeld 1997: 11–15).

Am Beispiel der Reform von Lissabon, die das vertragliche Gerüst für die heutige erweiterte EU bildet, gilt es nun zu prüfen, ob die Europäische Union einer ihrer konfliktträchtigsten Anpassungsleistungen aus eigener Kraft erfolgreich umsetzen konnte. Hierzu zählt die Revision ihrer institutionellen Struktur und der Entscheidungsverfahren, die sie zum Zwecke der Aufnahme der neuen Mitgliedstaaten aus Mittel- und Ost-Europa implementieren musste. Diesem Reformerfordernis kommt deshalb eine so große Bedeutung zu, da die Handlungsfähigkeit der Union maßgeblich von einem funktionierenden Zusammenspiel innerhalb und zwischen ihren Organen sowie ihrer Beschlussmechanismen abhängt. EU-Reformen folgen der Logik, konsensfähige Lösungen anzubieten, die den langfristigen Erfordernissen oftmals nicht gerecht werden. Im Rahmen dieses Kapitels möchte ich zunächst die Bereitschaft und Fähigkeit der Europäischen Union daraufhin überprüfen, ob es ihr gelungen ist, die Voraussetzungen für eine effiziente und zeitnahe Erfüllung der ihr anvertrauten Aufgaben zu schaffen und dabei gleichzeitig die Prinzipien der Subsidiarität und Verhältnismäßigkeit zu wahren. Dazu werde ich die in Nizza auf den Weg gebrachte und in Lissabon finalisierte Institutionen- und Verfahrensreform analysieren und bewerten.

Die jüngste Vertragsrevision von Lissabon sollte die Europäische Union transparenter machen und die Black-Box in Hinblick auf das Handeln ihrer Institutionen sowie deren Interaktion in den Entscheidungsverfahren öffnen. Tatsächlich findet mit Lissabon eine selektive Modifikation der Entscheidungskompetenzen zu Gunsten des Europäischen Parlamentes sowie eine Präzisierung der Zuständigkeit der EU gegenüber der Ebene der Mitgliedstaaten und den nationalen Parlamenten statt. Intention der Reform war es zugleich, die Beschlussfassung und die Abläufe in und zwischen den europäischen Organen zu optimieren und effizienter zu machen. Gleichzeitig sollten die institutionellen Strukturen modernisiert und in der Praxis besser auf die aktuellen politischen Herausforderungen vorbereitet werden. Inwiefern der Lissabonner Vertrag die Grundlagen zur Erfüllung dieser Anforderungen schafft, werde ich mit Hilfe einer Analyse der Neuordnung der Zusammensetzung und der Befugnisse der zentralen Entscheidungsorgane sowie anhand ihres Verhältnisses zueinander überprüfen. Inwiefern die aktuelle primärrechtliche Grundlage ein institutionelles Fundament errichtet hat, das dem Ziel des Lissabonner Vertrages nach mehr Transparenz und demokratischer Mitbestimmung gerecht wird, lässt sich an keinem anderen Beispiel authentischer als an dem der EU-Finanzverhandlungen nachvollziehen.

1.1. Primärrechtliche Einflussschranken: Die Prinzipien der begrenzten Einzelermächtigung, der Subsidiarität und der Verhältnismäßigkeit

Das EU-Entscheidungsgefüge ist gekennzeichnet durch die Parallelität von supranationalem und intergouvernementalem Regieren im Mehrebenensystem der Europäischen Union. Ihre Herrschaftsgewalt legitimiert sich durch den Transfer nationaler Souveränität an dieses System (Kramer 2005: 30). In dem Moment, in dem Nationalstaaten Aufgaben mit staatlicher Hoheitsgewalt an eine supranationale Ebene delegieren, willigen sie gleichzeitig darin ein, die Institutionen dieses Verbundes mit deren exekutiven Ausführung zu betrauen. Für die Legitimation gemeinschaftlicher Entscheidungen und nicht zuletzt für deren Akzeptanz auf Ebene der Mitgliedstaaten ist es von substanzieller Bedeutung wie europäisches Recht formal zustande kommt. Politische Herrschaft wird über den Weg kollektiver Beschlüsse ausgeübt, die im Rechtsrahmen des EU-Entscheidungssystems zustande kommen, in Form von Verordnungen und Richtlinien an die Mitgliedstaaten zwecks Implementierung weitergegeben werden und damit einen rechtsbindenden Charakter annehmen (Gehring et al. 2005: 11).

Das komplexe Entscheidungssystem der Europäischen Union ist durch eine eigentümliche Koexistenz aus intergouvernementalen und supranationalen Elementen gekennzeichnet. Trotz des hohen Grades an Vergemeinschaftung ist die Europäische Union bis heute ein Staatenverbund. Intergouvernementale Theorieansätze gehen davon aus, dass dieser von grundsätzlich souveränen Mitgliedstaaten getragen wird und über diese agiert. Demgemäß (be-) halten die Mitgliedstaaten im Prozess der Europäischen Integration sowie in allen wichtigen Entscheidungs- und Gesetzgebungsverfahren die Zügel auf Ebene der Union fest in den Händen. Diesem Verständnis zufolge sind sie die zentralen Akteure, die den Verlauf von EU-Entscheidungsprozessen dominieren, Verhandlungsabläufe in Abhängigkeit von ihrer Interessenlage vorantreiben beziehungsweise blockieren oder weitreichende Kompensationsmaßnahmen durchsetzen (Moravcsik 1998) (Vgl. Gehring et al. 2005: 11). Die Regierungen der Mitgliedstaaten treffen Beschlüsse innerhalb des Rates, indem sie Sitz und Stimme haben. Der Rat als Exekutivorgan ist zugleich rechtsetzendes Organ. In der Vergangenheit herrschte weitgehend die Rechtsmeinung vor, dass das direkt gewählte Europa-Parlament kein Gesetzgebungsorgan darstellt, sondern lediglich an der Rechtsetzung beteiligt ist (Kirchhof 1999). Diese Auslegung sowie die Wahrnehmung einer Übermacht des Rates gegenüber allen anderen Institutionen innerhalb des EU-Entscheidungssystems erscheint spätestens mit dem Reformvertrag von Lissabon nicht länger haltbar. EU-Beschlüsse sind das Ergebnis eines interinstitutionell ausdifferenzierten Verhandlungs- und Dezisionsgefüges, das nach strengen Verfahren und Vorgaben organisiert ist. Die Gestaltungsmacht der mitgliedstaatlichen Regierungen in den Entscheidungsverfahren hängt von der Unterstützung der supranationalen Organe, Kommission und Parlament, ab (Sandholtz/Sweet Stone 1997, zitiert nach Gehring et al. 2005: 11).

Eine Anlehnung an die lateinische Wurzel des Begriffs Integration (integrare = einrenken, wiederherstellen) erleichtert das Verständnis dafür, dass die Europäische Integration keine gleichbleibende Dynamik aufweisen kann, sondern sich vielmehr durch einen prozessualen Charakter auszeichnet. Der integrationspolitische Weg zur heutigen Gestalt der Union wird in der Literatur zurecht als *„evolutionärer Entwicklungsprozess mit offenem Ausgang"* beschrieben (Maurer 2005: 27). Gleichzeitig wurde dieser Prozess aufgrund seiner inhärenten *„gradualistischen Reformdynamik"* (Maurer 2005: 28) vielfach kritisiert. Hiermit ist gemeint, dass institutionelle und prozedurale Korrekturen in den europäischen Verträgen erst dann eingeleitet wurden, nachdem sich Modifikationen als unausweichlich darstellten. Trotz des natürlichen Spannungsverhältnisses zwischen Integration und Desintegration stellt sich die Frage, ob mit Lissabon eine veritable Weiterentwicklung stattgefunden hat. Im folgenden Kapitel wird sich die Frage stellen, inwiefern der neue EU-Vertrag ein geeignetes Rechtsgerüst für ein effizientes Institutionen- und Entscheidungssystem innerhalb der erweiterten Union bietet.

Die aktuelle primärrechtliche Grundlage für die Gesetzgebungs- und Handlungsbefugnis der Europäischen Union bildet das Vertragswerk von Lissabon. Die konsolidierten Fassungen des Vertrags über die Europäische Union und des Vertrags über die Arbeitsweise der Europäischen Union stellen klassische intergouvernementale Verträge dar. Ihren rechtsverbindlichen Charakter erhalten die beiden Teilverträge durch ihre Genese: Die Mitgliedstaaten der Europäischen Union haben diese konzipiert und nach den jeweiligen Voraussetzungen ihres nationalen Verfassungsrechts auf den Weg gebracht. Die Union erhält ihre Handlungsbefugnis und Autorität durch die Abgabe von Souveränitätsrechten ihrer Mitglieder an die supranationale Ebene („Souveränitätsgewinn durch Souveränitätsverzicht"). Die Europäische Union bildet eine Rechtsgemeinschaft mit eigener Rechtspersönlichkeit: Ihre Organe setzen unmittelbar geltendes Recht, das sogenannte Sekundärrecht, und vollziehen und überwachen dessen Durchsetzung. Hierdurch wird im Verhältnis zum nationalen Recht der Mitgliedsländer eine vorrangige Rechtsordnung ausgebildet: Europarecht bricht nationales Recht. Die europäischen Institutionen sind dabei streng an die in den intergouvernementalen Verträgen verankerten Befugnisse gebunden, die ihnen in diesem Rahmen verliehen wurden. Die Ausübung eines im Staatsrecht als „Kompetenz-Kompetenz" bezeichneten autonomen Generierens von Zuständigkeiten durch die EU oder ihre Organe selbst ist ausgeschlossen (Piepenschneider 2012: 16/17).

Es besteht kein Zweifel, dass die nationalen Mitgliedstaaten bis heute die treibenden Kräfte der Europäischen Integration sind. In diesem Sinne wägen sie ab in welchen Bereichen und in welchem Ausmaß sie Souveränität an Europa abgeben.[31] Dabei stehen gemeinsame Ziele im Vordergrund wie die Wahrung

31 Die mit dem Vertrag von Maastricht geschaffene Drei-Säulen-Struktur unter dem Dach der Europäischen Union wurde im Rahmen der Lissabon-Revision aufgehoben.

und Fortentwicklung der europäischen Integration, die sicherheitspolitische Integrität der Gemeinschaft sowie das Erreichen ökonomischen Fortschritts und Wohlstands über einen engen Zusammenschluss der Volkswirtschaften und die Förderung deren harmonischen Entwicklung. Im Entstehungsprozess des Lissabonner Vertrages gab es unterschiedliche Vorstellungen in Hinblick auf die Frage einer möglichen Konstitutionalisierung der Gründungsverträge sowie der Kompetenzabgrenzung zwischen nationaler und supranationaler Ebene. Die Kommission sprach selbst offiziell von einer Neuverteilung der Befugnisse zwischen der EU und den Mitgliedstaaten. Tatsächlich wurde in vielen Bereichen eine klarere Ausformulierung der Zuständigkeiten vollzogen. Im Unterschied zur Konzeption des gescheiterten Verfassungsvertrages wurde allerdings strikt darauf geachtet, dass explizit kein weiterer Kompetenztransfer von den Mitgliedstaaten an die Europäische Union stattfindet. Vielmehr bleibt die seit der Vertragsrevision von Nizza geltende Kompetenzverteilung zwischen Europäischer Union und ihren Mitgliedstaaten auf dieser Rechtsgrundlage bestehen. Demzufolge ist auch kein Integrationsrückschritt in Form einer Souveränitätsabgabe von der Gemeinschaft an die nationale Ebene festzustellen (Vgl. Maier 2007). Die Ablehnung des EU-Verfassungsvertrages über nationale Referenden und die anhaltende Kritik, *„die EU sei eine alle Grenzen ausschöpfende und in Teilen sogar überschreitende Organisation, die einmal auf sie übertragene Aufgaben nicht mehr aufzugeben bereit sei"* (Piepenschneider 2012: 18), stellte die mitgliedstaatlichen Regierungen im Vorfeld der jüngsten Reform des Primärrechts vor eine große Herausforderung. Einerseits mussten die wichtigsten politischen Ziele in das neue Vertragswerk hinübergerettet werden, andererseits waren unmissverständliche Änderungen notwendig, um ein erneutes Scheitern zu verhindern. Die Mitgliedstaaten einigten sich auf die Einbindung einer nie dagewesenen Rechtsklausel in das Primärrecht. Der Vertrag von Lissabon schafft erstmalig die Rechtsgrundlage der Option einer Rückverlagerung von EU-Kompetenzen an ihre nationalen Mitgliedstaaten (ebenda). Andere Einflussschranken bestehen im europäischen Gemeinschaftsrecht bereits seit Integrationsbeginn. Hier ist vor allem das Prinzip der begrenzten Einzelermächtigung zu benennen. Dieses wird

---

Die Auflösung der Pfeilerstruktur führte in der zweiten Säule der Gemeinsamen Außen- und Sicherheitspolitik zu keiner Vergemeinschaftung. Entscheidungen fallen auch nach dem neuen Europarecht gemäß dem Prinzip der gouvernementalen Zusammenarbeit. Für die vormalig dritte Säule der polizeilichen und justiziellen Zusammenarbeit, die nun dem Gemeinschaftsrecht untersteht, gelten besondere Verfahren, in deren Rahmen die nationalen Regierungen weitreichende Einflussmöglichkeiten bewahren.

durch zwei weitere Grundsätze ergänzt, die insbesondere im Bereich der europäischen Gesetzgebung Anwendung finden sollen: das Subsidiaritätsprinzip[32] und das Prinzip der Verhältnismäßigkeit. Alle drei Grundsätze sind in Artikel 5 des Vertrags von Lissabon zur Änderung des Vertrags über die Europäische Union und des Vertrags zur Gründung der Europäischen Gemeinschaft festgeschrieben.

Hier heißt es:

> „(1) *Für die Abgrenzung der Zuständigkeiten der Union gilt der Grundsatz der begrenzten Einzelermächtigung. Für die Ausübung der Zuständigkeiten der Union gelten die Grundsätze der Subsidiarität und der Verhältnismäßigkeit.*
> (2) *Nach dem Grundsatz der begrenzten Einzelermächtigung wird die Union nur innerhalb der Grenzen der Zuständigkeiten tätig, die die Mitgliedstaaten ihr in den Verträgen zur Verwirklichung der darin niedergelegten Ziele übertragen haben. Alle der Union nicht in den Verträgen übertragenen Zuständigkeiten verbleiben bei den Mitgliedstaaten.*
> (3) *Nach dem Subsidiaritätsprinzip wird die Union in den Bereichen, die nicht in ihre ausschließliche Zuständigkeit fallen, nur tätig, sofern und soweit die Ziele der in Betracht gezogenen Maßnahmen von den Mitgliedstaaten weder auf zentraler noch auf regionaler oder lokaler Ebene ausreichend verwirklicht werden können, sondern vielmehr wegen ihres Umfangs oder ihrer Wirkungen auf Unionsebene besser zu verwirklichen sind. (…)*
> (4) *Nach dem Grundsatz der Verhältnismäßigkeit gehen die Maßnahmen der Union inhaltlich wie formal nicht über das zur Erreichung der Ziele der Verträge erforderliche Maß hinaus*“ (Artikel 5 Absatz 1 bis 4 EUV (ex-Artikel 5 EGV)).

Die Europäische Union wird bis heute von den politischen Eliten der nationalen Regierungen getragen und gesteuert. Der Reformprozess von Lissabon war von Beginn an eng mit dem Postulat nach mehr Transparenz und einer demokratischen Konsolidierung der EU verbunden. In den Augen vieler Kritiker wurden

32 Das Subsidiaritätsprinzip sieht vor, dass die Gemeinschaft nur dann aktiv werden darf, insofern die Ziele mit den auf nationaler Ebene zur Verfügung stehenden Mitteln und Maßnahmen nicht erreicht oder aufgrund ihres Umfangs und ihrer Wirkungen effizienter auf supranationaler Ebene umgesetzt werden können. Dabei darf die Problematik nicht übersehen werden, dass diese Bestimmung keine klaren Vorgaben liefert an Hand derer eine sachgerechte Überprüfung einer Befugnis und gegebenenfalls eine wirksame Abwehr gemeinschaftlicher Regelungsansprüche erfolgen kann. Die finale Entscheidung über die Zuständigkeit obliegt der subjektiven Beurteilung der Unionsorgane und ihrer Entscheidungsträger. Darüber hinaus hängt die Umsetzungsfähigkeit von Politikzielen vom individuellen Leistungsvermögen respektive der Wirtschaftskraft der jeweiligen EU-Staaten ab und kann daher variieren (Münch 1996: 75, Fußnote 85).

diese Vorgaben nicht zufriedenstellend gelöst. Jürgen Habermas bescheinigt der primärrechtlichen Grundlage nach Lissabon einen Mangel an demokratischer Legitimation sowie an Partizipation der Bürgerinnen und Bürger am Prozess der politischen Willensbildung (Habermas 2011). Er merkt an, dass *„eine gefährliche Asymmetrie zwischen der demokratischen Teilnahme der Staatsvölker an dem, was ihre Regierungen auf der subjektiv entfernten Brüsseler Szene für sie selbst „herausholen", und der Indifferenz, ja Teilnahmslosigkeit der Unionsbürger im Hinblick auf die Entscheidungen ihres Parlaments in Straßburg"* besteht (Habermas 2011: 47).

In Hinblick auf diese Kritik stellt sich die Frage, welche Regelungen der Lissabon-Vertrag in seiner rechtstheoretischen Ausgestaltung vorsieht, um eine demokratische Willensbildung auszuformen, die legitimatorischen Grundlagen der EU zu festigen und vor allem um die Akzeptanz der Unionsbürger innerhalb der Mitgliedstaaten zurückzugewinnen? Konnten die Rechte des Europa-Parlamentes angemessen gestärkt werden, wie dies seit Jahren im Rahmen der europäischen Demokratiedebatte gefordert wird? Mit der Aufnahme von Artikel 10 des EU-Vertrags (Titel II – Bestimmungen über die demokratischen Grundsätze) stärkt der Lissabonner Vertrag die Europäische Union in ihrer Legitimation, politische Herrschaftsgewalt auszuüben. Artikel 10 EUV Absatz 1 macht deutlich, dass die Arbeitsweise der Union auf dem Prinzip der repräsentativen Demokratie beruht. Durch die Hervorhebung des Prinzips der repräsentativen Demokratie und deren Konkretisierung in Artikel 10 EUV Absatz 2 bis 4 hat die Europäische Union ihre Herrschaftsausübung im Europarecht ausdifferenziert und stärker als bisher legitimiert. Zweitens setzt das Primärrecht nach Lissabon wie kein anderer Vorgängervertrag das Prinzip einer doppelten Legitimation um, indem es die parlamentarischen Rechte sowohl auf horizontaler als auch auf vertikaler Ebene ausbaut: Innerhalb des europäischen Institutionengefüges vergrößert der Vertrag den Einfluss des direkt gewählten Europäischen Parlamentes, indem er es mit zusätzlichen Befugnissen ausstattet. In den vertikalen Beziehungen manifestiert der Vertrag einen Machtzuwachs der nationalen Parlamente mit Hilfe deren breitflächiger Einbindung in die Ausübung europäischer Herrschaft (Artikel 12 EUV) (Vgl. Lammert 2009; Terhechte 2008: 183). Darüber hinaus proklamiert der Lissabonner-Vertrag die Beachtung und Anwendung des Grundsatzes der Subsidiarität und der Verhältnismäßigkeit in den von der Union vorgesehenen Verfahren (Artikel 12 Buchstabe b EUV).

Die heutige rechtliche Konstruktion der Europäischen Union und die Ausgestaltung ihrer Funktionsmechanismen ist das Produkt einer prozesshaften Entwicklung. Die Besonderheit des Primärrechts und seiner Implementierung liegt darin, dass seit Beginn der europäischen Einigung der Weg das Ziel war, nämlich effiziente Organe und Strukturen zu etablieren, die das Verfolgen der gemeinsamen Bestimmung, Werte und Zielsetzungen überhaupt erst möglich machen. Die Mitgliedstaaten waren sich von Anbeginn über die Notwendigkeit einer kontinuierlichen Fortentwicklung und Festigung des Institutionengefüges einig. Allen Souveränitätsvorbehalten zum Trotz zählte hierzu die Ausstattung der EG/EU-Organe mit einer eigenen Entscheidungsgewalt und deren Absicherung durch eine angemessene demokratische Legitimierung. Das Wesen und die Qualität der Europäischen Integration waren und sind zu jeder Zeit von der Funktions- und Handlungsfähigkeit ihres institutionellen Fundamentes abhängig. Dies galt in der Europäischen Gemeinschaft der sechs Gründerstaaten und gilt gleichermaßen in der Europäischen Union mit heute 27 Mitgliedstaaten aus allen Teilen Europas (Vgl. Europäische Kommission 2000). Mit dem Vertragswerk von Lissabon erweist sich die Reform der Institutionen innerhalb der erweiterten Union als (vorerst) abgeschlossen. Eine Untersuchung der Folgen der Öffnung nach Mittel- und Ost-Europa ist nur dann möglich, wenn das Innere der Europäischen Union aufgebrochen und ihre Handlungsfähigkeit am Funktionieren der internen Strukturen und Abläufe messbar gemacht wird. Hierzu ist es notwendig, die institutionelle Verfasstheit, die Entscheidungsprozesse, die Kompetenzverteilung in und zwischen den EU-Organen sowie deren primärrechtliche Veränderungen auf dem Stand der Lissabonner Union zu beleuchten. Die Neuordnungen von Nizza und Lissabon sollen daher im Nachfolgenden einer unvoreingenommen Analyse und Bewertung unterzogen werden. Inwiefern es der Europäischen Union gelungen ist, mit dem jüngsten Rechtskonstrukt die notwendigen Reformobligationen aufzulösen, die für ein funktions- und handlungsfähiges, effizientes und zugleich demokratisches Herrschafts- und Entscheidungssystem erforderlich sind, sollen nachfolgendes Kapitel sowie die Fallstudie zur Verhandlung um den Jahreshaushalt 2011 zeigen.

1.2. Institutionen- und Verfahrensreform

1.2.1. Reform der Stimmengewichtung im Rat: Qualifizierte Mehrheit und Sperrminorität

Im Rat der Europäischen Union (auch Ministerrat oder kurz Rat genannt) sind die Regierungen der Mitgliedstaaten vertreten. Eine seiner wichtigsten Aufgaben ist es, die vertraglich verankerten Ziele der Gemeinschaft zu erfüllen sowie die Gesetze der Union zu erlassen.[33] Der Ministerrat übt seine gesetzgebende Funktion zusammen mit dem Europäischen Parlament aus. Dabei nimmt jeweils ein Ressortminister in Abhängigkeit vom zu verhandelnden Politikfeld aus jedem Mitgliedstaat an den Tagungen des Rates teil. Diese werden vom Ständigen Vertreter oder dem Stellvertreter des Ständigen Vertreters im Verlauf der Sitzungen beraten. Der Rat tagt auf Ministerebene in insgesamt zehn verschiedenen Konstellationen.[34] So bilden etwa die Wirtschafts- und Finanzminister den Rat Wirtschaft und Finanzen (auch ECOFIN-Rat genannt). Trotz dieser Vielfalt ist der Ministerrat nur ein einziges Organ, allein seine Zusammensetzung ist je nach Sachbereich eine andere. Obwohl der Rat als eines der Gemeinschaftsorgane die Interessen der EU als Ganzes vertreten soll, treffen die von den nationalen Regierungen entsandten Fachminister respektive EU-Botschafter in der politischen Praxis keine Entscheidung, ohne dabei die Vor- und Nachteile für das eigene Land abzuwägen (Krätschell/Renner 2000: 12/13).

Im Regelfall entscheidet der Rat gemeinsam mit dem Europäischen Parlament auf der Grundlage von Gesetzesinitiativen der Kommission. Bei Betrachtung der Aufgaben des Ministerrates wird deutlich, dass sich innerhalb dieser zentralen EU-Institution die Kompetenzen eines Legislativorgans mit denen eines Exekutivorgans vermengen. Dem Rat untersteht die Ausführungsbefugnis. Diese delegiert er in der Praxis an die Kommission. Seine wesentlichen Handlungsfelder lassen sich wie folgt zusammenfassen:

---

33 Zu den Aufgaben des Rates: Vgl. Fritzler/Unser (2001: 50–54); Hartwig/Umbach (2002: 315–320)

34 Der Rat kommt in nachfolgenden Formationen 70 bis 80 Mal per annum zusammen: 1. Allgemeine Angelegenheiten; 2. Auswärtige Angelegenheiten; 3. Wirtschaft und Finanzen (einschließlich Haushalt); 4. Justiz und Inneres (einschließlich Katastrophenschutz); 5. Beschäftigung, Sozialpolitik, Gesundheit und Verbraucherschutz; 6. Wettbewerbsfähigkeit inklusive Tourismus (einschließlich Binnenmarkt, Industrie, Forschung); 7. Verkehr, Telekommunikation und Energie (einschließlich audiovisueller Bereich); 8. Landwirtschaft und Fischerei; 9. Umwelt; 10. Bildung, Jugend und Kultur.

- Gesetzgebungsbefugnis;
- Anordnung von Rechtsvorschriften;
- Mitentscheidungsbefugnis in den Haushaltsverfahren (Mehrjähriger Finanzrahmen, Jahreshaushalt);
- Koordinierung der Wirtschaftspolitik der Mitgliedstaaten;
- Tragende Funktion in der Gemeinsamen Außen- und Sicherheitspolitik (GASP) sowie in der Europäischen Sicherheits- und Verteidigungspolitik (ESVP);
- Autorisierung der Kommission, Verträge mit Drittstaaten und internationalen Organisationen zu verhandeln und gegebenenfalls zum Abschluss zu bringen.

Der vorsitzende Mitgliedstaat[35] beruft die Ratssitzungen ein und organisiert diese. Um die Kohärenz seiner Arbeit sicherzustellen, wird die amtierende Ratspräsidentschaft von dem vorangegangenen und dem nachfolgenden vorsitzenden Mitgliedstaat unterstützt. Diese bilden für 18 Monate die sogenannte Troika. Die drei jeweils aufeinander folgenden Präsidentschaften stimmen ihre politische Planung und ihr Programm aufeinander ab, da deren Umsetzung in einem Rahmen von nur sechs Monaten im Regelfall nicht durchführbar erscheint. Die Festlegung der Reihenfolge wurde mit dem Vertrag von Lissabon erstmalig vertraglich fixiert. Die Mitgliedstaaten einigten sich darauf, den Vorsitz in den verschiedenen Ratsformationen dahingehend festzuschreiben, dass ein gleichberechtigtes Rotationsprinzip obligat wird. Dieses muss bei der Auswahl der aufeinanderfolgenden Präsidentschaften geografischen und sozioökonomischen Faktoren sowie dem Kriterium der Bevölkerungszahl Rechnung tragen. Die Ratspräsidentschaft ist deshalb von enormer Bedeutung, da das amtierende Unionsmitglied nicht nur die Tagungen des Ministerrates organisiert und leitet, sondern auch eine Mittlerposition im Falle von Unstimmigkeiten zwischen einzelnen Unionsländern oder Institutionen etwa zwischen dem Rat und dem Parlament einnimmt. Dabei ist es nicht ausgeschlossen, dass es zu einem Spannungsverhältnis zwischen den nationalen Interessen des eigenen Herkunftslandes und den Interessen anderer Mitgliedstaaten (Fragen der Kohäsion, Beitragsgerechtigkeit) oder zu Präferenzdifferenzen zwischen Rat und den supranationalen Organen mit Blick auf die allgemeinen Ziele und Prinzipien der Gemeinschaft kommen kann. Um keinen Imageverlust zu riskieren und bei wichtigen Verhandlungen einem Scheitern präventiv entgegenzusteuern, versuchen die vorsitzenden Mitgliedstaaten die nationalen Staatsinteressen nicht über die der Gemeinschaft zu stellen.

---

35 Der Vorsitz im Rat rotiert halbjährlich und wird vom Europäischen Rat über einen langen Planungszeitraum im Vorfeld festgelegt.

Ratssitzungen, in deren Rahmen Entwürfe zu Legislativakten beraten werden oder über diese abgestimmt wird, finden nach Lissabon öffentlich statt (Artikel 15 Absatz 2 EUV). Weiterhin gibt es eine Veröffentlichungspflicht in Hinblick auf Abstimmungsresultate, Erklärungen zur Stimmabgabe oder sonstige Protokollerklärungen. Dieser Fortschritt kann jedoch dazu führen, dass mitgliedstaatliche Delegationen in Ministerratsentscheidungen anders abstimmen als dies im Falle nicht-öffentlicher Dezisionen gegeben wäre. Die Ratsmitglieder sehen sich in ihrer gleichzeitigen Funktion als Fachminister in den nationalen Regierungen häufig einem Zwiespalt ausgesetzt: Einerseits bringen sie innerhalb dieser legislativen Schaltstelle des Entscheidungssystems Beschlüsse mit hoher Tragweite im Sinne des europäischen Gemeinwohls und der Ziele der Europäischen Union auf den Weg. Andererseits kennen sie die nationalen Interessen ihrer Herkunftsländer und müssen ihre politische Richtung und ihr Abstimmungsverhalten vor den heimischen Regierungen verantworten. Hinzu kommt der Druck, diese Entscheidungen in den jeweiligen Mitgliedstaaten gegenüber nationalen Medien, der Öffentlichkeit sowie der Opposition zu rechtfertigen. Da Abstimmungen bis dato nicht öffentlich stattfanden, gehörte es vor Lissabon zur gängigen Praxis, Ratsentscheidungen mitzutragen und sich dann nach Außen von diesen zu distanzieren. Obgleich heute in zahlreichen Politikbereichen Mehrheitsentscheidungen im Rat möglich sind, wird eine Beschlussfindung im Konsens angestrebt. In den Fällen, in denen es Ministern mit konträren Positionen nicht möglich erscheint, Gesetzesvorhaben zuzustimmen, sind Mehrheitsbeschlüsse hilfreich, um ein Voranschreiten auf supranationaler Ebene sicherzustellen. Sie erlauben den Ratsmitgliedern, mögliche Spannungen angesichts divergenter Erwartungen ihrer Herkunftsländer zu vermeiden. Im Falle eines Einstimmigkeitserfordernisses sind solche Umwege nicht möglich. Auf dem Handeln aller Ratsmitglieder ruht zugleich ein sogenannter Schatten der Zukunft. Für die Amtsinhaber ist es daher wichtig, bei allen Entscheidungen diplomatisch zu interagieren und zu berücksichtigen, dass jeder Mitgliedstaat bei folgenden Verhandlungen auf die Unterstützung der anderen Staaten angewiesen sein kann (Vgl. Piepenschneider 2012: 24–26).

Jede Erweiterung vergrößert die Interessenpluralität innerhalb des Staatenverbundes. Im Vorfeld der Regierungskonferenz von Lissabon bestand zwischen allen Staats- und Regierungschefs ein grundsätzlicher Konsens über die Notwendigkeit der Ausdehnung von Mehrheitsbeschlüssen im Rat. Eine Beschlussfassung mit qualifizierter Mehrheit erhöht die Entscheidungseffizienz und Handlungsfähigkeit im Rat, da politische Verhandlungs- und Abwägungsprozesse in Gang gesetzt werden, die im Idealfall eine Kooperations- oder Kompromissbereitschaft zwischen den Mitgliedstaaten einleiten. Gleichzeitig werden Begründungszwänge geschaffen, die zu mehr Transparenz im supranationalen Entscheidungsprozess führen (Giering 2001: 89). Mit dem Vertrag von Lissabon werden Abstimmungen mit qualifizierter Mehrheit zur Regel und der Anwendungsbereich der Einstimmigkeit wird weiter reduziert. In Artikel 16 Absatz 3 des EU-Vertrages heißt es: „*Soweit in den Verträgen nichts anderes festgelegt ist, beschließt der Rat mit qualifizierter Mehrheit.*" Allerdings setzt der Übergang von der Einstimmigkeit zur Mehrstimmigkeit in einem Politikbereich auch nach der jüngsten Vertragsrevision die einstimmige Zustimmung aller Mitgliedstaaten voraus. Zudem behalten alle nationalen Parlamente ein Vetorecht, mit dem sie eine Überführung in die einstimmige Beschlussfassung verhindern können (Europäische Kommission – Generaldirektion Kommunikation 2009). Gleichwohl verbleibt auch in der Lissabonner Union in einigen Politikbereichen die Maßgabe der Einstimmigkeit als Relikt der Wahrung nationaler Souveränität die alleinige Form der Beschlussfassung. Dies gilt für besonders sensible Bereiche wie die Aufnahme neuer Mitgliedstaaten, die Steuerpolitik, die Sozialpolitik und die soziale Sicherheit, die GASP sowie die operative polizeiliche Zusammenarbeit zwischen den EU-Staaten.

Das Abstimmungsverfahren der Einstimmigkeit ist unmittelbarer Ausdruck des Gleichheitsprinzips zwischen den Mitgliedstaaten. Die Nachteile einer Abkehr vom Einstimmigkeitsprinzip dürfen an dieser Stelle nicht vernachlässigt werden. Unabhängig von der geografischen oder demografischen Größe hält jedes EU-Land die gleiche Einflussmöglichkeit inne, indem es Entscheidungen in Abhängigkeit von der nationalen Interessenlage blockieren kann. Eine Ausweitung des Mehrheitsentscheides kann bedeuten, dass Beschlüsse gegen den Willen einzelner Mitgliedstaaten gefällt werden. Aus einem Unbehagen, Entscheidungen mittragen zu müssen, die mit nationalen Interessen nicht kompatibel sind, können Frustrationseffekte entstehen. Es besteht die Gefahr, dass die überstimmten Länder die Umsetzung gegen ihren Willen getroffener Legislativen auf nationaler Ebene verlangsamen oder Abstimmungen zu anderen Themen blockieren. Solche Entwicklungen können die Harmonisierung der EU-Gesetzgebung behindern und stehen dem Ziel einer dynamischen Entwicklung im Prozess der Europäischen Integration entgegen. Dagegen bieten Konsensentscheidungen den Vorteil, dass diese von allen Mitgliedstaaten getragen und in der Regel zeitnah implementiert werden. Gleichwohl bestehen auch Nachteile: Einstimmige Abstimmungsverfahren sind oft mit hohen Kosten verbunden, die sich aus einem langwierigen Aushandlungsprozess, einer meist langen Verhandlungsdauer und hohen politischen Ausgleichzahlungen ergeben. Das Einstimmigkeitserfordernis birgt nicht nur das Risiko, dass das Veto eines einzigen Mitgliedstaates ein Legislativdossier zum Scheitern bringen kann. Vielmehr werden lediglich Initiativen zur Abstimmung gebracht, die im Vorfeld eine Einigung erwarten lassen. Nicht konsensfähige Gesetzesentwürfe verbleiben in den vorgeschalteten Ausschüssen. Andere Eingaben werden auf den kleinsten gemeinsamen Nenner reduziert. In der Praxis liegt die eigentliche Problematik in der Aufweichung ursprünglicher Kommissionsinitiativen. So werden gemäßigte oder stark modifizierte Kompromisslösungen gefunden, die eine Zustimmung im Rat erwarten lassen. Die europäische Gesetzgebung kann nur dann im Sinne des europäischen Gemeinwohls gestaltet werden, wenn diese nicht vordergründig dem Diktat des Strebens nach Konsensfähigkeit der Interessen der heute 27 mitgliedstaatlichen Regierungen unterliegt. Dies kann über den Weg des Mehrheitsentscheides gelingen (Giering 1999: 64).

Eine erste Konsequenz der Ost-Erweiterung war die Notwendigkeit einer primärrechtlichen Neuregelung der Stimmengewichtung im Rat, die sich auf die Entscheidungsprozesse im wichtigen gouvernementalen Gesetzgebungsorgan auswirkt. Im Verlauf der jüngsten Reformdebatte von Lissabon rückte die Forderung nach einer Erhöhung der Entscheidungseffizienz im Rat mit dem Ziel der Aufrechterhaltung der Handlungsfähigkeit innerhalb der erweiterten Union in den Vordergrund. Diese Zielsetzung schien nur auf dem Weg einer Reduzierung der Hürden für qualifizierte Mehrheitsentscheidungen umsetzbar zu sein. Die Neuverhandlung einer Stimmengewichtung im Rat musste sich an der rechtlichen Ausgangslage von Nizza orientieren. Neben der Anpassung der Stimmen im Rat wurde zugleich eine Korrektur der Mehrheits- und Blockadeschwelle notwendig. Von Anbeginn der Europäischen Einigung spiegelten sich die Größendifferenzen der Mitgliedstaaten in der Stimmengewichtung wider. Eine Reform der Stimmengewichtung im Rat bot die Chance, die Machtverhältnisse zwischen kleinen, mittelgroßen und großen Staaten neu auszubalancieren und zudem die Beitrittsstaaten mit einem angemessenen Gewicht auszustatten. Eine Kompromissformel musste zwei Konfliktlinien versöhnen. Aufgrund der mit der Ost-Erweiterung einhergehenden quantitativen Zunahme kleiner Staaten innerhalb der Europäischen Union forderten die großen Staaten eine Neuregelung der Stimmengewichtung, die die Überstimmung der Großen durch die Kleinen mathematisch ausschließen sollte: Die Gewichtung der Stimmen müsse der Bevölkerungsgröße der Mitgliedstaaten Rechnung tragen. Die kleinen Staaten hingegen fürchteten eine Solidarisierung der großen Staaten und ein damit einhergehendes Machtungleichgewicht, das die kleinen Staaten benachteiligt. Sie sahen sich der Gefahr ausgesetzt, dem Interessendiktat der Großen unterworfen zu werden und eine Marginalisierung innerhalb der EU zu erfahren.[36]

36 Tatsächlich ließ die Notwendigkeit über eine Institutionenreform zu verhandeln alte Konflikte wieder aufbrechen: Einige Mitgliedstaaten nutzten die Ratsreform in Nizza als Verhandlungsplattform, um alte Rivalitäten auszutragen, machtpolitische Ansprüche geltend zu machen oder zumindest, um eine Ungleichbehandlung abzuwenden. So war Frankreich unter keinen Umständen bereit, gegenüber der Bundesrepublik

Bereits im Zuge der Erweiterung der EG-9 auf eine EU-15 vergrößerte sich die Union mit Ausnahme Spaniens um kleine bis mittelgroße Staaten. Im Falle der Beibehaltung des Status quo hätte sich spätestens mit dem Beitritt vorrangig kleiner Staaten aus Mittel- und Ost-Europa das relative Gewicht der großen Staaten weiter verringert.[37] Mit Blick auf die Handlungsfähigkeit der EU nach der großen Ost-Erweiterung galt es bei der Festlegung der neuen Stimmengewichtung ein Augenmerk auf die Bildung von Gestaltungsmehrheiten zu lenken, anstatt alle Varianten einer Sperrminorität vollständig auszuloten. Gleichwohl versuchten vor allem die großen Staaten ihre (gemeinsame) Blockade-Option weiterhin offen zu halten.

Die Staats- und Regierungschefs einigten sich in Nizza auf das Heraufsetzen der Stimmen aller Länder mit Wirkung zum 1. Januar 2005: Die Aufteilung der Stimmen bewegte sich in einer Spanne von drei Stimmen (für Malta) und 29 Stimmen (für Deutschland, Frankreich, Großbritannien und Italien). Die Gewichtung der Stimmen erfolgte in Abhängigkeit von der demografischen Größe der Mitgliedstaaten. Die Reform stärkte die Position der großen Länder. Damit wurde der im Amsterdamer Protokoll fixierten politischen Kompromissformel Rechnung getragen, die großen Mitgliedsländer hinsichtlich ihres Verzichtes auf die Entsendung des zweiten EU-Kommissars zu entschädigen. In Zahlen übersetzt bedeutet dies, dass die großen Staaten ab dem 01.01.2005 eine Stimmenaufwertung um den Faktor 2,9 (dies entspricht einer Erhöhung der Stimmen von zehn auf 29) erfahren haben. Die verhältnismäßig höchste Aufwertung konnte Spanien mit einem Faktor von 3,4 (dies entspricht einer Erhöhung der Stimmen von 8 auf 27) durchsetzen. Der Südstaat Spanien machte damit seinen Anspruch geltend, einen annähernd gleichen Status wie die vier größten Unionsstaaten zu erlangen. Das Land erhielt damit nur zwei Stimmen (dies entspricht einem prozentualen Anteil von 6,9 Prozent) weniger als Deutschland, Frankreich, Großbritannien und Italien, obwohl es zum Zeitpunkt der Einigung in Nizza 31,6 Prozent weniger Einwohner als Italien und sogar 52,0 Prozent weniger Einwohner als Deutschland zählte. Innerhalb der Gruppe mittelgroßer Staaten wurden Österreich und Schweden gegenüber den marginal bevölkerungsstärkeren Staaten Belgien, Griechenland und Portugal leicht privilegiert. Griechenland konnte jedoch

---

Deutschland schlechter gestellt zu werden, Belgien nicht gegenüber den Niederlanden und Spanien als kleinster Mitgliedstaat unter den Großen versuchte zu verhindern, eine Benachteiligung gegenüber Deutschland, Frankreich, Großbritannien und Italien zu erfahren (Bertelsmann Europa-Kommission 2000).

37 Bei einer Fortführung der Rechtsgrundlage von Amsterdam wären qualifizierte Mehrheitsentscheidungen mit 71 Prozent der Stimmen im Rat zustande gekommen, die lediglich 50 Prozent der EU-Bevölkerung repräsentiert hätten (Giering 2001: 71).

seinen Einfluss zu Gunsten Zyperns geltend machen. Die Stimmengewichtung der neuen Mitgliedstaaten erfolgte nicht nach objektiven Berechnungskriterien. Während Litauen mit sieben Stimmen Einfluss auf Entscheidungen mit qualifizierter Mehrheit nehmen konnte, mussten sich Estland, Lettland und Slowenien mit nur vier Stimmen zufrieden geben, demnach mit ebenso vielen Stimmen wie die Kleinststaaten Luxemburg und Zypern. Die mathematische Faktizität, dass Lettland von Litauen zum Verhandlungszeitpunkt lediglich ein Bevölkerungsanteil von 34,1 Prozent trennte und Luxemburg 82,4 Prozent weniger Einwohner als Lettland zählte, deutet augenscheinlich darauf hin, dass die alten Mitgliedstaaten im Vergleich zu den neuen Unionsländern bevorzugt behandelt wurden (Vgl. Giering 2001: 76–79). Polen als einziges großes Neumitglied wurde mit 27 Stimmen im Vergleich zu den alten großen EU-Ländern besonders begünstigt. Insgesamt muss mit Ausnahme Polens augenscheinlich von einer Benachteiligung der Beitrittskandidaten gesprochen werden, die sich vor allem auf den Einfluss Frankreichs zurückführen lässt. Resümierend bleibt festzuhalten, dass der Gipfel von Nizza als politisch ausgehandelter Kompromiss erscheint. Die verhandelte Stimmenverteilung hat in der Nachbetrachtung den Eindruck der Willkür erweckt und stellt daher zurecht einen der maßgeblichen Kritikpunkte an der Institutionenreform von Nizza dar. Gründe waren zum einen der Unwille einzelner alter EU-Staaten, weitere Machtverschiebungen innerhalb der Union zuzulassen. Zum anderen muss von einem mangelnden Vertrauensvorschuss der alten Mitgliedstaaten in eine konstruktive Einflussnahme der neuen Länder im mächtigen Organ der Gemeinschaft ausgegangen werden. Beide Aspekte führten dazu, dass sich die Gewichtung der Stimmen der zehn MOE-Staaten im Verhältnis zu den alten EU-Ländern keineswegs gleichberechtigt darstellte.[38]

Auch nach Inkrafttreten des Lissabon-Vertrages fand bis zum 31. Oktober 2014 vertragskonform die im Primärrecht von Nizza etablierte Regelung Anwendung. Diese forderte eine doppelte Mehrheit ein, die streng genommen der Einhaltung einer dreifachen Mehrheit und damit auch Legitimation entsprach. Neben einer festgelegten Zahl an Stimmen musste zugleich eine Mehrheit zustimmender Mitgliedstaaten im Rat gegeben sein. In der EU-15 war die Zustimmung von mindestens acht Mitgliedstaaten notwendig, in der EU-27 wurde das Einverständnis von mindestens vierzehn Mitgliedstaaten obligat. Die Stimmen der Länder wurden nach der Bevölkerungszahl gewichtet. Diese Gewichtung gewährte den großen Mitgliedstaaten siebenundzwanzig bis

38 Tabelle 13 im Anhang „Stimmenverteilung im Rat vor und nach der Reform von Nizza" zeigt die Stimmenverteilung im Rat auf der Rechtsgrundlage von Nizza sowie ihre historische Entwicklung in Abhängigkeit von der Bevölkerungszahl auf.

neunundzwanzig Stimmen, den mittelgroßen Staaten zwischen sieben und vierzehn Stimmen sowie den kleinen Staaten drei beziehungsweise vier Stimmen.[39] In der EU-27 bildeten bei einer maximal möglichen absoluten Mehrheit von 345 Stimmen 255 Stimmen eine qualifizierte Mehrheit. Für eine Sperrminorität waren 91 Stimmen erforderlich.[40] Die alten EU-Länder bestanden auf einer niedrigen Blockadeschwelle und hielten sich somit die Option einer Verhinderung von Entscheidungen nach qualifizierter Mehrheit weitestgehend offen. Dabei nahmen sie in Kauf, dass sich nach der Aufnahme der neuen Mitgliedstaaten aufgrund des Einstimmigkeitserfordernisses bei institutionellen Fragen eine nachträgliche Korrektur (noch) schwieriger gestalten könnte (Giering 2001: 81–83). Kroatien erhielt im Zuge des Beitritts sieben Stimmen, so dass zum Erreichen einer absoluten Mehrheit vorübergehend 352 Stimmen notwendig wurden. Eine qualifizierte Mehrheit kam nach Aufnahme des neuen Unionsmitglieds bei 260 Stimmen von mindestens 15 Staaten zustande. Eine Blockademinorität erforderte in der EU-28 nach den Regeln von Nizza 93 Stimmen. Durch die erforderliche Mehrheit der Mitgliedstaaten und Stimmen musste zugleich die Mehrheit der EU-Bevölkerung vertreten sein. Gemäß Artikel 205 EGV-N Absatz 4 verfügte jeder Mitgliedstaat über das Recht, eine qualifizierte Mehrheit daraufhin überprüfen zu lassen, ob sie mindestens 62 Prozent der gesamten EU-Bevölkerung repräsentiert.

Erst seit dem 1. November 2014 findet in der Lissabonner Union die Regelung der doppelten Mehrheit Anwendung, die in einem Mitgliederkreis von 28 Staaten Entscheidungen mit qualifizierter Mehrheit nach den revidierten vertraglichen Bedingungen von Lissabon organisiert.[41] Gemäß der neuen Rechtsgrundlage

39 An der Entwicklung der Stimmenverteilung lassen sich zugleich die unterschiedlichen Optionen der Einflussnahme in Form von Koalitionen oder Blockaden ablesen: Vgl. dazu Tabelle 14 im Anhang: „Numerische Stimmenkoalitionen im Ministerrat der EU-27".

40 Entscheidungen nach qualifizierter Mehrheit im Rat erforderten vor der Erweiterung 71 Prozent der Stimmen. Dies entsprach 62 von 87 Stimmen. Für ein Veto waren 30 Prozent der Stimmen (26 Stimmen) erforderlich. Die Festlegung dieser Mehrheits- beziehungsweise Blockadeschwelle hatte zur Folge, dass die fünf größten Länder (Deutschland, Frankreich, Großbritannien, Italien und Spanien) Entscheidungen mit qualifizierter Mehrheit gemeinsam verhindern konnten, jedoch mit 48 Stimmen über keine Gestaltungsmehrheit verfügten. Dazu waren sie auf die Unterstützung von Ländern aus der Gruppe mittelgroßer Staaten (Belgien, Griechenland, Niederlande, Österreich, Portugal, Schweden) und/oder aus der Gruppe kleiner Staaten (Dänemark, Finnland, Irland, Luxemburg) angewiesen (Schmitter/Torreblanca 1997: 1).

41 Die neue Rechtsgrundlage ist in Titel II, Bestimmungen über die qualifizierte Mehrheit, Artikel 3, Absatz 1 bis 4 des Protokolls Nr. 36 über die Übergangsbestimmungen des

beruht die qualifizierte Mehrheit nur noch auf einer einfachen doppelten Mehrheit. Ab diesem Zeitpunkt verfügt jeder Mitgliedstaat über eine einzige Stimme. Eine Entscheidung nach qualifizierter Mehrheit kommt zustande, wenn mindestens 55 Prozent der EU-Mitglieder ihr Einverständnis erteilen. Dies entspricht der Zustimmung von mindestens 15 von 28 Ländern. Diese Mehrheit muss zugleich 65 Prozent der Gesamtbevölkerung der EU repräsentieren. Eine Sperrminorität ist bereits erreicht, wenn mindestens vier Ratsmitglieder gegen einen Beschluss abstimmen, die zusammen mehr als 35 Prozent der EU-Bevölkerung ausmachen. Eine Besonderheit bestand darin, dass das Reglement des Vertrages von Nizza fakultativ bis zum 31. März 2017 zur Anwendung gebracht werden konnte: Demnach war jedes Ratsmitglied befugt, einen Antrag zu stellen, um eine Entscheidung nach qualifizierter Mehrheit gemäß der alten Stimmengewichtung von Nizza bestimmen zu lassen. Nach diesem System galt eine Sperrminorität nur dann, wenn mindestens drei Viertel der Mitgliedstaaten ihre Gegenstimme abgeben oder diejenigen Länder eine Ablehnung erteilen, die mindestens drei Viertel der Unions-Bevölkerung vertreten. Darüber hinaus bleibt bis heute die Kompromissformel von Ioannina bestehen, die auf eine Tagung der EU-Mitgliedstaaten im Jahr 1994 zurückgeht: Erklären Mitglieder des Rates, die mindestens 55 Prozent der Mitgliedstaaten oder mindestens 55 Prozent der EU-Bevölkerung vertreten, vor einer Abstimmung die gemeinsame Absicht, eine Entscheidung abzulehnen, so sind die Mitgliedstaaten verpflichtet so lange weiterzuverhandeln bis ein Kompromiss erzielt wird. In einer Erklärung zum Vertrag von Lissabon legten die Staats- und Regierungschefs darüber hinaus weitere Sondererregelungen und Quoren für das Zeitfenster zwischen dem 1. November 2014 und dem 31. März 2017 sowie ab dem 1. April 2017 fest. An den langen Übergangsfristen und Sonderregeln wird deutlich wie sensibel die Stimmengewichtung im Ministerrat und die Einflussnahme der Mitgliedstaaten im wichtigsten Entscheidungsorgan der EU ist[42] (Vgl. Piepenschneider 2012: 18). Neben der Einstimmigkeit sowie der Abstimmung nach einfacher oder qualifizierter Mehrheit existiert noch eine vierte Form der Beschlussfassung

---

Lissabon-Vertrags in der Fassung vom 26. Oktober 2012 zu finden: Vgl. Amtsblatt der Europäischen Union (2012).

42 Allein in der Gemeinsamen Außen- und Sicherheitspolitik (GASP) galten andere Quoren: Bis zum 31. Oktober 2014 waren 255 Stimmen von mindestens zwei Drittel der Mitgliedstaaten (also 18 Staaten oder mehr) erforderlich, um eine qualifizierte Mehrheit zu erreichen. Nach diesem Datum müssen mindestens 72 Prozent der Mitgliedstaaten ihre Zustimmung erteilen, die gleichzeitig zusammen mindestens 65 Prozent der EU-Gesamtbevölkerung repräsentieren.

im Ministerrat: die verstärkte qualifizierte Mehrheit. In Entscheidungsbereichen, die nicht auf die Initiative der Kommission oder des Hohen Vertreters der Union für Außen- und Sicherheitspolitik, sondern auf die Eigeninitiative des Rates zurückgehen, wurden die Hürden heraufgesetzt. Hierbei ist eine sogenannte verstärkte qualifizierte Mehrheit notwendig. Diese erfordert die Zustimmung von mindestens zwei Drittel (72 Prozent) der Ratsmitglieder, die zugleich mindestens 65 Prozent der EU-Bevölkerung vertreten müssen. Die Kommission steht für die Wahrung der allgemeinen Interessen der Union. Legt der Rat selbst Gesetzesinitiativen vor, muss davon ausgegangen werden, dass diese von singulären gouvernementalen Präferenzen bestimmt sind. Aus diesem Grund wurden im Falle einer Legislativinitiative von Seiten eines oder mehrerer Mitgliedstaaten die Abstimmungshürden für einen Mehrheitsentscheid höher angesetzt. Diese Bestimmung des Vertrags von Lissabon trat am 1. November 2014 in Kraft.

Tabelle 2: Entwicklung der qualifizierten Mehrheit im Rat

Mitgliedstaat	**EG-6**	**EG-9**	**EU-15 / EU-25**	**EU-27 / EU-28**	**ab 01.11.2014**
Belgien	2	5	5	12	1
Bulgarien				10	1
Dänemark		3	3	7	1
Deutschland	4	10	10	29	1
Estland			3	4	1
Finnland			3	7	1
Frankreich	4	10	10	29	1
Griechenland			5	12	1
Großbritannien		10	10	29	1
Irland		3	3	7	1
Italien	4	10	10	29	1
Lettland			3	4	1
Litauen			3	7	1
Luxemburg	1	2	2	4	1
Malta			2	3	1
Niederlande	2	5	5	13	1
Österreich			4	10	1
Polen			8	27	1
Portugal			5	12	1
Rumänien				14	1
Schweden			4	10	1
Slowakische Republik			3	7	1

(fortgeführt)

Tabelle 2: Fortsetzung

Mitgliedstaat	EG-6	EG-9	EU-15 / EU-25	EU-27 / EU-28	ab 01.11.2014
Slowenien			3	4	1
Spanien			8	27	1
Tschechische Republik			5	12	1
Ungarn			5	12	1
Zypern			2	4	1
Stimmen gesamt	**17**	**58**	**124**	**345**	**27**
Mehrheit	**12**	**41**	**88**	**255**	**15**
Sperrminorität	**6**	**18**	**37**	**91**	**4**
Kroatien				7	1
Stimmen gesamt				**352**	**28**
Mehrheit				**260**	**15**
Sperrminorität				**93**	**4**

Mit Ausnahme Polens sind im Rahmen der drei erfolgten Erweiterungen der EU nach Mittel- und Ost-Europa überwiegend kleine Staaten der Europäischen Union beigetreten. Die alten Mitgliedstaaten befürchteten eine regionale Blockbildung von Seiten der Neumitglieder. Bereits in den Beitrittsverhandlungen stellte sich heraus, dass die Präferenzen der MOE-Staaten alles andere als homogen einzuordnen sind. Aus empirischer Sicht liefert die bisherige Erweiterungsgeschichte keinerlei Anzeichen dafür, dass geografische, kulturelle oder historische Parallelen in den Länderprofilen einen solchen Trend begünstigen. Abstimmungskoalitionen konstituierten sich vor der Ost-Integration ausschließlich auf der Basis nationaler Interessen und variierten in Abhängigkeit vom zu verhandelnden Politikfeld. Nach der Nord-Erweiterung bildete sich weder eine Nordallianz aus den skandinavischen Staaten, noch gelang es den Mittelmeerstaaten ihre durchaus ähnlichen europapolitischen Vorstellungen zu koordinieren und gestaltend in wichtige Entscheidungsprozesse einzubringen. Allein Deutschland und Frankreich etablierten in der Vergangenheit immer wieder eine stabile Interessengemeinschaft. Jedoch zeigt sich am Beispiel des deutsch-französischen Führungstandems, dass Interessenkoalitionen der EU nicht notwendigerweise schaden, sondern dem Integrationsprozess auch eine neue Dynamik verleihen können. An dieser Stelle gilt es vorwegzunehmen, dass die neuen Mitgliedstaaten nach Lissabon weder allein noch in einer geschlossenen Koalition mit den alten Nettoempfängern Griechenland, Irland, Portugal und Spanien über eine Gestaltungsmehrheit verfügen. Eine Mehrheit der Nettoempfänger repräsentiert zwar die notwendige Mehrheit an Mitgliedstaaten (Zustimmung von mindestens 15 von 28 Ländern). Sie erreicht jedoch nicht die notwendige Hürde der Repräsentation von 65 Prozent der EU-Gesamtbevölkerung. Dies gilt jedoch auch umgekehrt für die Nettozahler, die zusammen sogar beide Voraussetzungen der doppelten Mehrheit nicht erfüllen. Zur Bildung von Gestaltungsmehrheiten ist also immer ein Austarieren der Interessen der Nettoempfänger und der Nettozahler erforderlich. Eine Sperrminorität benötigt hingegen nur eine Ablehnung von mindestens vier Mitgliedstaaten, die mehr als 35 Prozent der EU-Bevölkerung repräsentieren. Dies ist bereits bei einer Ablehnung etwa durch Deutschland, Frankreich, die Niederlande, Österreich und Schweden erreicht. Die Frage, ob die mittel- und osteuropäischen Staaten ihre Interessen bei wichtigen Entscheidungen abstimmen und mit anderen alten Mitgliedstaaten Gestaltungsmehrheiten oder Blockaden ausbilden, muss in den beiden Fallstudien um die Verhandlung der EU-Finanzen geprüft werden.

1.2.2. Neue Rechtsstellung des Europäischen Rates

Der Europäische Rat ist mit dem Vertrag von Lissabon erstmalig zu einem Organ der Europäischen Union geworden. Diese Entscheidung, den originär gouvernementalen Europäischen Rat als eigene Institution zu führen, hatte nicht nur symbolischen Charakter. Vielmehr sollte die Zusammenarbeit der mitgliedstaatlichen Regierungen auf eine genuin europäische Grundlage gestellt und ihr Handeln enger als bisher an die supranationalen Institutionen angebunden werden. Der Europäische Rat tagt auf Ebene der Staats- und Regierungschefs der Mitgliedstaaten. Weitere Mitglieder sind der Präsident des Europäischen Rates sowie der Präsident der Kommission. Der Hohe Vertreter der Union für Außen- und Sicherheitspolitik nimmt an den Sitzungen teil (Artikel 15 Absatz 2 EUV). Der Europäische Rat hat selbst keine gesetzgebende Funktion. Vielmehr gibt er der Europäischen Union *„die für ihre Entwicklung erforderlichen Impulse und legt die allgemeinen politischen Zielvorstellungen und Prioritäten hierfür fest“* (Artikel 15 Absatz 1 EUV). Er tagt im Regelfall zweimal pro Halbjahr.[43]

43 Der Europäische Rat tagte zunächst in jenem Mitgliedstaat, der die halbjährlich wechselnde Ratspräsidentschaft inne hatte. Seit 2004 finden die Treffen nur noch in Brüssel statt. Artikel 15 Absatz 3 EUV ermöglicht die Einberufung einer außerordentlichen Tagung, insoweit es die politische Situation erfordert.

Der Europäische Rat ist seinerseits für die Festlegung der Reihenfolge des Ministerratsvorsitzes zuständig, der sich in halbjähriger Rotation ändert. Um eine Beständigkeit in dessen Arbeit sicherzustellen, bilden amtierender Präsident, Vorgänger und Nachfolger eine sogenannte Troika, die ein geschlossenes Programm festlegen. Bereits seit dem Jahr 2004 arbeiten jeweils drei aufeinanderfolgende Präsidentschaften (sogenannte Trio- oder Teampräsidentschaften) eng zusammen, um über einen längeren Zeitraum von 1,5 Jahren ihre politischen Ziele besser verfolgen und umsetzen zu können. Bei der Bestimmung der Präsidentschaften achtet der Europäische Rat darauf, dass der Vorsitz im Ministerrat immer zwischen kleinen und großen Staaten rotiert. Im Europäischen Rat selbst wurde das Rotationssystem mit Lissabon abgeschafft. Stattdessen ist das Amt eines Ständigen Präsidenten des Europäischen Rates eingerichtet worden mit dem Ziel, das Handeln der EU insgesamt profilierter zu machen. Um auch in diesem Amt eine Kontinuität und Kohärenz sicherzustellen, wählt der Europäische Rat aus den eigenen Reihen seinen Präsidenten für eine Amtszeit von zweieinhalb Jahren mit qualifizierter Mehrheit. Eine Bestätigung durch das Europäische Parlament ist nicht notwendig. Der Präsident kann sich ein Mal zur Wiederwahl stellen (Artikel 15 Absatz 5 EUV). Die gleichzeitige Ausübung eines Amtes auf nationalstaatlicher Ebene ist dabei ausgeschlossen (Europäische Kommission – Generaldirektion Kommunikation 2009; Piepenschneider 2012: 24/25). Nach zwei aufeinander folgenden Amtszeiten des belgischen Premierminister a. D. Herman Van Rompuy trat auf dem Gipfeltreffen vom 30. August 2014 in Brüssel der ehemalige polnische Ministerpräsident Donald Tusk seine Nachfolge an.

Die Mitgliedstaaten weisen dem europäischen Entscheidungssystem Kompetenzen für die nachgelagerte Beschlusstätigkeit zu. Die Ausgestaltung der Handlungsbefugnisse sowie die geltenden Verfahren, auf deren Grundlage letztendlich entschieden wird, ordnen sie jedoch selbst auf der höchsten Ebene der EU-Gipfeltreffen an. Damit bleiben die Mitgliedstaaten „*Herren der Verträge*“ (Moravcsik 1998), wenn es um die Bestimmung des Ausmaßes an Souveränität geht, das sie auf die EU-Organe oder an nachgeordnete Gremien transferieren (Gehring et al. 2005: 12). In der Praxis wird der Beratungsprozess bereits vor den eigentlichen Gipfeltreffen des Europäischen Rates eingeleitet. Die Beschlussfassung erfolgt nach dem Konsensprinzip insoweit in den Verträgen keine andere Regelung vorgesehen ist (Artikel 15 Absatz 4 EUV). Die Verhandlungsergebnisse und Beschlüsse sind öffentlich zugänglich und werden in Form von Schlussfolgerungen des Rates dokumentiert und publiziert.

Im sensiblen Bereich der europäischen Finanzpolitik legen die Mitgliedstaaten anlässlich der Regierungskonferenzen die Einnahmemodalitäten des

EU-Haushaltes fest, definieren die Leitlinien in Hinblick auf die Ausgabenprioritäten und geben so die integrationspolitischen Weichen für die Haushaltspolitik der Gemeinschaft vor. Zwar wird die Finanzpolitik der Europäischen Union von den fiskalen Interessen der Mitgliedstaaten dirigiert. Gleichwohl finden Beschlüsse im komplexen EU-System auf verschiedenen Dezisionsebenen statt. Auch in der europäischen Haushaltspolitik liegt der reguläre Rechtsetzungsweg nicht allein in den Händen der Mitgliedstaaten. Die Entscheidungskette umfasst mehrere Stufen, an denen alle vier EU-Organe mit spezifisch zugeschnittenen Kompetenzen und Handlungsmöglichkeiten beteiligt sind. Hierbei handelt es sich um eine *„Form der funktionalen Differenzierung, d. h. die Akteure übernehmen unterschiedliche und zueinander komplementäre Aufgaben innerhalb eines abgestuften Entscheidungsprozesses“* (Gehring et al. 2005: 13).

1.2.3. Die Neuordnung der Europäischen Kommission: Hierarchisierung statt Verkleinerung?

Der Komitologie-Apparat ist heute vor allem durch ein hochgradig ausdifferenziertes System spezialisierter Expertenausschüsse und komplexer Verwaltungsstrukturen gekennzeichnet. In ihrer Rolle als Initiativ-, Exekutiv- und Kontrollorgan steuert die Kommission das politische und legislative Geschehen auf supranationaler Ebene.[44]

Von ihr gehen die meisten Aktivitäten aus. Gleichzeitig ist sie Schaltstelle für alle Initiativen und Informationen. Im Gesetzgebungsprozess hält sie ein nahezu monopolisiertes Vorschlagsrecht inne und wird daher auch als Motor der Integration bezeichnet.[45] Der Ministerrat, eine Gruppe von Mitgliedstaaten sowie das Europäische Parlament können die Kommission ersuchen, Gesetzesinitiativen einzuleiten, ohne hierbei selbst tätig werden zu dürfen. Die Kommission entscheidet autonom über Inhalt und Rechtsgrundlage für einen Gesetzesakt sowie

---

44 Eine ausführliche Übersicht über die Kompetenzen und Aufgaben der Kommission gewähren Diedrichs (2002: 142–150) und Dietz/Glatthaar (1994).

45 Das Initiativmonopol der Europäischen Kommission wurde in bestimmten Politikbereichen, die von großer nationaler Bedeutung sind, relativiert beziehungsweise vollständig ausgesetzt. Die Mitgliedstaaten sicherten sich eine größtmögliche Einflussnahme in Bezug auf die EU-Außengrenzen, die Einwanderung, die Asyl- und Flüchtlingspolitik, Geltungsbereiche der Visapolitik, die justizielle Zusammenarbeit, die Beschäftigungs-, Währungs- und Wirtschaftspolitik sowie Zivilangelegenheiten mit Ausnahme familienrechtlicher Fragen. Auf diesen Gebieten teilen sich die EU-Staaten über ihre Vertretung im Rat das Initiativrecht mit der Kommission oder halten es ausschließlich inne (Diedrichs 2002: 147/148).

über den konkreten Zeitpunkt für ihr Aktivwerden. Mit Blick auf den späteren interinstitutionellen Entscheidungsprozess ist es jedoch nötig, ihre Initiativen von Anbeginn eng mit den Beschlussorganen, Rat und Parlament, zu koordinieren, um ein Scheitern zu verhindern. Weiterhin stellt die Kommission die Exekutive der Gemeinschaft, da sie für die Durchführung von Rechtsakten Verantwortung zeichnet. Schließlich kontrolliert sie als sogenannte Hüterin der Verträge die ordnungsgemäße Umsetzung und Anwendung des Gemeinschaftsrechts.

Die Kommission ist ein unabhängiges Organ, das ihr Handeln in den Dienst der Gemeinschaft und derer Interessen stellt, zum Beispiel als neutraler Verwalter des EU-Haushaltes sowie in Bezug auf die Verwendung und Kontrolle der Mittel zu Gunsten der EU-Programme. Der Rat kann seinerseits weder das Rechtsetzungsverfahren noch die nachgeordneten Entscheidungsabläufe in der europäischen Finanzpolitik in Alleinregie gestalten. Vielmehr ist eine enge Kooperation mit den supranationalen Institutionen Kommission und Parlament erforderlich (Garrett/Tsebelis 1996, zitiert nach Gehring et al. 2005: 13). Die Kommission nimmt eine Schlichtungsfunktion zwischen Rat und Parlament ein, wenn es um die Aushandlung der Budgetvolumina geht.[46] Zu den Kompetenzen der Kommission zählen auch die Erst-Konzeption der komplexen Entwurfsvorlage für den Mehrjährigen Finanzrahmen sowie für den jährlichen Haushaltsplan der Union als wichtige Verhandlungsgrundlage für die späteren interinstitutionellen Beschlussverfahren zur Verabschiedung des EU-Budgets sowie für die Planung und Verwaltung der EU-Programme. Diese Funktionen sind sehr wichtig, da mit den Ausgabenprioritäten die politischen Ziele der Europäischen Union festgeschrieben werden. Die nationalen Finanzminister im Rat verlagern ihrerseits einen Teil der insgesamt zu bewerkstelligenden Legislativlast auf nachgeordnete Dezisionsebenen (etwa auf die Kommission). Dabei ist es den Finanzministern kaum möglich, die jeweiligen Formulierungen in den Gesetzesentwürfen der Kommission in Einzelheiten vorab festzulegen. Diese wichtigen Kommissionsvorlagen dienen als Entscheidungsgrundlage für die in den gouvernementalen Organen final zu verhandelnden Gesetze und Regulativen. Oftmals werden diese in gleichem Wortlaut oder nur mit geringfügigen Änderungen verabschiedet. Die genauen inhaltlichen Bestimmungen der europäischen Haushaltspolitik

46 In Haushaltsverhandlungen erscheint diese Rolle aus mehreren Gründen wichtig: Zum einen, wenn es darum geht in ihrer Funktion als originär supranationales EU-Organ zwischen den Polen der Beitragsgerechtigkeit auf der einen Seite und der finanziellen Solidarität auf der anderen Seite zu vermitteln und zum anderen, um das schwierige Ziel einer ökonomischen und sozialen Kohäsion innerhalb der EU so gut wie möglich zu erreichen (Frech 2010: 242).

ergehen im Rahmen des ordentlichen Gesetzgebungsverfahrens der EU auf einer zweiten (oder mittleren) Entscheidungsebene in Form zahlreicher Verordnungen und Richtlinien. Deren Umsetzung erfolgt schließlich auf nationaler Ebene. Diese Stufe kann als dritte (oder untere) Entscheidungsebene bezeichnet werden. Die Entscheidungsabläufe der mittleren und unteren Ebene sind noch einmal in horizontaler Hinsicht ausdifferenziert (Gehring et al. 2005: 12/13). Dies betrifft vor allem die Ausarbeitung der Finanzvorschriften sowie die Verwaltung und Kontrolle der Finanzmittel auf den verschiedenen untergeordneten Entscheidungs- und Exekutivebenen. Des Weiteren wird der Kommission nach Artikel 317 AEUV (ex-Artikel 274 EGV) die wichtige Aufgabe zuteil, gemeinsam mit den Mitgliedstaaten im Rahmen der zugewiesenen Mittel sowie gemäß der in Artikel 322 AEUV (ex-Artikel 279 EGV) festgelegten Haushaltsordnung[47] in eigener Verantwortung die Ausführung des Haushaltes zu steuern. Dabei arbeitet sie eng mit den nationalen Ebenen zusammen, um sicherzustellen, dass die Mittel nach dem Grundsatz einer wirtschaftlichen Haushaltsführung eingesetzt werden (Artikel 317 AEUV). Der Erlass der Haushaltsordnung und der entsprechenden Durchführungsverordnungen erfolgt durch die Kommission. Die Verwaltung der Finanzhilfen sowie die praktische Anwendung der Finanzvorschriften finden hingegen auf direkter Ebene der Mitgliedstaaten statt, unterliegen jedoch der Kontrolle des Kommissionsapparates.

Die Amtszeit der Kommission verläuft parallel zu der Wahlperiode des Europäischen Parlaments und beträgt fünf Jahre. Der Europäische Rat einigt sich nach erfolgten Konsultationen auf einen Exspektanten für das wichtige Amt des Präsidenten der Kommission. Im Anschluss schlägt er dem Europäischen Parlament

47 Die Haushaltsordnung enthält allgemeine Grundsätze und Vorschriften für sämtliche Transaktionen der Europäischen Union. Ihre detaillierten Regeln sind in den Durchführungsvorschriften festgelegt. Die alle drei Jahre stattfindende Überprüfung der Haushaltsordnung sowie der Durchführungsverordnungen obliegt der Europäischen Kommission (Europäische Kommission 2009a: 2). Die im Jahr 2012 angenommene Haushaltsordnung und ihre Anwendungsbestimmungen (Vgl. Europäische Kommission 2013a) sind das Ergebnis eines Gesetzgebungsverfahrens, das die Kommission 2010 mit einer Überprüfung der Haushaltsvorschriften für EU-finanzierte Programme eingeleitet hat und dem eine öffentliche Konsultation im Jahr 2009 vorausgegangen ist (Europäische Kommission 2013a: 7). Ziel der Befragung war es, Input und konkrete Verbesserungsvorschläge in Hinblick auf die Verwaltung der EU-Finanzhilfen zu erhalten (Vgl. Europäische Kommission 2009a: 1). Neben dem Ziel der Optimierung bürokratischer Abläufe ging es der Kommission gleichzeitig darum, mehr Bürgernähe und Transparenz im Bereich der EU- Haushaltspolitik sowie der Vergabeverfahren herzustellen.

mit qualifizierter Mehrheit einen Kandidaten vor. Das Parlament wählt diesen Kandidaten mit der Mehrheit seiner Mitglieder. Kommt diese Mehrheit im Parlament nicht zustande, schlägt der Europäische Rat dem Europäischen Parlament innerhalb eines Monats nach erneuter Abstimmung gemäß qualifizierter Mehrheit einen neuen Kandidaten vor. In der Folge findet im Europa-Parlament das gleiche Verfahren Anwendung (Artikel 17 Absatz 7 EU-Vertrag). Der Lissabonner Vertrag setzt somit ein weiteres demokratisches Element um. Neben dem erforderlichen Einverständnis des Parlamentes zu den Personalien des Kommissionspräsidenten sowie des gesamten Kommissionskollegium müssen bei der Auswahl des Kommissionspräsidenten die Mehrheiten der Europawahlen berücksichtigt werden. Lissabon führt damit eine stärkere Anbindung des Handelns der Kommission an die politischen Verhältnisse im Parlament ein (Piepenschneider 2012: 20/21). Trotz Berufung der Kommissare[48] auf Vorschlag der Mitgliedstaaten üben diese ihre Funktion unabhängig vom nationalen Willen der Herkunftsländer aus und sind in ihrem Handeln grundsätzlich weisungsungebunden (Diedrichs 2002: 145). De Jure ist die Europäische Kommission sogar verpflichtet, die Interessen der Europäischen Union frei von nationalen Weisungen und überparteilich auszuüben (Wolf 1995: 258). Gleichwohl versetzt die subtil vorhandene Erwartungshaltung der Herkunftsländer die Mitglieder der Europäischen Kommission in eine schwierige Position. Da die Kommissare auf mitgliedstaatlicher Ebene nicht durch demokratisch legitimierte Wahlen rekrutiert, sondern von den nationalen Regierungen vorgeschlagen werden, bleibt die Vermutung bestehen, dass sie im Rahmen ihrer Aufgabenressorts gouvernementale Belange bevorzugt berücksichtigen werden und ihre Unabhängigkeit nicht vorbehaltlos gewahrt bleibt. Ihre Verpflichtung ist die Erfüllung der allgemeinen Interessen der Union sowie ihre fachlich-inhaltliche Verantwortung in den jeweiligen Ressorts. Jene Verantwortungsbereiche gewähren den Akteuren kaum Spielraum, um auf europäischer Ebene als Advokaten nationaler Sonderinteressen aufzutreten.

Die erste Amtshandlung des neuen Kommissionspräsidenten besteht darin, auf der Grundlage der Vorschläge der Mitgliedstaaten den Kreis der Kommissare auszuwählen und diese Liste dem Rat vorzulegen. Der Kommissionspräsident legt nach Artikel 17 Absatz 6 des EU-Vertrags die Leitlinien fest, nach denen

---

48 Innerhalb aller europäischen Institutionen, die im Rahmen dieser Studie untersucht werden, waren und sind Mandatsträgerinnen vertreten. Aus Gründen der Simplifizierung und besseren Lesbarkeit verzichtet die Autorin auf eine Differenzierung geschlechtsspezifischer Bezeichnungen.

die Kommission ihre Aufgaben ausüben soll. Er unterstützt damit die Arbeit des Kollegiums, indem er politische Führung übernimmt und Richtlinienkompetenz ausübt.[49] Darüber hinaus beschließt er *„über die interne Organisation der Kommission, um die Kohärenz, die Effizienz und das Kollegialitätsprinzip im Rahmen ihrer Tätigkeit sicherzustellen“* (Artikel 17 Absatz 6 Buchstabe c) EUV) und ernennt aus dem Kreis der Kommission die Vizepräsidenten (Artikel 17 Absatz 6 Buchstabe a) bis c) EUV). Der Präsident, der Hohe Vertreter der Union für Außen- und Sicherheitspolitik und die übrigen Mitglieder der Kommission müssen sich im weiteren Verfahren dem Zustimmungsvotum des Europäischen Parlaments stellen. Auf der Grundlage dieser Bestätigung wird die gesamte Kommission vom Europäischen Rat mit qualifizierter Mehrheit ernannt (Artikel 17 Absatz 7 EUV). Gleichzeitig bleibt die Kommission dem Europäischen Parlament verantwortlich. Dieses kann nach Artikel 234 des Vertrags über die Arbeitsweise der Europäischen Union einen Misstrauensantrag gegen die Kommission annehmen. Findet ein solcher Antrag eine Majorität (Mehrheit der Mitglieder des Europäischen Parlamentes sowie Mehrheit von zwei Dritteln der abgegebenen Stimmen im Parlament), so muss das gesamte Kommissionskollegium geschlossen ihr Amt niederlegen (Artikel 17 Absatz 8 EUV).

Artikel 17 Absatz 5 des Lissabonner Vertrages sah vor, dass sich ab dem 1. November 2014 die Kommission, einschließlich ihres Präsidenten und des Hohen Vertreters der Union für Außen- und Sicherheitspolitik, nur noch aus einer Anzahl an Mitgliedern zusammensetzen soll, die zu zwei Dritteln der Zahl der Mitgliedstaaten entspricht. Hierbei sollte ein System einer gleichberechtigten Rotation zwischen den Mitgliedstaaten greifen, das das demografische und geografische Spektrum der Gesamtheit der EU-Staaten berücksichtigt. Der Paragraph ließ jedoch eine Hintertür offen, die beinhaltete, dass der Europäische Rat eine Änderung dieser Anzahl einstimmig beschließen kann. Bereits der Vertrag von Nizza sah eine Regelung vor, gemäß der die Zahl der Kommissare die der Mitgliedstaaten hätte unterschreiten sollen.[50] Die Zusammensetzung der im Jahr

---

49 Um die Handlungsfähigkeit der Europäischen Kommission nach der Erweiterung zu stärken, einigten sich die Staats- und Regierungschefs in Nizza auf eine exponierte Stellung des Kommissionspräsidenten. Dieses Reformelement wurde im Gegensatz zu den Plänen der Rotation realisiert und hat bis heute Bestand.

50 Im Reformprozess von Nizza stellte sich die Frage nach einer effizienten und zugleich gerechten Umstrukturierung der Europäischen Kommission. Ihre Handlungsfähigkeit schien in einer EU-25 nicht mehr gewährleistet zu sein, sollte es bei der Entsendung von mindestens einem Kommissar aus jedem Mitgliedstaat bleiben. Nach der vierten Erweiterungsrunde im Jahr 1995 hatte sich die Zahl ihrer Mitglieder auf 20 Kommissare

2009 konstituierten Kommission gewährte jedoch jedem Mitgliedstaat weiterhin die Entsendung eines eigenen EU-Kommissars. Im Ratifikationsverfahren zum Lissabon Vertrag gab es wie bereits im Rahmen der vorangegangenen Reform vor allem aus den Reihen der kleineren Staaten erhebliche Verlustängste in Hinblick auf die geplante Verkleinerung der Kommission.[51] Vor allem Irland bekundete offen Bedenken. Im Dezember 2008 sicherte der Europäische Rat dem Inselstaat im Vorfeld zu, dass im Vertrag von Lissabon auf eine Verkleinerung der Kommission verzichtet wird (Europäischer Rat 2012). Diese Entscheidung zielte darauf ab, die Zustimmung der Mitgliedstaaten zum Lissabon-Vertrag aufrechtzuerhalten. Die Mitgliedstaaten haben die Wahrung der eigenen Repräsentanz somit über die Absicherung einer langfristigen Handlungsfähigkeit der supranationalen Behörde gestellt. In Absatz 1 des Beschlusses des Europäischen Rates über die Anzahl der Mitglieder der Europäischen Kommission vom 02.10.2012 heißt es:

> *„Der Europäische Rat hat auf seinen Tagungen vom 11. und 12. Dezember 2008 und vom 18. und 19. Juni 2009 die Anliegen der irischen Bevölkerung in Bezug auf den Vertrag von Lissabon zur Kenntnis genommen und deshalb vereinbart, dass – sofern der Vertrag von Lissabon in Kraft tritt – im Einklang mit den erforderlichen rechtlichen Verfahren ein Beschluss gefasst wird, dass weiterhin ein Staatsangehöriger jedes Mitgliedstaats der Kommission angehört“* (Europäischer Rat 2012).

---

vergrößert. Im Falle der Beibehaltung des Status quo wäre die Kommission im Zuge der Erweiterung um zunächst zehn neue Staaten auf 31 Kommissare angewachsen. Dabei hätte Polen, genau wie den anderen großen Mitgliedstaaten Deutschland, Frankreich, Großbritannien, Italien und Spanien, ein Anrecht auf Berufung zweier Kommissare zugestanden.

51 Auf der Konferenz von Nizza einigten sich die 15 Staats- und Regierungschefs auf einen moderaten Reformansatz in Gestalt eines Stufenmodells. In Vorbereitung auf die Erweiterung (um vorerst zehn Staaten) wurde zunächst jedem EU-Land das Recht auf Entsendung eines ständigen Kommissars zugestanden. Erst wenn die Europäische Union eine Mitgliederstruktur von 27 Staaten erreicht hat, sollte die Zahl der Kommissare die Zahl der Mitgliedstaaten unterschreiten. Hierzu war ein Rotationsmodell vorgesehen, das unter Wahrung des Grundsatzes der Gleichberechtigung aller Unionsmitglieder die Zusammensetzung des supranationalen Organs organisieren sollte. Die endgültige Zahl der Kommissionsmitglieder sowie die Entscheidung über verbindliche Regeln bezüglich der Zusammensetzung wurden auf den Zeitpunkt der Aufnahme des 27. Mitgliedstaates vertagt. Nachdem mit der Aufnahme Bulgariens und Rumäniens als 26. und 27. EU-Mitglied die Einführung der Rotation hätte Realität werden sollen, revidierten die Mitgliedstaaten diese Entscheidung. Die kleinen Mitgliedstaaten, die zunächst als Gewinner der Reform von Nizza hervorgegangen sind, sind heute (nur noch) mit den großen Ländern gleichgestellt.

1.2.4. Stärkung der Rechte des Europa-Parlamentes und Neuvergabe der Abgeordnetenmandate

Zur institutionellen Konsolidierung der EU-Ost-Erweiterung gehörte auch die Neuvergabe der Abgeordnetenmandate an die nationalen Mitgliedsländer im Europa-Parlament. Der Lissabon-Vertrag regelt die Begrenzung der Abgeordnetenzahl: Artikel 14 Absatz 2 EUV legt fest, dass im Parlament nicht mehr als 750 Ämter zuzüglich des Sitzes des nicht stimmberechtigten Parlamentspräsidenten bekleidet werden dürfen. Dies bedeutet, dass die Verringerung der Mandate spätestens mit den Europawahlen im Mai 2014 eine faktische Umsetzung finden musste. Zu Beginn der 7. Legislaturperiode 2009 bis 2014 setzte sich das Europäische Parlament aus 754 Abgeordneten zusammen. Am 1. Juli 2013 wurde Kroatien als 28. Staat Mitglied der Europäischen Union. Seit diesem Zeitpunkt war das jüngste EU-Land mit 12 Abgeordneten im Parlament repräsentiert.[52] Im letzten Drittel der Amtsperiode hatte sich damit die Zahl der Parlamentsmandate auf 766 erhöht.

Die Verfahrensrevision, die die Lissabonner Vorgaben in Bezug auf die Reduzierung der Sitze ausführen sollte, wurde erst im Jahr 2013 auf den Weg gebracht: Das Initiativrecht zur Einleitung einer parlamentarischen Institutionenreform liegt nach Artikel 41 der Geschäftsordnung des Europäischen Parlamentes beim Parlament selbst. Die von diesem beschlossene Entwurfsvorlage des zuständigen EP-Ausschusses für konstitutionelle Angelegenheiten sah vor, dass in der 8. Wahlperiode 2014 bis 2019 insgesamt 15 Sitze im Parlament wegfallen. Dies betraf 13 Mitgliedstaaten, einschließlich dem jüngsten Beitrittsland. Im nächsten Schritt wurde die Reformvorlage des Parlamentes den Staats- und Regierungschefs im Europäischen Rat vorgelegt. Diese entscheiden über konstitutionelle Fragen einstimmig. Nach einem befürwortenden Votum ging die Gesetzesvorlage zurück an das Parlament, das abschließend darüber beschließen muss. Das Europa-Parlament kann im Rahmen dieses Verfahrens nur noch über die Fassung des Europäischen Rates als Ganzes entscheiden. Es kann diese annehmen oder ablehnen, nicht aber verändern. Die Staats- und Regierungschefs nahmen den Vorschlag des Parlaments zur Anpassung der Sitzverteilung ohne Änderungen einstimmig an (Vgl. Europäisches Parlament

52 Die Europawahlen wurden in Kroatien bereits am 14. April 2013 und damit vor dem eigentlichen Beitrittstermin abgehalten.

2008). Mit dem Vertrag von Lissabon bleibt das Prinzip der degressiven Proportionalität bestehen (Artikel 14 Absatz 2 EUV). Der Vertrag legt Untergrenzen und Obergrenzen für die mitgliedstaatlichen Abgeordnetenkontingente fest, lässt aber die jeweilige Verteilung offen. In der 8. Wahlperiode wurde der Vorgabe von 751 Abgeordneten einschließlich des Parlamentspräsidenten entsprochen mit mindestens sechs und maximal 96 Abgeordneten je Mitgliedstaat. Spätestens Ende 2015 sollte der Ausschuss für konstitutionelle Fragen einen Vorschlag für eine gerechtere Mandatsverteilung in der erweiterten Union vorlegen. Eine Revision des Wahlrechts steht bis heute aus. Ziel einer solchen Reform war die Abschaffung des Missverhältnisses, dass in bevölkerungsreichen Ländern auf einen Abgeordneten unverhältnismäßig viele Wählerstimmen entfallen, kleinere Staaten hingegen überrepräsentiert sind (Europäisches Parlament 2013a).

Die Absenkung der Abgeordnetenzahl im Europäischen Parlament sah in der Umsetzung des intrainstitutionellen Reformverfahrens nachfolgende Veränderungen vor: Deutschland gab drei Sitze ab. Dieser hohe Mandatsverlust hatte folgenden Hintergrund: Der Vertrag von Nizza sicherte der Bundesrepublik Deutschland insgesamt 99 Sitze zu. Die verspätete Ratifizierung des Lissabon-Vertrages auf nationaler Ebene hatte zur Folge, dass die Deutschen bei der Europawahl 2009 weiterhin 99 Parlamentsabgeordnete wählten. Damit stellte Deutschland drei Abgeordnete mehr als vom Lissabon-Vertrag vorgesehen. Infolgedessen stand bereits vor den Europawahlen fest, dass das Land ab der nächsten Amtsperiode auf drei Parlamentssitze wird verzichten müssen. Die anderen großen Mitgliedstaaten Frankreich, Großbritannien und Italien behielten ihre bisherige Abgeordnetenzahl. Bei den mittelgroßen Staaten bewahrten die Niederlande, Polen, Schweden, die Slowakische Republik sowie Spanien die Zahl ihre Parlamentsvertreter in der bisherigen Form. Auch die kleinen Staaten Dänemark, Finnland sowie die kleinsten EU-Staaten Estland, Luxemburg, Malta und Zypern blieben beim Status quo von jeweils sechs Sitzen. Auf einen Abgeordneten hingegen verzichteten Belgien, Bulgarien, Griechenland, Irland, Lettland, Litauen, Österreich, Portugal, Rumänien, die Tschechische Republik, Ungarn einschließlich dem jüngsten Beitrittsland Kroatien. Damit verloren insgesamt zwölf EU-Länder jeweils einen Sitz im Europäischen Parlament, Deutschland gab vereinbarungs- und vertragskonform drei nationale Abgeordnetenmandate auf und kein Mitgliedstaat gewann einen Sitz dazu (Europäisches Parlament 2013b, 2014).

Tabelle 3: Entwicklung der Abgeordneten-Mandate nach Mitgliedstaaten (7. und 8. Wahlperiode)

Mitgliedstaat	Sitzverteilung in der 7. Wahlperiode 2009–2014 (nach Lissabon und dem Beitritt Kroatiens)[1]	Vorschlag des EP's zur Reform der Sitzverteilung[2]	Tatsächliche Sitzverteilung: 8. Wahlperiode 2014–2019[3]	Differenz zwischen 7. und 8. Wahlperiode[4]
Deutschland	99[5]	96	96	-3
Frankreich	74	74	74	=
Vereinigtes Königreich	73	73	73	=
Italien	73	73	73	=
Spanien	54	54	54	=
Polen	51	51	51	=
Rumänien	33	32	32	-1
Niederlande	26	26	26	=
Griechenland	22	21	21	-1
Belgien	22	21	21	-1
Portugal	22	21	21	-1
Tschechische Republik	22	21	21	-1
Ungarn	22	21	21	-1
Schweden	20	20	20	=
Österreich	19	18	18	-1
Bulgarien	18	17	17	-1
Dänemark	13	13	13	=
Slowakische Republik	13	13	13	=
Finnland	13	13	13	=
Irland	12	11	11	-1
Kroatien	12	11	11	-1
Litauen	12	11	11	-1
Slowenien	8	8	8	=
Lettland	9	8	8	-1
Estland	6	6	6	=
Zypern	6	6	6	=
Luxemburg	6	6	6	=
Malta	6	6	6	=
Summe	**766**	**751**	**751**	**15**

(fortgeführt)

Tabelle 3: Fortsetzung

Legende:

[1] Nach Umsetzung des Vertrages von Lissabon ist die Gesamtzahl der Mitglieder des Europäischen Parlamentes in der 7. Legislaturperiode 2009 bis 2014 von ursprünglich 736 auf 754 angestiegen. Der Rat erklärte 2008 als Ziel, diese Änderung möglichst während des Jahres 2010 wirksam werden zu lassen (Europäischer Rat 2009: 14, Anlage 1). Tatsächlich nahmen die zusätzlichen Abgeordneten ihr Mandat erst im Dezember 2011 auf. Kroatien erhielt nach dem Beitritt im Juli 2013 zunächst zwölf Sitze, so dass es in einer Interimszeit kurzfristig 766 Mandate gegeben hat.

[2] Verfahren: Initiativrecht des Parlaments nach Artikel 41 der Geschäftsordnung des EP's

[3] Art. 14 Abs. 2 EUV sieht vor, dass im Europäischen Parlament nicht mehr als 750 Abgeordneten-Sitze zuzüglich des Mandats des Parlaments-Präsidenten bekleidet werden. Diese Neuregelung auf Grundlage des Lissabonner-Vertrages fand erstmalig in der 8. Legislaturperiode (2014–2019) Anwendung. Nach der Europawahl 2014 kehrten somit nur 751 Abgeordnete ins Parlament zurück.

[4] Zwölf EU-Staaten, darunter Belgien, Bulgarien, Griechenland, Irland, Lettland, Litauen, Österreich, Portugal, Rumänien, die Tschechische Republik, Ungarn sowie Kroatien verloren jeweils einen Sitz. Deutschland gab drei Abgeordnete auf, da der Lissabon-Vertrag nur eine Höchstzahl von 96 Sitzen erlaubt. Um eine angemessene Repräsentation der kleinen Mitgliedstaaten sicherzustellen, darf die Anzahl der Sitze sechs Abgeordnete pro Land nicht unterschreiten.

[5] Die drei zusätzlichen Sitze für Deutschland waren Teil einer Übergangsregelung, die zum Ende der 7. Legislaturperiode auslief.

Quelle: eigene Darstellung auf der Datenbasis von Europäisches Parlament (2013a, b), (2014)

Die Abgeordneten des Parlamentes werden nach Artikel 14 Absatz 3 EUV für eine Amtszeit von fünf Jahren gewählt. Zu Beginn einer neuen Wahlperiode wählt das Parlament aus den eigenen Reihen den Präsidenten und das Präsidium (Artikel 14 Absatz 4 EUV). Der Parlamentpräsident wird für eine Amtszeit von zweieinhalb Jahren gewählt. Er wird in seiner Arbeit von insgesamt 14 Vizepräsidenten unterstützt. In der 8. Wahlperiode sind sieben transnationale Fraktionen sowie 52 fraktionslose Mitglieder im Europäischen Parlament vertreten, die nach Parteifamilien und Herkunftsländern Arbeitsgruppen konstituieren. Die wesentliche parlamentarische Arbeit findet in den aktuell 20 Ständigen Ausschüssen statt, die der Beratung von Gesetzgebungsakten sowie der Positionierung und Strategiebildung gegenüber den anderen am Entscheidungsprozess beteiligten Organen dienen. Ihre politische Zusammensetzung erfolgt in Abhängigkeit von der des Plenums. Das Parlament kann zudem jederzeit temporäre Unterausschüsse einberufen, die sich mit spezifischen Problemen befassen. Diese Sonderausschüsse verfügen über eine Mandatszeit von höchstens zwölf Monaten, können jedoch bei Bedarf verlängert werden. Auch bei Verstößen gegen das Gemeinschaftsrecht oder sonstigen Missständen verfügt das Parlament über die Möglichkeit, Untersuchungsausschüsse einzuberufen.

Die klassische Funktion nationaler Parlamente, Gesetzesinitiativen einzuleiten, fällt auf EU-Ebene in den Zuständigkeitsbereich der Kommission und bleibt dem Europa-Parlament bis heute verwehrt. Gleichwohl wurden seine Kompetenzen im Rahmen der Vertragsrevisionen kontinuierlich erweitert. So verfügt das Parlament in der Lissabonner Union über Befugnisse, die mit traditionellen parlamentarischen Aufgaben vergleichbar sind. Gemäß Artikel 14 Absatz 1 EUV gilt Folgendes: *„Das Europäische Parlament wird gemeinsam mit dem Rat als Gesetzgeber tätig und übt gemeinsam mit ihm die Haushaltsbefugnisse aus (…).“* Das bedeutet, dass sich Ministerrat und Europäisches Parlament nach Lissabon die Rechtsetzungsfunktion sowie die Haushaltszuständigkeit als institutionell gleichberechtigte Partner teilen. Rechtsakte werden in der Lissabonner Union in den meisten Fällen nach dem ordentlichen Gesetzgebungsverfahren (Mitentscheidung)[53] auf den Weg gebracht. Hierbei beschließt das Europäische Parlament gleichberechtigt mit dem Rat. Der Entscheidungsprozess erfolgt in einem interinstitutionellen Verfahren in drei sogenannten Lesungen. Werden Rechtsakte nach dem ordentlichen Gesetzgebungsverfahren entschieden, so kommen die Verfahrensregeln des Artikels 294 des Vertrages über die Arbeitsweise der Europäischen Union (AEUV) (ex-Artikel 251 EGV) zur Anwendung. Anhand des Rechtsetzungsverfahrens wird die gewichtigere Rolle des Parlamentes nach Lissabon erkennbar. Das ordentliche Gesetzgebungsverfahren vollzieht sich im Einzelnen wie folgt:

„ (…) (2) Die Kommission unterbreitet dem Europäischen Parlament und dem Rat einen Vorschlag.

Erste Lesung

(3) Das Europäische Parlament legt seinen Standpunkt in erster Lesung fest und übermittelt ihn dem Rat.

(4) Billigt der Rat den Standpunkt des Europäischen Parlaments, so ist der betreffende Rechtsakt in der Fassung des Standpunkts des Europäischen Parlaments erlassen.

(5) Billigt der Rat den Standpunkt des Europäischen Parlaments nicht, so legt er seinen Standpunkt in erster Lesung fest und übermittelt ihn dem Europäischen Parlament.

---

53 Im Zuge der Revision von Lissabon wurde das Mitentscheidungsverfahren in das sogenannte Ordentliche Gesetzgebungsverfahren umbenannt, da es innerhalb des EU-Entscheidungssystems zum regulären Rechtsetzungsverfahren geworden ist. Das Verfahren der Mitentscheidung wurde erstmalig mit dem Vertrag von Maastricht eingeführt und mit dem Vertrag von Amsterdam weiter ausgeweitet und präzisiert.

(6) Der Rat unterrichtet das Europäische Parlament in allen Einzelheiten über die Gründe, aus denen er seinen Standpunkt in erster Lesung festgelegt hat. Die Kommission unterrichtet das Europäische Parlament in vollem Umfang über ihren Standpunkt.

Zweite Lesung

(7) Hat das Europäische Parlament binnen drei Monaten nach der Übermittlung
a) *den Standpunkt des Rates in erster Lesung gebilligt oder sich nicht geäußert, so gilt der betreffende Rechtsakt als in der Fassung des Standpunkts des Rates erlassen;*
b) *den Standpunkt des Rates in erster Lesung mit der Mehrheit seiner Mitglieder abgelehnt, so gilt der vorgeschlagene Rechtsakt als nicht erlassen;*
c) *mit der Mehrheit seiner Mitglieder Abänderungen an dem Standpunkt des Rates in erster Lesung vorgeschlagen, so wird die abgeänderte Fassung dem Rat und der Kommission zugeleitet; die Kommission gibt eine Stellungnahme zu diesen Abänderungen ab.*

(8) Hat der Rat binnen drei Monaten nach Eingang der Abänderungen des Europäischen Parlaments mit qualifizierter Mehrheit
a) *alle diese Abänderungen gebilligt, so gilt der betreffende Rechtsakt als erlassen;*
b) *nicht alle Abänderungen gebilligt, so beruft der Präsident des Rates im Einvernehmen mit dem Präsidenten des Europäischen Parlaments binnen sechs Wochen den Vermittlungsausschuss ein.*

(9) Über Abänderungen, zu denen die Kommission eine ablehnende Stellungnahme abgegeben hat, beschließt der Rat einstimmig.

Vermittlung

(10) Der Vermittlungsausschuss, der aus den Mitgliedern des Rates oder deren Vertretern und ebenso vielen das Europäische Parlament vertretenden Mitgliedern besteht, hat die Aufgabe, mit der qualifizierten Mehrheit der Mitglieder des Rates oder deren Vertretern und der Mehrheit der das Europäische Parlament vertretenden Mitglieder binnen sechs Wochen nach seiner Einberufung eine Einigung auf der Grundlage der Standpunkte des Europäischen Parlaments und des Rates in zweiter Lesung zu erzielen.

(11) Die Kommission nimmt an den Arbeiten des Vermittlungsausschusses teil und ergreift alle erforderlichen Initiativen, um auf eine Annäherung der Standpunkte des Europäischen Parlaments und des Rates hinzuwirken.

(12) Billigt der Vermittlungsausschuss binnen sechs Wochen nach seiner Einberufung keinen gemeinsamen Entwurf, so gilt der vorgeschlagene Rechtsakt als nicht erlassen.

Dritte Lesung

(13) Billigt der Vermittlungsausschuss innerhalb dieser Frist einen gemeinsamen Entwurf, so verfügen das Europäische Parlament und der Rat ab dieser Billigung über eine Frist von sechs Wochen, um den betreffenden Rechtsakt entsprechend diesem Entwurf zu erlassen, wobei im Europäischen Parlament die Mehrheit der abgegebenen Stimmen und im Rat die qualifizierte Mehrheit erforderlich ist. Andernfalls gilt der vorgeschlagene Rechtsakt als nicht erlassen.

(14) Die in diesem Artikel genannten Fristen von drei Monaten beziehungsweise sechs Wochen werden auf Initiative des Europäischen Parlaments oder des Rates um

höchstens einen Monat beziehungsweise zwei Wochen verlängert. (…)" (Artikel 294 Absatz 2-14 AEUV).

Obwohl die Lissabonner Union in einigen Punkten Staatsqualität erfüllt, lässt sie sich auch weiterhin lediglich als Staatenverbund qualifizieren. Dies wird daran erkennbar, dass ihre institutionelle Verfasstheit das Merkmal einer Gewaltenteilung zwischen Exekutive und Legislative nicht erfüllt. Im Institutionengefüge der EU gibt es keine europäische Regierung, die auf parlamentarische Mehrheiten angewiesen ist. Infolgedessen ist keine Ausbildung einer Regierungs- beziehungsweise Oppositionsfraktion im Parlament gegeben, die die Exekutive stützt oder kontrolliert. Dies hat den positiven Effekt, dass im Europäischen Parlament auch fraktionsübergreifend eine konstruktive Zusammenarbeit und eine kontinuierliche Abstimmung politischer Ziele stattfinden kann. Die Fraktionen im Europa-Parlament richten ihr Augenmerk vor allem darauf, eine Bildung von Majoritäten zur Umsetzung ihrer politischen Ziele zu erreichen. Innerhalb einer Institution, in der 750 Abgeordnete aus seinerzeit 28 Mitgliedstaaten im Regelfall Entscheidungen mit absoluter Mehrheit treffen müssen, bilden diese Strukturelemente eine notwendige Voraussetzung zur Vermeidung politischen Stillstandes. Die Abstimmungsmodalitäten im Parlament hängen von den zu verabschiedenden Rechtsakten ab und werden mit einfacher, absoluter oder Zwei-Drittel-Mehrheit oder nach Maßgabe der Verträge über vertraglich festgelegte Quoten entschieden.

Nach dem Scheitern des Verfassungsvertrages waren sich die mitgliedstaatlichen Regierungen einig, dass eine Zustimmung der Unionsbevölkerung zu einem neuen EU-Vertrag nur über eine Stärkung der parlamentarischen Rechte erreicht werden kann. In der formalen Bewertung der Stellung des Parlamentes innerhalb des Institutionen- und Entscheidungsgefüges der Lissabonner Union kann von einer deutlichen Aufwertung gesprochen werden. Dies lässt sich anhand folgender Modifikationen belegen: Zum einen wurde ein Vertragselement implementiert, dass eine politische Aufsichtsfunktion des Parlamentes gegenüber der Exekutive beinhaltet. In der Lissabonner Union ist die Kommission dem Europäischen Parlament rechenschaftspflichtig. Entzieht das Parlament der Kommission durch ein Misstrauensvotum das Vertrauen, so kann es diese geschlossen zum Rücktritt zwingen. Zum anderen wählt das Parlament eine der wichtigsten Personalien im europäischen Institutionengefüge: den Präsidenten der Kommission (Artikel 14 Absatz 1 EUV). Weiterhin findet im Europa-Parlament eine öffentliche Tagung und Debatte zum Jahresbericht der Kommission statt. In diesem Rahmen muss das zweite supranationale Organ Rechenschaft etwa über die Umsetzung von EU-Programmen oder den Umgang mit aufgewendeten Haushaltsmitteln ablegen. Eine Kontrollbefugnis der Abgeordneten besteht auch gegenüber den gouvernementalen Organen. Nach Lissabon wird von Seiten der Ratspräsidentschaft vor dem Parlament über die Ergebnisse und Beschlüsse der Gipfel des Europäischen Rates berichtet. Zudem kann das Europa-Parlament mündliche und schriftliche Anfragen an den Rat oder die Kommission richten. Darüber hinaus verfügt das Parlament über eine Klagebefugnis vor dem Europäischen Gerichtshof, die es gegen andere EU-Institutionen einreichen kann. Weiterhin kann es Untersuchungsausschüsse einsetzen oder die Abgabe von Stellungnahmen von Seiten des Rechnungshofes anordnen. Diese Aufsichtsfunktion übt es auch gegenüber den Mitgliedstaaten aus, um deren Handeln bei der Implementierung europäischer Politiken zu überprüfen oder um notwendige Korrekturen einzufordern. Hierzu stehen dem Parlament die eben beschriebenen (Rechts-) Mittel zur Verfügung. Zudem ist innerhalb der parlamentarischen Ausschussstruktur ein ständiger Haushaltskontrollausschuss institutionalisiert. In Hinblick auf wichtige politische Handlungen hält das Parlament ein Zustimmungsrecht inne. Dies betrifft integrationspolitische Entscheidungen wie etwa den Beitritt neuer Mitgliedstaaten, den Abschluss von Assoziierungsabkommen, EU-Verträgen mit Drittstaaten, Finanzprotokolle und Freihandelsabkommen. Auch die Errichtung neuer Strukturfonds bedarf der Absegnung des Parlamentes. Des Weiteren erhält das Europäische Parlament ein Vorschlagsrecht in Bezug auf Vertragsänderungen im Primärrecht. Das ordentliche Gesetzgebungsverfahren wurde auf vierzig weitere Bereiche ausgeweitet. Es gilt heute für ausgabenintensive EU-Politiken wie den Agrarsektor, die Regionalpolitik und die Strukturfonds und sogar für die politisch sensiblen Bereiche Justiz und Inneres, Einwanderung sowie Energiesicherheit. Des Weiteren erhält das Europäische Parlament ein Vorschlagsrecht in Bezug auf Vertragsänderungen im Primärrecht. Eine besondere Aufwertung hat das Parlament nach Lissabon im Jahreshaushaltsverfahren erfahren. Vor der Reform bedurfte die Verabschiedung der Jahreshaushalte einer parlamentarischen Zustimmung. Ferner verfügte das Parlament über Kontrollrechte in Bezug auf die Ausführung und Überwachung des jährlichen Budgetplans. Mit der jüngsten Vertragsrevision wurden die parlamentarischen Kompetenzen im Rechtsetzungsverfahren um den Jahreshaushalt erweitert. Rat und Parlament haben im Annahmeverfahren eine Gleichstellung erfahren und entscheiden nach dem ordentlichen Gesetzgebungsverfahren gemeinsam über den Jahreshaushalt. Des Weiteren entfällt mit der Abschaffung einer Differenzierung zwischen obligatorischen und nicht-obligatorischen Ausgaben auch die Abgrenzung der Zuständigkeiten zwischen der Haushaltsbehörde. Rat und Parlament sind damit für die Verabschiedung des gesamten Jahreshaushaltes gemeinsam verantwortlich (Vgl. Piepenschneider 2012: 21–23). Diese bedeutsamen Veränderungen im Jahreshaushaltsverfahren werden im empirischen Teil der Arbeit genauer untersucht.

Das Gebot, mehr Transparenz und Demokratie innerhalb des europäischen Institutionensystems herzustellen, war im Rahmen der Wiederaufnahme der Verhandlungen zu einem neuen Unionsvertrag die zentrale Maßgabe. Mit dem Vertag von Lissabon setzte sich schließlich die Position einer vielfach geforderten Kompetenzerweiterung des Parlamentes innerhalb des EU-Entscheidungssystems durch. Joerges und Neyer (1998) gingen davon aus, dass die institutionelle Stärkung der supranationalen Organe einen Politikwandel vom intergouvernementalen Verhandeln zu deliberativen Entscheidungsprozessen einleiten und zu einem *„guten Regieren"* führen kann (Joerges 2000) (zitiert nach Gehring et al. 2005: 12). Insbesondere in der schwierigen, von nationalen Egoismen geprägten EU-Haushaltspolitik, in der vor allem materiell-distributive Inhalte zur Diskussion stehen, wären neue Formen des Regierens wünschenswert. Das Europa-Parlament fungiert heute zusammen mit dem Rat als gleichberechtigtes Gesetzgebungsorgan. Die meisten EP-Ausschüsse tagen inzwischen öffentlich.[54] Ob der Union die Aufhebung des vielfach bescheinigten Demokratiedefizites (Vgl. Abromeit 1998 a, b, c) aus eigener Kraft gelungen ist, wird die Fallstudie zur Verhandlung um den ersten Jahreshaushalt nach Inkrafttreten des Vertrages von Lissabon ebenfalls zeigen.

2. Die Finanzverfassung der Europäischen Union

Haushaltssysteme gelten gemeinhin als schwer zugänglicher und komplexer Bereich. Für den interessierten Bürger, der sich mit Entscheidungsprozessen um die Verhandlung und Verabschiedung der EU-Finanzen befassen möchte, gilt dies in besonderem Maße. Die historisch gewachsenen Veränderungen in der

---

54 Auch in anderen Institutionen wie dem Rat wurde das Recht auf Einsichtnahme in EU-Dokumente kontinuierlich ausgeweitet. Ein öffentliches Dokumentenregister des Rates existiert bereits seit dem 1. Januar 1999. Sind Dokumente hierüber nicht abrufbar, so verfügt jeder EU-Bürger über das Recht, einen Antrag auf Einsichtnahme in nicht öffentliche Dokumente an das Generalsekretariat des Rates zu richten, das dem Ministerrat direkt unterstellt ist.

heutigen Finanzverfassung der Europäischen Union[55] sind das Ergebnis eines fiskalpolitischen Anpassungsbedarfes und geprägt von der Vertiefung der Europäischen Integration vor allem in Form neu vergemeinschafteter Politikbereiche. Sie sind aber auch als Reaktion auf weltwirtschaftliche Interdependenzen, die Notwendigkeit von Zugeständnissen in Form von Handelsliberalisierungen und damit verbundener Einbußen bei den traditionellen Einnahmequellen zu verstehen. Ein enormer Kapitalbedarf ist zugleich aufgrund der inneren Ausdehnung des Integrationsverbundes entstanden. Hier ist an die Süd-Erweiterungen, vor allem aber auch an die Erweiterungen nach Mittel- und Ost-Europa zu denken, die vorbehaltlos durch die Aufnahme von Nettoempfänger-Staaten gekennzeichnet waren. Gleichzeitig ist mit dem Zuwachs an Gemeinschaftsaufgaben sowie der Aufnahme neuer Länder auch die Anspruchshaltung von Seiten der Nettozahler-Staaten gewachsen, die ihren Finanzierungsbeitrag dem ökonomischen Nutzen, aber auch der Höhe der Rückflüsse gegenüberstellen. Um das komplexe Finanzsystem der Europäischen Union, dessen fortwährende Anpassungen an die vollzogene Vertiefung und an die Erweiterungen der Gemeinschaft sowie die diffizile Neuaushandlung der mehrjährigen und jährlichen Haushaltsplanungen nachvollziehen zu können, ist es wichtig, die prägenden Strukturmerkmale zu

---

55 Die prägenden Ereignisse in der Entwicklungsgeschichte des europäischen Finanzsystems lassen sich in sieben Etappen untergliedern:

1. Die Entstehung eines gemeinschaftlichen Finanzsystems (1951–1975): Vereinheitlichung der Haushaltsinstrumente; Finanzautonomie; Entwicklung der Gemeinschaftspolitiken; Suche nach einem interinstitutionellen Gleichgewicht; Vorbereitung auf die erste Erweiterung der Europäischen Gemeinschaften;
2. Die Krise des Finanzsystems (1975–1987): Konflikte innerhalb der Haushaltsbehörde; Haushaltsdefizite, Beitragsungleichgewicht zwischen den Mitgliedstaaten; Vorbereitung auf die zweite und dritte Erweiterung;
3. Das Delors-Paket I (1988–1992): Erste Reform der Gemeinschaftsfinanzen;
4. Das Delors-Paket II (1993–1999): Konsolidierung der Reform von 1988; Vorbereitung auf die vierte Erweiterung;
5. Die Agenda 2000 (MFR 2000–2006): Stabilisierung des Haushalts mit Blick auf die große EU-Ost-Erweiterung; Vorbereitung auf die Aufnahme der Mitgliedstaaten aus MOE;
6. Die Agenda 2007 (MFR 2007–2013): Neue politische Herausforderungen und Ziele innerhalb der erweiterten Union; Vgl. dazu Europäische Kommission (2009c: 13–129, Teil 1, Kapitel 1 bis 6);
7. MFR 2014–2020: Umsetzung der Lissabon-Strategie.

erfassen. Sodann werden auf dieser Grundlage die institutionellen Verfahren zur Verabschiedung des EU-Budgets sowie das Zusammenspiel der am Entscheidungsprozess beteiligten Institutionen und Mitgliedstaaten empirisch untersucht. Mit Hilfe der beiden Fallstudien soll geprüft werden welchen Einfluss die alten sowie die neuen Mitgliedstaaten auf den Verlauf und den Ausgang der Finanzverhandlungen hatten und ob (und wenn ja inwiefern) sich die Funktions- und Handlungsfähigkeit innerhalb der erweiterten Europäischen Union mit der angewachsenen Gruppengröße verändert hat.

Mit der Erklärung von Lissabon hatte sich die Europäische Union unmittelbar vor der bevorstehenden Erweiterung nach Mittel- und Ost-Europa *„(…) ein* ***neues strategisches Ziel*** *für das kommende Jahrzehnt gesetzt: das Ziel, die Union zum wettbewerbsfähigsten und dynamischsten wissensbasierten Wirtschaftsraum der Welt zu machen – einem Wirtschaftsraum, der fähig ist, ein dauerhaftes Wirtschaftswachstum mit mehr und besseren Arbeitsplätzen und einem größeren sozialen Zusammenhalt zu erzielen“* (Europäischer Rat Lissabon 2000, Hervorhebung im Original). Von der Umsetzung dieser Ziele ist die Europäische Union in diesen Tagen weit entfernt. Die Erweiterungsthematik war von Anbeginn an die Frage der Integrationskosten gebunden und konfrontierte die Mitgliedstaaten mit der Aufgabe einer Neuordnung oder zumindest einer Korrektur des europäischen Finanzsystems. Die Entscheidung, Staaten mit einer im Vergleich zu den alten Mitgliedsländern schwachen Wirtschaftsleistung aufzunehmen, hat den Konsolidierungsdruck weiter erhöht. Angesichts leerer Kassen in den nationalen Staatshaushalten überrascht es nicht, dass Haushaltsverhandlungen inzwischen mit einer parallel stattfindenden Grundsatzdiskussion über die künftige Ausrichtung des EU-Budgets (auch als Steuerungsinstrument) geführt werden. Dies betrifft sowohl die Einnahmenseite (beispielsweise die Diskussion über die Einführung einer eigenen EU-Steuer) als auch die Ausgabenseite (beispielsweise die Direktzahlungen im Rahmen der Agrarsubventionierung). Der haushalts- und verteilungspolitische Status quo innerhalb der EU steht heute mehr denn je auf dem Prüfstand. Im Jahr 2017 entfielen auf die ausgabenstärksten Gemeinschaftspolitiken, die Agrar- und die Strukturpolitik, noch immer rund 70 Prozent der Gesamtausgaben.[56] Die vorliegende Studie wird daher eine objektive,

56 Die Aufwendungen für die klassischen Agrarausgaben und Direktbeihilfen („Erste Säule“) lagen genau zehn Jahre nach Verabschiedung der Lissabon-Strategie im Haushaltsjahr 2010 bei 43,8 Milliarden Euro (Veränderung gegenüber dem Vorjahr 2009: + 6,4 %). Für die Entwicklung des ländlichen Raums („Zweite Säule“) wurden 14,4 Milliarden Euro bereit gestellt (Veränderung gegenüber dem Vorjahr 2009: + 2,6 %). Die

sachbezogene Betrachtung der gegenwärtigen „Verfassung“ des Haushaltsgefüges der Europäischen Union mit in den Blick nehmen.

2.1. Strukturelle Instrumente im Haushaltssystem der EU: Ausgabenrubriken und Obergrenzen, Verpflichtungs- und Zahlungsermächtigungen

Das Finanzsystem der Europäischen Union basiert auf drei signifikanten Elementen, die eng miteinander verzahnt sind. An erster Stelle steht der Mehrjährige Finanzrahmen (MFR), der erstmalig im Jahre 1988 mit dem Delors-Paket I verabschiedet wurde und seitdem den verbindlichen Rahmen für die Haushaltsplanung von inzwischen sieben Jahren vorgibt. In diese langjährige Vorausschau fügt sich das zweite Instrument ein, der EU-Jahreshaushalt. Ausgeführt werden diese beiden Teilelemente auf dem europarechtlichen Fundament von Eigenmittelbeschlüssen, die die dritte Säule in der europäischen Finanzverfassung bilden.[57] Alle drei Instrumente unterliegen verschiedenen Entscheidungsverfahren mit ebenfalls voneinander abweichenden Abstimmungsmodalitäten. Dieses heterogene Geflecht an Strukturen, Verfahren sowie Verhandlungssystemen ermöglicht den beteiligten Institutionen und mitgliedstaatlichen Akteuren unterschiedliche Optionen der Partizipation und Einflussnahme.

Der Mehrjährige Finanzrahmen untergliedert sich in ausgewählte Ausgabenkategorien, die die Haupttätigkeitsbereiche der Union abdecken.[58] Für diese Rubriken

---

Ausgaben für Kohäsion (u. a. Konvergenz, regionale Wettbewerbsfähigkeit und Beschäftigung) lagen 2010 bei 49,4 Milliarden Euro (Veränderung gegenüber dem Vorjahr 2009: + 2,0 %). Die Aufwendungen für das zentrale Lissabon-Ziel der Wettbewerbsfähigkeit (u. a. Forschung, Wettbewerbsfähigkeit und Innovation, Energievorhaben) lagen im gleichen Jahr hingegen bei nur 14,9 Milliarden Euro (Veränderung gegenüber dem Vorjahr 2009: + 7,9 %) (Daten nach: Europäische Kommission 2009a).

57 Vgl. Abbildung 4 im Anhang „Gesetzgebungsakte über die Eigenmittel der EU“

58 In den MFR 2007–2013 wurden insgesamt sechs Rubriken aufgenommen, die teilweise in weitere Teilrubriken untergliedert sind. Dazu zählen im Einzelnen: 1. Nachhaltiges Wachstum, 1a. Wettbewerbsfähigkeit für Wachstum und Beschäftigung, 1b. Kohäsion für Wachstum und Beschäftigung; 2. Bewahrung und Bewirtschaftung der natürlichen Ressourcen, davon: marktbezogene Ausgaben und Direktzahlungen; 3. Unionsbürgerschaft, Freiheit, Sicherheit und Recht, 3a. Freiheit, Sicherheit und Recht, 3b. Unionsbürgerschaft; 4. Die EU als globaler Partner; 5. Verwaltung; 6. Ausgleichszahlungen (Europäische Kommission 2015a). Tabelle 17 im Anhang „Mehrjähriger Finanzrahmen 2014–2020: Mittel für Verpflichtungen nach Ausgabenkategorien und Mittel für

werden jährliche Höchstbeträge, sogenannte Obergrenzen, festgelegt, bis zu deren Höhe Mittel für Verpflichtungen bewilligt werden können (Artikel 312, Absatz 3 AEUV), insofern die notwendigen Voraussetzungen erfüllt sind. Die maximale Obergrenze der Mittel für Verpflichtungsermächtigungen ergibt sich aus der Summe der Obergrenzen der Einzelrubriken. Im Anschluss wird die jährliche Obergrenze der Mittel für Zahlungen (Ermächtigung für Auszahlungen oder Überweisungen an berechtigte Empfänger innerhalb der Mitgliedstaaten) durch Schätzung ermittelt.[59] Die globalen Obergrenzen für die einzelnen Teilrubriken für Verpflichtungen sowie für Zahlungen werden in Millionen Euro sowie in Prozent des Bruttonationaleinkommens der EU (EU-BNE) angegeben. Die globale jährliche Obergrenze der Mittel für Zahlungen in Prozent des EU-BNE wird mit der Referenzobergrenze der Eigenmittel (1,23 Prozent des EU-BNE) verglichen (Europäische Kommission 2011: 8). Eine Revision des Mehrjährigen Finanzrahmens sowie der darin verzahnten Jahreshaushalte ist grundsätzlich möglich. Hierfür ist eine korrektive Änderung der Interinstitutionellen Vereinbarung erforderlich, die in einem eigenen Gesetzgebungsverfahren auf Beschluss des Rates sowie des Europäischen Parlamentes erlassen werden muss.[60] Dies wird genau dann notwendig, insofern sich über den bereits einkalkulierten Ausgabenspielraum hinaus unvorhersehbar weiterer zusätzlicher Kapitalbedarf ergibt.

Die Bedingungen für die Umsetzung des Mehrjährigen Finanzrahmens 2007 bis 2013 sind in der Interinstitutionellen Vereinbarung zwischen dem Europäischen Parlament, dem Rat und der Kommission über die Haushaltsdisziplin und die

---

Zahlungen (in Mio. Euro zu jeweiligen Preisen)“ gibt sowohl Aufschluss über die Ressourcenausstattung der jeweiligen Rubriken als auch über deren neue Kategorisierung in der aktuellen Finanzplanung für die Zeit von 2014 bis 2020.

59 Tabelle 18 im Anhang „Mehrjähriger Finanzrahmen 2007–2013: Mittel für Verpflichtungen nach Ausgabenkategorien und Mittel für Zahlungen (in Mio. Euro zu jeweiligen Preisen) (bereinigt um die Erweiterung: EU-28)“ gibt einen detaillierten Überblick über die Budgetaufteilung auf die jeweiligen Rubriken in den Haushaltsjahren 2007 bis 2013. Tabelle 19 im Anhang „Mehrjähriger Finanzrahmen 2000–2006: Mittel für Verpflichtungen nach Ausgabenkategorien und Mittel für Zahlungen (in Mio. Euro zu jeweiligen Preisen)“ leistet dies für den Zeitraum 2000 bis 2006 und bietet die Möglichkeit einer vergleichenden Zusammenschau.

60 Zu den korrektiven Änderungen der IIV aus dem Jahr 2006 und des MFR 2007–2013: Vgl. Tabelle 15 im Anhang „Revision der Interinstitutionellen Vereinbarung vom 17. Mai 2006 sowie des Mehrjährigen Finanzrahmens 2007 bis 2013“, Vgl. Europäische Kommission (2010b).

wirtschaftliche Haushaltsführung (IIV) vom 17. Mai 2006 festgelegt (Europäische Kommission / Europäisches Parlament / Rat 2006).[61] In der IIV sind die Regeln festgeschrieben, nach denen die jährlichen Anpassungen oder sonstige Korrekturen des Finanzrahmens vollzogen werden dürfen. Die Europäische Kommission führt jährlich eine technische Anpassung des Mehrjährigen Finanzrahmens für das kommende Haushaltsjahr durch.[62] Dieser Vorgang erfüllt eine Doppelfunktion: Die Obergrenzen der einzelnen Rubriken des Mehrjährigen Finanzrahmens werden in konstanten Preisen ausgedrückt. Daher ist es notwendig, in jedem Jahr eine Inflationsbereinigung vorzunehmen, um eine Aufrechterhaltung der Kaufkraft sicherzustellen. Die Obergrenze für die Mittel für Zahlungen bedarf einer Neuberechnung, da sie in Prozent des BNE ausgedrückt wird und daher der tatsächlichen wirtschaftlichen Entwicklung anzupassen ist. Zudem muss sie immer unterhalb der Eigenmittelobergrenze bleiben. Die Marge zwischen der Eigenmittelobergrenze und der Obergrenze für Zahlungsermächtigungen wird ebenfalls in Prozent des BNE ausgedrückt und demzufolge im Zuge der technischen Anpassung neu berechnet (Europäische Kommission 2015a).

Allen am Entscheidungsprozess beteiligten Institutionen und mitgliedstaatlichen Einzel-Akteuren sind bei der Aushandlung der Jahresbudgets die im Mehrjährigen Finanzrahmen festgelegten Obergrenzen im Vorfeld bekannt. Diese Höchstgrenzen stellen im Rahmen der jährlichen Haushaltsverhandlungen somit eine feste Orientierungsgröße dar. Bei der Ausführung der EU-Jahreshaushalte kann es unter Berücksichtigung der interinstitutionell ausgehandelten Obergrenzen unterjährig zu Schwankungen kommen. Es ist eher Regel als Ausnahme, dass die eingesetzten Beträge für Verpflichtungen und Zahlungen korrigiert werden müssen. Hierzu stehen in der Finanzverfassung der Europäischen Union die Instrumente der Berichtigungshaushalte,[63]

---

61 Diese stellt keine primärrechtlich verankerte Rechtsgrundlage dar. Dieses Versäumnis wurde erst mit dem Vertrag von Lissabon behoben.

62 Diese technischen Berechnungen erfolgen auf der Grundlage der jüngsten Wirtschaftsdaten und -prognosen. Jene Daten liegen der Kommission als wichtige Grundlage für die Entwurfserstellung des jährlichen EU-Haushaltsplans in der Regel im Frühling jedes Jahres vor.

63 *„Berichtigungshaushaltspläne sind Maßnahmen zur Berücksichtigung politischer, wirtschaftlicher oder verwaltungstechnischer Erfordernisse, die während des Verabschiedungsverfahrens für den ursprünglichen Haushaltsplan noch nicht vorhersehbar waren“* (Europäische Kommission 2011a: 24). Im Jahr 2011 wurden insgesamt sieben Berichtigungshaushalte verabschiedet. Mit dem Berichtigungshaushaltsplan Nr. 4/2011 wurden unter anderem die im Rahmen der Verhandlungen um den Jahreshaushalt 2011 neu ausgehandelten Vergünstigungen zum Vorteil einiger Nettozahlerstaaten umgesetzt,

der Überträge[64] sowie der Mittelübertragungen von einer Haushaltslinie auf eine andere zur Verfügung, die während eines laufenden Haushaltsjahres eingesetzt werden können. Um die Rechtmäßigkeit dieser Mittel sicherzustellen, gilt für deren Verabschiedung ein ähnlich komplexes Prozedere wie für den Erlass des regulären Jahreshaushaltes (Europäische Kommission 2011a: 9).

Das Finanzsystem der Europäischen Union, seine Rechtsgrundlagen sowie die jeweiligen Entscheidungsverfahren sind äußerst komplex und werden für den politisch, finanzwirtschaftlich oder juristisch Interessierten nur transparent, wenn sie als Gesamtkonstrukt betrachtet werden. An dieser Stelle bleibt festzuhalten, dass die europäische Finanzverfassung auf dem soliden primärrechtlichen Fundament des Unionsvertrages basiert, der EU-Haushalt unter Beteiligung der supranationalen Organe sowie aller mitgliedstaatlichen Regierungen innerhalb der gouvernementalen Institutionen verhandelt und verabschiedet wird und seine Ausführung streng organisiert und kontrolliert wird.[65] Dieses intelligent ausdifferenzierte System der Finanzverfassung bietet für die immer wiederkehrenden Entscheidungsprozesse um den EU-Haushalt ein verlässliches Gerüst,

---

auf die ich im Verlauf dieses Kapitels eingehen werde. Der Berichtigungshaushaltsplan Nr. 4 beinhaltete „*(…) die Aktualisierung der Vorausschätzungen der traditionellen Eigenmittel (TEM, Zölle und Zuckerabgaben), der MwSt.- und BNE-Grundlagen für die Berechnung der Beiträge der Mitgliedstaaten zum EU-Haushalt, die haushaltsmäßige Erfassung der Korrekturen zugunsten des Vereinigten Königreichs und ihrer Finanzierung sowie die Aktualisierung der Finanzierung der BNE-Kürzungen zugunsten der Niederlande und Schwedens im Jahr 2011 mit der sich daraus ergebenden Änderung bei der Verteilung der Eigenmittelbeiträge der Mitgliedstaaten zum EU-Haushalt*“ (Europäische Kommission 2011a: 25).

64 Darunter sind finanzielle Ressourcen zu verstehen, die in der Ausführung des Vorjahreshaushaltes nicht ausgeschöpft wurden und auf das laufende Haushaltsjahr übertragen werden können (Europäische Kommission 2011a: 9). Als Rechtsgrundlage dienen Übertragungsbeschlüsse, die von der Kommission erlassen werden.

65 Mit dem wachsenden Haushaltsbedarf und dem damit verbundenen Anstieg des Budgetvolumens der Europäischen Union wurden auch die Steuerung der Mittelverwaltung und -Ausschüttung sowie die Kontrollmechanismen auf supranationaler Ebene sowie in den nationalen Mitgliedstaaten zu einem wichtigen Handlungsfeld. In Hinblick auf diesen wenig beachteten, gleichwohl essentiellen Bereich des Haushaltsvollzuges und der internen und externen Kontrolle durch die zuständigen Institutionen verweise ich auf eine Veröffentlichung der Kommission unter dem Titel „Die Finanzverfassung der Europäischen Union“ (Europäische Kommission 2009b, Teil 5, Kapitel 14 bis 16). Darüber hinaus vermittelt die Publikation ein präzises Wissen über das europäische Haushaltssystem und dient als solides Nachschlagewerk in Hinblick auf alle relevanten Aspekte des EU-Haushaltes.

das den Spielraum für alle Verhandlungsbeteiligten, insbesondere auch für die gouvernementalen Delegationen, einengt und diesen enge Grenzen setzt. Um die Budgetverhandlungen zu verstehen und zu durchdringen, ist es unerlässlich, die Sonderregelungen und Korrekturmechanismen zu Gunsten der Nettozahlerstaaten zu kennen. Diese liegen im Vorfeld der Entscheidungen über die EU-Finanzen als feste Parameter vor. Im Rahmen des Aushandlungsprozesses werden sie allerdings zu einer veränderlichen Größe. Sie bilden die Ausgangsbasis der Verhandlungen über die Einnahmenseite, die von den Nettozahlern dominiert und vordergründig unter ihnen ausgetragen werden. Gleichzeitig spielt bei den Entscheidungsprozessen die Ausgabenseite eine große Rolle sowie das Ringen um Rückflüsse in die nationalen Mitgliedstaaten, das seinerseits in Konkurrenz zwischen den Nettozahlerstaaten und den Nettoempfängerstaaten stattfindet. Im Nachfolgenden werden die wesentlichen Grundlagen des Einnahmen- und Ausgabensystems der Europäischen Union beleuchtet und darüber hinaus die fiskalpolitische Verteilung der Mittel zu Gunsten der neuen sowie der alten Mitgliedstaaten in den einzelnen Ausgabenrubriken des Mehrjährigen Finanzrahmens 2007 bis 2013 sowie in der aktuellen Haushaltsperiode 2014 bis 2020 vorweggenommen. Die Verfahren zur Verabschiedung des Mehrjährigen Finanzrahmens und des Jahreshaushaltes sowie der Verlauf der jeweiligen Verhandlungen werden sodann am Beispiel und im Kontext der empirischen Untersuchung nachvollzogen.

2.2. Die Einnahmenseite

2.2.1. Das System der Eigenmittel und das Prinzip der Finanzautonomie

Das Haushaltsgefüge der EU basiert heute auf der Einnahmenseite auf dem sogenannten Eigenmittelsystem.[66] Dieses System hat die vordringliche Aufgabe, dem Integrationsverbund unter Wahrung einer strikten Haushaltsdisziplin die notwendigen Mittel für die Gestaltung der EU-Politiken sowie all seiner Handlungsfelder bereitzustellen. Eine Reihe grundlegender Haushaltsvorschriften, die zugleich als wesentliche Kennzeichen der heutigen EU-Finanzverfassung zu verstehen sind, sind bereits in den Gründungsverträgen zu finden. So ist etwa der Haushaltsplan gemäß Artikel 310 Absatz 1 AEUV (ex-Artikel 268 EGV) in

66 Es geht zurück auf den Vertrag zur Änderung bestimmter Haushaltsvorschriften von 1970. Dieser sah die Ablösung der Finanzierung der Gemeinschaften über direkte Mitgliederbeiträge durch ein Haushaltssystem vor, das durch eigene Mittel getragen wird: das sogenannte EU- Eigenmittelsystem.

Einnahmen und Ausgaben auszugleichen. Sämtliche Einnahmen und Ausgaben werden für jedes Haushaltsjahr neu festgelegt und in den Budgetplan eingesetzt. Es gilt das Prinzip der Finanzautonomie: Artikel 311 AEUV gibt vor, dass der Haushalt (unbeschadet der sonstigen Einnahmen) vollständig aus eigenen Mitteln, den sogenannten Eigenmitteln, zu finanzieren ist.

Während die meisten dieser Bestimmungen bereits seit den 50er Jahren Bestand haben, musste die eigentliche Ausstattung der Europäischen Union mit finanziellen Ressourcen im Laufe der Integrationsgeschichte kontinuierlich den politischen und wirtschaftlichen Gegebenheiten angepasst werden. Diese Entwicklungen wurden begleitet von Debatten um die Lastenverteilung in Hinblick auf die mitgliedstaatliche Finanzierung des Gemeinschaftshaushaltes. Der Europäische Rat von Berlin hat in seinen Schlussfolgerungen vom 24. bis 25. März 1999 vier allgemeine Kriterien hervorgehoben, auf denen das Finanzsystem beruhen müsse: *„Es sollte gerecht, transparent, kosteneffizient und einfach sein"* (Europäischer Rat Berlin 1999, Titel III Nr. 1). Diese vordergründig selbstverständlichen Kriterien deuten daraufhin, dass die Finanzausstattung der Europäischen Union ein schwieriges Feld ist, das im inneren Kreis ihrer Mitgliedstaaten in der Vergangenheit immer wieder zu Reibungspunkten aufgrund von Finanzierungsengpässen und einer unverhältnismäßig starken Belastung einiger Nettozahler-Staaten geführt hat. Der Vorsitz des Europäischen Rates von Berlin hat in diesem Kontext betont, dass sich *„(…) der Gesamtnutzen aus der Mitgliedschaft in der Union nicht allein mit haushaltstechnischen Angaben beziffern lässt"* (Europäischer Rat Berlin 1999, Titel III Nr. 2). Gleichzeitig einigten sich die mitgliedstaatlichen Regierungen in Berlin darauf, bestehende Disparitäten nach Möglichkeit über den Weg der Ausgabenpolitik zu korrigieren oder aber Ausgleichsmechanismen einzuführen (ebenda). Die Umsetzung dieser Ziele und politischen Leitlinien hat dazu beigetragen, dass das heutige EU-Haushaltssystem sowohl auf der Einnahmen- als auch auf der Ausgabenseite auf vielschichtigen Berechnungskriterien und Regularien der Kompensation beruht. Diese dienen dem übergeordneten Zweck, eine ausreichende Finanzierung für die umfassenden Aufgaben der Union sicherzustellen und gleichzeitig den Bedürfnissen aller Mitgliedstaaten Rechnung zu tragen.

Die monetäre Ausstattung des EWG- und Euratom-Haushaltes beruhte in den Jahren 1958 bis 1970 vorrangig auf dem System einer mitgliedstaatlichen Beitragsfinanzierung. Die Berechnungen erfolgten nach einem im EWG-Vertrag festgelegten Schlüssel. 28 Prozent der Beiträge entfielen jeweils auf Deutschland, Frankreich und Italien, jeweils 7,9 Prozent auf Belgien und die Niederlande und 0,2 Prozent auf Luxemburg. Eine Änderung dieses Schlüssels war nur mit Einstimmigkeit durchzusetzen (Europäische Kommission 2009: 18). Bereits im Vertrag zur Gründung der Europäischen Wirtschaftsgemeinschaft von 1957 wurde in Artikel 201 EWG-Vertrag ausdrücklich die Reformoption einer Substitution mitgliedstaatlicher Beiträge durch ein System von Eigenmitteln benannt. Diese eigenen Mittel sollten sich im Schwerpunkt durch Einnahmen aus dem Gemeinsamen Zolltarif nach dessen endgültiger Einführung zusammensetzen (Artikel 201 EWG-Vertrag). Dieser Paradigmenwandel in der Finanzierung der Europäischen Gemeinschaften und die damit verbundene strukturelle Umordnung des Haushaltssystems wurden mit dem Ratsbeschluss vom 21. April 1970 über die Ersetzung der Finanzbeiträge der Mitgliedstaaten durch eigene Mittel der Gemeinschaften[67] endgültig vollzogen. In diesem sogenannten ersten Eigenmittelbeschluss wurde die Erhebung der mitgliedstaatlichen Finanzbeiträge für die Zeitspanne vom 1. Januar 1971 bis zum 31. Dezember 1974 nach folgendem Schlüssel neu festgelegt: Deutschland: 32,9 Prozent; Frankreich: 32,6 Prozent; Italien: 20,2 Prozent; Niederlande: 7,3 Prozent; Belgien: 6,8 Prozent; Luxemburg: 0,2 Prozent (Rat der Europäischen Gemeinschaften / Euratom / EGKS 1970: 20, Artikel 3 Absatz 2). Somit wurden die beiden größten Mitgliedstaaten gemäß ihrer Wirtschaftskraft am Stärksten belastet. Deutschland erfuhr in dieser Interimsphase einen Beitragszuwachs in Höhe von 4,9 Prozent sowie Frankreich in Höhe von 4,6 Prozent. Eine deutliche Besserstellung wurde Italien mit einer Reduzierung der Zahlungen in Höhe von 7,8 Prozent zu teil. Die kleineren Staaten wurden ebenfalls entlastet, Belgien mit einem Prozentsatz von 1,1 Prozent und die Niederlande mit 0,6 Prozent. Luxemburg konnte den Status quo wahren.

Mit dem Ratsbeschluss aus dem Jahr 1970 wurde zugleich die vollständige Finanzierung des Gemeinschaftshaushaltes aus eigenen Mitteln der Gemeinschaften mit Wirkung zum 1. Januar 1975 auf den Weg gebracht (Rat der Europäischen Gemeinschaften / Euratom / EGKS 1970: 21, Artikel 4, Absatz 1). Diese Entscheidung hatte folgenden Hintergrund: Um den EU-Haushalt in Einnahmen und Ausgaben auszugleichen, reichten die Einnahmen aus den Agrarabschöpfungen und den Zöllen nicht länger aus. Mit dem Eigenmittelbeschluss wurde auf die Notwendigkeit einer schrittweisen Einführung der Mehrwertsteuer-Eigenmittel verwiesen und gleichzeitig deren Implementierung besiegelt. Die Mitgliedstaaten setzten sich damit zum Ziel, die entstandenen Finanzierungslücken der Gemeinschaften durch die Einführung von Steuereinnahmen zu schließen (Rat der Europäischen Gemeinschaften/Euratom/EGKS 1970: 19).

---

67 Vgl. Rat der Europäischen Gemeinschaften / Euratom / EGKS (1970: 19–22)

Der erste Eigenmittelbeschluss hatte zwar die historisch wichtige Ablösung der mitgliedstaatlichen Zahlungen durch eigene Mittel der Gemeinschaften zum Inhalt. Faktisch beruht das europäische Haushaltssystem auch nach der Reform bis heute im Schwerpunkt auf Beitragszahlungen der Mitgliedstaaten, allein deren Deklaration und Bemessung hat sich gewandelt. Der Terminus „Steuereinnahmen" ist heute aus dem europarechtlichen Sprachgebrauch weitestgehend verschwunden. Stattdessen findet der Begriff des Eigenmittel-Systems Anwendung, das auf den Eigenmitteln beruht, die die Einnahmenseite zur Finanzierung der Europäischen Union ausmachen.

Die Verabschiedung der Rechtsgrundlagen und Bestimmungen über das System der Eigenmittel erfolgt in mehreren Etappen sowohl auf einer supranationalen als auch auf einer mitgliedstaatlichen Verfahrensebene. Nach Anhörung des Europäischen Parlamentes erlässt der Rat gemäß dem sogenannten besonderen Gesetzgebungsverfahren einen einstimmigen Beschluss. Dieser wird als Eigenmittelbeschluss bezeichnet. Wie der Name bereits impliziert, werden durch ihn die Rechtsvorschriften in Bezug auf die EU-Eigenmittel festgelegt. Die Eigenmittelbeschlüsse bedürfen einer besonderen Legitimation und müssen aus diesem Grund in allen nationalen Mitgliedstaaten gemäß deren verfassungsrechtlichen Bestimmungen ratifiziert werden. Erst nach dem Durchlaufen der Ratifizierung auf nationalstaatlicher Ebene tritt der Ratsbeschluss in Kraft. Das Gesetzgebungsverfahren zur Verabschiedung der Eigenmittelbeschlüsse auf Grundlage von Artikel 311 AEUV gewährt den nationalen Mitgliedstaaten das letztinstanzliche Entscheidungsrecht über die der EU maximal zur Verfügung stehenden Finanzmittel. Im politischen Entscheidungsgefüge der Europäischen Union sind es damit die 27 mitgliedstaatlichen Regierungen, die die Bedingungen auf der Einnahmenseite maßgeblich bestimmen. Sie zeichnen Verantwortung für die ausreichende Ausstattung der Union mit finanziellen Ressourcen und legen dabei selbst die Modalitäten und die Verteilung der Finanzierungslasten fest. Das Eigenmittelsystem ist als ein ganzheitliches Instrument zu verstehen, um die Verteilung der Finanzierungslasten zu steuern und Beitragsgerechtigkeit zwischen den Mitgliedstaaten herzustellen (Vgl. Becker 2015: 8). In diesem gesetzlichen Rahmen ist es den Unionsländern möglich, neue Kategorien an Eigenmitteln einzuführen respektive alte Kategorien wieder aufzuheben.[68] So

68 Auf die wesentlichen Inhalte und Reformpunkte der inzwischen sieben Eigenmittelbeschlüsse sowie auf die heute geltende Rechtslage gehe ich im Verlauf dieses Kapitels, das den Eigenmitteln gewidmet ist, näher ein: Vgl. dazu auch Tabelle 20 im Anhang: „Eigenmittelbeschlüsse des Rates: Wesentliche Bestimmungen und Reformpunkte".

wurden etwa mit dem ersten Eigenmittelbeschluss des Rates vom 21. April 1970 die traditionellen Eigenmittel (Zölle, einschließlich Agrarabschöpfungen, Zuckerabgabe) sowie eine schrittweise Einführung der Mehrwertsteuer-Eigenmittel (maximal ein Prozent der harmonisierten Bemessungsgrundlage) in das Einnahmensystem etabliert.

Der Rat legt dann (ebenfalls auf Grundlage des besonderen Gesetzgebungsverfahrens) durch Verordnungen Durchführungsmaßnahmen zu dem System der Eigenmittel fest. Vor dem Beschluss des Rates müssen diese Verordnungen die Zustimmung des Europäischen Parlamentes finden (Artikel 311 AEUV (ex-Artikel 269 EGV)). Der Erlass der Verordnung zur Festlegung des Mehrjährigen Finanzrahmens[69] obliegt dem gleichen Gesetzgebungsverfahren. Der Rat muss nach Zustimmung des Europäischen Parlamentes über diese einstimmig beschließen. Eine qualifizierte Mehrheit des Rates reicht unter der Voraussetzung aus, dass zuvor das zweite gouvernementale EU-Organ, der Europäische Rat, über die Verordnung zur Festlegung des Mehrjährigen Finanzrahmens abgestimmt und über diese mit Einstimmigkeit entschieden hat. Die Zustimmung des Parlamentes muss auf dem mehrheitlichen Einverständnis der Abgeordneten beruhen (Artikel 312 Absatz 2 AEUV).

Bei den Eigenmitteln gilt es drei Formen zu unterscheiden: die traditionellen Eigenmittel, die Mehrwertsteuer-Eigenmittel sowie die BNE-Eigenmittel. Aufgrund ihrer ungeteilt hohen Bedeutung für die Aushandlungsprozesse um die EU-Finanzen wird den Eigenmitteln im Nachfolgenden eine besondere Aufmerksamkeit zu Teil. Auch ihre Erhebung beziehungsweise ihre Bemessungsgrundlagen werden erläutert, um ein Verständnis für Fragen der Belastung beziehungsweise Entlastung der Nettozahlerstaaten zu entwickeln, die im Rahmen der Austragung von EU-Haushaltsverhandlungen eine immer wiederkehrende Rolle spielen. Auf der Einnahmenseite wurde für alle drei Formen der Eigenmittel eine globale Obergrenze abgesteckt. Diese wird als Prozentsatz des Bruttonationaleinkommens der Europäischen Union ausgedrückt. Diese Maximalgrenze kann nur durch einen neuen Eigenmittelbeschluss geändert werden. Auch im Falle des Ablaufes des Mehrjährigen Finanzrahmens und einer Nichtverständigung auf einen neuen Finanzrahmen wird die Eigenmittelobergrenze auf dem festgelegten Niveau eingefroren. Damit soll die Ausgabenentwicklung in vertretbaren Grenzen gehalten werden und eine Kontinuität im Haushaltssystem gewahrt bleiben. Mit dem Vertrag von Maastricht wurde die Bestimmung in das Unionsrecht aufgenommen, dass die Kommission im Kontext ihres Initiativrechts

---

69 Vgl. Europäische Kommission (2010d); Rat der Europäischen Union (2013)

keine Vorlagen für Rechtsakte der Gemeinschaft oder den Erlass von Durchführungsmaßnahmen auf den Weg bringen darf, ohne diese zuvor auf Finanzierbarkeit im Rahmen der festgelegten Eigenmittelobergrenze zu prüfen (Artikel 270 EG-Vertrag) (Europäische Kommission 2009: 153, 178). Der 3. Eigenmittelbeschluss vom 24. Juni 1988[70] sah zunächst eine globale Obergrenze von 1,15 Prozent des Bruttosozialproduktes (BSP) der Union vor. Heute liegt die Grenze bei 1,23 Prozent des EU-BNE. Mit Beschluss des Rates vom 26. Mai 2014 über das Eigenmittelsystem der Europäischen Union[71] wurde die *„(…) Eigenmittel-Obergrenze der Mittel für Zahlungen auf 1,23 Prozent des Gesamtbetrags des BNE der Mitgliedstaaten zu Marktpreisen und die Obergrenze der Mittel für Verpflichtungen auf 1,29 Prozent des Gesamtbetrags des BNE der Mitgliedstaaten festgesetzt (…)"* (Rat der Europäischen Union 2014: 106, Ziffer 6). Die nachfolgende Tabelle gibt einen Aufschluss über ihre Entwicklung von 1988 bis heute.[72]

Tabelle 4: Entwicklung der Eigenmittelobergrenze

Eigenmittelbeschluss aus dem Jahr:	1988	1992	1994	2000	2014
Eigenmittelobergrenze in Prozent des BNE:	1,15	1,20	1,27	1,24	1,23

Quelle: eigene Darstellung auf der Datenbasis von Europäische Kommission (1997); Rat der Europäischen Union (1994, 2000, 2007, 2014)

2.2.1.1. Die traditionellen Eigenmittel

Die traditionellen Eigenmittel (TEM) wurden im Jahr 1970 eingeführt. Zu ihnen zählen Einfuhrzölle auf Erzeugnisse aus Nicht-EU-Staaten, Agrarabschöpfungen, Zucker- und Isoglukoseabgaben. Die traditionellen Eigenmittel wurden mit Wirkung zum 1. Januar 1971 als *„eigene, in den Haushalt der Gemeinschaften einzusetzende Mittel"* in den Budgetplan der Europäischen Gemeinschaften integriert (Rat der Europäischen Gemeinschaften/Euratom/EGKS 1970: 20).[73]

70 Vgl. Rat der Europäischen Union (1988: 24–28)

71 Vgl. Rat der Europäischen Union (2014: 105–111)

72 Zur Struktur des Eigenmittelsystems der EU sowie zu den sich bietenden Reformoptionen innerhalb des bestehenden Systems: Vgl. Becker (2015)

73 Im Einzelnen sind dies:
- *„Abschöpfungen, Prämien, Zusatz- oder Ausgleichsbeträge, zusätzliche Teilbeträge und andere Abgaben auf den Warenverkehr mit Nichtmitgliedstaaten, die von den Gemeinschaftsorganen im Rahmen der gemeinsamen Agrarpolitik eingeführt worden sind oder noch eingeführt werden, und Abgaben, die im Rahmen der gemeinsamen Marktorganisation für Zucker vorgesehen sind (…), die sogenannten Agrarabschöpfungen;*

Die traditionellen Eigenmittel werden von den Mitgliedsländern im Namen der Gemeinschaft beziehungsweise von ihr selbst erhoben. Während im Rahmen ihrer Einführung jedem Mitgliedstaat 10 Prozent der abgeführten Mittel zur Deckung der Erhebungskosten erstattet wurden, wurde dieser Satz mit dem 5. Eigenmittelbeschluss des Rates vom 29. September 2000 über das System der Eigenmittel der Europäischen Gemeinschaften[74] auf 25 Prozent erhöht (Rat der Europäischen Union 2000: 44, Artikel 2, Absatz 3). Der Europäische Rat hat auf seiner Tagung vom 7. und 8. Februar 2013 diesen Anteil noch einmal revidiert. Während das System der Erhebung der traditionellen Eigenmittel grundsätzlich unverändert geblieben ist, wurde der Satz, den die Mitgliedstaaten auf die von ihnen erhobenen Beträge einbehalten dürfen, ab dem 1. Januar 2014 um 5 Prozent auf 20 Prozent abgesenkt (Rat der Europäischen Union 2014: 106, Ziffer 5; 107, Artikel 2, Absatz 3). Von der Regelung profitieren grundsätzlich alle Unionsländer. Auch Binnenländer werden begünstigt. Ohne diese Verteilung auf alle Mitgliedstaaten wären allein diejenigen Länder Nutznießer, deren territoriales Staatsgebiet an den Außengrenzen der EU liegt.

In Folge der in den multilateralen Verhandlungen der Uruguay-Runde beschlossenen Handelsvereinbarungen und deren Implementierung in das Unionsrecht existiert heute keine nennenswerte Unterscheidung mehr zwischen Agrarabgaben und Zöllen. Auf Empfehlung des Rates wurde diese Differenzierung mit in Krafttreten des Eigenmittelbeschlusses vom 7. Juni 2007[75] aus dem Gesamthaushaltsplan der Europäischen Union entfernt (Rat der Europäischen Union 2007: 18).

2.2.1.2. Die Mehrwertsteuer-Eigenmittel und ihre Bemessungsgrundlage (Einnahmenmethode und Mehrwertsteuer-Abrufsatz)

Die zweite Säule auf der Einnahmenseite bilden die sogenannten Mehrwertsteuer-Eigenmittel. Unter diesen sind Mehrwertsteuer – basierte Einnahmen zu verstehen, „*(…), die sich aus der Anwendung eines einheitlichen Satzes auf die für die Mitgliedstaaten einheitlich festgelegte steuerpflichtige Bemessungsgrundlage für die Mehrwertsteuer ergeben*“ (Rat der Europäischen Gemeinschaften/Euratom/EGKS 1970: 19). Dem europäischen Primärvertrag wurde im Jahr 1992 ein Protokoll

---

- Zölle des Gemeinsamen Zolltarifs und andere Zölle auf den Warenverkehr mit Nichtmitgliedstaaten (…)“ (Rat der Europäischen Gemeinschaften / Euratom / EGKS 1970: 20, Artikel 2).

74 Vgl. Rat der Europäischen Union (2000: 42–46)

75 Vgl. Rat der Europäischen Union (2007: 17–21)

über den wirtschaftlichen und sozialen Zusammenhalt[76] beigefügt. Mit diesem Protokoll verfolgte die Gemeinschaft das Ziel, die Beitragskapazität der einzelnen Mitgliedstaaten stärker zu berücksichtigen und die regressiven Elemente im System der Eigenmittel zu Gunsten der weniger wohlhabenden Mitgliedstaaten zu korrigieren. Die nach Gemeinschaftsvorschriften harmonisierte MwSt.-Bemessungsgrundlage der Mitgliedstaaten wurde pauschal auf 50 Prozent des BNE begrenzt. Dieser Satz lag zwischen 1988 und 1994 bei 55 Prozent, er wurde schrittweise gekürzt und mit dem Eigenmittelbeschluss des Rates von 1994[77] mit Wirkung ab 1999 bis heute für alle Mitgliedstaaten auf 50 Prozent des BNE eingefroren (Europäische Kommission 2009: 263). Der Eigenmittelbeschluss des Rates aus dem Jahr 1994 umfasste im Einzelnen folgende Änderungen:

- Der auf die MwSt.-Eigenmittelbemessungsgrundlage der Mitgliedstaaten anzuwendende einheitliche Satz wurde im Zeitraum von 1995 bis 1999 in gleichförmigen Schritten von 1,4 Prozent auf 1,0 Prozent reduziert;
- Die Mehrwertsteuer-Eigenmittelbemessungsgrundlage der EU-Länder, deren Bruttosozialprodukt pro Kopf im Referenzjahr 1991 weniger als 90 Prozent des Gemeinschaftsdurchschnitts betrug, wurde ab 1995 auf 50 Prozent ihres BSP begrenzt. Dies traf auf Griechenland, Irland, Portugal und Spanien zu. Zugleich wurde die Absenkung der MwSt.-Eigenmittelbemessungsgrundlage für die übrigen Mitgliedstaaten auf ebenfalls 50 Prozent beschlossen: Die Entlastung von 55 auf 50 Prozent erfolgte für diese jedoch nicht ad hoc, sondern in identischen Schritten im Zeitraum von 1995 bis 1999 (Rat der Europäischen Union 1994: 10).

Die Berechnung der Mehrwertsteuer-Bemessungsgrundlage erfolgt nach einer für alle Mitgliedstaaten einheitlichen Methode, der sogenannten Einnahmenmethode. Gemäß dieser wird die Gesamtsumme der Jahres-Nettoeinnahmen eines jeden Mitgliedstaates durch den gewogenen mittleren MwSt.-Satz, einem geschätzten mittleren Satz für die verschiedenen Arten von steuerbaren Gegenständen und Dienstleistungen, dividiert. Auf dieser Basis wird ein Zwischenergebnis für die Mehrwertsteuer-Bemessungsgrundlage ermittelt, das

---

76 Protokoll Nr. 28 über den wirtschaftlichen und sozialen Zusammenhalt: Vgl. Konsolidierte Fassung des Vertrags zur Gründung der Europäischen Gemeinschaft (2002: 38). Das Protokoll wird im Vertrag von Lissabon unter der neuen Bezeichnung „Wirtschaftlicher, sozialer und territorialer Zusammenhalt" geführt: Vgl. Vertrag von Lissabon zur Änderung des Vertrags über die Europäische Union und des Vertrags zur Gründung der Europäischen Gemeinschaft (2007: 84).

77 Vgl. Rat der Europäischen Union (1994: 9–13)

wiederum anhand negativer oder positiver Ausgleichsbeträge angepasst wird, um zu einer einheitlichen MwSt.-Bemessungsgrundlage zu gelangen. Dabei finden die Bestimmungen der Sechsten Mehrwertsteuerrichtlinie des Rates vom 17. Mai 1977 (77/388/EWG)[78] und deren spätere Anpassungen Anwendung. Auf der Grundlage der in den Mitgliedstaaten berechneten Mehrwertsteuer wird dann der Anteil erhoben, der als nationale Abgabe an die EU abgeführt werden muss. Dieser sogenannte Mehrwertsteuer-Abrufsatz wird gemäß dem ersten Eigenmittelbeschluss des Rates über die Ersetzung der Finanzbeiträge der Mitgliedstaaten durch eigene Mittel der Gemeinschaften einheitlich im Rahmen des Jahreshaushaltsverfahrens bestimmt und damit jährlich neu festgesetzt[79] (Rat der Europäischen Gemeinschaften / Euratom / EGKS 1970: 21, Artikel 4, Absatz 1).

Nach seiner Einführung auf Beschluss des Rates von 1970 lag der Mehrwertsteuer-Abrufsatz zunächst bei exakt einem Prozent (1974 bis 1979) (Europäische Kommission 2009: 264). Aufgrund des gestiegenen Haushaltsbedarfes und vor dem Hintergrund der Süderweiterung um die Aufnahme Portugals und Spaniens im Jahr 1986 erreichte er sein historisches Maximum: Mit dem Eigenmittelbeschluss des Rates von 1985[80] einigten sich die Mitgliedstaaten auf eine Anhebung des Mehrwertsteuer-Abrufsatzes auf 1,4 Prozent (Rat der Europäischen Gemeinschaften 1985: 15). Auf diesem Niveau blieb er fast zehn Jahre bis er mit dem Eigenmittelbeschluss von 1994[81] im Zeitraum von 1995 bis 1999 in gleichen Schritten von 1,4 Prozent auf 1,0 Prozent abgesenkt wurde (und zwar um 0,08 Prozent pro Annum auf 1,32 Prozent im Jahr 1995, auf 1,24 Prozent im Jahr 1996, auf 1,16 Prozent im Jahr 1997, auf 1,08 Prozent im Jahr 1998 und auf 1,0 Prozent im Jahr 1999) (Rat der Europäischen Union 1994: 10). Schließlich wurde der Mehrwertsteuer-Abrufsatz mit dem Eigenmittelbeschluss von 2000[82] ab dem Jahr 2004 auf 0,50 Prozent reduziert (Rat der Europäischen Union 2000: 42, Ziffer 9). Im Zuge der Veränderung der Gewichtung der drei verschiedenen Eigenmittelarten zur Finanzierung des EU-Haushaltes fand im Zeitverlauf eine weitere Absenkung des Abrufsatzes statt. Mit dem Eigenmittelbeschluss von 2007[83]

78 Vgl. Rat der Europäischen Gemeinschaften (1977: 1–40)

79 Ist zu Beginn eines Haushaltsjahres der Haushaltsplan noch nicht festgestellt, so bleibt bis zum Inkrafttreten eines neuen Mehrwertsteuer-Abrufsatzes der zuletzt festgesetzte Satz anwendbar (Rat der Europäischen Gemeinschaften / Euratom / EGKS 1970: 21, Art. 4, Abs. 1).

80 Vgl. Rat der Europäischen Gemeinschaften (1985: 15–17)

81 Vgl. Rat der Europäischen Union (1994: 9–13)

82 Vgl. Rat der Europäischen Union (2000: 42–46)

83 Vgl. Rat der Europäischen Union (2007: 17–21)

wurde dieser aus Gründen der Transparenz und Einfachheit auf 0,3 Prozent abgeschmolzen (Rat der Europäischen Union 2007: 18, Absatz 7).

Des Weiteren wurden einigen besonders stark belasteten Mitgliedstaaten für den Zeitraum des Mehrjährigen Finanzrahmens 2007 bis 2013 noch geringere Prozentsätze gewährt. Diese Regelung wurde allerdings auf jene Haushaltsperiode beschränkt: In dieser Zeit lag der Abrufsatz der MwSt.-Eigenmittel für Österreich bei 0,225 Prozent, für Deutschland bei 0,15 Prozent und für die Niederlande und Schweden bei 0,10 Prozent (Europäische Kommission 2009: 264–265; Europäische Kommission – Generaldirektion Haushalt 2014: 9/10). Um zu vermeiden, dass kein EU-Staat zur Finanzierung des Unionshaushaltes mehr als den maximalen Abrufsatz für die MwSt.-Eigenmittel einschließlich seines Beitrags zur Finanzierung des britischen Korrekturanspruchs leisten muss, wurde der Satz auf dem erwähnten Niveau in Höhe von 0,3 Prozent eingefroren. „*Der eingefrorene Satz entspricht dem Verhältnis zwischen dem britischen Korrekturbetrag (…) und der Summe der begrenzten MwSt.-Bemessungsgrundlagen aller Mitgliedstaaten*" (Europäische Kommission 2009: 265). Der Abrufsatz wird vom maximalen MwSt.-Abrufsatz subtrahiert. Das Ergebnis daraus entspricht dem tatsächlichen Mehrwertsteuer-Abrufsatz, das heißt dem einheitlichen Satz, den die Mitgliedstaaten tragen müssen. Hierbei gilt es zu beachten, dass sich Großbritannien an der Finanzierung seines Korrekturanspruchs selbst nicht beteiligt. Zudem wurde der Anteil Deutschlands, der Niederlande, Österreichs und Schwedens an der Finanzierung des Briten-Rabatts um drei Viertel ihres rechnerisch zu leistenden Anteils reduziert, um diese Nettozahler nicht noch stärker zu belasten (Europäische Kommission 2009: 264–265). Der Europäische Rat hat auf seiner Tagung vom 7. und 8. Februar 2013 festgestellt, dass für einige Länder im Mehrjährigen Finanzrahmen 2014 bis 2020 weiterhin geringere Abrufsätze für die Eigenmittel auf der Grundlage der Mehrwertsteuer gelten sollen (Rat der Europäischen Union 2014: 106, Ziffer 4). Der einheitliche Abrufsatz der Mehrwertsteuer-Eigenmittel von 0,3 Prozent der Bemessungsgrundlage bleibt auf dieser Basis grundsätzlich bestehen. Allein für Deutschland, die Niederlande und Schweden wird dieser Abrufsatz der MwSt.-Eigenmittel, befristet auf den Zeitraum 2014 bis 2020, einheitlich auf 0,15 Prozent reduziert (Rat der Europäischen Union 2014: 107, Artikel 2, Absatz 4). Mit der Absenkung des Mehrwertsteuer-Abrufsatzes für den gesamten Finanzplanungszeitraum konnten diese drei Nettozahler-Staaten in den Verhandlungen um den aktuellen Mehrjährigen Finanzrahmen auch weiterhin eine deutliche Reduzierung ihrer Zahlungen an den Unionshaushalt durchsetzen. Deutschland hat somit im unmittelbaren Vergleich zum Mehrjährigen Finanzrahmen 2007 bis 2013 den Status quo erhalten, die Niederlande und Schweden verschlechterten sich nur marginal um 0,05 Prozent. Österreich erhält in der laufenden Finanzperiode keine weitere Vergünstigung auf den Mehrwertsteuer-Abrufsatz, wird jedoch im Rahmen seines jährlichen BNE-Beitrags entlastet. Auf diese heute wichtigste Variante der Eigenmittel im Einnahmensystem der EU, die BNE-Eigenmittel, sowie auf die Entlastung einiger Nettozahler in diesem Bereich gehe ich im Nachfolgenden ein.

2.2.1.3. Die BNE-Eigenmittel

Zu den traditionellen Eigenmitteln und den Mehrwertsteuer-Eigenmitteln kam 1988 eine dritte Form hinzu, die sogenannten BSP/BNE-Eigenmittel. Die nationalen Beiträge werden durch Anwendung eines festgelegten Prozentsatzes auf den Gesamtbetrag der jeweiligen Bruttonationaleinkommen (BNE) ermittelt. Der Europäische Rat legt diesen Abrufsatz in einer Höhe fest, die die Deckung der EU-Ausgaben sicherstellt und die Finanzierungslücke ausfüllt, die mit Hilfe der Kombination aus traditionellen Eigenmitteln und MwSt.-Eigenmitteln allein nicht geschlossen werden kann. Diese Variante an Eigenmitteln wurde ursprünglich als ergänzende Einnahme-Quelle eingeführt. Faktisch ist sie heute der wichtigste Pfeiler im Haushaltssystem der Europäischen Union. Während die traditionellen Eigenmittel im Jahr 1979 knapp die Hälfte der gesamten Eigenmittel ausmachten, leisten sie heute nur noch einen Beitrag von circa 15 Prozent an der Gesamtfinanzierung der Union. Die Mehrwertsteuer-Eigenmittel haben inzwischen die geringste Bedeutung. Seit 2009 betragen sie lediglich circa 11 Prozent. Der mit Abstand größte Anteil an der EU-Finanzierung setzt sich ergo aus den von den Mitgliedstaaten abgeführten BNE-Eigenmitteln zusammen. Mit circa 75 Prozent der insgesamt geleisteten Eigenmittelzahlungen sind sie auf der Einnahmenseite der Europäischen Union damit zur wichtigsten Finanzquelle geworden[84] (Vgl. Bundesministerium der Finanzen 2014b). Im letzten Haushaltsjahr des Mehrjährigen Finanzrahmens 2007 bis 2013 lagen diese in 2013 bei 110,19 Milliarden Euro (Europäische Kommission – Generaldirektion Haushalt 2014: 123, Anhang 2 c).

Der angewandte Abrufsatz auf die Bruttonationaleinkommen blieb seit der Einführung der BNE-Eigenmittel nicht unverändert. Auf dem Gipfeltreffen des Europäischen Rates von Berlin am 24. und 25. März 1999 wurde das Ziel definiert, über das Instrument der BSP/BNE-Eigenmittel ein gerechteres Finanzierungssystem zu realisieren, indem zwischen den abzuführenden

84 Zu der Einnahmenverteilung aus den drei Eigenmittelvarianten sowie deren Aufkommen aus den jeweiligen Mitgliedstaaten: Vgl. Tabelle 21 im Anhang „EU-Einnahmen im Haushaltsjahr 2013 nach Mitgliedstaaten (in Mio. Euro)"

nationalen Bruttobeiträgen und den jeweiligen Nationaleinkommen ein angemesseneres Verhältnis geschaffen wird. Die Anwendung des Abrufsatzes auf das Bruttonationaleinkommen der Mitgliedstaaten auf der Rechtsgrundlage des Eigenmittelbeschlusses des Rates aus dem Jahr 2000 hat zu mehr Beitragsgerechtigkeit geführt. Trotzdem kommt das komplexe EU-Haushaltssystem auch nach Umsetzung dieses Reformelementes auch weiterhin nicht ohne Sonderregelungen und Korrekturmechanismen aus. Diese sind Teil des politischen Verhandlungssystems der Europäischen Union und greifen auch auf der Einnahmenseite der BNE-Eigenmittel. Mit dem Eigenmittelbeschluss des Rates von 2007 wurde für die Niederlande und Schweden eine Verringerung der jährlichen BNE-Eigenmittel-Zahlungen eingeführt, die Pauschalbeträgen in Höhe von 605 Millionen Euro beziehungsweise 150 Millionen Euro (zu konstanten Preisen von 2004) entsprachen. Diese Sonderregelung war jedoch auf sieben Jahre begrenzt (MFR 2007–2013) und musste durch alle Mitgliedstaaten gegenfinanziert werden einschließlich durch die Niederlande und Schweden selbst, aber auch von Seiten des Vereinigten Königreichs. Dies hatte den Hintergrund, dass die Pauschalbeträge nach der Berechnung der Korrektur zu Gunsten des Vereinigten Königreichs festgesetzt und folglich bei der Bestimmung des VK-Rabattes nicht berücksichtigt wurden (Europäische Kommission 2009: 266–267).

Auf der Tagung des Europäischen Rates vom 7. und 8. Februar 2013 konnten erneut die Niederlande und Schweden sowie erstmalig Dänemark pauschale Rabattregelungen bei den BNE-Eigenmitteln aushandeln. Alle drei Mitgliedstaaten profitieren von einer Bruttoverminderung ihres jährlichen BNE-Beitrags. Diese Rabatte sind auf die Laufzeit des aktuellen Mehrjährigen Finanzrahmens beschränkt, gelten jedoch für dessen gesamte Dauer (Rat der Europäischen Union 2014: 106, Ziffer 4). Konkret wurden die jährlichen BNE-Beiträge für die Jahre 2014 bis 2020 brutto um 695 Millionen Euro für die Niederlande, um 185 Millionen Euro für Schweden und um 130 Millionen Euro für Dänemark gesenkt (Rat der Europäischen Union 2014: 107, Artikel 2, Absatz 5). Auch Österreich profitiert weiterhin von Rabatten und kommt in den Genuss einer Bruttoverminderung seines jährlichen BNE-Beitrags (Rat der Europäischen Union 2014: 106, Ziffer 4). Dieser wird degressiv im Jahr 2014 um 30 Millionen Euro brutto, im Jahr 2015 um 20 Millionen Euro brutto und im Jahr 2016 um 10 Millionen Euro brutto gesenkt. Der Rabatt ist auf diese drei Jahre befristet und läuft danach aus.[85]

85 Diese Beträge werden in Preisen von 2011 ausgedrückt und in jeweilige Preise umgerechnet, in dem der jeweils jüngste von der Kommission errechnete BIP-Deflator für die EU in Euro herangezogen wird, der zum Zeitpunkt der Aufstellung des

All diese Bruttokürzungen müssen von allen Mitgliedstaaten gegenfinanziert werden (Rat der Europäischen Union 2014: 107, Artikel 2, Absatz 5).

Dass die BNE-Eigenmittel, die unmittelbar aus den nationalen Haushalten an die EU abgeführt werden, heute den größten Stellenwert auf der Einnahmenseite einnehmen, fördert den Nebeneffekt einer in Brüssel kritisch beäugten „Leitkultur“: Die Finanzierung der supranationalen Gemeinschaft wird innerhalb der Mitgliedstaaten dem Maßstab einer Gegenüberstellung von Kosten und Nutzen unterworfen und auf dieser Grundlage bewertet. Der nationale Nettosaldo wird im Kontext europäischer Haushaltsverhandlungen damit zur Messlatte für die Definition der gouvernementalen Verhandlungspositionen. Dabei sollte gerade das System der „eigenen Mittel“ diese Abgrenzung verhindern, indem die Finanzierung der EU auf der Grundlage nationaler Beiträge anhand objektivierbarer Kriterien bemessen wird. Faktisch wird jedoch jede noch so kleine Veränderung des Finanzierungssystems vorrangig unter dem Aspekt ihrer Auswirkungen auf den nationalen Saldo von Zahlungen an den EU-Haushalt respektive Rückflüssen aus diesem betrachtet und beurteilt. Das Eigenmittelsystem der Europäischen Union ist von der Kommission wiederholt überprüft und bewertet worden, zuletzt im Juli 2011 vor Beginn der Verhandlungen zum Mehrjährigen Finanzrahmen 2014 bis 2020. Jener Reformvorschlag der Behörde ist das Ergebnis einer Überprüfung des Mehrjahres-Haushaltes 2007 bis 2013. Diese Vorlage ist insofern ein Novum, da der Europäische Rat die Kommission zum ersten Mal eingeladen hatte, eine uneingeschränkte Sondierung der Unionsausgaben zur Halbzeit des damaligen Finanzrahmens vorzunehmen. Diese betraf alle sensiblen Themen der EU-Finanzierung, seien es die Ausgaben für die Gemeinsame Agrarpolitik oder den britischen Ausgleichsrabatt. Der Vorstoß der Kommission blieb allerdings ergebnislos, alle bestehenden Rabatte abzuschaffen, das heißt den britischen Beitragsrabatt, die Rabatte auf die Finanzierung des VK-Rabattes, die Sonderregelungen bei den Mehrwertsteuereigenmitteln und bei den BNE-Eigenmitteln sowie die Vergünstigungen bei den einbehaltenen Mitteln zur Deckung der Kosten im Rahmen der Erhebung der traditionellen Eigenmittel auf nationaler Ebene. So schreibt auch der jüngste Eigenmittelbeschluss

---

Haushaltsplanentwurfs vorliegt. Diese Bruttokürzungen erfolgen nach der Berechnung der Korrektur zu Gunsten des Vereinigten Königreichs und der Finanzierung des betreffenden Korrekturbetrags, beeinflussen diese also nicht (Rat der Europäischen Union 2014: 107, Art. 2, Abs. 5). Der Begriff Deflator steht für den impliziten Preisindex. *„Der implizite Preisindex ergibt sich aus dem zu einer Messzahl umgerechneten Ergebnis in jeweiligen Preisen dividiert durch die entsprechende preisbereinigte Größe“* (Destatis 2015).

für den Finanzrahmen 2014 bis 2020 den Status quo nahezu unverändert fort und hält damit an den bekannten Stärken und Schwächen fest (Becker 2015: 8/9, Kaiser/Prange-Gstöhl 2010). Gleichzeitig ist das politische Klima für innovative Reformen oder die Einführung alternativer Finanzierungsquellen beispielsweise in Gestalt einer originären EU-Steuer heute ungünstiger denn je. Realistische Reformoptionen in Hinblick auf das bestehende Finanzsystem der Europäischen Union können im Rahmen dieser Dissertation nur andiskutiert werden. Eine solche Betrachtung muss zugleich unter Berücksichtigung der nationalen mitgliedstaatlichen Interessen erfolgen, die Motor oder Hemmschuh bei allen Reformvorhaben und deren Umsetzung oder Scheitern sind. Die unterschiedlichen Präferenzen zur europäischen Finanzverfassung werden in der empirischen Untersuchung zur Agenda 2007 genauer analysiert.

2.2.2. Der Briten-Rabatt

In den 70er und 80er Jahren kursierte die Debatte über das Haushaltsungleichgewicht vor allem um die Beiträge zweier Nettozahler, des Vereinigten Königreichs Großbritanniens auf der einen und der Bundesrepublik Deutschland auf der anderen Seite. Die Gemeinsame Agrarpolitik machte auf der Ausgabenseite von Anbeginn, so auch zum Zeitpunkt des britischen Beitritts im Jahr 1973, einen Großteil am Haushaltsvolumen der Gemeinschaft aus. Seit dem Jahr 1965 stiegen die Agrarausgaben kontinuierlich an. Ihr prozentualer Anteil am Gesamtbudget lag im Jahr 1970 bei über 90 Prozent und reduzierte sich im Zuge mehrerer Reformen nur schrittweise. Mitte der 1980er Jahre wuchsen die Ausgaben für die Gemeinsame Agrarpolitik so stark an, dass eine Deckung mit den zur Verfügung stehenden Finanzmitteln nicht mehr möglich erschien.[86] Die Bedeutung der Agrarwirtschaft ist in Großbritannien seit jeher gering. Folglich profitierte das Land im Gegensatz zu vielen anderen Mitgliedstaaten von der Agrarförderung nur geringfügig. Es zählte zum damaligen Zeitpunkt zu den finanzschwächsten Mitgliedern der Gemeinschaft. Trotz eines niedrigen Wohlstandsniveaus war der Mitgliedstaat größter Nettozahler an einen Gemeinschaftshaushalt, der hauptsächlich Mittel für den Agrarsektor bereit stellte. Im

86 In den Jahren 1984 und 1985 wurden zum Abbau der Defizite Sonderzahlungen von Seiten der Mitgliedstaaten in Höhe von einer Milliarde ECU (1984) beziehungsweise zwei Milliarden ECU (1985) notwendig bevor durch Preis- und Mengenregulierungen eine Ausgabenkonsolidierung erzielt werden konnte. Die European Currency Unit stellte bis zum Jahr 1998 die Rechnungswährung im Europäischen Währungssystem (EWS) dar.

Gegensatz zu den Gründerstaaten Frankreich oder auch Deutschland, in denen die Landwirtschaft einen bei Weitem größeren Stellenwert einnahm, konnte der Inselstaat von Rückflüssen aus Brüssel daher kaum profitieren. In den ersten Jahren der Mitgliedschaft bestand ein erhebliches Ungleichgewicht, das die Forderung nach einer Absenkung der britischen Beitragslast und der Einführung eines Korrekturmechanismus zu Gunsten des Vereinigten Königreichs in vollem Umfang rechtfertigte.

Die hohen britischen Beitragszahlungen in dieser Zeit hatten den Hintergrund, dass in Großbritannien im Jahr 1973 eine Umsatzsteuer in Höhe von 10 Prozent eingeführt wurde. Dieser im Vergleich zu den anderen Mitgliedstaaten zwar moderate Satz wurde bei der nationalen Mehrwertsteuerbemessung zu Grunde gelegt, stand jedoch einem niedrigen britischen Bruttosozialprodukt und Wohlstandsniveau gegenüber. Die individuelle mitgliedstaatliche Beitragsbilanz war somit unverhältnismäßig hoch. Dieses gestörte Gleichgewicht in der Finanzbeziehung zwischen dem Vereinigten Königreich und den anderen Mitgliedstaaten beherrschte die politische Debatte sowohl auf europäischer Ebene als auch auf nationaler Ebene. Sie führte sogar zu einem Referendum in Großbritannien über den Verbleib der Briten in der Europäischen Gemeinschaft. Im März 1975 sowie im November 1979 wurden auf zwei Tagungen des Europäischen Rates in Dublin Ausgleichsmechanismen zur Begrenzung des Beitrags des Vereinigten Königreichs zum Gemeinschaftshaushalt beschlossen. Beide Kompensationsregelungen gelangten nie zur Anwendung. Erst im Jahre 1984 einigten sich die europäischen Staats- und Regierungschefs im französischen Ort Fontainebleau auf einen Ausgleich, der das Missverhältnis zwischen hohen Beitragszahlungen und geringen Subventionen nivellieren sollte. Der Europäische Rat beschloss dabei einen dritten Ausgleichsmechanismus, der schließlich mit dem Beschluss des Rates vom 7. Mai 1985 über das System der eigenen Mittel der Gemeinschaften umgesetzt wurde: Die Kompensation beinhaltete zunächst eine pauschale Kürzung des MwSt.-basierten britischen Beitrags für das Jahr 1985 um 1.000 Millionen ECU (Europäische Kommission 2009: 30/31). Ab dem Jahr 1986 wurde der Korrektivmechanismus wie folgt bestimmt: „*Zunächst wurde für die Berechnung des Haushaltsungleichgewichts die Differenz zwischen dem Anteil des Vereinigten Königreichs an der Summe der (nicht begrenzten) MwSt.-Bemessungsgrundlagen und dem Anteil des Vereinigten Königreichs an den EU-Gesamtausgaben ermittelt, die den Mitgliedstaaten zurechenbar sind. Der so errechnete Unterschied wurde sodann mit den EU-Gesamtausgaben, die den Mitgliedstaaten zurechenbar sind, multipliziert. Anschließend wurde der Beitrag des Vereinigten Königreichs um 66% des für das Haushaltsungleichgewicht berechneten Wertes gekürzt*“ (Europäische Kommission 2009: 267).

Dieser Kompromiss sah folglich vor, dass das budgetäre Unleichgewicht zu Lasten der Briten in jedem Haushaltsjahr auf Grundlage einer komplexen Berechnungsformel neu ermittelt wird. 66 Prozent dieses errechneten Betrages werden Großbritannien im jeweils folgenden Jahr als „Rabatt" rückvergütet (Europäische Kommission 1992). Die damit entstandene Lücke kompensierten die Europäischen Gemeinschaften über eine Erhöhung der Mehrwertsteuer-Eigenmittel: Dieser Rabatt wird von allen Mitgliedstaaten entsprechend ihrem jeweiligen Anteil an den MwSt.-basierten Zahlungen gegenfinanziert. Deutschland leistet seit der Gründung der EG bis heute den höchsten Beitrag zum Gemeinschaftshaushalt. Aufgrund dessen forderte die deutsche Bundesregierung im Jahr 1981 eine finanzielle Entlastung. Mit der Verabschiedung des Augleichsmechanismus zu Gunsten Großbritanniens in Fontainebleau wurde gleichzeitig der deutsche Anteil an der Finanzierung des Briten-Rabatts um ein Drittel gekürzt, so dass Deutschland von 1985 bis 2001 nur noch zwei Drittel seines regulären Anteils an der Finanzierung leisten musste (Europäische Kommission 2009: 30–32, 267/268; Europäischer Rat Fontainebleau 1984).

Mit dem Eigenmittelbeschluss von 1988 gingen zwei wichtige Änderungen einher, die als „Begleiterscheinung" eine erhebliche Neuordnung des Briten-Rabatts nach sich zogen. Zum einen wurden die BSP/BNE-Eigenmittel als neue Einnahmequelle eingeführt. Zum anderen wurde die harmonisierte Bemessungsgrundlage der Mehrwertsteuer-Eigenmittel auf maximal 55 Prozent des jeweiligen Bruttosozialprodukts als Ausgleich der regressiven Wirkung gekappt (Becker 2015: 5). Dies hatte Auswirkungen auf den VK-Ausgleich, der wiederum an die Einführung der BSP/BNE-Eigenmittel und an die Begrenzung der MwSt.-basierten Eigenmittel angepasst werden musste.[87] Damit wurde nicht nur die Frage des Briten Rabattes behandelt und geklärt, sondern eine grundlegende Erneuerung des Eigenmittelsystems durch eine Neugewichtung der Eigenmittel auf der Einnahmenseite vollzogen. Mit dem Eigenmittelbeschluss des Rates vom 31. Oktober 1994 wurden die geltenden Regelungen im Wesentlichen bestätigt. Der Beschluss brachte allerdings eine entscheidende Neuerung, die sich zu Gunsten der Kohäsionsländer auswirkte. Im Jahr 1994 wurde eine stufenweise Reduzierung der Kappungsgrenze der Bemessungsgrundlage der Mehrwertsteuer-Eigenmittel auf 50 Prozent sowie eine schrittweise Senkung des

87 Zu den im Zuge der Änderungen des Eigenmittelbeschlusses von 1988 erzielten Effekten und dem sogenannten Grundkorrekturbetrag für das Vereinigte Königreich sowie zu den Berechnungskriterien des VK-Rabattes im Detail: Vgl. Europäische Kommission (2009: 268–271).

maximalen Abrufsatzes auf 1 Prozent beschlossen (Becker 2015: 5). Eine signifikante Modifikation brachte schließlich der Eigenmittelbeschluss von 2000. Hier wurde eine Besserstellung der größten Nettozahlerstaaten erreicht, die wiederholt eine Neuanpassung ihres Beitrags zum Briten-Rabatt eingefordert hatten. Seit 2002 entrichtet die Bundesrepublik nur noch ein Viertel ihres regulären Beitrags. Die gleiche Regelung wurde auf die Nettozahler Niederlande, Österreich und Schweden ausgeweitet.

Die VK-Korrektur und die Beitragsentlastung dieser Nettozahlerstaaten muss von den anderen Mitgliedstaaten fiskal kompensiert werden. Diese Gegenfinanzierung wird proportional zum Anteil der einzelnen Mitgliedstaaten am EU-BNE auf die übrigen Länder aufgeteilt. Von einer höheren Belastung sind daher auch die sogenannten Kohäsionsländer betroffen. Großbritannien selbst blieb bei der Finanzierung seines eigenen Rabattes außen vor (Europäische Kommission 2009: 267–271). Interessant ist, dass bei der Anpassung des VK-Korrekturmechanismus im Zuge des Eigenmittelbeschlusses von 2000 keine Berücksichtigung der antizipierten Kosten der EU-Osterweiterung stattgefunden hat (Becker 2015: 5). Erst mit dem Eigenmittelbeschluss von 2007 wurde dieses Versäumnis nachgeholt und der VK-Rabatt vor dem Hintergrund der inzwischen vollzogenen Erweiterung noch einmal korrigiert. In Artikel 9 heißt es: *„Der Europäische Rat hat auf seiner Tagung vom 15. und 16. Dezember 2005 beschlossen, dass der Haushaltskorrekturmechanismus für das Vereinigte Königreich sowie die Deutschland, den Niederlanden, Österreich und Schweden zugestandene Reduzierung ihres Anteils an der Finanzierung dieser Korrektur erhalten bleiben. Allerdings wird das Vereinigte Königreich sich nach einer Übergangsphase von 2009 bis 2011 uneingeschränkt an der Finanzierung der Erweiterungskosten beteiligen, mit Ausnahme der Direktzahlungen und marktbezogenen Ausgaben im Rahmen der GAP sowie der aus dem Europäischen Ausrichtungs- und Garantiefonds für die Landwirtschaft (EAGFL), Abteilung Garantie, finanzierten Ausgaben für die Entwicklung des ländlichen Raums. Die Berechnung der Korrektur zugunsten des Vereinigten Königreichs wird daher angepasst, indem die Ausgaben für Mitgliedstaaten, die der EU nach dem 30. April 2004 beigetreten sind, mit Ausnahme der vorstehend genannten Ausgaben für die Landwirtschaft und die Entwicklung des ländlichen Raums, schrittweise von der Berechnung ausgenommen werden. Der sich aus der Kürzung der zurechenbaren Ausgaben ergebende zusätzliche Beitrag des Vereinigten Königreichs wird im Zeitraum 2007–2013 10,5 Mrd. EUR (zu Preisen von 2004) nicht übersteigen. Im Falle weiterer Beitritte vor dem Jahr 2013, mit Ausnahme des Beitritts Bulgariens und Rumäniens, wird der Betrag entsprechend korrigiert“* (Rat der Europäischen Union 2007: 18).

Im Vergleich zu anderen Mitgliedstaaten stellt sich die Position Großbritanniens angesichts einer erfolgreichen gesamtwirtschaftlichen Entwicklung heute sehr positiv dar. Ohne die eigene Zustimmung war eine Aufhebung der Sonderstellung Großbritanniens nicht möglich. Die Briten verteidigten den Besitzstand des gewährten Rabattes mit Nachdruck. Erst im Rahmen der Finanzverhandlungen um den Mehrjährigen Finanzrahmen für die Jahre 2007 bis 2013 gelang es den anderen Mitgliedstaaten, den Beitragsrabatt anzutasten. Der Europäische Rat hat zuletzt auf dem Gipfel vom 7. und 8. Februar 2013 bestätigt, den Korrekturmechanismus zu Gunsten Großbritanniens weiterhin anzuwenden (Rat der Europäischen Union 2014: 106, Ziffer 4). Die genauen Regelungen des VK-Rabattes finden sich im 7. Eigenmittelbeschluss des Rates vom 26. Mai 2014.[88] Die Rabatte auf die Finanzierung des Briten-Rabatts zu Gunsten Deutschlands, der Niederlande, Österreichs und Schwedens bleiben auch im Mehrjährigen Finanzrahmen 2014 bis 2020 auf der Grundlage von 2002 bestehen (Vgl. Becker 2015: 5, 8). Derzeit befindet sich die Europäische Union mit Großbritannien in schwierigen Verhandlungen über die Bedingungen für den bevorstehenden Austritt des Inselstaates aus dem Staatenverbund.[89]

Während die Einnahmenseite der europäischen Finanzverfassung ein hohes Maß an Komplexität aufweist und kontinuierlich an die Integrationsentwicklung und an die Erweiterungen angepasst werden musste, gilt dies gleichermaßen für die Ausgabenseite. Diesem Komplex des EU-Haushaltssystems widmet sich das nachfolgende Kapitel. Ein besonderes Augenmerk soll dabei auf der vollzogenen Ost-Erweiterung der Europäischen Union um inzwischen dreizehn Mitgliedstaaten liegen. Dabei werden die finanzielle Ausstattung der Neuzugänge aus

88 Zum Wortlaut des Korrekturmechanismus sowie dessen Finanzierung auf Basis des 7. Eigenmittelbeschlusses des Rates vom 26. Mai 2014: Vgl. Rat der Europäischen Union (2014: 108/109, Art. 4 und 5).

89 Die Lissabonner Union gewährt ihren Mitgliedstaaten erstmalig das Recht, aus der europäischen Staatengemeinschaft auszuscheiden. Diese Option ist in Artikel 50 des EU-Vertrages verankert. Darin heißt es: „*Jeder Mitgliedstaat kann im Einklang mit seinen verfassungsrechtlichen Vorschriften beschließen, aus der Union auszutreten*" (Artikel 50 EUV Absatz 1, Titel VI – Schlussbestimmungen). Das Austrittsrecht der Unionsländer betont nicht nur den hohen Stellenwert der nationalen Verfassungen. Der Artikel widerspricht zugleich der Existenz einer übergeordneten, europäischen Verfassung. Mit dem am 23. Juni 2016 im Vereinigten Königreich Großbritannien vollzogenen Referendum über den Verbleib in der Europäischen Union wurde diese Möglichkeit erstmalig aufgegriffen. Großbritannien entschied sich mit 51,9 Prozent der abgegebenen Stimmen gegen eine weitere EU-Mitgliedschaft. Die rechtlich bindende Wirkung des negativen Wählervotums erfolgte durch Antrag der britischen Regierung an den Europäischen Rat. Diese war verpflichtet, den Austrittsprozess auf Grundlage von Artikel 50 EUV aktiv einzuleiten.

Mittel- und Ost-Europa sowie die etwaigen Folgen für die Nettozahlerstaaten sowie für die alten Kohäsionsländer beleuchtet.

2.3. Die Ausgabenseite

2.3.1. Die Gemeinsame Agrarpolitik

2.3.1.1. Anteil der Agrarförderung am EU-Gesamthaushalt, fiskalpolitische Neuausrichtung der Förderziele

Seit rund 60 Jahren ist die Gemeinsame Agrarpolitik das am stärksten integrierte Politikfeld. Dieser hohe Stellenwert spiegelt sich in ihrem prozentualen Anteil am Gesamthaushalt wider. Im Jahr 1985 machten die Agrarausgaben noch immer 75 Prozent des gesamten EU-Haushaltes aus (Europäisches Parlament 2010a: 10/11). Erst seitdem hat eine schrittweise Absenkung stattgefunden. Im letzten Haushaltsjahr der Finanzplanung 2007 bis 2013 betrug die Agrarförderung in 2013 „nur noch" rund 40 Prozent des Gesamtbudgets.[90] Gleichwohl bilden die Subventionen für Agrarindustrie und Landwirte heute noch immer den größten Posten im Gemeinschaftsetat (Europäische Kommission – Generaldirektion Haushalt 2014: 45). Diese Tatsache drückt sich auch in den Zahlen des aktuellen Finanzrahmens aus: Trotz negativer Änderungsraten im unmittelbaren Vergleich zur Finanzplanung 2007 bis 2013 wurden in der laufenden Periode 2014 bis 2020 weiterhin 39 Prozent der EU-Ausgaben für die Gemeinsame Agrarpolitik eingesetzt. Im Vergleich zum vorangegangenen Mehrjährigen Finanzrahmen entspricht dies einem Rückgang von 11,2 Prozent (Änderungsrate nach Rubriken in Prozent).[91] Damit liegen die GAP-Aufwendungen im aktuellen Mehrjährigen Finanzrahmen 2014 bis 2020 mit 39 Prozent heute fast mit den Ausgaben für die Strukturpolitik mit 34 Prozent gleich auf. Mit insgesamt 73 Prozent ergibt dies knapp drei Viertel des gesamten Unionsetats (Bundesministerium der Finanzen 2014a).[92]

---

90 Einen Einblick in die Verteilung der EU-Ausgaben nach Mitgliedstaaten und Rubriken gibt Tabelle 22 im Anhang „EU-Ausgaben im Haushaltsjahr 2013 nach Mitgliedstaaten und Rubriken (in Mio)."

91 Vgl. dazu Abbildung 5 im Anhang: „Die beiden Mehrjährigen Finanzplanungen der EU 2007 bis 2013 sowie 2014 bis 2020 im Vergleich: Änderungsraten nach Rubriken in Prozent"

92 Vgl. dazu Abbildung 6 im Anhang: „Der Mehrjährige Finanzrahmen der EU 2014 bis 2020: Ausgabenverteilung auf Rubriken in Prozent"

Insgesamt wurden im Mehrjährigen Finanzrahmen 2007 bis 2013 für agrarpolitische Maßnahmen in der Rubrik „Bewahrung und Bewirtschaftung der natürlichen Ressourcen" 412,61 Milliarden Euro an Mitteln für Verpflichtungen zur Verfügung gestellt, davon 330,19 Milliarden Euro für marktbezogene Ausgaben und Direktzahlungen[93] (Vgl. Tabelle 18 im Anhang; Europäische Kommission 2015a). In der darauffolgenden Finanzperiode erfolgte für die Jahre 2014 bis 2020 ein geringfügiger Anstieg auf 420,03 Milliarden Euro, davon wurden für marktbezogene Ausgaben und Direktzahlungen mit 312,74 Milliarden Euro genau 17,45 Milliarden Euro weniger als in der Agenda 2007 eingesetzt (Vgl. Tabelle 17 im Anhang; Europäische Kommission 2014a: 8). Die Reduzierung der Ausgaben für die Direktzahlungen an die Landwirte ist nicht nur das Resultat der Umsetzung der GAP-Reformen, sondern entspricht zugleich dem Ziel des Lissabonner-Vertrages, die zweite Säule der Gemeinsamen Agrarpolitik stärker in die Förderung mit einzubeziehen.

Mit den neuen Staaten aus Mittel- und Ost-Europa sind zahlreiche Länder mit einer agrarlastigen Wirtschaftsleistung Mitglied der Europäischen Union geworden.[94] In ihrer Entwurfsvorlage zum Mehrjährigen Finanzrahmen 2000 bis 2006 ging die Europäische Kommission zunächst von einem Beitritt von nur sechs Ländern (Estland, Polen, Slowenien, Tschechische Republik, Ungarn und Zypern) frühestens im Jahr 2002 aus. Daher wurde in der Finanzplanung für die Jahre 2000 bis 2006 ein globaler Betrag zur Deckung der erweiterungsbedingten Ausgaben eingesetzt, der den Beitritt von sechs anstelle der tatsächlich zehn Staaten berücksichtigt. Die beitrittsbedingten Agrarausgaben fielen im Vergleich zu den bisherigen GAP-Ausgaben für die alten Mitgliedstaaten auffallend spartanisch aus. Die Kommission machte in diesem Kontext deutlich, dass keine

93 Angaben nach der technischen Anpassung des Mehrjährigen Finanzrahmens 2007 bis 2013 im Jahr 2011 einschließlich Aktualisierungen zu jeweiligen Preisen

94 Die landwirtschaftlich genutzte Fläche hat sich mit der Ost-Integration um 40 Prozent vergrößert. Im Bereich der Landwirtschaft, Forstwirtschaft und Fischerei sind heute circa 13,6 Millionen EU-Bürger tätig, weitere fünf Millionen sind direkt in der Agrar- und Ernährungswirtschaft beschäftigt. Im Zuge der EU-Ost-Erweiterung in den Jahren 2004 und 2007 ist die Zahl der in der Landwirtschaft Beschäftigen um sieben Millionen gestiegen. Somit stellt der Agrarbereich in der gesamten Europäischen Union 8,6 Prozent aller Arbeitsplätze und erwirtschaftet immerhin 4 Prozent des EU-BIP. Das Pro-Kopf-Realeinkommen ist im Agrarsektor dagegen kontinuierlich gesunken (Europäisches Parlament 2010a: 5).

direkten Ausgleichszahlungen an die Landwirte der MOE-Staaten gezahlt werden.[95] Diese Vorgehensweise hatte folgende Gründe: Der Beitritt der neuen Länder sollte keine weitere Zunahme der landwirtschaftlichen Produktion bewirken sowie ein weiterer Rückgang der Agrarpreise verhindert werden. Zudem hätte eine Erhöhung der Agrareinkommen durch Direktzahlungen analog zur Regelung gegenüber den alten Mitgliedstaaten ungewollte sektorale Verzerrungen zu Gunsten des landwirtschaftlichen Arbeitsmarktes herbeigeführt. Stattdessen sollte als Substitut für jene Heranführungshilfen (abgesehen von Marktstützungsmaßnahmen) der Großteil der GAP-Ausgaben für die Entwicklung des ländlichen Raumes in den neuen EU-Ländern in Mittel- und Ost-Europa bereitgestellt werden. Zugleich wurde kompensatorisch die Strukturförderung in den Mittelpunkt der Unterstützung für die neuen Mitgliedstaaten gerückt. Der größte Posten der vorgeschlagenen Reservebeträge für erweiterungsbedingte Ausgaben wurde in diesem Sinne zu Gunsten strukturpolitischer Projekte und Maßnahmen eingesetzt. Grundsätzlich ist in der europäischen Haushaltspolitik eine leichte Aufstockung der budgetären Ressourcen zu Gunsten der Struktur- und Kohäsionspolitik bei gleichzeitiger Umverteilung von der Gemeinsamen Agrarpolitik auf die Struktur- und Kohäsionspolitik zu beobachten. Die Budgetreduzierungen in der GAP sind Teil einer Modernisierung innerhalb der EU-Ausgabenstruktur. Dieser Paradigmenwechsel steht gleichwohl im Lichte der großen Ost-Erweiterung, die diesen Wandel mit eingeleitet hat (Europäische Kommission 2009: 84).

95 Diese Vorgehensweise wurde im Bericht über die Zukunft der Gemeinsamen Agrarpolitik nach 2013 vom EP-Ausschuss für Landwirtschaft und ländliche Entwicklung begrüßt und bestätigt, dass die Unterstützung für die neuen Staaten aus MOE im Bereich der Gemeinsamen Agrarpolitik auch in den nächsten Jahren gemäßigt ausfallen wird (Europäisches Parlament 2010a: 10/11).

2.3.1.2. *Neuordnungen der GAP*

Die Gemeinsame Agrarpolitik der Europäischen Union hat in den vergangenen 25 Jahren mehrere grundlegende Reformen erfahren.[96] Im Kreis der Mitgliedstaaten bestand ein Konsens über die Notwendigkeit struktureller Anpassungen und einer Absenkung der Haushaltsmittel in diesem Politikbereich. Nach drei Neuordnungen in den Jahren 1992, 1999 und 2003 versuchte die letzte Prüfung in 2008, der sogenannte GAP-Gesundheitscheck,[97] die Agrarpolitik weiter zu modernisieren, zu vereinfachen und zu flexibilisieren. In der Bilanz der jüngsten Revision der Gemeinsamen Agrarpolitik stehen tiefgreifende Änderungen in Bezug auf die Förderinstrumente sowie auf die Förderstruktur.[98] Dabei versuchte

---

96 Bereits die 8. multilaterale Verhandlungsrunde (Uruguay-Runde) im Rahmen des Allgemeinen Zoll- und Handelsabkommens GATT im Jahr 1986 hatte einen grundsätzlichen Paradigmenwechsel in der Europäischen Agrarpolitik eingeleitet. Die Europäische Gemeinschaft verpflichtete sich gegenüber ihren Handelspartnern die Preisstützung nach Innen abzubauen, bestehende Einfuhrzölle auf Agrarerzeugnisse zu senken sowie Ausfuhrbeihilfen zu reduzieren. Damit wurde auch ein Wandel in der Agrarpolitik nach Innen notwendig, der durch eine Abkehr von der Markt- und Preisstützung hin zu einer direkten Einkommensstützung vollzogen wurde (Bundesministerium für Ernährung und Landwirtschaft 2014). Das Europäische Parlament kam in seinem Bericht aus dem Jahr 2010 zu dem Schluss, dass mit Hilfe der vollzogenen Reformen die Auswirkungen auf die Entwicklungsländer verringert werden konnten und die GAP sukzessive eine stärkere Marktorientierung erfahren hat (Europäisches Parlament 2010a: 9).

97 Die Rechtsakte zum GAP-Gesundheitscheck basieren im Wesentlichen auf drei Verordnungen des Rates (Rat der Europäischen Union 2009a, b, c) und auf einem Beschluss des Rates (Rat der Europäischen Union 2009d) jeweils aus dem Jahr 2009. Die aktuell gültige primärrechtliche Grundlage für die Gemeinsame Agrarpolitik findet sich im Dritten Teil des Vertrages über die Arbeitsweise der Europäischen Union – Die internen Politiken und Maßnahmen der Union (Art. 26 – 197), Titel III – Die Landwirtschaft und die Fischerei (Art. 38 – 44 AEUV). Einen prägnanten Überblick über die im Einzelnen beschlossenen inhaltlichen Reformmaßnahmen des Gesundheitschecks gibt eine Pressemitteilung der Europäischen Kommission vom 20.11.2008: Vgl. Europäische Kommission (2008). Mit der Verordnung (EG) Nr. 1290/2005 des Rates vom 21. Juni 2005 wurde schließlich ein einheitlicher Rechtsrahmen für die Finanzierung der Gemeinsamen Agrarpolitik geschaffen: Vgl. Rat der Europäischen Union (2005b: 1–25).

98 Um den Anforderungen an eine moderne Agrarpolitik zu begegnen und einen Wandel von der Marktverzerrung zu einer Marktorientierung einzuleiten, wurden zwei neue Agrarfonds eingerichtet, die sich in den Gesamthaushaltsplan der EU einfügen. Dabei handelt es sich um den Europäischen Garantiefonds für die Landwirtschaft (EGFL) zur Finanzierung von Marktmaßnahmen wie Direktzahlungen an die Landwirte und

die EU die Gratwanderung zu vollziehen, die GAP marktorientierter und zugleich ökologischer auszurichten (Vgl. Europäisches Parlament 2010a: 11). Die Landwirtschaftsminister der nationalen Mitgliedstaaten willigten ein, die Milchproduktionsquoten bis zum Jahr 2015 auslaufen zu lassen, die Flächenstilllegung abzuschaffen und Marktinterventionen nur noch als Sicherheitsnetz zur Anwendung zu bringen. Die Anpassung der GAP-Ausgaben an die neuen Ziele wurde durch eine kontinuierliche Abkehr von der Marktstützung hin zu entkoppelten Zahlungen vollzogen, indem die direkten Zuschüsse an die Landwirte gekürzt wurden. Die dadurch frei werdenden Mittel wurden in den Fonds für die Entwicklung des ländlichen Raums umgeschichtet[99] (Vgl. Europäische Kommission 2008). Dies lässt sich anhand von Zahlen belegen: Die Haushaltsleistungen für Marktmaßnahmen lagen im Jahr 1992 bei 74 Prozent der gesamten Ausgaben für die Gemeinsame Agrarpolitik. Zur Halbzeit des Mehrjährigen Finanzrahmens 2007 bis 2013 betrugen diese im Jahr 2010 bereits weniger als 10 Prozent (Europäisches Parlament 2010a: 8).

Die Gesamtbilanz der Europäischen Agrarpolitik und ihrer Reformen fällt insgesamt durchwachsen aus. Der Ausschuss für Landwirtschaft und ländliche Entwicklung des Europäischen Parlamentes kritisierte im Jahr 2010 in seinem Bericht über die Zukunft der Gemeinsamen Agrarpolitik nach 2013 die Aufteilung der Unterstützungszahlungen unter den Mitgliedstaaten und Landwirten. Die Höhe der Zuwendungen an die Betriebe ist heute zwar an die Art, vor allem aber auch an den Umfang der Produktion gekoppelt.[100] Auf

---

Maßnahmen zur Regulierung der Agrarmärkte sowie um den Europäischen Landwirtschaftsfonds für die Entwicklung des ländlichen Raums (ELER) zur Finanzierung von Entwicklungsprogrammen in den ländlichen Regionen der Mitgliedstaaten (Rat der Europäischen Union 2005b).

99 Den Mitgliedstaaten wurde jedoch die Möglichkeit eingeräumt, die Milchbauern in schwierig zu bewirtschaftenden Regionen bei der Anpassung an die neue Marktlage finanziell zu unterstützen.

100 Die Zunahme des realen landwirtschaftlichen Einkommens ist in einigen Mitgliedstaaten primär das Resultat einer Erhöhung des Wertes der landwirtschaftlichen Produktion zu realen Erzeugerpreisen (EU-27: + 1,8 Prozent). Das reale Einkommen je landwirtschaftlicher Arbeitskraft im Referenzjahr 2012 ist in sechzehn Mitgliedstaaten gestiegen und in elf Staaten gesunken: Ein deutlicher Einkommenszuwachs ergab sich dabei für Belgien (+30,0 Prozent) sowie für die Niederlande (+14,9 Prozent), für Litauen (+13,6 Prozent) und Deutschland (+12,1 Prozent). Ein erheblicher Rückgang der Einkommen wurde für Rumänien (- 16,4 Prozent), Ungarn (- 15,7 Prozent) und Slowenien (- 15,1 Prozent) berechnet. Die Zahlen beruhen auf der Datengrundlage der Landwirtschaftlichen Gesamtrechnung (LGR) für das Jahr 2012 sowie auf

diese Weise wird eine Kompensation für den Einnahmerückgang in Folge der Entscheidung der EU, die Garantiepreise signifikant zu senken, sichergestellt. Der Ausschuss bemängelte, dass die Förderung in einem Missverhältnis zu den zukunftsorientierten Zielen der GAP steht, nämlich eine ressourcen- und umweltschonende Bewirtschaftung der Anbauflächen und eine artgerechte Tierhaltung zu betreiben. Begünstigt werden nach wie vor insbesondere große Flächen mit hohem Output unabhängig von der Art der Produktion (Europäisches Parlament 2010a: 5).

Seit Inkrafttreten des Lissabonvertrags zum 01.12.2009 können keine Agrargesetze oder Agrarreformen mehr ohne die Zustimmung des Parlamentes beschlossen werden. Die GAP unterliegt von da an dem ordentlichen Gesetzgebungsverfahren. Das Europäische Parlament erhielt somit eine Gestaltungsbefugnis als Mitgesetzgeber in dem nach wie vor wichtigen und ausgabenintensiven Bereich der Agrarpolitik. Es kann direkten Einfluss nehmen und dazu beitragen, dass verlässliche und effiziente Rechtsvorschriften erlassen werden, die gleichzeitig zu einer gerechten und nachhaltigen GAP führen. Somit entscheidet das supranationale Organ nicht mehr „lediglich" über die mehrjährigen landwirtschaftlichen Programme, sondern ist seit Lissabon ein gleichberechtigtes Glied in der Entscheidungskette über die fortwährende Gestaltung der Agrarpolitik sowie deren Finanzierung im Rahmen der jährlichen Verabschiedung der Agraraufwendungen. Allerdings muss eingeräumt werden, dass der Beschluss über den Jahreshaushalt und damit auch über den Anteil, der für die Gemeinsame Agrarpolitik investiert werden soll, von Seiten der Parlamentarier nur durch Zustimmung oder Ablehnung beeinflusst werden kann (Vgl. Europäisches Parlament 2010a: 9).

Schätzungen. Sie bilden eine Tendenz, wie sich die Einkommen in der erweiterten Union im Landwirtschaftssektor entwickeln werden. Um ihre Evidenz zu beurteilen, ist ein Blick auf den Index des realen Faktoreinkommens in der Agrarwirtschaft je Jahresarbeitseinheit hilfreich: Tabelle 23 im Anhang „Sektorale Einkommensentwicklung in der Landwirtschaft von 2005 bis 2014: Index des realen Faktoreinkommens in der Landwirtschaft je Jahresarbeitseinheit" stellt die Einkommensentwicklung in der Landwirtschaft in den jeweiligen Mitgliedstaaten dar. Als Basisjahr wird 2005 zugrunde gelegt, also das erste Kalenderjahr nach der vollzogenen Ost-Erweiterung um zehn neue Mitgliedstaaten. Die Berechnungen berücksichtigen alle verfügbaren Daten bis Ende 2014.

2.3.2. Die Struktur- und Kohäsionspolitik

2.3.2.1. Ziele der Regionalförderung und fiskalpolitische Priorisierung

Bereits in der Präambel der Europäischen Wirtschaftsgemeinschaft haben sich die Mitgliedstaaten eine Selbstverpflichtung auferlegt, dass eine dauerhafte friedliche Entwicklung in Europa nur über den Weg eines sozialen und wirtschaftlichen Zusammenhaltes möglich sei. Auch in der jüngsten Vertragsgrundlage bekräftigen die Mitgliedstaaten dieses Ziel, *„(…), die Unterschiede im Entwicklungsstand der verschiedenen Regionen und den Rückstand der am stärksten benachteiligten Gebiete zu verringern."* In der Neufassung des Artikels betonen sie explizit, *„(…) weiterhin ihre Politik zur Stärkung ihres wirtschaftlichen, sozialen und territorialen Zusammenhalts"* zu verfolgen, *„um eine harmonische Entwicklung der Union als Ganzes zu fördern"* (Artikel 174 AEUV, ex-Artikel 158 EGV). Die Regionalförderung der Europäischen Union steht grundsätzlich allen Regionen innerhalb der nationalen Mitgliedstaaten offen. Dem Solidaritätsgedanken und dem Ziel der Kohäsion verpflichtet fließt der Großteil der Förderung in die am wenigsten entwickelten Gebiete. Diese wird anhand des Entwicklungsstandes mit Hilfe des Kriteriums des regionalen Bruttoinlandsproduktes bemessen.[101] Hierbei wird unterschieden zwischen:

- schwach entwickelten Regionen, deren Bruttoinlandsprodukt pro Kopf weniger als 75 Prozent des EU-Durchschnitts beträgt;
- Übergangsregionen, deren BIP pro Kopf sich zwischen 75 und 90 Prozent des EU-Durchschnitts bewegt und
- stärker entwickelten Regionen, deren regionales Bruttoinlandsprodukt sich auf mehr als 90 Prozent des BIP pro Kopf der gesamten EU beziffern lässt (Stratenschulte 2014a).

Die Europäische Struktur- und Kohäsionspolitik ist seit jeher als Instrument der Solidarität und der integrationspolitischen Kompensation zu verstehen. Nach der jüngsten Neuordnung des Primärrechts musste sich dieses traditionsreiche Politikfeld in die Lissabon-Strategie einfügen, die auf Wachstum, Effizienz und Beschäftigung fokussiert ist. Die Strukturpolitik wurde damit einer strikteren Nutzenorientierung untergeordnet.[102] Die Ziele von Lissabon sollten

---

101 Zur Entwicklung des regionalen BIP in den seinerzeit 28 Mitgliedstaaten: Vgl. Thalheimer (2014: 40–45)

102 Diese Richtungsentscheidung ist als Reaktion auf die Globalisierung, die weltwirtschaftlichen Dependenzen sowie auf den zunehmenden Wettbewerb an den Märkten zu verstehen. Vor allem ist sie Folge der Finanz- und Wirtschaftskrise und des

in der europäischen Ausgabenpolitik eine neue Priorisierung erfahren.[103] Der Reformprozess mit dem Ziel einer Modifizierung des Charakters der Distributionspolitiken wurde bereits lange Zeit vor dem Einsetzen der Finanz- und Wirtschaftskrise eingeläutet. Vor dem Hintergrund der Ausdehnung der Europäischen Union nach Mittel- und Ost-Europa galt eine Neuordnung als unerlässlich. Die Forderung nach größerer Effizienz bei gleichzeitiger Aufrechterhaltung des Solidaritätsprinzips ist Ausdruck und Folge der integrationspolitischen, erweiterungsbedingten und gesamtökonomischen Entwicklungen innerhalb der EU und heute maßgeblicher Grundsatz in der Umsetzung der europäischen

---

enormen finanzpolitischen Konsolidierungsdrucks in den nationalen Mitgliedstaaten. Auf dem Höhepunkt der Krise in den Jahren 2009 und 2010 wurden umfassende fiskal- und ordnungspolitische Interventionen umgesetzt. Diese Eingriffe erfolgten mit unterschiedlichem Erfolg: Während die Exportnation Deutschland vergleichsweise gut durch die Krise gekommen ist, kämpfen die Südstaaten Griechenland, Italien, Portugal und Spanien, aber auch der französische Nachbar bis heute mit einer hohen Staatsverschuldung, Rezession, Arbeitslosigkeit und den damit verbundenen sozioökonomischen Konsequenzen. Das sogenannte Spar-Paradox erschwert den wenig auf Export ausgerichteten Südstaaten, den Verschuldungskreislauf zu durchbrechen und die Rezession zu überwinden. Den bereits vor der Krise hoch verschuldeten Euro-Ländern Griechenland, Irland und Portugal wurden im Rahmen des Europäischen Stabilitätsmechanismus (ESM) ab Mai 2010 aus den beiden neu geschaffenen Fonds, dem sogenannten Europäischen Finanzstabilisierungsmechanismus (EFSM) sowie der Europäischen Finanzstabilisierungsfazilität (EFSF), unter Auflage der Einhaltung tiefgreifender Reformen monetäre Hilfspakete gewährt.

103 Die Aufwendungen für Kohäsion (einschließlich Konvergenz, regionale Wettbewerbsfähigkeit und Beschäftigung, territoriale Zusammenarbeit) lagen im Haushaltsjahr 2011 bei insgesamt 51,0 Milliarden Euro (Veränderung gegenüber dem Vorjahr 2010: + 3,2 Prozent). Die Ausgaben für das Erreichen des zentralen Lissabon-Ziels der Wettbewerbsfähigkeit (unter anderem Förderung von Maßnahmen und Projekten in den Bereichen Forschung, Innovationen, Energie) umfassten Mittel in Höhe von 13,5 Milliarden Euro (Veränderung gegenüber dem Vorjahr 2010: + 5,0 Prozent) (Europäische Kommission 2011b). Trotz dieses prozentualen Anstiegs gilt es zu beachten, dass die Umsetzung der Lissabonner Ziele aufgrund der Finanz- und Wirtschaftskrise und der damit verbundenen Sparpolitik der Mitgliedstaaten budgetär ausgebremst wurde. Auf nationaler Ebene wirkten sich die finanziellen Engpässe der Mitgliedstaaten auf deren Spielräume aus, Mittel für die Kofinanzierung von Maßnahmen und Projekten aus den Förderfonds bereitzustellen (Europäisches Parlament 2010a: 6). Grundsätzlich besteht die Gefahr, dass die unterschiedlichen Kapazitäten der Mitgliedsländer Finanzmittel freizugeben, auch die wachsenden Unterschiede zwischen den ländlichen Regionen innerhalb der Europäischen Union weiter verstärken (Europäisches Parlament 2010a: 12).

Förderidee. In diesem Sinne beruht ein wesentliches Ziel der Struktur- und Kohäsionspolitik nach Lissabon darin, Wachstum und Beschäftigung zu fördern, Standortnachteile in wirtschaftlich schwächeren Regionen abzubauen und diese dabei zu unterstützen, Anschluss an die allgemeine Wirtschaftsentwicklung innerhalb der Europäischen Union zu halten (Bundesministerium der Finanzen 2012). Dass die EU-Strukturpolitik einer der wichtigsten Bestandteile des gemeinschaftlichen Politikansatzes und Sinnbild für den europäischen Solidaritätsgedanken ist, macht sich auch in der Ausgabenentwicklung bemerkbar. Trotz knapper finanzieller Ressourcen ist das Haushaltsvolumen zur Verwirklichung der Ziele in der strukturpolitischen Förderung mit jeder Finanzperiode kontinuierlich gestiegen. Im letzten Jahrzehnt galt es vor allem, die ökonomischen und sozialen Divergenzen innerhalb der neuen erweiterten Union zu reduzieren.

Im Vorfeld der Ost-Erweiterung stand die Europäische Union vor der schwierigen Aufgabe, sich auf den Beitritt vorrangig strukturschwacher Staaten vorzubereiten und bestehende strukturpolitische Förderinstrumente und deren Verwaltung auf den Prüfstand zu stellen. Im März 1999 verabschiedete der Europäische Rat auf dem Gipfel von Berlin eine grundlegende Reform der Europäischen Strukturpolitik. Im Kern wurde eine Verschlankung der Strukturen durch Reduzierung der prioritären Zielsetzungen von sieben auf drei Ziele umgesetzt. Die Dezimierung der strukturpolitischen Ziele ging zugleich mit einer Präzisierung der Kompetenzen der verantwortlichen Akteure und einer Straffung der Verwaltung einher. Die Intention war es dabei nicht, eine Verringerung von Gemeinschaftsinitiativen vorzunehmen, sondern vielmehr diese mit Hilfe ausgewählter Ziele zu fokussieren und eine geordnetere Verteilung der Zuständigkeiten sowie eine verbesserte Anwendung des Subsidiaritätsprinzips in den mitgliedstaatlichen Regionen herbeizuführen. Auf diesem Weg sollte eine Konzentration der Finanzmittel auf die zentralen Prioritäten in der Struktur- und Kohäsionspolitik sowie eine Simplifizierung und Dezentralisierung der Mittelverwaltung erreicht werden. Die europäische Struktur- und Kohäsionspolitik basiert heute auf drei prioritären Zielsetzungen, deren innere Hierarchisierung anhand der Ausgabenhöhe ablesbar ist. Bei Betrachtung der Finanzplanung für 2007 bis 2013 ist deutlich erkennbar, dass eine stärkere Anbindung der Strukturmittel an die Prioritäten der Lissabon-Strategie für Wachstum und Beschäftigung stattgefunden hat:

- Unter dem Ziel 1 der Konvergenz (EFRE, ESF, Kohäsionsfonds) werden alle Maßnahmen zur Förderung von Wachstum und zur Schaffung von Arbeitsplätzen in den am wenigsten entwickelten Regionen der Unionsländer zusammengefasst. Gefördert werden Gebiete mit einem Pro-Kopf-BIP unter

75 Prozent des EU-Durchschnitts. Hierunter fallen vor allem Regionen aus den neuen Mitgliedstaaten. Das verfügbare Mittelvolumen wurde im Mehrjährigen Finanzrahmen 2007 bis 2013 in einer Höhe von 284 Milliarden Euro eingesetzt. Dies entspricht einem Anteil von rund 82 Prozent der gesamten Strukturmittel.

- Im Bereich Ziel 2 Regionale Wettbewerbsfähigkeit und Beschäftigung (EFRE, ESF) werden wohlhabendere Regionen in den Mitgliedstaaten dabei unterstützt, mit den Herausforderungen der Globalisierung, dem Übergang zu einer wissensbasierten Ökonomie und Gesellschaft und den sich daraus ergebenden wirtschaftlichen und sozialen Umbrüchen umzugehen. Maßgabe bei allen Projekten und Maßnahmen ist die Einhaltung der Leitlinien und Empfehlungen der Europäischen Beschäftigungsstrategie. In den Jahren 2007 bis 2013 wurden in dieser Förderrubrik 55 Milliarden Euro bereitgestellt. Die Ressourcen umfassen circa 16 Prozent der gesamten Haushaltsmittel im Bereich der Strukturförderung.
- Die Strukturmittel für das Ziel 3 Europäische Territoriale Zusammenarbeit (EFRE) dienen im Schwerpunkt der Schaffung von Anreizen für die grenzüberschreitende Zusammenarbeit, für gemeinsame Konzepte etwa für die Entwicklung von Städten, ländlichen Gebieten und Küstenregionen sowie der Förderung von Wirtschaftsbeziehungen, vor allem zu Gunsten von kleinen und mittelgroßen Unternehmen. Im Mehrjährigen Finanzrahmen 2007 bis 2013 wurden für diese Zielsetzungen neun Milliarden Euro beziehungsweise circa 2,5 Prozent der Strukturmittel investiert (Bundesministerium der Finanzen 2012).

In der aktuellen Förderperiode 2014 bis 2020 werden diese übergeordneten Politikziele von elf thematischen Schwerpunkten ausgefüllt.[104]

---

104 Dies sind im Einzelnen: „1. Ausbau von Forschung, technischer Entwicklung und Innovation; 2. Verbesserung des Zugangs zu Informations- und Kommunikationstechnologien (IKT) sowie ihrer Nutzung und Qualität; 3. Verbesserung der Wettbewerbsfähigkeit von KMU; 4. Unterstützung der Umstellung auf eine CO_2-arme Wirtschaft; 5. Anpassung an den Klimawandel, Risikoprävention und -management; 6. Umweltschutz und effiziente Nutzung von Ressourcen; 7. Nachhaltigkeit im Verkehr und Verbesserung der Netzinfrastrukturen; 8. Förderung einer nachhaltigen und hochwertigen Beschäftigung sowie der Mobilität der Arbeitskräfte; 9. Förderung der sozialen Eingliederung sowie Bekämpfung von Armut und Diskriminierung; 10. Investitionen in Aus- und Fortbildung und lebenslanges Lernen; 11. Verbesserung der Effizienz der öffentlichen Verwaltung“ (Europäische Kommission 2014b).

2.3.2.2. Fördervolumina: Anteil der Struktur- und Kohäsionspolitik am EU-Gesamthaushalt, Mittelverteilung auf alte und neue Mitgliedstaaten

Die Struktur- und Kohäsionspolitik ist nach der Agrarförderung das zweitausgabenstärkste Politikfeld in der Europäischen Union. Das Budget für die Jahre 2007 bis 2013 sah ein Gesamtvolumen von 975,78 Milliarden Euro an Mitteln für Verpflichtungen und von 925,58 Milliarden Euro an Mitteln für Zahlungen vor[105] (Tabelle 18 im Anhang; Europäische Kommission 2015a). Der prozentuale Anteil der Struktur- und Kohäsionsförderung am gesamten Haushaltsspektrum für die Jahre 2007 bis 2013 lag bei insgesamt 36 Prozent. In Prozent des Bruttonationaleinkommens der EU (EU-BNE) ausgedrückt entsprach dies einem Anteil von 0,39 Prozent (Bundesministerium der Finanzen 2012). Bei einem Budget von insgesamt 1.082,56 Milliarden Euro an Mitteln für Verpflichtungen und 1.023,95 Milliarden Euro an Mitteln für Zahlungen für die Jahre 2014 bis 2020 werden aktuell 32,5 Prozent für die Struktur- und Kohäsionsförderung eingesetzt (Tabelle 17 im Anhang; Europäische Kommission 2014a: 8). Damit nahmen die Ausgaben in dieser Rubrik im Vergleich zur vorangegangenen Haushaltsperiode in absoluten Zahlen zwar leicht zu, jedoch prozentual bemessen im Verhältnis zu den anderen Budgetkategorien um immerhin 3,5 Prozent ab. 730,2 Milliarden Euro beziehungsweise 67,5 Prozent der Haushaltsmittel fließen in der laufenden Förderperiode in die übrigen EU-Politikfelder, darunter vor allem in die Landwirtschaft, aber auch in die Forschung und in die Außenpolitik (Europäische Kommission 2014b).

Ein exzeptioneller Budgetanstieg im Bereich der Strukturpolitik und Kohäsion war hingegen bei den Mitteln an Verpflichtungen von der Finanzperiode 2000 bis 2006 zur Haushaltsperiode 2007 bis 2013 um insgesamt 40,5 Prozent zu verzeichnen. Während für strukturpolitische Maßnahmen in den Jahren 2000 bis 2006 261,1 Milliarden Euro[106] an Mitteln für Verpflichtungen zur Verfügung standen (Tabelle 19 im Anhang; Europäische Kommission 2011a: 102, Anhang 1, Tabelle 1), waren es in der darauffolgenden Finanzperiode bereits 439,62 Milliarden Euro (Tabelle 18 im Anhang; Europäische Kommission 2015a). Dieser enorme Sprung beruhte auf der antizipierten EU-Ost-Erweiterung. Die Europäische Union kam damit ihrer Ankündigung nach, die neuen Mitgliedstaaten aus Mittel- und Ost-Europa in der Rubrik 1 (Nachhaltiges Wachstum) stärker zu

---

105 Angaben nach der technischen Anpassung des Mehrjährigen Finanzrahmens 2007–2013 im Jahr 2011 einschließlich Aktualisierungen zu jeweiligen Preisen

106 Angaben nach der technischen Anpassung des Mehrjährigen Finanzrahmens 2000–2006 im Jahr 2006 einschließlich Aktualisierungen zu jeweiligen Preisen

fördern und nach deren Aufnahme die Ausgaben in der Rubrik 2 (Bewahrung und Bewirtschaftung der natürlichen Ressourcen) für diese moderat zu halten. Im aktuellen Finanzrahmen wird die Ausgabenrubrik 1 unter dem Oberbegriff „Intelligentes und Integratives Wachstum" geführt und sieht ein leicht erhöhtes Budget von insgesamt 508,92 Milliarden Euro an Mitteln für Verpflichtungen für die Zeit von 2014 bis 2020 vor (Tabelle 17 im Anhang; Europäische Kommission 2014a: 8). Im Finanzrahmen 2007 bis 2013 wurden für den Europäischen Fonds für regionale Entwicklung (EFRE), den Europäischen Sozialfonds (ESF) und den Kohäsionsfonds Mittel in Höhe von insgesamt 347,41 Milliarden Euro bereitgestellt. In der Umsetzung des aktuellen Förderprogramms stehen die Vereinfachung der gemeinschaftlichen Regeln und eine stärkere Ergebnisorientierung im Vordergrund. Diese Neuausrichtung hatte jedoch keine Auswirkungen auf die Höhe der Fördermittel: Zur Erreichung der vereinbarten Wachstumsziele auf Grundlage der Strategie Europa 2020 stehen für die europäischen Struktur- und Investitionsfonds EFRE und ESF sowie für den Kohäsionsfonds in den Jahren 2014 bis 2020 erneut hohe Mittel von insgesamt 351,8 Milliarden Euro zur Verfügung[107] (Europäische Kommission 2014b).

Neben einer veränderten Priorisierung der Integrationsbereiche sollte mit Lissabon zugleich ein Einstieg in die Modernisierung der Ausgabenstruktur vollzogen werden. Der Anteil der Ausgaben für die Rubrik 1a (Wettbewerbsfähigkeit für Wachstum und Beschäftigung), die insbesondere die Bereiche Forschung, Technologie und Infrastruktur abdeckt, liegt in der aktuellen Förderperiode 2014 bis 2020 bei 126 Milliarden Euro (in Preisen des Jahres 2011). Dies entspricht gegenüber der vorangegangenen Förderperiode 2007 bis 2013 einem prozentualen Anteil und einer Steigerung von 9 auf 13 Prozent[108]

107 Unter Berücksichtigung der nationalen Kofinanzierungsbeiträge und der Hebelwirkung der Finanzinstrumente schätzt die Kommission den finanziellen Gesamtumfang der europäischen Struktur- und Kohäsionspolitik für den Zeitraum 2014 bis 2020 auf circa 450 Milliarden Euro.

108 Abbildung 6 im Anhang „Der Mehrjährige Finanzrahmen der EU 2014 bis 2020: Ausgabenverteilung auf Rubriken in Prozent" veranschaulicht die prozentuale Budgetverteilung auf die Rubriken und die damit verbundene Priorisierung der EU-Politikfelder in der aktuellen langjährigen Finanzplanung. Tabelle 16 sowie Abbildung 5 im Anhang zeigen die Haushaltsentwicklung in den beiden Mehrjährigen Finanzplanungen der Europäischen Union 2007 bis 2013 sowie 2014 bis 2020 im direkten Vergleich: Tabelle 16 legt die Mittel für Verpflichtungen in Milliarden Euro in einer vergleichenden Zusammenschau dar und Abbildung 5 zeigt die Änderungsraten nach Rubriken in Prozent.

(Bundesministerium der Finanzen 2014a). Somit wird in Zukunft ein stärkerer (auch finanzieller) Fokus auf zukunftsorientierten Politikfeldern wie der Technologiepolitik liegen (etwa in den Bereichen nationale und transnationale Forschungsförderung, Ausbau und Bereitstellung einer innovationsfördernden Infrastruktur etc.). Anhand der Budgetverteilung und der Höhe der Fördermittel ist erkennbar, dass in der heutigen europäischen Struktur- und Kohäsionspolitik die Ziele der Lissabon-Strategie, auf denen bereits in der Finanzperiode 2007 bis 2013 weitgehend der Förderfokus lag, auch für die Ausgabenpolitik im aktuellen Programmrahmen prägend sind. Diese werden in der aktuellen Entwicklungsstrategie „Europa 2020“ aufgegriffen und weiter verfolgt. In Folge der Finanz- und Wirtschaftskrise ist ein starker finanzpolitischer Konsolidierungsdruck entstanden, der die Revision der europäischen Ausgabenpolitik vermutlich beschleunigt hat. Die Förderung des Landwirtschaftssektors, die über Jahrzehnte auf der Ausgabenseite im Vordergrund der europäischen Integrationspolitiken stand, wird heute durch die Fokussierung auf eine Struktur- und Kohäsionspolitik abgelöst, die gleichzeitig als Investitionspolitik zu verstehen ist. Die Förderung und Aufrechterhaltung von Wirtschaftswachstum und Arbeitsplätzen, die Stärkung von Wettbewerbsfähigkeit durch Subventionierung von Technologien und Innovationen, aber auch die nachhaltige Entwicklung und die Verbesserung der Lebensqualität der EU-Bürger stehen heute im Vordergrund der Ausgabenpolitik.

Die Südstaaten hegten im Vorfeld der Ost-Erweiterung die Sorge, in Folge der Aufnahme der strukturschwachen Staaten aus MOE starke „Verluste“ in der Struktur- und Kohäsionsförderung hinnehmen zu müssen. In der Planung 2007 bis 2013 wurde Spanien eine nach wie vor hohe Zuwendung mit 35,22 Milliarden Euro zuteil, gefolgt von Italien mit 28,81 Milliarden Euro, Portugal mit 21,51 Milliarden Euro und Griechenland mit 20,42 Milliarden Euro. Polen erhielt die mit großem Abstand höchste Förderung mit maximal 67,92 Milliarden Euro. Auch die anderen neuen Mitgliedstaaten erhielten in diesem Integrationsbereich plangemäß hohe Zuwendungen: Der Tschechischen Republik wurden 26,93 Milliarden Euro zugewiesen, Ungarn 25,31 Milliarden Euro und Rumänien 19,67 Milliarden Euro. Deutsche Regionen wurden mit einer Förderung in Höhe von immerhin 26,34 Milliarden Euro bedacht: Dies entspricht 7,6 Prozent des gesamten EU-Budgetvolumens im Bereich der Struktur- und Kohäsionspolitik. Der Mitgliedstaat Frankreich, der vor allem von der Agrarförderung profitiert, erhielt im Mehrjährigen Finanzrahmen 2007 bis 2013 14,32 Milliarden Euro für strukturpolitische Maßnahmen und Projekte. Dem Vereinigten Königreich

Großbritannien kamen 10,61 Milliarden Euro zugute[109] (Bundesministerium der Finanzen 2012). In der aktuellen Förderperiode stehen Deutschland für strukturpolitische Projekte nur noch 19,2 Milliarden Euro zur Verfügung; Frankreich hingegen bleibt auf dem Niveau der vorangegangenen Finanzperiode und erhält bis 2020 15,9 Milliarden Euro. Polen wurde im Vergleich zu den anderen Mitgliedstaaten erneut die höchste Förderung von inzwischen 77,6 Milliarden Euro zugeteilt: Dies entspricht einer Budgetaufstockung in Höhe von 9,68 Milliarden Euro (Stratenschulte 2014a).

Im Rahmen der europäischen Struktur- und Kohäsionspolitik gilt es jedoch zu beachten, dass die Ausschüttung von Projektmitteln nach dem Prinzip der Kofinanzierung vollzogen wird: Das bedeutet, dass in den nationalen Mitgliedstaaten geförderte Projekte auf der einen Seite von der EU und auf der anderen Seite von den Unions-Ländern selbst finanziert werden müssen. Die Regionen werden nach ihrem regionalen Bruttoinlandsprodukt als stärker entwickelt, als Übergangsregion oder als weniger entwickelt eingestuft. In Abhängigkeit von diesem Status können über die Fonds zwischen 50 und 85 Prozent der Gesamtfinanzierung eines Projektes übernommen werden (Europäische Kommission 2014b).[110]

Das Entwicklungsgefälle zwischen den alten und neuen Mitgliedstaaten ist heute nach wie vor hoch. Im Vorfeld der EU-Ost-Erweiterung wurden Befürchtungen laut, dass die antiquierte Ausgabenstruktur im Bereich der Agrarförderung auf die neuen Staaten aus Mittel- und Ost-Europa übertragen und ausgeweitet werden könnte. Diese Befürchtungen waren unbegründet. Die Agrarförderung in Mittel- und Ost-Europa wurde auf einem vergleichsweise niedrigen Niveau

---

109 Aufschluss über die Fördervolumina zu Gunsten der einzelnen Mitgliedstaaten (darunter die hier nicht aufgeführten mittelgroßen und kleinen Länder) gibt Tabelle 24 im Anhang: „EU- Strukturförderung 2007 – 2013: Allokation in der Förderrubrik 1 in den Zielen Konvergenz; Europäische territoriale Zusammenarbeit; Regionale Wettbewerbsfähigkeit und Beschäftigung (in laufenden Preisen)."

110 Die restliche Finanzierung trägt die öffentliche (nationale, regionale oder kommunale) Hand oder kann von privaten Investoren bezuschusst werden (Europäische Kommission 2014b). Gleichzeitig gilt das sogenannte Additionalitätsprinzip: Die EU-Regionalförderung darf nur eine ergänzende Unterstützungsmaßnahme darstellen und keinesfalls eine bestehende öffentliche Finanzierung ersetzen. Daher besteht bei allen Projekten und deren Durchführung der Grundsatz der Partnerschaft zwischen der Europäischen Kommission und den Unionsländern auf den verschiedenen Verwaltungsebenen respektive im Verhältnis zu den Wirtschafts- und Sozialpartnern (Vgl. Bundesministerium der Finanzen 2012).

gehalten. Stattdessen ist in den Regionen der neuen Mitgliedstaaten vor allem in strukturpolitische Projekte und Maßnahmen investiert worden, insbesondere in die Verbesserung der Infrastruktur. Den alten Kohäsionsländern kommen nach wie vor verhältnismäßig hohe Mittel zugute. Seit Anfang der 70er Jahre werden finanzpolitische Ungleichgewichte auf Seiten der Nettozahler-Staaten durch Rabatte und Sonderregelungen kompensiert. Dieser Trend wird sich vermutlich in allen Verhandlungsprozessen um die EU-Finanzen „traditionsgemäß" fortsetzen. Wie sich der Ausgleich zwischen neuen Nettoempfängern, zu denen bis heute ausnahmslos alle neuen Mitgliedstaaten aus Mittel- und Ost-Europa zählen, und alten Nettoempfängern sowie zwischen der Gruppe der Nettoempfänger und der Nettozahler innerhalb der erweiterten Europäischen Union vollzogen hat, werde ich am Beispiel der nachfolgenden Fallstudien zum Mehrjährigen Finanzrahmen 2007 bis 2013 sowie zum Jahreshaushalt 2011 detailliert untersuchen.

Teil 3: Fallstudien

Fallstudie 1: Die Verhandlungen der Europäischen Union um den Mehrjährigen Finanzrahmen für die Jahre 2007 bis 2013 (Agenda 2007)

1. Rechtliche Grundlagen für den Erlass des Mehrjährigen Finanzrahmens

Mit der sogenannten „Finanziellen Vorausschau", einer verbindlichen Vereinbarung zwischen Kommission, Rat und Parlament, fixiert die Europäische Union die Struktur ihres Haushaltes über einen mehrjährigen Zeitraum. Diese Rahmensetzung, die seit 1988 angewandt wird, ersetzt jedoch nicht die Verabschiedung der Jahreshaushalte. Mit der inzwischen siebenjährigen Finanzplanung versucht die EU das Verfahren der jährlichen Haushaltsverhandlungen zu simplifizieren und nicht zuletzt zu beschleunigen. Die Jahreshaushalte müssen sich dabei an den im Mehrjährigen Finanzrahmen festgelegten Obergrenzen für die einzelnen Ausgabenkategorien (Mittel für Verpflichtungen) sowie für die Mittel für Zahlungen orientieren. Innerhalb dieser Grenzen werden die Jahreshaushalte in jedem Jahr neu verhandelt und festgesetzt sowie an den aktuellen Finanzbedarf der Europäischen Union angepasst. Die Einführung einer Finanziellen Vorausschau über einen Zeitraum von mehreren Jahren sollte die zuvor ausschließlich jährlich stattgefundenen Haushaltsverhandlungen in einen übergeordneten Rahmen einbinden, um zu verhindern, dass Finanzverhandlungen alljährlich zu einer Art Schauplatz finanzieller Begehrlichkeiten der Mitgliedstaaten oder der Institutionen werden, die insbesondere seit den 80er Jahre zu beobachten waren. Während sich in den frühen 70er Jahren ein rechtliches, politisches und institutionelles Gleichgewicht im Finanzsystem der Gemeinschaft eingestellt hatte, wurde dieses Anfang der 80er Jahre massiv erschüttert. Als Folge stellten sich große Schwierigkeiten im Ablauf des Haushaltsverfahrens ein. Diese äußerten sich in Störfällen wie einer wiederholten Einlegung von Rechtsmitteln beim Europäischen Gerichtshof von Seiten des Rates, aber auch von Seiten der Kommission oder einzelner Mitgliedstaaten, wobei sich die Klagen teilweise überschnitten. Die Konsequenz waren Verzögerungen bei der Annahme des Haushaltsplans oder sogar die Ablehnung des Haushalts durch das Parlament. Infolgedessen mussten immer wieder Überbrückungsmaßnahmen wie Vorschüsse oder Sonderbeiträge zur Finanzierung der Ausgaben eingesetzt werden. Die Haushalte für 1980, 1985, 1986 und 1988 wurden erst geraume Zeit nach Beginn des jeweiligen Budgetjahres erlassen. In diesen Fällen wurde fünf bis sechs Monate lang das System der vorläufigen Zwölftelregel angewandt. Die Einführung einer Mehrjährigen Finanzplanung war auch deshalb wichtig, da europäische Großprojekte wie die Etablierung eines gemeinsamen Binnenmarktes, die Schaffung einer europäischen Wirtschafts- und Währungsunion oder auch die große EU-Ost-Erweiterung budgetär geplant und vorbereitet werden mussten (Europäische Kommission 2009b: 23).

Die Rechtsgrundlage für den Erlass des Mehrjährigen Finanzrahmens bildet heute Artikel 312 AEUV. Im Finanzrahmen werden die jährlichen Obergrenzen der Mittel für Verpflichtungen je Ausgabenkategorie sowie die jährlichen Obergrenzen der Mittel für Zahlungen festgelegt (Artikel 312 Absatz 3 AEUV). Der Mehrjährige Finanzrahmen wird gemäß einem besonderen Gesetzgebungsverfahren über eine Verordnung auf den Weg gebracht. Dabei unterbreitet die Europäische Kommission einen Vorschlag. Dieser wird nach Zustimmung des Parlamentes vom Rat der Europäischen Union einstimmig erlassen. Der Rat kann über die Verordnung auch mit qualifizierter Mehrheit entscheiden, wenn der Europäische Rat die Anwendung dieser Beschlussregel mit Einstimmigkeit beschlossen hat. Das Parlament kann die Verordnung mit der Mehrheit seiner Mitglieder billigen oder ablehnen (Artikel 312 Absatz 2 AEUV). Anders als im Jahreshaushaltsverfahren verfügt es somit nur über ein Vetorecht und über keinerlei Möglichkeit, inhaltliche oder formale Änderungen einzubringen. Die Gesetzgebungsakte des MFR-Paketes werden vom Rat entweder gemeinsam mit dem Europäischen Parlament oder nach Zustimmung oder Stellungnahme des Europäischen Parlamentes erlassen (Rat der Europäischen Union 2017). Mit dem Vertrag von Lissabon wurde der Mehrjährige Finanzrahmen erstmalig in das Primärrecht aufgenommen. Vor Lissabon beruhte dieser ausschließlich auf dem Fundament einer Interinstitutionellen Vereinbarung zwischen Parlament, Kommission und Rat. Dies gilt auch für die im Nachfolgenden zu untersuchende Agenda 2007, die sich als letzte Haushaltsplanung auf eine Interinstitutionelle Vereinbarung stützt.

2. Die Verhandlungen zum Mehrjährigen Finanzrahmen: Abgrenzung zwischen politischer Ebene und Gesetzgebungsebene

Die Verständigung auf den Mehrjährigen Finanzrahmen gehört grundsätzlich zu den konfliktreichsten Verhandlungsthemen in der europäischen Politik. Dies liegt vor allem an der Vielzahl der unterschiedlichen gouvernementalen Interessen, die im Beratungs- und Verhandlungsprozess aufeinander einwirken. Auf die nationalstaatlichen Einzelinteressen treffen gleichermaßen die Interessen der supranationalen EU-Institutionen, die ihrerseits eine ausreichende Mittelausstattung anstreben. Auch externe Akteure wie Lobbygruppen und Verbände versuchen am Rande von Finanzverhandlungen Einfluss zu nehmen, da ihr Klientel von jedweden Veränderungen in den jeweiligen Politikfeldern, seien es Ausgabenrestriktionen oder auch Erhöhungen, unmittelbar betroffen ist.

Die Verhandlungen zur siebenjährigen Finanzplanung erfolgen auf zweierlei Ebenen. Hierbei gilt es die politische Ebene von der Gesetzgebungsebene zu unterscheiden. Ausgangspunkt aller Beratungen bilden grundsätzlich die Gesetzgebungsvorschläge der Kommission. Den Auftakt der Verhandlungen über den mehrjährigen EU-Haushalt bildet eine Mitteilung der Kommission an den Rat und an das Europäische Parlament, in der sie ihre Vorschläge für die politischen Prioritäten und die damit verbundene finanzielle Gewichtung einzelner Politikfelder und Themen vorstellt. Dies geschah im Falle der Agenda 2007 mit dem Dokument „Unsere gemeinsame Zukunft aufbauen – Politische Herausforderungen und Haushaltsmittel der erweiterten Union – 2007–2013" (Vgl. Europäische Kommission 2004a), die die supranationale Behörde am 10. Februar 2004 im Parlament in Anwesenheit des Rates vorstellte. Gleichzeitig verfolgt die Kommission mit der Vorlage ihrer Mitteilung das Ziel, ihre Vorschläge gegenüber allen Entscheidungsträgern im Rat, im Europäischen Rat und im Parlament zu erläutern und verständlich zu machen. Bereits am 14. Juli 2004 legte sie drei weitere Mitteilungen vor (Vgl. Europäische Kommission 2004b, c, d).

Zeitgleich wird der Rat auf der Gesetzgebungsebene aktiv. Die Delegationen erörtern und verhandeln in den zuständigen Fachgremien, zunächst in der federführenden Arbeitsgruppe, dann im Ausschuss der Ständigen Vertreter AStV (2. Teil) sowie im Anschluss in der Ratsformation Allgemeine Angelegenheiten[111] die fachlich-technischen Aspekte des Kommissionsvorschlags für alle einzelnen Sektoren. Auf dieser Ebene versuchen die mitgliedstaatlichen Repräsentanten ihre Standpunkte bereits so weit wie möglich einander anzunähern.

---

111 Für die Verabschiedung der Jahreshaushalte ist hingegen die Ratsformation Wirtschaft und Finanzen zuständig.

Dabei dürfen sie den Verhandlungen, die zeitgleich auf einer politischen Ebene stattfinden, nicht vorgreifen. In diesem Stadium legt der Rat eine partielle allgemeine Ausrichtung[112] fest (Rat der Europäischen Union 2017). Durch diese Verfahrensweise verlagern die Mitgliedstaaten die Vorbereitung des komplexen MFR-Paketes auf eine vorgeschaltete Arbeitsebene. Die insgesamt zu bewältigende Entscheidungslast wird somit auf mehrere Teilinstanzen mit jeweils begrenzten Entscheidungsaufgaben verteilt. Diese Gegebenheit versachlicht die politisch sensible Verhandlungsmaterie um die EU-Finanzen und erleichtert somit die Abläufe in den zentralen Verhandlungsprozessen im Ministerrat und im Europäischen Rat (Vgl. Gehring 2002: 17).

Die zweite Ebene, auf der im Rat über den Mehrjährigen Finanzrahmen beraten und verhandelt wird, ist die politische Ebene. Wie der Name schon verrät werden auf dieser Plattform die politischen Fragen des Finanzrahmens diskutiert und die zentralen Themen abgestimmt. Dies geschieht in der Regel in drei Etappen: der Sondierungsphase, der Verhandlungsphase und der Schlussphase. In der Sondierungsphase geht es zunächst darum, den mitgliedstaatlichen Delegationen den erforderlichen (auch zeitlichen) Spielraum zum Ausloten und zur Begutachtung der Vorschläge der Kommission zu gewähren. In dieser Phase werden von den Unionsländern auf der Basis der Mitteilung der Kommission bereits eigene Stellungnahmen ausgearbeitet. Die nächste Etappe bildet die eigentliche Aushandlungsphase, in der die Delegationen versuchen, in Hinblick auf die zentralen Themen eine Annäherung zu finden. Ausgangspunkt für die Beratungen um den Mehrjährigen Finanzrahmen bildet die sogenannte Verhandlungsbox, die vom Ratsvorsitz erarbeitet und allen Mitgliedstaaten zur Verfügung gestellt wird. Ihrer Erstkonzeption kommt eine hohe Bedeutung zu. Die Verhandlungsbox ist als Arbeitsdokument zu verstehen, indem der Vorsitz alle relevanten Fragen und Entscheidungsoptionen für das gesamte MFR-Verhandlungspaket zusammenfasst. Charakteristisch für die Verhandlungsbox ist ihre Veränderlichkeit. Im Verlauf der Beratungen wird ihr Inhalt kontinuierlich aktualisiert. Hierbei werden die verschiedenen Optionen allmählich reduziert sowie Verhandlungsgegenstände und Texte angepasst. Die Verhandlungsbox ist daher der rote Faden, an dem sich die Vielzahl der Delegationen orientieren muss. Gleichzeitig können auf dieser Grundlage eigene Vorstellungen eingebracht werden. Die Entwicklung der Verhandlungsbox

---

112 Unter einer allgemeinen Ausrichtung ist eine politische Einigung des Rates zu verstehen. Diese erfolgt bevor das Europäische Parlament seine Position in erster Lesung vereinbart. Bezieht sich diese Einigung nur auf einzelne Aspekte des Gesetzgebungsaktes, so wird im Brüsseler Sprachgebrauch von einer partiellen allgemeinen Ausrichtung gesprochen (Rat der Europäischen Union 2017).

zur Finanzplanung 2007 bis 2013 erfolgte unter irischem Vorsitz. In dieser Phase befinden sich Rat und Europäisches Parlament bereits in einem regelmäßigen Dialog, um frühzeitig ein Verständnis für die jeweiligen Standpunkte zu entwickeln. Im Laufe der Verhandlungen findet in Hinblick auf die personelle Zuständigkeit und Hierarchie eine Verlagerung von der Ebene der Sachverständigen in den Arbeitsgruppen auf die Botschafter im Ausschuss der Ständigen Vertreter, in der Folge auf die Minister im Rat und schließlich auf die Ebene der Staats- und Regierungschefs im Europäischen Rat statt. In der Schlussphase, die auch als Beschlussphase bezeichnet werden kann, wird auf der Grundlage der Verhandlungsbox eine politische Einigung über das MFR-Paket im Europäischen Rat erzielt. In diesem Verhandlungsstadium ist allen Delegationen bewusst, dass nichts vereinbart ist, solange nicht alles vereinbart ist. Dabei entscheidet der Europäische Rat einstimmig über die wichtigsten politischen Aspekte und zwar über

- die Finanzierungsseite, die im Eigenmittelbeschluss verankert wird;
- die Ausgabenseite, die eine Festlegung auf die jährlichen Höchstbeträge (Obergrenzen) sowie eine Abgrenzung der großen Ausgabenkategorien (Rubriken) miteinschließt;
- die Ausgabenprogramme und die jeweiligen Vorschläge für die einzelnen Sektoren, das heißt über Erhöhungen oder Kürzungen für bestimmte Politikfelder, die in der Regel mit erheblichen finanziellen Auswirkungen verbunden sind. Dies geschieht auf der Grundlage der Vorschläge der Kommission, die die Regeln, beispielsweise die Förderbedingungen und Kriterien für die Mittelzuweisung sowie die Instrumente für die einzelnen Politikbereiche vorgelegt hat.

Während über die Themen mit erheblichen finanziellen Auswirkungen auf einer politischen Ebene verhandelt wird, werden fachlich-technische Aspekte auf der Gesetzgebungsebene beraten und ausgehandelt. Die Verhandlungen auf der Gesetzgebungsebene können erst abgeschlossen werden, wenn eine Einigung über die politischen Inhalte erreicht ist. Der Europäische Rat gibt dem Rat politische Vorgaben, nachdem er sich selbst intern über die zentralen Fragen verständigt hat. Am Ende dieses Beratungsprozesses über die wichtigsten Sachverhalte steht die einstimmige Beschlussfassung im Europäischen Rat. Auf dieser Grundlage wird die gesetzgeberische Arbeit auf sämtliche Aspekte des MFR-Paketes ausgedehnt. Die Einigung im Europäischen Rat bildet das Fundament für die weitere gesetzliche Ausgestaltung, die heute die MFR-Verordnung, fünf Gesetzgebungsakte des Rates über die Eigenmittel sowie die Gesetzgebungsakte für die einzelnen Sektoren umfasst.

Der Erlass der verschiedenen Gesetzgebungsakte des MFR-Paketes unterliegt unterschiedlichen Regeln. Die MFR-Verordnung wird vom Rat nach

Zustimmung des Europäischen Parlaments einstimmig erlassen. Das Parlament kann den Standpunkt des Rates lediglich billigen oder ablehnen. Somit verfügt es über ein Vetorecht, nicht aber über die Kompetenz, Abänderungen vorzunehmen. Die fünf Gesetzgebungsakte über die Eigenmittel werden vom Rat erlassen. Er stimmt über den Basisgesetzgebungsakt einstimmig ab, über die Durchführungsrechtsakte hingegen mit qualifizierter Mehrheit. Für einen der Durchführungsrechtsakte ist die Zustimmung des Europäischen Parlaments erforderlich, zu allen anderen Gesetzgebungsakten nimmt das Parlament lediglich Stellung. Die Gesetzgebungsakte für die einzelnen Sektoren unterliegen grundsätzlich dem ordentlichen Gesetzgebungsverfahren (Mitentscheidungsverfahren). Dies bedeutet, dass der Rat und das Europäische Parlament gleichberechtigt und gemeinsam entscheiden. Der Rat fasst seinen Beschluss mit qualifizierter Mehrheit. Der aktuelle Mehrjährige Finanzrahmen, einschließlich der neuen Eigenmittelregelung und der neuen Programme für die einzelnen Sektoren, gilt seit dem 1. Januar 2014 und löst damit fristgerecht den Finanzrahmen von 2007 bis 2013 ab (Rat der Europäischen Union 2017).

3. Nettozahler und Nettoempfänger in der EU und die Debatte um die Politik des Juste-Retour

Finanzverhandlungen werden in der Europäischen Union von einem immer wiederkehrenden Spannungsverhältnis beherrscht, das sich aus der ungleichen Mitgliederstruktur innerhalb der Gemeinschaft ergibt: Die Auseinandersetzung zwischen den Nettozahlern, deren Beitrag zum EU-Finanzetat höher ist als deren Rückfluss aus Brüssel, und den Nettoempfängern, die einen positiven Saldo verbuchen können. Bereits vor dem Beitritt der vergleichsweise wirtschaftlich schwachen Mitgliedstaaten aus Mittel- und Ost-Europa bestimmte der Interessengegensatz zwischen Geber- und Nehmerländern den Charakter und den Verlauf von Haushaltsverhandlungen in der EU. Geberländer vertreten von jeher die Position einer Limitierung des Budgetvolumens sowie einer verbindlichen Festschreibung von Haushaltsdisziplin. Darüber hinaus setzen sie sich für mehr Beitragsgerechtigkeit ein. Nehmerländer plädieren hingegen an die Verantwortung der Europäischen Union als Solidargemeinschaft und postulieren einen aktiven finanziellen Beitrag der reicheren Mitgliedstaaten, um eine wirtschaftliche und soziale Annäherung innerhalb der Gemeinschaft zu erreichen. Aus der Differenz zwischen den Aufwendungen, die die Mitgliedstaaten an die Europäische Union abführen und den finanziellen Leistungen, die aus dem EU-Haushalt an sie zurückfließen, ergibt sich entweder ein positiver Saldo (Nettoempfänger) oder ein negativer Saldo (Nettozahler) (Bundeszentrale für politische Bildung 2014).

Zum Ende des Mehrjährigen Finanzrahmens 2007 bis 2013, im Haushaltsjahr 2012, zählten in der Europäischen Union insgesamt acht Mitgliedstaaten zu den sogenannten Nettozahler-Staaten. Neben den drei großen EU-Ländern Deutschland, Frankreich und dem Vereinigten Königreich waren dies Belgien, Dänemark, Finnland, Italien, Luxemburg, die Niederlande, Österreich und Schweden sowie das neue Unionsland Zypern. Die neuen mittel- und osteuropäischen EU-Staaten (ohne Zypern) sowie die alten Kohäsionsländer Griechenland, Irland, Portugal und Spanien gehörten 2012 zu den Nettoempfängern. Umverteilung bedeutet grundsätzlich Konfliktpotenzial, vor allem dann, wenn sie im Verdacht steht, nicht leistungsgerecht zu sein. Aus diesem Grund wird die Debatte über den Gemeinschaftshaushalt sowohl auf den nationalen Ebenen als auch im Rahmen der Austragung der EU-Finanzverhandlungen auf supranationaler Ebene immer wieder mit der Diskussion um die Nettobilanz verknüpft. Zur Ermittlung der Nettoposition stehen unterschiedliche Methoden zur Verfügung. In Abhängigkeit der Methodenauswahl kann es zu stark abweichenden Ergebnissen kommen, die im politischen Diskurs je nach Opportunität eingesetzt werden. Grundlage aller Berechnungen ist unabhängig von der Auswahl des Verfahrens der EU-Gesamthaushalt mit allen Posten der Einnahmen und Ausgaben. Die fünf gängigsten Methoden werden nachfolgend skizziert:

- **Einfache Nettoposition:** Die Einzahlungen eines Mitgliedstaates an den EU-Haushalt und die Auszahlungen aus Brüssel, die zurückfließen, werden saldiert.
- **Operative Haushaltssalden:** Die Europäische Kommission legt bei ihren Berechnungen die operativen Haushaltssalden der Mitgliedstaaten zugrunde. Dabei klammert sie Verwaltungsausgaben und traditionelle Eigenmittel aus. Für jedes EU-Mitglied wird dabei der Saldo aus den Auszahlungen und dem angepassten nationalen Beitrag gebildet, letzterer entspricht dem prozentualen Beitragsanteil eines Landes angewendet auf die Summe der gesamten EU-Ausgaben.
- **Nettoposition ohne Verwaltungsausgaben:** Die Verwaltungsausgaben für die Mitgliedstaaten Belgien und Luxemburg, in denen die EU-Institutionen ihren Sitz haben, werden aus deren Nettoposition herausgerechnet, um Verzerrungen zu vermeiden.
- **Nettoposition ohne traditionelle Eigenmittel:** Da die geostrategische Lage, historische Verkehrswegeplanung oder Grenzinfrastruktur einige Mitgliedstaaten begünstigen würde, werden Zölle, die der gesamten Europäischen Union zustehen, von den Ländern nur in der Funktion als Erfüllungsgehilfen abgeschöpft. Die traditionellen Eigenmittel werden daher bei der Berechnung auf der Einnahmenseite außen vor gelassen.

- **Einfache Nettoposition mit traditionellen Eigenmitteln, bereinigt um die Erhebungskosten:** Werden die traditionellen Eigenmittel mit eingerechnet, so werden die Erhebungskosten in Höhe von 20 Prozent, die die Mitgliedstaaten als Eigenanteil einbehalten dürfen, als Rücktransfer gegengerechnet (Heinen 2011).

Unabhängig von den verschiedenen Berechnungsmethoden lässt sich das Ergebnis der erhobenen Daten je nach beabsichtigter Aussage aufbereiten und darstellen:

Nettoposition im Verhältnis zur Wirtschaftsleistung: Bezogen auf das jeweilige nationale Bruttoinlandsprodukt war nach Angaben der Kommission im Haushaltsjahr 2012 Schweden der größte Nettozahler in der Europäischen Union. Der negative Haushaltssaldo des Landes entsprach 0,46 Prozent des BIP's. Darauf folgten Dänemark (minus 0,45 Prozent), Deutschland (minus 0,44 Prozent) und Frankreich (minus 0,40 Prozent) sowie Belgien, Großbritannien und die Niederlande (jeweils minus 0,39 Prozent). Auf der anderen Seite waren die größten Nettoempfänger im Jahr 2012 die drei baltischen Staaten Estland, Litauen und Lettland (plus 4,84 / 4,82 / 4,29 Prozent) sowie Ungarn (plus 3,59 Prozent) und Bulgarien (plus 3,43 Prozent).

Nettoposition pro Kopf: Ein anderes Ranking ergibt sich unter Bezugnahme der operativen Haushaltssalden auf die jeweilige Bevölkerung der Mitgliedstaaten. Mit durchschnittlich 203 beziehungsweise 202 Euro pro Kopf zahlten die Unionsbürgerinnen und -Bürger Schwedens und Dänemarks im Jahr 2012 am Meisten in den EU-Haushalt ein. Pro Kopf führten Luxemburg 152 Euro, Deutschland 146 Euro, die Niederlande 141 Euro, Belgien 135 Euro, Österreich 128 Euro und Frankreich 127 Euro ab. Der positive Haushaltssaldo pro Kopf lag in Estland bei 589 Euro, in Litauen bei 504 Euro, in Portugal bei 477 Euro, in Lettland bei 468 Euro und in Griechenland bei 409 Euro.

Absolute Zahlen: Bezogen auf die absoluten Zahlen war Deutschland im Jahr 2012 größter Nettozahler in der EU. Der negative Haushaltssaldo lag bei insgesamt 11,95 Milliarden Euro. Darauf folgten Frankreich (minus 8,30 Milliarden Euro), Großbritannien (minus 7,37 Milliarden Euro), Italien (minus 5,06 Milliarden Euro) und mit etwas größerem Abstand die Niederlande (minus 2,36 Milliarden Euro). Auf der Rückflussseite profitierten nach dieser Berechnung Polen mit plus 12,00 Milliarden Euro, Portugal mit plus 5,03 Milliarden Euro, Griechenland mit plus 4,54 Milliarden Euro, Spanien mit plus 4,00 Milliarden Euro und Ungarn mit plus 3,28 Milliarden Euro (Bundeszentrale für politische Bildung 2014).

Neben diesen quantitativen Bezugsgrößen ist allen Mitgliedstaaten bewusst, dass es sich bei diesen Rankings um eine rein buchhalterische Gegenüberstellung von Einnahmen und Ausgaben bezogen auf den EU-Haushalt handelt. Die Frage, ob sich mit der Mitgliedschaft in der Europäischen Union für einen Staat mehr Vorteile oder mehr Nachteile ergeben, lässt sich nicht mit einer einseitigen Betrachtung des nationalen Netto-Saldos beantworten. Alle Mitgliedstaaten profitieren unabhängig von ihrer Position als Nettoempfänger oder Nettozahler von den positiven Externalitäten der Europäischen Integration und von den Rückflüssen aus Brüssel, die etwa durch die Struktur- und Kohäsionspolitik und die Agrarpolitik am Prominentesten vertreten sind. Aber auch ökonomische und politische Faktoren wie etwa die Vorteile, die durch den Binnenmarkt, die politische Stabilität und Sicherheit, den freien Personenverkehr oder den Euro als Leitwährung entstehen, müssen in eine Bewertung miteinbezogen werden (ebenda).

Die oftmals geübte Kritik, dass es im Rahmen der EU-Finanzverhandlungen vor allem um nationale Interessenpolitik geht, kommt immer wieder aufs Neue auf. Antworten auf die Fragestellung welche Mitgliedstaaten eine harte Politik der Eigeninteressen und des Juste-Retour betrieben haben sowie auf die Frage, ob in den Verhandlungen auch altruistische Faktoren eine Rolle gespielt haben, werden die beiden Fallstudien zum EU-Jahreshaushalt 2011 sowie zur Agenda 2007 geben. Gleichzeitig soll geprüft werden, inwiefern Nettozahler sowie insbesondere auch alte Nettoempfänger bereit waren, Eingeständnisse zu Gunsten der neuen Mitgliedstaaten zu machen. Auch die Thematik etwaiger Koalitionsbildungen soll nachfolgend untersucht werden.

Tabelle 5: Nettozahler und Nettoempfänger in der EU-27 (basierend auf den operativen Haushaltssalden der Mitgliedstaaten im Jahr 2012)

Mitgliedstaat / operative Haushaltssalden	Anteil am BIP in Prozent	in Mio. Euro	pro Kopf in Euro
Schweden	-0,46	-1.925,1	-203,0
Dänemark	-0,45	-1.126,0	-201,8
Deutschland	-0,44	-11.953,8	-146,1
Frankreich	-0,40	-8.297,5	-127,0
Niederlande	-0,39	-2.364,5	-141,3
Belgien	-0,39	-1.493,7	-134,6
Großbritannien	-0,39	-7.366,1	-116,0

(fortgeführt)

Tabelle 5: Fortsetzung

Mitgliedstaat / operative Haushaltssalden	Anteil am BIP in Prozent	in Mio. Euro	pro Kopf in Euro
Österreich	-0,35	-1.073,3	-127,7
Finnland	-0,34	-658,8	-122,0
Italien	-0,33	-5.058,1	-85,2
Luxemburg	-0,25	-79,5	-151,5
Zypern	-0,15	-25,2	-29,2
Spanien	0,39	3.999,0	85,4
Irland	0,50	670,6	146,3
Malta	1,14	71,4	171,0
Rumänien	1,56	2.031,6	101,1
Slowenien	1,63	572,2	278,4
Tschechische Republik	2,14	3.045,2	289,9
Slowakische Republik	2,28	1.597,0	295,5
Griechenland	2,33	4.544,9	408,6
Portugal	3,12	5.027,2	476,9
Polen	3,30	11.997,2	311,3
Bulgarien	3,43	1.329,7	181,5
Ungarn	3,59	3.280,4	330,3
Lettland	4,29	955,9	467,5
Litauen	4,82	1.514,0	504,1
Estland	4,84	785,3	588,8

Quelle: Daten nach Europäische Kommission (2013b), modifiziert nach: Bundeszentrale für politische Bildung (2014); Vgl. auch Tabelle 21 „EU-Einnahmen im Haushaltsjahr 2013 nach Mitgliedstaaten" sowie Tabelle 22 „EU-Ausgaben im Haushaltsjahr 2013 nach Mitgliedstaaten und Rubriken" im Anhang

Neben der kontroversen Finanzierungs-Debatte sowie der Frage nach der Verteilung der Rückflüsse ist die Fallstudie um die Mehrjährige Finanzplanung insbesondere mit Blick auf die Ausgabenprioritäten interessant, da sich hieraus ableiten lässt, welchen Zielen und Politikfeldern die EU mit den ihr zur Verfügung stehenden Mitteln eine besondere Förderung zu Teil werden lässt. In Anbetracht des vollzogenen Beitritts von zehn neuen Mitgliedstaaten stand von Anbeginn fest, dass diejenigen Länder, die eine Weiterführung der bisherigen Förderung und eine schnelle Einigung ohne grundlegende Modifikationen erreichen wollten, mit dem Widerstand der Nettozahler rechnen mussten. Neben dem traditionellen Interessengegensatz zwischen Nettozahlern und Nettoempfängern rückte somit mehr denn je das Problem der Umverteilung in den Fokus. In der nachfolgenden Untersuchung werde ich Antworten auf die forschungsrelevante Frage suchen, inwieweit die neuen Mitgliedstaaten ihre

Interessen auf Kosten der alten förderberechtigten Staaten durchsetzen und die Verhandlungen zu ihren Gunsten beeinflussen konnten beziehungsweise wollten.

4. Strukturierung der Entscheidungsanalyse, Verortung mitgliedstaatlicher Präferenzen und Identifikation möglicher Demarkationslinien im Verhandlungskontext

Haushaltsverhandlungen nehmen in der Europäischen Union zweifelsohne einen hohen Stellenwert ein. Dies gilt im Besonderen für die Verhandlungen um den Mehrjährigen Finanzrahmen, der die Weichenstellung der europäischen Politik und deren finanzielle Untermauerung für einen Zeitraum von inzwischen sieben Jahren vorgibt. Diese lange Dauer gewährleistet auf der einen Seite ein hohes Maß an finanzpolitischer Plan- und Vorhersehbarkeit, auf der anderen Seite macht sie eine angemessene Gewichtung der grundlegenden Politikfelder, die Bedarfsevaluation individueller Budgetlinien und deren frühzeitige Einbindung in den Gesamthaushaltsrahmen erforderlich. Heute wiederholen sich alle sechs Jahre die konfliktanfälligen Beratungen und Verhandlungen über die Finanzierung und die Ausgabenplanung der Europäischen Union. Die Finanzielle Vorausschau sowie das Verfahren für ihre Verabschiedung wurden erst mit Lissabon im Primärrecht verankert. Zum Zeitpunkt der zu verhandelnden Agenda 2007 gab es weder eine Verpflichtung einen Finanzrahmen vorzulegen noch einen rechtlichen Bezug, der den Aushandlungen zur Mehrjährigen Finanzplanung einen festen Rahmen hätte vorgeben können. Aber auch nach der primärrechtlichen Implementierung konzentrieren sich in den MFR-Verhandlungen jedwede internen Konflikte wie unter einem Brennglas. Die Mitgliedstaaten, die über das Eigenmittelsystem den Großteil der Finanzierung des EU-Systems tragen, hegen unterschiedliche Präferenzen in Hinblick auf die Budgetausstattung der Europäischen Union sowie auf die Verwendung von Haushaltsmitteln. Trotz dieser Interessenpluralität hat sich im Zuge der Verabschiedung der Haushaltspakete (Delors I, Delors II, Agenda 2000, Agenda 2007, Finanzrahmen 2014 bis 2020) über die Jahre hinweg eine Art politischer Acquis herausgebildet. Dieser Haushaltsacquis kommt in den Verhandlungsthemen, den jeweiligen Konfliktlinien zwischen den antagonistisch verlaufenden Präferenzen aller Akteure, in den einzelnen Verfahrensschritten sowie dem Gesamtablauf zum Ausdruck. In Anlehnung an eine Untersuchung von Peter Becker (Becker 2006b: 106) mache ich mir den mehrdimensionalen Charakter von Haushaltsentscheidungen in der Europäischen Union zu Nutze und untersuche im Nachfolgenden die Verhandlungen um die Agenda 2007 auf der Grundlage einer dreistufigen empirischen Analysedimension:

- Auf der ersten Stufe erforsche ich mit Hilfe der politisch-materiellen Dimension das Agenda-Setting in der europäischen Haushaltspolitik und die Gewichtung der verschiedenen Politikfelder in der Budgetaufstellung;
- Auf der zweiten Stufe untersuche ich die verhandlungstaktische Dimension anhand des Bargaining und des Arguing zwischen den Mitgliedstaaten;
- Auf der dritten Stufe bewerte ich die budgetäre Dimension, indem ich den Ausgang der Verhandlungen anhand der fiskalen Verteilung der Finanzierungslasten und der Fördermittel zwischen den Mitgliedstaaten analysiere.

Mit Blick auf die Forschungsintention wird sich in der nachfolgenden Fallstudie die Frage stellen inwieweit sich die Verhandlungsmacht der beigetretenen zehn neuen Mitgliedstaaten innerhalb des Europäischen Rates auf Entscheidungsverlauf und Ergebnisse um die Haushaltsplanung für den Zeitraum 2007 bis 2013 ausgewirkt hat. Der Mehrjährige Finanzrahmen wird in diesem Gremium von den Staats- und Regierungschefs finalisiert und verabschiedet. Die finale Beschlussfassung zur Agenda 2007 wurde im Dezember 2005 unter britischem Ratsvorsitz vollzogen. Die neuen Staaten waren daher hinreichend lange Mitglied der Europäischen Union, um ihre Verhandlungsstrategien und ihr politisches Entscheiden einem realpolitischen Test unterziehen und die Folgen ihres Beitritts für das Regieren in der erweiterten EU bewerten zu können.[113]

Die Verhandlungen um den Mehrjährigen Haushaltsrahmen fielen in die Zeit einer stockenden Integrationsdynamik in der Europäischen Union. Ein Großteil der EU-Bürger fühlte sich seinerzeit von der grundlegenden Richtungsentscheidung für die große Ost-Erweiterung übergangen und im europäischen Gemeinwesen immer weniger zu Hause zu. Diese Stimmung, die vor allem von Ängsten einzelner Bevölkerungsteile in Hinblick auf Zuwanderung und Arbeitsmigration geleitet und geprägt war, hat sich letztlich in den ablehnenden Referenden zu wichtigen Etappen im Europäischen Integrationsprozess entladen: Das „Non“ der Franzosen im Referendum vom 29. Mai 2005 und das „Nee“ der

113 Aufgrund des erst im Jahre 2007 vollzogenen EU-Beitritts Bulgariens und Rumäniens werden diese beiden neuen Mitgliedstaaten in der Fallstudie zur Agenda 2007 ausgeklammert. Die Länder hatten zu diesem Zeitpunkt Beitrittsstatus. Sie konnten den Aushandlungsprozess daher lediglich als Beobachter verfolgen und in dieser Funktion an den wichtigen Sitzungen im Ministerrat sowie im Europäischen Rat teilnehmen.

Niederländer vom 1. Juni 2005 zum Europäischen Verfassungsvertrag[114] sowie jüngst der negative Ausgang der Volksabstimmung vom 23. Juni 2016 über den Verbleib Großbritanniens in der Europäischen Union sind zu einem Symbol der Zerrissenheit und einer tiefen Vertrauenskrise in der Union geworden. Aber kann diese augenscheinliche Zuspitzung, die in den ablehnenden Referenden gipfelte, tatsächlich auf die neue Gestalt einer erweiterten Union zurückgeführt werden? Sind nicht andere Gründe wie etwa die Angst vor einem nationalen Souveränitätsverlust, verbunden mit einer gefühlten bürokratischen Übermacht der Brüsseler „Regentschaft" für diese tragische Entwicklung ausschlaggebend? Mit der großen EU-Ost-Erweiterung wurde die Spaltung des europäischen Kontinents überwunden. Die jungen Demokratien haben ihrem Beitrittswillen Taten folgen lassen und den umfangreichen Acquis Communautaire mit allen damit verbundenen Pflichten und Rechten implementiert (Vgl. Leuffen 2009). Ob durch ihre Aufnahme die Handlungsfähigkeit der Europäischen Union und ihrer Institutionen, die ihrerseits der veränderten Gruppengröße angepasst werden mussten, Schaden genommen hat, wird die nachfolgende Untersuchung zeigen.

Die Verhandlungen zur Agenda 2007 erweisen sich als besonders geeignet, um die Wirkung der Ost-Erweiterung auf das Entscheiden in den gouvernementalen EU-Organen zu erforschen, da drei wesentliche Voraussetzungen für eine Output-Wirkung erfüllt sind:

1. Bei den Verhandlungsinhalten geht es um hochsensible Themen der Allokation und der Redistribution.
2. Es liegen erhebliche Präferenz-Heterogenitäten zwischen den mitgliedstaatlichen Akteuren vor, die im Verhandlungsprozess aufeinander treffen und einwirken.
3. Bei der Verabschiedung des Mehrjährigen Finanzrahmens ist eine einstimmige Übereinkunft im Europäischen Rat erforderlich, so dass das Risiko einer Blockade besonders hoch ist und daher von einem "Hard Case" gesprochen werden kann (Vgl. Leuffen 2006a: 13/14).

Kennzeichnende Wesensart europäischer Entscheidungsprozesse, die diese langwierig und kompliziert, gleichzeitig aber auch interessant und faszinierend machen, ist das Aufeinandertreffen divergenter Interessen und Zielsetzungen.

---

114 Auch Irland entschied sich via Volksentscheid gegen eine wichtige Vertragsreform. Das Land lehnte den neuen Vertrag von Lissabon drei Jahre später am 12. Juni 2008 ab. Das Referendum wurde am 2. Oktober 2009 mit einem positiven Ausgang wiederholt (67,1 Prozent der Gesamtstimmen wurden für und 32,9 Prozent gegen den Lissabon-Vertrag abgegeben).

Das Austarieren prägender Spannungslinien zählt seit Anbeginn der europäischen Integration zu den schwierigsten Herausforderungen. Das institutionelle und politische System musste im Verlauf der Integrationsgeschichte dergestalt weiterentwickelt werden, dass es ausgehend von einer Gemeinschaft von nur sechs Mitgliedstaaten einen Interessenausgleich von heute 27 Ländern möglich macht. Eine empirische Analyse der EU-Finanzverhandlungen darf in Hinblick auf die Ableitung der verschiedenen Konfliktherde allerdings nicht zur experimentellen Spielwiese werden. Zweifelsohne konkurrieren kleine, mittelgroße und große EU-Mitglieder miteinander, Staaten mit niedrigem, mittlerem oder hohem Wohlstandsniveau, Länder mit bestimmten politikfeld- und sektorspezifischen Interessen sowie nicht zuletzt alte, jüngere und neue Unionsmitglieder. Gleichzeitig stehen sich länderspezifische Eigeninteressen gegenüber, die von Mitgliedstaat zu Mitgliedstaat sehr unterschiedlich ausgeprägt sind, und sich nicht vorbehaltlos kategorisieren lassen. Ob sich eine Kategorisierung in die benannten Gruppierungen als analytisch sinnvoll und methodisch möglich erweist, gilt es grundsätzlich zu prüfen.

Eine Vielzahl von Akteuren versucht auf die Entscheidungsprozesse um den wichtigen Mehrjährigen Finanzrahmen einzuwirken. In der Fallstudie zur Agenda 2007 konzentriere ich mich im empirischen Teil auf die Einzelpositionen der seinerzeit 25 Mitgliedstaaten in den gouvernementalen Organen sowie auf die Kernpositionen des Parlamentes sowie der Kommission. Als Quelle fungierten eine Vielzahl öffentlicher Dokumente des Ministerrats, des Europäischen Rates, der Kommission, des Parlamentes sowie des Ausschusses der Regionen. Gleichzeitig dienten als zentraler Informations-Pool die mir vom Generalsekretariat des Rates zur Verfügung gestellten nicht-öffentlichen Vermerke des Ratsvorsitzes für den Europäischen Rat sowie Positionspapiere der mitgliedstaatlichen Regierungen an den Ratsvorsitz. Diese Dokumente, die die spezifischen haushaltspolitischen Interessen und europapolitischen Vorstellungen der Mitgliedstaaten abbilden, wurden von den Delegationen zu Beginn des Beratungsprozesses an den Vorsitz des Rates übermittelt. Jene Einzelpositionen der nationalen Regierungen wurden von mir singulär analysiert und ausgewertet. Darüber hinaus standen der Autorin weitere nicht-öffentliche Dokumente des Ratsvorsitzes zur Verfügung, anhand derer sich der Verhandlungsverlauf realitätsnah nachzeichnen ließ (etwa Unterlagen zur Verhandlungsbox).[115] Die für

115 Diese Unterlagen, die zur Untersuchung der ausgewählten Fallstudie zur Agenda 2007 unverzichtbar waren, sind nicht öffentlich zugänglich. Sie wurden der Autorin vom Generalsekretariat des Rates für den Zweck der vorliegenden Dissertation auf schriftlichen Antrag zur Verfügung gestellt und können auf Anfrage bei ihr eingesehen werden.

die vorliegende Studie benötigten Informationen und Daten ließen sich jedoch nicht lückenlos aus den öffentlich-zugänglichen sowie aus den nicht-öffentlichen EU-Dokumenten herausfiltern. Fehlende Sachverhalte konnten anhand von Interviews mit Zeitzeugen erschlossen werden. Hierzu habe ich unter anderem mit einem Verhandlungsführer der deutschen Delegation sprechen können und einen Eindruck gewonnen, wie das Verhandeln und das Entscheiden im europäischen politischen System innerhalb der (erweiterten) Europäischen Union tatsächlich funktioniert. Gleichzeitig bildete die historische Auswertung der Berichterstattung von EU-Korrespondenten in Brüssel eine verlässliche Quelle. In diesen Fällen stützt sich meine Analyse auf die umfangreiche Presseberichterstattung, die begleitend zu den Verhandlungen zur Agenda 2007 veröffentlicht wurde. In der Auswertung hat sich gezeigt, dass auch Qualitätsjournalismus nicht frei von politischer Opportunität ist und Bewertungen oftmals von einer Tendenz zum nationalen Populismus geprägt sind. Daher war im Zuge der Auswertung der medialen Berichterstattung der Grundsatz der wissenschaftlichen Neutralität von besonderer Bedeutung und eine Sichtung unterschiedlicher Quellen erforderlich. Darüber hinaus diente eine eingehende Lektüre verschiedener wissenschaftlicher Publikationen zur EU-Finanzpolitik als solides Informationsfundament.[116]

Da die Entscheidungsprozesse um den Mehrjährigen Finanzrahmen nicht losgelöst von dem frühzeitigen Intervenieren nationaler Interessengruppen verlaufen, werden des Weiteren die Positionen der wichtigsten Akteure zur Agenda 2007 im Anhang detailgetreu aufgearbeitet.[117] Dieses Konvolut der Einflussnahme

---

116 In der Lektüre vorhandener Publikationen zur EU-Finanzpolitik haben sich diverse Studien von Peter Becker, Mitglied der Forschungsgruppe EU-Integration der Stiftung Wissenschaft und Politik in Berlin, als Veröffentlichungen mit hohem qualitativem Wert erwiesen. Infolgedessen zitiert die vorliegende Studie an einigen Stellen Erkenntnisse des Autors. Gleichzeitig wurden die deutschen Interessen im Rahmen der Finanzverhandlungen um die Agenda 2007 sowie grundsätzliche Reformoptionen aus deutscher Perspektive in dem vom Axel Springer Verlag herausgegebenen Werk des Autors sehr ausführlich dokumentiert, auf das ich an dieser Stelle gerne hinweise: Vgl. Becker (2014).

117 Vgl. Tabelle 25 im Anhang „Agenda 2007: Positionen zu Einnahmen und Ausgaben (EU-Organe, Mitgliedstaaten)"; Als Quelle dient hierfür das Diskussionspapier der Stiftung Wissenschaft und Politik unter der Leitung von Andreas Maurer „Solidarität und Finanzgerechtigkeit in der EU-25, Die Positionen europäischer und deutscher Akteure zur Finanziellen Vorausschau 2007–2013": Vgl. Ehl/Maurer/Schroff (2004). Die Autoren haben sich in dieser Publikation ausgiebig mit der Vielzahl an Positionen zur Agenda 2007 befasst. Diese Arbeit dient gleichzeitig als Quelle, wenn es darum

auf europäischer Ebene (Ausschuss der Regionen, Ministerrat, Europäischer Rat, Kommission, Parlament) sowie auf nationaler Ebene (nationale Parteien, Interessengruppen, Verbände) ist für den demokratischen Prozess unverzichtbar, weist jedoch auch ein Höchstmaß an Komplexität und Intransparenz auf. Dies gilt teilweise auch für die mitgliedstaatlichen Delegationen, die nicht alle den Weg einer schriftlichen Ansprache in Form einer Übermittlung der nationalen Prioritäten an den Vorsitz des Rates gewählt haben. In Brüssel ist es vielmehr gängige Praxis, auf informellem Weg am Rande der Ausschusssitzungen, der Sitzungen des Rates sowie der großen Gipfeltreffen des Europäischen Rates die eigenen Prioritäten mit dem Vorsitz zu besprechen. Dem Generalsekretariat des Rates lagen daher nicht von allen Mitgliedstaaten Positionspapiere vor. Informationen zu informellen Konsultationen, die als Standardinstrument politischer Absprachen dienen, standen zur Auswertung damit nicht zur Verfügung. Allerdings lässt sich ein Teil dieser Informationen, Meinungen und Stimmungen anhand von Statements gegenüber der Presse, wie sie etwa von Seiten des Ratsvorsitzenden Jean-Claude Juncker unter der Präsidentschaft Luxemburgs vor und nach wichtigen Sitzungen abgegeben wurden, zumindest ansatzweise erschließen.

Die Interessen der einzelnen nationalstaatlichen Regierungen prägen die Verhandlungen um die Mehrjährige Finanzplanung entscheidend. Diese sind jedoch nicht immer deckungsgleich mit dem Gemeinwohl der Europäischen Union, sondern können sogar mit jenem in Konflikt treten. Hinzu kommt das Ringen der an den Entscheidungsprozessen beteiligten Institutionen um Einflussnahme. Vor allem der Machtanspruch und das neue Selbstbewusstsein des Europäischen Parlamentes wirken sich auf Finanzverhandlungen und deren Ausgang aus. Daher werden auch in dieser Fallstudie die Interessen und Verhandlungsstrategien des Parlamentes in einem eigenen Kapitel analysiert. Gelingt es, dieses Geflecht von nationalstaatlichen und institutionellen Präferenzen und Spannungslinien sowie deren Ausgleich in den Haushaltsverhandlungen zu durchdringen, lassen sich auch die Entscheidungswege und Beschlüsse in anderen europäischen Politikfeldern leichter nachvollziehen. Im Rahmen des entwickelten Forschungsdesigns gilt es nun zunächst der Frage nachzugehen, welchen Einfluss die Gruppengröße und die im Zuge der Ost-Erweiterung angewachsene Heterogenität in der Mitgliederstruktur auf das politische Entscheiden genommen haben. Teil der Untersuchung wird es sein, die Positionen,

---

geht, vereinzelte Informationslücken in Bezug auf die Erhebung der Positionen der 25 mitgliedstaatlichen Delegationen zu schließen.

Verhandlungsstrategien und Haltungen der neuen und alten Mitgliedstaaten bei der Aushandlung der EU-Finanzen zu analysieren. Wie haben sich die Verhandlungen zwischen Nettozahlern und Nettoempfängern, zwischen alten und neuen Kohäsionsländern auf der Ausgabenseite, aber auch innerhalb des Zirkels der Nettozahler auf der Einnahmenseite tatsächlich vollzogen? Wie stellt sich die Aufteilung der Mittel dar und wer trägt die Hauptlasten der Finanzierung? All diese Fragen werden anhand der nachfolgenden Fallstudie zur Entscheidungssituation um den Mehrjährigen Finanzrahmen 2007 bis 2013 auf einer empirisch-analytischen Ebene untersucht.

Während sich die Verhandlungen um den Jahreshaushalt 2011 als zu engmaschig erwiesen haben, um mögliche Gruppenbildungen auszumachen, soll nun anhand der Aushandlungen um das MFR-Paket geprüft werden, ob Koalitionen oder Nuancen einer Blockbildung innerhalb der erweiterten EU identifizierbar sind. A Priori sind in Hinblick auf einen Interessenszusammenschluss aufgrund geopolitischer, ökonomischer oder auch historischer Bande folgende Konstellationen denkbar:

- Gründerstaaten: Deutschland, Frankreich, Italien, Beneluxstaaten Belgien, Luxemburg und Niederlande sowie das im Jahr 1995 beigetretene Österreich;
- Nordstaaten: Dänemark, Finnland, Großbritannien, Irland, Schweden;
- Südstaaten: Griechenland, Italien, Malta, Portugal, Spanien, Süd-Zypern;
- Visegrád-Staaten: Polen, die Slowakische Republik, die Tschechische Republik, Ungarn;
- Staaten des Baltikums: Estland, Lettland, Litauen;
- Alle neuen Mitgliedstaaten aus Mittel- und Ost-Europa, darunter Malta, Slowenien und Süd-Zypern.

Einige Länder respektive Ländergruppierungen nehmen aufgrund ihrer Größe oder ihrer gemeinsamen Verhandlungsmacht eine exponierte Stellung ein. Infolgedessen ist es notwendig, nationale Besonderheiten und Partikularinteressen mit Hilfe zentraler Leitfragen zu strukturieren, an denen sich auch die empirische Entscheidungsanalyse orientieren wird. Ziel ist es (auch mit Hilfe der theoretischen Erklärungsmodelle) die Black Box des politischen Entscheidens zu öffnen und etwaige Folgewirkungen der veränderten Gruppengröße auf das Regieren in der erweiterten Europäischen Union auszuloten respektive zu widerlegen. Ich gehe in der Entscheidungsanalyse vom klassischen Akteursbild des "Homo oeconomicus" aus, das heißt von einem Verständnis der EU-Mitglieder als rational handelnde Akteure, deren Interessen in der Regel exogen und stabil sind und materiellen Zielen folgen (Vgl. Leuffen 2006a: 5, Tabelle 1). Präferenzen lassen sich wirksam über rationalistische Theorienmuster erklären. Dies gilt vor allem für das Feld der materiellen Finanzverhandlungen und somit auch für den Untersuchungsgegenstand der Agenda 2007.

Vereinigtes Königreich Großbritannien

Großbritannien nimmt seit jeher eine Sonderrolle in der Europäischen Union ein. Das Interesse der Briten an der Ost-Erweiterung bestand darin, diese als Instrument zur Verhinderung einer weiteren Vertiefung der EU zu nutzen und einzusetzen. Die Handlungsmaxime der Briten folgte nach Außen dem Grundsatz „Erweiterung vor Vertiefung." Den wahren Motiven folgend müsste sie als „Erweiterung statt Vertiefung" umschrieben werden. Eine weitere Triebfeder für das Forcieren der Beitritte war die traditionell auf Freihandel abzielende britische Wirtschaft, die die Öffnung der mittel- und osteuropäischen Märkte begrüßte. Aus diesem Kontext ergeben sich für die nachfolgende Analyse folgende Fragen:

- Welche Schlüsselpositionen verfolgte das Vereinigte Königreich im politischen Aushandlungsprozess? Auf welche Verhandlungsstrategien setzte das Mitgliedsland zur Durchsetzung der nationalen Interessen?
- War Großbritannien als Befürworter der großen Ost-Erweiterung bereit, seinen finanziellen Beitrag als Nettozahler in angemessener Form zu leisten, um dem größer gewordenen Mitgliederkreis und den damit verbundenen Ansprüchen auf Fördermittel gerecht zu werden?
- Wie reagierte das Land vor dem Hintergrund der finanziellen Lasten der Erweiterung sowie des stagnierenden Wirtschaftswachstums in der EU im Verhandlungsjahr 2005 auf die Forderungen der anderen Nettozahlerstaaten, den britischen Beitragsrabatt vollständig abzuschaffen?
- Konnte Großbritannien seine bisherigen Besitzstände wahren oder waren Zugeständnisse notwendig?
- Welche Staaten setzten sich besonders vehement für eine Anpassung des Britenrabattes ein?
- Mit welchem Ergebnis ging Großbritannien in Bezug auf den VK-Ausgleich aus den Verhandlungen?
- Gab es Spannungen zwischen Großbritannien und Frankreich etwa in Hinblick auf die Frage des Stellenwertes der Gemeinsamen Agrarpolitik innerhalb der europäischen Förderlandschaft?

Frankreich

Frankreich hatte als Land mit einem bedeutenden Landwirtschaftssektor großes Interesse an der Fortsetzung der bisherigen Förderpolitik zu Gunsten der traditionellen Gemeinschaftspolitiken. Folglich stand der Mitgliedstaat der Aufnahme der neuen Länder aus Mittel- und Ost-Europa aufgrund der zu erwartenden Umverteilung in der Gemeinsamen Agrarpolitik mit Skepsis gegenüber.

- Welche Schlüsselpositionen verfolgte Frankreich im politischen Aushandlungsprozess? Auf welche Verhandlungsstrategien setzte das Mitgliedsland zur Durchsetzung der nationalen Interessen?
- Welche Auswirkungen hatte der auf der Gemeinsamen Agrarpolitik beruhende Interessenschwerpunkt auf den Verlauf der Verhandlungen?
- Inwiefern zeigte sich das Land bereit, auf Zuwendungen zu Gunsten der neuen Mitgliedstaaten zu verzichten? Wie ging Frankreich mit dem antizipierten Beitritt der agrarintensiven Anwärterländer Bulgarien und Rumänien in Hinblick auf die Wahrung eigener Besitzstände um?
- Hat Frankreich versucht, am Verteilungsschlüssel zu rütteln gemäß diesem Polen die höchste Förderung zuteil wird?
- Hat die französische Regierung vor dem Hintergrund einer schwachen heimischen Wirtschaftslage in besonderem Maße Anstrengungen unternommen, die eigenen Nettozahlungen zu reduzieren oder durch Rückflüsse den Status quo zu verbessern?
- Inwiefern hat sich das tendenziell rivalitätsbehaftete Verhältnis Frankreichs gegenüber Großbritannien auf die wichtigen Entscheidungsprozesse um die Mehrjährige Haushaltsplanung für 2007 bis 2013 ausgewirkt?

Bundesrepublik Deutschland

Deutschland gehört aufgrund merkantiler Interessen, aber auch aufgrund der geographischen Mittellage seit jeher zu den vehementesten Verfechtern der Ost-Erweiterung. Als Integrationsziel hatte das Land von Anbeginn die Entwicklung der Europäischen Union zu einer föderal verfassten Integrationsgemeinschaft im Blick. In Entscheidungsprozessen um die EU-Finanzen trat Deutschland regelmäßig als Kompromissmacher auf. Der eigenen Verantwortung als einer der größten Nettozahler innerhalb der Gemeinschaft kam das Land bis dato dergestalt nach, indem es in Verhandlungen auf das Ziel einer gravierenden Absenkung der eigenen Beitragslast verzichtet hat.

- Welche Schlüsselpositionen verfolgte die Bundesrepublik Deutschland im politischen Aushandlungsprozess? Auf welche Verhandlungsstrategien setzte das Mitgliedsland zur Durchsetzung der nationalen Interessen?
- Welche Haltung hat Deutschland in den Finanzverhandlungen um die Agenda 2007 eingenommen? Wurde die deutsche Bundesregierung ihrer traditionellen Rolle gerecht, die auf ökonomischen und sozialen Ausgleich in Europa bedacht ist oder gab es im Vergleich zu bisherigen Verhandlungsmustern signifikante Abweichungen?
- Hat Deutschland aufgrund der damaligen Prognosen zum erwarteten marginalen Wirtschaftswachstum versucht, die Finanzierungslast zwischen den Nettozahlern oder die Rückflüsse zu eigenen Gunsten zu verändern?

Alte Kohäsionsländer Griechenland, Irland, Portugal und Spanien
Die alten Kohäsionsländer sind am Stärksten von der vollzogenen Ost-Erweiterung betroffen, da sich im Zuge dieser die eigene Förderberechtigung verändert hat. Um das Wohlstandsgefälle zwischen den Regionen zu verringern, fließt der Großteil der finanziellen Mittel aus den EU-Strukturfonds in Regionen, die ein BIP pro Kopf in Kaufkraftparitäten von weniger als 75 Prozent des EU-Durchschnitts aufweisen (sogenannte Ziel-1-Förderung). Mit dem Beitritt der entwicklungsschwachen Staaten aus Mittel- und Ost-Europa wurde eine Vielzahl der vormaligen Ziel-1-Regionen über die 75-Prozent-Schwelle gehoben, obwohl sich ihre Wirtschaftskraft nur statistisch verbessert hat. Besonders betroffen waren Regionen in Griechenland, Italien, Ost-Deutschland und Spanien.

- Welche Schlüsselpositionen verfolgten die Kohäsionsländer im politischen Aushandlungsprozess? Auf welche Verhandlungsstrategien setzten diese zur Durchsetzung der nationalen Interessen?
- Hat sich die Auseinandersetzung um die Fördermittel nach der Ost-Erweiterung intensiviert oder verändert und wenn ja inwieweit?
- Wie haben sich die Länder, die zuvor am Stärksten von der Strukturförderung profitiert haben, in den Verhandlungen im Einzelfall verhalten? Gipfelte die Befürchtung, finanzielle Einbußen zu erleiden in Drohgebärden, ein Veto einzulegen beziehungsweise hat es tatsächlich Gegenstimmen gegeben?
- Welche Kompensationen wurden den betroffenen Ländern in Folge der statistischen Effekte und/oder Wachstumseffekte gewährt?

Die neuen Mitgliedstaaten aus Mittel- und Ost-Europa

Um die Auswirkungen der Aufnahme der neuen Mitgliedstaaten aus Mittel- und Ost-Europa auf das politische Entscheiden innerhalb der gouvernementalen EU-Organe zu untersuchen, bietet sich eine inhaltliche Strukturierung anhand der nachfolgenden Leitfragen an. Diese zielen darauf ab, das Agieren der neuen Unionsländer in den wichtigen Verhandlungen um die Mehrjährige Finanzplanung 2007 bis 2013 greifbar zu machen.

- Welche Schlüsselpositionen verfolgten die neuen Mitgliedstaaten im politischen Aushandlungsprozess? Auf welche Verhandlungsstrategien setzten diese zur Durchsetzung der nationalen Interessen?
- Gab es Besonderheiten in Hinblick auf Verhandlungsinhalte, Verhandlungsabläufe, Verhandlungsergebnisse sowie die Verfahrensdauer, die auf den Beitritt der neuen Länder zurückzuführen sind?
- Gab es im Verhalten der mittel- und osteuropäischen Staaten Unterschiede wie beispielsweise eine stärkere Zurückhaltung zum Auftakt der politischen Verhandlungen im Jahr 2004 im Vergleich zur finalen Entscheidung auf dem Gipfeltreffen im Europäischen Rat Ende 2005?
- Agierten die neuen Mitgliedstaaten aus Mittel- und Ost-Europa als eine Koalition oder blieben sie in der Rolle als Nationalstaaten, die auf supranationaler Ebene ihre eigenen spezifischen Interessen vertreten?
- Wie haben sich die neuen Staaten in ihrer Eigenschaft als Konkurrenten gegenüber den alten Kohäsionsländern im Rahmen der Aushandlungen um die Vergabe von Fördermitteln verhalten?
- Wurden Forderungen der zehn Länder aus Mittel- und Ost-Europa laut, die vollzogene Ungleichbehandlung bei den Direktzahlungen in der Landwirtschaft über eine Mittelaufstockung der Strukturfonds oder über eine Umverteilung aus den Struktur- und Kohäsionsfonds in die Entwicklung des ländlichen Raumes zu kompensieren?
- Gab es Blockbildungen (etwa von Seiten der vier Viségrad-Staaten oder der Länder des Baltikums)?

Polen

Polen ist innerhalb des Kreises der Neumitglieder aus Mittel- und Ost-Europa das größte EU-Land. Aufgrund dieser geografischen Größe kommt dem Mitgliedstaat auch innerhalb der gesamten Europäischen Union ein bedeutendes Verhandlungsgewicht zu.

- Welche Schlüsselpositionen verfolgte Polen im politischen Aushandlungsprozess? Auf welche Verhandlungsstrategien setzte das Mitgliedsland zur Durchsetzung der nationalen Interessen?
- Setzte das neue EU-Mitglied im Bewusstsein seiner geografischen Größe und geostrategischen Bedeutung seine besondere Verhandlungsmacht ein oder verzichtete es auf machtpolitische Verhandlungsstrategien?
- War das Land vorrangig an eigenen Interessen respektive an den Interessen der unmittelbaren Nachbarstaaten (Litauen, Slowakische Republik und Tschechische Republik) interessiert oder setzte es sich verstärkt für die Interessen aller Staaten aus Mittel- und Ost-Europa ein?

Alte und neue Mitgliedstaaten

- Gab es besondere „Gewinner“ in den Verhandlungen, die ihre eigenen Interessen in einem eminenten Maße durchsetzen konnten (etwa Gewichtung bestimmter Politikfelder bei der Budgetzuweisung, hohe (Ausgleichs-) Zahlungen aus der Strukturförderung, Rabatte auf die Beitragszahlungen)?
- Gab es besondere „Verlierer“ in den Verhandlungen, die gravierende Einschnitte verkraften mussten und im Vergleich zu anderen Mitgliedstaaten benachteiligt wurden (etwa in Hinblick auf Kompensationen aus der Strukturförderung oder Rabatte auf die Nettozahlungen)?
- Gab es im politischen Entscheidungsprozess zu bestimmten Themen oder zu einem bestimmten Zeitpunkt eine Stagnation oder eine Blockadehaltung von Seiten einzelner Länder oder Länderkoalitionen?

Verhandlungsmodi: Bargaining und Arguing

Finanzverhandlungen verlaufen in den wenigsten Fällen linear. Sie unterliegen im Regelfall unterschiedlichen Modi der Aktion und Reaktion, die sich ablösen und wechselseitig beeinflussen.

- Welche Verhandlungsform hat den politischen Entscheidungsprozess um die Agenda 2007 maßgeblich geprägt? In welchem Verhältnis standen die beiden idealtypischen Verhandlungsmodi Bargaining und Arguing zueinander?
- War ein Verharren einzelner Mitgliedstaaten oder Delegationen im Modus des Aushandelns zu beobachten oder fand zu einem bestimmten Zeitpunkt ein Übergang vom Modus des Bargaining in den Modus des Arguing statt? Wenn ja: Welche Faktoren haben diesen Übergang ausgelöst und welchen Einfluss hatte dieser auf die finalen Entscheidungsergebnisse?

5. Auftakt der Verhandlungen zum Mehrjährigen Finanzrahmen 2007 bis 2013: Prioritäten und Agenda-Setting der Europäischen Kommission

Den Auftakt der Verhandlungen zum Finanzrahmen für die Jahre 2007 bis 2013 bildete die Mitteilung der Kommission „Unsere gemeinsame Zukunft aufbauen – Politische Herausforderungen und Haushaltsmittel der erweiterten Union – 2007–2013" vom 10. Februar 2004 (Vgl. Europäische Kommission 2004a). In dieser präsentierte sie die übergeordneten Ziele der EU und die dafür vorgesehene Ausstattung mit finanziellen Ressourcen. In der zweiten Mitteilung an den Rat und an das Europäische Parlament vom 14. Juli 2004 stellte die supranationale Behörde ihre Vorschläge für die einzelnen Haushaltsrubriken vor (Vgl. Europäische Kommission 2004b). Außerdem behandelte sie in ihren beiden Mitteilungen vom 10. Februar und vom 14. Juli 2004 die Anpassung der Mittel an die Zielvorgaben, die Finanzierungsinstrumente sowie das Prinzip der Governance. Hierbei fällt zunächst auf, dass die Anzahl der Rubriken der Finanziellen Vorausschau, welche die Hauptausgabenkategorien bezeichnen, von bisher acht auf fünf reduziert wurden. Mit diesem formellen Änderungsvorschlag verfolgte die Kommission das Ziel, mehr Flexibilität in das Finanzierungssystem der EU zu bringen und einen effizienten Einsatz der Haushaltsmittel zu ermöglichen.

An die Agenda 2007 wurden hohe Erwartungen geknüpft. Ihre Aufgabe war es, innerhalb der Haushaltsperiode 2007 bis 2013 die im Jahr 2004 erfolgte Aufnahme von zehn Staaten aus Mittel- und Ost-Europa (EU-25) sowie die anstehende Aufnahme von Bulgarien und Rumänien im Jahr 2007 (EU-27) zu konsolidieren. Die Kommission machte ihren zentralen Standpunkt für die bevorstehenden Haushaltsverhandlungen deutlich, indem sie eine entscheidende Forderung aufgriff, die sie bereits im Rahmen des Erweiterungsprozesses kommuniziert hatte: Sowohl die alten Nettoempfänger als auch die Nettozahler müssen anerkennen, dass das Solidaritätsprinzip ohne Übervorteilung der neuen Mitgliedsländer Anwendung finden muss. Die europäische Staatengemeinschaft sei auch dann sowohl rechtlich als auch moralisch zur Aufrechterhaltung dieses Grundsatzes verpflichtet, wenn mit dieser gravierende Einschränkungen für die alten Mitgliedstaaten verbunden seien. Hieraus leitet sich die wohl schwierigste Anforderung an den Aushandlungsprozess ab, nämlich eine gerechte Finanzierungs- und Ausgabenstruktur zu schaffen, die gegenüber allen Mitgliedstaaten einen fairen Ausgleich schafft.

Als eines der Hauptziele definierte die Kommission die Förderung der Kohäsion zwischen den Mitgliedstaaten, um die bestehenden Unterschiede in der ökonomischen und sozialpolitischen Leistungskraft zu reduzieren und somit den

Zusammenhalt innerhalb der Gemeinschaft zu festigen. Angesichts der schwachen wirtschaftlichen Leistung Europas zu Beginn des neuen Jahrtausends postulierte sie, dass mit den im Förderzeitraum 2007 bis 2013 zur Verfügung stehenden Mitteln vor allem der Lissabon-Prozess flankiert werden müsse. Die Umsetzung sollte über den Weg einer engeren Ausrichtung der Strukturfonds an den Prioritäten der Lissabon-Strategie für Wachstum und Beschäftigung erfolgen. Die Kommission proklamierte daher, den Schwerpunkt der Strukturausgaben auf die Ziele „Konvergenz" sowie „Regionale Wettbewerbsfähigkeit und Beschäftigung" zu richten. Ein besonderer Fokus müsse auch auf dem Ziel der europäischen Wettbewerbsfähigkeit liegen. Alle Unternehmen sollten unter gerechten Bedingungen miteinander in Wettbewerb treten können, um das Funktionieren des neuen europäischen Binnenmarktes zu gewährleisten. Neben den Zielen der Kohäsion und des Wettbewerbs forderte sie in ihrer Mitteilung die Entscheidungsträger auf, die Weichen der EU-Politik in Richtung der sogenannten Zukunftspolitiken und einer nachhaltigen Entwicklung zu stellen. Gleichzeitig sollte ein größerer finanzieller Spielraum für die Bewältigung neuer Aufgabenstellungen in externen Politikbereichen geschaffen werden, um die Europäische Union für die sich abzeichnenden globalen Herausforderungen zu wappnen.

Die wesentliche Prioritäten der Kommission für das MFR-Paket 2007 bis 2013 lassen sich wie folgt zusammenfassen:

- Vollendung des Binnenmarktes über den Weg einer Mobilisierung der Wirtschafts-, Sozial- und Umweltpolitik;
- Förderung von Kohäsion und Wettbewerbsfähigkeit;
- Nachhaltige Bewirtschaftung und Schutz der natürlichen Ressourcen;
- Vertiefung des politischen Konzeptes der Unionsbürgerschaft durch Vollendung eines gemeinsamen Raumes der Freiheit, der Sicherheit und des Rechts sowie Sicherstellung eines Zugangs zu den Leistungen der Daseinsfürsorge;
- Stärkung der außen- und sicherheitspolitischen Rolle der EU als globaler Akteur mit dem Ziel der Herstellung und Garantie strategischer und ziviler Sicherheit in Europa (Europäische Kommission 2004a: 6).[118]

Eine wesentliche Forderung beider supranationaler EU-Organe, Kommission und Europäisches Parlament, war die Einführung eines Flexibilitätsinstrumentes mit dem Ziel, ungenutzte Haushaltsmittel auch rubrikübergreifend umschichten und somit verwenden zu können. Dieses Instrument sollte sich auf bereits

118 Einen ausführlichen Einblick in die Prioritäten der Kommission sowie des Europäischen Parlamentes zum Mehrjährigen Finanzrahmen 2007 bis 2013 gewährt Tabelle 25 im Anhang.

vorhandene Mechanismen stützen und weiter ausgebaut werden. Das Verfahren zur Revision der Ausgabenobergrenzen greift bereits im Rahmen des Finanzrahmens 2000 bis 2006. Die Kommission wünschte sich eine Beibehaltung im neuen Finanzplanungszeitraum ab 2007. Sie beklagte jedoch, dass eine Flexibilisierung von Haushaltsmitteln über die Anwendung des Verfahrens in der bestehenden Praxis nicht möglich sei. Um neue politische Prioritäten oder einen unerwarteten Kapitalbedarf finanziell auffangen zu können, sei bislang ein Rückgriff auf verschiedene Ad-hoc-Instrumente und Regelungen erforderlich gewesen. Die Behörde forderte daher die Einführung eines neuen Flexibilitätsmechanismus, der innerhalb bestimmter Grenzen eine Reallokation von Mittelzuweisungen zwischen Ausgabenrubriken zulässt. Diese Reallokationsflexibilität sollte der Haushaltsbehörde und der Kommission ermöglichen, kurzfristig auf Notfälle oder unvorhergesehene politische oder ökonomische Vorkommnisse reagieren zu können. Die Mittelzuweisungen für die Kohäsion und die Entwicklung des ländlichen Raums müssten hingegen von einer Reallokation ausgenommen werden. Diese sollten den Mitgliedstaaten zu Beginn der mehrjährigen Haushaltsperiode im Voraus zugewiesen werden. In allen anderen Fällen schlug die Kommmission eine Konsultation zwischen Rat, Parlament und Kommission unmittelbar vor der Vorlage des jährlichen Haushaltsvorentwurfs vor.

Als weiteres Flexibilitätsinstrument postulierte die Kommission die Einrichtung eines Wachstumsanpassungsfonds in der Ausgabenrubrik 1a „Wettbewerbsfähigkeit für Wachstum und Beschäftigung", um die Implementierung der in der Roadmap für nachhaltige Entwicklung festgelegten Wachstums- und Kohäsionsziele zu optimieren. Würden ungleichmäßige Fortschritte auf dem Weg zu diesen übergeordneten Zielen festgestellt werden, sollte ein gezielter Einsatz von Maßnahmen möglich sein. In der Praxis ist der vorgeschlagene Wachstumsanpassungsfonds als wirtschaftspolitisches Instrument auf Gemeinschaftsebene anzusehen. Es soll dazu dienen, auf Krisen zu reagieren, die von internationalen Entwicklungen in Wirtschaft und Handel ausgehen. Die Kommission schlug vor, dem Wachstumsanpassungsfonds ungenutzte Mittel aus den beiden Kohäsionsinstrumenten (EFRE und ESF), die in einem definierten Zeitraum nicht genutzt wurden (Anwendung der N+2-Regel), bis zu einer Summe von maximal einer Milliarde Euro jährlich zuzuführen (Europäische Kommission 2004a: 38/39).

Politisch beherrschte die Debatte um den Mehrjährigen Budgetrahmen ab 2007 neben der Ausrichtung der EU-Strukturpolitik vor allem die Idee der Implementierung neuer Finanzierungswege. Auf der Einnahmenseite der Europäischen Union bilden die BSP/BNE-Eigenmittel heute die wichtigste Finanzierungsquelle. Damit ist die Union weitgehend von Zuweisungen der Mitgliedstaaten abhängig mit der Konsequenz, dass eine politische Autonomie nicht gegeben ist.

Die Kommission schlug daher die Einführung einer steuerfinanzierten Bezugsquelle vor, um mehr Selbstständigkeit gegenüber den Mitgliedstaaten zu gewinnen. Dieser Vorschlag fand in den Unionsländern keine Resonanz. Die Frage der Ausgestaltung der Einnahmenseite förderte selbst innerhalb der Kommission unterschiedliche Vorstellungen zu Tage. In Anbetracht der ausgabenintensiven Ost-Erweiterung drängte eine Gruppe von Kommissaren auf die Durchsetzung einer Eigenmittel-Obergrenze von 1,24 Prozent des BNE und damit auf eine tendenziell expansive Entwicklung des Gesamtbudgetvolumens. Zu dieser Gruppe gehörte auch der damalige Kommissionspräsident Romano Prodi, der einen Vortrag an der London School of Economics am 19. Januar 2004 zum Anlass nahm, um diese Haltung öffentlich zu begründen. Eine Verbindlichkeit der Agenda 2007 sei die Konsolidierung der EU-Ost-Erweiterung, die gleichzeitig eine Art Selbstverpflichtung darstelle. In diesem Kontext rechtfertigte der Präsident die vorgelegten Zahlen mit den hohen Integrationskosten, die mit der Aufnahme von mindestens zehn neuen Mitgliedsländern aus Mittel- und Ost-Europa verbunden seien. Er begründete die Forderungen auch mit dem Argument, dass auf die Gemeinschaftsebene zunehmend mehr Aufgaben übertragen werden. Die zweite Gruppe nahm eine konziliante Position ein und schlug als Kompromiss eine Obergrenze in Höhe von 1,12 Prozent des BNE vor mit der Erklärung, dass sich durch den Beitritt von mindestens zehn neuen Mitgliedstaaten eine nominale Steigerung des Bruttonationaleinkommens ergeben wird (Maruhn 2004).

Die Kommission eröffnete die Verhandlungen um die Agenda 2007 mit der Vorlage ihres Haushaltsentwurfes. In diesem schlug sie für den Finanzplanungszeitraum 2007 bis 2013 ein Haushaltsvolumen in Höhe von 1.025,035 Milliarden Euro für Verpflichtungsermächtigungen vor. Als Gesamthöhe für die Zahlungsermächtigungen setzte sie einen Betrag von 928,7 Milliarden Euro ein. Sie forderte zudem eine Neugewichtung der Mittelverteilung, die Raum für neue Prioritäten schaffen sollte. Einen hohen Stellenwert räumte sie den Rubriken Wettbewerbsfähigkeit für Wachstum und Beschäftigung (sechzehn Prozent) sowie Europa als globaler Partner (sieben Prozent) ein (Europäische Kommission 2004a: 31/32).

Das institutionelle und politische System der Europäischen Union wurde im Zuge der der Ost-Erweiterung auf eine enorme Belastungsprobe gestellt. Der Erfolg des Integrationsprojektes wird davon abhängen, ob die Mitgliedstaaten in der Lage sind, zu wichtigen gemeinsamen Fragen einen Konsens zu finden. Gelingt dies, so kann die erweiterte Union den internen und externen Herausforderungen der Gemeinschaft auch auf lange Sicht gerecht werden. Die zukünftige Gestalt der Europäischen Union sowie ihr Einfluss in Europa und in der Welt wird insbesondere von drei Faktoren bestimmt:

- der Handlungsfähigkeit, Effizienz und Akzeptanz des politischen und institutionellen Systems der EU;
- der Zahl ihrer Mitgliedstaaten und der damit verbundenen geographischen Reichweite;
- der Fähigkeit der Union als weltpolitischer Akteur Einfluss auf internationale Entwicklungen zu nehmen (Agieri et al. 2003: 2).

Ob und wenn ja inwieweit die Gruppengröße das politische Verhandeln und Entscheiden tatsächlich beeinflusst hat, soll nun anhand des nachfolgenden Untersuchungskomplexes an der Empirie getestet werden.

6. Auftakt der politischen Verhandlungen zur Agenda 2007

Bereits der Auftakt der Verhandlungen zum Haushaltsrahmen 2007 bis 2013 verlief anders als es die reguläre Praxis und die Architektur der Verträge formal vorsehen. Noch bevor die Kommission ihre Vorstellungen zu den politischen Prioritäten und der budgetären Gewichtung der einzelnen Politikfelder in ihren Mitteilungen veröffentlichte, eröffneten die sechs Staats- und Regierungschefs der Nettozahlerstaaten Deutschland, Frankreich, Großbritannien, die Niederlande, Österreich und Schweden die Verhandlungen mit einer ersten weitreichenden Forderung. In einem am 15. Dezember 2003 an den damaligen Kommissionspräsidenten Romano Prodi adressierten Schreiben sprachen sich die Geberländer gegen eine Ausweitung der Ausgaben nach der großen EU-Ost-Erweiterung aus und wiesen auf die Notwendigkeit einer Umverteilung der finanziellen Ressourcen hin. Das Ausgabenvolumen der Mehrjährigen Finanzplanung ab 2007 müsse auf dem Niveau von einem Prozent des Bruttonationaleinkommens der Europäischen Union (EU-BNE) stabilisiert werden (Vgl. Balkenende/Blair/Chirac/Persson/Schröder/Schüssel 2003). Während die Kommission eine Beibehaltung der Eigenmittel-Obergrenze von 1,24 Prozent des BNE gefordert hatte, schlugen die sechs Nettozahler eine Absenkung um knapp 0,25 Prozent auf 1,0 Prozent des akkumulierten EU-BNE vor. In dem Brief heißt es wörtlich: *"Bearing in mind Europe's demographic challenge, sustained high growth requires long term sound public finances. In view of the painful consolidation efforts in Member States our citizens will not understand if the EU-budget were exempt from this consolidation process. We see in this context no room for a EU-budget near the current ceiling for own resources. Average expenditure during the next financial perspective should in our view be stabilised around current expenditure levels, and should not exceed 1,0 % of GNI, including agriculture spending within the ceiling set by the European Council in October 2002. This would still allow for annual increases in the EU-budget well above growth rates of national budgets in most Member States, and permit a sufficient margin for policy-implementation in the enlarged Union"* (Balkenende et al. 2003).

Eine Festlegung auf ein Prozent des EU-BNE hätte nach Angaben der deutschen Bundesregierung in absoluten Zahlen einer Ausgabenerhöhung von circa 7,5 Milliarden Euro jährlich entsprochen. Die Kommission forderte in ihrem Entwurf eine Aufstockung in Höhe von circa 14,5 Milliarden Euro jährlich. Der Kommissionspräsident reagierte bereits am gleichen Abend nach Zugang des Briefes, indem er den Appell der Geberländer als unrealistisch zurückwies. Hintergrund für diese Reaktion bildete nicht nur der Wunsch nach einer angemessenen Haushaltsausstattung, sondern auch das sich abzeichnende Scheitern des essenziellen Vorhabens, eine Europäische Verfassung auf den Weg zu bringen. Oberste Priorität der Kommission war es zu dieser Zeit, den Integrationsrückschritt mit einer erfolgreichen Realisierung des Lissabon-Prozesses zu kompensieren, die aus ihrer Sicht nur mit einer adäquaten Mittelausstattung gelingen könne. Der damalige amtierende Bundeskanzler Gerhard Schröder begründete in den deutschen Medien (ARD-Tagesschau) die Stellungnahme der Nettozahler-Staaten wie folgt: *„Man kann bei der Erweiterung nicht nach dem Muster verfahren: Jeder behält, was er hat, und für die neuen Länder kommt was oben drauf"* (Gerhard Schröder, zitiert nach Stern 2003). Um das Ausgabenvolumen des Finanzrahmens auf dem bisherigen Niveau zu deckeln, sei es unerlässlich, dass die alten Empfängerländer einen Teil der Privilegien an die ärmeren, neuen EU-Mitglieder abgeben. Schröder pointierte diesen Standpunkt wie folgt: *„Es darf nicht nach dem Prinzip verfahren werden: Immer noch ein Schluck mehr aus der Pulle. Die Pulle ist nicht so voll"* (ebenda). Deutschland nimmt als Exportland, das von dem gemeinsamen Binnenmarkt von allen Mitgliedstaaten am Meisten profitiert, in EU-Haushaltsverhandlungen grundsätzlich eine geberfreudige Haltung ein. Die Bundesregierung argumentierte, dass die Forderung von Seiten der Europäischen Union nach nationaler Haushaltsdisziplin – einhergehend mit der Einhaltung der Kriterien des Stabilitäts- und Wachstumspaktes – mit weiteren Leistungsaufstockungen seitens der Nettozahler unvereinbar sei und in einem klaren Widerspruch stehe (Becker 2007: 10, Fußnote 7). Anhand dieser frühzeitigen Stellungnahme und Vorab-Position der deutschen Bundesregierung war bereits zu diesem Zeitpunkt ablesbar, dass die Voraussetzungen für einen Etatanstieg trotz der Aufnahme von zehn wirtschaftlich schwachen Mitgliedstaaten, die eine deutliche Erhöhung hatte vermuten lassen, unter einem denkbar schlechten Licht standen.

Innerhalb der gouvernementalen EU-Organe deutete sich a priori ein zweidimensionaler Konfliktverlauf an: Zum einen war eine horizontale Konfliktlinie zwischen alten und neuen Nettoempfängern und zum anderen eine vertikal verlaufende Konfliktlinie zwischen den Nettozahlern und den Nettoempfängern zu erwarten. Eine Klärung inwiefern jene Konfliktlinien in den politischen Aushandlungsprozess hineingewirkt haben, ob diese konfligierenden Positionen durch weitere Demarkationslinien ergänzt werden müssen und in welcher Intensität sich diese potentiellen Spannungen entladen haben, wird im Wesentlichen zur Beantwortung der Forschungsfrage beitragen. Die Finanzverhandlungen zum MFR-Paket standen bereits 2005 unter dem Schatten wirtschaftlich niedriger Wachstumsraten in den Nettozahlerstaaten. Die Forderungen der Kommission sowie der Kohäsionsländer nach einer großzügigen Etataufstockung mit dem Ziel, die enormen Wohlstandsunterschiede zwischen alten und neuen Mitgliedstaaten zu reduzieren, stellten sich somit bereits zum Verhandlungsauftakt als unrealistisch dar. Der Gegensatz, der traditionell zwischen den Nettozahlern und den Nettoempfängern vorherrscht, wurde durch die veränderten ökonomischen Rahmenbedingungen noch verstärkt. Diese haben den realpolitischen Handlungsspielraum der Geberländer eingeengt und die ohnehin schwierigen haushaltspolitischen Verhandlungen zusätzlich verkompliziert.[119]

Die Festlegung auf eine Gesamtsumme des Finanzetats, die Auseinandersetzung über die Verwendung der Mittel, die Aufteilung auf die einzelnen Haushaltsrubriken sowie die Juste-Retour-Problematik, dass heißt das Ringen der Mitgliedstaaten um Rückflüsse aus Brüssel, gelten grundsätzlich als die strittigsten inhaltlichen Punkte auf der Ausgabenseite. Auf der Einnahmenseite steht regelmäßig der Aspekt der Beitragsgerechtigkeit auf dem Prüfstand. Diese Thematik wurde in den Verhandlungen um den Mehrjährigen Finanzrahmen für die Zeit von 2007 bis 2013 von der Auseinandersetzung um den Briten-Rabatt dominiert. Der finanzielle Rahmen der Verhandlungen um das Gesamtbudgetvolumen erstreckte sich auf einen Wert von 815 bis 1.025 Milliarden Euro (Becker 2005: 7).

In Antizipation der großen EU-Ost-Erweiterung haben die alten Mitgliedstaaten bereits im Vorgriff auf die anstehenden Verhandlungen ab 2004/2005 um das MFR-Paket eine Einigung über die Gemeinsame Agrarpolitik festgelegt. Im Herbst 2002 verabschiedete der Europäische Rat in Brüssel ein Agrarpaket, das

119 Die Finanzkrise, die im Frühjahr 2007 mit der US-Immobilienkrise begann, war zum Zeitpunkt der Verhandlungen um das MFR-Paket für 2007 bis 2013 noch nicht antizipierbar. Die hieraus resultierende Banken-, Wirtschafts- und Schuldenkrise hat den finanziellen Handlungsspielraum der Europäischen Union noch weiter eingeengt und die Verabschiedung des aktuell geltenden Mehrjährigen Haushaltsrahmens für die Jahre 2014 bis 2020 erschwert. Auch bei der Entscheidung um den EU-Jahreshaushalt 2011 hat sich die Krise auf die Verhandlungen ausgewirkt. In Folge der Finanz- und Wirtschaftskrise hat sich die Kluft zwischen den Mitgliedstaaten eklatant vergrößert.

parallel zum Ende des zu verhandelnden Finanzrahmens bis einschließlich 2013 Gültigkeit haben sollte. Dieses umfasste eine Deckelung der Direktzahlungen sowie der marktbezogenen Ausgaben unter Berücksichtigung eines leichten Inflationsausgleiches. Diese Einigung ging maßgeblich auf einen Kompromiss zwischen dem französischen Staatspräsidenten Jacques Chirac und dem deutschen Bundeskanzler Gerhard Schröder und damit auf den Einfluss zweier Gründerstaaten zurück, die gemeinsam über eine hohe Verhandlungsmacht verfügen. Diese Vereinbarung erfolgte kurz vor der Beendigung der Beitrittsverhandlungen, die unter dänischer Ratspräsidentschaft auf dem zweiten Kopenhagener Gipfeltreffen des Europäischen Rates im Dezember 2002 zu einem Abschluss gebracht und mit einer konkreten Terminierung besiegelt wurden.[120] Damit stellten die alten Mitgliedstaaten sicher, dass die neuen Staaten aus Mittel- und Ost-Europa, in denen die ökonomische Bedeutung des Agrarsektors teilweise hoch ist, den Ausgang der GAP-Verhandlungen nicht beeinflussen können. Durch diese schnelle Einigung über das Agrarpaket, die vor allem auf die bilaterale Übereinkunft zwischen Deutschland und Frankreich zurückzuführen ist,[121] wurden die Verhandlungsinhalte über den Mehrjährigen Finanzrahmen stark reduziert. Konkret bedeutet dies, dass die Frage der Agrarförderung im Aushandlungsprozess mit den neuen Mitgliedstaaten keine bedeutende Rolle gespielt hat. Auf der Agenda stand vorrangig die Ausrichtung der europäischen Struktur- und Kohäsionsförderung sowie die Mittelverteilung in diesem Politikfeld. Allerdings muss eingeräumt werden, dass der britische Premierminister Tony Blair eine Neuverhandlung des Agrardossiers anstrebt hat. In den Verhandlungen um die Agenda 2007 sollte es dem britischen Regierungsoberhaupt zumindest gelingen, eine unverbindliche Überprüfung des Agrarpaketes für das Jahr 2009 zu erwirken (Leuffen 2006a: 14/15).

In der nachfolgenden Entscheidungsanalyse, die sich auf die Verhandlungen im Europäischen Rat konzentrieren wird, werden die einzelnen

120 Die Entwicklung der Gemeinsamen Agrarpolitik und die jüngsten Neuordnungen der GAP unter besonderer Berücksichtung der Finanzierungsseite werden im Kapitel „Die Finanzverfassung der Europäischen Union: Die Ausgabenseite / Die Gemeinsame Agrarpolitik" analysiert. Zum Reformbedarf und den Reformoptionen in der GAP zum Zeitpunkt der Verhandlungen um die Agenda 2007: Vgl. Becker (2005a: 24–35).

121 Obgleich ein Praktizieren einer Politik verschiedener Geschwindigkeiten von Deutschland und Frankreich offiziell abgelehnt wird, um ein Auseinandertriften in unterschiedliche Kreise zu verhindern, werden wichtige Fragen in der europäischen Politik oftmals von den beiden Gründerstaaten im Alleingang beraten und entschieden, insofern es die Verträge zulassen. Bilaterale Absprachen zwischen Deutschland und Frankreich waren in der Integrationsgeschichte immer wieder zu beobachten.

Verhandlungsetappen um die Agenda 2007 durchlaufen. In der Fallstudie wird der Fokus auf dem Aushandlungsprozess zwischen den gouvernementalen Akteuren liegen. Hierbei gilt es zu prüfen, ob sich die im Verhandlungssystem bis dato etablierte Machtverteilung nach der Aufnahme der Staaten aus Mittel- und Ost-Europa verändert hat. Um die Auswirkungen der Ost-Erweiterung auf die Beschlussfähigkeit der EU zu untersuchen, muss neben dem Auftreten der neuen Mitgliedstaaten auch das Verhalten der Nettozahler sowie der alten Empfängerstaaten in die Analyse mit einbezogen werden, die den Verlauf und das Ergebnis von Finanzverhandlungen bis dato maßgeblich geprägt haben. Für den rationalistischen Institutionalismus kommt Kooperation auf Ebene der Europäischen Union über den Weg strategischen Verhandelns (Bargaining) zwischen nationalen Regierungen zustande. Konträr dazu betrachtet der soziologische Institutionalismus die europäische Integration sowie das Agieren der Mitgliedstaaten auf supranationaler Ebene als einen dynamischen Prozess, der durch die Wirkung von Institutionen und Verfahren sowie durch eine institutionalisierte Interaktion zwischen den Akteuren auch über den Weg des Argumentierens (Arguing) vorangetrieben wird. Ich lege der Arbeit die These zugrunde, dass die beiden Verhandlungsformen des Bargaining und des Arguing nebeneinander bestehen und sich wechselseitig ablösen können. Gleichzeitig gehe ich davon aus, dass der Modus des Aushandelns weder zwangsläufig zu einem Konflikt, noch der Modus des Argumentierens notwendigerweise zu einer Kooperation oder zu einem Konsens führen muss.

7. Die Verhandlungen im Europäischen Rat

Die nachfolgende empirische Untersuchung der Verhandlungen im Europäischen Rat basiert auf einer dreidimensionalen Struktur:

- Auf einer politischen Analyseebene wird die Prioritätensetzung der Mitgliedstaaten in Bezug auf die Gewichtung der Politikfelder bei der Budgetzuweisung untersucht.
- Auf einer verhandlungstaktischen Ebene wird das Bargaining und das Arguing zwischen den Mitgliedstaaten im Europäischen Rat analysiert.
- Auf einer materiellen Analyseebene wird abschließend die Verteilung der Finanzierungslasten zwischen den Mitgliedstaaten sowie die Höhe der ausgehandelten Fördermittel erforscht.

Konvergierend zu den Verhandlungen um die Verabschiedung des Jahreshaushalts 2011 zeichnete sich auch bei der Agenda 2007 eine Demarkationslinie zwischen dem Lager der Nettozahler und dem Lager der Nettoempfänger ab. Neben der Auseinandersetzung um die Verteilung der Fördermittel rückte die Frage der Finanzierung des EU-Haushaltssystems sowie einer möglichen Reform in den Fokus. Die einzelnen mitgliedstaatlichen Positionen werden im nachfolgenden Kapitel sowohl auf der Einnahmenseite als auch auf der Ausgabenseite analysiert.

7.1. Die Positionen und Prioritäten der Mitgliedstaaten auf der Einnahmenseite

Belgien brachte sich mit einem eigenen Positionspapier frühzeitig in den politischen Verhandlungsprozess ein. Zentrale Fragen der Finanzierung des EU-Haushaltes sollten im Rahmen der anstehenden Entscheidungen zum Mehrjährigen Finanzrahmen 2007 bis 2013 behandelt werden. Die belgische Regierung sprach sich dabei gegen ein Finanzierungssystem aus, das exklusiv auf dem Bruttonationaleinkommen basiert und das eine mögliche Abschaffung der Mehrwertsteuer-Eigenmittel impliziert. Ein solches System, das häufig als klassisches Finanzierungsmodell internationaler Organisationen dient, sei mit der Idee der Eigenmittel, die dem Finanzierungsmodell der Europäischen Union zugrunde liegt, nicht vereinbar. Die Einführung neuer Eigenmittel würde dagegen ein nützliches Mittel darstellen, um die sterile Debatte zwischen Nettozahlern und Nettoempfängern aufzulösen. Die belgische Regierung forderte explizit eine Beendigung der gängigen Praxis des Juste-Retour sowie eine Abschaffung der Diskriminierung, die nach ihrem Dafürhalten der europäischen Finanzierungsstruktur derzeit zugrunde liegt. Eine Etappe auf dem Weg zu mehr Beitragsgerechtigkeit müsse zunächst eine vollständige Eliminierung des Briten-Rabattes sein. Während neue und alte Kohäsionsländer in ihren Positionspapieren eine Abschaffung von Beitragsrabatten forderten ohne explizit auf den VK-Ausgleich Bezug zu nehmen, adressierte Belgien diese zentrale Forderung bereits in dieser frühen Phase sehr bestimmend in Richtung des Inselstaates. Das Land stellte klar, dass die gegenwärtige Beitragsmessung dem Gleichheitsprinzip widerspreche und postulierte eine uneingeschränkte Debatte über ein faires und gerechteres Finanzierungssystem. Die belgische Regierung sprach sich nach eigenen Angaben aus realistischen und pragmatischen Erwägungen für die Pläne der Kommission zur Einrichtung eines allgemeinen Korrekturmechanismus als provisorische Lösung aus. Zudem verwies Belgien auf das Problem der Verteilung der Verwaltungskosten der EU auf ihre Mitgliedstaaten, das der Europäische Rat von Berlin bereits im März 1999 angesprochen hatte. Diese Problematik müsse im Rahmen der Verhandlungen um das MFR-Paket zufriedenstellend geklärt werden (Gouvernement de la Belgique 2005).

Der Nettozahler Finnland hat von allen Mitgliedstaaten die umfangreichsten Stellungnahmen abgegeben. Der Nordstaat brachte sich ebenfalls sehr frühzeitig in Form eines umfassenden Positionspapiers der finnischen Regierung (Government of Finland 2004), eines Modelvorschlags des finnischen Finanzministeriums zur Reform des Eigenmittelsystems (Ministry of Finance (Finland) 2004) sowie eines persönlichen Briefes des finnischen Pemiers Matti Vanhanen an den luxemburgischen Ratspräsidenten Jean-Claude Juncker auf der politischen Ebene ein (Vanhanen 2005). Der Nettozahler forderte eine grundlegende Erneuerung des Finanzsystems. Das finnische Finanzministerium präsentierte bereits im April 2004 die Vorstellung seiner Regierung für eine Reform des Eigenmittelsystems. Eine Kernforderung war es, die BNE-Eigenmittel als wesentlichen Pfeiler des Einnahmensystems festzulegen und die Mehrwertsteuer-Eigenmittel vollständig abzuschaffen. Die traditionellen Eigenmittel sollten hingegen weiter bestehen bleiben. Finnland sprach sich auf der Einnahmenseite sowohl gegen die Einführung einer EU-Steuer als auch gegen den von der Kommission vorgeschlagenen Korrekturmechanismus aus. Dieser würde das System weiter verkomplizieren und stünde dem Ziel einer stringenten Ausgabenpolitik sogar entgegen. Nach der Ost-Erweiterung sei das gegenwärtige Finanzierungssystem der Europäischen Union untragbar geworden, da die ärmsten Mitgliedstaaten einen Teil der Beitragsrabatte der reichen respektive der reicheren Mitgliedstaaten, denen umfassende Erleichterungen in der Beitragsbemessung zukommen, mitfinanzieren. Im Sinne von Gerechtigkeit und Fairness forderten die Finnen explizit eine Eliminierung jeglicher Zahlungsrabatte. Durch diesen Schritt wäre eine Beibehaltung der Eigenmittelobergrenze in Höhe von 1,24 des EU-BNE möglich. Sollten Kompensationen erforderlich sein, um Ungleichgewichte auszugleichen, sollten diese nicht mehr wie bisher über die Einnahmenseite über den Weg von Beitragsrabatten erfolgen. Das finnische Konzept sah vor, diese über die Ausgabenseite zu finanzieren, etwa auf dem Weg der Einführung einer eigenen Ausgabenrubrik für Ausgleichszahlungen unter Berücksichtigung der Eigenmittelobergrenze (Government of Finland 2004; Ministry of Finance (Finland) 2004). In einem persönlichen Brief vom 11. Februar 2005, adressiert an den damaligen Ratsvorsitzenden Jean-Claude Juncker, verlieh der finnische Premierminister Matti Vanhanen den Forderungen seiner Regierung noch einmal Nachdruck (Vanhanen 2005). Die darin zum Ausdruck gebrachten Prioritäten entsprechen den dargestellten Forderungen, die die finnische Regierung exakt ein Jahr zuvor am 11. Februar 2004 vorgebracht hatte (Government of Finland 2004).

In Hinblick auf die Bestimmung der Eigenmittelobergrenze gab es zwischen den Mitgliedstaaten unterschiedliche Vorstellungen. Mit dem Beschluss des Rates vom 24. Juni 1988 über das System der Eigenmittel der Gemeinschaften wurde die Obergrenze für die gesamten Eigenmittel auf einen Prozentsatz in Höhe von 1,14 Prozent des Bruttonationaleinkommens festgelegt (Rat der Europäischen Union 1988). Mit dem Beschluss des Rates vom 31. Oktober 1994 über das System der Eigenmittel der Europäischen Gemeinschaften wurde dieser auf 1,27 Prozent erhöht (Rat der Europäischen Union 1994). Dänemark, Irland, Italien und Slowenien sprachen sich gegen eine Ausschöpfung der Eigenmittelobergrenze von 1,27 Prozent des EU-BNE's aus.[122] Nach Vorlage der Mitteilung der Kommission fand von Seiten der italienischen Regierung eine Anpassung dieser Position statt. Sie forderte mit Blick auf die Erweiterung und die gemeinsamen Ziele der Union von einer Kürzung des EU-Haushalts abzusehen (Ehl et al. 2004: 21). Einige Kohäsionsländer reagierten auf die Forderung der sechs Nettozahler, die EU-Ausgaben auf ein Prozent des Bruttonationaleinkommens der EU zu begrenzen. Die spanische Regierung lehnte diese strikt ab und setzte sich für die Beibehaltung der Eigenmittelobergrenze in Höhe von 1,24 des EU-BNE's ein. Auch der von der Kommission vorgeschlagene Korrekturmechanismus fand auf Seiten des Südstaates keine Zustimmung. Gleichzeitig forderte das Land von den Nettozahlern mehr finanzielle Solidarität ein (Rodriguez-Spiteri Palazuelo 2004).

In der Gesamtbetrachtung der Positionen fällt auf, dass sich die neuen Mitgliedstaaten auf der Einnahmenseite mit eigenen Forderungen zurückgehalten und das bisherige Eigenmittelsystem nicht in Frage gestellt haben. Da diese vorbehaltlos zu den Nettoempfängern gehören, überrascht diese angepasste Haltung nicht. Das größte neue EU-Mitglied Polen zeigte nach der Veröffentlichung des Briefes der Nettozahler Verständnis für die Prätention der sechs Nettozahler, die EU-Ausgaben auf ein Prozent des EU-BNE zu begrenzen (Handelsblatt 2003d). In Hinblick auf die Festlegung der Eigenmittelobergrenze sprachen sich Polen und die Tschechische Republik nach der Mitteilung der Kommission für die von ihr vorgeschlagene Beibehaltung der Eigenmittelobergrenze in Höhe von 1,24 Prozent des EU-BNE als gute Ausgangsposition für die weiteren Verhandlungen aus (Government of Poland 2004; Ehl et al. 2004: 23). Allein die ungarische Regierung forderte grundsätzlich mehr finanzielle Solidarität von Seiten der Nettozahler (The Financial Times 2004a: 2). Der neue Mitgliedstaat wies

122 Gemäß den genannten Schlussfolgerungen konnten die Gemeinschaften bis 1999 über einen maximalen Eigenmittelbetrag in Höhe von 1,27 Prozent des gesamten BSP der Mitgliedstaaten verfügen. Aus diesem Grund beziehen sich einige Mitgliedstaaten auf den Referenzwert von 1,27 Prozent, der auf den Eigenmittelbeschluss von 1994 zurückgeht.

daraufhin, dass zur Bewältigung des neuen Ausgabenbedarfs innerhalb der erweiterten Union wie etwa der Finanzierung der Gemeinschaftspolitiken, vor allem der Kohäsionspolitik, ausreichende Mittel zur Verfügung stehen müssten. Die von der Kommission vorgeschlagene Beibehaltung der Eigenmittelobergrenze von mindestens 1,24 Prozent des EU-BNE dürfe mit Blick auf eine erfolgreiche Umsetzung der EU-Politiken daher keinesfalls unterschritten werden. Das Haushaltssystem der Europäischen Union müsse weiterhin auf dem Eigenmittelsystem sowie auf dem Prinzip und der Aufrechterhaltung der finanziellen Autonomie der Gemeinschaft beruhen. Dieses System und die Struktur des EU-Haushaltes sollten strikt an den Kriterien der Transparenz, Effizienz, Flexibilität und Proportionalität ausgerichtet werden. Die Einführung eines Korrekturmechanismus würde gegen das Prinzip der Proportionalität verstoßen und hätte ein regressives Verteilungssystem zur Folge. Ungarn positionierte sich als einziges Mitgliedsland aus dem Kreis der neuen Unionsländer damit sehr deutlich und differenziert zur Finanzierung der Union, die auf einer fairen Lastenteilung zwischen den Mitgliedstaaten beruhen müsse (Government of Hungary 2004). Neben Ungarn trat auch die Slowakische Republik vergleichsweise fordernd auf und sprach sich unter Berücksichtigung der Anzahl der Mitgliedstaaten innerhalb der erweiterten Union für eine Anhebung der Eigenmittelobergrenze auf 1,3 Prozent des EU-BNE aus (Ehl et al. 2004: 23).

Der Vorschlag der Kommission zur Einführung einer eigenen EU-Steuer führte in den Nationalstaaten zu einem massiven politischen Niederschlag. Die Idee wurde allein von einem Nettozahler aufgegriffen. Der von 2000 bis 2007 amtierende österreichische Bundeskanzler Wolfgang Schüssel setzte sich mit der Unterstützung der deutschen EU-Haushaltskommissarin Michaele Schreyer[123] für eine aufkommensneutrale Besteuerung unter der Voraussetzung ein, dass mit dieser die Steuerlast für die EU-Bürger nicht ansteigt (Süddeutsche Zeitung 2004a). Ziel dieses Finanzinstrumentes sollte es sein, einerseits die Finanzierung

---

123 Schreyer wurde im September 1999 EU-Kommissarin. Sie übernahm die Zuständigkeit für die Generaldirektion Haushalt unter der Kommission Prodi. Die Amtszeit der deutschen Haushaltskommissarin endete Anfang November 2004, da Deutschland wie alle anderen alten und neuen Mitgliedstaaten mit dem Amtsbeginn der neuen Kommission unter Barroso nur noch einen Kommissar stellen durfte. Bundeskanzler Gerhard Schröder entschied sich damals gegen die Grünen-Abgeordnete und für den vormaligen Erweiterungskommissar und SPD-Parteifreund Günter Verheugen. Dieser war von November 2004 bis Februar 2010 Kommissar für Industrie und Unternehmenspolitik in der Barroso-Kommission und im gleichen Zeitraum stellvertretender Kommissionspräsident.

der EU auf eine solide und gleichzeitig autonome Grundlage zu stellen und andererseits einen Tribut zu mehr Beitragsgerechtigkeit innerhalb der Gemeinschaft zu leisten. Schüssel und Schreyer begründeten ihren Vorschlag mit dem Argument, dass eine EU weit veranlagte Steuer alle Unions-Bürgerinnen und -Bürger gleichermaßen belasten und die Haushalte der Nettozahler entlasten würde. Aufgrund der Unabhängigkeit der Europäischen Kommission sind die Vorstellungen der nationalen Herkunftsländer nicht immer mit den Positionen der Kommissare vereinbar. So hat Deutschland die Einführung einer EU-Steuer nicht unterstützt (Maruhn 2004). Österreich brachte nach der Mitteilung der Kommission zudem den Vorschlag einer Kerosinsteuer zur Erhöhung der Eigenmittel ins Spiel (Bundeskanzleramt Österreich 2004a). Während die Bundesrepublik Deutschland die Einführung einer eigenen EU-Steuer ablehnte, stand sie dem Vorschlag der Kommission zur Einführung eines Korrekturmechanismus hingegen grundsätzlich offen gegenüber. Die Niederlande knüpften eine befürwortende Haltung zum vorgeschlagenen Korrekturmechanismus an die Bedingung, dass hierdurch die Nettozahlungen der Niederlande sinken (Government of the Netherlands 2004). Konfliktpotential beinhaltete auf der Einnahmenseite vorrangig die Frage des britischen Beitragsrabattes. Mit der Forderung nach einem unveränderten Fortbestand des VK-Ausgleichs befand sich Großbritannien im Mitgliederkreis in einer isolierten Position (Berliner Zeitung 2005; Financial Times Deutschland 2005c). Zu den Mitgliedstaaten, die besonders deutlich die Abschaffung des Briten-Rabattes forderten, zählten Belgien (Gouvernement de la Belgique 2005), Finnland (Government of Finland 2004), Frankreich (Financial Times Deutschland 2005f) und Spanien (Rodriguez-Spiteri Palazuelo 2004), aber auch Schweden (Svenska Dagbladet 2004). Schweden ist grundsätzlich unter den Nettozahlern in die Gruppe der Hardliner einzuordnen und nimmt in zahlreichen Fragen eine ähnliche Position wie Großbritannien ein. In der Frage der Sonderregelungen zu Gunsten des Vereinigten Königreichs solidarisierte sich der Nordstaat ohne Vorbehalte mit den Kritikern des VK-Ausgleiches.

7.2. Die Positionen und Prioritäten der Mitgliedstaaten auf der Ausgabenseite

Der politische Verhandlungsprozess um die Mehrjährige Finanzplanung für 2007 bis 2013 wurde auf der Ausgabenseite von heterogenen Vorstellungen der Mitgliedstaaten zum Gesamtausgabenvolumen in der Strukturförderung, zu den Förderschwerpunkten sowie zu etwaigen Kompensationsregelungen für Regionen, die von den statistischen Effekten der Ost-Erweiterung betroffen sind, dominiert. Die neuen EU-Staaten nahmen eine geschlossene Haltung in Bezug auf die gemeinsame prioritäre Zielsetzung einer Gleichbehandlung der alten und neuen Mitgliedsländer ein, die entweder über eine Budgeterhöhung in der Strukturförderung oder über den Weg eines restriktiven Umgangs mit Mitteln für die nicht länger förderberechtigten Regionen umgesetzt werden sollte. Die Nettozahlerstaaten Deutschland, Frankreich, Großbritannien, Niederlande, Österreich und Schweden hatten sich bereits am 15. Dezember 2003 in einem gemeinsamen Brief an den damaligen Kommissionspräsidenten Romano Prodi in Stellung gebracht, indem sie ein Einfrieren des Ausgabenniveaus auf ein Prozent des EU-BNE einforderten. Diese Forderung führte dazu, dass die Frage der Förderhöhe sowie der Kompensationsmechanismen zu Gunsten der Regionen in den alten Kohäsionsländern sowie in den förderberechtigten Nettozahlerstaaten zu einer schwierigen Verhandlungsmasse werden sollte.

Der Kern der Verhandlungen drehte sich auf der Ausgabenseite um die Strukturförderung. Mit der vom Europäischen Rat im Oktober 2002 festgelegten Obergrenze in der europäischen Agrarförderung bis zum Jahr 2013 versuchten die alten Mitgliedstaaten Tatsachen zu kreieren, um den anstehenden Entscheidungsprozess um die Agenda 2007 zu vereinfachen und den alten Mitgliedstaaten auch weiterhin hohe Direktzahlungen zukommen zu lassen. Obwohl dieses auf der Ausgabenseite wichtige Politikfeld somit offiziell vom Verhandlungstisch war, konnten die alten EU-Länder aufkommende Kontroversen um die Direktzahlungen nicht vollständig vermeiden. Die neuen Mitgliedstaaten versuchten mit ihrem Vorschlag, über den Weg einer Umschichtung von Mitteln aus der Strukturförderung in die Entwicklung des ländlichen Raumes die als ungerecht empfundene Verteilung in der Agrarförderung anzutasten und zu verändern und somit die Rückflüsse in diesem Politikfeld auszuweiten. Damit stand zugleich eine Erhöhung der Fördermittel in der Strukturpolitik zu Gunsten der Entwicklung des ländlichen Raums zur Debatte, die nicht der einzige strittige Verhandlungspunkt bleiben sollte. Trotz des bereits getroffenen „Kompromisses" in der Gemeinsamen Agrarpolitik sollte sich die Agrarfrage zu einer maßgeblichen Konfliktlinie auf der Ausgabenseite entwickeln. Dieses Spannungsfeld gewann jedoch nicht durch das Agieren der neuen Mitgliedstaaten an Brisanz, sondern führte zu einer offenen Auseinandersetzung zwischen Frankreich und Großbritannien, auf die ich in der Untersuchung der Aushandlungsprozesse anlässlich der beiden Gipfeltreffen des Europäischen Rates im Juni und Dezember 2005 näher eingehen werde.

Die Nettozahler Deutschland, Frankreich, Großbritannien, die Niederlande, Österreich und Schweden sowie das alte Kohäsionsland Spanien sprachen sich zu

Beginn des politischen Verhandlungsprozesses in Bezug auf die Agrarförderung für die Beibehaltung der vom Europäischen Rat im Oktober 2002 festgelegten Obergrenze bis 2013 aus, die die neuen Mitgliedstaaten benachteiligt (Bore 2004). Diese Position wurde nach der Vorlage der Kommissionsmitteilung selbst durch das neue EU-Land, die Slowakische Republik, unterstützt (Ehl et al. 2004: 37). Anfang 2004 stellte hingegen der britische Finanzminister Gordon Brown die Höhe der Agrarsubventionen bis 2013 öffentlich in Frage (The Financial Times 2004b: 2). Auch die Niederlande wünschten sich Einsparungen in der Landwirtschaftspolitik (Foreign Ministry of the Netherlands (2004). Dänemark ging einen Schritt weiter und forderte eine Liberalisierung der Gemeinsamen Agrarpolitik (Ministry of Finance (Denmark) 2004, zitiert nach Ehl et al. 2004: 33). Deutschland sprach sich gemäß dem Grundsatz pacta sunt servanda für die beschlossene Beibehaltung der vom Europäischen Rat im Herbst 2002 festgelegten Obergrenze bis 2013 (Bore 2004) sowie für die stufenweise Heranführung der Beitrittsländer an die Direktzahlungen aus (Bundesregierung der BRD 2003). Eine Erhöhung des gesamten Agrarbudgets zu Gunsten der Entwicklung des ländlichen Raums lehnte die Bundesregierung ab. Ihr erklärtes Ziel war es, einen stärkeren Fokus auf die regionale Wirtschaftsförderung vor allem auch in den neuen Mitgliedsländern zu legen (Frankfurter Allgemeine Zeitung 2003b: 23).

In Hinblick auf die Verwendung der zur Verfügung stehenden Fördergelder befürwortete Polen einen schrittweisen Abbau der Agrarsubventionen zu Gunsten eines stärkeren finanziellen Engagements in Bildungsprojekte sowie in die europäische Verteidigungspolitik (Handelsblatt 2003d). Gleichzeitig solidarisierte sich Polen mit den drei anderen Visgrád-Staaten, der Slowakischen Republik, der Tschechischen Republik und Ungarn, indem es im April 2005 ein gemeinsames Positionspapier vorlegte. In diesem forderten die Staaten zwar keine Neuverhandlung im Bereich der Gemeinsamen Agrarpolitik, allerdings eine Kompensation der auf dem Berlin Gipfel beschlossenen Ungleichbehandlung bei den Direktzahlungen, etwa auf dem Weg höherer Zuwendungen im Bereich der ländlichen Entwicklung durch eine Umschichtung der Mittel aus der Strukturförderung in die Rubrik 2 „Bewahrung und Bewirtschaftung der natürlichen Ressourcen“ (Berényi/Gottfried/Müller/Pietras 2005). Diese in den Verhandlungen im Raum stehende Erhöhung der Strukturfördermittel zu Gunsten der Entwicklung des ländlichen Raums lehnte Deutschland grundsätzlich ab. Finnland nahm eine Gegenposition ein. Während die Finnen das Kommissionsvorhaben einer Zusammenfassung der Maßnahmen zur Entwicklung des ländlichen Raums aus der Rubrik 1, der Strukturpolitik, sowie aus der Rubrik 2, der Agrarpolitik, über den Weg einer Einführung eines Dachfonds unterstützten, kritisierten sie die hierfür angesetzten Mittel der Kommission als unzureichend.

Sie postulierten eine stärkere Berücksichtung der Entwicklung des ländlichen Raums und eine Erhöhung der Ausgaben in diesem Bereich um 20 Prozent, um Unternehmertum und die Schaffung von Arbeitsplätzen in ländlichen Regionen zu unterstützen (Government of Finland 2004).

Die offiziell zu verhandelnde Materie bildete auf der Ausgabenseite jedoch ein anders Politikfeld: die Strukturpolitik. Auch in der Strukturförderung gab es unterschiedliche Positionen sowohl zwischen den alten Mitgliedstaaten, zwischen alten und neuen Mitgliedstaaten, aber auch innerhalb des Kreises der neuen Mitgliedstaaten aus Mittel- und Ost-Europa. Auf der politischen Verhandlungsebene legten sechs der Nettozahler, Deutschland, Frankreich, Großbritannien, die Niederlande, Österreich und Schweden, in ihrem gemeinsamen Brief bereits im Dezember 2003 ihre grundsätzlichen Erwartungen an die Gemeinschaftspolitik der Strukturförderung vor: *"The new Financial Perspective should allow us to exploit the extraordinary potential of the enlarged Union, and the opportunities it offers our citizens. EU spending should add real value, and aim more actively at transforming the EU into the most competitive and innovative area worldwide. Other key tasks are further developing the Common Foreign and Security Policy, protecting our external borders, and managing migration flows"* (Balkenende et al. 2003).

Deutschland sprach sich für eine Absenkung der bisherigen Obergrenze für die Strukturpolitik vom Ausgabenniveau in Höhe von 0,45 Prozent des Bruttonationaleinkommens der EU aus (Schröder 2003). Die Finanzierung der Strukturpolitik innerhalb der erweiterten Union sollte nach Auffassung der seinerzeit SPD-geführten Bundesregierung unter Bundeskanzler Gerhard Schröder über den Weg einer Budgetumverteilung von den alten Mitgliedstaaten in die neuen EU-Länder erfolgen. Deutschlands Anliegen war zudem die Fokussierung der Strukturförderung auf zukunftsträchtige Politikfelder im Sinne der Lissabon-Strategie (Handelsblatt 2003d; Schröder 2003). Die Erreichung der Lissabon-Ziele sollte durch eine Verbesserung der Rahmenbedingungen und nicht durch Anwendung ausgabenintensiver Förderinstrumente umgesetzt werden (Stotz 2004). Der Nettozahler setzte sich für Regelungen ein, die eine Konzentration der europäischen Struktur- und Kohäsionspolitik auf die strukturschwachen Regionen vorsehen. Die eingesetzten Förderinstrumente dürften dabei nicht den Charakter flächendeckender und dauerhafter Maßnahmen einnehmen. Die deutsche Bundesregierung befürwortete ein einheitliches Regionalbeihilfenregime. Deutschland trat zudem für mehr Gerechtigkeit in der Förderpolitik ein mit dem Ziel einer Gleichbehandlung der Regionen. Das Land nahm auch die Sorgen der alten Kohäsionsländer ernst und bezog zu den möglichen Folgen der großen Ost-Erweiterung Stellung. In diesem Sinne unterstützte Deutschland faire Übergangsregelungen für diejenigen Regionen, die von den statistischen Effekten der Erweiterung betroffen sind. Allerdings sollten diese zeitlich eng begrenzt werden. Erwartungsgemäß trat Deutschland auch für einen sanften Übergang für die ostdeutschen Länder ein, deren Ziel-1-Förderung aufgrund der Erweiterung entfällt (Stolpe 2004). Der alte Mitgliedstaat setzte sich des Weiteren für die Beibehaltung der Interreg-Förderung beidseits der neuen Binnengrenzen der erweiterten Gemeinschaft ein (Gloser 2004). Die Bundesregierung befürwortete eine Absorptionsgrenze von maximal vier Prozent des Bruttoinlandsproduktes.[124] Auch in Hinblick auf die Förderziele positionierte sich Deutschland, indem es sich für die Konzentration der EU-Strukturmittel auf die Ziel 1-Gebiete unter Beibehaltung des Schwellenwerts von 75 Prozent des BIP's pro Kopf gemessen am EU-Durchschnitt aussprach. Die deutsche Bundesregierung forderte zudem die Abschaffung des Ziels 2 „Regionale Wettbewerbsfähigkeit und Beschäftigung (EFRE, ESF)" sowie des Ziels 3 „Europäische Territoriale Zusammenarbeit (EFRE)" als eigenständige Ziele. Unabhängig von einer möglichen Vereinfachung der Zielkategorien sollten maximal 5 bis 10 Prozent der EU-Strukturfondsmittel für Maßnahmen außerhalb des Ziels 1, „der Konvergenz" (EFRE, ESF, Kohäsionsfonds), ausgegeben sowie insbesondere Maßnahmen gefördert werden, die einen großen europäischen Mehrwert aufweisen. In Hinblick auf die Bemessung der Fördermittel sprach sich Deutschland für die Beibehaltung einer Festlegung pro Kopf in Abhängigkeit vom jeweiligen regionalen Bruttoinlandsprodukt aus. Das Land in der Mitte Europas forderte des Weiteren einen ausreichenden beihilferechtlichen Spielraum für die nationale Strukturpolitik. Gleichzeitig müsse eine grundlegende Reform der Verfahren zur Umsetzung der EU-Strukturpolitik in Angriff genommen werden (Ehl et al. 2004: 29/30).

Auch die französische Regierung teilte die Forderung des deutschen Nachbarn, die Strukturmittel auf die Ziel-1-Förderung zu konzentrieren, am Schwellenwert von 75 Prozent des BIP's pro Kopf gemessen am EU-Durchschnitt festzuhalten sowie die Vergabeverfahren zu vereinfachen (Government of France 2002). Frankreich legte in Hinblick auf die Prioritätensetzung bei der Mehrjährigen Finanzplanung einen Schwerpunkt auf die Berücksichtigung von

124 Die Absorptionsgrenze bezeichnet eine maximale Obergrenze, bis zu deren Höhe – bezogen auf das Bruttoinlandsprodukt des Empfängerlandes – Zahlungen an Mitgliedstaaten geleistet werden dürfen. Diese wird auf einen bestimmten Prozentsatz festgelegt.

Aufgabenfeldern mit sicherheitspolitischem Bezug. In den externen Politikbereichen forderte Frankreich eine deutliche Ausgabenaufstockung zu Gunsten der Gemeinsamen Außen- und Sicherheitspolitik, der Migrationspolitik sowie zum Schutz der Außengrenzen (Bore 2004). Diese Position wurde von der deutschen Bundesregierung, von Großbritannien, den Niederlanden, Österreich und Schweden (Bore 2004), Spanien (Handelsblatt 2003d: 3) sowie Ungarn (Government of Hungary 2004) unterstützt. Großbritanniens Schlüsselanliegen mit Blick auf die Strukturpolitik beinhaltete primär die Verhinderung eines Zuwachses an finanzieller Belastung für die Nettozahler. Die Aufwendung der Strukturmittel müsse auf die bedürftigsten Mitgliedstaaten konzentriert werden. Die britische Regierung versuchte des Weiteren die Position durchzusetzen, für Regionen mit einem BIP pro Kopf von 90 Prozent gemessen am EU-Durchschnitt keine europäischen Fördermittel mehr zu gewähren, dabei jedoch zeitlich begrenzte Übergangszahlungen zu ermöglichen. Zudem forderte sie eine vereinfachte Vergabe und Überprüfung von Strukturfördermaßnahmen sowie mehr Dezentralisierung gemäß dem Grundsatz der Subsidiarität (Government of United Kingdom 2003).

Italien gehört rechnerisch zu den alten Nettozahlern. Demgemäß setzte sich das Land gegen eine Überschreitung der bisherigen Ausgabenobergrenze für die EU-Strukturpolitik in Höhe von 0,45 Prozent des EU-BNE ein. Gleichzeitig forderte der Südstaat neben einer grundsätzlichen Konzentration der Strukturmittel auf die Ziel-1-Förderung eine Anhebung des bisherigen Förderniveaus um mindestens 5 Prozent sowie höhere Übergangszahlungen für Regionen, deren Ziel-1-Förderung mit der Erweiterung entfällt. Die italienische Regierung sprach sich weiterhin für eine vorläufige Beibehaltung des Schwellenwertes von 75 Prozent des BIP's pro Kopf gemessen am EU-Durchschnitt aus. Neben der Aufrechterhaltung der bisherigen Bemessung der Höhe der Ziel-1-Förderung am jeweiligen regionalen Bruttoinlandsprodukt wünschte sich Italien die Einbeziehung des Faktors der Beschäftigungsrate. Wie die anderen alten Mitgliedstaaten Belgien, Dänemark, Deutschland, Finnland und Schweden sprach sich auch Italien für die Beibehaltung der Absorptionsgrenze von vier Prozent des Bruttoinlandsproduktes aus. Der Südstaat teilte die Haltung Großbritanniens, nicht nur die Vergabeverfahren zu vereinfachen, sondern die Strukturförderung nach dem Subsidiaritätsprinzip zu dezentralisieren (Government of Italy 2002).

Belgien teilte zahlreiche unter anderem von Deutschland vertretene Positionen wie etwa die Forderung nach einer Beibehaltung des Schwellenwertes von 75 Prozent des Bruttoinlandsproduktes pro Kopf gemessen am EU-Durchschnitt sowie der Absorptionsgrenze von vier Prozent des BIP's. Wie die meisten

Mitgliedstaaten wünschte sich auch die belgische Delegation eine Konzentration der Strukturausgaben auf die Ziel-1-Förderung und setzte sich für die Einrichtung von Übergangsregelungen für Regionen ein, deren Förderung mit der Erweiterung entfällt ohne konkrete Fristen oder sonstige Einschränkungen zu präzisieren. Eine Absenkung der bisherigen Ausgabenobergrenze für die EU-Strukturpolitik von 0,45 Prozent des EU-BNE lehnte Belgien ab. Wie die meisten anderen Staaten wünschte auch das Land, in dem die EU-Institutionen ihren Sitz haben, eine stärkere Dezentralisierung gemäß dem Prinzip der Subsidiarität (Government of Belgium 2003). Ein wichtiges Anliegen war zudem die Klärung der Frage der Verteilung der Verwaltungskosten der Europäischen Union auf ihre Mitgliedstaaten, die im Rahmen der Verhandlungen um die Agenda 2007 behandelt und gelöst werden sollte (Gouvernement de la Belgique 2005).

Die Niederlande strebten als Hardliner unter den Nettozahlern drastische Einsparungen in der Strukturpolitik an (Bore 2004). Die neue Ausgabenobergrenze für die EU-Strukturpolitik sollte dabei vom bisherigen Niveau von 0,45 Prozent des EU-BNE erheblich abgesenkt werden. Während die europäische Strukturpolitik grundsätzlich für eine Verringerung des Wohlstandsgefälles zwischen den Regionen (Kohäsions-Ansatz) steht, setzten sich die Niederlande für eine Reduzierung der mangelnden Egalität zwischen den Mitgliedstaaten ein. Die holländische Regierung sprach sich für eine Konzentration auf Fördermaßnahmen mit echtem europäischem Mehrwert aus. Sie unterstützte die Forderung der anderen Nettozahler nach einer Beibehaltung der Absorptionsgrenze von vier Prozent des Bruttoinlandsproduktes. Auch die Niederlande wünschten sich bei der Vergabe von Strukturmitteln eine Vereinfachung und Dezentralisierung gemäß dem Prinzip der Subsidiarität (Government of the Netherlands 2003). Gleichzeitig forderte der Nettozahler mehr Effizienz bei der Umsetzung von Strukturmaßnahmen sowie eine Verbesserung und Stärkung der grenzüberschreitenden Kooperation. Interne Politikfelder wie Bildung und Arbeitsfazilitäten sollten nach Auffassung des Vereinigten Königreichs Niederlande besser auf nationaler Ebene bearbeitet werden, so dass eine Mittelaufstockung in diesen Bereichen nicht erforderlich sei (Bore 2004).

Der Nettozahler Dänemark forderte wie nahezu alle Mitgliedstaaten eine Konzentration der Strukturausgaben auf die Ziel-1-Förderung. Gleichzeitig formulierte die dänische Regierung als Kernpriorität faire und zeitlich begrenzte Übergangsregelungen für Regionen, deren Förderung mit der Erweiterung entfällt. Mit der Forderung nach einer Beibehaltung der Absorptionsgrenze von vier Prozent des Bruttoinlandsproduktes sowie nach mehr Effizienz und Dezentralisierung bei der Durchführung von Strukturmaßnahmen war Dänemark mit den anderen Nettozahlern auf Linie. Gleichzeitig wünschte sich der Nordstaat eine Stärkung der grenzüberschreitenden Kooperation (Government of Denmark 2003). Nach der Mitteilung der Kommission postulierte der Mitgliedstaat zudem eine gezielte Ausrichtung der Strukturbeihilfen auf die neuen Länder aus Mittel- und Ost-Europa. In Bezug auf die internen Politikbereiche verlangte Dänemark höhere Investitionen in die Forschung und in Innovationen (Politiken.dk 2004a).

Schweden setzte sich erwartungsgemäß wie die Niederlande für eine beträchtliche Senkung der bisherigen Ausgabenobergrenze für die EU-Strukturpolitik von 0,45 Prozent des EU-BNE ein. Die Fördermittel müssten im Schwerpunkt auf die neuen Beitrittsländer aufgeteilt werden. Dabei sollten maximal 5 bis 10 Prozent der Strukturmittel für Maßnahmen außerhalb der Ziel-1-Förderung aufgewandt werden, mitunter für die Ziel-2-Förderung sowie die grenzüberschreitende Kooperation. Mit der Position, den Schwellenwert von 75 Prozent des EU-Bruttoinlandsproduktes pro Kopf gemessen am EU-Durchschnitt für die Ziel-1-Förderung sowie die Absorptionsgrenze von vier Prozent des BIP's aufrechterhalten zu wollen, teilt Schweden die gleiche Auffassung wie der Großteil der Nettozahler. Gemeinsam mit den Niederlanden brachte Schweden den progressiven Vorschlag ein, die Verringerung des Wohlstandsgefälles zwischen den Mitgliedstaaten in den Fokus der Strukturförderung zu rücken und den Kohäsions-Ansatz abzuschaffen. Bislang verfolgt die EU mit dem Kohäsions-Ansatz das Ziel, die Angleichung des Wohlstandsniveaus zwischen den Regionen zu reduzieren (Government of Sweden 2003). Nach Vorlage der Mitteilung der Kommission nahm Schweden in Bezug auf das Auslaufen der Fördermittel gegenüber den alten Kohäsionsstaaten eine entschiedene Position ein. Die Unterstützung ärmerer Regionen in reicheren Mitgliedstaaten sollte vornehmlich in nationaler Verantwortung liegen. Griechenland, Portugal und Spanien sollten in der Förderperiode 2007 bis 2013 nur für diejenigen Regionen Strukturhilfen beziehen, die unter dem durchschnittlichen Schwellenwert in der EU von 75 Prozent des BIP's pro Kopf liegen und damit eine Förderberechtigung aufweisen (Petersson 2004). Dagegen sollte die Europäische Union höhere Aufwendungen zur Erreichung der Ziele von Lissabon einsetzen, etwa durch Investitionen in Forschung, Entwicklung, Bildung und Technologie (Ministry of Finance (Sweden) 2004).

Die Finnen setzten sich neben einem gerechteren und transparenteren Finanzsystem für mehr Effizienz in der europäischen Förderpolitik ein. Wenn es um die Schwerpunkte in der Strukturpolitik geht, sollten nach Auffassung des Nordstaates Kohäsion sowie Wettbewerbsfähigkeit die wesentlichen Eckpfeiler und Ziele darstellen. Gleichzeitig definierten sie die Aufrechterhaltung der Förderung zu Gunsten der alten Mitgliedstaaten als notwendige Voraussetzung: "*The Finnish Government emphasises the importance of adherence to stringent budgetary policy both in individual Member States and in the Union as a whole. This adherence must not, however, serve as a hindrance to solidarity among the Member States. The prompt integration of the new Member States will serve the interests of the entire Union, but it must not rule out of possibility of continuing efforts in favour of the disadvantaged regions of the current Member States*" (Government of Finland 2004). Die finnische Delegation setzte sich grundsätzlich für einen hohen Stellenwert der Strukturförderung in der europäischen Politik ein. Dieses Feld sollte circa 40 Prozent des EU-Gesamtetats ausmachen. Große Einschnitte bei den Strukturaufwendungen seien nicht angemessen. Gleichzeitig sprachen sich die Finnen gegen eine Überschreitung der bisherigen Ausgabenobergrenze für die EU-Strukturpolitik von 0,45 Prozent des EU-Bruttonationaleinkommens aus (Ehl et al. 2004: 34). Dem Mitgliedstaat aus dem Norden war es wichtig, Regelungen für eine faire, ausgeglichene und zugleich innovative Strukturpolitik zu finden, die den Bedürfnissen der alten und neuen Unionsländer gerecht wird und dabei gleichzeitig an den Zielen von Lissabon ausgerichtet ist (Government of Finland 2004). Bei der Ermittlung des Verteilungsschlüssels sollten auch Indikatoren wie die Arbeitslosenquote mit einbezogen werden. Finnland sprach sich grundsätzlich gegen die von der Kommission geforderte Ausweitung der Fördermittel in der Rubrik 1a „Wettbewerbsfähigkeit für Wachstum und Beschäftigung" aus und bezeichnete diese als überambitioniert. Eine Verwirklichung der Ziele von Lissabon müsse nicht zwangsläufig mit höheren Fördergeldern einhergehen. Handlungsbedarf bestehe in der Frage einer besseren Regulierung und einer Mittelpriorisierung unter besonderer Berücksichtigung von Maßnahmen und Programmen, die einen echten europäischen Mehrwert versprechen etwa durch Konzentration auf den Bereich der Forschung und Entwicklung (Vanhanen 2005). In ihrer frühen Stellungnahme vom 11. Februar 2004 machte die finnische Regierung klar, dass ihr nationaler Interessenfokus auf der Beibehaltung der Ziel 1-Förderung für die Gebiete in Nord- und Ost-Finnland liegt. Die Finnen argumentierten, dass die strukturellen Defizite und die besonderen Bedingungen in diesen Regionen sowie die sich daraus ergebenden Implikationen im Beitrittsvertrag explizit berücksichtigt wurden. Diese Gegenden sollten über den gesamten Finanzplanungszeitraum von 2007 bis 2013 auch weiterhin die höchstmögliche Förderung erfahren (Government of Finland 2004). In seinem Brief an den Ratspräsidenten Juncker erklärte Vanhanen die Frage der Förderung der nördlich und östlich gelegenen Regionen als vitales Interesse Finnlands. Er präzisierte seine Forderung, in dem er auf deren Eigenschaft als extrem dünn besiedelte Gebiete, als Grenzregion sowie auf die außergewöhnlichen klimatischen Bedingungen und langen Distanzen hinwies, die das wirtschaftliche Umfeld negativ beeinflussen. Finnland stellte grundsätzlich klar, dass die Debatte über die im Oktober 2002 getroffenen Beschlüsse zu den Agrarausgaben nicht wieder neu eröffnet werden sollte. Premierminister Vanhanen betrachtete den Kommissionsvorschlag im Bereich der ländlichen Entwicklung allerdings als Minimalvorschlag und teilte dem Ratsvorsitz mit, dass eine Erhöhung über zehn Prozent voll und ganz gerechtfertigt sei. Ein wirkungsvoller Einsatz von Fördermitteln im Politikfeld der ländlichen Entwicklung würde auch die Kompromissfindung in der Kohäsionspolitik vereinfachen, da in diesen Bereichen zahlreiche Schnittstellen vorlägen. In Hinblick auf die Außenpolitik sprach sich der finnische Premier für eine Stärkung einer aktiven Rolle der EU als globaler Akteur sowie für eine angemessene Mittelaufwendung aus (Vanhanen 2005). Im Positionspapier der finnischen Regierung finden sich Hinweise auf einen hohen budgetären Stellenwert zu Gunsten des für den Förderzeitraum 2007 bis 2013 eingerichteten Europäischen Nachbarschafts- und Partnerschaftsinstrumentes als zentrales Mittel für grenzüberschreitende Initiativen sowie die regionale Kooperation. In diesem Kontext führten die Finnen ihre Priorität in Bezug auf das Politikfeld der externen Beziehungen an und forderten in diesem Sinne, dass die Finanzierung des Northern Dimension Action Plan über die vorhandenen Finanzinstrumente sichergestellt werden müsse. Finnland setzte sich des Weiteren für ein größeres finanzielles Gewicht für den Bereich Justiz und Inneres ein sowie für die Unterstützung des Kommissionsvorschlags, der die die Einführung einer eigenen Haushaltsrubrik für diesen Bereich vorsieht. In Hinblick auf die Ausrichtung der Förderprogramme sowie auf die Organisation der Verwaltungsstrukturen forderte Finnland eine Reduzierung der Anzahl der Programme sowie Rubrik übergreifend eine Rationalisierung von Entscheidungsprozessen sowie administrativer Strukturen und eine Konsolidierung der Verwaltungsausgaben auf dem Niveau des Finanzrahmens 2000 bis 2006. Die finnische Regierung definierte dabei Produktivität, Transparenz sowie die Einrichtung von Kontrollmechanismen als zentrale Kriterien für eine wirkungsvolle europäische Förderpraxis (Government of Finland 2004).

Spanien sprach sich erwartungsgemäß für die bisher gängige Ausgestaltung der Strukturförderung zum Abbau regionaler Disparitäten aus (Government of Spain 2001; Frankfurter Allgemeine Zeitung 2003a: 13). Die spanische Regierung ging im Rahmen ihrer Positionsfestlegung recht offensiv vor, indem sie eine Übergangsregelung in Höhe von 90 Prozent der bisher gewährten Mittel für Regionen einforderte, deren Ziel-1-Förderung im Zuge der Ost-Erweiterung entfällt (Frankfurter Rundschau 2004: 2). Insgesamt sollten für die Strukturförderung Ausgaben in Höhe von 0,41 Prozent des Bruttonationaleinkommens der EU aufgebracht werden. Gleichzeitig setzte sich der Südstaat für die von der Kommission beschlossene Erhöhung der Mittel für Wachstum und

Beschäftigung sowie für die von ihr geforderte Aufstockung der Aufwendungen in der polizeilichen und justiziellen Zusammenarbeit in Strafsachen (PJZS) und in der Gemeinsamen Außen- und Sicherheitspolitik (GASP) ein. In Bezug auf die Gemeinsame Agrarpolitik befürwortete die spanische Regierung eine Beibehaltung der vom Europäischen Rat im Oktober 2002 festgelegten Obergrenze bis 2013 (Handelsblatt 2003d: 3).

Portugal ging mit Blick auf das Budgetvolumen noch einen Schritt weiter als der größere Nachbar Spanien und forderte Ausgaben für die EU-Strukturpolitik in Höhe von 0,45 Prozent des Bruttonationaleinkommens der EU unter Beibehaltung der bisherigen vollen Förderhöhe für Regionen, die regulär aus der Ziel-1-Förderung herausfallen würden. Dabei sollten die Strukturmittel auf die Ziel-1-Förderung konzentriert und das bisherige Förderniveau um mindestens fünf Prozent angehoben werden. Auch die Mittel aus dem Kohäsionsfonds sollten in der bisherigen Form beibehalten oder gegebenenfalls noch aufgestockt werden. In Hinblick auf die zunehmende Bürokratisierung in der Strukturförderung forderte Portugal wie viele andere Mitgliedstaaten eine Vereinfachung und Dezentralisierung sowie eine Vergrößerung von Transparenz in den Vergabeverfahren (Government of Portugal 2003).

Griechenland rückte die Konsequenzen der Ost-Erweiterung für die ärmsten unter den EU-15-Ländern in den Fokus der Argumentation. Die Berliner Methode, nach der die Verteilung der Fördermittel bemessen wird, berücksichtigt sowohl die Arbeitslosenquote als auch regionale und nationale Wohlstandskriterien. Der Südstaat verwies darauf, dass diese Methode von allen (alten) Mitgliedstaaten auf einer politischen Ebene beschlossen wurde. Die Europäische Kommission hatte angesichts der finanziellen Belastung der Ost-Erweiterung einen neuen Verteilungsschlüssel vorgeschlagen. Griechenland forderte hingegen umfassende Phasing-out Regelungen. In einem Positionspapier, das auf den Mai 2005 datiert ist, bezeichnete das griechische Finanzministerium die geplante Kürzung der Struktur- und Kohäsionsförderung zu Lasten Griechenlands um ein Drittel als inakzeptabel. Die Argumentation stützte sich dabei auf demografische Faktoren wie die besondere Betroffenheit der griechischen Phasing-out Gebiete, in denen mehr als die Hälfte der griechischen Bevölkerung lebt. Abrupte Einschnitte in den Förderverlauf hätten die Untergrabung bereits erzielter Fortschritte zur Folge (Ministry of Finance (Greece), Task Force 2005).

Auch Irland forderte im April 2005 die Implementierung von Übergangsregelungen zur Vervollständigung des Konvergenzprozesses. Gemäß dem Gleichheitsprinzip sollten die irischen Phasing-out Regionen weitergefördert werden. Deren Bruttoinlandsprodukt pro Kopf wurde durch statistische Effekte und natürliches

Wachstum über den 75 Prozent Durchschnitt der EU-25 gehoben (Government of Ireland 2005). Im Rahmen der Rubik 1b, in der Wettbewerbsfähigkeit und Beschäftigung prioritäre Ziele sind, müsste nach Auffassung der irischen Regierung intensiver in die örtliche Infrastruktur zu Gunsten der Phasing-in Regionen investiert werden. Beim Einsatz von Fördermitteln sollten den Mitgliedstaaten größere Freiräume gewährt werden. Gleichzeitig forderte Irland eine Loslösung vom starren System der Ausgabenrubriken. Vielmehr müsse ein flexibler Einsatz von Haushaltsmitteln und eine Priorisierung möglich sein, vor allem in Politikfeldern, für die noch keine Legislativvorschläge vorlägen. Hierzu seien individuelle Haushaltslinien notwendig, da ohne deren Etablierung Mittel für spezifische Zwecke nur schwer abrufbar seien. Irland forderte daher einen Zuwachs an Flexibilität und nationaler Entscheidungsbefugnis in der Verwendung von Mitteln insbesondere innerhalb der Rubrik Kohäsion für Wachstum und Beschäftigung sowie im Bereich der ländlichen Entwicklung (Government of Ireland 2004).

Die ungarische Regierung brachte wenige Tage nach der Vorlage der Kommissionsmitteilung am 19. Februar 2004 ihre nationalen Prioritäten in einem sogenannten "Reflection Paper" in den politischen Verhandlungsprozess ein und forderte für die mehrjährige Finanzplanung 2007 bis 2013 eine Beibehaltung der bisherigen traditionellen Ausgabenschwerpunkte. Das Hauptaugenmerk sollte auch weiterhin auf der Struktur- und Agrarförderung liegen, um eine ökonomische und soziale Kohäsion innerhalb der erweiterten Europäischen Union zu erreichen. Ungarn sprach sich des Weiteren für die Beibehaltung der bisherigen Förderhöhe zu Gunsten der neuen Kohäsionsstaaten auf einem komparablen Niveau zur laufenden Förderperiode aus. Die Regierung Ungarns lehnte die von der Kommission vorgeschlagene Aufrechterhaltung der Absorptionsgrenze von maximal vier Prozent des Bruttoinlandsproduktes ab (Government of Hungary 2004). Sie unterstützte jedoch die Aufrechterhaltung des Schwellenwertes von 75 Prozent des EU-BIP's in der Ziel-1-Förderung (Government of Hungary 2003). Die neuen Förderziele im Rahmen der Lissabon-Strategie, über deren Bedeutung ein allgemeiner politischer Konsens bestand, müssten nach Ansicht des neuen EU-Landes mit zusätzlichen finanziellen Mitteln gefördert werden und nicht zu Lasten bestehender Politikfelder gehen. Gleichzeitig sollte sich die Identifikation neuer Förderziele auf wenige zentrale Themen konzentrieren und der finanzielle Bedarf für neue Ziele vorsichtig bewertet werden. Ungarn befürwortete hierbei Kooperationen auf nationaler, privater oder kommunaler Ebene (Government of Hungary 2004). *"Reduction of economic and social disparities must remain priority objective of the Union. These disparities will affect a much larger population than before in the enlarged Union, therefore a substantial part of the available resources has to serve the catching-up of regions and Member States lagging behind in their economic and social development"* (Government of Hungary 2004). In einem Schreiben des ungarischen Ministerpräsidenten Ferenc Gyurcsány an den Rat heißt es weiter: *"Hungary favours the creation of a political framework, which would harmonize the present structure and priorities of the Union's budget with the requirements stemming from increasing competitiveness, promoting research and development"* (Kiss 2005). Ungarn forderte explizit eine Gleichbehandlung der alten und der neuen Mitgliedstaaten. Hierfür sollte eine deutliche Erhöhung der Strukturausgaben auf ein Niveau von 0,45 Prozent des neuen EU-BNE's umgesetzt werden. Die Fördermittel müssten dabei auf die bedürftigsten Regionen konzentriert werden. Die ungarische Regierung postulierte sowohl eine Beibehaltung als auch eine Stärkung des Kohäsionsfonds. Grundsätzlich sollte den Regionen ein größerer Handlungsspielraum gemäß dem Subsidiaritätsprinzip eingeräumt und die Vergabeverfahren insgesamt vereinfacht werden (Government of Hungary 2003). Für den Mitgliedstaat Ungarn, der an den Außengrenzen der erweiterten Union liegt, bestand eine besondere Priorität in Bezug auf externe Politikbereiche und die Europäische Nachbarschaftspolitik. Daher überrascht es nicht, dass das neue EU-Land eine größere Unterstützung bei grenzüberschreitenden Initiativen sowie eine Stärkung der ökonomischen und sozialen Kooperation mit den Nachbarregionen einforderte. Die interregionale Kooperation sowie die Zusammenarbeit mit den angrenzenden Nicht-EU-Staaten müsse intensiver als bisher gefördert werden. Gleichzeitig postulierte Ungarn eine Sicherung der Außengrenzen und eine Kontrolle der Migrationsströme (Government of Hungary 2004). Darüber hinaus sprach sich das neue EU-Land für die Etablierung eines budgetären Instrumentes zur Einbindung des gesamten westlichen Balkans in die europäische Politik aus (Government of Hungary 2003). Ungarn schlug zudem einen kürzeren Finanzplanungszeitraum von bislang sieben auf fünf Jahre vor, beginnend ab der übernächsten Periode im Jahr 2014 (Government of Hungary 2004). Gleichzeitig befürwortete das Land die Einleitung eines grundsätzlichen Reflexions- und Reformprozesses in Bezug auf die finanziellen Perspektiven der Europäischen Union (Kiss 2005).

Die vier Visegrád-Staaten Polen, die Slowakische Republik, die Tschechische Republik sowie Ungarn bildeten in Bezug auf die Ausgabenseite der Strukturförderung eine Interessenkoalition. Hierzu richteten sie am 6. April 2005 ein Schreiben an Nicolas Schmit, zu dieser Zeit beigeordneter Minister für Auswärtige Angelegenheiten und Immigration in Luxemburg. In diesem Brief nahmen die Länder Bezug auf die Entwurfsvorlagen zur Strukturförderung, die eine Reduzierung der Zuwendungen für die neuen EU-Staaten in der Struktur- und Kohäsionsförderung vorsahen (Berényi et al. 2005). Dem Schreiben waren zweierlei Positionspapiere beigeschlossen. Die Visegrád-Gruppe legte in der ersten

Stellungnahme "Non-Paper of the Visegrad Group Countries, The 4 % Capping" ihre Haltung zu der von der Kommission vorgeschlagenen Kappung der Fördermittel für die Kohäsionspolitik, die ländliche Entwicklung und die Fischerei bis zu einer Grenze von vier Prozent des Bruttoinlandsproduktes fest. Sie zeigten große Bedenken über die Einführung einer Absorptionsgrenze. Die von der Kommission für die Aufteilung der Kohäsionsmittel angewandte Berechnungsmethode bedeutete für die Visegrád-Länder gegenüber den objektiven Kriterien, die in Berlin verabschiedet wurden, Einschnitte in Höhe von 50 Prozent. Die vier Staaten argumentierten, dass sie aufgrund dieser Vorgehensweise bereits genügend Opfer erbracht und ihren Beitrag zu einer rigiden Finanzpolitik geleistet hätten. Sie führten des Weiteren die methodischen Probleme auf, die mit der Zugrundelegung einer Absorptionsgrenze von vier Prozent des Bruttoinlandsproduktes verbunden seien. Dabei kritisierten die Regierungen, dass auf der Ausgabenseite ökonomische Effekte wie etwa schwankende Wechselkurse und Inflationsdifferenzen nicht hinreichend beachtet würden und das Bruttoinlandsprodukt der neuen Mitgliedstaaten folglich falsch bewertet wird (Government of Poland 2005). Während diese Kriterien bei der Verteilung von Fördermitteln auf der Ausgabenseite Außeracht gelassen würden, erfahren hingegen auf der Einnahmenseite Wachstumsraten, Inflation und schwankende Wechselkurse eine Berücksichtigung. Ein ähnliches Bild ergibt sich für die Prognosen für das nationale Bruttosozialprodukt, dic für dic Beitragszahlungen maßgeblich sind. Diese beruhten auf aktuellen Daten (Berényi et al. 2005). Die Berechnungen für die Vergabe der Kohäsionsmittel hingegen basierten auf Daten, die seinerzeit zwei Jahre alt und damit nicht aktuell waren. Dieser Punkt wurde von den drei Staaten des Baltikums Estland, Lettland und Litauen kritisiert (Governments of Estonia, Latvia and Lithuania 2005; Ministers of Finance of Estonia, Latvia and Lithuania 2005). Die vier Visegrád-Länder wiesen auf diese Problematik nur indirekt hin, prangerten jedoch explizit die beschriebenen methodischen Defizite bei der Berechnung der Fördermittel an. Polen, die Slowakische Republik, die Tschechische Republik und Ungarn stellten in ihrer gemeinsamen Stellungnahme die Absorptionsgrenze von vier Prozent des Bruttoinlandsproduktes grundsätzlich nicht in Frage. Allerdings müsse die Europäische Union den tatsächlichen Bedarf der Konvergenzregionen reflektieren, um ihre Glaubwürdigkeit in Bezug auf die Umsetzung der Kohäsionsförderung zu wahren (Berényi et al. 2005).

In der zweiten Stellungnahme "Non-Paper of the Visegrád Group Countries on Rural Development and Transfers from Heading 1b" postulierten die neuen EU-Mitglieder eine faire Behandlung in der Agrarförderung und einen neuen Verteilungsschlüssel in der Rubrik 1b. Da die Direktzahlungen bereits auf dem

Berlin-Gipfel bis zum Jahr 2013 festgeschrieben wurden, forderten sie einen Ausgleich über den Weg einer Umschichtung der Mittel aus der Rubrik 1b „Kohäsion für Wachstum und Beschäftigung“ in die Entwicklung des ländlichen Raumes. Im Finanzrahmen für die Jahre 2000 bis 2006 wurden die Entwicklungsprogramme für den ländlichen Raum sowohl über die Rubrik 1b „Kohäsion für Wachstum und Beschäftigung“ als auch über die Rubrik 2 „Bewahrung und Bewirtschaftung der natürlichen Ressourcen“ gefördert. Die Mitgliedstaaten unterstützten den Vorschlag der Europäischen Kommission zur Einführung eines eigenen Europäischen Landwirtschaftsfonds für die Entwicklung des ländlichen Raums (ELER). Die vier Staaten postulierten eine Förderhöhe im Bereich der ländlichen Entwicklung, die sich zumindest auf dem Niveau von 2006 bewegen müsse. Obwohl die neuen Mitgliedsländer in Hinblick auf ihre Förderberechtigung höhere Ansprüche als die alten Mitgliedstaaten aufwiesen, verlangten sie lediglich eine Gleichbehandlung. Dabei argumentierten sie, dass über den Weg höherer Fördermittel in der ländlichen Entwicklung die Ungleichbehandlung bei den bereits festgelegten Direktzahlungen kompensiert werden könnte. Eine entscheidende Erkenntnis der qualitativen Analyse ist somit, dass die Visegrád-Länder keinen Versuch unternommen haben, eine Änderung und Erhöhung der bis 2013 festgeschriebenen Fördermittel in der Landwirtschaft zu bewirken.[125] Die vier Staaten versuchten allerdings eine größere Flexibilität und Selbstbestimmung auf nationaler Ebene zu bewirken. Ziel war es, in Abstimmung mit der Kommission ungenutzte Mittel aus dem Bereich der Strukturförderung nach Bedarf in den Bereich der Entwicklung des ländlichen Raumes übertragen zu dürfen (Berényi et al. 2005).

Auch bei den Ländern des Baltikums bildete sich eine Interessenkoalition, um bei den anstehenden Verhandlungen um die Strukturförderung mit einer Stimme sprechen zu können. Am 11. Februar 2005 legten die Finanzminister der drei baltischen Staaten Estland, Lettland und Litauen eine gemeinsame Stellungnahme zu ihren Vorstellungen zur europäischen Struktur- und Kohäsionsförderung und deren Finanzierung für die Jahre 2007 bis 2013 vor. Diese stützt sich auf ein Positionspapier vom 25. Januar 2005 (Governments of Estonia, Latvia and Lithuania 2005). In ihrem Statement führten die neuen Unionsländer die Schwächen auf, die mit dem Kommissionsvorschlag einer Kappung der Fördermittel für die Kohäsionspolitik, die ländliche Entwicklung und die Fischerei unter Anwendung der Absorptionsgrenze bis zu vier Prozent des

125 Großbritannien hingegen hatte als einziger Mitgliedstaat versucht, an diesem Kompromiss zu Lasten Frankreichs zu rütteln.

Bruttoinlandsproduktes einhergehen. Die Berechnungen basieren auf zwei Jahre alten Daten. Das schnelle und im Vergleich zu den anderen Mitgliedstaaten überdurchschnittliche Wachstum sowie die prognostizierten Wachstumsraten der drei baltischen Staaten hätten im Rahmen der Vergabe von Fördermitteln negative Effekte, so die Argumentation, obwohl diese drei Länder verglichen mit dem EU-Durchschnitt das geringste Bruttoinlandsprodukt pro Kopf aufwiesen. Der Kommissionsvorschlag hätte für das Baltikum eine Reduzierung der Beihilfen pro Einwohner zur Folge und würde die Länder im direkten Vergleich mit anderen Mitgliedstaaten deutlich schlechter stellen. In ihrem Statement zeigten die Finanzminister Estlands, Lettlands und Litauens Verständnis für budgetäre Einschnitte, die jedoch nicht nach dem Gießkannenprinzip umgesetzt werden sollten. Die drei Länder dürften für ihre ökonomischen Fortschritte keine Bestrafung erfahren. Die Finanzminister wiesen darauf hin, dass in ihren Herkunftsländern im Vergleich zu anderen Staaten große Defizite in der öffentlichen Infrastruktur existierten, für deren Bewältigung Kohäsionsmittel dringend erforderlich seien. Auch die Bemessung des nationalen Beitrages zum EU-Budget, so die Position der drei Regierungen, basiere auf rein ökonomischen Indikatoren und werde der aktuellen mitgliedstaatlichen Situation nicht gerecht (Ministers of Finance of Estonia, Latvia and Lithuania 2005). Die litauische Regierung legte zwei eigene Positionspapiere vor. In ihrem Papier vom 6. April 2005 forderte sie stärkere finanzielle Aufwendungen für die Europäische Nachbarschaftspolitik ein. In den Fällen, in denen es keine Programme oder Kooperationen mit den Nachbarstaaten gibt, müsse auch ein flexibler Einsatz von Mitteln möglich sein. Für Initiativen, die den Demokratisierungsprozess fördern und dem Schutz der Menschenrechte gewidmet sind, sollte die Möglichkeit einer flexiblen Einbindung in die vorhandenen Instrumente bestehen. Litauen machte sich des Weiteren für die europäische Entwicklungspolitik stark und erklärte, dass die Zukunft des Europäischen Entwicklungsfonds (EEF) Bestandteil des finalen Kompromisses über die Agenda 2007 sei (Government of Lithuania 2005). In dem bereits im Mai 2003 eingebrachten Positionspapier forderte Litauen eine Konzentration der Strukturausgaben auf die Ziel-1-Förderung und unterstützte die bisher geltende Regelung, die Höhe der Strukturmittel für die Ziel-1-Bestimmung nach dem regionalen Bruttoinlandsprodukt festzulegen. Gleichzeitig forderte Litauen eine Erweiterung der Bereiche, die innerhalb des Kohäsionsfonds zu verorten sind. Die litauische Regierung postulierte wie andere Regierungen aus den neuen Mitgliedstaaten eine Gleichbehandlung gegenüber den alten EU-Ländern. Litauens Position beinhaltete eine klare Limitierung der Übergangszahlungen für die Regionen, die aus der Ziel-1-Förderung fallen. Diese müssten sowohl in Hinblick auf die Höhe als auch die Dauer begrenzt werden. Eine Kompensation für das Auslaufen der Beihilfen aus dem Kohäsionsfonds zu Gunsten der vormalig förderberechtigten Regionen lehnte Litauen ab. Ein weiteres Ziel war die Forderung nach einer flexibleren Handhabung der Absorptionsgrenze von vier Prozent des Bruttoinlandsproduktes sowie eine Stärkung der grenzüberschreitenden Kooperation (Government of Lithuania 2003). Die Kernposition der Tschechischen Republik beinhaltete vor allem eine ausreichende Mittelausstattung zur Erfüllung der gemeinschaftlichen Kohäsionsziele. Grundsätzlich sollte der Schwellenwert von 75 Prozent des EU-BIP's für die Ziel-1-Förderung beibehalten werden. Wie Malta und Ungarn forderte auch die Tschechische Republik eine Konzentration der Fördermittel auf die bedürftigsten Regionen. Drei Viertel der Strukturmittel sollten in die Ziel-1-Förderung fließen. Die Höhe und Dauer von Übergangszahlungen für Regionen, deren Ziel-1-Förderung aufgrund oder auch unabhängig von der Erweiterung entfällt, sollte beschränkt werden. Die Tschechen strebten zudem verschiedene Modelle der nationalen Kofinanzierung an, die in Abhängigkeit vom Entwicklungsstand der Mitgliedstaaten ausgestaltet werden sollten. Auch die Zusammenlegung der Ziel-1- und Ziel-2-Förderung war ein erklärtes Ziel. Der Kohäsionsfonds sollte nicht nur beibehalten, sondern mit einem Drittel der gesamten Strukturausgaben ausgestattet werden. So wie die meisten Mitgliedstaaten, unabhängig von ihrer Zuordnung in den Kreis der alten oder neuen EU-Länder, forderte auch die Tschechische Republik die Vereinfachung und Dezentralisierung bei der Vergabe von Strukturmitteln sowie eine größere Transparenz (Government of Czech Republic 2003). Slowenien setzte sich für die Beibehaltung der Ziel-1- und Ziel-2-Förderung bis 2013 sowie für eine Konzentration der Fördermittel auf die Ziel-1-Förderung ein. Gleichzeitig forderte die slowenische Regierung Übergangszahlungen zu Gunsten der Regionen in den neu beigetretenen Ländern, deren Ziel-1-Förderung nach den geltenden Regeln in absehbarer Zeit entfallen würde (Government of Slovenia 2003). Genau wie die Tschechische Republik (Government of Czech Republic 2003) wünschte sich auch die slowenische Regierung die Beibehaltung des Kohäsionsfonds, der mit einem Drittel der gesamten Strukturausgaben ausgestattet werden sollte. Wie der baltische Staat Litauen verlangte auch Slowenien eine Stärkung von Gemeinschaftsinitiativen im Bereich der grenzüberschreitenden Kooperation. Auf einer administrativen Ebene strebte der neue Mitgliedstaat eine Vereinfachung bei der Vergabe von Strukturmitteln an (Government of Slovenia 2003).

Malta setzte sich im Schwerpunkt dafür ein, dass die Fördermittel auf die neuen Staaten aus Mittel- und Ost-Europa konzentriert werden. Ein etwaiges Auslaufen der Ziel-1-Förderung sollte erst dann eintreten, wenn die neuen Mitgliedstaaten diese über einen gewissen Zeitraum in Anspruch genommen haben.

Hintergrund dieser Forderung war das Begehren, dass die Länder aus Mittel- und Ost-Europa nach dem langwierigen Beitrittsprozess über eine angemessene Dauer von den Strukturmitteln profitierten sollten, auch wenn sie von den ökonomischen Kennzahlen formal nicht mehr förderberechtigt sind. Im Gegensatz zu den anderen neuen Mitgliedstaaten setzte sich Malta für die Beibehaltung der Absorptionsgrenze von vier Prozent des Bruttoinlandsproduktes ein. Wie die meisten Länder wünschte sich auch das neue EU-Mitglied eine Vereinfachung der Vergabeverfahren auf einer administrativ-technischen Ebene (Government of Malta 2003).

7.3. Auswertung der mitgliedstaatlichen Einzelpositionen: eine Zwischenbilanz

Die vorliegende Analyseeinheit zu den mitgliedstaatlichen Einzelpositionen hat gezeigt, dass Interessendivergenzen vor allem in Bezug auf die Gesamtaufwendungen für die Strukturförderung, die Übergangsregelungen für Regionen, die von statistischen Effekten der Erweiterung betroffen sind sowie auf die Höhe und die Ermittlung der Absorptionsgrenze bestanden haben.

Die sechs Nettozahler Deutschland, Frankreich, Großbritannien, die Niederlande, Österreich und Schweden traten für eine drastische Begrenzung des EU-Gesamtbudgets ein (Balkenende et al. 2003). Deutschland (Schröder 2003), die Niederlande (Government of the Netherlands 2003) und Schweden (Government of Sweden 2003) forderten in diesem Sinne eine deutliche Absenkung der bisherigen Ausgabenobergrenze für die EU-Strukturpolitik vom bisherigen Ausgangsniveau von 0,45 Prozent des EU-Bruttonationaleinkommens. Italien setzte sich zwar nicht explizit für eine Absenkung, jedoch gegen eine Überschreitung dieser Obergrenze von 0,45 Prozent des EU-BNE's ein (Government of Italy 2002). Polen (Gurbiel 2004) und Spanien (Handelsblatt 2003d: 3) unterstützten die von der Kommission vorgeschlagene Höhe der Strukturausgaben von 0,41 Prozent des Bruttonationaleinkommens der EU. Gegen eine Absenkung der bisherigen Ausgabenobergrenze sprach sich Belgien aus (Government of Belgium 2003). Diese Haltung wurde auch auf supranationaler Ebene vom Europäischen Parlament gestützt, dessen Zustimmung für die Interinstitutionelle Vereinbarung benötigt wird (Europäisches Parlament 2002). Finnland trat für Aufwendungen zu Gunsten der Strukturförderung in Höhe von circa 40 Prozent des EU-Gesamthaushalts ein (Government of Finland 2004). Ungarn forderte explizit eine Erhöhung der bisherigen Ausgabenobergrenze für die EU-Strukturpolitik über den damaligen Status quo in Höhe von 0,45 Prozent des Bruttonationaleinkommens der EU (Government of Hungary 2003). Portugal verlangte indirekt eine Aufstockung, indem die Regierung von einem Minimum an Ausgaben für die EU-Strukturpolitik in Höhe von 0,45 Prozent des EU-BNE's sprach (Government of Portugal 2003).

Die Festsetzung der Ausgabenobergrenze für die Strukturförderung muss im Kontext der Verhandlungen um die Kompensationsregelungen (Phasing-out) für diejenigen Regionen betrachtet werden, die durch die Ost-Erweiterung regulär aus der Ziel-1-Förderung fallen. In diesem Punkt zeichneten sich zwischen alten und neuen Mitgliedstaaten erstmalig deutlich auseinanderdriftende Positionen ab. Die Tschechische Republik (Government of Czech Republic 2003), Ungarn (Government of Hungary 2003) sowie die drei Länder des Baltikums (Governments of Estonia, Latvia and Lithuania 2005) sprachen sich für eine Konzentration der Fördermittel auf die bedürftigsten Regionen aus. Malta forderte ausdrücklich, dass der Großteil der Fördermittel den neuen Unionsländern zukommen sollte (Government of Malta 2003). Diese Position teilte auch der Nettozahler Schweden (Government of Sweden 2003). Im Kreis der alten Mitgliedstaaten bestand ein grundsätzlicher Konsens über das Auslaufen von Übergangszahlungen. Allein die beiden Südstaaten Griechenland (Ministry of Finance (Greece), Task Force 2005) und Portugal (Government of Portugal 2003) lehnten das Ausklingen einer Förderung kategorisch ab. Auch Spanien setzte sich immerhin für Übergangsregelungen in Höhe von 90 Prozent der bisher gewährten Mittel für Regionen ein, deren Ziel-1-Förderung mit der Erweiterung entfällt (Frankfurter Rundschau 2004: 2). Damit wurden Höhe und Laufzeit der Übergangsregelungen zur prägenden Verhandlungsmasse über die Agenda 2007. Vor allem die Nettozahler Dänemark (Government of Denmark 2003), Deutschland (Ehl et al. 2004: 29/30) und Großbritannien (Government of United Kingdom 2003) forcierten ein zeitlich begrenztes Abstecken von Sonderregelungen im Phasing-out-Prozess. Diese Position traf auf den Widerstand der genannten Südstaaten, die aus den Verhandlungen um die Agenda 2007 nicht als Verlierer herausgehen wollten.

Eine weitere Konfliktlinie beinhaltete die Frage der künftigen Ausrichtung der Strukturpolitik. Die beiden Nettozahler Niederlande (Government of the Netherlands 2003) und Schweden (Government of Sweden) setzten sich für einen Systemwandel ein: Demnach sollte die Strukturpolitik stärker am Prinzip der Solidarität ausgerichtet werden. Ein solcher Umbau zielte auf eine Verringerung des Wohlstandsgefälles zwischen den Mitgliedstaaten und nicht mehr zwischen den Regionen ab (Kohäsionsansatz). Auch der im Jahr 1993 eingerichtete Kohäsionsfonds, mit dem die EU das Ziel der Herstellung einer Konvergenz der europäischen Wirtschaftskraft verfolgt, fußt auf diesem Ansatz. Für den Erhalt und die Weiterentwicklung des Kohäsionsfonds setzten sich die Empfängerstaaten

Litauen (Government of Lithuania 2003), Portugal (Government of Portugal 2003), Slowenien (Government of Slovenia 2003), die Tschechische Republik (Government of Czech Republic 2003) sowie Ungarn (Government of Hungary 2003) ein.

Während die meisten alten Mitgliedstaaten eine Beibehaltung der Absorptionsgrenze in Höhe von vier Prozent des Bruttoinlandsproduktes forderten, zeigten sich die neuen Mitgliedstaaten in Hinblick auf die geltende Berechnungsmethode skeptisch. Sie argumentierten, dass gemäß dieser signifikante ökonomische Faktoren wie etwa schwankende Wechselkurse oder auch hohe Wachstumsraten in den neuen Mitgliedstaaten und die daraus resultierenden Effekte für die Vergabe von Fördermitteln vernachlässigt würden (Berényi et al. 2005).

Auf der Einnahmenseite prangerte Finnland als einziger alter Mitgliedstaat den Sachverhalt an, dass im Fall einer Beibehaltung der gegenwärtigen Regelungen des Haushaltssystems die ärmsten Mitgliedstaaten die Beitragsrabatte der wohlhabenden Mitgliedstaaten mitfinanzieren müssen. Daher forderte das finnische Finanzministerium in seinem präsentierten Modell zur Reform der EU-Eigenmittel eine Grunderneuerung des europäischen Finanzsystems mit dem Ziel, Missverhältnisse zu beenden und Beitragsgerechtigkeit herzustellen (Ministry of Finance (Finland) 2004).

Die empirische Untersuchung der nationalen Einzelpositionen hat gezeigt, dass im politischen Aushandlungsprozess um die Agenda 2007 die Forderung nach einer Gleichbehandlung zwischen alten und neuen Mitgliedstaaten sowie eine damit verbundene Umsetzung des Fairnessprinzips das zentrale Anliegen der neuen Unionsländer darstellte. Die Befürchtungen von Gegnern der großen EU-Ost-Erweiterung, dass die Beitrittsstaaten im Rahmen von Finanzverhandlungen unangemessene Forderungen stellen oder ihr Vetorecht nutzen werden, um monetäre Eigeninteressen durchzusetzen, haben sich nicht bestätigt. Die neuen Mitgliedsländer erfahren in der Strukturförderung, über die im Rahmen der Agenda 2007 auf der Ausgabenseite primär verhandelt wurde, eine ausreichende Mittelausstattung. Allerdings fällt auf, dass die Union mit der Umsetzung der großzügigen Übergangsregelungen zu Gunsten der alten Mitgliedstaaten dem Gleichheitsgrundsatz objektiv nicht gerecht wird. Auch das Vorhaben der beiden Nettozahler Niederlande und Schweden, eine grundlegende strukturelle Reform der Strukturpolitik anzustoßen, fand im Rahmen der Verhandlungen um den Mehrjährigen Finanzrahmen 2007 bis 2013 keine weitere Beachtung. Parallel zur politischen Aushandlung im Rat und im Europäischen Rat wurden in den supranationalen EU-Organen kontroverse Debatten über Grundsatzfragen der Ausrichtung der europäischen Strukturpolitik geführt. Das Europäische

Parlament und die Europäische Kommission setzen sich grundsätzlich für möglichst hohe Fördersummen ein. Im Parlament standen vor allem inhaltliche Fragen der Ausrichtung sowie die Einrichtung von Flexibilitätsmechanismen im Fokus. Gleichwohl wurden in den Reihen der Kommissare sowohl die Höhe der Strukturausgaben als auch die Beschaffenheit der Übergangsregelungen kontrovers debattiert. Der für Regionalpolitik zuständige Kommissar Michel Barnier aus Frankreich forderte vehement die Beibehaltung und gegebenenfalls Überschreitung der bisherigen Aufwendungen für die Strukturförderung. Mit Blick auf die Phasing-out-Regelungen propagierte er substantielle und langsam auslaufende Übergangszahlungen für Regionen, deren Ziel-1-Förderung mit der Erweiterung entfallen. Der Niederländer Frits Bolkestein, zuständiger Kommissar für Binnenmarkt, Steuern und Zollunion in der Kommission Prodi, forderte hingegen eine radikale Umverteilung der Strukturhilfen auf die Beitrittsländer zu Lasten der bisherigen Empfänger. Bei Umsetzung seines Vorschlags hätten achtzehn Regionen ihren Ziel-1-Förderstatus verloren. Bolkestein ging es vor allem um eine inhaltliche Neuausrichtung der Strukturförderung mit umfassenderen Investitionen in zukunftsträchtige Politikbereiche. Sein Vorschlag, die Ziel-2-Förderung vollständig abzuschaffen, wurde allein von deutscher Seite unterstützt (Ehl et al. 2004: 12–14).

7.4. Das Gipfeltreffen des Europäischen Rates vom 16. und 17. Juni 2005 unter der Präsidentschaft Luxemburgs

Eine Einigung über den Mehrjährigen Finanzrahmen 2007 bis 2013 wurde im Europäischen Rat unter der luxemburgischen Ratspräsidentschaft erwartet. Vor dem entscheidenden Gipfeltreffen am 16. und 17. Juni 2005 berieten wenige Tage zuvor die nationalen Außenminister beziehungsweise die Europaminister im Ministerrat mit dem Ziel, die wesentlichen Positionen ihrer Herkunftsländer zu beraten, zu bündeln und nach Möglichkeit erste Zugeständnisse zu erreichen. Als Vorbote für die anstehenden schwierigen Verhandlungen im Europäischen Rat kam es bereits im institutionellen Rahmen des Rates zu einem ersten Schlagabtausch zwischen der britischen und der französischen Delegation. Der damalige Außenminister Großbritanniens Jack Straw (Labour-Partei) machte die nationale Position seiner Regierung deutlich: Das Vereinigte Königreich sei zu Gesprächen über den Briten-Nachlass unter der Voraussetzung bereit, dass eine grundlegende Reform des EU-Finanzsystems vollzogen werde. Ohne eine Erneuerung drohte er die Verabschiedung des Mehrjährigen Finanzrahmens über das Veto der britischen Regierung zum Scheitern zu bringen. Seine Forderung umfasste vor allem eine Absenkung der Agrarsubventionen, für die zum Zeitpunkt der Verhandlungen 40 Prozent des EU-Gesamtbudgets ausgegeben wurden.[126] Gleichzeitig argumentierte er, dass die bestehenden Strukturen in der europäischen Agrarpolitik erhebliche Negativeffekte zu Ungunsten der Entwicklungsländer verursachen. Aufgrund der Beihilfen für die europäischen Landwirte seien diese auf den europäischen Märkten nicht konkurrenzfähig. Die damalige Europaministerin Frankreichs, Catherine Colonna, wies in dieser Phase die Forderungen Straws mit der Begründung zurück, dass die im Jahr 2002 gemeinschaftlich beschlossenen Agrarausgaben bis 2013 von allen Mitgliedstaaten festgeschrieben wurden und daher im Rahmen der Verhandlungen um den Mehrjährigen Finanzrahmen nicht in Frage gestellt werden dürften. Der Kommentar der französischen Ministerin Colonna zum britischen Vorstoß lautete: „*Eine Reduzierung des britischen Beitragsrabatts und ein Zeitplan für seine Abschaffung sind nötig, um Spielraum für den Haushalt zu schaffen und die Erweiterung zu finanzieren*“ (Financial Times Deutschland 2005f). Die Financial Times Deutschland zitierte in diesem Kontext die Haltung und Reaktion eines namentlich nicht benannten hohen britischen Regierungsvertreters: Dieser mahnte an, dass der Europäischen Union mit dem gewährten Briten-Rabatt keine Probleme entstehen würden, wenn diese ihre Ausgabenpolitik mit Bedacht und Konsequenz umsetzen würde. Die Gespräche auf Ebene der nationalen Minister blieben mit Blick auf eine Einigung ohne Ergebnisse. Großbritannien insistierte auf dem Fortbestand seines Beitragsrabattes während nahezu alle Verhandlungsteilnehmer wiederholt Änderungen am Britenrabatt einforderten.[127]

Aus dem Kreis der alten Kohäsionsländer gab es zwei Staaten, die in dieser Verhandlungsphase in der Tendenz offensiv agierten. Italien und Spanien fürchteten aufgrund der zu erwartenden budgetären Umverteilung im Zuge der Ost-Erweiterung sowie konkreter Planungen in Hinblick auf Einschnitte bei der Förderung strukturschwacher Regionen Nachteile. Die beiden Südstaaten sprachen in dieser frühen Phase eine Drohung aus, die Verabschiedung des Mehrjährigen Finanzplans zu blockieren, sollte eine zufriedenstellende Einigung in Bezug auf

---

126 Im neuen Mehrjährigen Finanzrahmen für die Jahre 2014 bis 2020 liegen die Ausgaben für die Rubrik „Nachhaltiges Wachstum: natürliche Ressourcen“ mit 38,9 Prozent nur geringfügig unter den Ausgaben des vorangegangenen Finanzrahmens für 2007 bis 2013 (Europäische Kommission 2014a: 9)

127 Großbritannien hatte den Rabatt im Jahr 1984 erhalten, da das Land aufgrund der geringfügigen Bedeutung des nationalen Landwirtschaftssektors deutlich weniger von der EU-Agrarpolitik profitiert hat als alle anderen Mitgliedstaaten und zum damaligen Zeitpunkt ein vergleichsweise niedriges Wohlstandsniveau aufwies (Financial Times Deutschland 2005f).

Ausgleichszahlungen und Kompensationsmechanismen nicht möglich erscheinen. Besondere Forderungen von Seiten der neuen Mitgliedstaaten hat es auf Ebene des Außenministertreffens nicht gegeben.

Eine EU-Sprecherin äußerte sich nach Verhandlungsende am 12. Juni 2005 zum Stand der Beratungen und verlautbarte, dass die Minister ausschließlich ihre bekannten Standpunkte wiederholend eingebracht hätten. Obgleich in dieser Etappe im Rat keine konkreten Zugeständnisse erzielt werden konnten, muss dieses zusammenfassende Urteil in Bezug auf die deutsche Haltung modifiziert werden. Die Bundesregierung hielt zunächst an der Forderung nach einer strikten Begrenzung der Ausgaben bei einem Prozent des Bruttonationaleinkommens der EU fest, die das Land zusammen mit Frankreich, Großbritannien, den Niederlanden, Österreich und Schweden in der gemeinsamen Eigenschaft als Nettozahler zum Auftakt der Verhandlungen eingebracht hatte. Dieser Wert entspricht einem Gesamtvolumen von circa 815 Milliarden Euro zu Gunsten der Verpflichtungen für die gesamte Haushaltsperiode 2007 bis 2013. Der damalige deutsche Außenminister Joschka Fischer signalisierte als einziger Repräsentant bereits in diesem politischen Verhandlungsstadium eine Kompromissbereitschaft von Seiten seiner Regierung. Die Bundesrepublik Deutschland sei unter der Bedingung zu Mehrausgaben bereit, dass alle Mitgliedstaaten im Rahmen eines Gesamtkompromisses Zugeständnisse machen und es zu einer fairen Lastenteilung kommt (Financial Times Deutschland 2005f).

Der Gipfel vom 16. und 17. Juni 2005 war das erste offizielle Zusammentreffen der Staats- und Regierungschefs auf europäischer Ebene nach den gescheiterten Referenden in Frankreich und den Niederlanden zur EU-Verfassung. Dieser Kontext ist insofern relevant, da unmittelbar nach den beiden Abstimmungen in den nationalen Mitgliedstaaten über die aktuelle Handlungsfähigkeit der Europäischen Union diskutiert und in einigen Kreisen in Zweifel gezogen wurde, ob eine Bereitschaft der Unionsländer, Kompromisse in Europa zu finden, überhaupt noch gewährleistet sei. Das Gipfeltreffen galt daher als Test für die Fähigkeit der Regierungen, trotz Krise im europäischen Integrationsprozess Konsensfähigkeit und Geschlossenheit zu demonstrieren. Dabei galt es unter Beweis zu stellen, dass auch in der erweiterten Union mit mindestens 25 Mitgliedstaaten eine Einigung zu schwierigen materiellen Verhandlungsthemen möglich bleibt. Gleichzeitig rückte die Frage in den Fokus inwieweit die alten Mitgliedstaaten bereit sind, ihre Beitrittsversprechen einzulösen und die neuen Länder für ihre Reformanstrengungen der letzten Jahre zu „entschädigen". Der Ratsvorsitzende Juncker sowie Kommissionspräsident Barroso gaben im Juni 2005 eine schriftliche Erklärung ab. In dieser betonten sie: „*Europa geht weiter und seine Institutionen funktionieren*" (Financial Times Deutschland 2005d). Dass zwei zentrale Amtsträger innerhalb der Europäischen Union eine solche, als selbstverständlich anmutende Aussage in Form einer offiziellen Stellungnahme verlautbart haben, lässt erkennen, wie schwer die Krise der Europäischen Integration zu dieser Zeit auf allen Entscheidungsträgern und der Europäischen Union als Ganzes lastete. Die Financial Times Deutschland zitierte am Eröffnungstag des großen EU-Gipfels in ihrer Printausgabe die Einschätzung eines namentlich nicht benannten hochrangigen deutschen Regierungsbeamten. Auch anhand dieser Meinung lässt sich die Dramaturgie des Gipfels ablesen. Der Beamte betonte, dass die Europäische Union in der Lage sei, einen Krisenherd einzudämmen, mehrere Rückschritte könnten jedoch ein Scheitern des gesamten Europäischen Integrationsprozesses zur Folge haben. Die Haltung der deutschen Bundesregierung präzisierte er wie folgt: *„Gerhard Schröder weiß, dass die EU in ihrer Existenz bedroht ist, wenn sich die drei großen Themen Verfassung, Haushalt und Erweiterung zu einer Krise verknoten*" (Financial Times Deutschland 2005d). Diese dramatischen Worte waren insbesondere als Appell an die deutsche Öffentlichkeit zu verstehen, der auf den geplanten Positionswechsel der Bundesregierung einstimmen sollte und erhebliche finanzielle Zugeständnisse erwarten ließ.

Die drei großen Mitgliedstaaten Deutschland, Frankreich und Großbritannien sollten den Verlauf des EU-Gipfels maßgeblich prägen. In der politischen Praxis ist vor den Treffen der Staats- und Regierungschefs im Europäischen Rat ein Konsilium üblich. Konsultationen gehen in der Regel vom Mitgliedstaat, der die Ratspräsidentschaft innehat, aus. Darüber hinaus finden auch Beratungen auf zwischenstaatlicher Ebene statt. Unmittelbar vor dem offiziellen Gipfeltreffen zum Ende der luxemburgischen Ratspräsidentschaft fand eine erste Konsultation zwischen dem deutschen Bundeskanzler Schröder und dem Ratsvorsitzenden Juncker in Luxemburg statt. Diese Zusammenkunft ereignete sich unter dem Eindruck der gescheiterten Verfassungsreferenden. Jene Rückschläge im Prozess der Europäischen Integration markieren die Begründung dafür, dass noch vor dem offiziellen Auftakt des Gipfels und den damit verbundenen anstehenden schwierigen politischen Verhandlungen zwischen den mitgliedstaatlichen Delegationen ein Positionswechsel von Seiten der deutschen Bundesregierung stattgefunden hat. In einem Gespräch mit seinem Amtskollegen Juncker machte der deutsche Bundeskanzler deutlich, dass Deutschland seine bisher kommunizierte Haltung modifizieren wird. Die Bundesregierung sei bereit, von ihrer ursprünglichen Position abzurücken, maximal ein Prozent des BNE als Gesamthaushaltsvolumen in Kauf nehmen zu wollen. Im Sinne einer europäischen Lösung werde Deutschland seiner Verantwortung als Nettozahler nachkommen und seine Zustimmung zu einem Budget in Höhe von maximal

1,06 Prozent des EU-Bruttonationaleinkommens gewähren (Financial Times Deutschland 2005e). Die Welt am Sonntag berichtete unter Berufung auf Regierungskreise, dass sich die Bundesregierung einverstanden erklärte, zu diesem frühen Verhandlungszeitpunkt zusätzliche 400 bis 500 Millionen Euro an jährlichen Zahlungen an den EU-Haushalt abzuführen. Der nationale Beitrag lag im Verhandlungsjahr 2005 bei 21,3 Milliarden Euro. Auch Deutschland profitiert von den Rückflüssen aus Brüssel, so dass alle Zahlen immer in Relation des Nettosaldos betrachtet werden müssen. So lag der deutsche Nettobeitrag im Haushaltsjahr 2003, basierend auf Daten der EU-Kommission, bei nur 7,6 Milliarden Euro (Financial Times Deutschland 2005a). Béla Anda, damaliger Regierungssprecher der rot-grünen Regierungskoalition und Chef des Bundespresseamtes, gab Anfang Juni die deutsche Position bekannt: *„Deutschland ist bereit, sich zu bewegen“* (Financial Times Deutschland 2005e). Voraussetzung hierfür sei, dass sich alle bewegen. Dieser Nachsatz war als eine Anspielung in Erwartung einer weiterhin vehementen Verteidigung des VK-Ausgleiches von Seiten Großbritanniens zu verstehen (ebenda).

Der Britenrabatt ließ sich im vorherigen Finanzrahmen 2000 bis 2006 auf circa fünf Milliarden Euro beziffern. Bundeskanzler Schröder betonte, dass für den gewährten Rabatt heute keine Existenzberechtigung mehr vorläge. Dies lag zum einen an dem von der britischen Regierung als zu hoch eingestuften Gesamtvolumen der Agraraufwendungen. Während dieses zum Zeitpunkt der Gewährung des Britenrabattes in den 80er Jahren noch bei mehr als 70 Prozent lag, umfasste der Anteil im Verhandlungsjahr 2005 nur noch 40 Prozent. Das Kernargument der Gegner des VK-Ausgleiches nahm Bezug auf die Position Großbritanniens als einer der vermögendsten Staaten in der Gemeinschaft. Das britische Bruttoinlandsprodukt lag im Referenzjahr 1984 rund zehn Prozent unter dem EU-Durchschnitt. Zum Zeitpunkt der Verhandlungen lag das Pro-Kopf-Einkommen der Briten hingegen im Durchschnitt bei elf Prozent über dem europäischen Mittel und war somit eines der höchsten überhaupt. Gleichwohl betrug der Finanzierungsanteil Großbritanniens zum EU-Budget aufgrund des stattgegebenen Rabatts in dieser Zeit nur 13 Prozent, während Deutschland trotz deutlich niedrigerem Bruttoinlandsprodukt 22 Prozent der Lasten schulterte. Der britische Nettobeitrag lag seinerzeit bei circa 2,7 Milliarden Euro jährlich. Deutschland leistete hingegen rund 7 Milliarden Euro an Nettozahlungen. Umgerechnet auf die Pro-Kopf-Leistung führte somit jeder deutsche Unionsbürger doppelt so viel an den EU-Gesamthaushalt ab wie jeder Brite. Somit wurde das Leitprinzip des Nettozahlergedankens, nach dem wirtschaftsstärkere Staaten anteilig mehr Leistungen an den Haushalt abführen, durch die Sonderregelung zu Gunsten der Briten faktisch außer Kraft gesetzt. Der Briten-Rabatt war nach der Aufnahme der armen Staaten aus Mittel- und Ost-Europa auch deshalb so brisant, da dieser eine proportionale Erhöhung beinhaltete. Bei Beibehaltung des Status quo hätte sich die Sonderermäßigung Großbritanniens auf durchschnittlich mehr als 7 Milliarden Euro pro Jahr erhöht. Die deutsche Position beinhaltete daher in einem ersten Verhandlungsschritt die Forderung nach einer vollständigen Abschaffung des Britenrabatts. Die britische Regierung zeigte sich zu diesem Zeitpunkt lediglich bereit, über ein Einfrieren auf dem aktuellen Stand zu verhandeln unter der Bedingung, dass auch andere Länder auf ihre jeweiligen Privilegien verzichten. Der britische Premier Tony Blair forderte in diesem Kontext erneut eine erhebliche Absenkung der Agrarsubventionen. Die französische Regierung zeigte sich in Hinblick auf diese Forderungen nicht verhandlungsbereit. Der Briten-Rabatt sollte schließlich zum Dreh- und Angelpunkt der Verhandlungen um den Mehrjährigen Finanzrahmen werden (Financial Times Deutschland 2005g).

Auf theoriebezogener Ebene stellt der frühe Positionswandel der deutschen Bundesregierung eine interessante Erscheinung dar. Die Bundesrepublik Deutschland gehört sowohl aufgrund ihrer merkantilen Interessen als auch aus sicherheitspolitischen Erwägungen angesichts ihrer geographischen Mittellage seit jeher zu den vehementesten Verfechtern der Ost-Erweiterung. Als Integrationsziel hatte es immer die politische Entwicklung der Europäischen Union zu einer föderal verfassten Integrationsgemeinschaft im Blick. Etwaige Rückschritte in der Europäischen Integration laufen daher den ureigenen Interessen der BRD entgegen. Die deutsche Haltung lässt sich sowohl zu diesem Zeitpunkt des politischen Aushandlungsprozesses als auch im späteren Verlauf mit rationalistischen Modellen der Entscheidungstheorie erklären. Das versöhnliche Auftreten Deutschlands auf supranationaler Ebene folgt einer rationalen Handlungslogik. Über das Instrument einer Konsensfindung im Entscheidungsprozess um die EU-Finanzen werden mittel- und langfristige ökonomische und sicherheitspolitische Ziele verfolgt und somit vitale nationale Präferenzen bedient. Der soziologische Institutionalismus hat als Erklärungsmodell für den Verlauf von Finanzverhandlungen per se einen schweren Stand. Dennoch lässt sich der frühe Positionswechsel Deutschlands, den eigenen Nettozahlerbeitrag zu erhöhen, auch mit seiner Erklärungskraft interpretieren. Dies gilt insbesondere für die zeitliche Dimension einer frühzeitigen Positionsaufgabe. Die veränderte Haltung fand unmittelbar nach dem „Nee“ der Niederländer zum Verfassungsvertrag statt. Die Europäische Integration stand auf einem außerordentlichen Prüfstand, so dass in der Prioritätensetzung Deutschlands deren Weiterentwicklung und Voranschreiten höher angesiedelt war als eine drastische Veränderung des nationalen Nettosaldos. Trotz der Eigenschaft Deutschlands als einer der größten Nettozahler in der EU ist das Land in europäischen

Finanzverhandlungen in der Vergangenheit immer wieder als Kompromissmacher in Erscheinung getreten. Diese Haltung resultiert aus dem Bewusstsein, dass in einer heterogenen und erweiterten Union mit 25 Mitgliedstaaten Lösungen nur dann möglich sind, wenn Kompromisse angeboten und eingegangen werden. Die deutsche Bundesregierung hat im Rahmen der Verabschiedung des Mehrjährigen Finanzrahmens Verantwortung übernommen, indem sie in einer anfänglichen Verhandlungsphase die nationale Position in Hinblick auf die Höhe des Gesamtausgabenvolumens aufgegeben hat. Damit opferte Deutschland gleichzeitig die gemeinsame Haltung der sechs Nettozahler, die Gesamthöhe des neuen Finanzrahmens bei einem Prozent der europäischen Wirtschaftsleistung zu deckeln. Mit diesem Positionswechsel, eine Erhöhung der eigenen Nettozahlungen in Kauf zu nehmen, hat der Mitgliedstaat nicht nur die eigene Bereitschaft signalisiert, erhebliche finanzielle Zugeständnisse einzugehen. Vielmehr hat die Bundesregierung mit dieser Vorgehensweise den Konsensdruck mit Blick auf das weitere intergouvernementale Verhandeln und Entscheiden im Europäischen Rat maximiert, indem sie selbst mit gutem Beispiel vorangegangen ist.

Nach dem Scheitern der Ratifizierung der EU-Verfassung in zwei Mitgliedstaaten ist der Wunsch nach einer erfolgreichen Weiterentwicklung der Europäischen Integration in der Rückschau als Hauptmotiv für den auf Diplomatie und Konsens ausgerichteten Verhandlungskurs und den raschen Positionswechsel der deutschen Bundesregierung zu bewerten. Die zweite Erklärung rekurriert auf eine individuelle Akteursebene. In allen Verhandlungssituationen kommt grundsätzlich die Fragestellung auf, ob besondere persönliche Ressourcen der in die Verhandlungen einbezogenen Einzelakteure wie etwa eine spezifische europapolitische Haltung, individuelle Charakterzüge oder aber persönlichkeitsdeterminierende Aspekte wie etwa Herkunft und Bildung das Verhalten der Delegierten beeinflusst haben. Diese Frage kann im Rahmen dieser Arbeit nur in Bezug auf die europapolitische Haltung des damaligen deutschen Bundeskanzlers Gerhard Schröder beantwortet werden. Der Sozialdemokrat hat während seiner Regierungszeit EU-Partner mit Äußerungen brüskiert, die auf keine pro-europäische Haltung haben schließen lassen. Zum Zeitpunkt der Verhandlungen standen Bundestagswahlen und die damit verbundene Beendigung der Legislatur der Kanzlerschaft bevor. Daher ist zu vermuten, dass zum potentiellen Ende seiner Amtszeit das Motiv, den eigenen Ruf als Europäer festigen zu wollen, in der Ausrichtung der Europapolitik eine Rolle gespielt hat. Individuelle Beweggründe hochrangiger Entscheidungsträger können somit einen Wandel in der Gesamthaltung der nationalen Regierung auslösen oder begünstigen. Ein Scheitern der Haushaltsverhandlungen zur Mehrjährigen Finanzplanung hätte einen enormen integrationspolitischen Rückschlag bedeutet, den es mit allen Mitteln zu verhindern galt. Die Modifizierung der deutschen Position war auch auf einer innenpolitischen, überparteilichen Ebene abgesichert. Von Seiten der damaligen Oppositionsfraktion CDU/CSU und ihrer Kanzlerkandidatin Angela Merkel war in dieser Frage unter der Voraussetzung Rückenwind zu erwarten, dass eine maximale Toleranzgrenze in Bezug auf den Gesamthaushalt gewahrt bleibt. Diese Unterstützung war auch darauf zurückzuführen, dass im Falle eines Wahlsieges von Seiten der CDU/CSU-Fraktion keinerlei Interesse bestand, unmittelbar nach einer Übernahme der Regierungsverantwortung auf europapolitischer Ebene Verteilungskämpfe um den EU-Haushalt austragen zu müssen (Financial Times Deutschland 2005d).

Die bilateralen Konsultationen wurden kurze Zeit später fortgesetzt. Nur zwei Tage nach dem Treffen mit Juncker empfing der deutsche Bundeskanzler Schröder den französischen Staatspräsidenten Chirac in Berlin. Nach einem weiteren Treffen unmittelbar in Folge verständigten sich die beiden Staats- und Regierungschefs auf eine gemeinsame Strategie. Ihr prioritäres Ziel war es, den Verfassungsprozess nicht nur politisch am Leben zu halten, sondern den Ratifikationsprozess in den anderen Mitgliedstaaten fortzusetzen. Frankreich stand den Staaten aus Mittel- und Ost-Europa aufgrund des Konkurrenzdenkens um die Fördermittel, vor allem aus den Agrarfonds, nicht nur im Vorfeld der inzwischen vollzogenen Ost-Erweiterung, sondern auch in den aktuellen Finanzverhandlungen mit Skepsis gegenüber. Chirac hatte vielmehr großes Interesse an einer Vertiefung der Europäischen Integration in Gestalt einer EU-Verfassung, mit dem Ziel Frankreich zurück ins Zentrum Europas zu rücken (Financial Times Deutschland 2005d). Im Kontrast zu Frankreich verfolgte Großbritannien mit der eigenen Europapolitik die genau gegenteiligen Interessen. Die Briten hatten die große Ost-Erweiterung mit dem Ziel befürwortet, einer weiteren Vertiefung der Europäischen Integration entgegenzusteuern. Eine EU-Verfassung lag somit zu keiner Zeit im Interesse der britischen Regierung. Auf den Vorstoß Chiracs und Schröders reagierte diese mit der Aussage, dass nun eine *„Phase des Nachdenkens"* notwendig sei. Dies bedeutet übersetzt ein Aussetzen des Ratifizierungsprozesses (Financial Times Deutschland 2005e).

Diese unterschiedlichen Positionen Deutschlands, Frankreichs und Großbritanniens schienen bereits vor dem wichtigen Gipfeltreffen um die Agenda 2007 nur schwer versöhnbar. Anders stellte sich dies im Rahmen der Vorabkonsultation zwischen Deutschland und Frankreich dar. Neben der Strategie der beiden Gründerstaaten, den Verfassungsprozess aktiv weiter zu entwickeln, verfolgten sie ein zweites gemeinsames Ziel. Wie alle anderen Nettozahler zielten auch diese beiden Länder darauf ab, die Verhandlungen um den Mehrjährigen Finanzrahmen zur Aushebelung des Briten-Rabattes zu nutzen. Bereits im Vorfeld der politischen Beratungen war allen Entscheidungsträgern klar, dass der Inselstaat in dieser Frage isoliert dastehen wird und der Regierungsgipfel genutzt werden sollte, um Bewegung in dieses schwierige Thema zu bringen. Die Frage des VK-Ausgleiches führte auf dem Juni-Treffen schließlich zur Eskalation zwischen Frankreich und Großbritannien, deren europapolitische Interessen weit auseinanderklafften (Financial Times Deutschland 2005d).

Bereits einen Tag vor dem Gipfel äußerte sich der Ratsvorsitzende Jean-Claude Juncker am 15. Juni 2005 zum Stand der bisherigen Verhandlungen sowie zu den erfolgten Konsultationen von Seiten der Ratspräsidentschaft mit den einzelnen Mitgliedstaaten. Gegenüber der Presse kündigte er an, dass er mit einem Scheitern der Gespräche anlässlich des Gipfels am 16. und 17. Juni 2005 rechne: *„Ich bin mir ziemlich sicher, dass wir bei der finanziellen Vorausschau nicht zu einem Ergebnis kommen werden während des Europäischen Rates"* (Jean-Claude Juncker, zitiert nach Financial Times Deutschland 2005b). Juncker gab zu den erfolgten bilateralen Gesprächen im Vorfeld der Verhandlungen im Europäischen Rat bekannt, dass sich die Positionen der Delegationen nicht zufriedenstellend angenähert hätten. Aus seiner Stellungnahme geht hervor, dass es zu Konflikten in Hinblick auf die Gesamtbudgetsumme sowie in Hinblick auf die Verteilung der Finanzmittel gekommen war. Juncker kündigte trotz pessimistischer Erwartungen an, im Europäischen Rat einen letzten Kompromissvorschlag vorlegen zu wollen.[128] Am Abend vor dem Gipfel machte er deutlich, dass es keine Haushaltslinie geben kann, die von Kürzungen ausgenommen wird. Diese Andeutung zielte auf der Ausgabenseite auf das schwierige Verhandlungssujet der Verteilung der Aufwendungen in den Gemeinschaftspolitiken sowie auf der Einnahmenseite auf den VK-Ausgleich ab. Diese Verhandlungsthemen sollten zum tragenden Gegenstand des EU-Gipfels werden (Financial Times Deutschland 2005b). Damit standen alle zentralen Themen, die Höhe des Gesamtbudgets, die Verteilung der Haushaltsmittel sowie die Abschaffung des Britenrabattes, auf dem Verhandlungstableau des Europäischen Rates.

128 Vorschlag der luxemburgischen Präsidentschaft zum MFR 2007 bis 2013: Vgl. Rat der Europäischen Union (2005a)

Eine erste Demarkationslinie verlief zunächst zwischen den Nettozahlern und der Europäischen Kommission. Die supranationale Behörde hatte in ihrem Haushaltsentwurf eine Ausgabenhöhe von insgesamt 1,025 Billionen Euro vorgeschlagen. Dieses Volumen hatten die sechs Nettozahler-Staaten Deutschland, Frankreich, Großbritannien, die Niederlande, Österreich und Schweden unmittelbar nach Eingabe der Kommission in einem Brief an den Präsidenten der Kommission Barroso strikt abgelehnt. Ihr Verhandlungsziel war es zunächst, die Aufwendungen bei einem Prozent der EU-Wirtschaftsleistung zu deckeln. Dies entspricht in absoluten Zahlen einem Wert von circa 815 Milliarden Euro. Der amtierende Ratspräsident Jean-Claude Juncker legte in dieser Verhandlungsphase den bereits angekündigten Kompromissvorschlag vor, der eine Gesamthöhe von 875 Milliarden Euro berücksichtigt. Diese Summe entspricht knapp 1,06 Prozent der europäischen Wirtschaftsleistung. Bundeskanzler Schröder hatte vor dem Gipfeltreffen seine Unterstützung für diesen Vorschlag der Ratspräsidentschaft in dem oben skizzierten Gespräch unter der Voraussetzung signalisiert, dass Großbritannien und alle anderen Mitgliedstaaten genau wie Deutschland zu Kompromissen bereit seien (Financial Times Deutschland 2005a, c).

Die zweite Demarkationslinie verlief zwischen den Nettozahlern. Als Hardliner gelten insbesondere die drei Mitgliedsländer Großbritannien, die Niederlande und Schweden. Die niederländische Regierung unter ihrem damaligen konservativen Ministerpräsidenten Jan Peter Balkenende sah sich nach dem Scheitern des Verfassungsreferendums im eigenen Land in der Pflicht, auf EU-Ebene eine unnachgiebige Haltung einzunehmen. Er forderte daher eine Entlastung seines Landes um eine Milliarde Euro. Auch Großbritannien zeigte sich auf dem Juni-Gipfel wenig kompromissbereit. Premierminister Blair lehnte in dieser Verhandlungsphase Einschnitte am Briten-Rabatt kategorisch ab. Die Pläne sahen ein Einfrieren auf jährlich 4,6 Milliarden Euro sowie eine kontinuierliche Abschmelzung der Vergünstigungen vor. Allerdings berichteten Verhandlungsteilnehmer am Rande der Beratungen, dass in dieser Phase eine Zustimmung Blairs in Hinblick auf ein Einfrieren des Rabattes von einem höheren Ausgangsniveau vorstellbar gewesen sei. Der britische Premierminister knüpfte die Option eines grundsätzlichen Zugeständnisses an Einschnitte in Bezug auf die ausgabenintensive Agrarpolitik. Somit rückten in diesem Stadium der Verhandlungen die unterschiedlichen Positionen Frankreichs und Großbritanniens zum ausgabenintensiven Feld der Agrarpolitik in den Vordergrund. Frankreich lehnte in Hinblick auf Kürzungen der Agrarsubventionen eine Debatte ohne Vorbehalte ab und nahm in diesem wichtigen Verhandlungspunkt eine Hardliner-Position ein. Diese unbeugsame Haltung war auch auf die seinerzeit bevorstehende Aufnahme der Anwärterstaaten Bulgariens und Rumäniens im Jahr 2007 zurückzuführen, deren Wirtschaft einen vergleichsweise hohen Agraranteil aufwies (Financial Times Deutschland 2005c). Premier Blair machte laut Zeitzeugen während der Sitzungen im Europäischen Rat unmissverständlich und wiederholt deutlich: Ohne Änderungen bei den Agrarausgaben sei er nicht bereit, über den britischen Beitragsrabatt zu reden, geschweige denn darauf zu verzichten. Sein hartes Auftreten erinnert in der Retrospektive an seine Amtsvorvorgängerin Margaret Thatcher, die den Briten-Rabatt zwei Jahrzehnte zuvor mit der legendären Äußerung ausgehandelt hatte: *"I want my money back."*

Großbritannien hielt auf dem Juni Gipfel an dieser Hardliner-Position fest. Auf Seiten der französischen Delegation erfolgte hingegen ein erster Positionswechsel. Während sich Chirac auf der politischen Verhandlungsschiene zunächst geweigert hatte, den Briten-Rabatt überhaupt aufrechtzuerhalten, stimmte er nach zähen Aushandlungen im Europäischen Rat dem Kompromiss eines allmählichen Abschmelzens der Kompensationsleistungen zu. Frankreich bewegte sich auch in der Frage der Agrarförderung. Die Franzosen zeigten sich einverstanden, aus den für die GAP für den Förderzeitraum 2007 bis 2013 eingeplanten Verpflichtungen für marktbezogene Ausgaben und Direktzahlungen in Höhe von insgesamt 330.094 Millionen Euro circa sechs Milliarden Euro den jüngsten EU-Mitgliedern Bulgarien und Rumänien zukommen zu lassen. Blair gingen diese Zugeständnisse noch immer nicht weit genug. Nach fünfzehn Verhandlungsstunden schlug der Ratsvorsitzende und Verhandlungsleiter Jean-Claude Juncker zum Ende des zweiten Verhandlungstages kurz vor Mitternacht vor, die Gespräche abzubrechen (Berliner Zeitung 2005).

In dieser Phase des drohenden Scheiterns kam es zu einer Wortmeldung des damaligen polnischen Ministerpräsidenten Marek Belka. Der größte und damit auch einflussreichste neue Mitgliedstaat aus Mittel- und Ost-Europa überraschte mit einer Ankündigung, die als symbolischer Akt mit enormer politischer Wirkung zu verstehen ist. Der polnische Ministerpräsident verkündete in dieser schwierigen Verhandlungsetappe, dass Polen bereit sei auf Gelder zu verzichten, damit Großbritannien den bestehenden Rabatt beibehalten könne. Auch an diesem Punkt greift die Erklärungskraft des soziologischen Institutionalismus. Polen hat sich aufgrund seiner politischen Kultur und seines Werteverständnisses dem europäischen System zugehörig und verbunden gefühlt. Trotz kurzer Mitgliedschaft war es daher bereit, seine eigenen materiellen Interessen zurückzustellen, um ein Scheitern des Gipfels zu verhindern. Auch die anderen neuen Länder aus Mittel- und Ost-Europa folgten im Interesse einer Einigung der polnischen Haltung. Die Reaktion des luxemburgischen Regierungschefs und Verhandlungsführers im Rat wurde im Anschluss an den Gipfel europaweit in der Presse zitiert. Jean-Claude Juncker äußerte, er habe sich geschämt, dass die ärmeren Länder bereit waren für die Reichen zu sammeln (Berliner Zeitung 2005).

Die dritte Demarkationslinie verlief zwischen alten und neuen Kohäsionsstaaten, die jedoch durch einen eindimensionalen Verlauf gekennzeichnet war. Vor allem von Seiten Spaniens als bisher größtem Empfänger von Fördermitteln sowie im Falle von Griechenland und Portugal hat sich in den Verhandlungen im Juni 2005 eine Besitzstandswahrung eingestellt. Die neuen Staaten aus Mittel- und Ost-Europa haben in dieser Phase hingegen eine zurückhaltende und bescheidene Position eingenommen mit dem Ziel, eine schnelle und lautlose Einigung zu erzielen.

Der EU-Gipfel zum Ende der luxemburgischen Ratspräsidentschaft am 16. und 17. Juni 2005 in Brüssel endete ohne abschließendes Ergebnis. Entgegen einiger pessimistischer Erwartungen zu den Folgen der Ost-Integration scheiterte ein Abschluss zu diesem Zeitpunkt allerdings weder an dem Agieren der alten Kohäsionsländer noch am dem Auftreten der neuen Staaten aus Mittel- und Ost-Europa. Es hat sich gezeigt, dass die Nettozahler den Ausschlag für diese Entwicklung im Europäischen Rat gegeben haben. Neben der Besitzstandswahrung von Frankreich und Großbritannien hat auch das Feilschen der Niederlande um eine erhebliche Beitragsentlastung den Misserfolg begünstigt. Die niederländische Regierung hatte einen Rabatt in Höhe von einer Milliarde Euro gefordert und einen Kompromissvorschlag über eine Höhe von bis zu 700 Millionen Euro zurückgewiesen. Daraufhin forderte auch Schweden eine erhebliche Reduktion der nationalen Zahlungen an den EU-Haushalt. Dieser Verhandlungspoker auf der Einnahmenseite gilt als Ursache für das Scheitern (Der Spiegel 2005: 122). Auf dem EU-Gipfel lehnten insgesamt sechs Mitgliedstaaten den von der luxemburgischen Ratspräsidentschaft präsentierten Vorschlag ab: die drei Nordstaaten Finnland, Großbritannien und Schweden, die Niederlande sowie die beiden Südstaaten Italien und Spanien (Leuffen 2006: 15). Das mediale Echo folgte auf dem Fuße: Der Spiegel zitierte bereits im Kontext der ergebnislosen Verhandlungen einen engen Berater Blairs, der den Blick auf die abweichenden Vorstellungen in Europa freigibt: „*Man müsste dieses Europa nehmen, es zerlegen, ohne es zu zerstückeln, und es dann neu zusammensetzen*“ (Der Spiegel 2005: 123).

7.5. Ursachen des Scheiterns der Verhandlungen im Europäischen Rat

Mit der Ablehnung durch Finnland, Großbritannien, Italien, die Niederlande, Schweden und Spanien waren für das Scheitern des Juni-Gipfels mit Ausnahme des Südstaates Spanien Mitgliedstaaten aus dem Kreis der Nettozahler verantwortlich. Gleichzeitig waren die Bedenken der alten Kohäsionsländer groß, von den finanziellen Nachteilen in Folge der vollzogenen Ost-Erweiterung betroffen zu sein. Auch diese Sorgen haben die politische Verhandlungsdebatte geprägt. Um das Wohlstandsgefälle zwischen den Regionen zu verringern, floss vor der Erweiterung ein Großteil der Mittel aus den EU-Strukturfonds in Regionen, die ein Bruttoinlandsprodukt pro Kopf in Kaufkraftparitäten von weniger als 75 Prozent des EU-Durchschnitts aufweisen (sogenannte Ziel-1-Förderung). Nach dem Beitritt der entwicklungsschwachen Staaten aus Mittel- und Ost-Europa hat sich die Förderfähigkeit der alten Regionen erheblich verändert. Eine Vielzahl der vormaligen Ziel-1-Regionen wurde über die 75-Prozent-Schwelle gehoben, obwohl ihre Wirtschaftskraft sich nur statistisch verbessert hat. Besonders betroffen waren Regionen in Griechenland, Italien, Ost-Deutschland und Spanien. Diese Verluste wurden jedoch durch umfangreiche Ausgleichsmechanismen und Übergangsregeln kompensiert, auf die ich bei der Darstellung und Analyse der Verhandlungsergebnisse eingehen werde. Diese dürften mitunter der Grund dafür sein, dass auf dem Höhepunkt der Verhandlungen der Streit nicht wie erwartet zwischen alten und neuen Nettoempfängern oder zwischen Nettozahler-Staaten und Nettoempfänger-Staaten eskalierte. Vielmehr trat innerhalb des Zirkels der Nettozahler ein offener Streit zwischen Frankreich und dem Vereinigten Königreich zu Tage. Die Auseinandersetzung um die Höhe der Agrarausgaben sowie um die Fortschreibung des Britenrabattes gilt als Ursache für das Scheitern des Juni-Gipfels im Jahr 2005. Belgiens Ministerpräsident Guy Verhofstadt kommentierte den Ausgang der Verhandlungen mit den Worten: *„Es waren die Reichsten unter uns, die für Rabatte und Schecks gekämpft haben“* (Berliner Zeitung 2005).[129]

---

129 In der politischen Bewertung der Gipfelbilanz ist überdies interessant, dass im Kontext des gescheiterten Juni-Gipfels auch aus dem inneren Kreis der Kommission kritische Stimmen laut wurden. Die damalige Kommissarin für Außenbeziehungen und europäische Nachbarschaftspolitik Benita Ferrero-Waldner aus dem Herkunftsland Österreich mahnte vor dem Hintergrund der gerade gescheiterten Verfassungsreferenden gegenüber den Staats- und Regierungschefs an, eine schnelle Einigung über den

Die großen Mitgliedsländer agieren innerhalb der Europäischen Union auf Augenhöhe miteinander. Allerdings gilt es zu beachten, dass im Verhandlungsjahr 2005 vor allem Frankreich mit wirtschaftlichen, strukturellen und sozialen Problemen zu kämpfen hatte und durch sinkendes Wirtschaftswachstum und hohe Arbeitslosigkeit belastet war. Aus dieser Ausgangssituation heraus ergibt sich der Sachverhalt, dass die französische Regierung zum Zeitpunkt der wichtigen Verhandlungen um die Agenda 2007 unter einem enormen innenpolitischen Druck stand. Die Aushandlung europapolitischer Konzessionen war daher von großer Bedeutung. Gleichwohl muss erwähnt werden, dass Frankreich auf dem Höhepunkt der Verhandlungen im Europäischen Rat bereit war, Zugeständnisse sowohl in Hinblick auf den Britenrabatt als auch auf die Verteilung der Agrarmittel zu machen. An diesem Zwiespalt wird deutlich, dass der Gründerstaat trotz innenpolitischer Zwänge und Unwegsamkeiten auf europäischer Ebene dennoch konstant seine Kompromissbereitschaft unter Beweis gestellt hat.

In der Bewertung erweist sich vor allem die unnachgiebige Haltung Großbritanniens als interessant. Es stellt sich die Frage, ob es neben materiellen Verhandlungsthemen auch Aspekte mit machtpolitischem Bezug gegeben hat, die den Ausgang der Verhandlungen beeinflusst haben. In den Beratungen rückte Blair die Rhetorik einer notwendigen Wende und einer Reform des Haushaltssystems in den Fokus seiner Argumentation. Die europäische Ausgabenpolitik müsse sich von den veralteten Strukturen der landwirtschaftlichen Förderung hin zu einer modernen Förderpolitik orientieren und entwickeln. Bei Betrachtung des politischen Kontextes verbirgt sich hinter dem Auftreten Blairs ein Machtkampf mit dem französischen Staatspräsidenten Chirac, der bei den Verhandlungen um den Mehrjährigen Finanzrahmen ab 2007 deutlich zu Tage getreten ist. Auf einer nationalen medialen Ebene hatte das französische Staatsoberhaupt im Vorfeld die Aufgabe des Briten-Rabattes als Voraussetzung für eine Einigung um die EU-Finanzen propagiert und in den politischen Verhandlungen auf supranationaler Ebene eingefordert. Eine deutsche Tageszeitung fand für diesen Sachverhalt eine pointierende Umschreibung: *„Statt diplomatischer Zurückhaltung und leiser Wegbereitung für einen vernünftigen Kompromiss hatte er den britischen Premier damit praktisch gezwungen, in die Rüstung zu steigen und den britischen Vorteil mit allen Mitteln zu verteidigen“* (Berliner Zeitung 2005).

Mehrjährigen Finanzrahmen zu finden. Die EU müsse Geschlossenheit und Handlungsfähigkeit demonstrieren. Darüber hinaus sprach sie sich für eine Drosselung des Erweiterungstempos aus (Financial Times Deutschland 2005a).

Während Entscheidungen im Ministerrat und im Parlament in der Regel ohne Aufsehen von Statten gehen, finden Verhandlungen im Europäischen Rat unter dem prüfenden Auge der medialen Öffentlichkeit statt. So werden die Aushandlungen um den Mehrjährigen Finanzrahmen der EU durch den Spiegel der nationalen Berichterstattung massiv beeinflusst. Blair stand nach dem Vorspiel der Franzosen unter enormem Druck, die britischen Besitzstände zu wahren. Diese politische Stimmung wurde vom polnischen Premier wahrgenommen und in seiner Reaktion aufgegriffen. Das Verständnis Polens sowie aller anderen mittel- und osteuropäischen Staaten gegenüber den Briten ist das Ergebnis der historischen Vorgeschichte dieser Staaten auf ihrem Weg, Mitglied der Europäischen Union zu werden. Im Gegensatz zur französischen Regierung unter dem Präsidenten Jacques Chirac, die den Beitritt der Staaten aus Mittel- und Ost-Europa zu verhindern versucht hat, war Großbritannien von Anbeginn ein Fürsprecher der Erweiterung. Dieser Hintergrund lässt in Hinblick auf das Entgegenkommen Polens gegenüber Großbritannien eine andere Sichtweise zu sowie eine Art Solidarität und Schulterschluss gegenüber den Briten vermuten. Gleichwohl appellierte der mächtigste unter den neuen Mitgliedstaaten im Sinne des Gemeinschaftsinteresses an Premierminister Blair und rief dazu auf, die eigenen materiellen Interessen hinten an zu stellen. Der polnische Ministerpräsident wurde in dieser entscheidenden Phase des Gipfels zitiert, an den britischen Premier die Worte gerichtet zu haben, er möge jetzt bitte zuerst an Europa denken: *„Wenn es Ihnen darum geht, Jacques Chirac in die Schranken zu weisen, dann stellen Sie das zurück und stimmen sie dem Kompromiss zu“* (Berliner Zeitung 2005). Blair lehnte ab. In der polnischen Zeitung Rzeczpospolita kommentierte die Journalistin Anna Slojewksa, die britische Regierung habe ihren Kredit in Mittel- und Ost-Europa mit dieser Haltung verspielt: *„Plötzlich sehen wir, dass da nichts ist hinter den Versprechen, uns bei der Integration in Europa zu helfen“* (Berliner Zeitung 2005). Noch in der Nacht des gescheiterten Gipfels trat Jean-Claude Juncker vor die Presse und zeigte sich frustriert über die jüngsten Entwicklungen: *„Meine Europa-Begeisterung hat heute einen tiefen Knacks erfahren.“* Es habe einige Staaten gegeben, *„(…) die wollten das Scheitern“* (Berliner Zeitung 2005).

Der deutsche Bundeskanzler Gerhard Schröder bezog im Anschluss an den Gipfel Stellung und zeigte sich gegenüber Frankreich versöhnlich. Die Verhandlungen seien nicht an Frankreich, sondern an Großbritannien und den Niederlanden gescheitert. Wie der Sozialdemokrat Blair ist auch der konservative Balkenende ein überzeugter Marktliberaler, der großes Interesse an einer Reform der Agrarpolitik hatte und den Briten mit eigenen Forderungen den Rücken frei hielt. Damit wurden die wichtigen Verhandlungen um die Mehrjährige

Finanzplanung zu einer Arena ausgeweitet, in der die unterschiedlichen Vorstellungen in Bezug auf die Gestalt des Integrationsverbundes zum Inhalt der Debatte gemacht wurden. Schröder äußerte sich während des Gipfels, die Europäische Union müsse sich entscheiden, ob sie eine bloße Freihandelszone oder eine politische Union sein wolle. Verhandlungsteilnehmer bestätigten, dass der Gipfel von diesen Grundsatzfragen überlagert und eine fast erzielte Einigung wieder in sich zusammengestürzt sei (Berliner Zeitung 2005).

Das Scheitern des Gipfels führte in der Folge zu unmittelbaren Spannungen zwischen Großbritannien und Luxemburg. Der weitere Verlauf der Verhandlungen um den Mehrjährigen Finanzrahmen gestaltete sich deshalb spannend, da die luxemburgische Ratspräsidentschaft nur zwei Wochen nach dem Gipfeltreffen ausgerechnet von den Briten abgelöst wurde, die maßgeblich zum Scheitern eines Abschlusses beigetragen hatten. Gegenüber der Presse äußerte sich Juncker zur Übergabe der Ratspräsidentschaft, dass er nicht wie sonst üblich Empfehlungen mit auf den Weg geben werde, *„(…) denn offenbar widersteht man meinen Ratschlägen“* (Berliner Zeitung 2005). Tatsächlich blieb Juncker kurz nach dem Scheiten des Gipfels dem Plenum des Europarlamentes fern. In diesem Rahmen präsentierte die britische Regierung am 23. Juni 2005 vor dem EU-Parlament seine europapolitischen Ziele für die kommenden sechs Monate der Ratspräsidentschaft (Berliner Zeitung 2005) und sprach sich hierbei für eine umfassende Modernisierung des europäischen Finanzsystems aus (Becker 2006b: 107).

7.6. Politische Gipfelbilanz unter britischer Ratspräsidentschaft

Um eine Einigung zu erzielen, schien ein weitere Zuspitzung der Verhandlungsdynamik notwendig. In dieser Phase galt es die im Raum stehende Drohung des Scheiterns in einen Entscheidungs- und Konsensdruck zu überführen. Die britische Präsidentschaft verweigerte sich zunächst, die Verhandlungen über die Agenda 2007 in einem angemessenen Tempo fortzusetzen. Im Herbst 2005 lud die Regierung unter Premierminister Blair die europäischen Staats- und Regierungschefs zum Gipfeltreffen nach Hampton Court ein. Anlässlich dieses Termins Anfang November gab es informelle Gespräche zum Mehrjährigen Finanzrahmen. Eine Weiterverhandlung fand auf der offiziellen Tagesordnung keine Erwähnung und auch tatsächlich nicht statt. Die europäischen Partner forderten die britische Regierung auf, einen eigenen Kompromissvorschlag vorzulegen, damit die Verhandlungen weitergehen können. Die Regierung Großbritanniens verschärfte diese schwierige Ausgangssituation, in dem sie erst am 5. Dezember 2005 und damit nur wenige Tage vor dem anstehenden und ausschlaggebenden Gipfeltreffen zum Ende der britischen Ratspräsidentschaft einen eigenen Vorschlag vorlegte.[130]

In dem Entwurf engte London den Verhandlungsspielraum weiter ein: Mit einer erneuten und nicht unerheblichen Reduzierung gegenüber dem luxemburgischen Vorschlag wurde die von den sechs Nettozahlern erstmals in ihrem Brief geforderte Zielmarge von einem Prozent zur Ausgangsbasis der letzten Verhandlungsrunde im Rat. Damit spielte auch die Vorlage der Kommission vom Februar 2004, die die Grundlage der politischen Verhandlungen bilden sollte, keine Rolle mehr. Vielmehr schrumpfte die Verhandlungsmarge auf die Differenz zwischen dem letzten luxemburgischen Kompromissvorschlag vom 17. Juni 2005 und dem zweiten britischen Vorschlag vom 14. Dezember 2005 auf rund 133,7 Millionen Euro zusammen. Kompensationen und Minimalkorrekturen wurden in erster Linie über die Liste der Sonderregelungen sowie über den Weg technisch-administrativer Anpassungen gesucht (Becker 2006b: 107).

Die Vorlage der Briten stellte sich keineswegs als ausgewogener Kompromiss dar. Interessant ist, dass dieser Vorschlag als Verhandlungskonzept präsentiert wurde, das von der britischen Regierung lediglich während der Zeit ihrer Ratspräsidentschaft vertreten werden würde. Diese Rhetorik beinhaltete ein Menetekel: Scheitern die Verhandlungen im Dezember 2005, bestünde keine weitere Verpflichtung zur Vermittlung und Konsensbereitschaft von britischer Seite. Damit stand für die anderen Nettozahler die drohende Warnung im Raum, dass es klug sei, die Position des Vereinigten Königreichs weitestgehend zu übernehmen. Die Briten steckten mit dieser Strategie die Verhandlungsoptionen der anderen Nettozahler nicht nur neu ab, sondern manövrierten diese faktisch in ein enges Entscheidungsgerüst. Für die Mitgliedstaaten, die als Nettoempfänger am Meisten von den Fördermitteln profitieren, bestand ebenfalls Konsensdruck: Wird ein Finanzrahmen nicht fristgerecht verabschiedet, hat dieser Umstand ein verspätetes Anlaufen der EU-Programme, eine verkürzte Förderperiode, ein reduziertes Haushaltsgesamtvolumen und damit auch eine geringere Ausschüttung an fiskalen Leistungen zur Konsequenz.

Kommissionspräsident Barroso richtete vor dem entscheidenden Gipfeltreffen einen persönlichen Brief an Premierminister Tony Blair und versuchte einen normativen Druck auszuüben, indem er an die Gemeinschaftswerte der Union erinnerte und an den Fairness-Gedanken appellierte. In diesem Schreiben vom

---

130 Zum Vorschlag der britischen Ratspräsidentschaft zur Agenda 2007: Vgl. Rat der Europäischen Union (2005c)

12. Dezember 2005 drückte er seine tiefe Enttäuschung über die auf dem Juni-Gipfel angebotene Ausgabenhöhe sowie über den jüngsten Vorschlag Blairs aus, diese Marge noch weiter zu kürzen (Barroso 2005). Darüber hinaus appellierte er an die moralische Verantwortung Großbritanniens: Das Land dürfe sich den Lasten für die Finanzierung der EU-Osterweiterung nicht entziehen.

> *"The proposals you have put on the table need to change in two ways. Firstly, fairness towards the new Member States. To make the last enlargement work, and to allow the possibility of future enlargements, the* ***new Member States need to be offered significantly higher levels of investment than in the current proposals.*** *It should be up to them to prove they can absorb these amounts. Secondly, fairness in the sharing of the financing of an enlarged EU (…)"* (Barroso 2005, Hervorhebung im Original).

Kurz vor dem entscheidenden Gipfel im Dezember 2005 war ein klarer Übergang vom Modus des Verhandelns, der im Fall der neuen Mitgliedstaaten durch ein sachliches Darlegen der jeweiligen Positionen gekennzeichnet war, in den Modus des Argumentierens zu beobachten. Am 25. November 2005 richteten in diesem Sinne auch die vier Regierungschefs der Visegrád-Staaten Mikuláš Dzurinda (Slowakische Republik), Ferenc Gyurcsány (Ungarn), Kazimier Marcinkiewicz[131] (Polen) und Jiří Paroubek (Tschechische Republik) einen gemeinsamen Brief an Premierminister Tony Blair in seiner Eigenschaft als Präsident des Europäischen Rates (Dzurinda/Gyurcsány/Marcinkiewicz/Paroubek 2005). Der Inhalt dieses Brief bildete einen normativen Appell der neuen EU-Mitglieder an die Verantwortung des Vereinigten Königreichs Großbritannien ab, sich an der Finanzierung der Ost-Erweiterung adäquat zu beteiligen: *"We will have a rendez-vous with history in the coming weeks. We are to adopt the first financial perspective for the enlarged Union. We are confident that we can count on the commitment of the UK as it was the case in the pre-accession period. Since the end of the cold war, the UK has always been one of the strongest advocates of the EU enlargement"* (Dzurinda et al. 2005). In dem Schreiben heißt es weiter: *"We were close to an agreement in June in Brussels. There was criticism expressed by few Member States of the package which was put on the table at that time. But let us not forget there was no criticism concerning the cohesion allocations foreseen for new Member States. Since then there have been new ideas floating around, but we share the view that the principle of solidarity should remain further a fundamental pillar of the European Union. It is crucial, however, that when looking for new solutions let us not miss the*

---

131 Marcinkiewicz war vom 31. Oktober 2005 bis zum 14. Juli 2006 Ministerpräsident Polens und löste damit seinen Vorgänger Marek Belka im Amt ab.

political focus which is to provide the same chance for the new Member States for catching-up as successfully as the earlier beneficiaries of the cohesion policy could do. This is the way to make Europe stronger both economically and politically" (ebenda).

In Deutschland kam es vor dem Gipfeltreffen im Dezember zu einem Regierungswechsel. Die neue Bundesregierung nahm am 22. November 2005 in der 16. Legislaturperiode unter Bundeskanzlerin Angela Merkel ihre Arbeit auf. Der Amtsvorgänger Schröder hatte zuvor im politischen Verhandlungsverlauf angekündigt, die deutschen Abführungen an den EU-Haushalt zu erhöhen. Da sich auf EU-Ebene getroffene (finanzielle) Zusagen auch im Falle eines Regierungswechsels nur schwer zurücknehmen lassen, fiel Merkel nahezu zwangsläufig die Rolle der fairen Maklerin zu. Deutschland konnte somit die Möglichkeit nutzen, die eigene Stellung als Kompromissmacher in Europa zu festigen sowie der Aufgabe als vermittelndes Bindeglied zwischen Frankreich und Großbritannien nachkommen. Gleichzeitig stellte die neue Bundesregierung ihren eigenen Integrationswillen und das pro-europäische Bewusstsein unter Beweis, indem sie ihre Glaubwürdigkeit als Nettozahler mit finanziellen Zugeständnissen untermauerte (Vgl. Becker 2006b: 107–109).

An den jeweiligen Positionen und Strategien im Verhandlungsprozess sowie anhand einer etwaigen Revision der gouvernementalen Haltungen lässt sich ablesen welche Mitgliedstaaten zu einem Ausgleich bereit waren und welche Staaten vorrangig auf der Handlungsgrundlage nationaler Egoismen agiert haben. Als Kompromissmacher traten vor allem Deutschland, Frankreich und Polen auf. Großbritannien zeigte sich hingegen unter Wahrung seiner traditionellen Hardliner-Rolle wenig nachsichtig. Mit Hilfe der Nachzeichnung und Analyse der Verhandlungsergebnisse sollen diese Erkenntnisse nun abschließend überprüft werden, um ein signifikantes Gesamtbild zu erhalten wie politisches Entscheiden im Kreis der EU-25 tatsächlich funktioniert.

7.7. Verhandlungsergebnisse

Mit der Einigung in der Nacht vom 16. auf den 17. Dezember 2005, die vom Ratspräsidenten, dem britischen Premierminister Tony Blair, nach dreißig Stunden intensiver Verhandlungen verkündet wurde, hat die Europäische Union (allenfalls) ihre Handlungsfähigkeit bewahrt. Das Ergebnis zur Mehrjährigen Finanzplanung 2007 bis 2013 hat den Status quo bestehender Sonderregelungen und Ausgleichsmechanismen und somit die gegebene Komplexität unbeirrt fortgeschrieben. Die Regierung Großbritanniens hatte zum Antritt ihrer Ratspräsidentschaft in einer Rede von Tony Blair vor dem Europäischen Parlament am 23. Juni 2005 ein verbindliches Bekenntnis zu einer grundlegenden Modernisierung der europäischen Finanzverfassung gefordert (Vgl. Becker 2006b: 106/107). Mit der Verabschiedung der Agenda 2007 brachten die Mitgliedstaaten diese postulierte Erklärung auf den Weg und beauftragten die Europäische Kommission mit einer umfassenden Überprüfung des Finanzsystems zur Halbzeit des Mehrjährigen Finanzrahmens 2007 bis 2013. Die Umsetzung von Seiten der Kommission und eine Weiterverfolgung dieser Vorschläge durch die gouvernementalen Organe wurden diesem Auftrag jedoch nicht gerecht. Erst im Rahmen der Verabschiedung des aktuellen Mehrjährigen Finanzrahmens 2014 bis 2020 wurde im Dezember 2013 eine hochrangige Expertengruppe unter Mario Monti eingesetzt, die erstmalig aus Vertretern aller drei EU-Institutionen besteht. Ihr Abschlussbericht und ihre Empfehlungen wurden im Januar 2017 vorgelegt.

Für den siebenjährigen Finanzplanungszeitraum einigten sich die Staats- und Regierungschefs der EU-25 auf ein Gesamtvolumen von 862,363 Milliarden Euro an Verpflichtungen. Dies entspricht 1,045 Prozent des Bruttonationaleinkommens der EU (BNE) (Rat der Europäischen Union 2005d: 3, Teil 1, Ausgaben, Neue finanzielle Vorausschau – Allgemeines, Nr. 4). Mit Blick auf den ersten Kommissionsentwurf vom Februar 2004, der ein Haushaltsvolumen von 1.025,035 Milliarden Euro vorsah, hat der Europäische Rat in den einzelnen Haushaltsrubriken damit insgesamt 162,672 Milliarden Euro zusammengestrichen. Das Ergebnis markiert insoweit einen Kompromiss zwischen den Mitgliedstaaten, indem es mit 80,7 Milliarden Euro unter dem gescheiterten Luxemburger Vorschlag von 943,064 Milliarden und mit 53,045 Milliarden Euro über dem ursprünglichen britischen Vorschlag von 809,319 Milliarden Euro liegt. Im Mehrjährigen Finanzrahmen wachsen die Ausgaben jährlich um durchschnittlich 0,7 Prozent an. Zudem ist eine jährliche automatische Inflationsanpassung vorgesehen (Becker 2006a: 3). Die Obergrenze der Eigenmittel sinkt von 1,24 Prozent des Bruttonationaleinkommens der EU in den Jahren 2007 bis 2009 auf konstant 1,23 Prozent von 2010 bis 2013.

Tabelle 6: Der Weg zur Agenda 2007: Die Vorschläge von Kommission, Europäischem Parlament, luxemburgischem und britischem Vorsitz sowie das Verhandlungsergebnis des Europäischen Rates in der vergleichenden Zusammenschau (Angaben in Mrd. Euro)

	Kommission (10. Februar 2004)[1]	**Europäisches Parlament (8. Juni 2005)**[2]	**Luxemburgische Ratspräsidentschaft (17. Juni 2005)**[3]	**Britische Ratspräsidentschaft (14. Dezember 2005)**[4]	**Verhandlungsergebnis des Europäischen Rates (17. Dezember 2005)**[5]
1a. Wettbewerbsfähigkeit für Wachstum und Beschäftigung *(Lissabon-Strategie)*	132,755	120,563	72,010	72,010	72,120
1b. Kohäsion für Wachstum und Beschäftigung *(Strukturfonds)*	338,710	338,472	308,558	298,989	307,619
2. Bewahrung und Bewirtschaftung der natürlichen Ressourcen *(Agrarfonds)*	404,655	396,248	377,801	367,294	371,245
davon: marktbezogene Ausgaben und Direktzahlungen	301,074	293,105	295,103	293,105	293,105
3. Unionsbürgerschaft, Freiheit, Sicherheit und Recht	24,705	19,437	11,000	10,270	10,270
4. Die EU als globaler Akteur	95,350	70,697	50,010	50,010	50,010
5. Verwaltung	28,620	28,620	50,300	49,300	50,300
6. Ausgleichszahlungen (Bulgarien, Rumänien)	240	800	800	800	800
Verpflichtungsermächtigungen	1.025,035	974,837	943,064	809,319	862,364
in % des BNE	1,26	1,18	1,06	1,03	1,045

Tabelle 6: Fortsetzung

Legende:
1. Europäische Kommission (2004a)
2. Europäisches Parlament (2005a)
3. Rat der Europäischen Union (2005a)
4. Rat der Europäischen Union (2005c)
3. Rat der Europäischen Union (2005a)
4. Rat der Europäischen Union (2005c)
5. Rat der Europäischen Union (2005d)

Quelle: modifiziert nach Becker (2006a: 4, Tabelle 1)

Mit der Interinstitutionellen Vereinbarung zwischen dem Europäischen Parlament, dem Rat und der Kommission über die Haushaltsdisziplin und die wirtschaftliche Haushaltsführung vom 14. Juni 2006 erfolgte erst ein halbes Jahr später die verbindliche Fixierung, nachdem das Parlament zunächst am 13. Januar 2006 in Einklang mit der Empfehlung des parlamentarischen Haushaltsausschusses sein Veto eingelegt hatte.[132] Das Europa-Parlament kritisierte am Ergebnis des Europäischen Rates vor allem die Gesamthöhe von 862 Milliarden Euro (1,045 Prozent des Bruttonationaleinkommens). In seiner eigenen Entschließung vom 8. Juni 2005 hatte es mit 974,837 Milliarden Euro (1,18 Prozent des Bruttonationaleinkommens) weitaus höhere Mittelansätze gefordert. Die im Juni 2006 endgültig verabschiedeten Zahlen weichen letztlich nur geringfügig von der im Dezember 2005 erzielten politischen Einigung des Europäischen Rates ab.[133] Die beiden Teile der Haushaltsbehörde Rat und Parlament sowie die Kommission einigten sich nach Trialogen zwischen Rat, Parlament und Kommission darauf, dass der Europäischen Union in der Zeit von 2007 bis 2013 insgesamt 864,316 Milliarden Euro an Verpflichtungsermächtigungen zur Verfügung stehen.

Das Ergebnis schreibt den strukturkonservativen Status quo in Hinblick auf die Prioritätenfestlegung auf der Ausgabenseite, aber auch in Bezug auf die Komplexität des Systems an Kompensationsmechanismen auf der Einnahmen- und Ausgabenseite fort. Mit Blick auf die Mittelverwendung waren in

132 Der Abschluss der Verhandlungen um die Agenda 2007 steht damit in der Tradition des Entscheidungsprozesses um die Agenda 2000. Auch hier hatte das Parlament seine Befugnis genutzt und Nachverhandlungen eingefordert und geltend gemacht.

133 Zur genauen Mittelverteilung auf die Rubriken: Vgl. Rat der Europäischen Union (2005d) sowie Tabelle 18 im Anhang: „Mehrjähriger Finanzrahmen 2007 bis

der Haushaltsperiode 2007 bis 2013 insgesamt 70 Prozent der Ausgaben für die Gemeinsame Agrarpolitik sowie für die Struktur- und Kohäsionspolitik vorgesehen. Von dem Gesamtetat in Höhe von 864,316 Milliarden Euro flossen rund 308 Milliarden Euro in die europäischen Strukturfonds. Für marktbezogene Agrarausgaben und die Direktzahlungen an die Landwirte standen rund 293 Milliarden Euro zur Verfügung. Während bei den marktbezogenen Agrarausgaben im Rahmen der GAP bis 2013 nur ein geringfügiger Anstieg vorgesehen war, stiegen die Haushaltsplafonds der Strukturfonds von 2007 bis zum Ende der Haushaltsperiode 2013 deutlich an. An dieser Stelle gilt anzumerken, dass die Europäische Union mit der Agenda 2007 auch haushaltspolitisch eine stärkere Ausrichtung ihrer Politik nach den Zielen von Lissabon vollzogen hat. Bereits im Jahr 2008 lagen die Ausgaben für die Strukturfonds, über die auch die Ziele Wachstum, Beschäftigung und Innovationen gefördert werden, über den marktbezogenen Ausgaben und den Direktzahlungen in der Landwirtschaft (Vgl. Becker 2006b: 109; siehe Tabelle 18 im Anhang). Auch die Gemeinsame Agrarpolitik hat eine Neuausrichtung erfahren. Diese zielt auf eine stärkere Förderung der Entwicklung des ländlichen Raumes sowie der Umweltpolitik ab. Zur Verwirklichung dieser Vorgabe wurden insgesamt 70 Milliarden Euro eingesetzt. Aus diesem Etat flossen 33 Milliarden Euro an die zehn neuen Mitgliedstaaten sowie an die beiden Staaten Bulgarien und Rumänien, die zum Verhandlungszeitpunkt noch Beitrittsanwärter waren. Nach der technischen Anpassung im Jahr 2011 belief sich die Summe des Agrarhaushaltes auf insgesamt 412,611 Milliarden Euro (siehe Tabelle 18 im Anhang).

Trotz der Rückständigkeit der neuen Mitgliedstaaten aus Mittel- und Ost-Europa wurden die Mittel aus den Strukturfonds nahezu gleichberechtigt auf die förderfähigen Regionen in den alten und den neuen Unionsländern aufgeteilt. Die Kommission hatte in ihrem ersten Entwurf deutlich höhere Mittel für die neuen Mitgliedstaaten eingesetzt. Um das beschlossene geringere Mittelvolumen für die neuen Unionsländer zu kompensieren, wurden allerdings zu ihren Gunsten mehrere Sonderregelungen in Bezug auf die nationale Kofinanzierung eingeführt. Der Kofinanzierungsanteil wurde dabei um zehn Prozentpunkte reduziert. Gleichzeitig konnten private Investitionskosten und die Mehrwertsteuer auf den Anteil der Kofinanzierung angerechnet werden. Während für die alten Mitgliedstaaten festgelegte Fristen gelten, innerhalb derer die in Brüssel bereitgestellten Finanzmittel abgerufen werden können, wurden diese für die

---

2013: Mittel für Verpflichtungen nach Ausgabenkategorien und Mittel für Zahlungen (in Mio. Euro zu jeweiligen Preisen) (bereinigt um die Erweiterung: EU-28)"

neuen Mitgliedstaaten um ein Jahr von regulär zwei auf drei Jahre ausgedehnt. Da selbst in den alten Mitgliedstaaten Mittel etwa aufgrund fehlender Projekte oder angesichts unzureichender Strukturen in Bezug auf die Fondsverwaltung regelmäßig nicht abgerufen werden können, bedeuten diese administrativ-technischen Anpassungen für die neuen Mitgliedstaaten einen größeren Vorteil als etwa eine Erhöhung der Gesamtmittel, da vergleichbare Probleme auch bei ihnen zu erwarten sind.

Zur Umsetzung der Lissabon-Strategie einigten sich die Mitgliedstaaten in Relation zu vergleichbaren Aufwendungen im vorherigen Finanzrahmen auf eine erhebliche Mittelaufstockung innerhalb der Rubrik 1a „Wettbewerbsfähigkeit zur Förderung von Wachstum und Beschäftigung." Aufwendungen aus dieser Ausgabenkategorie fließen vor allem in die transeuropäischen Netze, in EU-Programme in den Bereichen Bildung, Forschung und Entwicklung sowie in Maßnahmen zur Umsetzung der sozialpolitischen Agenda 2005 bis 2010 und zur Förderung der europäischen Beschäftigungspolitik. Im Vergleich zum Haushaltsjahr 2006 wurde ein Anstieg um über 50 Prozent mit einer festgelegten jährlichen realen Steigerungsrate von 7,5 Prozent durchgesetzt. Großbritannien hatte im Bereich Forschung und Entwicklung noch höhere Ansätze gefordert, die letztendlich nicht konsensfähig waren. Allerdings konnte in diesem Punkt der Kompromissvorschlag der luxemburgischen Präsidentschaft vom 17. Juni 2005 auf dem vorgeschlagenen Niveau festgeschrieben werden. Gleichzeitig wurde die ursprüngliche Offerte aufgenommen, das Mittelvolumen mit Hilfe einer zusätzlichen Finanzierungsfazilität der Europäischen Investitionsbank zu vergrößern und eine Risikoaufsplittung zwischen der Europäischen Union und der Bank vorzunehmen. Bis zu 10 Milliarden Euro wurden auf diesem Weg verfügbar gemacht mit dem Ziel, Forschung und Entwicklung im privaten Sektor finanziell stärker zu unterstützen.

In Bezug auf die Mittelverwendung kamen in dieser Haushaltsrubrik, die der Förderung der Wettbewerbsfähigkeit dienen soll, auch kritische Stimmen auf. Ein Vorwurf lautete, dass der Einsatz von Geldern nicht immer mit den Förderzielen der eigentlichen Haushaltskategorie übereinstimmt wie das Beispiel der Verwendung zu Gunsten der als nicht sicher eingestuften Kernkraftwerke Ignalina in Litauen und Bohunice in der Slowakischen Republik zeigt. Zum Zweck deren Stilllegung wurden Haushaltsgelder in Höhe von insgesamt 1,24 Milliarden freigesetzt, die als Sonderausgaben deklariert wurden. Allerdings muss eingeräumt werden, dass diese Mittel zusätzlich bereit gestellt wurden und damit innerhalb dieser Haushaltskategorie für die eigentliche Bestimmung nicht fehlen. Auch der Vorschlag des Kommissionspräsidenten Barroso, in der Rubrik

1a einen Globalisierungsfonds einzurichten, wurde nicht von allen Mitgliedstaaten begrüßt. Trotz Vorbehalte der deutschen Bundesregierung beschloss der Europäische Rat seine Implementierung mit einer Mittelausstattung in Höhe von 500 Millionen Euro. Ziel dieses Fonds ist es, die Folgen der Globalisierung abzufedern. Mit diesen Geldern wurden im Fall von Produktionsverlagerungen ins Ausland oder Schließungen und Abwicklungen großer Unternehmen Programme wie etwa Umschulungsmaßnahmen finanziert. Im Gegensatz zu den oben genannten Sonderausgaben wird dieser Fonds allerdings aus den in der Haushaltsrubrik zur Verfügung stehenden Mitteln getragen. Diese Verwendung wurde über das neue PROGRESS-Programm der europäischen Beschäftigungs- und Sozialpolitik abgedeckt. In der Praxis wird er aus Mitteln nicht abgeflossener Gelder anderer Programme finanziert.

Die höchste Mittelaufstockung hat über den gesamten Finanzplanungszeitraum die Rubrik 3a „Freiheit, Sicherheit und Recht" erfahren. Hierunter fallen die Asyl- und Einwanderungspolitik, der EU-Außengrenzschutz sowie gemeinsame Maßnahmen zur Bekämpfung der illegalen Migration, des organisierten Verbrechens und des Terrorismus. Allerdings fällt auf, dass das Ausgangsniveau der Mittel zu Beginn der Haushaltsperiode recht niedrig angesetzt war. Während im Jahr 2007 600 Millionen Euro eingeplant wurden, erhöhten sich die Ausgaben auf 1.390 Millionen im Jahr 2013 um mehr als das Doppelte. Die Förderziele für die Rubrik 4 „Die EU als globaler Partner" werden mit einer durchschnittlichen jährlichen Steigerungsrate von vier Prozent berücksichtigt. Unter dieses Ausgabendach fällt die Gemeinsame Außen- und Sicherheitspolitik (Europäische Nachbarschaftspolitik, Vorbeitrittshilfen sowie die neu eingerichteten Stabilitäts- und Entwicklungsfonds) (Becker 2006a: 3–5).

Becker bewertet die Verständigung der Mitgliedstaaten auf den neuen Finanzrahmen 2007 bis 2013 besonders kritisch und bezeichnet die Umsetzung der Festlegung und Verteilung der Mittel als eine *„Inflation von Sonderregelungen zugunsten einzelner Mitgliedstaaten"* (Becker 2006a: 5). Ein vergleichender Blick zwischen Agenda 2000 und der Agenda 2007 zeigt einerseits, dass die Zahl der Sonderregelungen nur geringfügig zugenommen hat. Andererseits lässt sich der Eindruck, dass einzelne nationale Sonderinteressen über diesen Umweg in umfassender Form austariert wurden, durch das eingesetzte Mittelvolumen zu Gunsten der Kompensationsmechanismen belegen: Während im Mehrjährigen Finanzrahmen 2000 bis 2006 13 Sonderregelungen griffen, hat sich mit achtzehn Sonderregelungen im Mehrjährigen Finanzrahmen 2007 bis 2013 diese Zahl zwar nur geringfügig erhöht. Allerdings wurden diese Ausgleichmechanismen im Finanzrahmen 2000 bis 2006 mit 5,265 Milliarden Euro finanziert, wohingegen sich das eingesetzte Mittelvolumen im neuen MFR-Paket mit 10 Milliarden fast verdoppelt hat (ebenda). Aufgrund des hohen Stellenwertes der Sonderregelungen für das Finden eines Gesamtkompromisses sollen diese Ausgleichsmechanismen im Nachfolgenden näher betrachtet werden.

7.7.1. Das Instrument der Sonderregelungen

Zur Umsetzung des Konvergenzprozesses wurden Übergangsregelungen geschaffen. Diese dienten auch dazu, die alten Kohäsionsländer nicht von heute auf gleich durch eine radikale Absenkung oder sogar Abschaffung der Förderung zu belasten und die Akzeptanz für die Integration der neuen Mitgliedstaaten aufrechtzuerhalten. Die betroffenen Regionen in der alten EU-15 waren mit Blick auf ihre Förderfähigkeit entweder von den statistischen Effekten der Ost-Erweiterung und beziehungsweise oder von Wachstumseffekten aufgrund einer Veränderung ihrer jeweiligen ökonomischen Indikatoren betroffen. Wichtiger Gegenstand der politischen Beratungen war daher die Suche nach Kompromissen, die letztendlich über den Weg des Aushandelns von Übergangsregelungen für diese Regionen beschritten wurde. Dies betraf folgende Fälle:

- Regionen, die als Konvergenzgebiete eingestuft worden wären, wenn für die Bemessung der Förderfähigkeit weiterhin die Schwelle von 75 Prozent des durchschnittlichen BIP der EU-15 gegolten hätte. Durch die Aufnahme wirtschaftsschwacher Staaten wären zahlreiche Regionen aus den alten Mitgliedstaaten nicht mehr förderfähig gewesen, da ihr nominales Pro-Kopf-BIP diese 75 Prozent-Grenze aufgrund des neuen EU-25-Durchschnitts überstiegen hat („Statistischer Effekt"). Diese Regionen wären daher schrittweise aus der Förderung im Rahmen des Ziels „Konvergenz" herausgefallen.
- Regionen, die im vorherigen Finanzrahmen 2000 bis 2006 als Ziel-1-Gebiete eingestuft wurden, im neuen Finanzrahmen jedoch nicht mehr förderfähig gewesen wären, weil ihr Pro-Kopf-BIP durch Wirtschaftswachstum über die Schwelle von 75 Prozent des EU-15-Durchschnitts gestiegen war („Wachstumseffekt"). Dieser Wert entspricht 82,19 Prozent des neuen EU-25-Durchschnitts. Diese Regionen wurden deshalb stellvertretend und schrittweise in die Förderung im Rahmen des Ziels „Regionale Wettbewerbsfähigkeit und Beschäftigung" einbezogen.
- Regionen, die im vorangegangen Förderrahmen für eine Finanzierung aus dem Kohäsionsfonds in Frage gekommen waren und für die dies weiterhin gegolten hätte, wenn für die Bemessung der Förderfähigkeit auch zukünftig die Schwelle von 90 Prozent des durchschnittlichen BNE der EU-15 maßgeblich gewesen wäre. Diese Länder würden schrittweise aus der Kohäsionsförderung

im Rahmen des Ziels „Konvergenz" herausfallen, da ihr nominales Pro-Kopf-BNE nach der Aufnahme der Staaten aus Mittel- und Ost-Europa 90 Prozent des neuen EU-25-Durchschnitts übersteigt[134] (Rat der Europäischen Union 2005d: 14, Teil I, Ausgaben, Übergangsregelungen, Nr. 38, Buchstabe a) bis c)).

Dass in der Mehrjährigen Finanzplanung für die Zeit von 2007 bis 2013 nationale Interessen über den Weg der Kompensation bedient wurden, wird auch mit Blick auf die Mittelverwendung deutlich. Anhand der tatsächlichen Aufteilung der Haushaltsmittel für die Sonderregelungen lässt sich ein erster Eindruck gewinnen, welche Mitgliedstaaten die eigenen nationalen Interessen in besonderem Maße durchsetzen konnten. Von Ausgleichszahlungen im Mehrjährigen Finanzrahmen 2007 bis 2013 profitierten nicht nur die Kohäsionsländer auf der Ausgabenseite etwa über die Strukturpolitik oder über die Agrarpolitik. Diese Begünstigungen griffen auf der Ausgabenseite zugleich für die Nettozahler und wurden in Ergänzung dazu über die Einnahmenseite durch vielfältige Kompensationsmechanismen ausdifferenziert.

Sonderausgaben wurden vor allem in der regionalen Strukturförderung eingesetzt. Besonders begünstigt wurden die spanischen Exklaven Ceuta und Melilla. Diese liegen als Vorposten Europas geografisch in Afrika, gehören jedoch als Überbleibsel aus der Kolonialzeit zu Europa. Die beiden Regionen spielen eine tragende Rolle, wenn es darum, die EU-Außengrenze nach Marokko zu schützen. Weitere Gebiete, die eine besondere Förderung erfahren haben, waren Korsika, Nordirland, Prag, die ärmsten ostpolnischen Regionen, die ostdeutschen Bundesländer, Bayern sowie die österreichischen Grenzregionen. Sonderregelungen wurden aber nicht nur in der Strukturpolitik eingesetzt. Auch in der Rubrik 2 kamen diese zum Einsatz: Die zu verhandelnde Aufteilung der Mittel aus dem neuen Finanzierungsinstrument zur Förderung des ländlichen Raums (ELER) machte eine besondere Begünstigung ausgewählter westeuropäischer

---

134 Stellen in einem Mitgliedstaat die Phasing-out-Regionen mindestens ein Drittel der Gesamtbevölkerung der im Jahr 2006 für eine Ziel-1-Förderung uneingeschränkt in Frage kommenden Regionen, so liegt der Beihilfesatz im Jahr 2007 bei 80 Prozent ihrer individuellen Pro-Kopf-Beihilfeintensität des Jahres 2006, in den Jahren 2008 bei 75 Prozent sowie 2009 bei 70 Prozent. 2010 sinkt er weiter kontinuierlich ab auf 65 Prozent, im Jahr 2011 auf 60 Prozent, 2012 auf 55 Prozent sowie schließlich im letzten Jahr der finanziellen Vorausschau 2013 auf 50 Prozent dieses Wertes (Rat der Europäischen Union 2005d: 17, Teil I, Ausgaben, Übergangsregelungen, Obergrenze für die Transfers aus den Fonds zur Unterstützung der Kohäsion, zusätzliche Bestimmungen, Nr. 44).

Regionen möglich. Die Mitgliedstaaten haben sich bei der Vergabe der Sonderzahlungen auf keine absoluten Zahlen verständigt. Die Bemessungsgrundlage stellt vielmehr eine Vereinbarung von Zielgrößen dar (z. B. die Festsetzung eines Pro-Kopf-Förderniveaus oder die besondere Berücksichtigung einzelner Regionen für ausgewählte Übergangsmaßnahmen). Die größten Profiteure dieser Ausnahmeregelungen sind Haushaltskategorien übergreifend die alten Kohäsionsländer Spanien mit Sonderzahlungen in Höhe von mindestens 2,1 Milliarden Euro sowie Italien mit 1,9 Milliarden Euro. Aber auch dem neuen Kohäsionsland Polen kommen rund 1,2 Milliarden Euro aus den Sonderfördertöpfen zu Gute (Becker 2006a: 3–5).

Finanzverhandlungen sind trotz zunehmender Transparenz auf EU-Ebene noch immer schwer zu durchdringen. Die finalen Verhandlungsergebnisse öffnen ein Fenster, um die Forschungsfrage nach den Auswirkungen der Aufnahme der Staaten Mittel- und Ost-Europas auf die Entscheidungs- und Handlungsfähigkeit der Union und den Ausgang um die Mehrjährige Finanzplanung für 2007 bis 2013 zu beantworten. Daher wird in der nachfolgenden Untersuchungseinheit die Aufteilung der Haushaltsmittel innerhalb der beiden ausgabenintensiven Bereiche der Strukturförderung und der Agrarförderung genau beleuchtet.

7.7.2. Aufschlüsselung der Haushaltsmittel im Bereich der Strukturförderung

Im Rahmen der politischen Aushandlung um die Agenda 2007 standen vor allem das Gesamthaushaltsvolumen und die Verwendung der Mittel in der Rubrik 1 „Nachhaltiges Wachstum" im Fokus. Um das zentrale Gemeinschaftsziel des wirtschaftlichen und sozialen Zusammenhaltes innerhalb der erweiterten Union erfolgreich umzusetzen, empfahl der Vorsitz des Rates den Staats- und Regierungschefs für den Zeitraum 2007 bis 2013 für die Struktur- und den Kohäsionsfonds Mittel für Verpflichtungen in Höhe von 0,37 Prozent des BNE der EU-25 einzusetzen. 81,7 Prozent dieser Mittel (251.330 Millionen Euro) sollten dabei für das Ziel „Konvergenz" aufgebracht werden, davon plante der Rat 24,5 Prozent (61.518 Millionen Euro) für den Kohäsionsfonds und 5,0 Prozent (12.521 Millionen Euro) für die schrittweise aus der Förderung herausfallenden Regionen in den Mitgliedstaaten ein. Des Weiteren sprach sich der Vorsitz dafür aus, 15,8 Prozent der Mittel (48.789 Millionen Euro) für das Ziel „Regionale Wettbewerbsfähigkeit und Beschäftigung" einzusetzen; davon waren 21,3 Prozent (10.385 Millionen Euro) für die schrittweise in die Förderung einbezogenen Regionen vorgesehen. Dem Ziel „Territoriale Zusammenarbeit" sollten 2,4 Prozent dieser Mittel (7.500 Millionen Euro) zugeschrieben werden (Rat der

Europäischen Union 2005d: 8, Teil I, Ausgaben, Gesamthöhe der Finanzmittel, Nr. 18, 19). Ziel der Kohäsionsförderung im neuen Förderzeitraum ab 2007 war es, die Mittelzuweisungen auf die am wenigsten entwickelten Regionen und Mitgliedstaaten zu konzentrieren und die vorhandenen Unterschiede bei den durchschnittlichen Pro-Kopf-Beihilfeintensitäten zu vermindern. Hierfür wurden die Obergrenzen für die Transfers an jeden einzelnen Mitgliedstaat neu festgelegt[135] (Rat der Europäischen Union 2005d: 16, Teil I, Ausgaben, Obergrenze für die Transfers aus den Fonds zur Unterstützung der Kohäsion, Nr. 40).

Als zentrales Ziel für das neue MFR-Paket legten die Unionsländer auch die Verbesserung der Leistungsfähigkeit der Strukturfonds fest. Diese Zielsetzung sollte durch eine Reihe von Reformen über den Weg einer strategischeren Ausrichtung der Programmplanung, einer stärkeren Dezentralisierung der Verantwortlichkeiten und einer Verbesserung der Verwaltungs- und Kontrollsysteme realisiert werden. Eine Maßnahme hierbei war es, die einzelnen Fonds besser aufeinander

---

135 „*– Für Mitgliedstaaten mit einem durchschnittlichen Pro-Kopf-BNE (KKS) von weniger als 40 Prozent des Durchschnitts der EU-25 im Zeitraum 2001–2003: 3,7893 Prozent ihres BIP;*
– Für Mitgliedstaaten mit einem durchschnittlichen Pro-Kopf-BNE (KKS) von mindestens 40 Prozent und weniger als 50 Prozent des Durchschnitts der EU-25 im Zeitraum 2001–2003: 3,7135 Prozent ihres BIP;
– Für Mitgliedstaaten mit einem durchschnittlichen Pro-Kopf-BNE (KKS) von mindestens 50 % und weniger als 55 % des Durchschnitts der EU-25 im Zeitraum 2001–2003: 3,6188 % ihres BIP;
– Für Mitgliedstaaten mit einem durchschnittlichen Pro-Kopf-BNE (KKS) von mindestens 55 % und weniger als 60 % des Durchschnitts der EU-25 im Zeitraum 2001–2003: 3,5240 % ihres BIP;
– Für Mitgliedstaaten mit einem durchschnittlichen Pro-Kopf-BNE (KKS) von mindestens 60 % und weniger als 65 % des Durchschnitts der EU-25 im Zeitraum 2001–2003: 3,4293 % ihres BIP;
– Für Mitgliedstaaten mit einem durchschnittlichen Pro-Kopf-BNE (KKS) von mindestens 65 % und weniger als 70 % des Durchschnitts der EU-25 im Zeitraum 2001–2003: 3,3346 % ihres BIP;
– Für Mitgliedstaaten mit einem durchschnittlichen Pro-Kopf-BNE (KKS) von mindestens 70 % und weniger als 75 % des Durchschnitts der EU-25 im Zeitraum 2001–2003: 3,2398 % ihres BIP;
– Darüber hinaus wird die Transfer-Obergrenze für jede Steigerung des durchschnittlichen Pro-Kopf-BNE (KKS) um 5 Prozentpunkte gegenüber dem Durchschnitt der EU-25 im Zeitraum 2001–2003 um 0,09 Prozentpunkte des BIP verringert" (Rat der Europäischen Union 2005d: 16, Teil I, Ausgaben, Obergrenze für die Transfers aus den Fonds zur Unterstützung der Kohäsion, Nr. 40).

abzustimmen. So wurde etwa die Ausführung des Kohäsionsfonds in die Programmplanung der Strukturförderung einbezogen (Rat der Europäischen Union 2005d: 8, Teil I, Ausgaben, Verbesserung der Leistungsfähigkeit, Nr. 17).

Anhand der Mittelzuweisung in der wichtigen Strukturförderung lässt sich ablesen welche Fördersummen die Mitgliedstaaten aushandeln konnten und wer somit zu den Gewinnern respektive zu den Verlierern der Verhandlungen um die Mehrjährige Haushaltsplanung 2007 bis 2013 zählt. Zu den ärmsten Regionen zählten zum Zeitpunkt der Verhandlungen die sogenannten NUTS-2-Regionen Lubelskie, Podkarpackie, Podlaskie, Świętokrzyskie und Warmínsko-Mazurskie. Diese fünf Regionen Polens wiesen in der gesamten EU-25 das niedrigste Pro-Kopf-BIP auf. Allerdings fällt auf, dass sie mehr Mittel aus dem EFRE erhalten haben, als ihnen rechnerisch zustehen. Diesen Regionen wurde eine zusätzliche Förderung für die gesamte Dauer der Finanzplanung in Höhe von 107 Euro pro Einwohner zugewiesen. Die Staats- und Regierungschefs einigten sich darauf, diese Mittel auch dann abfließen zu lassen, sollte es zu Veränderungen des kumulierten Bruttoinlandsproduktes Polens kommen, die sich regulär auf die Fördermittel auswirken würden. In der komparativen Betrachtung der Verteilung der Fördermittel in der Strukturpolitik geht Polen als Hauptprofiteur aus den Verhandlungen. Der größte der neuen Mitgliedstaaten erhält von allen Ländern die höchsten Fördermittel (Rat der Europäischen Union 2005d: 18–20, Teil I, Ausgaben, zusätzliche Bestimmungen, Nr. 46–46b). Der zugewiesene Gesamtanteil von rund 55 Milliarden Euro in der Rubrik 1 macht das Land gleichzeitig zum größten Nettoempfänger in der EU (Becker 2006a: 6). Auch Ungarn kommen ungeachtet der Entwicklung des kumulierten Bruttoinlandsproduktes zusätzliche Mittel zu Gute: Die ungarische NUTS-2-Region Közép-Magyarország bezog einen zusätzlichen Betrag von 140 Millionen Euro über den gesamten Förderzeitraum 2007 bis 2013. Die tschechische NUTS-2-Region Prag erhielt ebenfalls zusätzliche Mittel in Höhe von 200 Millionen Euro über die gleiche Förderetappe. Da Zypern auf der Grundlage der überarbeiteten Zahlen für die Jahre 1997 bis 1999 für eine Förderung im Zeitraum 2004 bis 2006 im Rahmen der Ziel 1-Förderung in Frage gekommen wäre, sollte der Mitgliedstaat auch in den Jahren 2007 bis 2013 von Übergangsbestimmungen für die jeweiligen Regionen profitieren. Die NUTS-2-Regionen Itä-Suomi (Finnland) sowie Madeira (Portugal) behielten den Status von Phasing-in-Regionen und wurden darüber hinaus mit finanziellen Übergangsbestimmungen versehen. Spanien erhielt für seine Nuts-2-Region Kanarische Inseln einen zusätzlichen Betrag von 100 Millionen Euro im Zeitraum 2007 bis 2013 (Rat der Europäischen Union 2005d: 18–20, Teil I, Ausgaben, zusätzliche Bestimmungen, Nr. 47–49). Entlegene Regionen und die Regionen der NUTS-Ebene 2 in Finnland, Österreich und Schweden, die die in Artikel 2 des Protokolls Nr. 6 des Vertrags über den Beitritt Finnlands, Österreichs und Schwedens festgelegten Kriterien erfüllen, bezogen ebenfalls zusätzliche Mittel aus dem EFRE. Deren Höhe wurde auf jährlich 35 Euro pro Einwohner festgelegt. Diese Zuwendungen wurden zusätzlich zu allen anderen Fördermitteln gewährt, die diesen Regionen regulär zustehen. Begründet wurde diese Sonderbehandlung vom Rat allein mit dem Hinweis auf die *„(…) besonderen Zwänge, denen sie unterliegen (…)"* (Rat der Europäischen Union 2005d: 18–20, Teil I, Ausgaben, zusätzliche Bestimmungen, Nr. 50).

Eine besondere Förderung wurde den ehemaligen Außengrenzregionen der EU-15 zu Teil. Die Beihilfeintensität für diese Regionen lag im Vergleich zu anderen förderberechtigten Gebieten doppelt so hoch. Die Förderung erfolgte über das Ziel „Territoriale Zusammenarbeit". Regionen in Österreich, die an den ehemaligen Außengrenzen liegen, wurde ebenfalls eine Sonderbehandlung gewährt. Hierfür standen Zusatzbeträge in Höhe von 150 Millionen aus dem EFRE bereit, die im Mehrjährigen Finanzrahmen 2007 bis 2013 über das Ziel „Regionale Wettbewerbsfähigkeit und Beschäftigung" abgedeckt wurden. Bayern erhielt für den gleichen Zweck einen zusätzlichen Betrag von 75 Millionen Euro. Einzelne Regionen in Schweden wurden ebenfalls über das Ziel „Regionale Wettbewerbsfähigkeit und Beschäftigung" mit einem ergänzenden Transfer in Höhe von 150 Millionen Euro aus dem Fördertopf des EFRE bedacht. Auch Irland wurden Sondermittel zu Teil. In Anerkennung der Bemühungen um den Friedensprozess in Nordirland wurden dem Mitgliedstaat, der zum Kreis der alten Kohäsionsländer zählt, über das PEACE-Programm zusätzliche Mittel in Höhe von insgesamt 200 Millionen Euro über die gesamten Laufzeit des Mehrjährigen Finanzrahmens zugesprochen. Estland und Lettland, die jeweils eine einzige NUTS-2-Region darstellen, erhielten von 2007 bis 2013 eine zusätzliche pro Kopf-Förderung in Höhe von 35 Euro. Im Rahmen des Europäischen Entwicklungsfonds wurde Spanien zur Förderung von Forschung und Entwicklung eine Zusatzzahlung von 2,0 Milliarden Euro zu Teil. Die Aufteilung ist nicht indikativ. Sie wurde bei 75 Prozent für Regionen angesetzt, die unter das Ziel „Konvergenz" fallen. Hiervon wiederum sollten 5 Prozent für die schrittweise aus der Förderung herausfallenden Regionen aufgewendet werden. 25 Prozent dieser Mittel sollten für Gebiete eingesetzt werden, die unter das Ziel „Wettbewerbsfähigkeit" fallen. Auch hier waren 5 Prozent für die schrittweise in die Förderung einbezogenen Regionen vorgesehen. Der Rat gewährte Spanien die Möglichkeit, diese Prozentsätze, das heißt die Aufteilung auf die Förderziele, jederzeit vor der Annahme der allgemeinen Strukturfondsregelung abzuändern. Damit wurde den spanischen Regionen eine größere Flexibilität gewährt als es die regulären Bestimmungen vorsehen. Die Grenzregionen Ceuta und Melilla erhielten im Zeitraum 2007 bis 2013 des Weiteren einen zusätzlichen EFRE-Betrag in Höhe von 50 Millionen Euro.

Auch die Nettozahler wurden auf der Ausgabenseite mit Sonderleistungen bedacht. So bezog Italien über die Strukturfonds einen hohen zusätzlichen Betrag in Höhe von 1,4 Milliarden Euro. Frankreich erhielt für die Region Korsika und das Französische Hainaut über die gesamte Förderperiode Zusatzmittel in Höhe von 100 Millionen Euro, die über das Ziel „Regionale Wettbewerbsfähigkeit und Beschäftigung" abgedeckt wurden. Auch die östlichen Bundesländer Deutschlands fielen nicht vollständig aus der Förderung heraus. Sie wurden auf Vorschlag des Rates über das Konvergenzziel zunächst mit zusätzlichen Mitteln in Höhe von 225 Millionen Euro versehen (Rat der Europäischen Union 2005d: 18–20, Teil I, Ausgaben, zusätzliche Bestimmungen, Nr. 51–55e). Allerdings hat Deutschland unter der neuen Regierung von Bundeskanzlerin Angela Merkel in der letztinstanzlichen Verhandlungsetappe auf dem Dezember-Gipfel im Europäischen Rat auf einen Großteil dieser Mittel zu Gunsten der Förderung der polnischen Regionen verzichtet.[136]

Dass die Praxis von Kompensationsleistungen in der Strukturförderung auch dann kompromissfähig ist, wenn die eigentliche Legitimationsgrundlage fehlt, lässt sich mit Hilfe von zwei Beispielen abschließend belegen: Die drei Nettozahler Finnland, Österreich und Schweden hatten in den im Jahr 1994 unterzeichneten Beitrittsverträgen ein Sonderförderprogramm für ihre dünn besiedelten Regionen ausgehandelt. Obwohl diese Regionen bereits mehr als eine Dekade über die dafür vorgesehenen Strukturfonds zusätzlich zur regulären Förderung begünstigt wurden, konnten diese Länder ihre Ansprüche weiterhin geltend machen. Im Jahr 1999 wurden Großbritannien und Irland Mittel aus den Strukturfonds bewilligt, um die Bemühungen um den nordirischen Friedensprozesses zu unterstützen. Diese Sonderbeihilfen wurden bereits im Mehrjährigen Finanzrahmen 2000 bis 2006 fortgeschrieben. Auch über diese Finanzperiode hinweg ist es dem Vereinigten Königreich Großbritannien gelungen, in den Verhandlungen um den EU-Haushalt 2007 bis 2013 eine feste Summe zu Gunsten Nordirlands auszuhandeln (Vgl. Becker 2006a: 2).

136 Zu den finalen Fördersummen zu Gunsten der ostdeutschen Bundesländer: Vgl. nachstehendes Unterkapitel „Der deutsche Netto-Saldo"

7.7.3. Aufschlüsselung der Haushaltsmittel im Bereich der Agrarförderung

Die Erwartung der Integration von mindestens zehn förderberechtigten Neumitgliedern führte bereits im Vorfeld der Erweiterung zu einem Beharren auf nationalen Besitzständen. Um das Risiko einer Interessenverflechtung in den Verhandlungen um die Agenda 2007 zu minimieren, wurden bereits im Jahr 2002 Obergrenzen für die Gemeinsame Agrarpolitik abgesteckt. Eine etwaige budgetäre Anpassung der Distributionspolitiken an die Größenordnung und die neuen Verhältnisse der erweiterten Union beschränkte sich in den Verhandlungen um die Mehrjährige Haushaltsplanung 2007 bis 2013 somit vordergründig auf das Wesen der Strukturpolitik. Für die Haushaltsrubrik 2 „Bewahrung und Bewirtschaftung der natürlichen Ressourcen" gab es in Bezug auf die Mittel für marktbezogene Ausgaben und Direktzahlungen keine Neuverhandlungen. Vielmehr wurde der anlässlich der Tagung des Europäischen Rates im Oktober 2002 vereinbarte Leistungsumfang für die Agrarausgaben, der bis zum Jahr 2013 gelten soll, in den neuen Finanzrahmen übernommen. Somit wurde ein Kompromiss fortgeschrieben, der ausschließlich auf der Übereinkunft der alten Mitgliedstaaten beruhte. Dieser beinhaltete eine stufenweise Heranführung der Beitrittsländer an die Direktzahlungen.

Die Aufwendungen für marktbezogene Ausgaben und Direktzahlungen sind wie in allen Haushaltsrubriken mit einer Obergrenze belegt. In diesem System der Ausgabenrubriken sind auch die Höchstbeträge festgelegt, die gemäß den Differenzierungsregelungen auf das neue Finanzinstrument zur Entwicklung des ländlichen Raums übertragen und in diesem Rahmen ausgezahlt werden können. In dieser Haushaltsrubrik wurden den Mitgliedstaaten Spielräume eingeräumt, bei Wahrung der Obergrenze zusätzliche Beträge bis zu höchstens 20 Prozent der ihnen für marktbezogene Ausgaben und Direktzahlungen zustehenden Beträge in Programme zur ländlichen Entwicklung umschichten zu können. Somit kam der Rat in dieser ausgabenintensiven Rubrik der Forderung der supranationalen EU-Organe sowie einiger Mitgliedstaaten nach einem Zuwachs an Flexibilität in Hinblick auf die Mittelverwendung nach, obgleich jene Flexibilität exklusiv auf dieses Politikfeld beschränkt bleibt.

Die Festlegung der Budgethöhe für das neu geschaffene Finanzinstrument zur Entwicklung des ländlichen Raums, dessen Finanzierung sowie die Mittelaufteilung mussten im Rahmen der Aushandlung des MFR-Paketes für die Jahre 2007 bis 2013 neu verhandelt werden. Die Mittelzuweisung setzte sich aus Beträgen zusammen, die aus den Fonds zur Förderung der Regionalkomponente des Konvergenzziels (Strukturförderung) übertragen wurden sowie aus Mitteln, die aus dem Europäischen Landwirtschaftsfonds für die Entwicklung des ländlichen

Raums (ELER) und dem Europäischen Garantiefonds für die Landwirtschaft (EGFL) zur Verfügung standen. Die Mitgliedstaaten verständigten sich zu Gunsten des neuen Finanzinstrumentes zur Entwicklung des ländlichen Raums auf ein Mittelvolumen von insgesamt 69,75 Milliarden Euro. Der Großteil dieser Mittel wurde mit 41,23 Milliarden Euro über die Agrarfonds finanziert. Die Aufteilung der Mittel lässt auch in diesem Bereich Rückschlüsse zu, welche alten EU-Länder ihre Interessen im Verhandlungsprozess wirkungsvoll einbringen konnten respektive inwiefern dem Fairnessprinzip in diesem Politikbereich Geltung verschafft werden konnte: Den zehn neuen Mitgliedstaaten sowie Bulgarien und Rumänien wurden mindestens 33,01 Milliarden Euro zugeteilt. Von den verbleibenden 36,74 Milliarden Euro gingen 18,91 Milliarden Euro gemäß einem von der Kommission vorgeschlagenen und vom Rat in Einklang mit der Verordnung über die Entwicklung des ländlichen Raums (1698/2005) vom 20. September 2005 gebilligten Schlüssel an die alten Mitgliedstaaten. Ausgewählten Ländern aus dem Kreis der EU-15 wurden über diesen regulären Verteilungsmechanismus hinaus Mittel in einer Gesamthöhe von 4,07 Milliarden Euro zugewiesen. Hierbei gingen 1,35 Milliarden Euro an Österreich, 0,82 Milliarden Euro an Schweden, jeweils 0,5 Milliarden Euro an Irland und Italien, 0,46 Milliarden Euro an Finnland, 0,32 Milliarden Euro an Portugal, 0,1 Milliarden Euro an Frankreich sowie 0,02 Milliarden Euro an Luxemburg. Portugal wurde aufgrund der besonderen Schwierigkeiten der portugiesischen Landwirtschaft zudem eine weitere Begünstigung eingeräumt: Für den Südstaat wurde die Fördervoraussetzung der nationalen Kofinanzierung für Maßnahmen und Projekte im Bereich der ländlichen Entwicklung aufgehoben.

Der für die Laufzeit 2007 bis 2013 neu eingerichtete Europäische Fischereifonds (EFF) setzte sich aus Beträgen zusammen, die aus den Fonds zur Förderung der Regionalkomponente des Ziels „Konvergenz" und des Ziels „Regionale Wettbewerbsfähigkeit und Beschäftigung" übertragen wurden. Hierfür wurden insgesamt 3,8 Milliarden Euro eingestellt. Die aus den Fonds zur Förderung der Regionalkomponente des Konvergenzziels auf das Finanzinstrument zur Entwicklung des ländlichen Raums und das Finanzinstrument für den Fischereisektor übertragenen Mittel wurden von jedem Mitgliedstaat nach Anhörung der Kommission festgelegt. Dabei wurden die historischen Prozentsätze der Ausgaben in diesen Bereichen im Zeitraum 2000 bis 2006 (2004 bis 2006 im Falle der neuen Mitgliedstaaten) zugrunde gelegt. Diese Beträge wurden übernommen, so dass im Rahmen der Aushandlung des MFR-Paketes keine Neuzuweisung beschlossen werden musste (Rat der Europäischen Union 2005d: 23/24, Teil I, Ausgaben, Rubrik 2, Nachhaltige Bewirtschaftung und Schutz der natürlichen Ressourcen, Nr. 61–65).

7.7.4. Die Einnahmenseite

Die Ergebnisse der Aushandlung des Mehrjährigen Finanzrahmens für 2007 bis 2013 beinhalten nicht nur auf der Ausgabenseite Sonderregelungen. Auch auf der Einnahmenseite wurde dieses bewährte Mittel eingesetzt, um die nationale Bilanz, die auf den Zahlungen und Rückflüssen basiert, zu verändern. Deutschland, die Niederlande, Österreich und Schweden versuchten in ihrer Eigenschaft als Geberländer ihre negativen nationalen Nettosalden zu verringern. Insbesondere die Niederlande und Schweden konnten dieses Ziel in den politischen Verhandlungen erfolgreich über den Weg der Durchsetzung von Sonderbestimmungen umsetzen und damit erhebliche Reduzierungen ihrer Bruttoleistungen an den EU-Gesamthaushalt erwirken.

7.7.4.1. Der deutsche Netto-Saldo

Deutschland hat die ursprüngliche Haltung, auf der Einnahmenseite deutliche Entlastungen zu erreichen, im Verlauf der zähen Verhandlungen um die Agenda 2007 sukzessive aufgegeben. Der Beitrag der Bundesrepublik Deutschland steigt im Vergleich zur vorangegangenen Finanzplanung deutlich an. Unmittelbar nach den Zugeständnissen auf dem Dezember Gipfel 2005 legte die Bundesregierung ihre eigenen Berechnungen offen. Diesen zufolge ist der deutsche Nettosaldo in der Haushaltsperiode 2007 bis 2013 um rund zwei Milliarden Euro gegenüber dem Vergleichsjahr 2006 auf durchschnittlich rund 10,4 Milliarden jährlich angewachsen. Im Falle der gängigen Zugrundelegung des Bruttonationaleinkommens zur Bemessung der Nettozahlerposition ist die Bundesrepublik Deutschland in diesem Zeitrahmen mit einem Anteil von 0,43 Prozent des BNE zum größten Nettozahler in der EU geworden, vor Frankreich, Italien und Schweden mit jeweils 0,37 Prozent des Bruttonationaleinkommens. Der deutsche Gesamtanteil an der Finanzierung des Mehrjährigen Finanzrahmens 2007 bis 2013 lag durchschnittlich bei rund 19 Prozent während er in den Jahren 2000 bis 2006 mit einem Anteil von knapp über 20 Prozent geringfügig höher lag. Die ostdeutschen Bundesländer erhielten über das Ziel „Regionale Wettbewerbsfähigkeit und Beschäftigung" auch weiterhin Mittel aus den Struktur- und Kohäsionsfonds, allerdings ist das Fördervolumen deutlich gesunken. Während dieses in der Haushaltsperiode 2000 bis 2006 noch bei einem Gesamtumfang von rund 18 Milliarden Euro lag, fiel es in der neuen Förderperiode mit einer Kürzung um rund 26 Prozent auf insgesamt 13,3 Milliarden deutlich geringer aus (Becker 2006a: 6).

Tabelle 7: Deutscher Beitrag zum Mehrjährigen Finanzrahmen 2007 bis 2013 (prozentualer Finanzierungsanteil und absolute Beträge in Milliarden Euro)

Haushaltsjahr	**2007**	**2008**	**2009**	**2010**	**2011**	**2012**	**2013**	**gesamt**
in Prozent	22,6 %	22,6 %	22,6 %	22,6 %	22,6 %	22,6 %	22,6 %	
in Mrd. Euro	28,16	30,85	28,86	28,48	29,92	31,28	32,34	209,89

Quelle: modifiziert nach Becker (2004: 3, Tabelle 1)

7.7.4.2. Der Briten-Rabatt

Trotz der zunächst unnachgiebigen Position Großbritanniens und deren Einbringung in den politischen Verhandlungsprozess stimmte London letztendlich einer nicht unerheblichen Veränderung des Briten-Rabatts zu. Da das Land offensiv für die Ost-Integration eingetreten war, sah es sich nun in Folge der mit dieser einhergehenden finanziellen Belastung in der Pflicht, den anderen Nettozahlern auf der Einnahmenseite mit einem Zugeständnis zu begegnen. Während der eigene Vorschlag der britischen Regierung eine schrittweise Absenkung des VK-Ausgleiches um insgesamt acht Milliarden Euro vorsah, einigten sich die Mitgliedstaaten letztendlich auf eine Reduzierung um 10,5 Milliarden Euro über die gesamte Laufzeit von 2007 bis 2013 sowie auf eine dauerhafte Festschreibung der Absenkung über dieses Zieldatum hinweg. Das Vereinigte Königreich Großbritannien stimmte damit einer größeren finanziellen Verantwortung für die im Zuge der Ost-Erweiterung anfallenden höheren Strukturausgaben zu. Die Agrarausgaben für die neuen EU-Staaten aus Mittel- und Ost-Europa wurden hingegen auch weiterhin zu Gunsten des Inselstaates rabattiert (Becker 2006b: 111/112).

7.7.4.3. Änderungen am Eigenmittelbeschluss

Der Vorsitz des Rates sprach sich in seiner Empfehlung an den Europäischen Rat zur Finanziellen Vorausschau 2007 bis 2013 dafür aus, dass sich die zu verabschiedende Eigenmittelvereinbarung an dem generellen Ziel der Gerechtigkeit ausrichten sollte. Der neue Eigenmittelbeschluss müsse in Einklang mit den einschlägigen Schlussfolgerungen des Europäischen Rates von 1984 von Fontainebleau sicherstellen, „*(…) dass keinem Mitgliedstaat eine, gemessen an seinem relativen Wohlstand, überhöhte Haushaltsbelastung auferlegt wird. Die Vereinbarung sollte daher neue Bestimmungen in Bezug auf bestimmte*

Mitgliedstaaten enthalten" (Rat der Europäischen Union 2005d: 29, Teil II, Einnahmen, Eigenmittel, Nr. 77).

Auf Grundlage der Beschlüsse des Dezember-Gipfels 2005 einigten sich die Mitgliedstaaten schließlich auf die wesentlichen Anpassungen in Hinblick auf den zu verabschiedenden neuen Eigenmittelbeschluss,[137] der zahlreiche Sonderregelungen zu Gunsten der Nettozahler enthalten sollte. Die wichtigsten Neuerungen umfassten folgende Bestimmungen:

- Der Abrufsatz (der einheitliche Satz) für die Mehrwertsteuer-Eigenmittel wurde auf 0,30 Prozent festgelegt. Er erfuhr für Österreich eine Absenkung auf 0,225 Prozent, für Deutschland auf 0,15 Prozent sowie für die Niederlande und Schweden auf jeweils 0,10 Prozent. Diese Regelung sollte ausschließlich für die Zeit von 2007 bis 2013 gelten.
- Die Niederlande erhielten eine Bruttoverminderung ihres jährlichen BNE-Beitrags in Höhe von 605 Millionen Euro. Auch dem Nordstaat Schweden wurde eine Bruttoverminderung in Höhe von 150 Millionen Euro gewährt.

Diese beiden Sonderregelungen zu Gunsten der Nettozahlerstaaten stehen in der Tradition bereits erfolgter Kompensationen, die in früheren Haushaltsverhandlungen als temporär begrenzte Maßnahmen festgeschrieben und dann für die Zeit von 2007 bis 2013 fortgeschrieben wurden.

Genauso verhält es sich mit der Finanzierung des Briten-Rabattes, die bereits in der Vergangenheit mit Ausgleichsregelungen unterlegt und nun weiter fortgesetzt wurde:

- Die Minderung der Anteile Deutschlands, der Niederlande, Österreichs und Schwedens an der Finanzierung des VK-Ausgleichs wurde im Mehrjährigen Finanzrahmen 2007 bis 2013 auf dem Stand der Vereinbarung des Europäischen Rates von Berlin im Jahr 1999 fortgeschrieben.
- Der Haushaltskorrekturmechanismus zu Gunsten des Vereinigten Königreichs blieb für sämtliche Ausgaben in vollem Umfang erhalten. Allerdings unterlag die gewährte Ausgleichszahlung Restriktionen und Anpassungen. Großbritannien muss sich spätestens ab dem Jahr 2013 uneingeschränkt an der Finanzierung der Erweiterungskosten für die neuen Mitgliedsländer aus Mittel- und

---

137 Die Änderungen am Eigenmittelbeschluss wurden zum 1. Januar 2007 wirksam, konnten jedoch erst nach den abgeschlossenen Ratifizierungen in allen Mitgliedstaaten zum 1. März 2009 rückwirkend angewandt werden.

Ost-Europa, die nach dem 30. April 2004 der EU beigetreten sind, beteiligen. Hiervon ausgenommen blieben jedoch die marktbezogenen GAP-Ausgaben. Anpassungen im Falle weiterer Beitritte sind möglich. Die bereits antizipierte Aufnahme Bulgariens und Rumäniens blieb bei der Festlegung unberücksichtigt (Rat der Europäischen Union 2005d: 29/30, Teil II, Einnahmen, Änderungen am Eigenmittelbeschluss, Nr. 78, Buchstabe a) bis d)). Die Berechnung der Ausgleichszahlung für Großbritannien wurde durch eine progressive prozentuale Senkung der aufteilbaren Gesamtausgaben zu Gunsten der Mitgliedstaaten, die nach dem 30. April 2004 beigetreten sind, angepasst (Rat der Europäischen Union 2005d: 35, Anlage III, Modalitäten für die Anpassung der Berechnung der Ausgleichszahlung für das Vereinigte Königreich).

Tabelle 8: Prozentuale Abschmelzung der Ausgleichszahlung für Großbritannien im Siebenjahreszeitraum 2007 bis 2013

Haushaltsjahr im MFR 2007 bis 2013	Prozentuale Senkung
2007	0
2008	0
2009	20
2010	70
2011	100
2012	100
2013	100

Quelle: eigene Darstellung auf der Datenbasis von Rat der Europäischen Union (2005d: 35, Anlage III, Modalitäten für die Anpassung der Berechnung der Ausgleichszahlung für das Vereinigte Königreich)

Das Ziel mehr Beitragsgerechtigkeit im europäischen Finanzsystem herzustellen führte somit auch auf der Einnahmenseite zu einer Reihe von Ausgleichsmechanismen, die die Komplexität des Haushaltssystems weiter ausdifferenziert haben.

7.7.5. Die Interinstitutionelle Einigung mit dem Parlament als letzte Verhandlungsetappe

Die Einigung im Europäischen Rat markierte den Kulminationspunkt und den Verhandlungsabschluss zwischen den Mitgliedstaaten, nicht aber die Beendigung des Gesamtprozesses. In einem letzten Schritt mussten diese politischen Entscheidungen verbindlich verankert werden. Dies geschah im Fall der Agenda 2007 in Form einer Interinstitutionellen Vereinbarung zwischen Kommission,

Rat und Parlament. Das Entscheidungsverfahren um den Mehrjährigen Finanzrahmen 2007 bis 2013 begann im Februar 2004 mit der Vorlage der Mitteilung der Kommission an die beiden Teile der Haushaltsbehörde, den Rat und das Europäische Parlament. Dieser Prozess wurde in den gouvernementalen Ausschüssen und auf Ministerebene im Rat fortgesetzt und endete mit einer Einigung auf Ebene der Staats- und Regierungschefs im Europäischen Rat Ende Dezember 2005. Sowohl der Kommission als auch den gouvernementalen EU-Organen war bewusst, dass das Europäische Parlament und die nationalen Parlamente die Verhandlungsergebnisse mittragen müssen. Am Ende der Entscheidungskette stand nicht allein das Erfordernis einer Zustimmung durch das Europa-Parlament. Vielmehr musste der neue Eigenmittelbeschluss von allen nationalen Parlamenten ratifiziert werden.

Dem Parlament eröffnete sich zum Ende dieses langwierigen Entscheidungsprozesses damit eine eigene Verhandlungsplattform. Es sah sich in der Position, durch den Hebel einer Ablehnung direkten Einfluss auf den Mehrjährigen Finanzrahmen zu nehmen und somit eine Neuaushandlung des gefundenen Kompromisses zwischen den Mitgliedstaaten zu erzwingen. Das supranationale EU-Organ verfügt bis heute über keine Kompetenz, inhaltliche Änderungen vorzunehmen. Von einer gleichberechtigten Stellung zwischen den gouvernementalen Regierungsvertreten sowie dem Europa-Parlament kann also nicht gesprochen werden. Allerdings bewegte sich die Institution im Rahmen ihrer Handlungskompetenz als sie am 12. Januar 2006 ihre Zustimmung zu den gefundenen Verhandlungskompromissen des Europäischen Rates verweigerte. Die Parlamentarier nahmen damit die hohen politischen Kosten in Kauf, die mit einem Veto gegen den in einem langwierigen Prozess zwischen den Mitgliedstaaten gefundenen Kompromiss verbunden sind. Mit einem eindeutigen internen Abstimmungsergebnis hat das Parlament sein neues Selbstbewusstsein demonstriert, nicht alle Entscheidungen der Mitgliedstaaten ohne Weiteres mitzutragen. Diese Ablehnung erfolgte jedoch nicht aus dem Nichts heraus. Obwohl das Parlament an den politischen Aushandlungen der gouvernementalen Institutionen nicht partizipiert, brachte es sich bereits am 20. April 2004 mit einer ersten vorläufigen Positionierung zur Agenda 2007 in Stellung. Unmittelbar nach den Neuwahlen im Juni 2004 legte das neu konstituierte supranationale Organ am 8. Juni 2005 eine ausführliche Entschließung vor (Vgl. Europäisches Parlament 2005a). In dieser brachte es seine Vorstellungen und konkrete Forderungen zur Agenda 2007 in der Erwartung ein, dass diese von den Mitgliedstaaten in den bevorstehenden politischen Verhandlungen Beachtung finden (Vgl. Becker 2006b: 118). Die wesentlichen Standpunkte des Parlamentes sowie die Konfliktdimensionen mit den Mitgliedstaaten sollen nachfolgend skizziert werden.

In seiner Entschließung hob das Parlament einführend die Notwendigkeit einer ausreichenden Finanzausstattung der erweiterten Europäischen Union hervor und machte deutlich, „*(...) dass die Kosten der Erweiterung, die auf faire und gerechte Weise angegangen werden müssen, durchaus von den alten 15 Mitgliedstaaten zu verkraften sind und als minimal anzusehen sind, wenn man die politischen, sozialen und wirtschaftlichen Vorteile berücksichtigt, die die Wiedervereinigung Europas für die gesamte Union mit sich bringt*" (Europäisches Parlament 2005a: Allgemeiner Kontext, Nr. 6). Gleichzeitig legte es bereits zu diesem Zeitpunkt offen, dass es seine Zustimmung zum Gesamtpaket der Finanziellen Vorausschau davon abhängig machen wird, in welcher Form „*(...) der Rat die Notwendigkeit einer tiefgreifenden Reform des gegenwärtigen Systems der Eigenmittel anerkennt, die es gestattet, die neuen Ausgaben ausgewogen zwischen den Mitgliedstaaten zu verteilen und anschließend zum ursprünglichen Grundsatz der Finanzierung der gemeinsamen Politiken mit echten Eigenmitteln entsprechend einem transparenten, ausgewogenen und demokratischen System zurückzukehren, das spätestens zu Beginn der Laufzeit der folgenden Finanziellen Vorausschau in Kraft treten sollte*" (Europäisches Parlament 2005a: Allgemeiner Kontext, Nr. 9).

Im Rahmen der Festlegung seiner Position setzte das Parlament 975 Milliarden Euro für die Mehrjährige Finanzplanung ein. Das EU-Organ postulierte eine stärkere finanzielle Schwerpunktsetzung zu Gunsten einer Realisierung der Ziele von Lissabon. Gleichzeitig forderte es, die Gemeinsame Außen- und Sicherheitspolitik sowie die Innen- und Justizpolitik budgetär zu stärken. In Hinblick auf die Gemeinsame Agrarpolitik stellte das Parlament das progressive Postulat einer Abschrumpfung der Direktzahlungen auf und schlug den Einstieg in die nationale Kofinanzierung vor (Becker 2006b: 118). Vor der wichtigen Tagung des Europäischen Rates am 16. und 17. Dezember 2005 legte das Europa-Parlament am 1. Dezember 2005 eine weitere Entschließung vor, in der es nicht verhandelbare Positionen verlautbarte und daran erinnerte, dass es ohne eine Einigung mit dem Parlament über eine Interinstitutionelle Vereinbarung (IIV) keine Finanzielle Vorausschau geben wird (Vgl. Europäisches Parlament 2005b). Seine Kernforderungen lassen sich wie folgt zusammenfassen:

- Tiefgreifende Reform des Systems der Eigenmittel und Aufnahme einer Revisionsklausel in die neue IIV, um einer Realisierung Verbindlichkeit zu verleihen;
- Flexibilitätsreserven im Mehrjährigen Finanzrahmen in Höhe von rund 0,03 Prozent des EU-BNE beziehungsweise Bereitstellung einer Flexibilitätsmarge für nicht planbare Ausgabenerfordernisse;

- Achtung der Rechte des Parlaments durch Einführung des Mitentscheidungsverfahrens bei der Auflegung und Kontrolle von EU-Programmen im Bereich der Gemeinsamen Außen- und Sicherheitspolitik;
- Revision der Haushaltsordnung zur Verbesserung der Qualität der Haushaltsausführung;
- Verringerung der administrativen Belastung und Optimierung der Strukturen durch Zertifizierung der Ausführung der den Mitgliedstaaten zugewiesenen Mittel (Europäisches Parlament 2005b: Buchstabe E, Nr. 6).

Die Präzisierung dieser Vorbedingungen für die Zustimmung des Parlaments zu einer neuen Interinstitutionellen Vereinbarung über die Finanzielle Vorausschau nimmt Bezug auf die Schlussfolgerungen der Tagung des Europäischen Rates vom Dezember 2004: In seiner Entschließung erinnert das Parlament an die bereits erfolgte Übereinkunft der Mitgliedstaaten, „*(…) dass die Verhandlungen über die Ausgaben der Union in einem umfassenden Kontext gesehen werden müssen, der die Frage der Eigenmittel, den Korrekturmechanismus und die Prüfung einer möglichen Vereinfachung des Systems einschließen muss (…)*“ (Europäisches Parlament 2005a: Teil III Haushaltsmittel und Alternativen, Nr. 50, Eigenmittel und Korrekturmechanismus). Das Parlament zielte auf eine Revision des Eigenmittelsystems ab, die kurzfristig zu einer gerechteren Verteilung der Nettolasten führen sollte. Die Parlamentarier postulierten ein „*eigenständiges Finanzierungssystem*“ vor Ende der Mehrjährigen Finanzplanung bis 2013. Zur Umsetzung einer Reform schlug das Parlament die Übertragung der Vorbereitung auf eine interparlamentarische Konferenz vor. Die Intention war es dabei, das Europäische Parlament und die nationalen Parlamente direkt und aktiv an diesem Reformprozess im Sinne des Protokolls zur Verfassung in Bezug auf die Rolle der nationalen Parlamente zu beteiligen (ebenda).

Der auf dem Europäischen Rat vom 17. Dezember 2005 schließlich erfolgte Kompromiss beinhaltete eine Revisionsklausel, der jenen Forderungen der Parlamentarier, aber auch einzelner Nettozahler wie Großbritannien und Schweden Rechnung trägt. Hierzu wurde die Europäische Kommission aufgefordert, bis 2008/2009 Reformvorschläge für eine umfassende „*Neubewertung des Finanzrahmens*“ vorzulegen, die sowohl die Einnahmen- als auch die Ausgabenseite einschließt (Rat der Europäischen Union 2005d: 32, Teil III, Überprüfung, Nr. 79). Wichtig ist, dass sowohl die Gemeinsame Agrarpolitik als auch der britische Beitragsrabatt explizit in der Überprüfungsklausel benannt wurden: „*Der Europäische Rat fordert die Kommission deshalb auf, eine vollständige, weit reichende Überprüfung vorzunehmen, die sämtliche Aspekte der EU-Ausgaben, einschließlich der GAP, und der Eigenmittel, einschließlich der Ausgleichszahlung an das Vereinigte Königreich, abdeckt, und darüber 2008/2009 Bericht zu erstatten. (…) Die Überprüfung wird auch bei der Vorbereitung der nächsten Finanziellen Vorausschau berücksichtigt"* (Rat der Europäischen Union 2005d: 32, Teil III, Überprüfung, Nr. 80).

Kommissionspräsident Barroso reagierte mit der Ankündigung der Vorlage eines Weißbuches im Jahr 2008. In diesem Rahmen sollten alle Haushaltskategorien und Politikbereiche ohne Einschränkung auf den Prüfstand gestellt werden. Gleichzeitig postulierte der Kommissionspräsident eine autonome Eigenmittelquelle der EU, um die Finanzierung der Union vor dem Hintergrund der wiederholt schwierigen Verhandlungen um die Finanzielle Vorausschau auf eine unabhängige Grundlage zu stellen und von der Nettosaldo-Debatte loszulösen. Die Option einer EU-Steuer ließ er dabei zumindest namentlich unerwähnt. Die Ausformulierung der Revisionsklausel blieb jedoch äußerst unbestimmt, da eine zeitliche Terminierung sowie genaue Zielvorgaben für die geplante Reform des EU-Finanzrahmens fehlten. Die Erfolgschancen einer Überprüfungsklausel, mit der die Gemeinschaft das Ziel verfolgt hat, nicht reformwillige Staaten zu einer umfassenden Revision des Haushaltssystems zu bewegen, fielen ohne Einigungsdruck bereits von Vorneherein gering aus. Jede mögliche Veränderung des Haushaltssystems wird von den Mitgliedstaaten nahezu ausschließlich an den Auswirkungen auf den nationalen Nettosaldo bemessen (Becker 2006b: 119). Eine Reform des Haushaltssystems muss sich im Sinne einer Integrations- sowie Gemeinwohlorientierung an den übergeordneten Unionszielen orientieren und sich an diesen messen lassen.

In der Interinstitutionellen Vereinbarung zwischen dem Europäischen Parlament, dem Rat und der Kommission über die Haushaltsdisziplin und die wirtschaftliche Haushaltsführung vom 14.06.2006 einigten sich die EU-Organe schließlich auf eine geringfügige Steigerung der auf dem Dezember Gipfel beschlossenen Zahlen: Der Europäischen Union standen in der Zeit von 2007 bis 2013 insgesamt 864,316 Milliarden Euro (dies entspricht 1,048 Prozent der EU-Wirtschaftsleistung) an Verpflichtungsermächtigungen und 820,780 Milliarden Euro an Zahlungsermächtigungen (dies entspricht 1,00 Prozent der EU-Wirtschaftsleistung) zur Verfügung. Der Anteil der Verpflichtungen im Verhältnis zum erwarteten EU-Wirtschaftswachstum sank von 1,10 Prozent im Jahre 2007 über die gesamte Laufzeit auf 1,01 Prozent des EU-BNE im Jahr 2013. Der Anteil der Zahlungen sank von 1,06 Prozent im Jahre 2007 auf 0,94 Prozent des EU-BNE im Jahr 2013 (Europäische Kommission / Europäisches Parlament / Rat 2006: C 139/10, Anhang I, Finanzrahmen 2007–2013). In der zusammenfassenden Bewertung der Rolle des Parlamentes im Entscheidungsprozess um die Mehrjährige Finanzplanung bleibt festzuhalten, dass es sich in diesem Rahmen nicht auf eine beobachtende oder beratende Rolle hat beschränken lassen.

Vielmehr hat es seinen Anspruch auf Mitentscheidung im europäischen Institutionengefüge über sein Vetorecht geltend gemacht, obgleich es mit der Umsetzung der Forderungen nicht zufrieden sein kann.

7.8. Demarkationslinien im Entscheidungsprozess

Trotz der Pluralität an Akteuren und Interessen im komplexen Entscheidungsverlauf um den Mehrjährigen Finanzrahmen der EU für die Jahre 2007 bis 2013 ergibt sich in der zusammenfassenden Beurteilung ein durchaus geordnetes Bild in Hinblick auf die Kategorisierung von Verhandlungspositionen und – Zielen sowie auf eine Abgrenzung prägender Demarkationslinien:

Nettozahler versus Nettoempfänger: Die Konfliktdimension zwischen Nettozahler-Staaten und Nettoempfänger-Staaten kursierte um die Höhe des Gesamtbudgets. In Finanzverhandlungen wird der Wert der EU-Mitgliedschaft vorrangig nach dem nationalen Nettosaldo bemessen. Dabei wird der Blick auf die Bilanz an Einzahlungen an den EU-Haushalt beziehungsweise auf die Rückflüsse aus Brüssel gerichtet. Neben dem Spannungsfeld der Nettosaldobilanz gab es unterschiedliche Vorstellungen über die Aufteilung des Gesamtetats auf die einzelnen Haushaltsrubriken. Der Großteil der Geber-Länder forderte eine stärkere Konzentration auf eine Erneuerung der Europäischen Union im Sinne der Ziele von Lissabon. Der Großteil der Nehmer-Länder, die sich wiederum in alte und neue Nettoempfänger differenzieren lassen, verwiesen ihrerseits auf das altbewährte Argument der Solidarität zwischen den Mitgliedstaaten mit der Intention der Herstellung von mehr Kohäsion innerhalb der Gemeinschaft. Ihr Ziel war die Aufrechterhaltung des Förderfokus auf die alten Gemeinschaftspolitiken, der Agrar- und Strukturpolitik.

Alte Nettoempfänger versus neue Nettoempfänger: Das Verhältnis zwischen alten und neuen Nettoempfängern war in den Verhandlungen vor allem durch die Sorge der alten Kohäsionsländer bestimmt, bisherige Zuwendungen zu Gunsten der neuen Mitgliedstaaten aus Mittel- und Ost-Europa aufgeben zu müssen. Aufgrund der Deckelung der Landwirtschaftsausgaben, die auf das Jahr 2002 zurückgeht, gab es um den Stellenwert der Gemeinsamen Agrarpolitik und deren budgetäre Berücksichtigung im Haushaltsrahmen keine gravierenden Auseinandersetzungen. In der Strukturpolitik ging es den Ländern vordergründig darum, möglichst hohe Förderungen aus den Struktur- und Kohäsionsfonds zu erhalten. Die alten Nettoempfänger haben erfolgreich versucht, die Höhe der Rückflüsse über die Implementierung von Ausgleichsmechanismen zu beeinflussen. Die neuen Mitgliedstaaten wünschten sich vor allem eine Gleichbehandlung der alten und neuen Unionsländer sowie eine Kompensation ihrer offenkundigen

Benachteiligung in der Agrarförderung. Inhaltliche Fragen drehten sich vorrangig um die Ausrichtung der Entwicklung des ländlichen Raumes. Dieses Politikfeld wurde nicht nur über die Haushaltsfonds der Agrarpolitik, sondern auch über die Strukturförderung bedient. Dieser Bereich bot den neuen Ländern aus Mittel- und Ost-Europa Verhandlungsspielraum, um in der Gesamtbilanz eine faire Mittelzuweisung auszuhandeln.

Zirkel der Nettozahler-Staaten: Innerhalb der Interessengruppe der Nettozahler-Staaten stand die Frage nach der Finanzierung des Mehrjährigen EU-Finanzrahmens, die Neuaushandlung der Beitragszahlungen sowie die Themen Beitragsgerechtigkeit und Transparenz im Fokus. Gemeinsames Ziel der Nettozahler war es, eine Reduzierung der Beitragslast auf dem Weg einer Begrenzung des Gesamthaushaltsvolumens herbeizuführen. Die Aufrechterhaltung des Briten-Rabattes und die Frage seiner Ausgestaltung erzeugte im Rahmen von Finanzverhandlungen regelmäßig Spannungen und barg großes Konfliktpotential, da dieser von den anderen Geberländern finanziert werden musste. Der VK-Ausgleich stand innerhalb des Verhandlungszirkels der Nettozahler in nie dagewesener Form auf dem Prüfstand. Er bildete in der politischen Aushandlung um die Agenda 2007 den Dreh- und Angelpunkt im gouvernementalen Spannungsverlauf vor allem auch zwischen Frankreich und Großbritannien.

Nettozahler versus supranationale EU-Organe: Neben der Höhe des Gesamthaushaltes stand vor allem das Thema Flexibilität im Fokus. Während die Geberländer daran interessiert waren, dass nicht genutzte Haushaltsmittel an die Mitgliedstaaten zurückfließen, setzten sich die supranationale EU-Organe für die Einführung eines Flexibilisierungsmechanismus ein, das heißt für die rechtliche Implementierung eines Instrumentes zur flexiblen Umschichtung nicht genutzter Haushaltsmittel über Haushaltskategorien hinweg. Angesichts der Ost-Erweiterung sowie alter und neuer Aufgaben im Bereich der Gemeinschaftspolitiken der ersten Säule mahnten Kommission und Parlament an, dass die sich daraus ergebenden finanziellen Anforderungen groß seien. Überdies seien im Rahmen der zweiten Säule (Gemeinsame Außen- und Sicherheitspolitik) sowie der dritten Säule (Zusammenarbeit in der Justiz und Innenpolitik) eine Vielzahl neuer Aufgabenfelder hinzugekommen. Der budgetäre Handlungsbedarf in diesen Bereichen rückte somit ergänzend auf das Verhandlungstableau.

Die Untersuchung der gouvernementalen Verhandlungen hat gezeigt, dass kein direkter Konflikt zwischen den alten und den neuen Mitgliedstaaten entstanden ist. Vielmehr wurden die gewohnten Verhandlungselemente zum Gegenstand der Aushandlung um das MFR-Paket für 2007 bis 2013:

- **Nationale Nettosalden-Politik:** Der Wert der Europäischen Integration bemisst sich in Finanzverhandlungen vorrangig nach dem mitgliedstaatlichen Nettosaldo. Die Hauptleitlinie in der Ausrichtung der nationalen Verhandlungsstrategie erfolgte in Abhängigkeit von der jeweiligen Bilanz der Einzahlungen in den EU-Haushalt beziehungsweise der Rückflüsse aus dem Gemeinschaftshaushalt.
- **Förderungsprioritäten:** Die Verteilung der Finanzmittel auf die einzelnen Haushaltsrubriken erfolgte erwartungsgemäß nach einem interessenorientierten anstelle eines gemeinwohlorientierten Prinzips. Die einzelnen Mitgliedstaaten setzten sich traditionsgemäß für den Ausbau derjenigen Politikfelder ein, die für sie hohe Rückflüsse aus Brüssel erwarten ließen.
- **Britenrabatt:** Eine transparente und gerechte Gestaltung des Finanzplanungsturnus von insgesamt sieben Jahren erforderte aus Sicht aller anderen Mitgliedstaaten eine Revision der bestehenden Vergünstigungen Großbritanniens.

7.9. Eine Analyse der verhandlungspolitischen Dimension des Bargaining und des Arguing

Um das Vorkommen der beiden Idealtypen, das Aushandeln (Bargaining) auf der einen und das Argumentieren (Arguing) auf der anderen Seite, sowie ihr Verhältnis zueinander in den Verhandlungsprozessen zu prüfen, müssen diese im Kontext der unterschiedlichen mitgliedstaatlichen Interessenkonstellationen betrachtet werden. In beiden untersuchten Entscheidungseinheiten zu den EU-Finanzverhandlungen hat sich gezeigt, dass es zu keiner Zeit eine vollständige motivationale Übereinstimmung der mitgliedstaatlichen Verhandlungspositionen gegeben hat. Um ihre unterschiedlichen Präferenzen in den Entscheidungsprozess einzubringen, haben die Akteure von beiden Verhandlungsformen des Bargaining und des Arguing wechselseitig Gebrauch gemacht, indem sie sowohl strategisch und zweckrational agiert als auch zweckoptimale Kommunikationsformen angewandt haben. Hierbei diente der Idealtypus des Aushandelns zunächst als vorrangige Interaktionsform. Obwohl die Entscheidungsträger ihre nationalen individuellen Ziele im Bargaining-Modus strikt verfolgt haben, ließen sie sich im späteren Verlauf der Verhandlungen auf einer Kommunikationsebene auf ein Austarieren dieser heterogenen Interessen ein.

In allen Phasen des Bargaining hat sich gezeigt, dass die Verhandlungspartner die Legitimität von Gegenpositionen grundsätzlich respektieren. Die Fallstudie zur Agenda 2007 hat jedoch auch offen gelegt, dass die Akzeptanz der mitgliedstaatlichen Delegationen gegenüber anderen Standpunkten bröckelt, insoweit die gegnerischen Positionen offenkundig durch nationalen Egoismen geprägt sind und wenig glaubwürdig in den Verhandlungsprozess eingebracht wurden. Dieses Phänomen war besonders deutlich am Auftreten der britischen Delegation sowie an den Reaktionen der anderen Nettozahler zu beobachten: Die Frage des VK-Ausgleiches konnte daher im Interaktionsmodus des Bargaining nicht geklärt werden. Erst unter der britischen Ratspräsidentschaft fand in diesem Punkt ein Übergang vom strategischen Aushandeln zur Kommunikationsform eines auf Konsens ausgerichteten Argumentierens statt. Das Eintreten in diesen Prozess wurde durch die wechselseitige Verfahrensbindung aller Verhandlungsdelegationen sowie durch den Einigungsdruck beschleunigt, der sich durch die schleppend lange Phase des Bargaining aufgebaut hatte. Die geltenden Verfahrensregeln haben den weiteren Verlauf der grundsätzlich schwierigen Verhandlungen um den Mehrjährigen Finanzrahmen erleichtert, in dem sie den Akteuren einerseits Entscheidungsspielräume gewährt, ihnen andererseits aber auch Handlungsgrenzen auferlegt haben. Aufgrund der vorherrschenden Interessenpluralität war dieser Rahmen besonders wichtig, da sich alle Verhandlungsdelegationen der formellen Entscheidungsregel der Einstimmigkeit sowie der Konsequenzen einer Nichteinigung bewusst waren. Während im idealtypischen Konzept des Bargaining eine Annäherung abweichender Positionen über ein Austarieren von Verteilungsnormen stattgefunden hat, erfolgte diese im idealtypischen Konzept des Arguing über einen anderen Weg: Auf dem Pfad des Argumentierens wurden falsche Argumente ausgesondert, richtige reproduziert, Argumente mit größerer Aussagekraft übergeordnet und Argumente mit geringerer Aussagekraft untergeordnet (Vgl. von Prittwitz 1996: 136–138).

Aufgrund der an die Ost-Erweiterung geknüpften Verpflichtungen der europäischen Staatengemeinschaft stellte sich in den Finanzverhandlungen zum MFR-Paket im Modus des Argumentierens eine konstruktive Verhandlungsdynamik zwischen den 25 mitgliedstaatlichen Delegationen ein. Diese führte zu einer Isolierung der britischen Haltung in Bezug auf die Aufrechterhaltung des VK-Rabattes. Nach dem vollzogenen Schritt der Ost-Integration erschien ein starres Beharren auf nationalen Besitzständen nicht mehr durchsetzbar. Der Erfolg in Bezug auf einen Abschluss der Verhandlungen hing insbesondere davon ab, inwieweit die anderen Staaten (vor allem die Nettozahler) in der Lage waren, die Legitimität beziehungsweise Sinnhaftigkeit der britischen Position in Abrede zu stellen und die Delegation des Inselstaates von der Richtigkeit der gemeinschaftlich gefassten Position zu überzeugen. Hierzu stand das Mittel der Isolation zur Verfügung, das neben dem Verweis auf die Selbstverpflichtung der EU, ihre Beitrittsversprechen gegenüber den neuen Staaten aus Mittel- und Ost-Europa einzulösen, vehement eingesetzt wurde. Während zu allen anderen

Verhandlungsthemen gemischtmotivationale Positionen bestanden haben, lag im Falle der verhandlungsentscheidenden Frage des Britenrabattes eine (mit Ausnahme Großbritanniens) Interessensübereinstimmung aller Delegationen vor. In dieser Phase des Arguing hing die Überzeugungskraft davon ab, wie glaubhaft die Argumente (etwa Appell an die Aufrechterhaltung europäischer Werte und an die Umsetzung der sich daraus ergebenden Verpflichtungen) in den Entscheidungsprozess eingebracht werden können. Differenzen, die zu anderen Verhandlungspunkten bestanden haben, mussten dabei ausgeklammert werden, um das gemeinsame übergeordnete Ziel einer Veränderung des Briten-Rabattes durchzusetzen. Andere Inhalte wurden im gesamten politischen Verhandlungsverlauf vorrangig im Bargaining-Modus ausgehandelt. Hierbei ist an die Verteilung der Strukturmittel zu denken. Der Appell der neuen Mitgliedstaaten, eine Gleichbehandlung der alten und neuen Mitgliedstaaten durchzusetzen, fand im Modus des Arguing zwar Gehör. Letztendlich wurden die gefundenen Entscheidungsergebnisse Ende Dezember 2005 vorrangig durch fiskalpolitische Interessen und materielle Verteilungsnormen bestimmt, die mit dem Gleichheitsprinzip nicht konform gingen.

7.10. Entscheidungsprägende Akteure im Europäischen Rat: Die Rolle Deutschlands, Frankreichs, Großbritanniens, Polens und Spaniens im politischen Verhandlungsverlauf

Die vorangegangenen Analysen haben verdeutlicht, dass die Verhandlungsergebnisse anlässlich des Dezember Gipfels 2005 das Resultat des Zusammenwirkens beider Interaktionsmodi, des Bargaining und des Arguing, waren. Die Mitgliedstaaten verfolgten in ihrer Eigenschaft als rationale Nutzenmaximierer das Ziel, ihre nationalen Interessen bestmöglich in die Haushaltsverhandlungen einzubringen. Die Untersuchung zur Agenda 2007 hat aber auch offen gelegt, dass selbst Hardliner-Staaten (wie das Beispiel Großbritannien belegt) damit einverstanden waren, ihre Position anzupassen, nachdem die institutionellen Zwänge und das Drängen der anderen Mitgliedstaaten so massiv wurden, dass die Verfolgung egoistischer Eigeninteressen nicht mehr möglich erschien. Ein interessantes Untersuchungsergebnis ist der Sachverhalt, dass selbst Staaten ohne eindeutigen Konsens- und Handlungsdruck bereit waren, die Einbringung ihrer Eigeninteressen zu modifizieren, sobald sie in einen institutionalisierten Kommunikationsprozess eingetreten sind. Das Beispiel Deutschlands demonstriert diese Erscheinung sehr eindrucksvoll. Diese deutsche Gipfeldiplomatie lässt sich anhand der Verhandlungsergebnisse ablesen. Neben dem traditionell engen Schulterschluss mit Frankreich, der auch im Fall der Agenda 2007 deutlich erkennbar war, setzte Deutschland diplomatische Signale gegenüber dem Vereinigten Königreich sowie gegenüber mittelgroßen und kleineren EU-Mitgliedstaaten. Für die finalen Verhandlungen im Dezember 2005 zeichnete eine neue Bundesregierung Verantwortung. Die Regierung aus einer großen Koalition zwischen CDU/CSU und SPD konnte damit bereits zu Beginn ihrer Amtszeit unter Beweis stellen, dass sie auf europäischer Ebene zu einem fairen Lastenausgleich bereit ist. Mit einer Aufstockung der eigenen Zahlungen um insgesamt rund 13,2 Milliarden Euro löste sie die Stagnation der Verhandlungen auf, die durch den restriktiven Vorschlag der Briten zur Begrenzung des Gesamthaushaltsvolumens entstanden war. Dieses zusätzliche Kapitalvolumen eröffnete neue Verhandlungsspielräume, die letztlich als Sonderzahlungen zu Gunsten der alten mittelgroßen und kleinen Mitgliedstaaten genutzt werden konnten. Des Weiteren begegnete das Land in der Endphase der Verhandlungen Polen mit einem großen Entgegenkommen. Deutschland verzichtete von den für die ostdeutschen Bundesländer reservierten 225 Millionen auf rund 100 Millionen Euro zu Gunsten des polnischen Nachbarn. An dieser wichtigen politischen Geste wird die Bereitschaft des Gründerstaates der Europäischen Gemeinschaften erkennbar, die eigenen Forderungen für einen Gesamtkompromiss zurückzustellen.[138]

Dieser Positionswechsel der deutschen Delegation hatte folgende Beweggründe: Die unverrückbare britische Verhandlungsstrategie in Hinblick auf das Budgetvolumen sowie das Beharren Frankreichs auf einer Unveränderlichkeit des auf dem Oktober Gipfel im Jahr 2002 gefundenen Kompromisses drängten Deutschland in die Rolle eines fairen Maklers. In dieser Funktion gelang es dem Mitgliedsland, scheinbar unüberwindbare Gegensätze auf dem Weg eigener Zugeständnisse aufzulösen, ohne dabei alte Verbindungen aufgeben zu müssen. Deutschland hat unmittelbar nach der vollzogenen Ost-Erweiterung gezeigt, dass es nationaler Unwägbarkeiten zum Trotz die eigenen Interessen zurückzustellen bereit ist, damit Kompromisse innerhalb der erweiterten Europäischen Union möglich bleiben. Gleichzeitig ist die Bundesregierung als zentraler Vermittler zwischen Ost und West aufgetreten. Deutschland hat nicht nur seine Verlässlichkeit als solider Bündnispartner innerhalb der EU unter Beweis gestellt.

138 Diese Entscheidung wurde unmittelbar nach dem EU-Gipfel auf Ebene der ostdeutschen Bundesländer stark kritisiert. Die damaligen Ministerpräsidenten von Mecklenburg-Vorpommern, Harald Ringstorff, von Sachsen, Georg Milbradt, und von Thüringen, Dieter Althaus, forderten die neue Bundesregierung auf, die in Brüssel beschlossenen Kürzungen für Ostdeutschland in einem Umfang von 75 Millionen Euro über den Solidarpakt II zu kompensieren (Handelsblatt 2005).

Unmittelbar nach der Aufnahme der neuen Staaten aus Mittel- und Ost-Europa war es wichtig, gegenüber den neuen Mitgliedstaaten, insbesondere gegenüber Polen, Vertrauen herzustellen und die Verbindlichkeit getroffener Zusagen unter Beweis zu stellen.

Obwohl die Europapolitik der neuen Regierung in der europäischen Presse mit Umschreibungen wie *"The Return of Germany"* ausgelobt wurde, scheint diese politische Bewertung überzeichnet. Die deutsche Verhandlungsstrategie im Europäischen Rat war von Anbeginn auf Diplomatie ausgerichtet. Bereits vor und auf dem Juni Gipfel hatte sich unter der rot-grünen Koalition ein Positionswechsel der Bundesregierung sowie eine damit verbundene Bereitschaft, ein höheres Beitragsvolumen zu leisten, abgezeichnet. In der zusammenfassenden Beurteilung bleibt festzuhalten, dass die Europapolitik Deutschlands trotz Regierungswechsel im zweiten Halbjahr 2005, der in die wichtigste Phase der Verhandlungen fiel, von Konstanz geprägt und die nationale Verhandlungsstrategie durchgängig auf Konsens angelegt war (Vgl. Becker 2006a: 2/3).

Supranationale Entscheidungsprozesse sind durch das Ausbalancieren nationaler Präferenzen gekennzeichnet, die bei Aufnahme der Verhandlungen zunächst unvereinbar und unverrückbar erscheinen. Die Betrachtung des Untersuchungsbeispiels um das wichtige Verhandlungssujet der EU-Finanzen hat gezeigt, dass sich die beteiligten mitgliedstaatlichen Akteure ihrer Verhandlungsmacht eingehend bewusst waren. Dies lässt sich vor allem an der Abgrenzung ihrer Eigenschaft als Nettoempfänger oder Nettozahler festmachen. Haushaltsverhandlungen in der EU werden maßgeblich von den Nettozahlern dominiert. Gleichzeitig spielt die geografische Größe eine Rolle, unabhängig davon, ob die Mitgliedstaaten dem Kreis der Nettoempfänger oder der Nettozahler zuzuordnen sind. Dies lässt sich am Beispiel Polens belegen. Polen war der einzige Mitgliedstaat aus dem Kreis der neuen Staaten aus Mittel- und Ost-Europa, der im Modus des Argumentierens aktiv auf einen schnellen Ausgleich der mitgliedstaatlichen Positionen gedrängt und die Verhandlungspartner auf die gemeinsamen europäischen Werte eingeschworen hat. Da ein Austarieren der jeweiligen Interessen über mehrere Monate nicht möglich erschien, gewann ein diskursiver Austausch von Argumenten an Bedeutung. In diesem Stadium des Argumentierens rückte die Differenzierung zwischen Nettozahlern und Nettoempfängern in den Hintergrund. Die Beschlussfassung auf dem Gipfel im Dezember 2005 basierte einerseits auf bestehenden Macht- und Interessenkonstellationen der Mitgliedstaaten. Andererseits spiegeln die Verhandlungsergebnisse gemeinschaftlich akzeptierte Werte und Normen wider, die dem Solidaritätsgrundsatz geschuldet sind und auf eine Kohäsion innerhalb der Union abzielen.

Zusammenfassend bleibt festzuhalten, dass in den Verhandlungen zum Mehrjährigen Finanzrahmen 2007 bis 2013 der Interaktionsmodus des Bargaining gegenüber dem Modus des Arguing erwartungsgemäß die dominierende Verhandlungsform darstellte. Der Zeitpunkt der Verhandlungen im Jahr 2005 war durch ein stagnierendes Wirtschaftswachstum in allen Mitgliedstaaten gekennzeichnet, so auch in den beiden großen Geberländern Frankreich und Deutschland. Dieser gesamtökonomische Kontext hat die Verhandlungen maßgeblich geprägt. Die Veränderung der Gruppengröße in Folge der EU-Ost-Erweiterung hatte hingegen keine Auswirkungen auf die Handlungsfähigkeit der gouvernementalen EU-Organe. Diese Aussage, die sowohl für den Modus des Bargaining als auch für den Modus des Arguing gilt, trifft allerdings auf die rein quantitative Veränderung der Anzahl der Akteure zu. Die qualitative Veränderung in der Mitgliederstruktur hat dazu geführt, dass heute mehr Nettoempfänger als Nettozahler Mitglieder der Europäischen Union sind. Aufgrund der Tatsache der Neuaufnahme ökonomisch schwacher Staaten ist eine Verteilungskonkurrenz entstanden, die hingegen erhebliche Auswirkungen auf die Verhandlungsführung der alten Mitgliedstaaten hatte. Besonders interessant ist allerdings, dass sich nach der vollzogenen Erweiterung die Erfolgsaussichten derjenigen Delegationen als gering erwiesen haben, die ausschließlich am Modus des Bargaining festgehalten haben. Während sich diese Verhandlungstaktik noch einige Jahre zuvor auf dem Gipfel von Berlin im Jahr 1999, auf dem es um die Festschreibung eines Agrarkompromisses ging, als zielführend erwiesen hat, wurden die Verhandlungen um die Agenda 2007 in der Schlussphase von der Verhandlungsdynamik des Argumentierens geprägt. So fand auf dem Dezember Gipfel unter britischer Ratspräsidentschaft ein signifikanter Übergang vom Verhandlungsmodus des Bargaining in den Verhandlungsmodus des Arguing statt. Dies war in einer Phase zu beobachten, in der die mitgliedstaatlichen Positionen in Bezug auf die Frage des Britenrabattes unverrückbar schienen. Während die britische Delegation über den gesamten Entscheidungsverlauf über Monate hinweg eine unnachgiebige Position eingenommen hatte, sah sich Großbritannien auch aufgrund der Rolle der Ratspräsidentschaft unter Handlungszwang. In einer Solidargemeinschaft wie der Europäischen Union, in der diejenigen Staaten am Meisten zum Haushalt beisteuern, die am Wohlhabendsten sind, erfahren Verhandlungsstrategien, die augenscheinlich von nationalen Egoismen geprägt sind, keine gute Resonanz. Die europäische Gemeinschaftspolitik beruht auf dem Grundpfeiler der Kohäsion. Auch von den Nettozahlern Niederlande und Schweden, die grundsätzlich ähnlichen Orientierungen folgen, konnte Großbritannien in der Frage des VK-Ausgleiches keine Unterstützung erwarten. Die britische Delegation geriet durch den rhetorischen Appell an die Gemeinschaftswerte, der von ausnahmslos allen Verhandlungspartnern ausgeübt wurde, so stark in Bedrängnis, dass ein Festhalten am bestehenden Britenrabatt nicht mehr möglich erschien. Der Erfolg im Modus des Argumentierens beruhte damit insbesondere auf dem gezielt eingesetzten moralischen Druck in Bezug auf die Aufrechterhaltung der europäischen Werteordnung und die gemeinschaftliche Verpflichtung zur erfolgreichen Umsetzung der Ost-Integration.

Ein weiteres interessantes Ergebnis der empirischen Analyse ist der Punkt, dass einige Delegationen bereits zu Beginn der Verhandlungen den Modus des Argumentierens zu ihrer bestimmenden Strategie gemacht haben. Dies lässt sich am Beispiel Spaniens illustrieren. Ähnlich wie im Falle Großbritanniens wurde Spaniens Position in Finanzverhandlungen dergestalt portraitiert, dass diese eine Ermangelung von Kooperationsgeist und Solidarität aufweise und vorrangig auf die Verfolgung nationaler Interessen ausgerichtet sei. Während Großbritannien zum Lager der Nettozahler zählt, nimmt Spanien als Nettoempfänger eine grundsätzlich schwächere Verhandlungsposition ein. Die Aussicht auf die Umsetzung der von den Nettozahlern vertretenen Position, das Haushaltsniveau auf einen Wert von einem Prozent des EU-BNE einzufrieren, war für die Nettoempfänger besonders kritisch. Mit der geplanten Kappung wäre der Budgetrahmen auf das Niveau von 1985 zurückgefallen und somit auf einen Stand, der vor dem Beitritt von Portugal und Spanien gegeben war. Da die Agrarausgaben bereits festgeschrieben und nicht mehr Gegenstand der Verhandlungen um das MFR-Paket waren, ging es dem alten Kohäsionsstaat Spanien vorrangig darum, das Ausgabenniveau für die Struktur- und Kohäsionspolitik anzuheben und eine drastische Veränderung der bisherig erfolgten Rückflüsse zu vermeiden. Der Ausgangspunkt der Verhandlungen war daher aus spanischer Perspektive schwierig: Spanien war der Auffassung, dass der Entwurf der Kommission sowie das Konzept der Nettozahler keine adäquaten Vorschläge für ein Phasing-out enthielten. Gleichzeitig war angesichts der großen EU-Ost-Erweiterung und der damit verbundenen finanziellen Verbindlichkeiten die Interessenskoalition der alten Kohäsionsländer klein. Griechenland und Portugal stellten sich auf die Seite Spaniens und nahmen eine gleiche Verhandlungsposition ein. In Ermangelung einer starken Interessensgemeinschaft versuchte die spanische Delegation an das Verständnis der neuen Staaten aus Mittel- und Ost-Europa zu appellieren und für eine vermeintlich faire Kohäsionspolitik zu werben, die ein schleichendes Phasing-out enthalten sollte. Die neuen Mitgliedstaaten zeigten sich nicht ablehnend, gleichwohl blieben die Reaktionen grundsätzlich verhalten, da ihre Hoffnung, von der EU-Mitgliedstaft auch budgetär zu profitieren, groß war.

Im zweiten Halbjahr 2004 hatten die Niederlande die Ratspräsidentschaft inne. Holland zählt zu den Hardlinern unter den Nettozahlern und zeigte trotz Vorsitz wenig Nachsicht mit den Interessen der spanischen Delegation. Zum Jahresbeginn 2005 übernahm Luxemburg die Ratspräsidentschaft. Eine Vermittlung zwischen den Vorschlägen der Niederlande und Spaniens blieb erfolglos. Im institutionellen Interessenausgleich ging Spanien mit dem Vorschlag der Kommission und des Parlamentes konform, die Beibehaltung der Ausgabenobergrenze von 1,24 Prozent des EU-BNE durchzusetzen. Diese Position wurde auch von den neuen Mitgliedstaaten vertreten. Allerdings konnte die spanische Delegation von keiner Seite auf Verständnis hoffen, in der Verteilungsfrage der Strukturmittel die eigenen Bedürfnisse in besonderem Maße durchzusetzen. Spanien strebte neben einem sanften Phasing-out vor allem eine gerechtere und proportionale Verteilung der Erweiterungskosten an. Nachdem auf einer Bargaining-Ebene keine Ergebnisse erzielt werden konnten, versuchte die spanische Delegation in dieser Phase die Verhandlungen auf eine Argumentationsebene zu lenken. Dabei machte sie sich die Strategie zu Nutze, auf Präzedenzfälle in der Geschichte der Europäischen Erweiterung hinzuweisen, die als Argumente für ein langsames Auslaufen aus der Strukturförderung dienen sollten: Im Jahr 1985 legte die EU-11 ein Programm in Höhe von 3 Milliarden Euro auf, das Frankreich, Griechenland und Italien im Bereich des Agrarsektors in Antizipation des Beitritts Spaniens im Jahr 1986 entschädigen sollte. Im Rahmen der Nord-Erweiterung im Jahr 1995 wurde eine Möglichkeit eines temporären Cash Flows als Phasing-in geschaffen, um den neuen Mitgliedstaaten den Übergang in die Position als Nettozahler zu erleichtern. Drei Jahre vor Ausbruch der Finanzkrise war Spanien zum Zeitpunkt der Verhandlungen um die Agenda 2007 auf einem guten Weg Nettozahler zu werden. Gleichwohl war es das Ziel der spanischen Regierung zu vermeiden, vom Lager der Nettoempfänger in das Lager der Nettozahler zu wechseln bevor ein wirtschaftliches Aufschließen zu den alten Nettozahlern beziehungsweise eine solide Konvergenz erreicht ist. Somit blieb die Herausforderung groß, schlaghaltige Argumente zu entwickeln, um die anderen Mitgliedstaaten von der eigenen Position zu überzeugen.

Als letztes Druckmittel verblieb die Abstimmungsregel der Einstimmigkeit. Die Möglichkeit vom Vetorecht Gebrauch zu machen, steht selbstredend nicht nur der Interessensgruppe der alten Kohäsionsländer offen. Die Regel der Einstimmigkeit kann auch den Nettozahlerstaaten entgegen kommen, die paradoxerweise von einem Stillstand budgetär profitieren. Scheitert eine Einigung, führt dies dazu, dass Programme erst mit Verspätung anlaufen. Die Verzögerung eines Abschlusses hilft den Nettozahlern, Gelder einzusparen. Für Spanien und die anderen Kohäsionsländer stellte die Drohung mit einer Stimmenblockade in den EU-Finanzverhandlungen somit kein geeignetes Repressionsinstrument dar. Allerdings kommt die Option eines Scheiterns der Verhandlungen um die Mehrjährige Finanzplanung auch im Kreis der Nettozahler allenfalls den Hardlinern entgegen. Für Nettozahler, die sich auf einer ethischen Ebene den neuen Mitgliedstaaten verpflichtet fühlten, wie dies etwa im Fall der Bundesrepublik Deutschland der Fall war, bestand nach wie vor ein hoher Einigungsdruck. Vor allem aber aus der Perspektive der Kohäsionsländer selbst hätte eine späte, aber profitablere Einigung im Juni 2006 eine schlechtere Option dargestellt als ein aus ihrer Sicht schlechtes Ergebnis zum Ende des Jahres 2005.

Obwohl alle Mitgliedstaaten formal gleichberechtigt sind, ist die Verhandlungsmacht der Nettozahler in Finanzverhandlungen damit größer als die der Nettoempfänger. Dies führte dazu, dass eine besondere Berücksichtung der nationalen Interessen der Kohäsionsstaaten allein auf dem Weg der argumentativen Überzeugung der Nettozahler, der Kommission sowie zugleich der neuen Kohäsionsländer aus Mittel- und Ost-Europa durchsetzbar erschien. Eine Strategie der Unnachgiebigkeit oder offener Drohgebährden in Form eines Vetos war aus dem Lager der alten Nettoempfänger demgemäß nicht zu erwarten und blieb tatsächlich aus. Eine zielführende Verhandlungsstrategie konnte im Falle Spaniens nur über den Weg des Arguing erfolgen. Die spanische Delegation stützte sich auf die Anwendung der allgemein akzeptierten Werte der EU. Spanien versuchte vor allem die Schlüsselstaaten auf der Nettozahlerseite Deutschland und Frankreich zu überzeugen, dass ein plötzlicher Wegfall aus der Strukturförderung mit negativen Implikationen für das Land verbunden sei.

Das Ergebnis der Verhandlungen auf dem Dezember Gipfel beinhaltet eine umfassende Sonderbehandlung der spanischen Regionen in der Strukturförderung. Der spanischen Regierung ist es in den Verhandlungen um das MFR-Paket 2007 bis 2013 tatsächlich geglückt, die eigenen materiellen Interessen über den taktischen Weg der Argumentationsführung sowie des Appellierens an Gemeinschaftsnormen erfolgreich durchzusetzen. Dass dies gelingen konnte, lässt sich auf einer theoriebezogenen Ebene mit Hilfe des Modells der rationalistischen Verhandlungstheorie in Kombination mit dem soziologischen Institutionalismus nachvollziehen. Argumente, die den eigenen Interessen dienen, lassen sich nur dann erfolgreich umsetzen, wenn sie auf einer allgemein akzeptierten normativen Grundlage beruhen. Gleichzeitig muss die Argumentationsführung auf einer soliden Faktenbasis beruhen, die die eigene Position unterstützt und bestenfalls mit empirischen Beispielen aus der Vergangenheit untermauert wird, die sich wiederum auf die konkrete Verhandlungsfrage anwenden lassen. Diese Strategie setzte Spanien mit Hilfe der Fallbeispiele vergangener Erweiterungen, die bereits von zahlreichen Übergangsregeln und Sonderkonditionen begleitet wurden, erfolgreich um. Sachlich richtige Argumente reichen als Überzeugungskraft jedoch allein nicht aus. Eine wichtige Bedingung ist zugleich, die anderen Verhandlungspartner von der Korrektheit dieser Argumente auf einer normativen und ethisch-moralischen Ebene zu überzeugen. Hierbei ergeben sich allerdings auch Fallstricke, denn in einem Kreis von 25 Verhandlungsdelegationen sind sowohl die akzeptierten Prinzipien als auch die Lesart von Zahlen und Fakten nicht immer identisch. Vor allem die Kriterien der Solidarität, der Fairness und der Proportionalität finden eine unterschiedliche Betrachtung. In dieser Phase gewinnt ein Mix aus rhetorischem Jonglieren, der Einbringung von Fakten und Argumenten, dem Verweis auf Prinzipien, der Hinweis auf Präzedenzbeispiele, Analogien sowie Kontradiktionen an Bedeutung, um die Verhandlungspartner vom Verhandlungstisch loszulösen wie der spanische Experte José Torreblanca in seiner Analyse der spanischen Verhandlungsposition zur Agenda 2007 treffend pointiert (Torreblanca 2005: 19–22). Gelingt dieser Mix sind die Aussichten auf eine erfolgreiche Verhandlungsführung und einen -Abschluss groß. In allen Phasen der Verhandlungen kam es darauf an, nicht nur die eigenen Interessen in den Fokus zu rücken, sondern auch ein Verständnis für die Probleme anderer Mitgliedstaaten zu entwickeln: *"One preliminary conclusion is that in this particular case, trying to convince EU members about the existence of a specific "Spanish problem" might not be enough if it is not accompanied by an equivalent effort to understand and solve the particular problems of others, especially the complex "German problem" which entails not only objective economic and budgetary arguments but subjective and psychological ones that have quite evidently already generated a "donor's fatigue" syndrome.*

(…) At first sight, the more Spain accommodates others' legitimate claims into its negotiation preferences, the more likely it seems that the others will reciprocate and do so with its legitimate claims. This means taking, but also giving, both economically and psychologically. At the current stage this seems the only way to expand the winning set and ensure that all countries can, if not win, rationally minimise and distribute their losses over the 2007-13 period" (Torreblanca 2005: 21–22).

Die empirische Untersuchung hat am Beispiel Großbritanniens und Spaniens deutlich gemacht, dass Drohungen als Ultima Ratio (Vetorecht) von Seiten der Nettoempfänger in Finanzverhandlungen kaum eine Rolle spielen; Werden sie hingegen von Seiten der Nettozahler wirkungsvoll eingesetzt, können sie den Verlauf von Verhandlungen beeinflussen. Die britische Verhandlungsführung hat dieses Druckmittel gezielt instrumentalisiert und die schwierigen und langwierigen Entscheidungsetappen über Monate hinweg dominiert. Allerdings hat die Fallstudie auch die Wirkungsmacht des moralischen Drucks der europäischen

Staatengemeinschaft offengelegt, der zum Ende der britischen Ratspräsidentschaft ein Einlenken letztlich hervorgebracht hat. Hieraus ergibt sich die folgende Untersuchungserkenntnis: Kann eine mitgliedstaatliche Delegation die Angemessenheit der Durchsetzung nationaler Eigeninteressen gegenüber den Verhandlungspartnern nicht glaubhaft vertreten, so sind die Erfolgsaussichten einer Implementierung gering. Gelingt es ihr hingegen, in der Argumentationsführung ihrerseits einen normativen Druck aufzubauen, so sind Politikergebnisse möglich, die sowohl der Verhandlungsmacht der Mitgliedstaaten im EU-Entscheidungsgefüge als auch einer konsequenten Beschlusslogik widersprechen.

7.11. Verhandlungsdauer

Als letzte Untersuchungssequenz zur Beantwortung der Forschungsfrage, ob Verhandlungen in der Europäischen Union nach der Ost-Erweiterung konfliktanfälliger und damit langwieriger geworden sind, nachdem die Zahl der Mitgliedstaaten und die Interessen-Heterogenität zugenommen hat, betrachte ich abschließend den Indikator der Verhandlungsdauer. Während die Interaktionsmodi des Arguing und des Bargaining auf der Prozess-Ebene im Fokus der Analyse standen, gilt es nachfolgend die Gesamtdauer der Verhandlungen zu untersuchen. Dies soll mit Hilfe einer komparativen Methode geschehen, in dem die gesamte Zeitspanne zwischen der Vorlage des Kommissionsentwurfes und der finalen Abstimmung über das MFR-Paket im Europäischen Rat betrachtet wird. Hierzu vergleiche ich die Dauer der Verhandlungen vom offiziellen Verhandlungsauftakt durch Vorlage des Erstentwurfes von Seiten der Kommission bis zur finalen Entscheidung im Europäischen Rat um das Delors-Paket I, das Delors-Paket II, die Agenda 2000, die Agenda 2007 sowie um den Mehrjährigen Finanzrahmen der EU für 2014 bis 2020. Der Entscheidungsprozess um die Mehrjährige Finanzplanung endet erst mit der Zustimmung des Europäischen Parlamentes sowie der Ratifizierung durch alle mitgliedstaatlichen Parlamente. Eine Betrachtung der zeitlichen Verhandlungsdimension im gouvernementalen Unterbau des Rates, indem frühzeitig über das MFR-Paket beraten wird, sowie etwaige Verzögerungen um den endgültigen interinstitutionellen Abschluss der Agenda 2007 durch das Parlament können vernachlässigt werden, da in der vorliegenden Untersuchung die gouvernementale Beschlussfassung im Europäischen Rat im Fokus der Analyse steht. Bei der Erhebung der Verhandlungsdauer ergibt sich für die bisher verabschiedeten fünf Mehrjahresplanungen zum EU-Budget folgendes Bild:

- Delors-I-Paket: 12 Monate (Februar 1987 bis Februar 1988)
- Delors-II-Paket: 10 Monate (Februar 1992 bis Dezember 1992)
- Agenda 2000: 20 Monate (Juli 1997 bis März 1999)

- Agenda 2007: 22 Monate (Februar 2004 bis Dezember 2005)
- Mehrjähriger Finanzrahmen der EU für die Jahre 2014 bis 2020: 30 Monate (Juni 2011 bis Dezember 2013).

Auffällig ist die lange Verhandlungsdauer um die Agenda 2000. Einerseits kann argumentiert werden, dass die neuen Mitgliedstaaten aus Mittel- und Ost-Europa bei den Verhandlungen um die Finanzplanung für 2000 bis 2006 noch kein Mitglied der Europäischen Union waren und diese somit keinen Einfluss nehmen konnten. Andererseits bleibt festzuhalten, dass die große Ost-Erweiterung zu diesem Zeitpunkt bereits weitestgehend antizipiert war. Dies geht aus dem im Jahr 1997 publizierten Kommissionsdokument „Agenda 2000 – Band I: Eine stärkere und erweiterte Union" hervor (Europäische Kommission 1997). Diese Gegebenheit lässt die Schlussfolgerung zu, dass bereits die Erwartung einer Zunahme an Konkurrenz und Verteilungskonflikten innerhalb der Europäischen Union in Folge der Ost-Erweiterung zu einem Beharren auf nationalen Besitzständen geführt und somit die Verhandlungen konfliktanfälliger und damit langwieriger gemacht hat. Dieses Ergebnis wird durch die empirische Analyse zur Agenda 2007 gestützt, die ein Beharren der alten Kohäsionsstaaten, vor allem Griechenlands, Portugals und Spaniens, auf dem Status quo aufgezeigt hat. Das gleiche Bild ergab sich bei den Nettozahlern Frankreich und Großbritannien, die ihre Positionen erst nach langem Verhandeln modifiziert haben. Somit hat die Verfolgung nationaler Interessen seitens der alten Mitgliedstaaten zu den langwierigen Verhandlungen geführt, nicht aber das Auftreten der neuen Mitgliedstaaten aus Mittel- und Ost-Europa. Im unmittelbaren Vergleich zwischen Agenda 2000 und Agenda 2007 fällt auf, dass die Verhandlungsdauer um die beiden Finanzrahmen nur um zwei Monate zugenommen hat. Dieses Ergebnis gab zunächst Anlass zur Hoffnung, dass sich zukünftige Verhandlungen in diesem Zeitrahmen bewegen werden. Diese Annahme hat sich nicht bestätigt. Für den erfolgreichen Abschluss der Verhandlungen um den Mehrjährigen Finanzrahmen der EU für die Jahre 2014 bis 2020 wurden zweieinhalb Jahre, also 30 Monate, benötigt. An dieser Stelle muss der methodische Einwand berücksichtigt werden, dass die Legislativ-Pakete zum Mehrjährigen Finanzrahmen größer und somit auch die politischen Verhandlungen über diese komplexer geworden sind. Gleichzeitig fällt auf, dass der Beginn der Verhandlungen zu einem früheren Zeitpunkt angesetzt wurde, so dass der Druck, eine frühe Einigung herbeizuführen, abgenommen hat (Vgl. Leuffen 2006: 18–19). Grund für diese neue Praxis ist neben der steigenden Komplexität sicherlich auch die wachsende Zahl an beteiligten Akteuren, die eine frühzeitige Planung erforderlich macht. Die längere Verhandlungsdauer wird somit vorrangig durch die veränderte Verfahrensdauer beeinflusst, so dass dieser Indikator keine Rückschlüsse auf die Beantwortung der Forschungsfrage zulässt.

7.12. Zusammenfassung der Forschungsergebnisse

Die Bilanz der Verhandlungen der Europäischen Union um ihren Mehrjährigen Finanzrahmen für die Jahre 2007 bis 2013 fällt durchweg gemischt aus. Kritisch zu betrachten ist zunächst, dass die neue Haushaltsplanung den bisherigen strukturkonservativen Status quo weitestgehend fortschreibt. Obgleich die Aufnahme der neuen Mitgliedstaaten die Chance einer Neuordnung des Finanzsystems sowohl auf der Einnahmen- als auch auf der Ausgabenseite geboten hat, wurde diese nicht hinreichend genutzt. Auf der Haben-Seite fällt positiv ins Gewicht, dass sich weder die verfahrensbezogenen Abläufe noch das politische Entscheiden durch die Aufnahme der neuen Staaten aus Mittel- und Ost-Europa verändert haben. Eine Lähmung des Regierens und eine Abnahme der Handlungsfähigkeit der erweiterten Union ist bis heute ausgeblieben. Vielmehr folgt das Verhandeln und die Beschlussfassung innerhalb der gouvernementalen EU-Institutionen den altbekannten Mustern.

Dass sich die Entscheidungen zur Agenda 2007 langwierig und kompliziert gestaltet haben, war nicht auf die veränderte Gruppengröße, sondern vor allem auf die Besitzansprüche ehemals förderberechtigter Staaten sowie auf die unnachgiebige Position der beiden großen EU-Länder Frankreich und Großbritannien zurückzuführen. Zwischen den beiden alten Mitgliedstaaten gab es nicht nur in den Verhandlungen um die Agenda 2007 gravierende Differenzen. Diese bestanden bereits im Vorfeld zu einer Reihe integrationspolitischer Fragen, nicht zuletzt zur Ost-Integration selbst: So wurde das Vorhaben der Erweiterung nach Mittel- und Ost-Europa von den Briten forciert und von den Franzosen zu verhindern versucht. Bereits in früheren Finanzverhandlungen sowie anlässlich wichtiger Reformgipfel des Europäischen Rates traten vor und unabhängig von der vollzogenen Ost-Erweiterung vergleichbare Konflikte zur Frage des Briten-Rabattes oder zur gemeinsamen Agrarpolitik auf, die die Entscheidungsverläufe erschwert haben. In den Verhandlungen um die Agenda 2007 vertraten auch andere Nettozahler wie etwa Finnland und die Niederlande prononcierte Forderungen. Ohne deren Teilumsetzung wäre ein Kompromiss im Europäischen Rat nicht zustande gekommen. Finnland prangerte vor allem das Missverhältnis des Beitragsrabattsystems an, das im Falle einer Beibehaltung auch die neuen Mitgliedstaaten über Gebühr belastet hätte. Die Niederlande forderten ihrerseits gravierende Entlastungen in Bezug auf die nationalen Nettozahlungen. Auf der Seite der alten Kohäsionsländer brachten Griechenland und Portugal die eigenen

Förderansprüche sehr bestimmend in den Entscheidungsprozess ein. Auch Spanien baute einen hohen moralischen Druck auf, um eine Besitzstandswahrung in der Strukturförderung durchzusetzen. Im Kreis der neuen Mitgliedstaaten hat die Tschechische Republik eine tendenziell entschiedene Verhandlungsstrategie vertreten. In der Einzelanalyse und Gesamtbetrachtung aller Positionen und deren Einbringung durch die nationalen Delegationen in den Entscheidungsprozess hat es jedoch keinerlei Hinweise auf ein hartnäckiges oder gar dominantes Auftreten von Seiten einzelner neuer Unionsländer gegeben. Die „Neuen" bildeten weder eine gemeinsame unverrückbare Interessenskoalition aus, noch war eine Blockadehaltung von Einzelstaaten oder Gruppen zu erkennen. Die Schwierigkeiten im gesamten Entscheidungsverlauf ließen sich vorrangig auf Differenzen innerhalb des Zirkels der alten Mitgliedstaaten, nicht aber auf das Agieren der neuen Beitrittsländer zurückführen. Auch kulturelle Divergenzen zwischen alten und neuen Mitgliedstaaten waren in den Verhandlungen nicht zu erkennen. Die Ausgangshypothese, dass Verhandlungen in der Europäischen Union konfliktanfälliger und damit langwieriger werden, wenn die Zahl der Mitgliedstaaten innerhalb der EU zunimmt, hat sich im Untersuchungsfall als haltlos erwiesen (Hypothese 1). Die aufgestellte Hypothese, dass Staaten, die der Europäischen Union beitreten, aufgrund institutioneller (darunter auch bürokratischer) Zwänge diejenigen Verhandlungspraktiken und Verhaltensstandards der Alt-Mitglieder annehmen, die sich als rational und effektiv erweisen, hat sich hingegen bestätigt (Hypothese 2). Diese Adaption hat den Effekt reduziert, den eine Zunahme der Gruppengröße auf die Politikstabilität hat.

Im Fokus der Verhandlungen stand die Aufteilung der Haushaltsmargen in der Strukturförderung. Nahezu alle alten Kohäsionsländer sowie die meisten Nettozahler haben im Verlauf des politischen Entscheidungsprozesses wiederholt versucht, die Struktur- und Kohäsionsförderung zur Feinjustierung ihrer nationalen Nettosaldobilanz zu benutzen. Diese Vorgehensweise zieht eine Aufweichung der formellen Förderkriterien nach sich und relativiert die Gültigkeit europäischer Verteilungsstandards. Obwohl Bemessungskriterien vorliegen, über die die Förderfähigkeit von Mitgliedstaaten oder Regionen eindeutig bestimmbar ist, wurde die Bezugsberechtigung zum Verhandlungsgegenstand um die mehrjährige Haushaltsplanung. Die Europäische Union läuft damit Gefahr, ihre eigenen Regeln zu unterlaufen. Die Empirie hat gezeigt, dass in den Haushaltsverhandlungen Ausnahmen zur Regel und Sonderregelungen zur beliebigen Manövriermasse wurden und diese trotz zeitlicher Befristung bestehen blieben. Diese gängige von nationalen Egoismen geprägte politische Praxis wird auch zukünftige Verhandlungen unabhängig von der Gruppengröße weiterhin schwierig, komplex, vor allem aber auch intransparent machen. Bei Betrachtung der Zweckbestimmung der Fördermittel ist im Einzelfall aufgefallen, dass einige Mitgliedstaaten die Struktur- und Kohäsionspolitik zur Bezuschussung nationaler Programme missbraucht haben, deren Bestimmung mit den politischen Förderzielen der Union wenig zu tun hat. Die Kontrolle einer an den europäischen Zielen ausgerichteten Mittelverwendung muss in der erweiterten Union von heute 27 Mitgliedstaaten zur zentralen Maßgabe werden.

Aller grundsätzlichen Kritik zum Trotz, die sich insbesondere auf die Verhaltensstandards einzelner alter Mitgliedstaaten im politischen Aushandlungsprozess bezieht, ergibt sich in Bezug auf die zusammenfassende Beurteilung der Beschlussfähigkeit innerhalb der gouvernementalen Organe ein überwiegend positives Bild. Mit der Übereinkunft vom Dezember 2005 und dem damit verbundenen vorläufigen Abschluss des Verhandlungsprozesses um den Mehrjährigen Finanzrahmen 2007 bis 2013 haben die Staats- und Regierungschefs unter Beweis gestellt, dass die Handlungsfähigkeit der Union auch bei konfliktreichen Themen und Einzelfragen innerhalb der erweiterten Union gewahrt bleibt. Da die Ost-Integration an der nationalen Basis der alten Mitgliedstaaten nicht uneingeschränkt positiv bewertet wurde, stellt dieses Ergebnis ein wichtiges politisches Signal für Europa dar. Mit dem Schulterschluss der 25 Unionsländer wurde der zentrale Grundstein gelegt, um für sieben Haushaltsjahre eine solide Finanzierungs- und Planungsgrundlage zur Verwirklichung der EU-Politiken und der Förderprogramme sowie für die weitere europäische Legislativtätigkeit zu schaffen. Gleichzeitig diente die Einigung auf eine finanzielle Vorausschau als Grundlage für gemeinsame Planungen im politischen Integrationsprozess, für die eine finanzielle Stabilität die Voraussetzung bildet. Der Abschluss der Haushaltsplanung der Europäischen Union eröffnete den Mitgliedstaaten die Möglichkeit, andere wichtige Themen wie die Weiterverfolgung des Verfassungsvertrags[139] in den Mittelpunkt der Agenda des Europäischen Rates zu rücken (Vgl. Becker 2006a: 1/2).

In der Untersuchung wurde des Weiteren die Wirkung der formellen Abstimmungsregel auf den politischen Entscheidungsprozess überprüft. Obwohl der Großteil der Rechtsakte heute mit qualifizierter Mehrheit entschieden wird,

139 Obgleich der europäische Verfassungsprozess unter dieser Flagge nicht fortgesetzt wurde, beruht der heutige Lissabon-Vertrag auf den wesentlichen Inhalten der ursprünglich geplanten EU-Verfassung. Diese Entwicklung ist in der Geschichte der Europäischen Integration zumindest indirekt als Erfolg zu werten, obgleich die Umsetzung in Hinblick auf die demokratische Legitimation erhebliche Defizite aufweist.

verbleibt die Abstimmung über die Mehrjährige Finanzplanung 2007 bis 2013 im Europäischen Rat in der Einstimmigkeit. Die empirische Analyse hat gezeigt, dass die Verfahrensregel der Einstimmigkeit sowohl den Verlauf der Verhandlungen als auch die Verhandlungsergebnisse beeinflusst hat. Prägend für den gesamten Entscheidungsverlauf waren insbesondere die Verhandlungsstrategien einzelner alter Mitgliedstaaten, sowohl aus dem Kreis der alten Kohäsionsstaaten als auch aus dem Kreis der Nettozahler. Das im Europäischen Rat geltende Votum der Einstimmigkeit hat dazu geführt, dass trotz der ausgabenintensiven Neuaufnahme der armen Länder aus Mittel- und Ost-Europa die alten, wohlhabenderen Mitgliedstaaten über den Weg von Ausgleichsmechanismen und Sonderregelungen weiterhin hohe Fördermittel durchsetzen konnten.

In Entscheidungsprozessen um die Mehrjährige Haushaltsplanung haben Sonderregelungen eine lange Tradition. So wurde die im Europäischen Rat in vergangenen Haushaltsentscheidungen lange vor der Ost-Erweiterung vielmals praktizierte Basarmentalität auch im Rahmen der Agenda 2007 zum prägenden Verhandlungsmuster. Die Hypothese, dass in Folge der Ost-Erweiterung im Sinne eines Wettbewerbs um knappe, budgetäre Ressourcen eine Zunahme an Konkurrenz und Verteilungskonflikten im Club der Europäischen Union eintritt, hat sich grundsätzlich bestätigt (Hypothese 5). Dass Politikergebnisse im Rahmen der Aushandlung der Agenda 2007 durch materielle Kompensation oder politische Package Deals teuer erkauft werden mussten, lag allerdings vorrangig an der Besitzstandswahrung und der Unnachgiebigkeit der benannten alten Mitgliedstaaten, die sowohl dem Kreis der Nettozahler als auch dem Kreis der Kohäsionsländer angehören. Am Beispiel Spaniens konnte nachgewiesen werden, dass innerhalb des komplexen Entscheidungsgefüges der Europäischen Union auch solche Politikergebnisse möglich sind, die der im Verhandlungssystem vorliegenden Machtverteilung nicht entsprechen. Dies gilt im Kontrast dazu auch für die Bundesrepublik Deutschland, die auf nicht unerhebliche Rückflüsse freiwillig verzichtet hat. Die Verteilung der Fördermittel ist im Untersuchungsfall überwiegend nach objektiven Kriterien erfolgt. Die empirische Analyse hat aber auch gezeigt, dass das Ausfallen der jeweiligen Nettobilanz der Mitgliedstaaten beeinflussbar bleibt und auch davon abhängt, wie wirkungsvoll die mitgliedstaatlichen Delegationen ihre materiellen Interessen in den Verhandlungen durchsetzen können beziehungsweise wollen.

Obwohl im Vergleich zu den nationalen Haushalten die auf EU-Ebene zu verhandelnden Budgetmargen niedrig sind, überlagerte die Orientierung der Mitgliedstaaten an einer Verbesserung des nationalen Nettosaldos das Streben nach einem potentiellen europäischen Mehrwert. Die eingefahrenen Verhandlungsschemata führten zu einer Verfestigung der in früheren Entscheidungsprozessen vereinbarten Kompromisse. Diese Ausnahmebestimmungen wurden auf den Gipfeltreffen im Europäischen Rat als selbstverständlich gegebene Besitzstände und damit als feste Ausgangsbasis der Verhandlungen um die Mehrjährige Finanzplanung 2007 bis 2013 angesehen, obwohl diese einstigen Kompensationen explizit an besondere Bedingungen geknüpft und ursprünglich zeitlich befristet waren. Abgesehen vom Briten-Rabatt, der aufgrund der großen Ost-Erweiterung und des Widerstandes ausnahmslos aller anderen Mitgliedstaaten in seiner bisherigen Ausgestaltung nicht länger durchsetzbar erschien, hat der Europäische Rat bestehende Sonderregelungen für die Nettozahler fortgeschrieben anstatt den Verhandlungsrahmen zu nutzen, um die Gültigkeit früherer Leistungszusagen konsequent zu überprüfen und gegebenenfalls zu verändern. Dieses Phänomen setzte sich auch auf der Ausgabenseite fort: Die Mitgliedstaaten, darunter sowohl die alten Kohäsionsländer als auch die Nettozahler, die durch die Aufnahme der ärmeren Staaten aus Mittel- und Ost-Europa von statistischen Effekten oder von Wachstumseffekten betroffen waren, konnten eine Aufrechterhaltung respektive ein langsames Auslaufen der Rückflüsse in der Strukturförderung erreichen. Diese Mehrausgaben wurden teilweise aus den zur Verfügung stehenden Fördertöpfen, aber auch durch zusätzliche Mittel finanziert.

Aus dem Kreis der alten Kohäsionsländer sind Griechenland, Portugal und Spanien am Offensivsten aufgetreten. Die Forderung der portugiesischen Regierung, die Strukturmittel auf 0,45 Prozent des EU-BNE festzulegen, erscheint legitim. Die Forderung Griechenlands und Portugals, die bisherige Förderhöhe für Regionen, die aus der Ziel-1-Förderung fallen, auf dem Stand der vorherigen Finanzperiode zu belassen, stellt sich dagegen als unangemessen dar. Auch die Vorstellung Spaniens, Übergangsregelungen für Regionen, deren Ziel-1-Förderung mit der Erweiterung entfällt, in Höhe von 90 Prozent der bisher gewährten Mittel zu erwirken, ist kaum nachvollziehbar. Sowohl das Erfordernis der finanziellen Bewältigung der großen Ost-Erweiterung sowie der Hintergrund der zum Zeitpunkt der Verhandlungen vorliegenden Wirtschaftsschwäche in allen Mitgliedstaaten, von der auch Deutschland und Frankreich betroffen waren, sind Ausgangsbedingungen, die ein bescheidenes Auftreten seitens der alten Kohäsionsländer hätten erwarten lassen. Um eine Einigung im Europäischen Rat nicht zu gefährden, hielten die Staats- und Regierungschefs Sonderregelungen sowohl auf der Einnahmen- als auch auf der Ausgabenseite in einem Umfang aufrecht, der in keinem Verhältnis zu dem ursprünglichen Zweck ihrer Einführung steht. Die Fortschreibung des gegenwärtigen Systems an Ausnahmemechanismen steht dem Ziel einer transparenten und gerechten Haushaltsplanung entgegen. Die eigentliche Bestimmung der Gemeinschaft, einen europäischen

Mehrwert zu schaffen und diesen kontinuierlich weiterzuentwickeln, wurde auf der politischen Verhandlungsebene zur Nebensache. Das Beispiel der Bundesrepublik Deutschland zeigt jedoch, dass Kooperation und ein Wandel von Positionen im politischen Aushandlungsprozess möglich bleiben: In diesem Sinne trat Deutschland als Kompromissmacher in der Schlussphase der Verhandlungen auf, indem das Land auf bereits ausgehandelte Rückflüsse zu Gunsten der ostdeutschen Regionen verzichtet hat.

Trotz der Diversität an Kritikpunkten begründet die Nachzeichnung des gesamten Entscheidungsprozesses sowie der auf dem Dezember Gipfel erzielten Kompromisse ein optimistisches Bild von einer erweiterten und handlungsfähigen Europäischen Union. Um mit den Worten anderer Autoren wie etwa Emmanouilidis und Maruhn zu sprechen, die sich ebenfalls mit der Agenda 2007 auseinandergesetzt haben, gibt „*(…) die Lösung einer der härtesten Fragen europäischer Realpolitik, bei der es um bis zu 1.000 Milliarden Euro geht (…)*“ (Emmanouilidis/Maruhn 2005: 1–2) Anlass zur Hoffnung, dass die Europäische Union nicht nur ihre Handlungsfähigkeit gewahrt hat, sondern Kompromisse auch in anderen konfliktanfälligen Politikfeldern möglich bleiben werden. Das Szenario eines sogenannten "Gridlock" im politischen Entscheiden der gouvernementalen EU-Organe ist ausgeblieben und auch in der Zukunft nicht zu erwarten.

Die Fallstudie zu den Finanzverhandlungen hat gezeigt, dass der institutionelle Kontext in Entscheidungsprozessen eine maßgebliche Rolle spielt. Dieser beeinflusst den Verlauf und den Ausgang von Verhandlungen auf supranationaler Ebene erheblich. Er kann Konflikte zwischen den Mitgliedstaaten nicht einhegen, er gibt jedoch einen festen Handlungsrahmen vor, der das Verhalten der Vielzahl an Delegationen und Einzelakteuren prägt und auch steuert. Das Ausbleiben von hartnäckigen Blockaden oder eines unüberwindbaren Stillstandes in der Verhandlungsführung ist erstens auf das auf Konsens und politischen Ausgleich ausgerichtete Institutionensystem sowie die standardisierten Abläufe in den Entscheidungsverfahren sowie in der Gesetzgebung zurückzuführen. Im Rahmen der Finanzverhandlungen kommt der Ratspräsidentschaft eine große Bedeutung zu. Dieser wird neben der Kommission die wichtige Funktion des Austarierens der nationalen Positionen zu Teil. Dass innerhalb des EU-Systems nach der großen Ost-Erweiterung kein Systemkollaps stattgefunden hat, lässt sich zweitens auf das Verfahren der Aufnahme neuer Mitgliedstaaten unter Berücksichtigung der Kopenhagener Kriterien zurückführen, das eine Absicherung gegen hartnäckiges Querulantentum bietet. Als Beitrittskandidaten werden nur Länder akzeptiert, die mit den Gemeinschaftswerten der Union konform gehen und bereit sind, den umfassenden Acquis Communautaire zu übernehmen. Der Erfolg des Projektes Ost-Integration lässt sich auf die staatliche Verfassung der neuen Mitgliedstaaten als liberale Demokratien sowie auf die gemeinsame Wertebasis zurückführen. Diese Grundvoraussetzungen bildeten nicht nur die Bedingungen für einen Beitritt, sie erklären auch die konfliktfreie Anpassung in die Europäische Staatengemeinschaft. In inzwischen mehr als zehn Jahren Unionszugehörigkeit haben sich die neuen Mitgliedstaaten aus Mittel- und Ost-Europa trotz oder vielleicht auch aufgrund ihres geschichtlichen Hintergrundes und dem Bewusstsein der hieraus resultierenden Entbehrungen erfolgreich in die Europäische Staatengemeinschaft integriert. Die Handlungsfähigkeit der Union hat durch die veränderte Gruppengröße und die damit verbundene Zunahme an Akteuren keinerlei Schaden genommen. Die erfolgreiche Einbindung der neuen EU-Mitglieder ist zugleich auf den ausnahmslos geschlossenen Wunsch aller neuen und alten Mitgliedstaaten zurückzuführen, dass der Integrationsprozess sowohl mittel- als auch langfristig funktioniert. Hieraus lässt sich auf einer qualitativen Ebene das moderate Auftreten der neuen Mitgliedstaaten, aber auch die kompromissfördernde und vermittelnde Haltung Deutschlands erklären. Die pessimistischen Prognosen einiger skeptischer Stimmen, die einen Systemkollaps in Folge der Ost-Erweiterung prophezeit hatten, haben sich nicht erfüllt. Vielmehr hat sich im politischen Regieren eine Kontinuität eingestellt, so dass die Ost-Integration nur als integrationspolitisches Vorzeigeprojekt gewertet werden kann und eine historische Erfolgsgeschichte markiert.

In der Fallstudie zur Agenda 2007 wurde auch die Black Box des interinstitutionellen Entscheidens aufgebrochen. Anhand des Entscheidungsverlaufes zwischen Europäischem Rat und Parlament sowie anhand der erzielten Verhandlungsergebnisse in dieser letzten Etappe ließ sich die Gültigkeit der aufgestellten Hypothese bestätigen, dass die Möglichkeiten des Parlamentes, innerhalb des interinstitutionellen Entscheidungsgefüges der Europäischen Union Politikergebnisse nach eigenen Interessen zu beeinflussen, größer sind, wenn für alle beteiligten Akteure die Kosten einer Nichteinigung gleich hoch sind (Hypothese 4). Ein Scheitern des Haushaltsverfahrens hätte den ureigenen Interessen der supranationalen Organe widersprochen. Im Kreis der Mitgliedstaaten hätte diese Entwicklung vorrangig die wirtschaftlich schwächeren Länder getroffen, während sie die Nettozahler hingegen entlastet hätte. Somit lag eine nicht homogene Präferenzverteilung in Hinblick auf den optionalen Ausgang des Verfahrens vor. Im Fall der Agenda 2007 hatte die Ablehnung des Kompromisses des Europäischen Rates durch das Parlament vorrangig die Funktion, das eigene Mitspracherecht in zentralen Fragen der Haushaltspolitik im Rahmen der zur Verfügung stehenden institutionellen Kompetenzen gegenüber den nationalen Regierungen zu demonstrieren. Da die parlamentarischen Rechte im Verfahren zur Verabschiedung des Mehrjährigen

Finanzrahmens bis heute begrenzt sind und das Interesse des Parlamentes an einer abschließenden Einigung groß war, ließen sich die vom Europäischen Rat getroffenen Verhandlungsergebnisse nur geringfügig verändern.

In der abschließenden Bewertung muss eingeräumt werden, dass der sogenannte Schatten der Zukunft, der auf der langen Geltungsdauer von sieben Haushaltsjahren lastet, die Verhandlungen grundsätzlich erschwert hat. Der Forschungsfrage immanent war zugleich die Fragestellung, ob die europäischen Institutionen und Verfahren in der Lage sind, geeignete Rahmenbedingungen für die Beschlussfähigkeit innerhalb der erweiterten Europäischen Union zu schaffen. Die vorliegende Fallstudie zur Agenda 2007 hat gezeigt, dass auch in Abstimmungen, die mit Einstimmigkeit entschieden werden, eine intergouvernementale Einigung möglich bleibt. Die Aufnahme der neuen Mitgliedstaaten hat die Abläufe sowie die einstimmige Beschlussfassung im Europäischen Rat weder behindert noch verzögert. Ein wichtiges Forschungsergebnis ist der Befund, dass die veränderte Gruppengröße die grundsätzlich konfliktreiche Entscheidung um die mehrjährige Finanzplanung nicht zusätzlich erschwert hat. Während die Vertragsrevisionen von Amsterdam und Nizza die Ost-Erweiterung vorbereitet haben, gilt es nun zu prüfen, ob nach Inkrafttreten der jüngsten Reform von Lissabon von einer erfolgreichen institutionellen Konsolidierung gesprochen werden kann. Mit der Ausweitung des qualifizierten Mehrheitsentscheides auf die meisten Politikbereiche wurden die Abstimmungshürden gesenkt, so dass das Risiko von Blockaden institutionell reduziert wurde. Die zweite Fallstudie zu den Folgen der Ost-Integration für die Entscheidungsfindung in der Europäischen Union widmet sich folglich einer Untersuchungseinheit, die im institutionellen Kontext des Lissabonner Vertrages verhandelt wurde. Anhand der Verhandlungen der EU um ihren Jahreshaushalt 2011 werden weiterhin die besonderen Merkmale des interinstitutionellen Entscheidens nach Lissabon untersucht. Ein Schwerpunkt wird somit auf den Wirkungsmechanismen des Lissabonner Vertrages unter Berücksichtigung der neuen Kompetenzen des Europäischen Parlamentes im Jahreshaushaltsverfahren liegen. Gleichzeitig soll die Beschlussfähigkeit der gouvernementalen EU-Organe nach der Ost-Integration mit Hilfe einer zweiten Fallstudie überprüft und die jeweiligen Ergebnisse miteinander verglichen werden. Beide Untersuchungseinheiten liegen zeitlich weit auseinander. Mit Hilfe dieser beiden Fälle wird sich daher ein Gesamtbild von der Funktionsfähigkeit der heutigen erweiterten Europäischen Union ergeben, das dem wissenschaftlichen Anspruch an eine methodisch fundierte empirisch-qualitative Überprüfung gerecht wird.

Fallstudie 2: Die Verhandlungen der Europäischen Union um den Jahreshaushalt 2011

1. Das Verfahren zur Verabschiedung des EU-Jahreshaushaltes

Die Entscheidungssituation, die als Fallbeispiel für die Untersuchung der Beschluss- und Handlungsfähigkeit der erweiterten Europäischen Union nach der Revision von Lissabon herangezogen werden soll, ist die Verhandlung um das EU-Jahresbudget für 2011. Dieses war der erste Haushalt, der nach dem im Vertrag von Lissabon neu eingeführten Verfahren beraten, verhandelt und verabschiedet wurde. Teil 2 der vorliegenden Studie gab Aufschluss darüber wie sich die Europäische Union mit dem Vertrag von Nizza auf den Beitritt der neuen Staaten aus Mittel- und Ost-Europa vorbereitet und mit Hilfe des Lissabonner Vertrages die Leftover von Nizza aufgearbeitet hat. Nun gilt es anhand der Empirie zu prüfen, ob die Erneuerung des primärrechtlichen Fundamentes ausreichend war, um die Entscheidungs- und Handlungsfähigkeit der erweiterten Union sicherzustellen. Diese Voraussetzungen werden mit Hilfe der Untersuchung des Entscheidens zwischen Rat und Parlament auf der einen sowie innerhalb des Rates auf der anderen Seite auf den Prüfstand gestellt. Der Verlauf von Verhandlungen wird auf Ebene der Europäischen Union von den institutionellen und verfahrensbezogenen Strukturen und den sich daraus ergebenden Kompetenzen respektive Einflussschranken der Entscheidungsakteure beeinflusst. Infolgedessen wird die Wirkung des primärrechtlichen Gefüges, dessen Wesensmerkmale als Forschungshintergrund in der Untersuchungseinheit zur Institutionenreform von Nizza und Lissabon berücksichtigt wurden, in der nachfolgenden Analyse akzentuiert. Auf dieser Grundlage lässt sich erforschen wie das Entscheiden innerhalb der heutigen erweiterten Lissabonner Union funktioniert. Die Studie dient zugleich als Kontrollstudie zum Fall um die Verhandlung der Agenda 2007.

Die Verabschiedung der Jahreshaushalte basiert auf einem exakt strukturierten und terminlich gebundenen Verfahren, an dem alle Institutionen der Europäischen Union direkt oder indirekt beteiligt sind. Das jährliche Haushaltsverfahren wurde bereits in den Gründungsverträgen in den Artikeln 199 bis 209 des EWG-Vertrages verankert und organisiert. Die Finanzielle Vorausschau hingegen ist erst in den 80er Jahren in das Primärrecht aufgenommen worden. Die in diesem Kontext eingeführte Festlegung von Höchstgrenzen für den EU-Haushalt geht auf den Vorschlag der Kommission unter ihrem damaligen Präsidenten Jacques Delors zurück. Ziel war es, die bereits zu diesem Zeitpunkt immer wieder aufkeimenden Konflikte über die Verabschiedung der EU-Finanzen einzuhegen. Über den Weg des Instrumentes einer langfristigen Budgetplanung wurden erstmalig Obergrenzen vorgegeben, in die sich die Jahreshaushalte einfügen müssen. Die rechtliche Grundlage hierfür bildete der dritte Eigenmittelbeschluss vom 24. Juni 1988 (Vgl. Rat der Europäischen Union 1988: 24–28). Diese Ende der 80er Jahre eingeführte Haushaltskonzeption über einen mehrjährigen Zeitraum wurde zunächst unter dem Begriff der Finanziellen Vorausschau geführt. Sie wird inzwischen als Mehrjähriger Finanzrahmen bezeichnet und bildet bis heute den verbindlichen Rechtsrahmen für die Ausgaben- und Einnahmenplanung der Europäischen Union. Zu Beginn der europäischen Einigung verkörperte der Rat auf der Rechtsgrundlage der Römischen Verträge von 1957 als einzige Institution die Haushaltsbehörde von EWG und Euratom. Während alle damit verbundenen Rechte und Pflichten formal-juristisch allein in den Händen des Rates lagen, fand bereits in dieser frühen Integrationsphase eine interinstitutionelle Aufteilung der Arbeitsprozesse im Jahreshaushaltsverfahren statt: In der Praxis lag die Konzeption und Vorlage des Budgetentwurfs bei der Europäischen Kommission. Die Feststellung des Haushaltsplans erfolgte durch den Rat nach Stellungnahme des Europäischen Parlamentes. Die exekutiven Aufgaben (Ausführung des Budgetplanes) wurden durch die Europäische Kommission ausgefüllt und die endgültige Entlastung erfolgte durch den Rat. Während das Fortschreiten der Europäischen Integration in den 70er-Jahren stagnierte, gelangen in dieser Zeit zwei wichtige haushaltspolitische Reformen, die zu einer Stärkung der Rolle des Parlamentes geführt haben: Diese fanden ihre Umsetzung im Vertrag zur Änderung bestimmter Haushaltsvorschriften vom 22. April 1970 sowie im Vertrag zur Änderung bestimmter Finanzvorschriften vom 22. Juli 1975. Während das Parlament im Haushaltsverfahren zuvor nur eine beratende Funktion ausgefüllt hatte, wurden die parlamentarischen Befugnisse mit Inkrafttreten dieser beiden Verträge erstmalig gestärkt. Mit dem Vertrag von Luxemburg aus dem Jahr 1970 wurde dem Parlament die Kompetenz zur Feststellung des Haushaltsplans gewährt. Die Entlastung des Haushalts ist im Zuge der Neuordnung dem Rat und dem Parlament gemeinsam zuerkannt worden. Mit dem Vertrag wurde zugleich eine Differenzierung der Ausgaben in die sogenannten obligatorischen Ausgaben (OA) und in die nicht-obligatorischen Ausgaben (NOA) eingeführt. Die letztinstanzliche Entscheidung über alle Ausgabenposten verblieb weiterhin beim Rat, so dass sich die Einführung der obligatorischen sowie der nicht-obligatorischen Ausgaben noch nicht auf die Kompetenzverteilung ausgewirkt hat (Europäische Kommission 2009b: 20/21). Unter dem Begriff obligatorisch wurden alle Ausgabenposten zusammengefasst, die sich aus den Primärverträgen oder aus dem abgeleiteten Sekundärrecht ergeben: das heißt Aufwendungen, die aus Vertragsverpflichtungen entstehen oder budgetäre Obligationen aus erlassenen Rechtsakten. Alle weiteren Ausgaben trugen die Bezeichnung nicht-obligatorisch (Europäische Parlament 2015c: 1/2). Der Vertrag von Brüssel im Jahr 1975 sollte die institutionelle Zuständigkeit noch einmal grundlegend reformieren und eine deutliche Stärkung der parlamentarischen Rechte im Haushaltsverfahren bewirken. Die Haushaltsbefugnis wird seit Inkrafttreten des Vertrages von Brüssel von zwei Organen partnerschaftlich ausgeübt, vom gouvernementalen Organ, dem Rat, auf der einen und dem supranationalen Organ, dem Europäischen Parlament, auf der anderen Seite. Seit dieser Reform bilden Rat und Parlament gemeinsam die europäische Haushaltsbehörde. Erst im Zuge der Reform von Brüssel wirkte sich die im Jahr 1970 implementierte Differenzierung zwischen obligatorischen Ausgaben und nicht-obligatorischen Ausgaben auf die Kompetenzverteilung zwischen Rat und Parlament aus. Das Parlament entscheidet seit 1975 in letzter Instanz über die nicht-obligatorischen Ausgaben.[140] Eine weitere wichtige Neuerung beruhte in der Befugnisübertragung auf das Parlament, über den Haushaltsplan als Ganzes entscheiden und ihn somit auch ablehnen zu können. Zudem wurde dem supranationalen Organ die Kompetenz zuteil, die Entlastung des Haushaltsplanes allein ohne den Rat zu erteilen (Europäische Kommission 2009b: 20/21). Diese Verteilung der Zuständigkeiten blieb auf jener institutionell-verfahrensbezogenen Ebene bis zum Inkrafttreten des Vertrags von Lissabon unangetastet und somit mehr als dreißig Jahre auf dieser Rechtsgrundlage bestehen. Erst im Jahr 2009 sollte das Haushaltsverfahren mit der Lissabonner Reform eine weitere Neuordnung erfahren. Ausgangspunkt dieser rechtlichen Reorganisation war zunächst die Abschaffung der Differenzierung zwischen den obligatorischen Ausgaben und den nicht-obligatorischen Ausgaben. Seitdem untersteht die Verabschiedung aller Ausgabenposten nunmehr dem gleichen Verfahren. Vor Lissabon war der Jahreshaushalt Gegenstand zweier parlamentarischer Lesungen. Im Anschluss hatte das Parlament die Möglichkeit, den Haushalt festzustellen oder ihn als Ganzes abzulehnen. Mit Lissabon wurde ein

140 Hierbei gilt es zu beachten, dass die nicht-obligatorischen Ausgaben ursprünglich nur acht Prozent des EU-Haushaltes ausmachten (Europäische Parlament 2015c: 1/2).

vereinfachtes Haushaltsverfahren eingeführt, das heute nur noch auf einer Lesung basiert (Europäische Parlament 2015c: 1/2).

Der jährliche Haushalt wird auf gouvernementaler Institutionenebene nicht im Europäischen Rat, sondern im Ministerrat verhandelt. Der Europäische Rat ist vorrangig ein Gremium, das politische und strategische Entscheidungen der Ausrichtung trifft und als eine Art Leitungsinstanz zu verstehen ist. Er beschließt nicht über Gesetzgebungsdossiers und verfügt über keine direkte Gesetzgebungsbefugnis. Gleichwohl führen bei der wichtigen Entscheidung um den Mehrjährigen Finanzrahmen die Staats- und Regierungschefs letztinstanzlich die Verhandlungen und bringen diese zum Abschluss. Für die finale Verabschiedung der Jahreshaushalte sind die Europaminister oder die Finanzminister der Mitgliedsländer zuständig. Von Seiten der deutschen Delegation obliegt der Aushandlungsprozess dem Bundesministerium der Finanzen (BMF). Die Vorbereitung erfolgt auf Abteilungsleiterebene. Primärrechtlich ist das Verfahren zur Verabschiedung des EU-Jahreshaushaltes in Artikel 314 AEUV (ex-Artikel 272, Absätze 2 bis 10 EGV) der Institutionellen Bestimmungen und Finanzvorschriften geregelt. Die Jahreshaushalte werden nach dem sogenannten besonderen Gesetzgebungsverfahren verabschiedet. Mit dem neuen Lissabon-Vertrag werden Parlament und Rat im Jahresbudgetverfahren in ihrer gemeinsamen Funktion als Haushaltsbehörde institutionell gleichberechtigte Partner. Bevor die Verabschiedung des EU-Jahreshaushaltes 2011 auf der Rechtsgrundlage von Lissabon empirisch untersucht wird, sollen im Nachfolgenden zunächst die Verfahrensetappen deskriptiv erfasst werden, aus denen sich die Handlungsspielräume und die Optionen der Machtausübung des Rates auf der einen und des Parlamentes auf der anderen Seite ableiten lassen.

1. Etappe: Aufstellung der Haushaltsvoranschläge durch die EU-Organe, Erstellung eines Gesamtentwurfes durch die Kommission

Jedes EU-Organ, mit Ausnahme der Europäischen Zentralbank, arbeitet bis zum 1. Juli eines jeden Jahres für die eigene Behörde einen Budgetvoranschlag aus und legt diesen der Europäischen Kommission vor. Deren Aufgabe ist es, diese Einzelkalkulationen zu koordinieren und in einen Gesamthaushaltsplan zu überführen. Dabei ist die Kommission in ihrer Entscheidung frei, die ihr übermittelten Kostenaufstellungen zu übernehmen oder abzuändern. Die Behörde erfasst in ihrem Entwurf für den Jahresbudgetplan neben den Ausgaben auch die Einnahmen (Artikel 314 Absatz 1 AEUV). Im Rahmen des interinstitutionellen Entscheidungsverfahrens hat die Kommission ihrerseits bis spätestens zum 1. September, der dem zu verabschiedenden Haushaltsjahr vorausgeht, Zeit, dem Europäischen Parlament und dem Rat ihren Budgetplan vorzulegen. Während des laufenden Haushaltsverfahrens kann sie diesen abändern, allerdings nur bis zum Zeitpunkt einer etwaigen Einberufung des Vermittlungsausschusses (Artikel 314 Absatz 2 AEUV).

2. Etappe:
Entwicklung und Festlegung der Position des Rates zum Entwurf der Kommission

Der Rat prüft die Entwurfsvorlage der Kommission und muss sich im nächsten Schritt intern auf eine gemeinsame Position verständigen. Spätestens am 1. Oktober ist er verpflichtet, seinen Standpunkt auf der Grundlage einer qualifizierten Mehrheit der mitgliedstaatlichen Vertreter festzustellen und dem Parlament zu übermitteln. Dabei ist das gouvernementale EU-Organ gegenüber dem Europäischen Parlament rechenschaftspflichtig. Der Rat muss das Parlament vollumfänglich über seine Position unterrichten und die Motive für etwaige Änderungen an der Kommissionsvorlage genau begründen (Artikel 314 Absatz 3 AEUV).

3. Etappe:
Lesung im Parlament

Daraufhin stehen dem Europäischen Parlament genau zweiundvierzig Tage zur Verfügung, die Fassung des Rates zu beraten. Billigt das supranationale EU-Organ dessen Vorlage, so gilt der Haushaltsplan auf dieser Grundlage als angenommen. Fasst das Parlament seinerseits keinen Beschluss, so ist der Jahreshaushalt ebenfalls bewilligt. Kommt die Institution am Ende der parlamentarischen Debatte zu dem Schluss, dass Änderungen an der Ratsvorlage erforderlich sind, so muss sie mit der Mehrheit ihrer Abgeordneten über die eigene abgeänderte Fassung entscheiden. Verständigt sich das Parlament, wird diese Vorlage der Kommission und dem Rat übermittelt. Gleichzeitig beruft der Präsident des Europäischen Parlamentes im Einvernehmen mit dem Präsidenten des Rates unverzüglich den Vermittlungsausschuss ein. Der Vermittlungsausschuss nimmt seine Tätigkeit nicht auf, wenn der Rat nach Erhalt der geänderten Vorlage des Europäischen Parlamentes in einem Zeitraum von zehn Tagen die Entscheidung fällt, alle Anpassungswünsche des Parlamentes zu akzeptieren (Artikel 314 Absatz 4, Buchstabe a) bis c) AEUV).

4. Etappe: Einberufung und Tagung des Vermittlungsausschusses im Falle einer Nichtverständigung zwischen Rat und Parlament

Der Vermittlungsausschuss besteht paritätisch aus Mitgliedern des Rates oder deren Stellvertretern und genauso vielen Parlamentariern. Kommt es zur Einberufung des Vermittlungsausschusses, so obliegt ihm die Aufgabe, binnen einer Frist von einundzwanzig Tagen nach seiner Konstituierung auf der Grundlage der Position des Europäischen Parlaments und des Rates eine Einigung über eine gemeinsame Fassung zu erzielen. Die Kommission nimmt an den Sitzungen des Vermittlungsausschusses beobachtend teil. Sie übernimmt darüber hinaus die Rolle einer unabhängigen Mediatorin, um über eine Annäherung der Standpunkte des Europäischen Parlaments und des Rates eine Einigung zu erreichen. Eine gemeinsame Beschlussvorlage für den Jahreshaushalt erfordert im Vermittlungsausschuss eine qualifizierte Mehrheit der Repräsentanten des Rates und eine einfache Mehrheit der das Europäische Parlament vertretenden Mitglieder (Artikel 314 Absatz 5 AEUV).

5. Etappe: Annahme oder Ablehnung des Jahreshaushaltsplanes durch die Haushaltsbehörde

Findet sich im Vermittlungsausschuss innerhalb der gesetzten Frist von einundzwanzig Tagen kein gemeinsamer Standpunkt, so wird die Kommission mit der Ausarbeitung eines neuen Entwurfes für den Jahreshaushaltsplan betraut (Artikel 314 Absatz 8 AEUV). Ist im Vermittlungsausschuss in dieser Zeit eine Einigung auf einen Standpunkt möglich, so wird diese gemeinsame Vorlage dem Rat und dem Europäischen Parlament übermittelt. Ab dem Zeitpunkt der Verständigung des Vermittlungsausschusses verfügen die beiden Beschlussorgane über eine Frist von weiteren vierzehn Tagen, um dieser Fassung zuzustimmen oder diese abzulehnen (Artikel 314 Absatz 6 AEUV).

Der Jahreshaushalt gilt auf der Grundlage des gemeinsamen Standpunktes des Vermittlungsausschusses als endgültig erlassen, wenn innerhalb dieser vierzehntägigen Frist

- die Beschlussvorlage die Zustimmung des Parlamentes und des Rates findet,
- beide Organe keinen Beschluss fassen oder
- eine der beiden Institutionen den Entwurf billigt, während die andere keinen Beschluss trifft (Artikel 314 Absatz 7, Buchstabe a) AEUV).

Lehnt sowohl das Parlament mit der Mehrheit seiner Abgeordneten als auch der Rat den gemeinsamen Entwurf des Ausschusses ab, muss die Kommission einen neuen Entwurf für den Haushaltsplan vorlegen. Dies gilt auch, wenn eines der beiden Beschlussorgane den Entwurf ablehnt und das andere Organ keinen Beschluss fasst (Artikel 314 Absatz 7, Buchstabe b) AEUV). Die Kommission wird auch dann mit der Erarbeitung einer neuen Vorlage beauftragt, wenn die Fassung des Vermittlungsausschusses keine Mehrheit im Parlament findet, der Rat hingegen zustimmend entscheidet (Artikel 314 Absatz 7, Buchstabe c) AEUV). Wird der gemeinsame Entwurf des Vermittlungsausschusses vom Rat abgelehnt, jedoch vom Europäischen Parlament gebilligt, so verfügt das Parlament über die Kompetenz, binnen vierzehn Tagen ab dem Tag der Ablehnung durch den Rat mit der Mehrheit seiner Mitglieder und drei Fünfteln der abgegebenen Stimmen alle oder einige der vom Parlament seinerzeit vorgelegten Abänderungen an der Fassung des Rates (vor Beratung im Vermittlungsausschuss) zu bestätigen. Wird eine Abänderung von Seiten des Europäischen Parlamentes nicht bestätigt, so wird die im Vermittlungsausschuss vereinbarte Position zu dem Haushaltsposten, der Gegenstand der Abänderung ist, auf diesem Stand übernommen. Der Haushaltsplan gilt als endgültig erlassen (Artikel 314 Absatz 7, Buchstabe d) AEUV). Diese Entscheidungskompetenz auf der Grundlage von Artikel 314 Absatz 7, Buchstabe d) AEUV hat zu einer immensen Stärkung des parlamentarischen Einflusses im Jahreshaushaltsverfahren geführt. Der formale Erlass des Jahresbudgets obliegt nach Abschluss des Verfahrens dem Präsidenten des Europäischen Parlamentes (Artikel 314 Absatz 9 AEUV).

Tabelle 9: Feststellung oder Ablehnung des EU-Jahreshaushaltes nach Eingabe der Fassung des Vermittlungsausschusses

Haltung zur Beschlussvorlage des Vermittlungsausschusses	Parlament	Rat	Ergebnis
	+	+	Gemeinsamer Gesetzestext angenommen
		–	Möglicherweise zurück zum EP-Standpunkt*
		keine	Gemeinsamer Gesetzestext angenommen
	keine	+	Gemeinsamer Gesetzestext angenommen
		–	Neuer Entwurf des Haushaltsplans durch die Kommission
		keine	Gemeinsamer Gesetzestext angenommen
	–	+	Neuer Entwurf des Haushaltsplans durch die Kommission
		–	Neuer Entwurf des Haushaltsplans durch die Kommission
		keine	Neuer Entwurf des Haushaltsplans durch die Kommission

* Bestätigt das Parlament eine Auswahl oder sämtliche Änderungen des EP-Standpunktes zur Ratsfassung auf dem Stand vor Einberufung des Vermittlungsausschusses mit einer Mehrheit seiner Mitglieder und drei Fünfteln der abgegebenen Stimmen, so gilt der Gesetzestext auf dieser Grundlage als angenommen. Kommt im Parlament die erforderliche Mehrheit nicht zustande, wird der im gemeinsamen Entwurf des Vermittlungsausschusses vertretene Standpunkt übernommen.

Legende:
+: gebilligt
–: abgelehnt
keine: keine Entscheidung

Quelle: modifiziert nach Grzebieluch (2015c: 3)

Obgleich die Verhandlungen um die Jahreshaushalte alljährlich durch Machtkämpfe zwischen den Entscheidungsorganen Parlament und Rat gekennzeichnet sind, ist allen Beteiligten bewusst, dass ein Scheitern für alle Institutionen der Europäischen Union mit handfesten Konsequenzen in Hinblick auf die eigene Mittelausstattung verbunden ist. Kommt es zu keiner Einigung oder ist zu Beginn eines Haushaltsjahres der Haushaltsplan noch nicht endgültig erlassen, so können auf der Grundlage der in Artikel 322 AEUV festgelegten Haushaltsordnung *„(...) für jedes Kapitel monatliche Ausgaben bis zur Höhe eines Zwölftels der im betreffenden Kapitel des Haushaltsplans des vorangegangenen Haushaltsjahres eingesetzten Mittel vorgenommen werden, die jedoch ein Zwölftel der Mittelansätze des gleichen Kapitels des Haushaltsplanentwurfs nicht überschreiten dürfen"* (Artikel 315 AEUV, ex-Artikel 273 EGV). Gleichwohl obliegt dem Rat die Möglichkeit, auf Vorschlag der Kommission unter Beachtung der nach Artikel 322 AEUV erlassenen Verordnung über den Jahreshaushalt weitere Ausgaben zu bewilligen, die über dieses Zwölftel hinausgehen. Über diese Entscheidung muss das Parlament unverzüglich informiert werden. Der Beschluss wird dreißig Tage nach seinem Erlass rechtswirksam, es sei denn das Parlament interveniert, indem es innerhalb dieser dreißigtägigen Zeitspanne mit der Mehrheit seiner Mitglieder über eine Kürzung dieser Ausgaben beschließt. Macht das Parlament von diesem Recht keinen Gebrauch, so gilt der Ratsbeschluss nach dieser Frist als erlassen (Artikel 315 AEUV). Des Weiteren besteht auf Grundlage von Artikel 316 AEUV (ex-Artikel 271 EGV) die Möglichkeit, Mittel aus dem Vorjahreshaushalt, die bis zum Ende der Durchführungszeit eines Haushaltsplanes nicht ausgeschöpft wurden, auf das neue Haushaltsjahr zu übertragen. Eine Übertragung auf das übernächste Haushaltsjahr ist jedoch ausgeschlossen (Artikel 316 AEUV). Das Europäische Parlament und der Rat erlassen im Anschluss an das Haushaltsverfahren auf Grundlage der gemäß Artikel 322 AEUV (ex-Artikel 279 EGV) festgelegten Haushaltsordnung sowie nach Anhörung des Rechnungshofes gemäß dem ordentlichen Gesetzgebungsverfahren über Verordnungen die Haushaltsvorschriften sowie die Vorschriften zur Kontrolle der Finanzakteure. In den Haushaltsvorschriften werden die Aufstellung und Ausführung des Budgetplanes sowie die Rechnungslegung und Rechnungsprüfung im Einzelnen festgelegt (Artikel 322 Absatz 1, Buchstabe a) AEUV). Das Annahmeverfahren zur Verabschiedung des Jahreshaushaltes ist zeitlich exakt strukturiert:

Abbildung 2: Zeitplan im Entscheidungsverfahren zur Verabschiedung des Jahreshaushaltes der EU

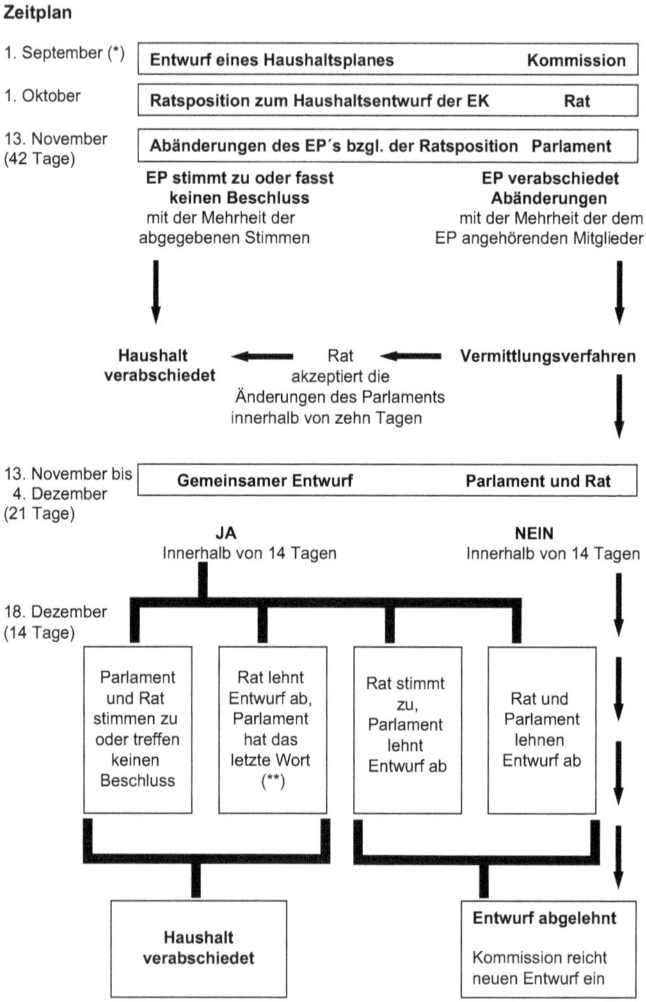

Legende:

(*) Die Kommission ist in der Praxis bestrebt, den Haushaltserstentwurf vor Ende April/Anfang Mai vorzulegen.

(**) Das heißt, das Parlament billigt den gemeinsamen Entwurf und beschließt binnen vierzehn Tagen nach der Ablehnung durch den Rat mit der Mehrheit seiner Mitglieder und drei Fünfteln der abgegebenen Stimmen alle oder einige der Abänderungen aus der ersten EP-Lesung.

Quelle: Nachbildung und Modifikation nach Europäische Kommission (2011a: 20)

2. Erster Entscheidungsprozess über die EU-Finanzen nach Inkrafttreten des Vertrages von Lissabon: Ein neues Machtverhältnis zwischen Rat und Parlament?

Mit in Krafttreten des Lissabonner Vertrages haben sich innerhalb des Machtparallelogramms der europäischen Institutionen Verschiebungen ergeben, die formalrechtlich zu einer verbesserten Stellung des Europäischen Parlamentes geführt haben. Damit kam die Europäische Union der Forderung nach einer Stärkung der demokratischen Strukturen sowie nach einem Zuwachs an Transparenz nach. Diese primärrechtlichen Modifikationen fanden erstmalig im Haushaltsverfahren für das Jahr 2011 Anwendung. Zum Zeitpunkt der Verhandlungen waren 27 Mitgliedstaaten Teil der Staatengemeinschaft. Im Nachfolgenden soll die Black Box des interinstitutionellen Verhandelns und Entscheidens zwischen Parlament und Rat aufgebrochen werden bevor in der darauffolgenden Untersuchungseinheit das Entscheiden innerhalb des Rates zwischen den mitgliedstaatlichen Delegationen auf den Prüfstand gestellt wird. Zunächst wird der analytische Schwerpunkt auf der neuen Machtstruktur innerhalb der Lissabonner Union liegen, die die Rechte des Parlamentes im Annahmeverfahren gestärkt und eine umfassende Abstimmung zwischen der Haushaltsbehörde zur Bedingung gemacht hat. Neben dem Agieren des Europa-Parlamentes im Entscheidungsprozess und der Interaktion mit dem Rat wird dann das Verhandeln im Rat sowie die Intervention des Europäischen Rates untersucht.

Die Machtverhältnisse zwischen den Institutionen im Gesetzgebungsprozess haben sich seit der Gründung der Gemeinschaft bis heute nur schrittweise von einer dominierenden Stellung des Rates zu einer gestärkten und aktiven Rolle des Europa-Parlamentes verändert. Da die Mehrzahl der Gesetzgebungsdossiers heute nach dem ordentlichen Gesetzgebungsverfahren entschieden wird, findet sich das Parlament mit Blick auf die überwiegende Zahl der Politikfelder in einer gleichberechtigten Stellung mit dem Rat wieder. Dies gilt auch für das Entscheidungsprozedere um das EU-Jahresbudget, bei dem erst mit der Vertragsrevision von Lissabon eine veritable Gleichstellung von Rat und Parlament im Annahmeverfahren erfolgt ist. Die abhängige Variable im entwickelten Forschungskonzept ist die Handlungsfähigkeit der Europäischen Union. In der nachfolgenden Fallstudie zum Jahreshaushalt 2011 geht es darum zu prüfen wie die Entscheidungsprozesse nach der jüngsten Reform des Primärrechtes auf einer interinstitutionellen Ebene zwischen Rat und Parlament sowie innerhalb des Rates vollzogen wurden. Hierbei steht die Frage im Vordergrund inwiefern das Parlament, das in Bezug auf die Erweiterung seiner Kompetenzen gestärkt aus der Lissabonner Reform hervorging, seine formaljuristisch neuen Gestaltungsoptionen im Haushaltsverfahren erfolgreich geltend machen und für die Umsetzung der eigenen politischen Interessen einsetzen konnte. Dem supranationalen Organ wurde in diesem Rahmen erstmals das Recht zu Teil, ohne politikfeldbezogene Einschränkungen über das Gesamtbudgetvolumen mit zu entscheiden. Neben den spezifischen Interessen in Hinblick auf die Budgetverteilung und Finanzausstattung einzelner Politikfelder werden die politischen Präferenzen sowie die Verhandlungsstrategien des Europa-Parlamentes im Vordergrund stehen. Die Präferenzen, die Ziele und die Verhandlungspositionen des Parlamentes und deren strategische Einbringung in den Aushandlungsprozess mit dem Rat bilden die unabhängige Variable.

Das Parlament hat versucht, die erste Verhandlungssituation um den EU-Jahreshaushalt nach neuem Recht zu nutzen, um jene hinzugewonnenen Befugnisse auch in anderen haushaltspolitischen Belangen zu diversifizieren und auszubauen. Ziel war es, den Mitgliedstaaten das Zugeständnis abzuringen, auch bei der Aushandlung des Mehrjährigen Finanzrahmens in Zukunft mehr Mitspracherechte zu erhalten. Im Verfahren um die siebenjährige Haushaltsplanung kann das Parlament nur in Form eines Vetorechts intervenieren. Daher wird es auch um die Klärung der Frage gehen inwieweit es dem supranationalen EU-Organ gelungen ist, die neue Verantwortlichkeit im Jahreshaushaltsverfahren zu jenen machtpolitischen Zwecken zu instrumentalisieren (Veränderung der Befugnisse im Entscheiden um die Mehrjährige Finanzplanung zu den eigenen Gunsten). Gleichzeitig muss untersucht werden, ob es im Entscheidungsprozess signifikante Ereignisse oder Verhandlungsetappen gegeben hat, die von Bedeutung sind und sich möglicherweise auf Verhandlungsergebnisse und Verfahrensdauer ausgewirkt haben. Hierbei ist an den EU-Gipfel des Europäischen Rates im Oktober 2010 zu denken. Dieser Rahmen wurde von den Staats- und Regierungschefs genutzt, um Einfluss auf den ersten nach Lissabon zu entscheidenden Jahreshaushalt zu nehmen, obgleich die originäre Zuständigkeit bei den beiden Organen der Haushaltsbehörde, dem Rat und dem Parlament, liegt. Die ausgewählte Fallstudie wurde zudem auf dem Höhepunkt der Finanz- und Wirtschaftskrise verhandelt, so dass auch der globale politische sowie ökonomische Kontext mit berücksichtigt werden muss. Aufgrund der wachsenden Bedeutung der supranationalen Akteure im europäischen Integrationsprozess gehe ich davon aus, dass innerhalb des Entscheidungssystems der Lissabonner Union Politikergebnisse realisierbar sind, die nicht allein von den Standpunkten und materiellen Präferenzen der nationalen Regierungsvertreter in den gouvernementalen Organen abhängen. Diese basieren angesichts der verbesserten Stellung des Parlaments im interinstitutionellen Entscheiden gleichermaßen auf gemeinwohlorientierten Normen und Zielen. In diesem Kontext gilt es die nachfolgende Arbeits-Hypothese zu prüfen: Die Möglichkeiten des Parlamentes innerhalb des interinstitutionellen Entscheidungsgefüges der Europäischen Union Politikergebnisse nach eigenen Interessen zu beeinflussen, erhöhen sich, wenn für alle beteiligten Akteure die Kosten einer Nichteinigung gleich hoch sind (Hypothese 4).

2.1. Neue Rechte und Einflussschranken des Parlamentes nach Lissabon; Aufhebung der Differenzierung zwischen obligatorischen Ausgaben und nicht-obligatorischen Ausgaben

Im Zuge mehrerer Vertragsrevisionen des europäischen Primärrechts wurden die Gesetzgebungskompetenzen des Europa-Parlamentes schrittweise erweitert. Dies gilt vor allem für die jüngste Neuordnung nach Lissabon. Das Parlament entscheidet heute über die Mehrheit der Gesetze der Europäischen Union in voller Gleichberechtigung mit dem Rat. Mit Lissabon wurden insgesamt vierzig zusätzliche Politikbereiche in die Entscheidung nach dem ordentlichen Gesetzgebungsverfahren gestellt, das bisher unter der Bezeichnung des Mitentscheidungsverfahrens geführt wurde.[141] Dieses weist dem Parlament die gleichen Rechte als Gesetzgeber zu, die dem gouvernementalen EU-Organ, dem Rat, bereits zustehen. Zu den neuen Politikfeldern, die nach Lissabon dem Einfluss und der Mitverantwortung des Europa-Parlamentes obliegen, gehören wichtige und zugleich ausgabenintensive Komplexe wie die Landwirtschaftspolitik, die europäische Regionalförderung, die Energiepolitik sowie Fragen der Zuwanderung. Diese erweiterten legislativen Befugnisse gelten auch für die Aufstellung des Jahresbudgets. Der Gesetzgebungsprozess zur Verabschiedung der Jahreshaushalte beruht in der Lissabonner Union auf einem interinstitutionellen Verfahren, indem Rat und Parlament von nun an gleichberechtigt agieren.[142] Der Zuwachs an parlamentarischer Verantwortlichkeit und Gestaltungsmacht wurde somit auf die wichtige Jahresbudgetplanung ausgeweitet, die zuvor – insbesondere in Bezug auf die Entscheidung über die ausgabenintensiven Politikbereiche – weitgehend im Kompetenzfeld des Rates angesiedelt war. Im jährlichen Haushaltsplan der Europäischen Union gibt es keine Budget-Linie mehr, die nicht die Zustimmung der EU-Parlamentarier erfahren hat (Europäisches Parlament 2011).

---

141 Abbildung 7 im Anhang gibt einen detaillierten Überblick über den Ablauf und die Entscheidungsmechanismen im ordentlichen Gesetzgebungsverfahren.

142 Vgl. dazu das Kapitel „Das Verfahren zur Verabschiedung des EU-Jahreshaushaltes“

Der neue Vertrag schafft auf der Ausgabenseite die Unterteilung in die sogenannten obligatorischen Ausgaben (OA) sowie in die nicht-obligatorischen Ausgaben (NOA) ab. Zu den obligatorischen Ausgaben zählten bis zur Lissabonner Vertragsrevision Aufwendungen, die sich als Verbindlichkeiten aus dem Primärrecht oder in Folge erlassener Rechtsakte ergeben haben (Europäische Kommission / Europäisches Parlament / Rat 2006: 6, Teil II Verbesserung der interinstitutionellen Zusammenarbeit während des Haushaltsverfahrens, C. Klassifizierung der Ausgaben, Nr. 34). Um die nationale Souveränität in diesen wichtigen Ausgabenbereichen zu wahren, behielt der Rat bei deren Bewilligung bis zur Vertragsrevision von Lissabon das letzte Wort. Bei den nicht-obligatorischen Ausgaben hingegen ruhte die letztinstanzliche Entscheidungsgewalt beim Europäischen Parlament. Diese Abgrenzung der Aufwendungen in obligatorische Ausgaben und in nicht-obligatorische Ausgaben war in den europäischen Verträgen nicht gewährleistet. Das Europäische Parlament, der Rat und die Kommission nahmen daher stellvertretend in den Anhang ihrer Interinstitutionellen Vereinbarung vom 14.06.2006 über die Haushaltsdisziplin und die wirtschaftliche Haushaltsführung eine sogenannte Klassifizierung der Ausgaben auf (Vgl. Europäische Kommission / Europäisches Parlament / Rat 2006: 13, Anhang III – Klassifizierung der Ausgaben). Damit verankerten und präzisierten sie die institutionelle Zuständigkeit, die im Primärrecht selbst nicht vorgesehen war.

Alle Haushaltslinien der im Mehrjährigen Finanzrahmen 2007 bis 2013 implementierten Hauptausgabenrubriken waren den nicht-obligatorischen Ausgaben zugeordnet, über die das Parlament letztinstanzlich entscheidet. Einzige Ausnahme bildete die Rubrik 6 „Ausgleichsbeträge“, die vorbehaltlos in die Gruppe der obligatorischen Ausgaben fiel. Dabei gilt es zu beachten, dass trotz Zuordnung in die NOA einige Ausgabenbereiche als Sonderfall den OA zugeordnet blieben. Allein im Fall von zwei Rubriken gab es keine Sonderregelung, so dass hier alle Aufwendungen ausschließlich in die Gruppe der nicht-obligatorischen Ausgaben eingeordnet wurden: Dies galt für die Rubrik 1 „Nachhaltiges Wachstum“, unter die der gesamte ausgabenintensive Bereich der Struktur- und Kohäsionspolitik fiel sowie für die Rubrik 3 „Unionsbürgerschaft, Freiheit, Sicherheit und Recht“, die unter anderem sensible Bereiche wie Justiz und Inneres umfasste. Alle anderen Hauptausgabenrubriken waren zwar ebenfalls in die Kategorie der nicht-obligatorischen Ausgaben eingegliedert und fielen damit in die Zuständigkeit des Parlamentes, allerdings wurden hier selektiv Politikfelder ausgenommen. Bis zum Inkrafttreten des Vertrages von Lissabon konnten die Mitgliedstaaten somit Haushaltslinien wahren, die unter die obligatorischen Ausgaben subsumiert wurden und damit der Zuständigkeit und letzten Entscheidungsinstanz des Rates zugeordnet blieben. Dies betraf die Rubrik 2 „Erhaltung und Bewirtschaftung der natürlichen Ressourcen", die Rubrik 4 „Die Europäische Union als globaler Akteur" und die Rubrik 5 „Verwaltung". In der ausgabenlastigen Agrarpolitik verblieb somit das gesamte Feld der Marktmaßnahmen und Direktbeihilfen, einschließlich Marktmaßnahmen für die Fischerei und die Fischereiabkommen mit Drittländern, in der Entscheidungskompetenz des Rates. Auch innerhalb der Rubrik 4 wurden die wichtigen Politikbereiche „Ausgaben aufgrund internationaler Übereinkommen der Europäischen Union mit Dritten", „Beiträge zu internationalen Organisationen oder Institutionen" sowie „Beiträge zum Fonds für Darlehensgarantien" den obligatorischen Ausgaben zugeordnet. Im Feld der Verwaltung, deren Aufwendungen originär ebenfalls als NOA klassifiziert wurden, blieben vor Lissabon zentrale Bereiche dem parlamentarischen Einfluss vorbehalten: Dies berührte etwa Ruhegehälter und Abgangsgelder von EU-Bediensteten, Vergütungen und verschiedene Beiträge bei endgültigem Ausscheiden aus dem Dienst, aber auch Streitsachen sowie Schadensersatzforderungen fielen in den Bereich der obligatorischen Ausgaben. Beträchtliche Teile des EU-Budgets blieben somit über die gesamte Zeitspanne von Beginn der Europäischen Einigung bis hin zur großen Reform von Lissabon Ende 2009 der Entscheidungsgewalt und dem Einfluss des Parlamentes entzogen. Unter genauer Betrachtung dieser Politikfelder wird deutlich, dass es sich ausschließlich um ausgabenintensive Bereiche handelte, über die die Mitgliedstaaten über ihre Vertretung im Rat die Kontrolle wahren wollten. Gleichzeitig muss eingeräumt werden, dass das Europäische Parlament bereits vor Inkrafttreten des Vertrages von Lissabon zumindest über einen haushaltspolitischen Hebel verfügte, da die endgültige Verabschiedung des Jahreshaushaltsplanes im Annahmeverfahren an seine Zustimmung gebunden war.

Der Vertrag von Lissabon schafft die Differenzierung zwischen OA und NOA nunmehr vollständig ab. Das Parlament steht im jährlichen Haushaltsverfahren heute ohne Einschränkung auf einer Stufe mit dem Rat. Allerdings müssen sich die jährlichen Haushaltspläne in den Mehrjährigen Finanzrahmen einfügen. Dieser legt innerhalb eines definierten Planungszeitrahmens von sieben Jahren für jede Ausgabenrubrik Höchstbeträge, die sogenannten Obergrenzen, fest. Damit soll sichergestellt werden, dass sich die EU-Ausgaben kontrolliert entwickeln und das im Mehrjährigen Finanzplan vorgesehene Maximalbudget, das mit Eigenmitteln finanziert wird, nicht überschritten wird (Europäische Kommission 2011d). Im Finanzrahmen 2007 bis 2013 war für das Haushaltsjahr 2011 eine Gesamtobergrenze für die Mittel für Verpflichtungen in Höhe von 142.965 Millionen Euro vorgesehen. Dies entspricht 1,14 Prozent des Bruttonationaleinkommens der EU. Die Obergrenze für die Mittel für Zahlungen lag mit 134.280 Millionen Euro bei 1,07 Prozent des BNE (Europäische Kommission 2010f: 9, politische Darstellung).[143] An diesen Budgetobergrenzen mussten sich die Verhandlungspartner orientieren. In den Jahreshaushaltsverhandlungen geht es neben der Aushandlung des Gesamtbudgetvolumens, das sich in diesem vorgegebenen Rahmen bewegen muss, vor allem um die Verteilung auf die einzelnen Ausgabenrubriken.

Tabelle 10: Obergrenzen des Mehrjährigen Finanzrahmens 2007 bis 2013 für das Haushaltsjahr 2011 (in Mio. Euro)[144]

Rubrik / Mittel für Verpflichtungen	Beträge in Mio. Euro zu jeweiligen Preisen
1. Nachhaltiges Wachstum	**63.974**
1a. Wettbewerbsfähigkeit für Wachstum und Beschäftigung	12.987
1b. Kohäsion für Wachstum und Beschäftigung	50.987
2. Bewahrung und Bewirtschaftung der natürlichen Ressourcen	**60.338**
davon: marktbezogene Ausgaben und Direktzahlungen	47.617
3. Unionsbürgerschaft, Freiheit, Sicherheit und Recht	**1.889**
3a. Freiheit, Sicherheit und Recht	1.206
3b. Unionsbürgerschaft	683
4. Die EU als globaler Akteur	**8.430**
5. Verwaltung	**8.334**
6. Ausgleichszahlungen	**0**
Mittel für Verpflichtungen insgesamt	**142.965**
Mittel für Verpflichtungen in Prozent des BNE	**1,14 %**
Mittel für Zahlungen insgesamt	**134.280**
Mittel für Zahlungen in Prozent des BNE	**1,07 %**

Quelle: modifiziert nach Europäische Kommission (2010f: 9, politische Darstellung)

143 Nach der technischen Anpassung im Jahr 2011 (einschließlich der Aktualisierungen zu jeweiligen Preisen) wurde die Obergrenze für die Mittel für Verpflichtungen auf 142,27 Mrd. Euro bzw. in Prozent des EU-BNE ausgedrückt auf 1,15 % korrigiert. Die Obergrenze für die Mittel für Zahlungen wurde für 2011 auf eine Höhe von 133,7 Mrd. Euro oder auf 1,08 % des EU-BNE angepasst: Vgl. dazu Tabelle 18 im Anhang.

144 Die Kommission hat diese Obergrenzen nach der technischen Anpassung im Jahr 2011 korrigiert: Vgl. dazu Tabelle 18 im Anhang „Mehrjähriger Finanzrahmen 2007 bis 2013: Mittel für Verpflichtungen nach Ausgabenkategorien und Mittel für Zahlungen (in Mio. Euro zu jeweiligen Preisen) (bereinigt um die Erweiterung: EU-28)."

Während das Parlament und der Rat der Europäischen Union im Rahmen der vorgegebenen Obergrenzen des Mehrjährigen Finanzrahmens über das maximale Jahresbudgetvolumen, die Ausgabenverteilung auf die Rubriken und damit über die politischen Schwerpunkte der EU von nun an gemeinsam entscheiden, liegt die Entscheidungsgewalt über die Einnahmenseite nach wie vor in der alleinigen Hand der gouvernementalen Mandatsträger. Der Haushalt der Europäischen Union wird aus Eigenmitteln finanziert. Die Bestimmungen über die Finanzierung des EU-Budgets werden mit dem Eigenmittelbeschluss festgelegt, der vom Rat einstimmig angenommen werden muss. Das Parlament hat auch nach Lissabon kein Mitentscheidungsrecht über das Eigenmittelsystem, so dass die Ausstattung der Europäischen Union mit budgetären Mitteln (sowohl die Art als auch den Umfang der Einnahmen betreffend) dem Einfluss des supranationalen EU-Organs weiterhin entzogen bleibt. Der jüngste Beschluss des Rates vom 26. Mai 2014 über das Eigenmittelsystem der Europäischen Union (Rat der Europäischen Union 2014: 105–111) hat in diesem Sinne ausdrücklich bestätigt, dass der Eigenmittelbeschluss erst dann in Kraft tritt, *„(…), wenn ihm alle Mitgliedstaaten in Einklang mit ihren jeweiligen verfassungsrechtlichen Vorschriften zugestimmt haben und somit die Souveränität der Mitgliedstaaten in vollem Umfang gewahrt ist“* (Rat der Europäischen Union 2014: 105). Auch eine etwaige Änderung am Eigenmittelbeschluss setzt nach Lissabon die Zustimmung aller Unionsländer sowie in Abhängigkeit vom nationalen Verfassungsrecht eine Ratifizierung durch alle nationalen Parlamente voraus. Auf der Ausgabenseite hingegen kann das Parlament nach Lissabon seinen Einfluss über die Verabschiedung der Jahreshaushalte und die darin zu verankernden politikfeldbezogenen Schwerpunkte geltend machen. Dem supranationalen EU-Organ kommt nach Lissabon erstmalig ein vollständiges und gegenüber dem Rat gleichberechtigtes Mitspracherecht über die Budget-Linien, die Ausgabenprioritäten und somit auch über die Realisierung der politischen Ziele der Union zu. Da der Einfluss des Parlaments auf der Einnahmenseite „nur“ auf das Erfordernis seiner Zustimmung zur Interinstitutionellen Vereinbarung beschränkt blieb, wurde die Interpretation des neuen Haushaltsverfahrens zur Verabschiedung des Jahreshaushaltes 2011 zu Positionskämpfen genutzt, um die Kompetenzen auch in Bezug auf eine Mitwirkung bei der Ausgestaltung der EU-Finanzierung zu den eigenen Gunsten zu verändern. Die politischen Forderungen des Europa-Parlamentes sowie deren Bedeutung für den Verlauf und den Ausgang des Verfahrens um das EU-Budget für 2011 werden daher in der Analyse berücksichtigt.

In der nachfolgenden Fallstudie wird nun die Verhandlungssituation um den Jahreshaushalt 2011 in ihrer Eigenschaft als erstem interinstitutionellen Aushandlungsprozess um die EU-Finanzen unter den neuen Rahmenbedingungen des Lissabon-Vertrags untersucht. Auf Grundlage der dargestellten primärrechtlichen Neuerungen gilt es anhand der Empirie nachzuvollziehen, ob diese veränderten Rechtsgrundlagen ein neu geordnetes Machtverhältnis zwischen den EU-Organen konstituiert und damit auch das politische Entscheiden in der Europäischen Union transformiert haben. Dabei wird auch die Rolle der Europäischen Kommission beleuchtet, die als Agenda-Setterin auftritt und als Mediatorin regelmäßig einen wichtigen Beitrag im Aushandlungsprozess zwischen Parlament und Rat leistet.

2.2. Auftakt der Verhandlungen: Die Vorlage des Haushaltsentwurfs durch die Europäische Kommission

Um einen Zugang zu den Entscheidungsstrukturen um den EU-Jahresetat in der heutigen Lissabonner Union zu finden, ist die Einbeziehung aller an der Verabschiedung verantwortlichen Institutionen unerlässlich. Die Kommission ist für das Agenda-Setting zuständig.[145] Mit der Erstkonzeption des Haushaltsentwurfes gibt sie eine Richtschnur für das Gesamtbudgetvolumen auf der Grundlage der ihr von den EU-Institutionen übermittelten Kalkulationen vor. Dabei bringt das supranationale Organ seine Vorstellungen für eine mögliche Verteilung auf die einzelnen Haushaltsrubriken ein und beeinflusst somit die Prioritätensetzung in Hinblick auf die Politik- und Integrationsfelder der Europäischen Union.

Der Entscheidungsprozess um den fünften Jahreshaushalt, den es im Rahmen des Mehrjährigen Finanzrahmens 2007 bis 2013 zu verabschieden galt, wurde mit der Vorlage des Kommissionsentwurfes für den Budgetplan 2011 eröffnet. Diese Erstkonzeption der Haushaltsplanung berücksichtigt alle Ausgaben sowie alle Einnahmen. Grundsätzlich gehört es zur Aufgabe der Kommission darauf zu achten, dass sich die Aufstellung des Jahreshaushaltes in den Mehrjährigen Finanzrahmen einfügen lässt. Damit soll sichergestellt werden, dass die Ausgaben der Europäischen Union innerhalb der Grenzen der Eigenmittel eine geordnete Entwicklung nehmen (Artikel 312 Absatz 1 AEUV). Auch im späteren Verlauf der Verhandlungen muss das supranationale EU-Organ in ihrer vermittelnden Funktion Sorge tragen, dass sich die beiden Teile der Haushaltsbehörde im Entscheidungsprozess immer an den budgetären Vorgaben der langjährigen Finanzplanung orientieren.

145 Die zentrale Aufgabe der Europäischen Kommission ist die des Agenda-Settings. Die Kommission entscheidet, welche Gesetzesvorschläge Aussicht auf eine Zustimmung der meisten Mitgliedsländer haben. Dies führt dazu, dass diese Initiativen in der Regel auch verabschiedet werden.

Gemäß den europäischen Verträgen hat die Kommission bis spätestens zum 1. September eines Jahres Zeit, dem Parlament und dem Rat ihren Entwurf für einen Budgetplan vorzulegen. Die Kommission hatte ihren Haushaltsvoranschlag für das Jahr 2011 bereits am 27. April 2010 an die Haushaltsbehörde übermittelt (Vgl. Europäische Kommission 2010f). Diese frühzeitige Vorlage war der Tatsache geschuldet, dass sich die Finanzverhandlungen zwischen jenen beiden Organen traditionsgemäß hinziehen und hierdurch der sowohl zeitliche als auch sachbezogene Spielraum für eine Kompromissfindung erleichtert werden sollte. Der Vorschlag der supranationalen Behörde sah im Vergleich zum Jahreshaushalt 2010[146] einen Mittelzuwachs in Höhe von 5,9 Prozent bei den Zahlungsermächtigungen (ZE)[147] sowie in Höhe von 0,8 Prozent bei den Verpflichtungsermächtigungen (VE)[148] vor. Dabei brachte die Kommission Mittel von insgesamt 142.565,2 Millionen Euro beziehungsweise 1,14 Prozent des Bruttonationaleinkommens der EU für Verpflichtungsermächtigungen ein. Dies entsprach 1.073,3 Millionen Euro mehr als im Vorjahr 2010. Damit wäre bis zur

146 Tabelle 26 im Anhang „Der Jahreshaushaltsentwurf der Europäischen Kommission für 2011 in Zahlen: Vergleich zum Vorjahresetat 2010 (in Mio. Euro)“ gibt einen detaillierten Überblick über die von der Kommission im Einzelnen eingesetzten Mittel und zeigt die Veränderung gegenüber dem Haushaltsjahr 2010 auf.

147 Die Systematik des EU-Haushaltes differenziert zwischen Verpflichtungsermächtigungen und Zahlungsermächtigungen: Zahlungsermächtigungen umfassen die tatsächlichen Ausgaben im laufenden Haushaltsjahr sowie Ausgaben aufgrund von Verpflichtungsermächtigungen, die aus vorangegangenen Jahren vorgetragen wurden. Die Zahlungsermächtigungen sind demnach Finanzmittel, die in einem Haushaltsjahr effektiv verausgabt werden können. In der Regel fallen sie niedriger als die Verpflichtungsermächtigungen aus, weil langfristig geplante Projekte nicht realisiert werden konnten (Stiftung Ordnungspolitik, Centrum für Europäische Politik 2015, Stichwort: „Zahlungsermächtigungen“).

148 Verpflichtungsermächtigungen sind Ermächtigungen des Europäischen Parlamentes und des Rates an die Kommission, künftige Haushaltsjahre in rechtlich verbindlicher Form zu belasten, also Ausgaben für bestimmte Zwecke in späteren Jahren vorzunehmen. Verpflichtungsermächtigungen sind erforderlich, weil die im jährlichen Haushaltsplan der EU veranschlagten Ausgaben nur zu Zahlungen im laufenden Haushaltsjahr ermächtigen und die Finanzierung mehrjähriger Projekte somit weder planbar noch finanzierbar wäre. Im Unterschied zu den Zahlungsermächtigungen führt eine Verpflichtungsermächtigung erst zu einem Zahlungsvorgang in dem Jahr, in dem sie in Anspruch genommen werden kann. Umgekehrt dürfen aufgrund einer Verpflichtungsermächtigung, die für künftige Jahre vorgesehen ist, keine Zahlungen im laufenden Haushaltsjahr geleistet werden (Stiftung Ordnungspolitik, Centrum für Europäische Politik 2015, Stichwort: „Verpflichtungsermächtigungen“).

Obergrenze des Mehrjährigen Finanzrahmens ein Spielraum von 1.235,6 Millionen Euro verblieben. Bei den Zahlungsermächtigungen setzte sie Mittel von insgesamt 130.136,0 Millionen Euro ein. Dies entsprach 1,04 Prozent des EU-BNE und hätte einen Zuwachs von 7.179,1 Millionen Euro gegenüber dem Haushaltsplan 2010 bedeutet. In Bezug auf die Zahlungen hielt sie bis zur Obergrenze des Mehrjährigen Finanzrahmens einen Spielraum von 4.429,0 Millionen Euro offen (Europäische Kommission 2010f: 9/10, politische Darstellung, 79, 5.2. Anhang II, Haushaltsentwurf 2011 nach Rubriken des Finanzrahmens).[149]

Die budgetären Prioritäten der Kommission in Bezug auf ihre Haushaltsplanung für 2011 lagen erwartungsgemäß auf der Verfolgung der Lissabon-Ziele. Des Weiteren setzte das supranationale EU-Organ mit 64.407 Millionen Euro an Verpflichtungen einen Großteil der Mittel für Konjunkturmaßnahmen zur Bewältigung der Folgen der Finanz- und Wirtschaftskrise ein. Innerhalb dieser Budgetlinie bedeutete dies gegenüber dem Vorjahr 2010 eine weitere Steigerung von plus 3,4 Prozent. Mit 57.929 Millionen Euro plante sie außerdem etwa 40 Prozent des Gesamtbudgets zur Finanzierung der Leitinitiativen der Strategie Europa 2020 ein, um in den Mitgliedstaaten neue Wachstumsimpulse zu setzen. Mit diesem Vorschlag wurde die Kommission den politischen und ökonomischen Prioritäten der nationalen Regierungen gerecht, indem sie eine angemessene Mittelausstattung für Projekte zur Wiederankurbelung des Wirtschaftsgeschehens einplante. Gleichzeitig setzte die Behörde eigene Prioritäten, in dem sie einen besonderen Fokus auf Investitionen in Innovationen, in die Infrastruktur von morgen sowie in die Jugend Europas legte. Diese Politikfelder umfassten die Förderung konkreter Initiativen und Projekte wie etwa die „Innovationsunion", „Jugend in Bewegung", „ressourcenschonendes Europa", „neue Kompetenzen und neue Beschäftigungsmöglichkeiten" sowie die „Industriepolitik im Zeitalter der Globalisierung" (Europäische Kommission 2011a: 20).

Neben ihrem Initiativrecht zur Vorlage eines Haushaltserstentwurfes kommt dem supranationalen EU-Organ im weiteren Verfahren eine wichtige Funktion zu, insofern sich Rat und Parlament im ersten Anlauf nicht einigen können. Für den Ausgang der Jahreshaushaltsverhandlungen ist ihre Rolle als Mediatorin von besonderer Bedeutung, die sie gegebenenfalls im neu geschaffenen Vermittlungsausschussverfahren einbringen muss. Wird ein Vermittlungsausschuss einberufen, muss die Kommission beziehungsweise ihr Präsident dazu beitragen, dass

149 Der Haushaltsentwurf basierte auf den BNE-Prognosen, die auf den April 2010 zurückgehen. Aktualisierte neue Prognosen legte die Kommission am 18. Mai 2010 nach der Sitzung des Beratenden Ausschusses für Eigenmittel (BAEM) vor.

sich die beiden Teile der Haushaltsbehörde zeitnah auf eine gemeinsame Position verständigen. Scheitert das Vermittlungsausschussverfahren, ist sie gefordert einen neuen Haushaltsentwurf vorzulegen. Dabei muss die Kommission Kalkulationen vorlegen, die finanzpolitisch gegenüber den Mitgliedstaaten vertretbar sind und gleichzeitig dem tatsächlichen monetären Bedarf der Gemeinschaft gerecht werden. In der Fallstudie soll des Weiteren geprüft werden, ob die supranationale Behörde im Jahreshaushaltsverfahren 2011 als Akteurin mit eigenen Zielen in Erscheinung getreten ist. Ist dies der Fall wird sich die Frage stellen inwiefern sie den Verlauf und den Ausgang der Finanzverhandlungen beeinflusst hat. Die Ziele und Eigeninteressen der Europäischen Kommission werden daher als kategoriale Merkmale in das Variablengerüst miteinbezogen.

2.3. Die Position des Rates: Festlegung auf einen gemeinsamen Standpunkt

In einem nächsten Schritt war der Rat gefordert, seinen Standpunkt zur Erstkonzeption der Kommission vorzulegen. Seine Positionierung zum Jahresbudgetplan erfolgte am 12. August 2010 auf der Grundlage eines schriftlichen Abstimmungsverfahrens zwischen den mitgliedstaatlichen Delegationen. In seiner Haushaltsplanung für 2011 forderte das gouvernementale EU-Organ, den Anstieg der Zahlungen im Vergleich zum Vorjahresetat 2010 auf 2,9 Prozent zu begrenzen (Europäische Kommission 2010h). Dabei legte sich der Rat auf Verpflichtungsermächtigungen in Höhe von 141.777 Millionen Euro fest. Im Rahmen der Veröffentlichung seiner Position via Pressemitteilung sprach er selbst über eine Differenz von 2,02 Milliarden Euro zur maximalen Obergrenze, die der Mehrjährige Finanzrahmen 2007 bis 2013 für das Haushaltsjahr 2011 vorgab. Tatsächlich entsprach der Vorschlag des Rates jedoch nur 1,2 Milliarden Euro (exakt 1.188 Millionen Euro) weniger als es die Obergrenze des Mehrjährigen Finanzrahmens maximal zuließ (Council of the European Union 2010; Vgl. Tabelle 18 im Anhang sowie Tabelle 10 in diesem Kapitel). Die Kommission hatte in ihrem Haushaltsentwurf für 2011 Mittel für Verpflichtungen in Höhe von insgesamt 142.565,2 Millionen Euro beziehungsweise 1,14 Prozent des EU-BNE eingesetzt. Gegenüber dem Kommissionsvorschlag zum Jahreshaushalt 2011 beinhaltete der Standpunkt des Rates zur Höhe der Verpflichtungsermächtigungen damit eine Reduzierung in Höhe von 788,2 Millionen Euro.

In Hinblick auf die Zahlungsermächtigungen legte der Rat seine Position auf eine Summe von 126.527 Millionen Euro fest. In Prozent des Bruttonationaleinkommens der EU ausgedrückt entsprach dies einem Wert von 1,02 und einer Differenz in Höhe von 0,21 Prozent zur Eigenmittel-Obergrenze. Diese wurde im Mehrjährigen Finanzrahmen für das Jahr 2011 auf maximal 1,23 Prozent des EU-BNE festgelegt. Damit legte der Rat auch bei den Mitteln für die Zahlungen mit einer Kürzung von 3.609 Millionen Euro einen deutlichen Einschnitt gegenüber dem ursprünglichen Kommissionsvorschlag vor (Council of the European Union 2010a). Die Kommission hatte in ihrem Entwurf für die Zahlungsermächtigungen 130.136,0 Millionen Euro veranschlagt. Dieser Vorschlag entsprach 1,04 Prozent des Bruttonationaleinkommens der EU (Europäische Kommission (2010f: 9/10, politische Darstellung). Verglichen mit dem Budget 2010 ergab die vom Rat vorgelegte Position für das Haushaltsjahr 2011 nach seinen eigenen Angaben einen gekürzten und kontrollierten Anstieg *("limited and controlled increase")* von 0,22 Prozent bei den Verpflichtungsermächtigungen und von 2,91 Prozent bei den Zahlungsermächtigungen (Council of the European Union 2010).

Die Abstimmung im Rat erfolgte mit qualifizierter Mehrheit. Neben den drei Hardliner-Staaten Großbritannien, den Niederlanden und Schweden votierten in der Ratsabstimmung Dänemark, Finnland, Österreich sowie die Tschechische Republik gegen den intern verhandelten Standpunkt (Council of the European Union 2010: Fußnote 1; Council of the European Union / General Secretariat 2010).

2.4. Die Instrumentalisierung des parlamentarischen Einflusszuwachses nach Lissabon: Politische Ziele, Verhandlungspositionen und – Strategien des Europa-Parlamentes

Bereits am 20. August 2010 reagierte das Parlament erstmalig auf den Standpunkt des Rates. Zwei Monate später verabschiedete es anlässlich seiner Plenartagung vom 20. Oktober 2010 und der sich anschließenden Abstimmung seine offizielle Haltung zum Entwurf der Kommission sowie zum Standpunkt des Rates. Der Entschließungsantrag zum EU-Gesamthaushaltsplan 2011, der im Parlament mit großer Mehrheit angenommen wurde, sah gegenüber dem Vorjahr 2010 eine Aufstockung in Höhe von sechs Prozent bei den Zahlungen vor. Damit folgten die Abgeordneten weitgehend dem Entwurf der Kommission, die einen Finanzbedarf von zusätzlich 5,9 Prozent ermittelt hatte. Im Kontext der Vorlage seiner Zahlen bekräftigte das Parlament, dass es sich bei der Budgetaufstellung in Hinblick auf das Gesamtvolumen sowie in Bezug auf die einzelnen Ausgabenkategorien streng an der vorgegebenen Obergrenze des Mehrjährigen Finanzrahmens für das Haushaltsjahr 2011 orientiert hat. Im Rahmen der internen Einigung auf eine Erhöhung der Haushaltsmittel gegenüber dem Vorjahr um rund sechs Prozent legte sich das Parlament gleichzeitig auf konkrete Zahlen fest, die es im Folgenden in die Verhandlungen einbrachte: Die Abgeordneten forderten 143.070 Millionen Euro an Verpflichtungen sowie 130.559 Millionen Euro an Zahlungen in den Haushaltsplan für 2011 einzustellen. Damit setzte die supranationale EU-Institution im Vergleich zum Kommissionsentwurf bei den Verpflichtungsermächtigungen knapp mehr als eine halbe Milliarde Euro (0,51 Mrd. Euro) und bei den Zahlungsermächtigungen knapp weniger als eine halbe Milliarde Euro (0,42 Mrd. Euro) an Mitteln ein. Das Parlament brach somit erstmalig mit der Gepflogenheit, einen im Vergleich zum Voranschlag der Kommission bedeutend höheren Haushaltsentwurf zu beschließen. Mit dieser Haltung berücksichtigten die Parlamentarier den enormen Konsolidierungsdruck, der auf den Haushalten der Mitgliedstaaten in Folge der Finanz- und Wirtschaftskrise lastete. Nach dem eigenen Verständnis legte das Parlament damit einen *„moderaten Haushalt“* vor (Europäisches Parlament 2010b). Die Mittel für Verpflichtungen setzte das Europa-Parlament mit 1.293 Millionen Euro über der Summe an, für die sich der Rat ausgesprochen hatte. Die Kalkulation für die Zahlungen überstieg die Vorgaben des Rates um einen Betrag von 4.032 Millionen Euro (Europäische Kommission 2011a: 21). Das Parlament bekräftigte im Rahmen seiner Entschließung, dass eine *„(…) Politik der Ermittlung von Einsparungen, wo immer solche möglich sind, und die kontinuierliche Fortsetzung der organisatorischen Umgestaltung und Umschichtung von bestehenden Ressourcen ausschlaggebende Elemente seiner Haushaltspolitik sind, insbesondere in diesen Zeiten der Wirtschaftskrise“* (Europäisches Parlament 2010c, Einzelplan I – Europäisches Parlament, Allgemeiner Rahmen, Nr. 73).

Die Entscheidungssituation um die Verabschiedung des EU-Jahresetats 2011 verdient aus mehreren Gründen eine besondere Aufmerksamkeit. Die Parlamentarier brachten vitale Forderungen in die Verhandlungen ein, die sie an den Rat, die Kommission und sogar an den Europäischen Rat adressierten. Dabei sollte der Kompetenzzuwachs im Jahreshaushaltsverfahren nach Lissabon als Druckmittel dienen: Die Strategie des Parlamentes war es, die Entwicklung des Verlaufs und des Ausgangs der Verhandlungen um das Budget für 2011 an die Durchsetzung der eigenen politischen Interessen zu binden. Die Abgeordneten beabsichtigten, eine Debatte um eine Reform des EU-Finanzsystems und über neue Finanzierungswege auf den Weg zu bringen. Die Budgetausstattung der Europäischen Union beruht auf einem Eigenmittelsystem, bei dem 70 Prozent der Einnahmen direkt aus den nationalen Haushalten stammen. Das Europa-Parlament gab zur Kenntnis, dass das gegenwärtige System der Eigenmittel *„(…) zur Folge hat, dass der Beitrag zur Europäischen Union als zusätzliche Belastung der nationalen Haushalte angesehen wird“* (Europäisches Parlament 2010c, Einzelplan III, Schlüsselthemen und Prioritäten für den Haushaltsplan 2011, Nr. 7).

Die zentrale Forderung des Parlamentes richtete sich daher an die Mitgliedstaaten, eine Diskussion über neue Finanzierungswege, etwa das in Betracht ziehen der Einführung einer eigenen EU-Steuer, zuzulassen. Die Abgeordneten appellierten an alle EU-Organe, mit Blick auf eine mögliche Revision einen klaren und verbindlichen Zeitplan festzulegen. Ihr tatsächliches Ziel war es, vor dem Inkrafttreten der nächsten Finanziellen Vorausschau ab 2014 ein neues Eigenmittel-System zu vereinbaren (ebenda).[150]

Vor dem eigentlichen Beginn des Haushaltsverfahrens fanden im März und April 2010 zwei interinstitutionelle Vorkonzertierungssitzungen zur Ausgestaltung des Jahreshaushaltes 2011 und aller damit verbundenen Fragen statt. Auf dieser Arbeitsebene konnten Parlament, Rat und Kommission bereits zu einem frühen Zeitpunkt eindeutige Kompromisse und Ergebnisse in Bezug auf ausgewählte Themen erzielen (Europäisches Parlament 2010c, Einzelpläne I, II, IV, VI, VII, VIII, IX, Allgemeiner Rahmen, Nr. 68). Nach dieser ersten Konzertierung sowie im weiteren Verlauf des offiziellen Verfahrens blieben allerdings Verhandlungs-Leftover bestehen. Die Positionen des Rates und des Parlamentes, die deutlich auseinander drifteten, hatten vor allem die Gesamthöhe des EU-Budgets sowie Fragen der Flexibilisierung zum Inhalt. Die Priorisierung bestimmter Politikfelder bei der Mittelausstattung spielte im Jahreshaushaltsverfahren hingegen eine untergeordnete Rolle.

Die prägenden Stationen im Entscheidungsverlauf sollen im Nachfolgenden skizziert werden. Der Verhandlungsauftakt startete mit drastischen Kürzungen von Seiten des Rates gegenüber dem Kommissionsentwurf in nahezu allen Haushaltslinien und einer Begrenzung der Budgetaufstockung auf insgesamt 2,9 Prozent bei den Zahlungen im Vergleich zum Vorjahr. Das Parlament reagierte anlässlich der Plenartagung vom 20. Oktober 2010 mit einer Entschließung, die in fast allen Rubriken eine Wiedereinsetzung der Ausgaben auf dem Niveau des Haushaltsplanentwurfes der Kommission vorsah. In einigen Bereichen setzten die Abgeordneten Erhöhungen ein, die über den ursprünglichen Vorschlag der Europäischen Kommission hinausgingen. Gleichzeitig nahmen sie bei ausgewählten Haushaltsposten Kürzungen vor. Die wichtigsten politikfeldbezogenen Prioritäten, Schlüsselthemen sowie Projekte, die von Seiten des Parlamentes mit einer Mittelaufstockung bedacht wurden, und die sich daraus ergebenden Verhandlungsthemen und Konfliktfelder werden im Nachfolgenden näher

---

150 Die Kommissionsdienststellen legten am 29. Juni 2011 einen umfassenden Bericht über das Funktionieren des Eigenmittelsystems zur Finanzierung der Europäischen Union als Reformvorlage für den Rat vor (Vgl. Europäische Kommission 2011c).

präzisiert. Die analytische Aufbereitung wird sich dabei auf die inhaltlichen Forderungen des supranationalen EU-Organs sowie auf dessen strategische Argumentationsführung mit dem Rat konzentrieren.

Erwartungsgemäß hat das Europäische Parlament für eine grundsätzlich großzügige Etatausstattung der Union plädiert, um die Aufgaben und Verbindlichkeiten erfüllen zu können, die durch den neuen Primärvertrag sowie in Folge der vereinbarten Lissabon-Strategie und deren Wachstums- und Innovationsziele entstanden sind. Die Interessenschwerpunkte des Parlamentes spiegelten sich in seinem Vorschlag zur Ausgabenaufteilung wider. Das Europa-Parlament forderte einen politikfeldbezogenen Zuwachs an Investitionen in Forschung und Bildung, Innovationen sowie in die Energiepolitik. In diesem Sinne bekräftigten die Abgeordneten ihre Vorstellung, „*(...), dass die Europäische Union im Anschluss an das Inkrafttreten des AEUV, der die EU-Politiken stärkt und neue Bereiche der Zuständigkeit schafft (insbesondere die gemeinsame Außen- und Sicherheitspolitik, Wettbewerbsfähigkeit und Innovation, Energiepolitik, Raumfahrt, Fremdenverkehr, Bekämpfung des Klimawandels, Sport und Jugend, Sozialpolitik, Justiz und Inneres) und eine „Lissabonisierung" des Haushaltsplans impliziert, mit den notwendigen Haushaltsmitteln für die Verwirklichung ihrer Zielvorgaben ausgestattet werden sollte, und deshalb seitens der beiden Teile der Haushaltsbehörde ein in sich schlüssiges und konsequentes Vorgehen erforderlich ist, was eine Aufstockung der finanziellen Kapazitäten betrifft (...)*" (Europäisches Parlament 2010c, Einzelplan III, Schlüsselthemen und Prioritäten für den Haushaltsplan 2011, Nr. 4).

Das Europa-Parlament zeigte sich über die vom Rat erfolgten Kürzungen besorgt und ließ erkennen, „*(...), dass die vorgenommenen Kürzungen nicht klar festgelegten Zielvorgaben entsprechen und im Gegenteil offensichtlich willkürlich und radikal über den gesamten Haushaltsplan verteilt zu sein scheinen*" (Europäisches Parlament 2010c, Einzelplan III, Schlüsselthemen und Prioritäten für den Haushaltsplan 2011, Nr. 3). Die Abgeordneten machten in ihrer Position klar, dass sie den „*drastischen Kürzungen*" des Rates widersprechen (Europäisches Parlament 2010c, Einzelplan III, Schlüsselthemen und Prioritäten für den Haushaltsplan 2011, Nr. 5). Sie argumentierten weiterhin, dass sich der Haushalt der Europäischen Union, ungeachtet mehrerer Vertragsänderungen sowie der auf die supranationale Ebene zusätzlich übertragenen Verantwortlichkeiten, zum Zeitpunkt der Verhandlungen um den zu verabschiedenden Jahreshaushalt 2011 auf nur ein Prozent des EU-BNE beziffern ließ (ebenda). Das Parlament verwies darauf, dass die Höhe des Gesamthaushaltsvolumens der Europäischen Union damit nur einen Bruchteil, nämlich weniger als 0,02 Prozent der kumulierten Haushalte der 27 Mitgliedstaaten, ausmache (Europäisches Parlament

2010c, Einzelplan III, Schlüsselthemen und Prioritäten für den Haushaltsplan 2011, Nr. 9). Die Parlamentarier machten deutlich, dass mit den neuen Aufgaben, die der Union mit dem Vertrag von Lissabon zugewiesen wurden, auch eine adäquate Mittelausstattung einhergehen müsse (Europäisches Parlament 2010c, Einzelpläne I, II, IV, VI, VII, VIII, IX, Allgemeiner Rahmen, Nr. 69).

Nach der Vertragsrevision von Lissabon werden in den meisten Politikbereichen Gesetze sowie Vorhaben über Initiativen und Investitionen vom Parlament und vom Rat gemeinsam auf dem Wege der Mitentscheidung verabschiedet. Das Europa-Parlament erinnerte in diesem Kontext daran, dass für die parlamentarische Mitbestimmung somit eine demokratische Legitimierung vorläge. Da das Mitentscheidungsverfahren auch im Rahmen des Jahreshaushaltsverfahrens greift, stelle sich eine eigenmächtige Beschneidung der Haushaltsverpflichtungen der Europäischen Union von Seiten des Rates als unzulässig dar. An dieser Stelle verwiesen die Abgeordneten explizit auf die neuen Rechte und Pflichten, die dem supranationalen EU-Organ im Vertrag über die Arbeitsweise der Europäischen Union (AEUV) zugewiesen wurden. Die Parlamentarier machten ihre Position deutlich, dass sie bei den Zahlungsermächtigungen keine endgültige Zielvorgabe akzeptieren werden, ohne dass zuvor eine genaue Prüfung und Bewertung des tatsächlichen Bedarfs innerhalb der verschiedenen Haushaltslinien stattgefunden hat. Eine ausreichende Finanzierung der Prioritäten sowie der neuen Politiken, die sich aus dem Inkrafttreten des AEUV ergeben, müsse sichergestellt werden. Im Falle von Gegenfinanzierungen sei genau zu prüfen, welche Mittel in anderen mit Bedacht auszuwählenden Haushaltslinien reduziert werden könnten.

Die Grundsätze einer wirtschaftlichen Haushaltsführung hat das Parlament auch im Rahmen einer eigenen Überprüfung der einzelnen Haushaltslinien angewandt und seine Positionen und Anpassungen im Einzelnen dargelegt (Europäisches Parlament 2010c, Einzelplan III, Schlüsselthemen und Prioritäten für den Haushaltsplan 2011, Nr. 8, 14, 16). Dabei machte das Europa-Parlament auf die Notwendigkeit aufmerksam, alle Ausgaben streng zu überwachen und Aufwendungen zu vermeiden, denen *„keine eindeutige und ermittelbare Zielvorgabe"* im Sinne eines europäischen Zusatznutzens zugrunde liegt (Europäisches Parlament 2010c, Einzelplan III, Nr. 11). Im Kontext der seinerzeit weltweiten wirtschaftlichen Rezession und knapper Haushaltsmittel müsse die Finanzierung der EU-Politiken *„aufmerksam überwacht"* und ein Großteil der Aufwendungen aus dem EU-Haushaltsplan in langfristig angelegte Projekte investiert werden, die das Wirtschaftswachstum in der Europäischen Union stimulieren (ebenda). Das Parlament appellierte in seiner Entschließung an alle

EU-Institutionen, „*(...) dass die Organe ihre Haushaltspläne auf der Grundlage einer wirtschaftlichen und effizienten Haushaltsführung und unter Berücksichtigung der Auswirkungen der gegenwärtigen Wirtschaftskrise aufstellen sollten und dass sie die notwendigen Anstrengungen unternehmen sollten, um die Ressourcen effektiv einzusetzen, so dass sie in der Lage sind, ihren Verpflichtungen nach dem Vertrag von Lissabon nachzukommen, während sie sich gleichzeitig um Einsparungen bemühen, wo immer solche möglich sind*" (Europäisches Parlament 2010c, Einzelpläne I, II, IV, VI, VII, VIII, IX, Allgemeiner Rahmen, Nr. 63). Vor dem Hintergrund der Finanz- und Wirtschaftskrise, deren Auswirkungen die nationalen Mitgliedstaaten im Verhandlungsjahr 2010 besonders stark belasteten, ließen die Abgeordneten Verständnis erkennen für „*die von einigen Delegationen im Rat bekundete Besorgnis, dass der Druck auf die Haushalte der Mitgliedstaaten für das Haushaltsjahr 2011 besonders stark ist und dass Einsparungen deshalb umso notwendiger sind*" (Europäisches Parlament 2010c, Einzelplan III, Schlüsselthemen und Prioritäten für den Haushaltsplan 2011, Nr. 6). Gleichzeitig versuchte das supranationale EU-Organ die Vertreter im Rat dafür zu sensibilisieren, dass „*(...) willkürliche Kürzungen bei den Verpflichtungsermächtigungen die Durchführung von bereits vereinbarten Politiken und Programmen der Union gefährden*" und „*(...) willkürliche Kürzungen bei den Zahlungsermächtigungen nicht im Einklang mit dem Grundsatz der wirtschaftlichen Haushaltsführung stehen*" (ebenda).

Das Parlament präzisierte, dass die im Mehrjährigen Finanzrahmen definierten Obergrenzen für die einzelnen Rubriken ohnehin wenig budgetären Spielraum offen ließen. Dies gelte vor allem für die Teilrubriken 1a „Wettbewerbsfähigkeit für Wachstum und Beschäftigung", 3b „Unionsbürgerschaft" sowie für die Rubrik 4 „Die EU als globaler Akteur". Die Europäische Union müsse sich ihre Fähigkeit bewahren, auf Veränderungen und politische Herausforderungen reagieren zu können und für Fälle unvorhergesehenen Finanzbedarfes gewappnet zu sein. Der Umfang der Handlungsfelder, mit denen die Europäische Union derzeit konfrontiert sei, sowie der Umgang mit sich abzeichnenden neuen Prioritäten erfordere eine adäquate Mittelausstattung, die weit über die gegebenen Margen des Mehrjährigen Finanzrahmens hinausgehen. Das Parlament forderte daher eine substanzielle Überprüfung des Haushaltsplans für 2011 sowie darüber hinaus eine Revision der Obergrenzen des Mehrjährigen Finanzrahmens für die seinerzeit verbleibenden Haushaltsjahre bis 2013 sowie einiger Vorschriften der Interinstitutionellen Vereinbarung (IIV) vom 17. Mai 2006 über die Haushaltsdisziplin und die wirtschaftliche Haushaltsführung (Europäisches Parlament 2010c, Einzelplan III, Schlüsselthemen und Prioritäten für den Haushaltsplan 2011, Nr. 12).

Mit einem besonders hohen Stellenwert belegte das Parlament Projekte und Initiativen in den Bereichen Jugend, Bildung und Mobilität. Deren Umsetzung deklarierten die Parlamentarier als zentrale Voraussetzung für die Implementierung der Strategie Europa 2020 sowie für einen wirtschaftlichen Aufschwung innerhalb der Europäischen Union. Eine Aufstockung der finanziellen Mittel in diesen Politikfeldern diene sowohl kurz- als auch langfristig der Realisierung der von allen Mitgliedstaaten und EU-Institutionen beschlossenen Strategien (Europäisches Parlament 2010c, Einzelplan III, Schlüsselthemen und Prioritäten für den Haushaltsplan 2011, Nr. 10). In der Rubrik 1a „Wettbewerbsfähigkeit für Wachstum und Beschäftigung" postulierte das Europäische Parlament eine Ausgabenerhöhung für das „Programm für lebenslanges Lernen" um achtzehn Millionen Euro, für das Programm „Unternehmerische Initiative und Innovation (EIP)" um zehn Millionen Euro und für das Programm „Intelligente Energie – Europa" um weitere zehn Millionen Euro. Als Ausgleich für diese Mittelerhöhungen kürzte das Parlament in seiner Vorlage die Aufwendungen für das Forschungsprojekt zur Fusionsenergie ITER[151] (internationaler thermonuklearer Versuchsreaktor) um insgesamt siebenundvierzig Millionen Euro (Europäisches Parlament 2010b). Um den zunehmenden Kapitalbedarf für die Finanzierung der Unternehmungen für ITER im Rahmen von Euratom zu decken, wäre eine Umschichtung der budgetären Kapazitäten innerhalb des 7. Rahmenprogramms für die Forschung notwendig geworden. In seiner Positionierung verweigerte das Parlament seine Bereitschaft für dieses optionale Vorgehen mit Nachdruck. Um die Wettbewerbsfähigkeit der EU sicherzustellen, sei ein ausgabenadäquater Fokus auf Investitionen in Politikbereiche wie Bildung, Forschung, Innovation, Verkehr (insbesondere die TEN-V) und Fremdenverkehr zu richten, um Wirtschaftswachstum und Beschäftigung anzukurbeln (Europäisches Parlament 2010c, Einzelplan III, Schlüsselthemen und Prioritäten für den Haushaltsplan 2011, Nr. 22, 24).

In der Teilrubrik 1b „Kohäsion für Wachstum und Beschäftigung" hat der Rat bei den Verpflichtungsermächtigungen den von der Kommission ermittelten Bedarf übernommen. Dieser Standpunkt zu den Verpflichtungsermächtigungen bewegt sich damit auch im Rahmen der im Mehrjährigen Finanzrahmen vorgegebenen Obergrenze unter Berücksichtigung der technischen Anpassung des Mehrjährigen Finanzrahmens für 2011 (gemäß Nummer 17 der Interinstitutionellen Vereinbarung vom 17. Mai 2006 über die Haushaltsdisziplin

151 Abkürzung für International Thermonuclear Experimental Reactor; lateinisch: der Weg

und die wirtschaftliche Haushaltsführung). Anders sah dies bei den Zahlungsermächtigungen aus. Der Rat hatte im Vergleich zu den von der Kommission für 2011 veranschlagten Zahlungsermächtigungen Kürzungen in Höhe von 1.075 Millionen Euro vorgenommen. Das Parlament zeigte sich in Hinblick auf die restriktive Veranschlagung des Rates konsterniert. Die Abgeordneten argumentierten, dass der Bedarf an Mitteln zum Ende des Projektplanungszeitraums 2007 bis 2013 aufgrund des langsamen Anlaufens der Programme zu Beginn der Periode unterschätzt worden sei. Zudem gefährde die Kürzung die Umsetzung der jüngst zwischen Parlament und Rat im Zusammenhang mit dem europäischen Konjunkturprogramm vereinbarten legislativen Anpassungen und Beschlüsse. Vor dem Hintergrund dieser Erwägungen setzte das Parlament die Zahlungsermächtigungen wieder auf dem Niveau des Kommissionsvorschlages ein. Auch in Bezug auf die Planungen für den Ostseeraum konnten sich Rat und Parlament auf keine gemeinsame Position verständigen. Der Rat hatte zuvor in den Schlussfolgerungen des Rates zur EU-Strategie für den Ostseeraum festgeschrieben, dass ein effizienterer Einsatz der bestehenden Finanzinstrumente und -Mittel nötig sei. Die vorgeschlagenen Maßnahmen müssten weitestgehend mit bereits vorhandenen budgetären Ressourcen, etwa aus den Strukturfonds und dem Kohäsionsfonds, finanziert werden (Europäisches Parlament 2010c, Einzelplan III, Schlüsselthemen und Prioritäten für den Haushaltsplan 2011, Nr. 27 bis 30). Das Parlament hielt diese haushaltspolitische Option für unzureichend und entschied sich für die Einsetzung einer zusätzlichen Haushaltslinie für die Ostseeraum-Strategie mit einer Ausstattung in Höhe von 2,5 Millionen Euro (Europäisches Parlament 2010b).

Mit Blick auf die Haushaltsrubrik 2 „Bewahrung und Bewirtschaftung der natürlichen Ressourcen“ (darunter marktbezogene Ausgaben und Direktzahlungen) erklärte das Parlament in seiner Entschließung zunächst seine prioritären Ziele. Hierbei machte es seinen Standpunkt deutlich, dass das primäre Ziel der Gemeinsamen Agrarpolitik in der Gewährleistung von Marktstabilität, einer gesicherten Versorgung der EU-Bevölkerung mit Lebensmitteln, in der Sicherung der Einkommen und der Garantie fairer Preise für die Landwirte sowie im Schutz der Umwelt und der Landschaft läge. Daher forderten die Abgeordneten die Kommission bereits im Vorfeld des offiziellen Haushaltsverfahrens auf, einen finanziellen Spielraum einzuplanen, um über einen unmittelbaren Zugang zu finanziellen Notressourcen im Falle einer auftretenden und schwer planbaren Volatilität auf den Agrarmärkten zu verfügen (Europäisches Parlament 2010c, Einzelplan III, Schlüsselthemen und Prioritäten für den Haushaltsplan 2011, Nr. 31). Im Budgetplan 2010 wurden für den Milchsektor außerordentliche Mittel in Höhe von dreihundert Millionen Euro berücksichtigt. In der Formulierung seines Standpunktes für die Budgetplanung 2011 bekräftigte das Parlament die Bedeutung, den Nutzen und die Notwendigkeit dieser Zusatzmittel. Gleichzeitig protegierte es die Einrichtung einer eigenen „*(…) neuen Haushaltslinie zur Finanzierung eines Milchfonds, der Unterstützung bei der Modernisierung, der Diversifizierung und der Umstrukturierung leistet und die Vermarktung sowie die Verhandlungsposition der Landwirte zu verbessern hilft, um auf die wachsende Marktmacht von verarbeitenden Unternehmen und Einzelhändlern in der Nahrungsmittelkette zu reagieren*“ (Europäisches Parlament 2010c, Einzelplan III, Schlüsselthemen und Prioritäten für den Haushaltsplan 2011, Nr. 32). Das Parlament wies daraufhin, dass die Kommission die Einrichtung eines Milchfonds bereits gebilligt hatte (ebenda). Daher nahm es in Entsprechung zur Höhe der in 2010 eingesetzten außerordentlichen Mittel die Summe von dreihundert Millionen Euro für den neuen Milchfonds wieder auf (Europäisches Parlament 2010b).

In der Teilrubrik 2 plädierte das Parlament für eine Weiterführung und Stärkung des Umweltprogramms LIFE+, das für den Programmplanungszeitraum 2007 bis 2013 eingesetzt worden war. Nach seiner Vorstellung sollten für dieses Finanzinstrument 6,7 Millionen Euro an Mitteln bereit gestellt werden. Für die Verwaltung der Fischerei-Ressourcen sahen die Abgeordneten den Einsatz von zusätzlichen zwei Millionen Euro als unerlässlich an. Das Parlament hob in diesem Kontext den Stellenwert von Maßnahmen und Projekten für die europäische Umwelt- und Agrarpolitik sowie für die Bewahrung der Natur, der natürlichen Ressourcen und der Artenvielfalt hervor. Das Parlament forderte daher, die Kriterien einer nachhaltigen Entwicklung in allen relevanten EU-Instrumenten als Querschnittselement einzuführen (Europäisches Parlament 2010c, Einzelplan III, Schlüsselthemen und Prioritäten für den Haushaltsplan 2011, Nr. 36; Europäisches Parlament 2010b).

Ein weitere Priorisierung erfolgte in Bezug auf die Rubrik 3a „Freiheit, Sicherheit und Recht“. Nach dem Willen des Parlamentes sollten weitere 2,35 Millionen Euro für das Daphne-Programm, das dem Kampf gegen Gewalt an Frauen und Kindern gewidmet ist, eingebunden werden. Zur Umsetzung des Programms von Stockholm, das zur Terrorismusbekämpfung ins Leben gerufen wurde, forderte das Parlament eine Erhöhung der Mittel um eine Million Euro. Diese sollten nach seiner Auffassung zu Gunsten verschiedener Instrumente investiert werden etwa in das Programm „Prävention, Abwehrbereitschaft und Folgenbewältigung im Zusammenhang mit Terrorakten“ (Europäisches

Parlament 2010c, Einzelplan III, Schlüsselthemen und Prioritäten für den Haushaltsplan 2011, Nr. 37; Europäisches Parlament 2010b). In den sensiblen Politikfeldern der Gemeinsamen Außen- und Sicherheitspolitik, in der geheimdienstlichen Zusammenarbeit sowie im Bereich Justiz und polizeiliche Zusammenarbeit ist heute eine Institutionalisierung der Kooperation auf europäischer Ebene und ein Abrücken von der mitgliedstaatlichen Souveränitätshoheit unerlässlich.

In Bezug auf die Ausgabenrubrik 3b „Unionsbürgerschaft“ kritisierte das Parlament die begrenzte Marge, die der Mehrjährige Finanzrahmen für diesen Bereich vorsah. Die Inanspruchnahme der Programme etwa für die Jugend zeige, dass diese Politikfelder ein *„(…) sehr viel stärkeres finanzielles Engagement verdienen“* und die von Seiten des Rates für diese Kategorie eingestellten Mittel zur Umsetzung der Kernprioritäten nicht ausreichend seien (Europäisches Parlament 2010c, Einzelplan III, Schlüsselthemen und Prioritäten für den Haushaltsplan 2011, Nr. 40). In der Ausgabenrubrik 3b nahmen die Abgeordneten daher eine Erhöhung über vier Millionen Euro zur Unterstützung der Weltsommerspiele “Special Olympics” in Athen vor. Für das Programm „Jugend in Aktion“ setzten sie drei Millionen Euro an Zusatzmitteln ein (Europäisches Parlament 2010b; Europäisches Parlament 2010c, Einzelplan III, Schlüsselthemen und Prioritäten für den Haushaltsplan 2011, Nr. 41). In Bezug auf die Rubrik 4 „Die Europäische Union als globaler Akteur“ bezog das Parlament eine klare Haltung in Hinblick auf die Notwendigkeit einer Überarbeitung des Mehrjährigen Finanzrahmens durch eine Revision der Obergrenze für diese Ausgabenkategorie. Es wies darauf hin, dass die Europäische Union ihrer Rolle als globaler Partner im Rahmen der vom Rat geplanten Mittelausstattung sowie des im Mehrjährigen Finanzrahmen vorgesehenen Ausgabenspielraumes nicht angemessen gerecht werden könne. Zum Zeitpunkt der endgültigen Verabschiedung der Mehrjährigen Finanzplanung für die Jahre 2007 bis 2013 sei der inzwischen entstandene Bedarf nicht antizipierbar gewesen. Das Parlament setzte die Mittel für die Gemeinsame Außen- und Sicherheitspolitik auf dem Niveau des Haushaltsplans 2010 daher wieder ein. Es stellte klar, dass die beiden Institutionen der Haushaltsbehörde, Rat und Parlament, sich über den mittelfristigen Haushaltsbedarf in dieser Kategorie verständigen müssen und dass diese Debatte *„(…) nicht mit Hilfe von Kompromissen angegangen werden sollte, die in letzter Minute erzielt werden (…)“* (Europäisches Parlament 2010c, Einzelplan III, Schlüsselthemen und Prioritäten für den Haushaltsplan 2011, Nr. 43).

Auf das vom Rat eingeleitete Bemühen einer Mittelkürzung reagierte das Parlament in seiner Entschließung mit dem Hinweis, dass Einsparungen nur selektiv möglich seien ohne laufende Programme und Operationen zu gefährden. Sparpotential in 2011 sahen die Parlamentarier in der Unterstützung des Wiederaufbaus in Afghanistan sowie in Bezug auf das politische Instrument der makrofinanziellen Hilfe, das bis dato für den Zweck der Zahlungsbilanz bereit gestellt wurde. Des Weiteren machte es seine Position klar, dass das Instrument der Entwicklungszusammenarbeit nicht als Fonds betrachtet werden dürfe. Ein etwaiger neuer Kapitalbedarf, der sich in dieser Ausgabenkategorie ergeben kann, sollte nicht beliebig mit den zur Verfügung stehenden Ressourcen finanziert werden. Hier nennt das Parlament beispielhaft die Umschichtung von Mitteln etwa im Rahmen der flankierenden Maßnahmen im Bananensektor oder das Beispiel des politischen Instrumentes für die Zusammenarbeit mit Industrienationen (ICI+), deren Finanzierung zum Zeitpunkt der Annahme des Mehrjährigen Finanzrahmens 2007 bis 2013 nicht vorgesehen war. Es betonte in dem Kontext seine generelle Unterstützung für diese Instrumente, allerdings dürften die Mittel in der Rubrik 4 nicht beliebig gebunden werden. Vielmehr müssten neue Zielvorgaben für Projekte, zu deren Verwirklichung sich die Europäische Union nach und nach verpflichtet hat, mit Hilfe aller Mittel, die über die IIV vereinbart wurden, finanziert werden (Europäisches Parlament 2010c, Einzelplan III, Schlüsselthemen und Prioritäten für den Haushaltsplan 2011, Nr. 43 bis 46).

Das Parlament setzte sich vehement gegen willkürliche Reduzierungen der Aufwendungen gegenüber Palästina ein. Zur Forcierung des Friedensprozesses in der Region setzte es zusätzliche Mittel in Höhe von hundert Millionen Euro zu Gunsten von Palästina und des Hilfsprogramms UNRWA ein. Als Kompensation für diese gravierenden Erhöhungen nahm es Budgetkürzungen bei den Begleitmaßnahmen für den Bananensektor in Höhe von minus achtzehn Millionen Euro vor. In den Kooperationsaktivitäten außerhalb der öffentlichen Entwicklungszusammenarbeit streichte das Parlament 23,5 Millionen und in der Gemeinsamen Außen- und Sicherheitspolitik (CFSP) sogar 45,7 Millionen Euro ein (Europäisches Parlament 2010b).

In seinem allgemeinen Standpunkt legte der Rat in Bezug auf die Ausgaben der Rubrik 5 „Verwaltung“ eine Kürzung in Höhe eines Gesamtbetrags von über hundertundfünfzehn Millionen Euro fest. Diese Summe setzte sich aus der Nichtveranschlagung frei werdender Mittel im Falle einer etwaigen Anpassung der Dienstbezüge und Ruhegehälter für die EU-Bediensteten sowie aus einer globalen Kürzung bei der Haushaltslinie für die europäischen Schulen zusammen. Das Parlament band die Mittel auf einem Niveau in den Haushaltsplan ein, das der Anpassung der Dienstbezüge und Ruhegehälter um 1,85 Prozent entspricht. Der Rat hatte mit seiner Ausgabenplanung dem Ausgang eines anhängigen Verfahrens vor dem Europäischen Gerichtshof (EuGH) vorgegriffen. Das Parlament begründete diese Maßnahme mit dem für den Haushalt geltenden Vorsichtsprinzip. So stellte es die Aufwendungen in die Reserve für den Fall ein, dass der Rat den Prozess gegen die Kommission verliert. Das Parlament machte des Weiteren deutlich, dass die gesamte Kostenplanaufstellung des Rates in der Rubrik 5 den Prioritäten des Parlamentes in den Bereichen Jugend, Bildung und Mobilität diametral zuwiderläuft. Die Abgeordneten verdeutlichten, dass ein restriktiver Ansatz bei den Verwaltungsausgaben zwar kurzfristiges Sparpotential birgt, die Umsetzung der EU-Politiken sowie eine effiziente Realisierung der Programme der Union jedoch gefährde. Gerade nach dem Inkrafttreten des Lissabonner Vertrages müssten die Institutionen der Europäischen Union für die Wahrnehmung ihrer vertraglichen Aufgaben mit adäquaten Mitteln ausgestattet werden. Sämtliche von Seiten des Rates gekürzten Beträge bei den Haushaltslinien für die Verwaltung wurden vom Parlament wieder auf dem Niveau der von der Kommission veranschlagten Mittel eingesetzt. Einzige Ausnahme bildeten die Budgetreduzierungen im Rahmen der Haushaltslinie Konferenzen, Sitzungen und Ausschüsse (Europäisches Parlament 2010c, Einzelplan III, Schlüsselthemen und Prioritäten für den Haushaltsplan 2011, Nr. 18, 53 bis 56). Gleichzeitig forderten die Parlamentarier den Rat auf, das Berichtigungsschreiben Nr. 1/2011 zu bewilligen, um die Aufnahme der Arbeit des Europäischen Auswärtigen Dienstes (EAD)[152] Anfang des Jahres 2011 *„mit angemessenen Ressourcen"* sicherzustellen[153] (Europäisches Parlament 2010c, Einzelplan III, Schlüsselthemen und Prioritäten für den Haushaltsplan 2011, Nr. 57).

---

152 Der Europäische Auswärtige Dienst (EAD) ist der diplomatische Dienst der Europäischen Union. Er setzt die Außen- und Sicherheitspolitik der Europäischen Union um und pflegt die diplomatischen Beziehungen der EU zur übrigen Welt. Er wurde mit dem Ziel eingerichtet, die europäische Außenpolitik kohärenter und wirksamer zu machen und Europas Einfluss in der Welt zu stärken (Europäische Kommission 2015b).

153 Die Finanzierung des Europäischen Auswärtigen Dienstes war grundsätzlich nicht gefährdet. In Hinblick auf die personelle Konstituierung der Behörde griff die Union zum großen Teil auf bestehende Abteilungen der Kommission und des Ratssekretariats zurück. Insgesamt sind rund 5.000 Mitarbeiter für den EAD tätig. Die neu eingerichteten EU-Botschaften setzen sich aus den bisherigen Delegationen der

2.5. Einführung in die interinstitutionelle Entscheidungsanalyse

Nach Inkrafttreten des Lissabonner Vertrages am 1. Dezember 2009 werden die meisten Gesetzgebungsinitiativen vom Parlament als repräsentierendem Organ der EU-Bevölkerung sowie vom Rat nach dem Verfahren der Mitentscheidung gemeinsam auf den Weg gebracht. Die Anwendung dieses Verfahrens gilt heute als regulärer Entscheidungsweg. Die europäischen Bestimmungen, die auf dieser Grundlage beschlossen werden, erfahren somit eine hohe Legitimierung. Dies gilt auch für den Budgetrahmen 2011, der als erster Jahreshaushalt nach dem neuen Primärrecht verabschiedet wurde. Das im Vertrag über die Arbeitsweise der Europäischen Union neu festgelegte Haushaltsverfahren stärkt die Rechte des Parlamentes enorm, da es Rat und Parlament im Annahmeverfahren erstmalig gleichgestellt.

Das Annahmeverfahren ist in vier Stufen unterteilt und begann im Untersuchungsfall der Verabschiedung des Jahresbudgets für 2011 mit einer Entwurfsvorlage der Europäischen Kommission am 27. April 2010. In ihrer Planung schlug sie gegenüber dem laufenden Haushaltsjahr 2010 einen Budgetzuwachs in Höhe von 5,9 Prozent bei den Zahlungen vor. Der Rat reagierte am 12. August 2010 mit seiner Position und einer Haushaltsaufstellung, die eine Begrenzung des Ausgabenwachstums um 2,9 Prozent im Vergleich zum Vorjahr berücksichtigt. Das Parlament übermittelte am 20. August 2010 seinen Standpunkt, der eine Erhöhung der Aufwendungen um sechs Prozent umfasste und dem Vorschlag der Kommission somit sehr nahe kam. Mit Blick auf den hohen Konsolidierungsbedarf in den Mitgliedstaaten hat das Parlament entgegen der üblichen Tradition darauf verzichtet, beim Gesamtvolumen der Zahlungen deutlich über die Vorschläge der Europäischen Kommission hinauszugehen. Der Haushaltsbehörde, die aus den beiden EU-Organen Rat und Parlament besteht, blieb nach den abgegebenen Stellungnahmen einundzwanzig Tage Zeit, um einen Kompromiss auszuarbeiten. Gleichzeitig wurde der Vermittlungsausschuss einberufen, der am 26. Oktober 2010 seine Arbeit aufnahm und bis zum 15. November 2010 tagte (Europäische Kommission 2010e). Noch bevor die Delegierten im Gremium zusammenkamen, zeichneten sich auf einer

---

EU-Kommission in aller Welt zusammen. Im Falle einer Nicht-Einigung und des damit greifenden Nothaushaltes auf Basis der Zwölftel-Regelung des Vorjahreshaushaltes hätte er seine Arbeit somit auch ohne eine Einigung planmäßig zum 01.01.2011 aufnehmen können (Vgl. Frankfurter Allgemeine Zeitung 2010b).

interinstitutionellen Ebene Spannungen ab welche Themen zum Gegenstand der Verhandlungen im Vermittlungsausschuss gemacht werden dürfen. Während in diesem Rahmen regulär über Budgetmargen und deren Verteilung auf die Ausgabenrubriken beraten wird, stand im Vorfeld der Gespräche fest, dass das Parlament die eigentlichen Verhandlungsthemen über das Jahresbudget 2011 mit dem Versuch verbinden wird, die eigenen Kompetenzen in Haushaltsfragen auszuweiten. Diese Vorgehensweise versuchte der Rat in allen Phasen des Entscheidungsprozesses zu unterbinden. Hiervon beeinflusst gingen auch die Vorstellungen in Bezug auf den eigentlichen Verhandlungskern, das Gesamt-Ausgabenvolumen, sowohl innerhalb des Rates sowie im Verhältnis Rat und Parlament weit auseinander.

Die Jahreshaushaltsverhandlungen fanden im Dunstkreis der bevorstehenden Beratungen um den Mehrjährigen Finanzrahmen für die Zeit nach 2014 statt, die im Jahr 2011 ihren Auftakt nahmen. In den Verhandlungen um das Budget 2011 nahm im gouvernementalen Rat vor allem ein Nettozahlerstaat eine unnachgiebige Position ein: das Vereinigte Königreich Großbritannien. Ein zentrales Ziel der britischen Regierung für den bevorstehenden schwierigen Beratungsprozess um die nächste Mehrjährige Finanzplanung umfasste die Durchsetzung einer deutlichen Reduzierung des Gesamtbudgetvolumens für die kommenden Haushaltsjahre 2014 bis 2020. Daher überrascht es nicht, dass Großbritannien auch im inneren Zirkel der Verhandlungen um das Jahresbudget 2011 im Rat einen restriktiven Mittelansatz als Ausgangsposition für die Auseinandersetzung mit dem Parlament durchsetzen wollte (Vgl. Becker 2010: 3).

Der gouvernementale Aushandlungsprozess zwischen den mitgliedstaatlichen Delegationen im Rat wird in einer eigenen Untersuchungseinheit analysiert. Im folgenden Forschungskomplex soll es darum gehen, das interinstitutionelle Entscheidungsprozedere zu rekonstruieren und analytisch zu ergründen. Die Arena der Verhandlungen bildete auf einer institutionellen und verfahrensbezogenen Ebene das Zusammentreffen der Delegierten aus Rat und Parlament im Vermittlungsausschuss. Gleichzeitig wirkte sich der EU-Gipfel der Staats- und Regierungschefs vom 28. und 29. Oktober 2010 auf die Verhandlungen im Vermittlungsausschuss aus, dessen Bedeutung vorab untersucht werden soll.

2.6. Verhandlungsprägender Kontext: Die Auswirkungen des EU-Gipfels vom 28. und 29. Oktober 2010 auf die Beratungen im Vermittlungsausschuss

Erhebliche Spannungen zwischen den Mitgliedstaaten und dem Europäischen Parlament zeichneten sich vor der Kulisse des Gipfeltreffens der Staats- und Regierungschefs vom 28. und 29. Oktober 2010 ab. Als Auslöser ist die traditionelle Eröffnungsansprache des damaligen Parlamentspräsidenten Jerzy Buzek am Vorabend des Regierungstreffens anzusehen. Buzek nahm die Rede vor dem Europa-Parlament zum Anlass, um auf die aus dem Vertrag von Lissabon hervorgegangenen neuen Aufgaben Bezug zu nehmen und auf die daraus resultierende Notwendigkeit einer angemessenen Budgetausstattung aufmerksam zu machen. Mit der Übertragung neuer Wirkungsbereiche von den nationalen Ebenen auf die Ebene der Gemeinschaft müsse die Bereitstellung eines adäquaten budgetären Gerüstes einhergehen. Hierbei verwies Buzek exemplarisch auf die Konstituierung eines eigenen Auswärtigen Dienstes. Rückendeckung bekam das Parlament aus den Reihen der Europäischen Kommission, die ebenfalls für die Schaffung der fiskalpolitischen Voraussetzungen zur Bewältigung der neuen Handlungsfelder, die der Lissabon-Vertrag der Gemeinschaftsebene zuschreibt, plädierte. Die supranationale Institution gab zu Bedenken, dass die nationalen Haushalte der Mitgliedstaaten in den vergangenen zehn Jahren durchschnittlich um 4,9 Prozent angestiegen seien, während sich der EU-Haushalt um nur 3,2 Prozent ausgedehnt habe. Den Rahmen seiner Eröffnungsrede nutzte Parlamentspräsident Buzek zugleich, um auf den Anspruch des Parlamentes in Hinblick auf eine frühzeitige und unmittelbare Einbindung in die Gespräche über den nächsten Mehrjährigen Finanzrahmen zu verweisen. Dabei mahnte er an, dass die Mitgliedstaaten nicht hinter den Geist des Lissabonner Vertrages sowie die Verbindlichkeiten der Interinstitutionellen Vereinbarung zurücktreten dürfen. Die neuen Kompetenzen des Parlamentes seien in dieser Frage bereits verbindlich festgeschrieben (Vgl. Frankfurter Allgemeine Zeitung 2010a).

Großbritannien ging bereits vor dem Gipfeltreffen in eine Offensivhaltung und reagierte mit einer deutlichen Zurückweisung auf die Forderung des Parlamentes nach einem Ausgabenzuwachs der Zahlungen für das Haushaltsjahr 2011 um sechs Prozent. Den Anlass für die unilaterale Vorabreaktion unter Premierminister David Cameron bildete der Konsolidierungszwang auf nationaler Ebene, der im Heimatland in Folge der Finanz- und Wirtschaftskrise gerade erst in Form eines rigiden Sparpaketes seine Ausgestaltung gefunden hatte. Die Frankfurter Allgemeine Zeitung berichtete unter Bezugnahme auf Diplomatenkreise zum Ende des Gipfels von einer unterstützenden Haltung der deutschen

Bundeskanzlerin Angela Merkel und des französischen Staatspräsidenten Nicolas Sarkozy gegenüber der britischen Delegation. Demnach sollen sich die beiden Regierungschefs gleichermaßen geäußert haben, dass ein ansteigender Unions-Haushalt in Zeiten sinkender nationaler Ausgaben nicht tragbar sei. Der Kritik der drei Nettozahlerstaaten schlossen sich zunächst die Niederlande und Spanien an. Die Haushaltsentwicklung der Europäischen Union müsse sich fortan an der Sparpolitik auf den Ebenen der nationalen Mitgliedstaaten orientieren. Der britische Premierminister nahm die Debatte zum Anlass, um sowohl im gouvernementalen Kreise der EU-Staaten als auch gegenüber den supranationalen Organen ein Bewusstsein zu verankern, dass diese Haltung auch bei der anstehenden Debatte um die Finanzplanung ab 2014 aufrechterhalten werden müsse. Mit Blick auf den zu verabschiedenden EU-Haushalt 2011 adressierte er ein klares politisches Signal an den institutionell zuständigen Rat,[154] der für die Vorbereitung und Aushandlung der Jahreshaushalte auf gouvernementaler Ebene zuständig ist: Die Marge der dem Parlament vom Rat bereits offerierten Steigerung der Ausgaben um 2,9 Prozent auf 126,5 Milliarden Euro dürfe keinesfalls überschritten werden. Gleichwohl galt es die ambitionierte Vorgabe einzuhalten, die Haushaltsverhandlungen bis Mitte November zum Abschluss zu bringen (Vgl. Frankfurter Allgemeine Zeitung 2010a).

Im Kreise der Mitgliedstaaten konnte Großbritannien auf den Beistand von zehn weiteren EU-Staaten setzen. Dieser Unterstützung wollte Cameron politisches Gewicht verleihen und verfasste nach Angaben von Diplomaten gemeinsam mit den Staats- und Regierungschefs aus Dänemark, Deutschland, Estland, Finnland, Frankreich, den Niederlanden, Österreich, Schweden, Slowenien und der Tschechischen Republik einen Brief an den Vorsitzenden des Rates. Sie machten deutlich, dass die unterzeichnenden Herkunftsländer (anders als in der Vergangenheit üblich) nicht bereit seien, sich mit dem Parlament in der Mitte zu treffen. In diesem Schreiben appellierten sie an den Vorsitzenden des Rates, dass ein Entgegenkommen über die angebotene Erhöhung um 2,9 Prozent bei den Zahlungen auf 126,5 Milliarden Euro ausgeschlossen sei. In dem Brief hieß es weiter, dass die geforderte Ausgabenaufstockung des Parlamentes in Höhe von sechs Prozent auf rund 130 Milliarden Euro *„besonders inakzeptabel“* sei. Die Regierungschefs forderten die Delegierten des Ministerrates auf, im laufenden

---

154 Zu den Personalien der gouvernementalen Repräsentanz im Rat anlässlich der Sitzungen vom 11. sowie vom 15. November 2010: Vgl. Abbildung 9 im Anhang „Verhandlung des EU-Jahreshaushaltes 2011: Übersicht der mitgliedstaatlichen Vertreter im Rat Wirtschaft und Finanzen, Haushalt“.

Vermittlungsausschussverfahren gegenüber den Abgesandten aus dem EP-Haushaltsausschuss an der Erhöhung um maximal 2,9 Prozent festzuhalten. Somit hat sich im Fall der Verhandlungen um den Jahreshaushalt 2011 eine Einmischung des Europäischen Rates in die inneren Angelegenheiten des Rates vollzogen. Die elf Staats- und Regierungschefs verwiesen in ihrem Brief auf die immensen Anstrengungen um Defizitabbau und Haushaltsdisziplin in ihren Heimatstaaten. So plante etwa die Bundesrepublik Deutschland für die Aufstellung des nationalen Haushaltes für 2011 eine Ausgabenabsenkung in Höhe von vier Prozent ein, Großbritannien und Frankreich kalkulierten mit dem Einfrieren ihrer Budgets auf dem Niveau des Vorjahres. Aus Diplomatenkreisen wurde bekannt, dass sich zu diesem Zeitpunkt der Verhandlungen keine institutionenübergreifende Kompromissfindung abzeichnete (Hamburger Abendblatt 2010).

In der Folge reagierte Buzek in seiner Funktion als Präsident des Europa-Parlamentes auf die neuen Entwicklungen und die Reaktionen von Seiten der Staats- und Regierungschefs und verteidigte in seiner Ansprache die Forderung nach einer Steigerung der Haushaltsmittel für das Budgetjahr 2011 auf knapp 130 Milliarden Euro als *„maßvoll"*: *„(…) Das Parlament hat keine unvernünftigen Haushaltserhöhungen gefordert. Wir haben eine gemäßigte Position"* (Hamburger Abendblatt 2010). Auf den Brief der elf Regierungen entgegnete der damalige Vorsitzende der sozialdemokratischen Fraktion im Europa-Parlament und spätere Präsident des Europäischen Parlamentes a.D. Martin Schulz: *„Die Erhöhungen, die das Parlament vorgenommen hat, sind keine Erfindungen von irgendwelchen durchgeknallten Abgeordneten"* (Hamburger Abendblatt 2010). Er verwies darauf, dass der gewachsene Ausgabenbedarf das Resultat früherer Beschlüsse der Regierungen sei. Am Rande des Gipfels äußerte sich Schulz gegenüber den beiden Geberländern Frankreich und Großbritannien mit einer Provokation, indem er die Bereitschaft des Parlamentes signalisierte, am britischen Beitragsrabatt zu rütteln oder die Ausgaben für den Agrarsektor abzusenken (ebenda). Parlamentarische Ansprachen im Vorfeld von Gipfeltreffen werden von den Staats- und Regierungschefs in der Regel ohne aufkommende Debatte zur Kenntnis genommen. Dass eine Eröffnungsrede des Parlamentspräsidenten zu aktuellen Verhandlungsthemen, die nicht auf der eigentlichen Gipfelagenda stehen, wie im vorliegenden Fall vehemente Einzelreaktionen von Seiten der Staatsoberhäupter ausgelöst hat, stellt eine ungewöhnliche Entwicklung dar und ist keinesfalls eine bloße politische Rhetorik. Gleichwohl gehört es im politischen Tagesgeschäft zur üblichen Praxis, dass eine Einwilligung in Entscheidungen zu zentralen Politikfeldern mit der Zustimmung zu anderen offenen Verhandlungsthemen verknüpft wird, die ebenfalls eine hohe Priorität aufweisen oder aber schwierig durchsetzbar sind. Bereits vor dem Gipfeltreffen des Europäischen Rates wurde über Diplomatenkreise verlautbart, dass das Vereinigte Königreich genau diese strategische Vorgehensweise gewählt und bereits auf informellem Wege konkrete Forderungen in die Haushaltsverhandlungen für das Jahr 2011 eingebracht hatte (Vgl. Frankfurter Allgemeine Zeitung 2010a).

Auf der Tagungsagenda des EU-Gipfels stand vorrangig ein anderes Verhandlungsthema mit höchster politischer Priorität, die Einrichtung einer neuen Euro-Krisenarchitektur zum Schutz der Euro-Währung, für die sich auf dem Höhepunkt der Finanz- und Wirtschaftskrise insbesondere Deutschland eingesetzt hatte. Deren Implementierung war aktuell in der Prüfung und setzte eine begrenzte Änderung der EU-Verträge voraus.[155] Im Zuge der Staatsschuldenkrise waren die theoretisch vielfach konstatierten Schwachstellen in der Architektur der Europäischen Wirtschafts- und Währungsunion (WWU) erstmalig praktisch sichtbar geworden (Vgl. Calliess/Schoenfleisch 2012). Das geplante Regelwerk wurde als eine Art Insolvenzrecht für die Euro-Staaten konzipiert. Nach diesem Rechtskonzept sollten im Falle eines Staatsbankrottes zunächst private Gläubiger für die Verluste einstehen und erst dann der europäische Steuerzahler (Vgl. Spiegel 2010). Großbritannien nahm zu diesem Sujet im Europäischen Rat eine Hardliner-Position ein. Die Briten verknüpften die offenen Verhandlungspunkte zum laufenden Verfahren um das Budget für 2011 mit jenem zentralen auf dem EU-Gipfel stehenden Tagesordnungspunkt, bei dem das Schlüsselanliegen Deutschlands zur Einrichtung eines Krisenmechanismus umgesetzt werden sollte. Ziel war es dabei, eine homogene Haltung der Mitgliedstaaten zur Begrenzung der Höhe des EU-Jahresbudgets für 2011 herbeizuführen und diese geschlossen durch den zuständigen Ministerrat gegenüber dem Parlament vertreten zu lassen. Cameron machte deutlich, dass Großbritannien dem Wunsch der deutschen Bundesregierung nur dann zustimmen werde, wenn die Ausgaben für das Haushaltsjahr 2011 auf dem vom Rat vorgeschlagenen Niveau limitiert bleiben (Frankfurter Allgemeine Zeitung 2010a). Die Verhandlungen um das Gesamtbudgetvolumen für den ersten nach Lissabon zu verhandelnden Jahresetat wurden damit nicht nur zu einer besonderen Belastungsprobe für die originär zuständigen EU-Organe Parlament und Rat, sondern auch für die Beziehungen auf höchster Regierungsebene im Europäischen Rat.

Die vielfach geforderte Begrenzung der Ausgaben für den Haushalt 2011 stellte für die deutsche Seite ein wenig strittiges Feld dar. Ein Zugeständnis in dieser

---

155 Kritiker warfen der deutschen Bundesregierung vor, dass der Lissabon-Vertrag nach einem langwierigen Prozess seiner Genese bereits kurze Zeit später wieder primärrechtlich angetastet werden sollte.

Frage war vielmehr im Sinne der deutschen Interessen. Dies galt jedoch nicht in Bezug auf zwei weitere wichtige Anliegen, die von Seiten der deutschen Bundesregierung bereits über einen längeren Zeitraum verfolgt wurden. Um die Zustimmung aller Mitgliedstaaten zur Einführung eines EU-Krisenmechanismus durchzusetzen, war das Abrücken von zwei wesentlichen Kernforderungen Deutschlands unumgänglich: Das erste Zugeständnis von Seiten der deutschen Bundesregierung erfolgte auf dem Zweiergipfel in Deauville, auf dem Bundeskanzlerin Merkel gegenüber dem französischen Präsidenten Sarkozy das Postulat nach automatischen Sanktionen für Defizitsünder aufgegeben hatte. Mit der deutsch-französischen Einigung von Deauville hat das deutsche Regierungsoberhaupt gegenüber den politisch verbündeten Nordländern Verhandlungskapital verspielt, die ebenfalls automatische Sanktionen gegen Defizitstaaten gefordert hatten. Diese fühlten sich durch die bilaterale Absprache zwischen Deutschland und Frankreich übergangen. Die Einigung wurde als eigenmächtige und hegemoniale Politikgestaltung empfunden und führte zu einer Vertrauenskrise innerhalb der europäischen Staatengemeinschaft. Zur gleichen Zeit stand eine zweite Forderung im Raum, die beinhaltete, hartnäckigen Schuldensündern das Stimmrecht zu entziehen. Während diese Position von Seiten der deutschen Bundesregierung forciert wurde, sprachen sich neben verschuldeten Staaten wie Frankreich und Griechenland vor allem auch kleinere Staaten wie etwa Finnland und Schweden gegen einen Stimmrechtsentzug für überschuldete Mitgliedstaaten aus. Diese deutsche Forderung war weder auf gouvernementaler Ebene im Europäischen Rat, noch gegenüber der Kommission und selbst gegenüber Mandatsträgern aus dem eigenen konservativen Lager nicht durchsetzbar. Der damalige Premierminister Luxemburgs, Jean-Claude Juncker, Präsident der Europäischen Kommission a.D., kommentierte in diesem Sinne die politische Diskussion am letzten Tag des EU-Gipfels am 29. Oktober 2010 wie folgt: *„Der Stimmrechtentzug und dessen Behandlung sind auf die lange Bank geschoben"* (Spiegel 2010).

Die Entscheidung Deutschlands, die britische Haltung im Rahmen der Verhandlungen um den Jahreshaushalt 2011 zu unterstützen, verlangte der Bundesregierung wenig Kompromissbereitschaft ab. Sie selbst setzte sich für ein Beharren von Seiten des Rates gegenüber dem Parlament auf dem angebotenen Niveau einer Erhöhung der Zahlungen um 2,9 Prozent ein. Das Zugeständnis Deutschlands, keine automatischen Sanktionen für Defizitstaaten einzuführen, stellte hingegen (auch im Vergleich zu den anderen erfolgten Kompromissen) ein auf nationaler Ebene schwierig zu vermittelndes Feld dar. Einerseits wurde dieses Entgegenkommen honoriert, indem sich Deutschland mit seinem Kernanliegen durchsetzen konnte, einen permanenten Krisenmechanismus für die Euro-Zone in den Lissabon Vertrag zu verankern und eine Schuldenbremse zu etablieren[156] (Vgl. Spiegel 2010). Andererseits bleibt resümierend festzuhalten, dass die Bundesrepublik Deutschland auf dem Oktober-Gipfel durch ihr politisch-strategisches Handeln und die Rückkehr zu bilateralen Absprachen im Europäischen Rat Vertrauen gegenüber den Bündnispartnern verspielt hat, das es in der Zukunft zunächst wieder zurückzugewinnen galt. Das starke Interesse an der Sicherung der europäischen Währungs- und Wirtschaftsstabilität hat Ende 2010 zu einer unabgestimmten nationalen Machtpolitik von Seiten der deutschen Bundesregierung geführt.

2.7. Das Vermittlungsausschussverfahren: Positionen, Konfliktlinien und Verhandlungsverlauf

Das Vermittlungsausschussverfahren begann am 26. Oktober 2010. Der Vertrag von Lissabon sieht eine maximale Vermittlungsfrist von einundzwanzig Tagen vor. Damit hatten die Abgesandten aus Ministerrat und Parlament bis zum 15. November Zeit, um eine Einigung herbeizuführen. Der Vermittlungsausschuss

---

156 Christian Calliess und Christopher Schoenfleisch bewerteten zwei Jahre später den weiteren Verlauf der Implementierung des Krisenmechanismus in das Europarecht über den Weg der erfolgten Neuordnung der Wirtschafts- und Währungsunion (WWU). Hiermit versuchte die EU eine Antwort auf die Schwächen in der Architektur der WWU zu finden. Ergebnis war der auf dem Europäischen Rat vom 9. Dezember 2011 politisch vereinbarte und am 2. März 2012 unterzeichnete Vertrag über Stabilität, Koordinierung und Steuerung in der Wirtschafts- und Währungsunion (VSKS), der landläufig auch als Fiskalpakt bezeichnet wird. Dieser bewegt sich heute angesichts des britischen und tschechischen Vetos außerhalb der institutionellen Strukturen der EU woraus sich in diesem Zusammenhang eine Reihe europa- und verfassungsrechtlicher Fragen ergeben.
An dieser Stelle soll auf die bereits vorliegende Arbeit von Calliess und Schoenfleisch verwiesen werden: In ihrem Beitrag „Vom Fiskalpakt zur „Fiskalunion“? – Europa- und verfassungsrechtliche Überlegungen zur Reform der Wirtschafts- und Währungsunion“ untersuchten die beiden Autoren die Frage, ob hiermit schon der Schritt in eine europäische Fiskalunion unternommen wurde: „*In diesem Kontext spielen die bereits sekundärrechtlich mit dem sog. “Six Pack” im Rahmen der EU-Verträge unternommenen haushaltspolitischen Integrationsschritte ebenso wie die Frage der Verzahnung des Fiskalpakts mit dem Europäischen Stabilitätsmechanismus (ESM) eine maßgebliche Rolle. Notwendige Reformen in Richtung einer vertieften, mit dem Begriff der „Fiskalunion“ umschriebenen, stärker europäisch überformten Wirtschafts-, Finanz- und Haushaltspolitik stoßen aber möglicherweise an verfassungsrechtliche Grenzen*“ (Calliess/Schoenfleisch 2012).

setzte sich aus siebenundzwanzig Mitgliedern des Rates und der gleichen Anzahl an Parlamentsmitgliedern zusammen (Rat der Europäischen Union 2010a).

In der Auftaktsitzung des Vermittlungsausschusses waren alle Mitgliedstaaten im Rat vertreten. Auf Grundlage eines Interviews mit dem Vertreter der deutschen Verhandlungsdelegation lässt sich der Ablauf wie folgt rekonstruieren: In der ersten Sitzung tauschten der Rat, repräsentiert durch alle siebenundzwanzig Mitgliedstaaten, sowie das Parlament, repräsentiert durch die paritätische Anzahl an Abgeordneten, ausschließlich ihre jeweiligen Positionen aus. Die parlamentarische Delegation trug ihre Forderungen vor, daraufhin legte der Rat seine Position offen. Verhandelt wurde in dieser Phase nicht, so dass die Vertreter aus Rat und Parlament nach dem Austausch ihrer Standpunkte wieder auseinander gegangen sind. Im Anschluss gab es keine weiteren Sitzungen des Vermittlungsausschusses. Vor Inkrafttreten des neuen Jahreshaushaltsverfahrens, mit dem auch das Vermittlungsausschussverfahren erst geschaffen wurde, fanden zur Austarierung der Interessen regelmäßig Trilogsitzungen statt. Zu den Trilogsitzungen lud die Präsidentschaft einen oder mehrere Vertreter des Rates, des Parlamentes (in der Regel den parlamentarischen Berichterstatter für den Haushalt und gegebenenfalls den Vorsitzenden des EP-Haushaltsausschusses) sowie einen Vertreter der Kommission ein. Auch nach Lissabon finden jene Trilogsitzungen weiterhin statt. In diesen wird beraten unter welchen Voraussetzungen ein Voranschreiten in den Verhandlungen möglich erscheint und wie sich die roten Linien darstellen. Die Präsidentschaft kann diese Gespräche nur auf Grundlage eines Mandates von Seiten des Ausschusses der Ständigen Vertreter der Mitgliedstaaten (AStV) führen. Gleichzeitig sind auch bilaterale Konsultationen üblich. Auch im vorliegenden Fall um die Verhandlung des Jahreshaushaltes 2011 hat die belgische Ratspräsidentschaft diese Möglichkeit genutzt, um auszuloten welche Mitgliedstaaten kompromissbereit sind. Anders als in Vorjahren zeigte sich, dass an der Position des Rates in Bezug auf die Höhe der Zahlungen nicht zu rütteln war. Dies stellte für die Präsidentschaft eine neue Erfahrung dar. Selbst der deutschen Delegation, die sich in den Haushaltsverhandlungen traditionell kompromissbereit gezeigt hatte, waren in diesem Stadium die Hände gebunden. Durch die Zusage Merkels gegenüber Cameron gab es keinen Spielraum für Zugeständnisse. Die Verhandlungsposition des Rates stellte sich somit eindeutig und unumkehrbar dar. Gleichwohl gab es Vertreter im Rat, die für Kompromissbereitschaft geworben hatten. Dies waren vor allem Italien, Luxemburg und Polen. Aufgrund des harten Auftretens der britischen Delegation im Rat sowie der Staats- und Regierungschefs am Rande des EU-Gipfels war klar, dass es von gouvernementaler Seite in Hinblick auf die Zahlungen keine Bewegung geben wird. Somit konnte die Präsidentschaft dem Parlament aufgrund der unverrückbaren Position des Rates keine Steigerung anbieten. Dies führte dazu, dass das Europa-Parlament bereit war, die Höhe der Zahlungen zu akzeptieren.

Ein wichtiger Punkt in den Beratungen kursierte um die Grundsatzdiskussion über die zukünftige Ausrichtung und Finanzierung des EU-Budgets. Diese parallel laufende Debatte hatte keinen Bezug zu dem eigentlich zu verabschiedenden Jahreshaushalt. Gleichwohl sollte sie die Verhandlungen maßgeblich prägen. Über der Entscheidungssituation im Jahr 2010 schwebte bereits das Bewusstsein des Ende 2013 auslaufenden Mehrjährigen Finanzrahmens. Folglich fanden die Verhandlungen im Lichte des notwendigen Diskurses über eine Reform des Finanzsystems und um eine adäquate Mittelausstattung für die Haushaltsjahre 2014 bis 2020 statt. Die Abgeordneten versuchten ihren Einfluss auf Höhe, Finanzierung und Ausgestaltung der zu antizipierenden Mehrjährigen Finanzplanung auszubauen (Vgl. Frankfurter Allgemeine Zeitung 2010b). Somit verknüpfte das Europäische Parlament seine Verhandlungspositionen und ein etwaiges Zugeständnis im Entscheidungsprozess um den EU-Jahreshaushalt 2011 mit konkreten Forderungen für die Zeit nach 2014. So ersuchte es den Rat, eine offene Debatte über neue Einkommensquellen zuzulassen und machte gegenüber allen Verfahrensbeteiligten deutlich, dass dieses Element *„Teil der Gesamteinigung über den Haushaltsplan 2011"* sei (Europäisches Parlament 2010b). Im Verlauf der Verhandlungen versuchten die Parlamentarier immer wieder, den Mitgliedstaaten ein verbindliches Zugeständnis abzuringen. Hierbei ging es ihnen vorwiegend um die Einführung neuer Eigenmittel etwa in Form einer eigenen EU-Steuer. Nach Angaben von Diplomaten stieß diese Position insbesondere auf den Widerstand Deutschlands, Finnlands, Großbritanniens, der Niederlande und Schwedens (Frankfurter Allgemeine Zeitung 2010b). Die Schaffung einer steuerfinanzierten Quelle hatte bei dem Europäischen Parlament eine besonders hohe Priorität. Da sich eine Implementierung aufgrund der Position der Hardliner-Staaten in den Verhandlungen als kaum realisierbar erwies, versuchte das supranationale EU-Organ diese über einen Umweg durchzusetzen. Hierzu schlug es bereits für den Jahreshaushalt 2011 die Ausbringung eines Einnahmetitels vor, der letztlich der Vereinnahmung neuer Finanzmittel dienen sollte. Über die Einführung dieses technischen Instrumentes versuchte das Europa-Parlament eine EU-Steuer durch die Hintertür durchzusetzen. Wäre es zunächst zur Umsetzung dieses Einnahmetitels gekommen, hätte das Parlament zu einem späteren Zeitpunkt darauf verweisen können, dass der Rat dieser Vereinbarung bereits zugestimmt habe. Der Weg zur Einführung einer eigenen Steuer wäre damit geebnet gewesen und hätte im Rahmen der Verabschiedung des nächsten Mehrjährigen Finanzrahmens ab 2014 eine Realisierung erfahren können. Auf diese wegbereitenden Maßnahmen hat sich der Rat nicht eingelassen. Im Mitgliederkreis gab es von Seiten Großbritanniens, aber auch von Seiten Deutschlands in Bezug auf eine EU-Steuer zur damaligen Zeit massive Gegenwehr. In diesem Punkt hat es bis heute keinen Positionswechsel gegeben, so dass die Einführung einer eigenen Steuer sowohl in den Verhandlungen um den Jahreshaushalt 2011 als auch in den späteren Verhandlungen um den Mehrjährigen Finanzrahmen 2014 bis 2020 vollständig vom Verhandlungstisch war. Allerdings einigten sich die Mitgliedstaaten mit dem Parlament darauf, eine hochrangige Expertengruppe unter der Leitung von Mario Monti zu konstituieren, die sich mit den Eigenmitteln der Europäischen Union befasst hat.

Vor Inkrafttreten des Vertrages von Lissabon wurde die mehrjährige Haushaltsplanung über den Weg einer Interinstitutionellen Vereinbarung (IIV) verbindlich gemacht. Erst mit der Lissabonner Reform haben sich die Mitgliedstaaten verpflichtet, den Finanzrahmen zukünftig über eine Verordnung zu verabschieden, das heißt über einen Rechtsakt. Damit ist die Budgetplanung für 2014 bis 2020 der erste mehrjährige Haushaltsrahmen, der auf dem Fundament des europäischen Primärrechtes beruht. Dies schafft eine hohe Verbindlichkeit. Bis dato war an die IIV eine zentrale Bestimmung gebunden, die es erlaubt hat, das Haushaltsvolumen bis zu einer Höhe von 0,03 Prozent des Bruttonationaleinkommens der EU im laufenden Planungszeitraum zu verändern. Diese rechtliche Präzisierung fehlt im Vertrag von Lissabon und hatte somit Auswirkungen auf jene bisher gegoltene Sicherheitsmarge. Die 0,03 Prozent-Regelung ist als eine Art Ausgabenpuffer zu verstehen, deren Einsetzung im Falle eines unvorhersehbaren Finanzbedarfs mit qualifizierter Mehrheit im Rat auf den Weg gebracht werden konnte. Dieses Instrument wurde vor Lissabon immer wieder genutzt, um Haushaltslücken zu schließen wie etwa zur Finanzierung des Galileo-Projektes oder des Konjunkturprogramms zur Bewältigung der Finanz- und Wirtschaftskrise. Das Europäische Parlament hatte ein massives Interesse daran, diese Flexibilitätsmarge aufrechtzuerhalten. Daher hielt es im Verhandlungsprozess strikt an der Bedingung fest, eine Vorablösung in Bezug auf die Wahrung der 0,03 Prozent-Marge zu finden. Der Vertrag von Lissabon sieht vor, dass der Mehrjährige Finanzrahmen sowohl einstimmig verabschiedet werden muss als auch nur einstimmig verändert werden kann. Für die Planung der verbleibenden Haushaltsjahre 2011 bis 2013 erschienen Änderungen zwar theoretisch möglich, realpolitisch jedoch kaum umsetzbar. Für eine Anpassung wäre eine einstimmige Entscheidung erforderlich gewesen, die die Zustimmung der Hardliner Großbritannien, Niederlande und Schweden erfordert hätte. Dem Parlament war bewusst, dass es diese Zustimmung nicht geben wird. Daher brachte das Europa-Parlament den Vorschlag einer Verordnung ein, die die Aufrechterhaltung der bisherigen

Flexibilitätsmarge von 0,03 Prozent zum Inhalt haben sollte. Der Rat lehnte dieses Postulat ab.

Auf den Tagungen des Rates Wirtschaft und Finanzen, Haushalt sowie des Vermittlungsausschusses, die jeweils am 11. und 15. November 2010 stattfanden, konnte trotz Annäherung der Verhandlungspartner und der Vermittlung des belgischen Vorsitzes unter Leitung von Melchior Wathelet, Staatssekretär für Haushalt in Belgien, keine Einigung über das gesamte Verhandlungspaket erzielt werden. Gleichwohl wurde ein Konsens bezüglich der Zahlungen gefunden. Vorbehaltlich einer Gesamteinigung bis zum 31. Dezember 2010 verständigten sich die Parteien auf Zahlungen in Höhe von 126,527 Milliarden Euro. Dies entspricht einer Erhöhung von exakt 2,91 Prozent gegenüber dem Haushaltsjahr 2010 und in Prozent des Bruttonationaleinkommens der EU ausgedrückt einem Wert von 1,01 Prozent.

Der Vermittlungsausschuss wurde erstmalig im Rahmen des neuen Jahreshaushaltsverfahrens nach Lissabon eingerichtet. Vor der Reform wurden Unstimmigkeiten zwischen den Institutionen im sogenannten Trilogverfahren unter Beteiligung des Parlamentes auf der einen sowie des Rates auf der anderen Seite sowie der Kommission in ihrer Eigenschaft als Mediatorin verhandelt. Das Trilogverfahren kann als informelles Schlichtungsverfahren bezeichnet werden, das nicht nur im Zuge der Entscheidung um den EU-Jahreshaushalt, sondern auch in anderen Politikbereichen eingesetzt wird. Ziel dabei ist es, Kontroversen zu beraten und möglicherweise in einem frühen Stadium auszuräumen. Der Haushaltstrilog findet auch nach Lissabon weiterhin Anwendung. Das Verfahren ist jedoch nicht mit dem neu konstituierten Vermittlungsausschussverfahren zu verwechseln. Es bietet vorrangig eine informelle Plattform ohne formal-rechtliche Bindung. Vor Lissabon wurde der Jahreshaushalt über zweierlei Entscheidungswege realisiert: Der Königsweg beinhaltete die sofortige Einigung zwischen Rat und Parlament. Erschien dies nicht möglich, bildete der Haushaltstrilog das Entscheidungsfundament, auf dessen Grundlage gemeinsam getagt, beraten und verhandelt wurde. Auf dieser Basis stimmte der Rat über seine Positionen ab. Im Anschluss brachte das Parlament seine Standpunkte zur Abstimmung. In einem nächsten Schritt entschied der Rat erneut, ob er mit den Änderungen des Parlamentes konform gehen kann. War dies nicht der Fall, stimmte er ein weiteres und zugleich letztes Mal ab. Bei Unvereinbarkeit der Positionen des Rates mit den Vorstellungen des Parlamentes sah das Primärrecht vor der Lissabonner Reform folgende Regelung vor. Die beiden Teile der Haushaltsbehörde stimmten in diesem Fall getrennt voneinander ab: der Rat über die obligatorischen Ausgaben und das Parlament über die nicht-obligatorischen Ausgaben. Somit war das Parlament befugt, seine Änderungen zur Höhe der nicht-obligatorischen Ausgaben auch ohne das Einverständnis des Rates zu beschließen. Damit konnte das supranationale Beschlussorgan den Haushalt durch Anhebung der Ausgaben der nicht-obligatorischen Ausgaben in die Höhe treiben. Eine eigentliche Vermittlung zwischen Rat und Parlament fand in diesem Sinne nicht statt. Damit war ein Zwang zur Einigung nicht dringlich geboten wie dies nach dem neuen Haushaltsverfahren gegeben ist. Gleichwohl wurde in der Praxis versucht, zu einer gemeinsamen Lösung zu kommen, auch wenn eine Notwendigkeit zur Übereinkunft im Vertrag nicht vorgesehen war. Kam es nach dem alten Verfahren zwischen Rat und Parlament zu keinem interinstitutionellen Schulterschluss, war aufgrund der Abgrenzung der Zuständigkeit und der Differenzierung der Entscheidungsbefugnis über die OA und die NOA eine Verabschiedung des Haushaltes dennoch durchführbar. Nach Lissabon hat eine unüberwindbare interinstitutionelle Dissonanz jedoch ein Scheitern des gesamten Verfahrens zur Folge mit dem Resultat, dass kein Haushalt verabschiedet wird und somit die Regel der vorläufigen Haushaltsführung greift.

Auch der personelle Verhandlungsrahmen unterschied sich im Vergleich zum neu eingeführten Vermittlungsausschussverfahren erheblich. Während heute zwischen 27 Vertretern des Rates und genauso vielen Vertretern des Parlamentes verhandelt werden muss, erfolgte die Aushandlung vor Lissabon in einem wesentlich kleineren Kreis. Verhandelt wurde hinter verschlossenen Türen in einer nicht-öffentlichen Sitzung zwischen der Ratspräsidentschaft und einer ausgewählten EP-Delegation. In Bezug auf den zeitlichen Ablauf lagen genau wie heute die Positionen von Parlament und Rat im Herbst eines jeden Jahres vor. Auf dieser Grundlage wurde von Seiten der Präsidentschaft eruiert unter welchen Voraussetzungen eine Annäherung möglich erscheint. In dieser Konstellation wurde in mehreren Runden verhandelt. Dabei legte die Präsidentschaft einen Kompromissvorschlag vor. Genau wie heute ging es dabei vorrangig um die Höhe der Zahlungen. In diesem Rahmen forderte der Vorsitzende des parlamentarischen Haushaltsausschusses traditionell eine Ausgabenaufstockung in der Größenordnung von etwa einer Milliarde Euro ein. Die Präsidentschaft nahm dabei eine Vermittlerposition ein. Eine gängige Argumentationsführung bestand nach Angaben von Verhandlungsbeteiligten darin, dass die Ratspräsidentschaft gegenüber den Vertretern des Parlamentes zu Bedenken gab, dass sie gegenüber dem Rat keine Erhöhung durchsetzen könne, die über einen bestimmten finanziellen Rahmen hinausgeht. Im Anschluss ging der Vorschlag (etwa über eine maximale Aufstockung von 500 Millionen Euro) an den Rat, der dem Kompromiss der Präsidentschaft auf dieser Grundlage üblicherweise ohne Abstriche zugestimmt hat. Dieser Ausgleich wurde in der Vergangenheit meist in einer Nacht ausgehandelt. Nach Lissabon stehen im Rahmen des neuen

Vermittlungsausschussverfahrens einundzwanzig Tage zur Verfügung. Bis zu diesem Endtermin gibt es in der Regel keine Bewegung. Der Termin für die entscheidenden Verhandlungen wird einige Tage vor den Ablauf dieser Frist gelegt, so dass ein geringfügiger zeitlicher Spielraum verbleibt.

In einer verfahrensbezogenen komparativen Bewertung bleibt festzuhalten, dass der Entscheidungsprozess nach Lissabon durch die Repräsentanz aller mitgliedstaatlichen Delegationen im Rat sowie einer paritätischen Anzahl an parlamentarischen Abgeordneten einerseits demokratischer geworden ist. Andererseits ist gleichzeitig der Spielraum, in einem überschaubaren Verhandlungskreis schnelle Kompromisse zu finden, kleiner geworden. Durch die Abschaffung der letztinstanzlichen Kompetenzaufsplittung innerhalb der Haushaltsbehörde (Rat entscheidet über OA, Parlament entscheidet über NOA) ist der Zwang zur Einigung und die Notwendigkeit, dass das Parlament sich auf Kompromisse einlassen muss, um ein Scheitern des Haushaltsverfahrens zu verhindern, hingegen größer geworden. Diese verfahrensbezogene Realität schmälert paradoxerweise die neu gewonnenen Rechte des Parlamentes nach Lissabon beträchtlich. Nachfolgend soll der Verlauf und der Ausgang der Entscheidung um die Aushandlung des EU-Jahresbudgets 2011 vor dem Hintergrund des neuen Haushaltsverfahrens und unter besonderer Berücksichtigung der neuen Rechte und Einflussschranken des Parlamentes untersucht werden.

2.8. Versöhnliche und unversöhnliche Positionen zwischen Rat und Parlament und die Folgen für den Ausgang des Vermittlungsausschussverfahrens

Zwei Aspekte der Verhandlungsbox blieben im Vermittlungsverfahren trotz Annäherung weiterhin strittig. Dies betraf zum einen die Finanzierung des ITER-Projektes in den Jahren 2012 und 2013. Zum anderen herrschte Uneinigkeit über das sogenannte Lissabon-Paket, das die Finanzregeln der Gemeinschaft an die neuen Bestimmungen des Vertrags von Lissabon anpassen sollte. Für die Umsetzung waren folgende rechtliche Schritte geplant:

- ein Entwurf einer Verordnung zum Mehrjährigen Finanzrahmen 2007–2013;
- ein Entwurf einer neuen Interinstitutionellen Vereinbarung zwischen dem Europäischen Parlament, dem Rat und der Europäischen Kommission über die Zusammenarbeit im Haushaltsbereich sowie
- ein Entwurf einer Verordnung zur Änderung der Haushaltsordnung.

Strittig war vor allem die rechtliche Präzisierung der Einbindung des Europäischen Parlamentes in das Verfahren zur Verabschiedung des (nächsten)

Mehrjährigen Finanzrahmens sowie dessen Mitwirkung in einem möglichen Reformprozess auf der Finanzierungsseite mit dem Ziel einer Veränderung des Eigenmittel-Systems. Fernerhin konnte sich der Vermittlungsausschuss über den Vorschlag der Kommission zur Finanzierung des ITER-Projektes nicht einigen. Dieser sah eine Bereitstellung von Mitteln in Höhe von 1,4 Milliarden Euro für die Haushaltsjahre 2012 und 2013 vor. Der Finanzierungsplan schlug innerhalb der Teilrubrik 1a eine Umschichtung von 460 Millionen Euro aus dem Siebten Forschungsrahmenprogramm vor. Weitere 940 Millionen Euro sollten durch eine Überarbeitung des Mehrjährigen Finanzrahmens 2007 bis 2013 aufgebracht werden, indem eine Übertragung der Reserve aus dem Haushaltsjahr 2010 aus den Rubriken 2, 3a und 5 auf die Teilrubrik 1a für die Jahre 2012 und 2013 vorgenommen wird. Dabei wäre die Gesamtobergrenze für Verpflichtungen und Zahlungen in den verbleibenden Haushaltsjahren des Finanzrahmens unverändert geblieben so wie es die Verträge vorsehen. Das Parlament lehnte den Vorschlag der Kommission ab.[157]

Der Vermittlungsausschuss konnte zudem keine Einigung über das Lissabon-Paket erzielen, mit dem die finanzbezogenen Auswirkungen des neuen Vertrags umgesetzt werden sollten. Das Europäische Parlament zeigte sich nicht bereit, seine Forderung nach einer Verknüpfung der Verabschiedung des Jahreshaushaltes 2011 mit anderen langfristigen Fragen der Budgetplanung aufzugeben. Die Hauptkonfliktlinie drehte sich insbesondere um die verbindliche Klärung der Art und Weise seiner Einbindung in das Verfahren zur Erstellung des nächsten Mehrjährigen Finanzrahmens. Der belgische Ratsvorsitz hatte einen Entwurf einer gemeinsamen Erklärung über die zukünftige Zusammenarbeit im Verfahren um die siebenjährige Haushaltsplanung vorgelegt. Der Rat hatte daraufhin seine Bereitschaft bekundet, das Europäische Parlament zu beteiligen, allerdings nur in der Form und in dem Ausmaß, die die Verträge vorsehen und nicht darüber hinaus. Aus einem nicht-öffentlichen Protokoll des Rates zur Ratssitzung vom 19.11.2010 geht hervor, dass der Ministerrat mit dem Parlament regelmäßig konsultative Gespräche über den Mehrjährigen Finanzrahmen führen wird. In diesem Dokument hält der Rat fest, dass er die geltenden Verträge respektiert und auf deren Grundlage handelt. Zwischen den Zeilen ist dies jedoch als reines Formelzugeständnis zu werten: Das heißt, der Rat handelt auf Basis der Verträge, zu mehr Zugeständnissen ist er jedoch nicht bereit. Die Kommission hatte

157 Zur Begründung der Haltung des Parlamentes zu diesem Verhandlungspunkt: Vgl. Kapitel „Zusammenfassung und Bewertung des interinstitutionellen Entscheidens: Schlüsselthemen und Verhandlungsergebnisse“

ihrerseits bekundet, zur Frage der Eigenmittel und der „Lissabonnisierung" des Haushaltsplans einen Bericht vorzulegen. Auch diese Bekundung erschien dem Parlament nicht handfest und ausreichend genug. Aus Sicht der parlamentarischen Repräsentanten im Vermittlungsausschuss wurde weder die Thematik der Eigenmittel noch die Ausgestaltung der Rolle des Parlamentes im Rahmen eines möglichen Reform-Prozesses zufriedenstellend geklärt.

Auch die Thematik der Einrichtung eines Flexibilitätsmechanismus konnte nicht abschließend verhandelt werden, obwohl der Rat im Vermittlungsausschuss seine Bereitschaft zeigte, die Bedingungen zu erörtern, ob und unter welchen Voraussetzungen ein Festhalten an der gegebenen Flexibilitätsmarge weiterhin möglich sei. Bisher verfügte der Rat über die Kompetenz, den Mehrjährigen Finanzrahmen im Falle unvorhergesehener Ausgaben innerhalb einer Spanne von bis zu 0,03 Prozent des Bruttonationaleinkommens der EU nach oben anzupassen (Rat der Europäischen Union 2010b).

Zum Ende des Vermittlungsausschussverfahrens wurde allein über die Höhe der Zahlungen verhandelt. In Bezug auf die Ausgabenkategorien berieten die Delegierten dabei ausschließlich über die Rubrik 2. Mit Kürzungen in der Rubrik „Bewahrung und Bewirtschaftung der natürlichen Ressourcen" wird traditionsgemäß äußerst sensibel verfahren, um die Interessen Frankreichs im Landwirtschaftssektor zu schützen. Ausgabenreduzierungen in anderen Haushaltskategorien waren nach Angaben von Verhandlungsbeteiligten im Verlauf des Verfahrens nachrangig und kaum konfliktbehaftet. Hierbei soll es allein um *„Fragen der Kosmetik"* gegangen sein, dass heißt um die Begründung für Budgetabsenkungen in der Darstellung nach Außen. Eine Umverteilung zwischen Rubriken wurde nur in Ansätzen diskutiert. Beratungen um die Option einer Umschichtung von den klassischen ausgabenintensiven Rubriken Agrar und Struktur in andere Politikfelder etwa in den Bereich der Förderung der Wirtschafts- und Wettbewerbsfähigkeit fanden nicht statt. Auch die Kommission unternahm in Bezug auf eine budgetäre Umschichtung, etwa zur Implementierung der Lissabon-Ziele, keinen Vorstoß oder hatte besondere Präferenzen. Der Europäische Rat hatte bereits im Dezember 2008 auf ihre Initiative hin einem Konjunkturprogramm zur Ankurbelung der europäischen Wirtschaft mit finanziellen Zusatzmitteln im Umfang von rund 1,5 Prozent des Bruttonationaleinkommens der EU zugestimmt. Damit waren nach dem Verständnis der Kommission vorerst ausreichende Maßnahmen erfolgt und ein angemessener Mitteleinsatz sichergestellt. Bereits vor der entscheidenden Sitzung des Vermittlungsausschusses am 15. November ließen die Delegierten der parlamentarischen Seite erkennen, dass sie bereit seien, die Haushaltsansätze des

Rates zu billigen. Diese Haltung lässt sich insbesondere auf die Entwicklungen anlässlich des Gipfels der Staats- und Regierungschefs vom 28. und 29. Oktober 2010 zurückführen. Im Gegensatz zu den Verhandlungen im Rat finden wichtige EU-Gipfeltreffen in der nationalen Medienberichterstattung großes Gehör. Daher nutzten einige Mitgliedstaaten diese Kulisse, allen voran die britische Regierung, um einen Erklärungsdruck auf das Parlament auszuüben, seine Forderung nach einem wachsenden EU-Haushalt zu rechtfertigen. Da innerhalb der Unionsländer enorme Haushaltskonsolidierungen umgesetzt werden mussten, geriet das Europa-Parlament in der öffentlichen Debatte massiv in die Kritik. Aus dieser Defensive heraus verblieb den Abgeordneten nur die Option, in der Frage der Budgetansätze einzulenken und diese Haltung als Zeichen der Kompromissbereitschaft zu präsentieren. Fortan konzentrierte sich das Parlament auf die Durchsetzung seiner Mitwirkungsanliegen in Hinblick auf die bevorstehenden Verhandlungen um den Mehrjährigen Finanzrahmen ab 2014 (Vgl. Becker 2010: 3). Strittig blieben damit insbesondere die Modalitäten des interinstitutionellen Dialogs zur Vorbereitung des nächsten Finanzrahmens sowie zu einer möglichen Reform der Eigenmittel, die Einrichtung einer Flexibilitätsklausel sowie die Finanzierung des ITER-Projektes. In Bezug auf diese Themen hielt das Parlament im Vermittlungsausschussverfahren sowie im weiteren Verhandlungsprozess an seinen Standpunkten fest und knüpfte seine Zustimmung zur Verabschiedung des Jahreshaushaltes 2011 an die Umsetzung jener Forderungen.

Obwohl das Parlament die Höhe der Zahlungen in der vom Rat vorgeschlagenen Form akzeptiert hat, überrascht es nicht, dass eine Einigung im Vermittlungsausschussverfahren nicht auf Anhieb geglückt ist. Aufgrund der unverrückbaren Positionen von Seiten des Rates, vor allem aber auch in Folge des Insistierens von Seiten des Parlamentes auf den eigenen Kernforderungen, konnte die Präsidentschaft trotz Verständigung auf die Gesamtzahlen des Haushaltsplanes in Hinblick auf die Zahlungen und einer grundsätzlichen Annäherung in ausgewählten Fragen ein Scheitern nicht abwenden. Obwohl dieses Ergebnis nicht überraschend erschien, führte es nach Angaben von Verhandlungsteilnehmern zunächst zu einem Schock, da das erste Haushaltsverfahren auf Grundlage des neuen Primärrechtes zu Scheitern drohte.

2.9. Reaktionen aus dem Parlament und der Kommission auf das Scheitern des Vermittlungsausschussverfahrens

Nach dem Ausgang des Vermittlungsausschussverfahrens übten die Kommission sowie zahlreiche Europa-Abgeordnete große Kritik an den gouvernementalen Vertretern im Rat. Ihre Proklamationen waren vor allem nach Außen durch harsche Stellungnahmen bestimmt. Der damalige EU-Kommissionspräsident José Manuel Barroso äußerte sich zum Scheitern der Verhandlungen wie folgt:

> *„Viele im Europäischen Parlament und im Rat haben hart für einen Kompromiss gearbeitet. Ich bedauere, dass eine kleine Zahl von Mitgliedstaaten nicht bereit war, im europäischen Sinne zu verhandeln. Eine Lösung hätte letzte Nacht gefunden werden können. Diejenigen, die glauben, einen Sieg über „Brüssel" errungen zu haben, haben sich selber in den Fuß geschossen"* (Europäische Kommission 2010h).

Auch der damalige EU-Haushaltskommissar Janusz Lewandowski zeigte sich einen Tag nach dem Scheitern des Vermittlungsausschussverfahrens in einem offiziellen Statement enttäuscht, dass die Verhandlungsparteien aus Rat und Parlament trotz größtmöglicher Anstrengung von Seiten der belgischen Ratspräsidentschaft und der Kommission nicht in der Lage gewesen seien, eine Vorabregelung über die zukünftige interinstitutionelle Zusammenarbeit in der Mehrjährigen Finanzplanung zu treffen: *„Der Haushalt ist nicht für Brüssel. Er ist für die EU-Bürger, die Wirtschaft, die Forschung, für Studenten, für ländliche Gemeinden genauso wie für Städte und Regionen in der gesamten Europäischen Union"* (Europäisches Parlament 2010d). Laut Berichterstattung der Frankfurter Allgemeinen Zeitung soll sich Lewandowski darüber hinaus wie folgt geäußert haben: *„Schuld sind nur ein paar ganz Wenige"* (Frankfurter Allgemeine Zeitung 2010b).

Anstoß an der schleppenden Verabschiedung des ersten Jahreshaushaltes nach Lissabon nahmen auch Verhandlungsbeteiligte aus dem parlamentarischen Haushaltsausschuss. Der deutsche Abgeordnete der EVP-Fraktion Reimer Böge, der zugleich von 2007 bis 2009 Vorsitzender des Haushaltsausschusses im Europa-Parlament war, kritisierte anlässlich der Plenardebatte vom 19. Oktober 2010 zur 13. Überprüfung des Haushalts die zögerlich vorangehende Review-Debatte zum EU-Finanzsystem. In der Parlamentsaussprache forderte er die Einhaltung der im Jahr 2006 getroffenen Regelungen, die eine umfassende parlamentarische Einbindung in den Prozess der Neuordnung zum Inhalt hatten: Im Rahmen der Interinstitutionellen Vereinbarung zwischen dem Europäischen Parlament, dem Rat und der Kommission über die Haushaltsdisziplin und die wirtschaftliche Haushaltsführung vom 14.06.2006 hatten sich die EU-Organe bereits zu diesem frühen Zeitpunkt in Form einer Erklärung auf eine strukturelle Anpassung der mehrjährigen Haushaltsplanung sowie auf eine Sondierung sämtlicher

EU-Ausgaben verständigt (Vgl. Europäische Kommission / Europäisches Parlament / Rat 2006: 15, Nr. 3, Erklärung zur Überprüfung des Finanzrahmens, Absatz 1 und 2). Des Weiteren wies die IIV die Kommission unmissverständlich an, das bestehende Finanzsystem sowie alle kritischen Aspekte lückenlos auf den Prüfstand zu stellen: „*Entsprechend den Schlussfolgerungen des Europäischen Rates wurde die Kommission aufgefordert, eine vollständige, weit reichende Überprüfung sämtlicher Aspekte der EU-Ausgaben, einschließlich der Gemeinsamen Agrarpolitik, und der Eigenmittel, einschließlich der Ausgleichszahlung an das Vereinigte Königreich, vorzunehmen und darüber 2008/2009 Bericht zu erstatten*" (Vgl. Europäische Kommission / Europäisches Parlament / Rat 2006: 15, Nr. 3, Erklärung zur Überprüfung des Finanzrahmens, Absatz 1).

In dieser Vereinbarung verständigten sich die Institutionen auch auf die Festlegung der Rolle des Europäischen Parlamentes im Reformprozess. Dabei wurde eine umfassende Beteiligung des supranationalen Organs im Revisionsverfahren verbindlich gemacht: „*(…) In der Phase, in der die von der Kommission vorgelegten Überprüfungsergebnisse geprüft werden, wird dafür Sorge getragen, dass im Rahmen des regulären politischen Dialogs zwischen den Organen angemessene Beratungen mit dem Europäischen Parlament stattfinden und die Positionen des Europäischen Parlaments gebührend berücksichtigt werden. Entsprechend den Schlussfolgerungen des Europäischen Rates von Dezember 2005 kann dieser „zu allen Punkten, die darin [in dem Bericht] behandelt wurden, entsprechende Beschlüsse fassen." Das Europäische Parlament wird entsprechend den einschlägigen Verfahren und in voller Achtung seiner anerkannten Rechte an allen formellen Folgemaßnahmen beteiligt. (…) Des Weiteren nimmt die Kommission zur Kenntnis, dass das Europäische Parlament eine Konferenz einberufen wird, auf der es gemeinsam mit den nationalen Parlamenten das System der Eigenmittel überprüfen wird. Die Ergebnisse derartiger Konferenzen werden von ihr als Beitrag zu diesem Konsultationsprozess betrachtet*" (Vgl. Europäische Kommission / Europäisches Parlament / Rat 2006: 15, Nr. 3, Erklärung zur Überprüfung des Finanzrahmens, Absatz 1 und 2).

Zusammenfassend bleibt festzuhalten, dass sich die Institutionen der Europäischen Union bereits im Rahmen der IIV vom 14.06.2006 rechtlich bindend auf die Einleitung des Reformprozesses zum EU-Haushaltssystem unter Einbeziehung des Europa-Parlamentes und der nationalen Parlamente geeinigt hatten. Die politischen Forderungen der Abgeordneten stellten somit eine legitime Einforderung der im Jahr 2006 interinstitutionell gefassten Übereinkunft dar, die unmissverständlich festschreibt, das Parlament im Verfahren um die Revision des Finanzsystems vollumfänglich zu beteiligen. Erstes Ergebnis dieser Vereinbarung aus dem Jahr 2006 stellte die Mitteilung der Kommission zur Überprüfung des EU-Haushaltes dar, die am 19. Oktober 2010 und somit weit hinter den zeitlichen Erwartungen vorgelegt wurde (Vgl. Europäische Kommission 2010i). Dieser Bericht der Kommission, der als Grundlage den Reformprozess um das europäische Finanzsystem einläuten sollte, wurde in der Plenardebatte des Europa-Parlamentes vom 19. Oktober 2010 unter anderem von dem deutschen Abgeordneten Böge kritisiert. Er mahnte an, dass die Abhandlung hinter den Vereinbarungen der Interinstitutionellen Vereinbarung von 2006 und damit auch hinter den Erwartungen des Parlamentes zurückbliebe: „*Ich habe den Eindruck, die damalige Kommission und Herr Prodi waren bei ihren Vorschlägen zu ambitioniert, und die jetzige Kommission ist zu vorsichtig. (...) Lassen Sie mich angesichts einer manchmal irreführenden Diskussion auf der Ebene der Mitgliedstaaten noch etwas zu den Eigenmitteln sagen: Es ist absolut legitim, vertragskonform – ja, der Vertrag erfordert es geradezu –, dass wir uns mit den Eigenmitteln beschäftigen, denn der Vertrag sagt, dass wir uns unbeschadet weiterer Einnahmen zu allererst aus Eigenmitteln zu finanzieren haben. Dieser Debatte sollten wir uns alle stellen*" (Europäisches Parlament 2010e). Auch in Hinblick auf die neuen politikfeldbezogenen Verpflichtungen, die sich aus dem Lissabon Vertrag ergeben, zeigte er sich anlässlich der Plenardebatte vom 19. Oktober 2010 zum Jahreshaushalt 2011 enttäuscht, da „*wesentliche Elemente der Lissabon-Politik auf der Grundlage des neuen Vertrags wenigstens in Teilen budgetär auf die Zeit nach 2014 verschoben (...)*" wurden (Europäisches Parlament 2010e).

Nach dem Scheitern der Verhandlungen im Vermittlungsausschuss wurden all diese Fragen anlässlich der Plenardebatte zum Jahreshaushaltsplan 2011 am 23. November 2010 in der Aussprache erneut thematisiert. Der Abgeordnete Böge sprach im Rahmen einer Wortmeldung die wesentlichen interinstitutionellen Konfliktlinien in Bezug auf den Reformprozess sowie auf die Realisierung der neuen parlamentarischen Rechte nach Lissabon an: „*(...) Ich mache mir Sorgen. Nicht wegen des Haushaltes, nicht wegen der IIV, und nicht wegen eines möglicherweise zwölfteiligen Haushaltes. Ich mache mir generell Sorgen über den politischen Zustand der Europäischen Union, der offenkundig am Beispiel des Haushaltes hier zutage tritt. Ich mache mir Sorgen um den Trend zur zwischenstaatlichen Zusammenarbeit, ich mache mir Sorgen darum, dass die gewachsenen Rechte des Parlaments offenkundig zurückgeschraubt werden sollen und nicht einmal das respektiert wird, was 2006 vereinbart wurde. Ich mache mir Sorgen, dass Lissabon nicht mit Leben erfüllt wird. Und Herr Präsident Barroso, ich begrüße Ihre Aussagen. Aber vielleicht wäre es hilfreicher gewesen, wenn sie zehn Tage früher gekommen wären, damit die Kommission sich eindeutiger auf die Seite des Parlaments gestellt hätte. Was die drei Schwerpunkte unserer Verhandlungen angeht, zum Flexibilitätsinstrument: Offenkundig hat es ein Stück Bewegung gegeben. Aber ich höre jetzt, dass es wieder Rückschritte gibt bei parallel stattfindenden Verhandlungen in Brüssel. Was findet da jetzt statt? Gibt es die Möglichkeit, und ist das zuviel verlangt, das an Flexibilität zu vereinbaren, was vor Lissabon der Status quo war, und was richtig gewesen ist, in langjährigen Verhandlungen durchzusetzen, beginnend mit der Agenda 2000? Ist es zuviel verlangt, bei den Eigenmitteln sich zu verpflichten, dass das, was wir 2006 – Rat, Kommission und Parlament – gesagt haben, in der Erklärung zur IIV, weiterhin Bestand hat? Und ist es zuviel verlangt, dass diejenigen, die eine Eigenmitteldebatte ablehnen, vielleicht einmal den Vertrag lesen können? Da steht es nämlich drin, dass diese Debatte zu führen ist*" (Europäisches Parlament 2010f). Gleichzeitig richtete Böge in der Novemberaussprache des Europa-Parlamentes einen unmissverständlichen Appell an die Mitgliedstaaten, dass das Parlament bei der Verabschiedung des nächsten Mehrjährigen Finanzrahmens mit einem klaren Nein votieren wird, wenn diese nicht bereit seien, sich an politische Abkommen bindender Art zu halten (ebenda). Diese beiden Wortmeldungen des Abgeordneten Böge aus der EVP-Fraktion vom 19. Oktober 2010 sowie vom 23. November 2010 stehen exemplarisch für die wesentlichen Forderungen, aber auch für die Bedenken des Parlamentes. Das Europa-Parlament versuchte nach der späten Vorlage des Kommissionsberichtes am 19. Oktober 2010 die Debatte um die Reform der Eigenmittel zu beschleunigen und einen konkreten Zeitrahmen festzusetzen. Eine weitere wichtige Kernforderung bestand darin, Mechanismen in das europäische Haushaltssystem einzubauen, die es erlauben, flexibler als bisher auf unvorhergesehene Ausgabenerfordernisse reagieren zu können. Dabei sollte die bis dato geltende Flexibilitätsregelung über 0,03 Prozent des EU-BNE für die verbleibenden Jahre des Mehrjährigen Finanzrahmens angewandt sowie für die Zukunft ein Flexibilitätsmechanismus im Primärrecht verbindlich fixiert werden.

Zur Zeit der Finanz- und Wirtschaftskrise war in Haushaltsfragen vermehrt eine Rückkehr zu gouvernementalen Entscheidungen und Alleingängen zu beobachten. Die Staats- und Regierungschefs sträubten sich, den Reformprozess um das EU-Finanzsystem auf einer interinstitutionellen Ebene unter der aktiven Mitwirkung des Parlamentes voranzutreiben und konsequent umzusetzen wie es die im Rahmen der IIV getroffene Regelung vorsah. Die Verhandlungen im Vermittlungsausschussverfahren scheiterten letztendlich nicht an der Frage um die Höhe des Gesamthaushaltes, sondern an den politischen Forderungen des Parlamentes. Einen Tag nach dem Ausgang des Verfahrens erklärte der EU-Haushaltskommissar Janusz Lewandowski am 16. November 2010 in einem Memorandum, dass es trotz aller Bemühungen von Seiten der Kommission und der belgischen Ratspräsidentschaft nicht gelungen sei, eine Einigung zwischen Rat und Europäischem Parlament über ihre künftige Zusammenarbeit bei den anstehenden Beratungen zum Mehrjährigen Finanzrahmen in bindender Form herzustellen (Europäisches Parlament 2010d).

Vorsitzender des Haushaltsausschusses im Europäischen Parlament ist seit 2009 der konservative EP-Abgeordnete Alain Lamassoure aus Frankreich. Nach Angaben der überregionalen deutschen Tageszeitung FAZ soll sich Lamassoure in seiner Funktion als Ausschussvorsitzender nach dem Scheitern des Vermittlungsausschussverfahrens gegenüber den Staats- und Regierungschefs versöhnlich gezeigt haben: *„Ich bin zuversichtlich, dass wir mit dem Europäischen Rat verhandeln können“* (Frankfurter Allgemeine Zeitung 2010b).

2.10. Der neue Haushaltsplanentwurf der Europäischen Kommission und ihre Rolle im Entscheidungsprozess: Neutrale Mediatorin oder verlängerter Arm der Mitgliedstaaten?

Ein zentraler Akteur in der Gesetzgebung der Europäischen Union ist die Kommission, die durch Vorlage ihres Haushaltserstentwurfes sowohl im Rahmen der Mehrjährigen Finanzplanung als auch im Jahreshaushaltsverfahren wichtige Impulse gibt. Mit ihrer Budgetkonzeption stellt sie eine substanzielle Entscheidungsgrundlage bereit, die die Ausgangsbasis für die interinstitutionellen Verhandlungen bildet. Die Rolle der Europäischen Kommission innerhalb des supranationalen Dezisionssystems ist eine tragende. Das Primärrecht nach Lissabon gewährt jedem Mitgliedstaat das Recht, einen eigenen Kommissar zu stellen. Im Rahmen der Institutionenreform war keine Regierung bereit, in jenem wichtigen EU-Organ auf dieses Privileg zu verzichten. Kritische Stimmen befürchteten aufgrund der angewachsenen Kommissionsgröße sowohl eine negative Veränderung der Handlungsfähigkeit als auch eine zu starke Diversifizierung. In Folge der Ost-Erweiterung hat sich nicht nur die Zahl der Kommissare, sondern auch die Anzahl der Generaldirektionen erheblich vergrößert. Die Frage, welche Auswirkungen diese Entwicklung auf den ohnehin exorbitanten Kommissionsapparat möglicherweise gehabt hat, kann im Rahmen dieser Dissertation nicht geklärt werden. Sie bleibt als Forschungsdesiderat offen und bildet einen interessanten Ausgangspunkt für die Europaforschung der kommende Jahre.

Die Argumentationsführung, die Kontroversen und das Entscheiden zwischen Parlament und Rat standen in der vorliegenden Untersuchung im Fokus. Die nachfolgende Einheit widmet sich nun der Analyse möglicher Interessendivergenzen zwischen Kommission und Rat. Auch zwischen diesen beiden Institutionen liegt eine nicht homogene Präferenzlage in Bezug auf die Grundsatzfrage der Budgetausstattung der Europäischen Union vor. Die Kommission geht bei der Entwicklung ihres Haushaltsentwurfes in erster Linie technokratisch vor. Dabei zeigte sie im Untersuchungsfall Verständnis und Rücksichtnahme bezüglich der angespannten wirtschaftlichen Situation der nationalen Mitgliedstaaten. Gleichwohl argumentierte sie, dass sie Verpflichtungen erfüllen müsse, die aufgrund früherer Entscheidungen der mitgliedstaatlichen Regierungen eingegangen wurden und an die eine Bereitstellung budgetärer Mittel geknüpft sei. Damit sei eine angemessene, auch finanzielle Umsetzung nicht nur die logische Konsequenz dieser eingegangenen Obligationen, sondern auch eine rechtlich gebundene Bringschuld von Seiten aller verantwortlicher Entscheidungsträger. Die Kommission argumentierte, dass sie in ihrer Eigenschaft als Institution, die für die Implementierung von Maßnahmen und Projekten Verantwortung zeichnet, wenig Spielraum für Einschnitte sähe. Der Rat hingegen stufte aufgrund der Entwicklung der Finanz- und Wirtschaftskrise und der angespannten Haushaltslage in den nationalen Mitgliedstaaten die Haltung der Kommission als zu starr ein. Insbesondere die Nettozahler argumentierten, dass die von der Kommission geforderte Steigerungsrate von 5,9 Prozent bei den Zahlungen den EU-Bürgerinnen und Bürgern vor dem Hintergrund der erfolgten Haushaltskonsolidierungen nicht vermittelbar sei. Einigen Geberländern ging selbst die aus Sicht des Rates bereits als Kompromiss verstandene Kürzung auf einen Ausgabenanstieg in Höhe von 2,9 Prozent nicht weit genug.

Das theoretische Fundament der Arbeit basiert auf den Annahmen des rationalistischen sowie des soziologischen Institutionalismus. In Hinblick auf die Erklärung der mitgliedstaatlichen Motive zur Einrichtung, Weiterentwicklung und Stärkung der supranationalen Institutionen sowie der Ausgestaltung der interinstitutionellen Entscheidungsstrukturen der EU besteht eine Schnittstelle zum liberalen Intergouvernementalismus und zur Regimetheorie. Die Institutionen der Europäischen Union wurden zur Erfüllung originärer Aufgaben etabliert. Darüber hinaus vergrößern diese die Steuerungskapazität der nationalen Mitgliedstaaten auf europäischer Ebene sowie die Legitimation politischer Entscheidungen auf einer innenpolitischen Ebene. Das Verhandlungs- und Entscheidungssystem der Europäischen Union basiert auf dem Prinzip eines sich wechselseitig austarierenden Mächtegleichgewichtes zwischen den Institutionen. Das politische Funktionieren innerhalb der Union hängt also maßgeblich davon ab, ob dieser Ausgleich funktioniert oder nicht. Der Handlungsspielraum der Kommission und ihre Befugnisse im Haushaltsverfahren können daher nicht als geschlossene Einheit betrachtet werden. Die supranationale Behörde muss bei ihrem Handeln (Entwurf des Budgetvorschlags sowie dessen Anpassung im Entscheidungsverlauf) stets die dynamische Interessenlage der Haushaltsbehörde (Rat und Parlament) berücksichtigen.

Wenn es um das Zustandekommen von EU-Entscheidungen geht, kommt der Vermittlungsfähigkeit der Kommission eine nicht zu unterschätzende Bedeutung zu. Innerhalb des komplexen Verhandlungsgefüges der Europäischen Union ist diese Eigenschaft heute nahezu obligat, da innerhalb der gouvernementalen

Organe traditionell der strategische Interaktionsmodus des Bargaining vorherrscht. Das Geschick der Kommission beziehungsweise ihres Präsidenten zu intervenieren und erfolgreich zu schlichten, wird in Phasen der Stagnation unerlässlich. Diese Rolle der supranationalen Institution wird in Zukunft noch wichtiger, da sie in Folge der neuen primärrechtlichen Regeln im Jahreshaushaltsverfahren alljährlich zwischen Parlament und Rat vermitteln muss. Die Aushandlungsstrategie des Europa-Parlamentes war vor Lissabon vor allem im Interaktionsmodus des Arguings zu verorten. Die Argumentation des Parlamentes beruhte im Wesentlichen auf gemeinschaftsorientierten Zielen und Werten. Die Fallstudie um den Jahreshaushalt 2011 hat gezeigt, dass sich das Verhandlungsgebaren gegenüber dem Rat im Zuge der Vergrößerung der eigenen Kompetenzen heute zunehmend an taktischen Mustern orientiert.

Im Vermittlungsausschussverfahren konnte keine Einigung erzielt werden. Der Vertrag über die Arbeitsweise der Europäischen Union sieht gemäß Artikel 314 Absatz 8 im weiteren Verfahren zur Verabschiedung des Jahreshaushaltes folgende Vorgehensweise vor: Im Falle eines Scheiterns der Verhandlungen im Vermittlungsausschuss ist die Kommission aufgefordert, einen neuen Haushaltsplanentwurf vorzulegen. Die beiden Teile der Haushaltsbehörde Rat und Parlament ermächtigten daher das supranationale EU-Organ unter Leitung des damaligen Haushaltskommissars Janusz Lewandowski zur Ausführung dieser Aufgabe. Auf Grundlage dieser neuen Entwurfsvorlage müssen Rat und Parlament ihre Positionen erneut festlegen und in den Beratungs- und Entscheidungsprozess einbringen. Die Kommission reagierte unmittelbar nach dem Scheitern des Vermittlungsausschussverfahrens mit einem neuen Budgetvorschlag. Dabei machte sie der Haushaltsbehörde ihren Vermittlungsvorschlag zum Jahresbudget 2011 am 26. November 2010 und damit einige Tage vor dem ursprünglich angekündigten Datum zugänglich. Als Termin war ursprünglich der 1. Dezember 2010 vorgesehen. Lewandowski begründete diese frühe Vorlage wie folgt: „*Wir haben mit Hochgeschwindigkeit daran gearbeitet, für die Wiederaufnahme der Verhandlungen zwischen Parlament und Rat eine solide Ausgangsbasis zu schaffen. Ursprünglich wollten wir den neuen Entwurf zum 1. Dezember vorlegen. Wir haben aber unsere Arbeit beschleunigt, um den beiden Teilen der Haushaltsbehörde durch eine Vorlage vor dem anvisierten Termin eine Einigung über den Haushalt für das kommende Jahr zu erleichtern*“ (Europäische Kommission 2010e).

In ihrem neuen Entwurf hat die Kommission die vom Rat im August geforderte Ausgabenhöhe von 126,5 Milliarden Euro bei den Mitteln für Zahlungen übernommen. Dies entspricht dem Angebot des Rates nach einer Steigerung von 2,9 Prozent im Vergleich zum Vorjahreshaushalt. Im Rahmen der Bekanntgabe der Zahlen machte sie jedoch deutlich, dass dieser neue Ansatz für die Zahlungen nur dann realistisch und akzeptabel sei, wenn sich die Haushaltsbehörde gleichzeitig bereit erkläre, Aufstockungen der Mittel für Zahlungen auf dem Wege von Budgetübertragungen oder Berichtigungshaushaltsplänen zeitnah zu beschließen, um Fehlbeträge zu vermeiden (Europäische Kommission 2011a: 21/22).

Abbildung 3: Neuer Vorschlag der Kommission nach dem Scheitern des Vermittlungsausschussverfahrens: Aufteilung der Mittel für Verpflichtungen nach Rubriken des Finanzrahmens (Aggregat)

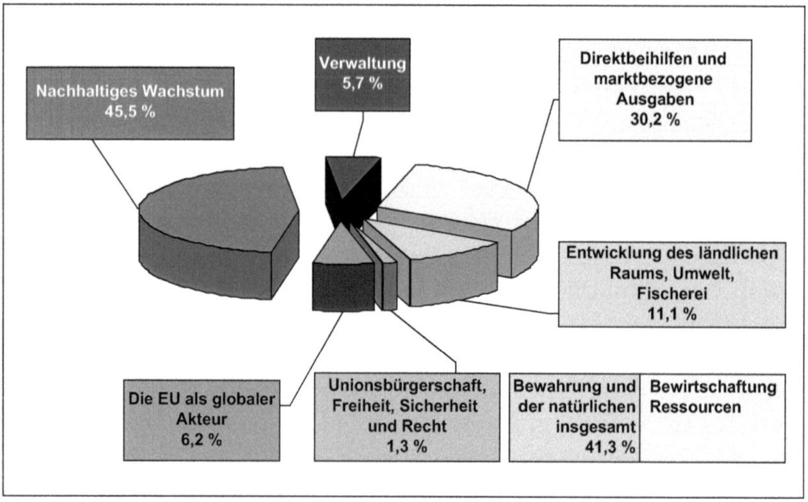

Quelle: Nachbildung und Modifikation nach Europäische Kommission (2010e)

Da bereits im Vermittlungsausschuss Kompromisse ausgearbeitet werden konnten, erschien das Ziel realistisch, bis zum Ende des Jahres 2010 zum Jahresbudgetplan 2011 einen Konsens zwischen den beiden Teilen der Haushaltsbehörde zu erreichen. Auch in Bezug auf die vom Parlament geforderte Einrichtung eines Flexibilitätsmechanismus konnten die Delegierten aus dem Parlament sowie aus dem Ausschuss der Ständigen Vertreter der Mitgliedstaaten (AStV) im Vermittlungsausschussverfahren Fortschritte, wenn auch keine abschließende Einigung erzielen. Die Kommission informierte in dieser Verhandlungsphase über die einstimmige Entscheidung des Ausschusses der Ständigen Vertreter der Mitgliedstaaten, für unvorsehbare Ereignisse eine Marge von 0,03 Prozent des EU-BNE als Reserve einzustellen, die allerdings nur als letztes Mittel eingesetzt werden dürfe. In Hinblick auf den vom Rat angemeldeten zusätzlichen Kapitalbedarf für das Forschungsprojekt ITER im Bereich der Kernfusion fand hingegen keine Annäherung statt. Kommissionspräsident Barroso richtete aufgrund der erzielten Fortschritte in anderen zentralen Verhandlungspunkten den Appell an das Parlament, seine Zustimmung zur Freisetzung der Mittel für das ITER-Projekt zu erteilen, um einen Gesamtkompromiss nicht zu gefährden. Der AStV hatte sich seinerseits auf eine Aufstockung über 1,3 Milliarden Euro für den zusätzlichen Finanzbedarf verständigt (Europäische Kommission 2010g). Allerdings lagen zu diesem Verhandlungspunkt auch im Rat Interessendivergenzen vor. Die Niederlande gaben anlässlich der Tagung des Rates Wettbewerbsfähigkeit (Binnenmarkt, Industrie, Forschung und Raumfahrt) am 10. Dezember 2010 eine einseitige Erklärung zum Leftover des ITER-Programmes ab. Die niederländische Delegation vertrat die Auffassung, dass die Kostenüberschreitung bei ITER in Einklang mit den Schlussfolgerungen des Rates vom 12. Juli 2010 („ITER-Projekt: aktueller Stand und Zukunftsperspektiven") in erster Linie durch Umschichtungen innerhalb der Rubrik 1a ausgeglichen werden sollte. Demzufolge sollte nach Auffassung des Nettozahlers eine Erhöhung der Ausgaben für diesen Posten vermieden werden (Rat der Europäischen Union 2011).

Gleichzeitig richtete der Kommissionspräsident sein Wort an die seinerzeit amtierende belgische Ratspräsidentschaft sowie an die ihr folgenden Ratspräsidentschaften, sich auf die Modalitäten ihrer künftigen haushaltspolitischen Zusammenarbeit mit dem Parlament zu verständigen wie es der Vertrag von Lissabon vorsieht. Dabei verwies Barroso explizit auf das Erfordernis eines regelmäßigen Meinungsaustausches und Konsultationsprozesses zum anstehenden Legislativprozess um den Mehrjährigen Finanzrahmen ab 2014 (Europäische Kommission 2010g). In einem Brief, adressiert an den Parlamentspräsidenten Jerzy Buzek und an den Ratspräsidenten aus Belgien Yves Leterme, schrieb er wörtlich: *"A close cooperation between the institutions at the highest political level is a natural consequence of our common commitment to agreeing the right financial framework for the future. The Commission will take all the initiatives required for a permanent and fruitful dialogue at all levels, including at the level of the Presidents of the Institutions, in order to construct common understanding leading to the required decisions"* (Europäische Kommission 2010g).

Mit einer Resolution vom 25. November 2010 bekundete das Parlament die Bereitschaft, seine Zustimmung zum Gesamthaushalt unter der Voraussetzung der Erfüllung seiner Kernforderungen zu erteilen. Barroso kündigte in seinem Schreiben an, dass die Kommission ihren Beitrag leisten werde, um das EU-Eigenmittelsystem auf einen Prüfstand zu stellen. Hierzu werde sie eine Konsultation und Anhörung des Parlamentes nach Maßgabe des Artikels 311 AEUV vornehmen sowie dem Parlament und dem Rat alle relevanten Informationen zur

Verfügung stellen, um schließlich im Juni 2011 einen Vorschlag für eine Neuordnung des Eigenmittelsystems vorlegen zu können. Diese Vorlage soll den neuen Aufgaben und Anforderungen des Lissabonner Vertrages Rechnung tragen. Die Kommission sprach in diesem Kontext selbst von einer „Lissabonisierung" des EU-Budgets und von der Herausforderung und Notwendigkeit, die neuen politischen Prioritäten, die durch die Vertragsrevision entstanden sind, auch finanziell zu bewältigen. Hierfür seien bereits eine Reihe von Anstrengungen unternommen worden. Die Kommission machte darauf aufmerksam, dass der gegenwärtige Finanzrahmen der Erfüllung dieser Aufgaben bereits Rechnung trägt. So wurden etwa die Rubrik 3 „Unionsbürgerschaft, Freiheit, Sicherheit und Recht" sowie die Rubrik 4 „Die EU als globaler Partner" in den Mehrjährigen Finanzrahmen 2007 bis 2013 aufgenommen. Barroso verwies in diesem Kontext auf erfolgte Anpassungen der Finanziellen Vorausschau zur Realisierung der mit dem Vertrag von Lissabon initiierten Politik- und Handlungsfelder wie etwa die Einrichtung des Europäischen Auswärtigen Dienstes und dessen institutionelle und politische Anbindung an die Europäische Außenpolitik. Damit sei die vom Parlament geforderte budgetäre Stärkung der Gemeinsamen Außen- und Sicherheitspolitik bereits im laufenden Mehrjährigen Finanzrahmen vorgesehen. Gleichwohl erklärte die Europäische Kommission mit Blick auf die Haushaltsverfahren für 2012 und 2013 ihre Bereitschaft, alle Optionen zu prüfen, um die *"Lisbon Treaty priority areas"* weiter zu fördern und zu stärken und in ihren Budgetentwürfen für die beiden letzten Jahre des laufenden Mehrjährigen Finanzrahmens den tatsächlichen Bedarf entsprechend zu ermitteln und zu berücksichtigen. Dies gelte sowohl für die neuen Kompetenzen, die mit dem Vertrag von Lissabon auf die supranationale Ebene übertragen wurden, als auch für die Ziele der neuen EU-Strategie 2020 mit Ausblick auf die Planungen für den nächsten Finanzrahmen 2014 bis 2020. Fernerhin gab die Kommission im weiteren Verlauf der Verhandlungen um das Jahresbudget 2011 ihre Zusicherung, im Rahmen der Vorbereitung des kommenden Mehrjährigen Finanzrahmens die Bedingungen einer Implementierung eines Flexibilitätsmechanismus genau zu prüfen. Dies sollte auch den Vorschlag des Parlamentes einschließen, nicht genutzte Mittel aus den Zahlungsermächtigungen oder aus den Verpflichtungen von einer Haushaltslinie auf eine andere Haushaltslinie zu übertragen (Europäische Kommission 2010g). Bislang war eine Übertragung allein innerhalb einer Haushaltslinie sowie ausschließlich auf das folgende Haushaltsjahr möglich.

In einem Statement machte die Kommission deutlich, dass sie in ihren Vorschlag für die nächste Finanzielle Vorausschau, einschließlich der Ausarbeitung der rechtlichen Grundlagen für die mehrjährigen Ausgabenprogramme, sowohl den europäischen Mehrwert und die Synergien zwischen dem EU-Haushalt und den nationalen Haushalten in den verschiedenen Politikfeldern als auch die sich daraus ergebenden Einsparungspotentiale für die Mitgliedstaaten mit einbeziehen werde: *"The European dimension can maximise the efficiency and effectiveness of Member States' finances and help reduce total expenditure. As a consequence, the EU budget should be used to finance EU public goods, actions with strong interdependencies that Member States and regions could or would otherwise not finance themselves, or where it can secure better results. The Commission undertakes to identify the European added value as part of its impact assessment of new legislative proposals having a budgetary impact"* (Europäische Kommission 2010g). Sie ging hier sogar noch weiter und kündigte an, einen *"comprehensive report on 'the Cost of non Europe'"* auszuarbeiten (Europäische Kommission 2010g). Dies sollte eine Kostenevaluierung einschließen, die den Fall einer hypothetischen Nicht-Vergemeinschaftung wichtiger Sektoren wie etwa der Gemeinsamen Außen- und Sicherheitspolitik, der Bereiche Forschung und der Entwicklungspolitik berücksichtigt. Diese Mehrkosten, die die nationalen EU-Haushalte ohne Gemeinschaftslösungen enorm belasten würden, müssten den Mitgliedstaaten durch die Bereitstellung von Zahlen und Daten veranschaulicht werden (Europäische Kommission 2010g).

Im Rahmen von EU-Haushaltsentscheidungen liegt die Vermutung nahe, dass beide supranationalen Organe, Kommission und Parlament, in Hinblick auf die Höhe des Gesamtbudgetvolumens ein ähnliches Interesse verfolgen. Diese Annahme lässt sich nur differenziert bestätigen. Die Kommission hat sich im Rahmen der Haushaltsverhandlungen als wichtiges Vermittlungsglied zwischen Rat und Parlament gezeigt. Dabei appellierte sie auf Grundlage der eigenen Kalkulationen und Bedarfsrechnungen an die Vernunft aller Verhandlungspartner und verwies auf technische Machbarkeiten. Sowohl in ihrem Auftreten gegenüber den gouvernementalen EU-Institutionen als auch gegenüber dem Parlament verfolgte sie einen strikt technokratischen Ansatz. Damit grenzte sie sich deutlich vom Europäischen Parlament ab, das im Rahmen der Aushandlung des EU-Jahreshaushaltes losgelöst von der Erfüllbarkeit seiner Forderungen kontinuierlich eine Ausgabenaufstockung postuliert hatte. Das Europa-Parlament unterscheidet sich von den nationalen Parlamenten, die ihrerseits um eine rigide Haushaltsplanung bemüht sind. Diese nehmen im Rahmen der Aufstellung von Jahreshaushalten (nicht nur in Krisenzeiten) regelmäßig Kürzungen am Regierungsentwurf vor oder versuchen den Budgetplan durch das Umgehen von Erhöhungen zumindest haushaltsneutral zu gestalten. Auf supranationaler Ebene bleibt zu vermuten, dass sich die Rolle des Europäischen Parlamentes in seiner Eigenschaft als Ausgabenparlament auch in Zukunft nicht verändern wird. Hierbei gilt es kritisch anzumerken, dass sich eine Reihe von Vorschlägen des Europa-Parlamentes in der Umsetzung als technisch kaum durchführbar erweisen. So stellt sich auch die Höhe der Zahlungen, die das Parlament im Rahmen der Entwicklung seiner Positionen in den Haushalt einstellt, immer wieder als unrealistisch dar. Die Absicht hinter dieser Praxis der Ausgabenerhöhung ist vor allem als politisches Signal zu bewerten. Diese Tradition hat dazu geführt, dass die Kommission im Rahmen des Jahreshaushaltsverfahren nach der Lesung des Parlamentes wiederholt interveniert hat. Dabei kritisierte sie, dass die Zahlungen in der avisierten Höhe ohnehin nicht abfließen können, weil eine Unterfütterung mit konkreten Projekten nicht abgesichert sei oder aber ein ausreichend zeitlicher Vorlauf benötigt werde.

Trotz der Rolle der Kommission als durchweg vernunftbestimmtes Bindeglied im interinstitutionellen Entscheidungsgefüge bleibt in der Gesamtbewertung Folgendes festzuhalten. Die Kommission ist keineswegs als vollkommen neutrale oder unpolitische Akteurin anzusehen. Auch das supranationale EU-Organ setzt politische Akzente, die es im Rahmen der Aufstellung des Haushaltsentwurfes etwa durch eine besondere Berücksichtigung bestimmter Politikfelder bei der Budgetzuweisung akzentuiert. Hierbei folgt die Behörde den Beschlüssen des Europäischen Rates, der über die politischen Prioritäten beschließt. Gleichwohl stellt die Umsetzung eine komplexe und verantwortungsvolle Aufgabe dar. In diesem Rahmen obliegt der Kommission eine essentielle Gestaltungsmacht. Grundsätzlich kalkuliert die Kommission sehr vorsichtig. An dieser Stelle gilt es zu erwähnen, dass die Institution, anders als etwa der Rat, der häufig im Rahmen von Jahreshaushaltsverhandlungen ohne Begründungen Kürzungen vornimmt, jede einzelne ihrer Forderungen pedantisch genau begründen kann. Obgleich die Kommission die Höhe der angesetzten Mittel exakt darlegen kann, bleibt zu vermuten, dass diese eine kleine versteckte Sicherheitsmarge beinhaltet. Bei Betrachtung der jährlichen Rückflüsse an die Mitgliedstaaten fällt auf, dass die Behörde im Rahmen ihrer Budgetentwürfe mehr Spielraum einplant als tatsächlich benötigt wird. Dass die Mittelansätze nicht hundertprozentig realistisch sind, liegt allerdings auch daran, dass nicht alle veranschlagten Mittel verausgabt werden, weil es etwa zu Verzögerungen bei der Umsetzung von Projekten kommen kann. Zusammenfassend kann festgehalten werden, dass die Europäische Kommission in ihrer Eigenschaft als supranationales EU-Organ von ihrem Selbstverständnis her eine rationale Linie verfolgt während das Parlament Forderungen stellt, die teilweise nicht realisierbar sind. Gleichwohl wies die Haltung der Kommission nach dem gescheiterten Vermittlungsausschussverfahren im

Untersuchungsfall eine Besonderheit auf. Trotz des Bewusstseins der nach Lissabon ausgeglichenen Machtstruktur und Kompetenzverteilung zwischen Rat und Parlament im Jahreshaushaltsverfahren ist die Behörde bei ihrem neuen Budgetentwurf von vorneherein auf die Ratsposition eingegangen und hat die Höhe der Zahlungen nach seinen Vorstellungen übernommen. Die Kommission trat an dieser Stelle als verlängerter Arm der Mitgliedstaaten in die schwierigen Verhandlungen ein, um einen erfolgreichen Abschluss des ersten Jahreshaushaltsverfahrens nach Lissabon nicht zu gefährden. Folglich war von gouvernementaler Seite schnell klar, dass der Rat diesem Vorschlag zustimmen wird. Nach dem Scheitern des Vermittlungsausschussverfahrens stellte sich der weitere Entscheidungsverlauf aus Sicht der Kommission als alternativlos dar: Eine Einigung musste erzielt werden, damit sich das neue Verfahren um den Jahreshaushalt nach Lissabon als funktionsfähig erweist und die Europäische Union ihre Handlungsfähigkeit bewahren kann. Im Entscheidungsfall waren somit die Möglichkeiten der Kommission, innerhalb des interinstitutionellen Entscheidungsgefüges Politikergebnisse nach eigenen Präferenzen zu beeinflussen (etwa in Form höherer Mittelansätze) aufgrund einer nicht homogenen Interessenlage an einer Gesamteinigung begrenzt. Neben dem originären Interesse der Kommission an einer erfolgreichen Verabschiedung des EU-Jahreshaushaltes trat zugleich das Motiv einer Prestigeerfüllung in den Vordergrund, das vor dem Hintergrund des ersten Entscheidungsprozesses nach dem neuen Primärrecht von Lissabon eine hohe Bedeutung einnahm.

2.11. Zusammenfassung und Bewertung des interinstitutionellen Entscheidens: Schlüsselthemen und Verhandlungsergebnisse (Gesamtetatvolumen, Gewichtung der Politikfelder bei der Budgetzuweisung)

Die Aushandlung des Jahresbudgets 2011 erfolgte erstmalig unter den neuen institutionellen Bedingungen, die die Vertragsrevision von Lissabon hervorgebracht hat. Nach dem Scheitern des Vermittlungsausschussverfahrens in der Sitzung vom Donnerstag, den 11. November, unternahmen die Verhandlungsparteien am Montag, den 15. November 2010, einen letzten Versuch einer Einigung. Nachdem anlässlich dieses angeschlossenen Termins erneut kein Konsens möglich erschien, reagierte die Kommission am 26. November 2010 mit der Vorlage eines neuen Haushaltsplanentwurfes. Mit diesem frühzeitigen Agieren hat das supranationale EU-Organ einen wichtigen Beitrag geleistet, um einen Kompromiss und somit einen Abschluss der Verhandlungen zu beschleunigen (Vgl. Europäische Kommission 2010e).

Der zweite Kommissionsentwurf reflektiert den letzten Stand des Schlichtungsverfahrens. Hierbei ist auffällig, dass der neue Entwurf der Europäischen Kommission für das Haushaltsjahr 2011 bei den Mitteln für Verpflichtungen vom ursprünglichen Haushaltsvoranschlag nur geringfügig abweicht.[158]

Tabelle 11: Der neue Haushaltsplanentwurf der Kommission: Mittel für Verpflichtungen und für Zahlungen (in Milliarden Euro), Aufteilung auf die Rubriken und Änderungsraten gegenüber dem Vorjahr 2010 (in Prozent)

	Mittel für Verpflichtungen / Mittel für Zahlungen (in Mrd. Euro)		**Anteil am Gesamthaushalt (in Prozent)**	**Änderung gegenüber dem Vorjahr 2010 (in Prozent)**	
	MfV*	**MfZ****		**MfV***	**MfZ****
1. Nachhaltiges Wachstum	**64,5**	**53,3**	**45,5 %**	**0,4 %**	**11,8 %**
Wettbewerbsfähigkeit	13,5	11,6	9,5 %	-9,0 %	2,7 %
Kohäsion	51,0	41,7	36,0 %	3,2 %	14,6 %
2. Bewahrung und Bewirtschaftung der natürlichen Ressourcen	**58,7**	**56,4**	**41,3 %**	**-1,4 %**	**-3,0 %**
Direktbeihilfen und marktbezogene Ausgaben	42,9	42,8	30,2 %	-2,1 %	-2,1 %
Entwicklung des ländlichen Raums, Umwelt, Fischerei	15,7	13,5	11,1 %	0,7 %	-5,6 %
3. Unionsbürgerschaft, Freiheit, Sicherheit und Recht	**1,8**	**1,5**	**1,3 %**	**8,0 %**	**3,5 %**
Freiheit, Sicherheit und Recht	1,1	0,8	0,8 %	13,2 %	10,2 %
Unionsbürgerschaft	0,7	0,6	0,5 %	0,3 %	-3,9 %
4. Die Europäische Union als globaler Akteur	**8,8**	**7,2**	**6,2 %**	**7,5 %**	**-6,9 %**
5. Verwaltung	**8,1**	**8,1**	**5,7 %**	**2,2 %**	**2,2 %**
davon Kommission	3,3	3,3	2,3 %	-9,2 %	-9,3 %
Insgesamt	**141,8**	**126,5**	**100,0 %**	**0,2 %**	**2,9 %**
In Prozent des BNE (EU-27)	**1,13 %**	**1,01 %**			

Legende:

*: MfV = Mittel für Verpflichtungen

**: MfZ = Mittel für Zahlungen

Quelle: modifiziert nach Europäische Kommission (2010e)

158 Vgl. dazu Abbildung 8 im Anhang: „Erster Haushaltsentwurf der Europäischen Kommission: Aufteilung der Mittel für Verpflichtungen nach Rubriken des Finanzrahmens (Aggregat)“

Trotz des Risikos, dass die Akteure bis zum Ende des Jahres ohne Einigung und damit ohne Jahreshaushaltsplan für 2011 aus den Verhandlungen gehen, machte das Parlament die Entscheidungsbühne für sich nutzbar, um zentrale politische Forderungen durchzusetzen. Das Europa-Parlament verabschiedete und unterbreitete seine Positionen anlässlich der Oktobersitzung vom 20.10.2010 und brachte diese in Form einer Entschließung in die Haushaltsverhandlungen ein. Die Hauptforderung des Parlamentes beinhaltete die eigene enge Einbindung in die Verhandlungen über den nächsten Mehrjährigen Finanzrahmen 2014 bis 2020 sowie in den Reformprozess um die Revision des EU-Finanzsystems. Die Teilhabe des Parlamentes in den Verfahren um die gemeinschaftliche Finanzplanung und Umsetzung ist in den Artikeln 311, 312 Absatz 5 sowie 324 des Vertrages über die Arbeitsweise der Europäischen Union bereits primärrechtlich verankert und damit verbindlich festgeschrieben. Für den Erlass der Eigenmittelbeschlüsse setzt Artikel 311 AEUV die Anhörung des Europäischen Parlaments durch den Rat voraus. Artikel 312 Absatz 5 AEUV verpflichtet den Rat, das Parlament und die Kommission dazu, während des gesamten Verfahrens zur Annahme des Finanzrahmens alle erforderlichen Maßnahmen zu ergreifen, um den Erlass des Rechtsakts zu erleichtern. Die Verpflichtung zur interinstitutionellen Konsultation und Zusammenarbeit, die diesem Artikel innewohnt, wird in Artikel 324 AEUV noch ein Mal explizit präzisiert. Dieser Artikel stellt insofern eine Besonderheit dar, da das Ziel der Förderung der institutionellen Verständigung über den Weg einer wechselseitigen Abstimmung und Annäherung der jeweiligen Standpunkte durch eine primärrechtliche Auflage erreicht oder zumindest begünstigt werden soll. Gleichzeitig gibt Artikel 324 den Organen Schranken vor, indem er impliziert, dass Entscheidungen zum europäischen Finanzsystem und zur Verabschiedung des EU-Budgets innerhalb der Lissabonner Union ohne interinstitutionelle Kooperation nicht mehr möglich sind. Artikel 324 AEUV fordert in diesem Sinne regelmäßige Treffen der Präsidenten des Europäischen Parlaments, des Rates und der Kommission ein, die den Entscheidungsprozess um den Mehrjährigen Finanzrahmen erleichtern und eine gegenseitige Annäherung frühzeitig fördern sollen. Die Einbeziehung des Parlamentes in den Reformprozess um die nächste Finanzielle Vorausschau fußt somit bereits auf einer geordneten Rechtsgrundlage.

An dieser Stelle wird der hohe theoretische Erklärungswert des Neo-Institutionalismus für das politische Funktionieren und Entscheiden innerhalb des EU-Systems deutlich. Artikel 324 AEUV ist ein Musterbeispiel, inwiefern die primärrechtliche Architektur, die auf einem Zusammenspiel der Institutionen basiert, einerseits die Handlungsspielräume der beteiligten Akteure einschränkt, indem Alleingänge einzelner Institutionen unterbunden werden. Andererseits fördern die Entscheidungsstrukturen den Interessenausgleich zwischen gouvernementalen Mandatsträgern und Vertretern aus Kommission und Parlament und verleihen Entscheidungsprozessen auf supranationaler Ebene somit eine integrationsorientierte Dynamik.

Die praktische Umsetzung dieser formaljuristischen Vorgaben sowie die Einbeziehung in eine Debatte um eine mögliche Reform der Eigenmittel mussten die Abgeordneten innerhalb der Arena der Verhandlungen um den Jahreshaushalt 2011 gegenüber den gouvernementalen Organen, dem Rat und dem Europäischen Rat, jedoch zunächst aushandeln. Nach knapp zwei Monaten intensiver Gespräche und Beratungen konnten die Verhandlungsführer von Seiten des Parlamentes mit der belgischen Ratspräsidentschaft einen Kompromiss aushandeln, in Zukunft in die Verhandlungen über den Mehrjährigen Finanzrahmen der EU miteinbezogen zu werden und somit den parlamentarischen Einfluss auf die Gestaltung der europäischen Politik vergrößern. Diese Übereinkunft wurde von allen Mitgliedstaaten mitgetragen und beinhaltete die verbindliche Zusage, dass die folgenden vier EU-Ratspräsidentschaften unter dem Vorsitz der Regierungen Ungarns, Polens, Dänemarks und Zyperns das Parlament in die Verhandlungen um die kommende mehrjährige Budgetplanung einbeziehen werden. Zum anderen konnten die Abgeordneten dem Rat das Zugeständnis abringen, dass die mitgliedstaatlichen Regierungen Gespräche über neue Einkommensquellen zulassen werden. Mit Blick auf die Einnahmenseite der Europäischen Union wurde vereinbart, dass die Kommission neben dem Erstentwurf zum nächsten langjährigen Budgetrahmen, der bis Juni 2011 vorliegen musste, zeitgleich ein Konzept für eine Neuordnung des Eigenmittel-Systems als Diskussions- und Reformgrundlage unterbreiten wird. Mit dieser Zeitschiene sollte sichergestellt werden, dass die Auseinandersetzung über eine mögliche Einführung neuer Eigenmittel parallel zu dem beginnenden Prozess um die Verhandlungen über den Mehrjährigen Finanzrahmen ab 2014 stattfinden wird (Europäische Kommission 2010e).

Ein weiteres zentrales Postulat der Abgeordneten bestand darin, die im Zuge der Lissabon-Strategie entwickelten sowie in der Umsetzung entstandenen politikfeldbezogenen Prioritäten, die das Resultat von Beschlüssen aller Mitgliedstaaten sind, mit einer angemessenen finanziellen Mittelausstattung zu versehen. Nach Auffassung des Parlamentes seien diese Verbindlichkeiten in der ursprünglichen Haushaltsplanung des Rates für 2011 nicht ausreichend berücksichtigt worden. Der Vorwurf richtete sich gegen den Rat, der laut Parlament willkürliche Mittelkürzungen in allen Ausgabenrubriken vorgenommen habe. Die Kommission versuchte auch hier, ihre Mediatorenrolle zwischen Rat und

Parlament wahrzunehmen. Allerdings ging der Rat auch nach dem Scheitern des Vermittlungsausschussverfahrens über die vorgegebenen Budgetgrenzen nicht hinaus, so dass nur marginale Erhöhungen über den Weg einer Umverteilung zwischen den Ausgabenkategorien möglich waren. Darüber hinaus nahm die Kommission eine gestaltende Rolle an, indem sie sich die Selbstverpflichtung auferlegte, mit Blick auf die im laufenden Mehrjährigen Finanzrahmen verbleibenden Haushaltsjahre 2012 und 2013 eine Überprüfung der Ausgaben durchzuführen unter Berücksichtigung einer umfassenderen Mittelbindung zu Gunsten der neuen Prioritäten von Lissabon (ebenda).

In Hinblick auf die Finanzierung des Kernfusionsprojekts ITER wurde im Rahmen der Jahreshaushaltsverhandlungen der Kompromiss einer Etataufstockung für 2011 gefunden. Ein Punkt blieb trotz Annäherung als Verhandlungs-Leftover offen und konnte nicht abschließend geklärt werden. Dies betraf die Einführung einer Flexibilitätsklausel und eine damit verbundene Einstellung von Mitteln zur Abdeckung unvorhergesehener Ausgaben, zur Finanzierung neuer EU-Verpflichtungen oder Notfälle. Das Parlament erwartete vom Rat eine verbindliche Zusage, die Einrichtung eines Mechanismus in Angriff zu nehmen, der der Übertragung nicht in Anspruch genommener Mittel nach Ablauf eines Haushaltsjahres dienen sollte. Bis dato war lediglich ein Mitteltransfer innerhalb einer Haushaltslinie auf das Folgejahr möglich. Bestand kein Finanzbedarf (etwa in Ermangelung geeigneter Programme oder Projekte), wurden die Mittel zum Jahresende an die Mitgliedstaaten zurücküberwiesen (Europäisches Parlament 2010b). Entsteht in anderen Bereichen unvorhergesehener Kapitalbedarf, so dürfen die freien Mittel hierfür nicht aufgewendet werden. Die drei EU-Institutionen Rat, Parlament und Kommission verständigten sich als Minimalkompromiss darauf, im Falle zusätzlich notwendiger Aufwendungen im Rahmen der gesetzlichen Möglichkeiten auf das Mittel von EU-Berichtigungshaushalten zurückzugreifen. In Bezug auf diesen Verhandlungspunkt konnte somit nur eine Interimslösung zwischen Parlament und Rat erzielt werden, so dass die Thematik über die Entscheidungssituation um das EU-Budget 2011 hinaus vertagt werden musste (Europäisches Parlament 2010g).

Nachdem der Vermittlungsausschuss am 15. November 2010 keine Einigung über den Haushaltsplan für 2011 erzielen konnte, hat die Kommission dem Rat am 26. November 2010 gemäß Artikel 314 Absatz 8 AEUV einen neuen Entwurf des Haushaltsplans für das Budgetjahr 2011 vorgelegt. Dieser neue Haushaltsentwurf für 2011 basiert auf dem letzten Stand der Verhandlungen im Vermittlungsausschuss vom 15. November 2010. Allerdings wurden Änderungen in Bezug auf einige Elemente vorgenommen, die aktuelle Entwicklungen reflektieren, die zum

Zeitpunkt des Vermittlungsausschussverfahrens noch nicht vorhersehbar waren. Mit ihrem neuen Vorschlag ist die Kommission nicht über die vom Rat angebotene Ausgabenerhöhung um 2,9 Prozent bei den Zahlungen hinausgegangen. Daher stand fest, dass der Rat den von der Kommission vorgelegten neuen Haushaltsentwurf akzeptieren wird. Seine offizielle Zustimmung zum Entwurf des Gesamthaushaltsplans der Europäischen Union für das Haushaltsjahr 2011 erfolgte am 10. Dezember 2010. Die Mittel für die Zahlungen wurden auf der im Standpunkt des Rates vom August 2010 vorgesehenen Höhe von 126.527.133.769 Millionen Euro festgeschrieben. Dies entspricht dem vom Rat ursprünglich geplanten Anstieg von 2,9 Prozent gegenüber dem Haushaltsplan für 2010 (einschließlich der Berichtigungshaushaltspläne Nummer 1–7). Die für die Aufschlüsselung der Mittel für Zahlungen nach den einzelnen Rubriken und Teilrubriken des Finanzrahmens zugrunde gelegten Kriterien blieben unverändert (Europäische Kommission 2011a: 22; Rat der Europäischen Union, Generalsekretariat des Rates 2010: 1–2).

Nach den erfolgten Zusagen seitens der gouvernementalen EU-Institutionen, die wichtigsten politischen Forderungen des Parlamentes zu erfüllen, nahm das supranationale Organ anlässlich der Plenarsitzung in Straßburg am 15. Dezember 2010 den EU-Haushaltsplan für 2011 an. Damit hat das Europa-Parlament zugleich den Gesamtsummen auf dem Ausgabenniveau der von der Kommission am 26. November 2010 vorgeschlagenen Zahlen zugestimmt: Für den Jahreshaushalt 2011 wurden somit 141,78 Milliarden Euro an Verpflichtungsermächtigungen und 126,53 Milliarden Euro an Zahlungsermächtigungen bewilligt (Europäisches Parlament 2010g). Alle Angaben zum endgültigen Gesamthaushaltsplan der Europäischen Union für das Haushaltsjahr 2011 sind im Amtsblatt der Europäischen Union vom 15.03.2011 veröffentlicht (Vgl. Europäisches Parlament 2010h).

In einem Entwurf einer gemeinsamen Erklärung zu den Mitteln für die Zahlungen bekundeten Rat und Parlament folgende Übereinkunft und Regelung: *„Unter Berücksichtigung der in den Mitgliedstaaten derzeit unternommenen Anstrengungen zur Haushaltskonsolidierung einigen sich das Europäische Parlament und der Rat auf die im Haushaltsplanentwurf der Kommission vom 26. November 2010 vorgeschlagene Höhe der Mittel für Zahlungen für 2011. Sie fordern die Kommission auf, einen Berichtigungshaushaltsplan vorzulegen, falls die in den Haushaltsplan 2011 eingesetzten Mittel nicht ausreichen, um die Ausgaben unter der Teilrubrik 1a (Wettbewerbsfähigkeit für Wachstum und Beschäftigung), der Teilrubrik 1b (Kohäsion für Wachstum und Beschäftigung), der Rubrik 2 (Bewahrung und Bewirtschaftung der natürlichen Ressourcen), der Rubrik 3 (Unionsbürgerschaft, Freiheit, Sicherheit und Recht) und der Rubrik 4 (Die EU als globaler Akteur) zu decken.*
Insbesondere fordern das Europäische Parlament und der Rat die Kommission nachdrücklich auf, bis spätestens Ende September 2011 aktualisierte Zahlenangaben zum

Stand und zu den Voranschlägen hinsichtlich der Mittel für Zahlungen im Rahmen der Teilrubrik 1b (Kohäsion für Wachstum und Beschäftigung) und zur Entwicklung des ländlichen Raums im Rahmen der Rubrik 2 (Bewahrung und Bewirtschaftung der natürlichen Ressourcen) und erforderlichenfalls einen Entwurf eines Berichtigungshaushaltsplans ausschließlich für diesen Zweck vorzulegen. Das Europäische Parlament und der Rat werden ihren jeweiligen Standpunkt zu dem Entwurf eines Berichtigungshaushaltsplans so rasch wie möglich festlegen, um etwaige Deckungslücken bei den Mitteln für Zahlungen zu vermeiden. Darüber hinaus verpflichten sich das Europäische Parlament und der Rat, alle etwaigen Übertragungen von Mitteln für Zahlungen – auch zwischen den Rubriken des Finanzrahmens – zügig zu bearbeiten, damit die in den Haushaltsplan eingestellten Mittel für Zahlungen bestmöglich genutzt und an den tatsächlichen Haushaltsvollzug und Bedarf angeglichen werden" (Rat der Europäischen Union, Generalsekretariat des Rates 2010: 7, Anlage 3).

Bei den Mitteln für die Verpflichtungen war ursprünglich eine Begrenzung des Ausgabenanstiegs um 0,24 Prozent vorgesehen. Im Vermittlungsverfahren wurde am 15. November 2010 ein Anstieg bei den Verpflichtungen um 0,48 Prozent festgelegt. In der Rubrik 2 (Bewahrung und Bewirtschaftung der natürlichen Ressourcen) gab es hingegen Kürzungen, die sich aus dem Berichtigungsschreiben Nr. 1 zum Entwurf des Berichtigungshaushaltsplans Nr. 10/2010 ergeben haben. Zu Gunsten der Teilrubrik 1a wurde eine Flexibilitätsmarge in Höhe von 34 Millionen Euro sowie zu Gunsten der Rubrik 4 in Höhe von 71 Millionen Euro vorgeschlagen und im späteren Verfahren beschlossen. In Bezug auf die Regelung der Dienstbezüge folgte die Haushaltsbehörde dem Vorschlag des Haushaltsausschusses vom 7. Dezember 2010. Demnach wurden die Mittel für die Anpassung der Dienstbezüge im Jahr 2011 in einer Gesamthöhe von 91,1 Millionen Euro in den neuen Entwurf des Haushaltsplans eingestellt, um dem Beschluss des EuGH nicht vorzugreifen. Bei fünfzehn Haushaltslinien wurden sieben Mittelübertragungen auf die Reserve, sechs Mittelübertragungen auf andere Haushaltslinien und zwei technische Anpassungen vorgenommen. Die Mittel für die Zahlungen wurden um 91,1 Millionen Euro gekürzt (Rat der Europäischen Union, Generalsekretariat des Rates 2010: 1–2).[159]

Nach der Verabschiedung des EU-Haushalts 2011 äußerte sich der Parlamentspräsident Jerzy Buzek zu dem Ausgang der Verhandlungen und der Festlegung der Ausgabenhöhe wie folgt: *„Wir haben in Zeiten der Sparsamkeit verantwortlich*

159 Eine ausführliche Aufschlüsselung nach den Rubriken des Finanzrahmens findet sich im Anhang: Vgl. Tabelle 27 „Neuer Haushaltsentwurf der Kommission und Standpunkt des Rates: Aufschlüsselung der Differenz nach den Rubriken des Finanzrahmens (in Mio. Euro)".

gehandelt. Wir haben ein gutes Ergebnis erreicht. Wir brauchen einen EU-Haushalt für 2011, dessen Schwerpunkt auf Investitionen zugunsten von Wachstum und Jobs liegt, um uns bei der Überwindung der Krise zu helfen. Dieser EU-Haushalt ist eine sehr gute Nachricht für die EU und für ihre Bürger. Gleichzeitig hat das Europäische Parlament wichtige Zugeständnisse des Rates und der Kommission erhalten, darunter die Einbeziehung des Parlaments in die Verhandlungen über den langfristigen EU-Haushalt. Dies wird uns helfen, Haushaltskrisen in Zukunft zu vermeiden. Besonders wichtig ist die Tatsache, dass die Kommission auf ausdrücklichen Wunsch des Parlaments bis Juni 2011 einen Legislativvorschlag über Eigenmittel und den nächsten langjährigen Budgetrahmen vorlegen wird" (Europäisches Parlament 2010g).

Tabelle 12: Der endgültige Jahreshaushalt 2011 (in Mio. Euro)

	im Vergleich zum Haushalt 2010*	**Planung im Rahmen des MFR für 2011**	**Endgültiger Haushalt 2011**			
	MfV*	**MfZ****	**MfV***	**MfZ****	**MfV***	**MfZ****
Rubrik						
1a. Wettbewerbsfähigkeit für Wachstum und Beschäftigung	14.863	11.343	12.987	-	13.521	11.628
1b. Kohäsion für Wachstum und Beschäftigung	49.387	36.371	50.987	-	50.981	41.652
2. Bewahrung und Bewirtschaftung der natürlichen Ressourcen	59.499	58.136	60.338	-	58.659	56.379
3a. Freiheit, Sicherheit und Recht	1.006	739	1.206	-	1.139	813
3b. Unionsbürgerschaft	681	672	683	-	683	646
4. Die EU als globaler Akteur	8.141	7.788	8.430	-	8.754	7.238
5. Verwaltung	7.908	7.907	8.334	-	8.173	8.172
Gesamt	**141.484**	**122.955**	**142.965**	**134.280**	**141.909**	**126.527**
als Prozentsatz des BNE	**1,17 %**	**1,02 %**	**1,14 %**	**1,07 %**	**1,13 %**	**1,01 %**

* Einschließlich der Berichtigungshaushalte 1–7

Legende:

*: MfV = Mittel für Verpflichtungen

**: MfZ = Mittel für Zahlungen

Quelle: modifiziert nach Europäisches Parlament (2010g)

2.12. Zusammenfassung der Forschungsergebnisse

Die interinstitutionelle Machtverteilung hat sich seit der Gründung der Gemeinschaft nur schrittweise verändert. Erst mit der Revision von Lissabon wurde die dominierende Rolle des Rates, die über Jahrzehnte innerhalb des europäischen Institutionengefüges prägend war, von einer nahezu ausgeglichenen Machtbalance zwischen dem gouvernementalen Rat und dem Europäischen Parlament abgelöst. Diese neuen Rechte des Parlamentes wurden in der vorliegenden Fallstudie zum Jahreshaushalt 2011 anhand des interinstitutionellen Entscheidungsverlaufes zwischen Parlament und Rat sowie anhand des Ausgangs des Gesamtverfahrens untersucht. Hierbei wurde der Frage nachgegangen, ob sich diese primärrechtlich verankerte Neujustierung der Kompetenzverteilung nach Lissabon im politischen Entscheiden auch empirisch bestätigen lässt. Die analytische Bilanz fällt hierbei durchweg gemischt aus.

In der zusammenfassenden Bewertung bleibt auf der Haben-Seite festzuhalten, dass sich in Folge der Vertragsrevision von Lissabon die Stellung des Parlamentes im interinstitutionellen Entscheidungsprozess formal verbessert hat. Die Stärkung der parlamentarischen Befugnisse lässt sich auf die Anwendung des ordentlichen Gesetzgebungsverfahrens als Regelfall zurückführen. Die neuen vertraglichen Rahmenbedingungen haben dazu geführt, dass das Europa-Parlament bei der Verabschiedung von Gesetzen heute in nahezu allen Politikbereichen, so auch im Verfahren um die Jahreshaushalte der EU, mit entscheidet. Im Kontext einer Gesamtbetrachtung des geltenden Haushalts- und Verfahrensrecht von einem neuen Machtverhältnis zwischen den EU-Organen zu sprechen stellt sich aus Sicht der Autorin als überzeichnet dar. Zwar lässt sich die Faktizität einer nahezu gleichberechtigten Stellung zwischen Parlament und Rat im Jahreshaushaltsverfahren formaljuristisch belegen. Die Ergebnisse der empirischen Analyse haben jedoch gezeigt, dass sich diese Einschätzung nicht ohne Vorbehalte bestätigen lässt. Hierfür gibt es mehrere Gründe:

Die Kompetenzen des Parlamentes im Haushaltsverfahren wurden einerseits über die Änderungen im Primärrecht nach Lissabon gestärkt. Andererseits stellt sich die verfahrensbezogene Praxis weitaus komplexer dar und weist auch im Vergleich zum Status vor Inkrafttreten des Vertrages von Lissabon eine Reihe von Fallstricke auf. Das Europäische Parlament ist anders als die nationalen Parlamente ein Ausgabenparlament, das im Rahmen der Aushandlung des EU-Jahresbudgets losgelöst von Machbarkeiten kontinuierlich eine Etataufstockung einfordert. Durch die Anwendung des ordentlichen Gesetzgebungsverfahrens als reguläres Rechtsetzungsverfahren entscheiden Parlament und Rat als gleichberechtigte Partner über die von der Kommission vorgeschlagenen Gesetze. Dies gilt auch für den gesamten ausgabenintensiven Bereich der Agrarpolitik, über den seit 2009 gemeinsam entschieden wird. Paradoxerweise hatte die Abschaffung der Ausgabenaufteilung in obligatorische und nicht-obligatorische Ausgaben und der damit verbundene Wegfall der Unterteilung der Zuständigkeiten, der das Parlament im Haushaltsverfahren nach Lissabon stärken sollte, einen exakt gegenteiligen Effekt. In der Verfahrensumsetzung kann je nach Interpretation sogar von einer Verschlechterung der Stellung des supranationalen EU-Organs gesprochen werden. Im Falle einer Nichtverständigung zwischen den beiden Teilen der Haushaltsbehörde entschied vor Lissabon der Rat abschließend über die obligatorischen Ausgaben und das Parlament letztinstanzlich über die nicht-obligatorischen Ausgaben. Hierdurch konnte das Europa-Parlament den Haushalt über die NOA in nicht unerheblicher Form in die Höhe treiben. Diese Möglichkeit bleibt dem supranationalen EU-Organ nach aktuellem Recht verwehrt.

Formal gestärkt wurden die Rechte des Parlamentes durch das neu geschaffene Vermittlungsausschussverfahren: Wird im Vermittlungsausschuss ein Kompromiss gefunden, der später vom Rat jedoch abgelehnt wird, kann das Parlament den Rat überstimmen. Ein Interview mit einem Verhandlungsbeteiligten aus der deutschen Ratsdelegation hat in Bezug auf diese verfahrensbezogene Änderung die Erkenntnis offen gelegt, dass im Vermittlungsausschuss in der Praxis die Repräsentanten des Rates den Ton angeben. Demnach kann der Rat über seine Delegierten schlussendlich beeinflussen, ob es je nach Verhandlungsverlauf zum erfolgreichen Abschluss im Vermittlungsausschuss kommt oder nicht. Diese Darstellung erweist sich mit Blick auf die Verhandlungsergebnisse als plausibel. Zusammenfassend bleibt festzuhalten, dass die Reform des Jahreshaushaltsverfahrens je nach Lesart entweder zu einer deutlichen Stärkung der formellen Befugnisse des Parlamentes in der Mitentscheidung oder aber zu einer partiellen Verschlechterung der parlamentarischen Stellung in der praktischen Verfahrensanwendung geführt hat. Der Eindruck, dass das haushaltspolitische Zugeständnis der Mitgliedstaaten gegenüber dem Parlament im Zuge der Reform von Lissabon Fallstricke enthält, die möglicherweise von den nationalen Regierungen mit strategischem Bedacht implementiert wurden, bleibt unabhängig von der Interpretation als Reformmakel haften.

Im Untersuchungsfall um den Jahreshaushalt 2011 sind die Verhandlungen im Vermittlungsausschuss gescheitert. Die Ursachen hierfür sowie für die insgesamt schwierigen Aushandlungsprozesse sind vor allem auf weitreichende politische Forderungen des Europa-Parlamentes in Bezug auf die mehrjährige Haushaltsplanung zurückzuführen: Während die Rechte des Parlamentes im jährlichen Haushaltsverfahren formal gestärkt wurden, gewährt der Lissabon-Vertrag dem supranationalen EU-Organ im Entscheidungsverfahren um den Mehrjährigen Finanzrahmen „nur" ein Zustimmungsrecht. Die harte Verhandlungslinie der EU-Parlamentarier im Rahmen des Jahresbudgetverfahrens für 2011 war eindeutig strategisch motiviert, um den eigenen Einfluss im Zuge künftiger Verhandlungen um die finanzielle Mehrjahresplanung zu vergrößern. Mit dem Ende 2010 praktizierten (bis heute einmaligen) Versuch des Europa-Parlamentes, die eigenen Kompetenzen im Jahreshaushaltsverfahren zu nutzen und auf das Verfahren um den Mehrjährigen Finanzrahmen auszuweiten, ist diesem kein großer Wurf gelungen. Die Mitgliedstaaten waren nicht bereit, über ein Festschreiben des Status quo hinauszugehen. Dem Parlament ist es somit nicht geglückt, seine Zustimmung zur Verabschiedung des Jahresbudgets 2011 an das Zugeständnis der gouvernementalen Entscheidungsträger zu binden, die parlamentarischen Befugnisse auf das Verfahren um die Finanzielle Vorausschau über Formelkompromisse hinaus verbindlich auszuweiten.

Das Scheitern im Vermittlungsausschuss war jedoch nicht allein das Ergebnis jener ambitionierten politischen Forderungen, die die parlamentarischen Abgeordneten während des gesamten Prozesses in die Wagschale gelegt haben. Einen ebenso großen Einfluss auf die Qualität der Verhandlungen und die Verfahrensdauer hatte zweifelsohne die Haltung einzelner Mitgliedstaaten, die die Aushandlungen um den Jahresfinanzplan 2011 erschwert haben. Ihnen ging es vor allem um materielle Interessen wie die Begrenzung des Ausgabenwachstums auf ein Niveau von maximal 2,9 Prozent bei den Zahlungen im Vergleich zum Vorjahresetat 2010. Diese Haltung wurde von Seiten der Staats- und Regierungschefs aus Dänemark, Deutschland, Estland, Finnland, Frankreich, Großbritannien, den Niederlanden, Österreich, Schweden, Slowenien und der Tschechischen Republik mit der Formulierung eines gemeinsamen Briefes an den Vorsitzenden des Rates forciert, dessen Inhalt keinen Spielraum für Kompromisse offen gelassen hat.

Jahreshaushalte werden auf einer Arbeitsebene vom Ausschuss der Ständigen Vertreter der Mitgliedstaaten (AStV) vorbereitet und schließlich im Rat verhandelt. Eine Beteiligung oder Mitwirkung von Seiten der Staats- und Regierungschefs ist rechtlich nicht vorgesehen. Die Debatte um den Jahreshaushalt 2011 wurde jedoch auf höchster politischer Ebene unter Beteiligung des belgischen Premierministers Yves Leterme, des Kommissionspräsidenten José Manuel Barroso sowie zahlreicher Staats- und Regierungschefs geführt (Europäisches Parlament 2010g). Anhand der Personalien wird deutlich welche Priorität dieser Verhandlungsfall tatsächlich eingenommen hat. Unter der Wortführung Großbritanniens griffen insgesamt elf Mitgliedstaaten mit der gemeinsamen Forderung in den Entscheidungsprozess ein, den vom Rat beschlossenen Ausgabenzuwachs in Höhe von 2,9 Prozent bei den Zahlungen ohne Kompromisse geltend zu machen. Diese Reaktionen waren sicherlich Folge der Finanz- und Wirtschaftskrise und deren ökonomischer und auch haushaltspolitischer Auswirkungen auf die nationalen Mitgliedstaaten. Die Interventionen können aber auch als Stresstest angesehen werden, da das Parlament in der ersten Verhandlungssituation um einen Jahreshaushalt auf Grundlage der neuen Rechtsordnung sehr ambitioniert seinen Machtanspruch eingefordert hat. Gleichzeitig muss beachtet werden, dass jene politischen Postulate des Europa-Parlamentes nach mehr Mitsprache in Bezug auf die siebenjährige Haushaltsplanung ein Thema von zentraler Bedeutung tangiert haben. Damit ist das Scheitern im Vermittlungsausschuss auch als taktische Haltung der Mitgliedstaaten zu bewerten, dem Parlament bereits vor Beginn der Beratungen und Verhandlungen über die Mehrjährige Finanzplanung für die Zeit nach 2014 in Hinblick auf eine engagierte Mitgestaltung bei der Bestimmung der Ausgabenprioritäten der Europäischen Union Grenzen zu setzen. Eine aktive Einbindung des supranationalen EU-Organs auf der Finanzierungsseite oder gar eine Mitbestimmung mit Blick auf mögliche Reformen bei den EU-Eigenmitteln war von Seiten der Mitgliedstaaten grundsätzlich nicht erwünscht.

Das Ergebnis, dass eine Konsenshaltung zwischen dem gouvernementalen Rat und dem supranationalen EU-Organ auch nach Lissabon möglich geblieben ist, ist dem Umstand geschuldet, dass ein Scheitern der Budgetverhandlungen das Funktionieren innerhalb der Europäischen Union empfindlich gestört hätte. Dies gilt vor allem für die Finanzierung der EU-Programme, die im Falle einer Nichtverständigung auf einen Haushalt in erster Linie betroffen gewesen wären. Mit einer Ablehnung hätte das Parlament somit den ureigenen Interessen der Förderung des europäischen Gemeinwohls und der Kohäsion zuwidergehandelt. Wäre bis zum Jahresende keine Einigung erzielt worden, hätte ab dem 1. Januar 2011 die sogenannte „Zwölftel-Lösung" gegriffen. Diese schließt für jedes Kapitel des Haushaltsplans monatlich ein Zwölftel der für das Jahr 2010 bewilligten Mittel ein. In den Fällen, in denen die Kommission in ihrem ursprünglichen Haushaltsvorentwurf für 2011 die Mittelausstattung für eine Ausgabenrubrik niedriger als im Vorjahr angesetzt hatte, hätte sogar nur dieser geringere eingesetzte Mittelbetrag zur Verfügung gestanden. Eine Erhöhung des Haushaltes gegenüber 2010 wäre ohnehin ausgeschlossen gewesen. Zudem hätten die seinerzeit akut erforderlichen Aufwendungen für den Solidaritätsfonds und den Fonds für die Anpassung an die Globalisierung eingefroren werden müssen. Von diesen Nachteilen abgesehen erschwert eine homogene Verteilung der Haushaltsmittel auf zwölf Monate eine Planung über einen längeren Zeitraum und macht eine bedarfsorientierte Aufsplittung auf kapitalintensive Projekte unmöglich. Auch für neue Programme, Initiativen oder Einrichtungen, die im Haushaltsplan für

2010 noch nicht vorgesehen waren, wäre somit nur ein geringfügiger Finanzierungsspielraum verblieben (Vgl. Europäische Kommission 2010e).

Um eine vorläufige Haushaltsführung zu vermeiden, die bei einem Scheitern des Verfahrens gegriffen hätte, hat es zum Ende des Jahres 2010 eine Einigung gegeben. Somit hat sich Hypothese 4 bestätigt, dass sich die Erfolgsaussichten des Parlamentes, innerhalb des interinstitutionellen Entscheidungsgefüges der EU Politikergebnisse nach eigenen Interessen zu beeinflussen, nur dann als aussichtsreich erweisen, wenn für alle beteiligten Akteure die Kosten einer Nichteinigung gleich hoch sind. Dies ist in den Jahreshaushaltsverfahren mit Nichten der Fall. Ein Scheitern läuft vor allem den Interessen des Parlamentes sowie der Kommission zuwider, so dass trotz der neuen parlamentarischen Kompetenzen im Jahreshaushaltsverfahren in der realpolitischen Durchsetzung dieser neu gewonnen Rechte erhebliche Einflussschranken bestehen bleiben. Die Einigung über das Etatvolumen des Jahreshaushaltes 2011 ist darauf zurückzuführen, dass die materiellen und politischen Kosten einer Nichteinigung für das Parlament nicht hinnehmbar gewesen wären.

Zusammenfassend bleibt festzuhalten, dass das Europäische Parlament im Jahreshaushaltsverfahren eine Menge gefordert hat. Dass der Rat nicht bereit war, auf seine zentralen Forderungen einzugehen, hat vor allem einen Hintergrund: Die mitgliedstaatlichen Delegationen hatten keinerlei Interesse, sensible haushaltspolitische Grundsatzfragen mit der zu verhandelnden Materie, der Verabschiedung eines „einfachen" Jahreshaushaltes, zu verknüpfen. Der Rat argumentierte daher, dass sich die Verhandlungen auf den eigentlichen Gegenstand, den Etat für 2011, beziehen müssten. Alle weiteren Fragen sollten außerhalb dieser Entscheidungsplattform erörtert werden. Daher überrascht weder das Ausbleiben einer rechtlichen Fixierung der geforderten 0,03 Prozent Flexibilitäts-Regelung noch die Verweigerung einer konkreten Festlegung auf die Mitwirkungsrechte des Parlamentes im Verfahren zur Mehrjährigen Finanzplanung insoweit diese über den Vertrag von Lissabon hinausgehen.

Das Europa-Parlament legte das aus einer objektiven Sicht bescheidene qualitative Resultat (Erfüllung seiner politischen Forderungen in Form von Formelkompromissen von Seiten der Mitgliedstaaten) sowie das quantitative Ergebnis (Höhe der Zahlungen auf dem vorgeschlagenen Niveau des Rates) im Herbst 2010 diametral aus. Gegenüber der Öffentlichkeit proklamierte das Parlament seine neuen Rechte im Entscheidungsverfahren um das Jahresbudget und verkündete, dass sich der Rat aufgrund der neuen parlamentarischen Kompetenzen von nun an unter Wahrung einer vollen Gleichberechtigung auseinandersetzen muss. Die Bereitschaft zur Einigung geht auf eine Art Gentleman Agreement zurück. Die

Triopräsidentschaft hatte dem Parlament zugesichert, wie gewünscht gemeinsame Gespräche über die kommende mehrjährige Finanzplanung zuzulassen. Auch aufgrund dieses Zugeständnisses konnte das Jahresbudget im interinstitutionellen Entscheidungsprozess auf dem Niveau des ursprünglichen Angebotes des Rates als letztes Verhandlungsergebnis fixiert werden. Das Parlament verließ sich im Gegenzug auf die Zusagen der amtierenden belgischen Ratspräsidentschaft und der ihr folgenden Ratspräsidentschaften (Ungarn, Polen, Dänemark und Zypern), dass der politischen Forderung nach einer umfassenden Mitwirkung des Parlamentes im Rahmen der Eigenmitteldebatte sowie der seinerzeit bevorstehenden Verhandlungen um den nächsten mehrjährigen Finanzplan zufriedenstellend Raum verschafft wird. Dieses Vertrauen lässt sich auf den sogenannten Schatten der Zukunft zurückführen, der über jeder Verhandlungssituation schwebt. Ein Bruch verbindlicher Zusagen von Seiten der nationalen Regierungsvertreter gegenüber dem Parlament hätte nicht nur die Verhandlungen um den zukünftigen Mehrjährigen Finanzrahmen erschwert, sondern auch das permanente Risiko einer Blockadehaltung im Rahmen der Verabschiedung anderer Politikfelder heraufbeschworen. Allerdings muss eingeräumt werden, dass keinerlei konkrete Versprechungen getätigt wurden, die über den Vertragstext des neuen Primärrechts nach Lissabon hinausgehen. In einem Interview der Autorin mit einem Verhandlungsteilnehmer des Rates verlas dieser einen Passus aus einem nicht-öffentlichen Ratsprotokoll. Aus diesem ging hervor, dass die Mitgliedstaaten dem Parlament nur so weit entgegenkommen werden wie es der Vertrag von Lissabon vorsieht. Ihre internen Beschlüsse fassten die nationalen Delegationen sinngemäß zusammen, indem sie festhielten, dass sie keinen weiteren Schritt auf das Parlament zugehen als es die primärrechtlichen Voraussetzungen vorgeben.

Dieser Dokumenteneinblick aus erster Hand belegt, dass das Parlament in der ersten Jahreshaushaltsverhandlung nach Lissabon in Bezug auf die gewünschte Ausweitung der eigenen Kompetenzen im Verfahren um den Mehrjährigen Finanzrahmen trotz aller Bemühungen keine handfesten Ergebnisse erzielen konnte. Die interinstitutionelle Kompetenzverschiebung zu Gunsten des Europäischen Parlamentes hatte vor allem eine enorme politische Wirkung. Somit bleibt festzuhalten, dass diese das Tor zu einer weiteren Ausweitung des parlamentarischen Einflusses innerhalb der europäischen Haushaltspolitik zwar aufgestoßen hat, die weitere Entwicklung jedoch weiterhin offen bleibt. Ob es dem Parlament in Zukunft besser gelingen wird, mit den gouvernementalen Regierungsvertretern die Weichenstellungen für die europäische Politik auf Augenhöhe zu gestalten, kann zum gegenwärtigen Zeitpunkt nur spekuliert werden. Feststeht jedoch der ambitionierte Wille, diesen Anspruch in naher Zukunft geltend zu machen. Hierauf müssen sich die Mitgliedstaaten einstellen, damit machtpolitisch motivierte Auseinandersetzungen die Handlungsfähigkeit der EU nicht untergraben (Vgl. Kietz/Ondarza 2010).

Die Gesamtbewertung des Verhaltens des Europa-Parlamentes im ersten Entscheidungsprozess um die EU-Finanzen nach Lissabon fällt gemischt aus. Einerseits erweist sich das Selbstbewusstsein des Parlaments, von seinen neuen Rechten nicht zögerlich Gebrauch zu machen, als irritierend. Andererseits ist die Inanspruchnahme dieser Kompetenzen eine logische Konsequenz aus der inzwischen erreichten Integrationstiefe sowie Folge der Implementierung der primärrechtlichen Vorgaben und der Interinstitutionellen Vereinbarung vom 14. Juni 2006. Nicht zuletzt war die Stärkung des Parlamentes Ausdruck des Demokratieprinzips innerhalb einer erweiterten Gemeinschaft, die heute die Interessen von 27 souveränen Mitgliedstaaten repräsentiert und umsetzt. Die Veränderung der Gruppengröße auf eine Union dieser Größenordnung hat das politische und wirtschaftliche Gewicht der EU innerhalb der internationalen Staatengemeinschaft enorm gestärkt hat. Gleichzeitig war es wichtig, dass sich diese auch in Hinblick auf ihre institutionelle Verfasstheit im Inneren findet, um ihre Handlungsfähigkeit zu wahren. Nach der halbherzigen Reform von Nizza und dem Scheitern des Verfassungsvertrags ist der Europäischen Union mit dem Vertrag von Lissabon in ihrer integrationshistorischen Rechtsentwicklung aus Sicht der Autorin kein Quantensprung gelungen. Gleichwohl kann die Revision als vorsichtige Neuordnung verstanden werden, bei der die Kompetenzen und Handlungsinstrumente des Parlaments zumindest formalrechtlich gestärkt wurden sowie das Verhältnis der Entscheidungsorgane zueinander neu geordnet und damit ein wichtiges politisches Signal gesetzt wurde. Neben der Effizienz ihrer Strukturen, die für die Handlungsfähigkeit der EU unerlässlich sind, kommt es auch darauf an, dass innerhalb der gouvernementalen Organe eine Einigung in Hinblick auf die Finanzierung der EU-Politiken sowie auf eine bedarfsgerechte und faire Verteilung der Fördermittel an die Mitgliedstaaten in geordneten Bahnen verläuft:

> *„Ein Europa, das magnetisch immer mehr Aufgaben und immer mehr Mitglieder an sich zieht, lechzt geradezu nach verbürgter Zuverlässigkeit. Es ist nicht länger bloß ein Gegenstand von Pathos und Vision, sondern Produzent von öffentlichen Gütern, an den harte Leistungserwartungen zu richten sind“* (Weidenfeld 2004: 21).[160]

Der Lissabon-Prozess, der das demokratische Fundament des europäischen Institutionensystems weiter gefestigt hat, wurde durch die Aufnahme der neuen Staaten aus Mittel- und Ost-Europa aufgrund der damit einhergegangenen

160 Vgl. dazu auch Weidenfeld (2005)

Reformobligationen begünstigt und beschleunigt. Auf dieser Grundlage ist es der Europäischen Union gelungen, sich nach Innen zu reformieren. Ausdruck dieser Entwicklung war mitunter die Ausweitung der parlamentarischen Befugnisse. Die Übersetzung dieser formalrechtlichen Kompetenzverlagerung im Jahreshaushaltsverfahren wurde am Beispiel der Verhandlungen um das Budget für 2011 überprüft. In der Praxis des politischen Entscheidens hat sich in der vorliegenden Untersuchung ein differenziertes Bild ergeben: Rat und Parlament formieren gemeinsam die Haushaltsbehörde der Europäischen Union und sind formal gleichberechtigte Partner im Entscheidungsprozess. Obwohl mit der Änderung des Primärrechts zu Gunsten der Kompetenzen des Europäischen Parlamentes im wichtigen Jahreshaushaltsverfahren ein hohes Maß an demokratischer Mitbestimmung erreicht ist, hat die empirische Analyse gezeigt, dass die gouvernementalen Institutionen in den zentralen Entscheidungen um die EU-Finanzen das Zepter fest in den Händen behalten: So sind es die nationalen Mitgliedstaaten, die auch in der heutigen Lissabonner Union über ihre abgesandten Repräsentanten im Rat, sei es auf Ministerebene respektive auf Ebene der abgestellten EU-Botschafter, über die politischen Weichenstellungen der europäischen Politik, über die Höhe der Gesamtausgaben sowie über die Gewichtung der Budgetzuweisung in den jeweiligen Haushaltsrubriken maßgeblich entscheiden.

3. Die Verhandlungen um den EU-Jahreshaushalt für 2011 im Rat

Die Fallstudie um die Verabschiedung des Jahreshaushaltes 2011 untergliedert sich in zwei Untersuchungsintervalle. In der nachfolgenden Untersuchungseinheit, die sich mit den Verhandlungen um das Jahresbudget 2011 im Rat befassen wird, soll der Einfluss der veränderten Gruppengröße auf die Entscheidungsfähigkeit innerhalb der erweiterten Lissabonner Union erforscht werden: Hat sich die Gruppengröße und die Heterogenität in der Mitgliederstruktur in Folge der großen Ost-Erweiterung auf das Verhandeln, die Beschlussfassung und damit auf die Handlungsfähigkeit im gouvernementalen Gesetzgebungsorgan der Europäischen Union ausgewirkt? Methodisch erweist sich die Auswahl dieser Fallstudie als geeignet, da insgesamt 27 Mitgliedstaaten an der Entscheidungssituation teilgenommen haben und diese mit hinreichend zeitlichem Abstand zur Ost-Erweiterung einzuordnen ist. Im Schlussteil der Studie werden diese Ergebnisse mit den Forschungsergebnissen aus der ersten Fallstudie verglichen.

Um Prozesse der Entscheidungsfindung im Rat nachzuvollziehen, ist es unerlässlich, ein Verständnis für den institutionellen und verfahrensbezogenen Entscheidungsrahmen zu entwickeln, in den die Verhandlungen um die Verabschiedung der Jahreshaushalte der EU eingebunden sind. Die nationalen Regierungsvertreter müssen sich auf die primärrechtlichen Bedingungen einstellen und ihr Handeln den gegebenen Verfahrensregeln unterordnen. Die Handlungsfähigkeit der Europäischen Union hängt nicht nur davon ab, wie sich die mitgliedstaatlichen Akteure im Rat aufeinander einstellen, sondern auch wie der Rat mit den neuen institutionellen Spielregeln in Folge der formaljuristischen Stärkung der parlamentarischen Rechte nach Lissabon umgeht. Zu Beginn dieser Fallstudie wurde daher das interinstitutionelle Entscheiden nach der Vertragsrevision von Lissabon analysiert. Im Nachfolgenden soll ein Blick hinter die Kulissen der Arbeit des Rates geworfen werden, indem der Weg von der Entwicklung der Ratsposition in den vorbereitenden Gremien bis hin zur finalen Abstimmung im Rat nachvollzogen wird. Hierbei werden die Positionen, Ziele und Verhandlungsstrategien der mitgliedstaatlichen Einzel-Delegationen explorativ erfasst. Dabei lege ich die Präferenzen der Mitgliedstaaten im Rat als unabhängige Variable fest. Der Standpunkt des Rates wird in den Vorbereitungsgremien des Rates, dem Ausschuss der Ständigen Vertreter der Regierungen der Mitgliedstaaten der Europäischen Union sowie im Wirtschafts- und Finanzausschuss des Rates, entwickelt.

3.1. Die gouvernementalen Vorbereitungsgremien im Jahreshaushaltsverfahren

3.1.1. Der Ausschuss der Ständigen Vertreter der Regierungen der Mitgliedstaaten der Europäischen Union (AStV)

Der Ausschuss der Ständigen Vertreter der Regierungen der Mitgliedstaaten der Europäischen Union (AStV)[161] ist selbst kein Beschlussorgan. Die Entscheidungsbefugnis liegt auf gouvernementaler Ebene allein beim Rat. Die Rolle des AStV ist jedoch essentiell, da er auf einer Arbeitsebene die Sitzungen des Rates vorbereitet. Die Ständigen Vertreter der Mitgliedstaaten sind in der Regel die nationalen Botschafter bei der EU oder ihre Stellvertreter. An den Tagungen nehmen auch Vertreter der Kommission teil. Die Funktion des Ausschusses der Ständigen Vertreter der Regierungen der Mitgliedstaaten ist es, eine Plattform für alle nationalen Regierungsstandpunkte bereitzustellen mit dem Ziel, diese einander

161 Häufig findet in der Amtssprache die französische Abkürzung COREPER (Comité de représentants permanents) Verwendung.

frühzeitig anzunähern und in Einklang zu bringen. Im AStV werden Gesetzesentwürfe geprüft sowie Änderungs- und Kompromissvorschläge ausgearbeitet. Aufgabe und Ziel ist es, eine konsensfähige Vorlage für eine Ratsposition zu entwickeln, über die der Ministerrat im weiteren Verfahren in der Regel mit qualifizierter Mehrheit entscheidet. Der Ausschuss der Ständigen Vertreter dient als wichtiges Sprachrohr für alle Delegationen, um eine Kompromissfindung im Rat einzuleiten. Er übernimmt eine Koordinierungsfunktion für die Vielzahl der partikularen Interessen der Mitgliedstaaten und nimmt somit eine verantwortungsvolle und nicht immer einfache Aufgabe wahr. Die Förderung des gegenseitigen Meinungsaustausches und Verständnisses sowie die konkrete inhaltliche Abstimmung der gouvernementalen Positionen erweist sich innerhalb der heutigen erweiterten Union mit 27 Mitgliedstaaten als unverzichtbar, um die Komplexität von EU-Entscheidungen zu reduzieren. Dem Gremium kommt zugleich eine Abstimmungsfunktion für die verschiedenen Ratsformationen zu, so dass angesichts der Vielzahl an Fachbereichen und Themen eine Kohärenz der EU-Politiken gewahrt bleibt (Europäischer Rat 2015b; Europäisches Parlament 2014a).

Der Ausschuss der Ständigen Vertreter besteht aus zwei Instanzen, dem AStV (1. Teil) und dem AStV (2. Teil). Die personelle Besetzung und funktionale Unterscheidung ergibt sich in Abhängigkeit von den zu betreuenden Ratsformationen. Der AStV (1. Teil) setzt sich aus den Stellvertretern der Ständigen Vertreter aller Mitgliedstaaten zusammen. Er bereitet die Arbeit von insgesamt sechs Ratsformationen vor.[162] Der AStV (2. Teil) ist der Zusammenschluss der Ständigen Vertreter aller Mitgliedstaaten. Seine Tagungen werden vom Ständigen Vertreter des Landes geleitet, das den Vorsitz im Rat „Allgemeine Angelegenheiten" innehat. Die Rechtsgrundlage für die Zusammensetzung des AStV und die darin beschriebene Befugnis, *„(…) die Arbeiten des Rates vorzubereiten und die ihm vom Rat übertragenen Aufträge auszuführen (…)"* bildet Artikel 240 Absatz 1 des Vertrags über die Arbeitsweise der Europäischen Union. Der AStV (2. Teil) bereitet die Arbeit von vier wichtigen Ratsformationen vor:

- Wirtschaft und Finanzen;
- Auswärtige Angelegenheiten;

---

162 1. Landwirtschaft und Fischerei (nur Finanzfragen und technische Maßnahmen betreffend Veterinär-, Pflanzenschutz- und Lebensmittelrecht); 2. Wettbewerbsfähigkeit; Bildung, Jugend, Kultur und Sport; Beschäftigung, Sozialpolitik, Gesundheit und Verbraucherschutz; Umwelt; Verkehr, Telekommunikation und Energie. Die Arbeit des AStV (1. Teil) wird von einer informellen Gruppe, der sogenannten Mertens-Gruppe, vorbereitet.

- Allgemeine Angelegenheiten sowie
- Justiz und Inneres.

Die Arbeit des AStV (2. Teil) wird von einer informellen Gruppe, der sogenannten Antici-Gruppe, vorbereitet. Dieses Forum trägt dazu bei, die gouvernementalen Standpunkte zu ermitteln, die die einzelnen mitgliedstaatlichen Delegationen auf der AStV-Tagung vertreten werden. Mit Ausnahme ausgewählter Themen im Bereich der Agrarpolitik müssen alle Punkte, die auf die Tagesordnung des Rates gesetzt werden sollen, zunächst vom Ausschuss der Ständigen Vertreter geprüft werden. Dies gilt nur dann nicht, wenn der Rat dies explizit beschließt (Europäischer Rat 2015b). Der Ausschuss der Ständigen Vertreter stützt sich in der fachlichen Vorbereitung seinerseits auf die Ergebnisse von circa dreihundert ständigen Arbeitsgruppen des AStV. In diesen Arbeitsgruppen sitzen Fachexperten aus den nationalen Ministerien oder Beamte aus den Ständigen Vertretungen. Aufgrund der Vielfalt der Sachbereiche und ihrer wachsenden Komplexität bereiten für den AStV ergänzend zu diesen Arbeitsgruppen weitere Fachausschüsse spezialisierte Politikfelder auf. Personell füllen diese Aufgabe hohe mitgliedstaatliche Beamte aus. Hier sind in Deutschland insbesondere der Wirtschafts- und Finanzausschuss sowie der Sonderausschuss Landwirtschaft zu erwähnen (Ständige Vertretung der Bundesrepublik Deutschland bei der Europäischen Union 2014).

Die Ständige Vertretung ist ein wichtiges Bindeglied zwischen der Europäischen Union und der Ebene der nationalen Mitgliedstaaten. Dies gilt vor allem, wenn es um die Vermittlung nationaler Interessen innerhalb des EU-Systems sowie um die Übermittlung von Informationen an die Unions-Länder geht (etwa in Hinblick auf aktuelle Gesetzgebungsvorhaben, Standpunkte und Entwicklungen). Die Ständigen Vertretungen der Mitgliedstaaten sind daher im kontinuierlichen Austausch mit den nationalen Ministerien.[163] Ihre Rolle ist mit der klassischer Auslandsvertretungen vergleichbar. Sie sind Mittler zwischen dem Herkunftsland und der Institution, bei der sie akkreditiert sind. Gleichzeitig vertreten sie die nationalen Interessen innerhalb des EU-Systems gegenüber allen entscheidungsrelevanten Institutionen, neben dem Rat auch gegenüber den

---

163 Die Ständige Vertretung der Bundesrepublik Deutschland bei der Europäischen Union beschäftigt rund 190 Mitarbeiterinnen und Mitarbeiter. Sie gliedert sich in die Abteilungen Politik, Wirtschaft und Finanzen sowie in eine Reihe von spezialisierten Referaten und Arbeitseinheiten, die die gesamte Europapolitik abdecken (Ständige Vertretung der Bundesrepublik Deutschland bei der Europäischen Union 2014a).

supranationalen Organen Kommission und Parlament. Im Grundsatz geht es um das Antizipieren folgender Fragen:

- Welche Vorhaben verfolgt die Europäische Kommission und welche Initiativen wird sie ergreifen?
- Wie sehen die unterschiedlichen nationalen Interessen zu den Gesetzesinitiativen der Kommission aus?
- Wie kann ein Mitgliedstaat seine nationalen Präferenzen und Standpunkte wirkungsvoll in den Entscheidungsprozess einbringen?
- Welche anderen EU-Länder teilen die eigenen Interessen, welche nicht, welche Staaten können für die eigenen Positionen gewonnen werden?
- Welche Verhandlungspositionen müssen im Entscheidungsverlauf angepasst werden, um die Chancen für die Durchsetzung der eigentlichen Hauptinteressen zu erhöhen (Ständige Vertretung der Bundesrepublik Deutschland bei der Europäischen Union 2014)?

3.1.2. Die Ratsformation Wirtschaft und Finanzen (Rat ECOFIN)

Die institutionelle Zuständigkeit im Entscheidungsprozess um die Jahreshaushalte der EU liegt auf gouvernementaler Ebene beim Rat Wirtschaft und Finanzen, der auch als Rat ECOFIN bezeichnet wird. Diese Ratsformation ist zugleich für die Politikbereiche Wirtschaftspolitik, Steuerfragen, Finanzmärkte und Kapitalverkehr sowie für die Wirtschaftsbeziehungen der EU gegenüber Drittländern zuständig. Dem Rat Wirtschaft und Finanzen gehören die Wirtschaftsminister und Finanzminister aller EU-Länder an. An den Tagungen nehmen außerdem die zuständigen Ressort-Mitglieder der Europäischen Kommission teil. Die Ratsformation tagt in der Regel ein Mal im Monat. Die endgültige Position des Rates zu den EU-Jahreshaushalten wird im Rat ECOFIN auf Sondertagungen ausgearbeitet, zu denen die nationalen Finanzminister und das für Finanzplanung und Haushalt zuständige Mitglied der Europäischen Kommission eingeladen werden (Europäischer Rat 2015a).

Um Gesetzgebungsprozesse innerhalb der Europäischen Union durchdringen zu können, ist ein Blick hinter die Kulissen des Rates unerlässlich. Die Aushandlungen im Rat beruhen auf dem Austarieren von heute 27 mitgliedstaatlichen Einzelpositionen. Die tatsächliche Einigung auf eine Ratsposition weicht in der verfahrensbezogenen Praxis und Durchführung von der formalen Zuständigkeit ab. Die Position des Rates ECOFIN wird in der Regel auf einer Arbeitsebene des Rates im zuständigen Haushaltsausschuss, dem Wirtschafts- und Finanzausschuss des Rates, festgelegt. Bevor es zu einer Abstimmung auf EU-Ebene kommt, erfolgt in einem frühen Stadium zunächst die Entwicklung der mitgliedstaatlichen Positionen auf einer nationalen Regierungsebene. Die Zuständigkeiten und die Arbeitsabläufe in den verantwortlichen nationalen Ressorts unterscheiden sich in Abhängigkeit von den politischen Verfassungssystemen der Mitgliedstaaten. Im Rahmen dieser Arbeit kann die Entwicklung der einzelstaatlichen Positionen und der institutionelle und verfahrensbezogene Prozess ihrer Genese nicht untersucht werden. Um ein Verständnis für das Zustandekommen der nationalen Positionen zu entwickeln, die im späteren Verlauf der Entscheidungsfindung im Rat vertreten werden, wird an dieser Stelle der institutionelle Ablauf am Beispiel der Entwicklung der deutschen Position nachvollzogen.

In der Bundesregierung ist für die Vorbereitung der nationalen Position zum EU-Jahreshaushalt sowie für deren Vertretung im Rat das Bundesministerium der Finanzen (BMF) federführend zuständig. Zuständiges Referat im BMF ist das Referat „E A 2: Haushalts- und Finanzfragen der EU; EU-Haushalt; EU-Eigenmittel; Mehrjähriger Finanzrahmen; Regulierungs- und Exekutivagenturen". Dieses zeichnet Verantwortung für alle Fragen, die sowohl die Einnahmenseite als auch die Ausgabenseite betreffen (Rückflüsse, Eigenmittelabführung etc.). Das Referat ist des Weiteren für die Entwicklung der deutschen Positionen zur siebenjährigen Finanzplanung zuständig, obgleich die eigentliche Verhandlung des Mehrjährigen Finanzrahmens in die Zuständigkeit des Auswärtigen Amtes fällt. Während die Jahreshaushalte im Rat finalisiert werden, obliegt im Verfahren um den mehrjährigen EU-Haushalt die letztinstanzliche Entscheidungsgewalt bei den Staats- und Regierungschefs im Europäischen Rat. Die Ausarbeitung der deutschen Position zum EU-Jahreshaushalt erfolgt auf Referentenebene im Referat E A 2 des Bundesministeriums der Finanzen. Im nächsten Schritt wird die Position auf Ministerebene formalisiert, dort jedoch kaum noch verändert. Das BMF ist jedoch nur dann handlungsbefugt, wenn die Ausarbeitung der Position die Absegnung aus den maßgeblichen Ressorts, dem Bundeskanzleramt und dem Auswärtigen Amt, erfahren hat. Nach dem Durchlaufen dieser Instanzen wird die gouvernementale Position der BRD in den Ausschuss der Ständigen Vertreter der Regierungen der Mitgliedstaaten der Europäischen Union, kurz AStV, übermittelt. Hierfür gibt es eine formale Weisung. Diese Weisung wird mit der Bundesregierung schriftlich abgestimmt. Im weiteren Verlauf des Jahreshaushaltsverfahrens ist der ständige Vertreter Deutschlands auch im Wirtschafts- und Finanzausschuss des Rates anwesend. Vertreter aus dem Bundesministerium der Finanzen sind in diesem nicht zugegen. Die Verhandlungen übernimmt der Haushaltsattaché.

3.1.3. Der Wirtschafts- und Finanzausschuss des Rates

Der Rat wird auf einer Arbeitsebene maßgeblich, aber nicht ausschließlich vom Ausschuss der Ständigen Vertreter der Regierungen der Mitgliedstaaten der Europäischen Union (AStV) unterstützt. Darüber hinaus gibt es derzeit über 150 spezialisierte Ausschüsse und Arbeitsgruppen, die als weitere Vorbereitungsgremien die Entscheidungsprozesse im Rat erleichtern. Für das Verfahren um die EU-Jahreshaushalte ist als zentrale Fachinstanz der Wirtschafts- und Finanzausschuss des Rates (Ausschuss A.2) zuständig (Europäischer Rat 2015b).

Der Wirtschafts- und Finanzausschuss entwickelt die Vorlage für die gouvernementale Ratsposition zum EU-Jahreshaushalt in erster Instanz. Die nationalen Botschafter im AStV nehmen an diesem ausgearbeiteten Kompromiss im Regelfall keine Änderung vor. Nach dem Durchlaufen der Vorlage im Ausschuss der Ständigen Vertreter der Regierungen der Mitgliedstaaten der Europäischen Union wird diese auf Ministerebene abgestimmt. Im Fall des Jahreshaushaltes 2011 erfolgte dies ausschließlich in einem schriftlichen Verfahren. Über die EU-Jahreshaushalte wird auf Ministerebene in Brüssel nur dann verhandelt, wenn es innerhalb des Rates gravierende Unstimmigkeiten und folglich unvereinbare Positionen gibt. Im Rahmen eines jährlichen Haushaltsverfahrens stellt dies eine absolute Ausnahme dar. Selbst im Fall des Aushandlungsprozesses um den Jahreshaushalt 2011, der sich aufgrund der angespannten Haushaltslage in den nationalen Mitgliedstaaten sowie angesichts der neuen Kompetenzen des Parlamentes nach Lissabon als besonders schwierig erweisen sollte, konnte bereits auf Ebene des Wirtschafts- und Finanzausschusses eine Festlegung auf eine gemeinsame Ratsposition erzielt werden. Somit musste weder auf Botschafterebene im Ausschuss der Ständigen Vertreter der Regierungen der Mitgliedstaaten und erst recht nicht auf Ministerebene im Rat nach verhandelt werden. Der AStV hat auf der ausgearbeiteten Grundlage des Wirtschafts- und Finanzausschusses die Ratsposition zum sogenannten ECOFIN-Budget im Herbst 2010 bestätigt und an den mit alleiniger Beschlussbefugnis ausgestatteten Rat übermittelt. Die Zuständigkeit im Entscheidungsprozess um den Jahreshaushalt der EU ist in der Regel von den nationalen Finanzministern auf andere Mandatsträger in den nationalen Regierungen heruntergestuft. In Frankreich gibt es etwa neben dem Amt des Wirtschafts- und Finanzministers den Counterpart des Budgetministers, der von Seiten der französischen Regierung die jährlichen Budgetverhandlungen in der EU auf Ministerebene führt. Im Falle Großbritanniens zeichnete im Untersuchungsfall eine Juniorbudgetministerin Verantwortung. Auch der dritte zentrale Akteur Deutschland war nicht in Person des Bundesministers der Finanzen vertreten, sondern durch den für Europa zuständigen Staatssekretär. Die eigentliche

Ratsposition wurde bereits im Haushaltsausschuss verhandelt. In der Regel sind es die abgestellten Botschafter der Mitgliedstaaten, die ihre Regierungen in der ersten und zweiten Lesung des Rates vertreten. Die Abstimmung mit den auf Ministerebene zuständigen Verantwortlichen erfolgte bei den schwierigen Verhandlungen im Herbst 2010 ausschließlich in Form eines schriftlichen Verfahrens. Damit verlief das Verfahren adäquat zu den Haushaltsverhandlungen vor der vollzogenen Reform von Lissabon, die standardmäßig dieser formalen Praxis der schriftlichen Abstimmung folgten. Die Repräsentanz der Mitgliedstaaten erfolgte auch im weiteren Verfahren des Untersuchungsfalles auf Botschafter-Ebene. So wurden im Vermittlungsausschuss, der erst mit der Revision des Primärrechts nach Lissabon eingeführt und im Verfahren um den EU-Haushalt 2011 erstmalig eingesetzt wurde, die Verhandlungen von den entsandten Botschaftern geführt. Die Ausnahme bildet standardmäßig der Mitgliedstaat, der die Ratspräsidentschaft innehat. So wurde Belgien durch den zuständigen Staatssekretär für Haushalt, Melchior Wathelet, vertreten. Nur wenige Mitgliedstaaten ließen sich auf Ministerebene vertreten: Dänemark wurde durch den zuständigen Minister der Finanzen, Claus Hjort Frederiksen, und Finnland durch den Minister für öffentliche Verwaltung und örtliche Selbstverwaltung, Tapani Tolli, repräsentiert. Auch in der letzten wichtigen Phase des Vermittlungsausschussverfahrens, in dessen Rahmen alle ungeklärten, mit dem Parlament strittigen Themenkomplexe zum Gegenstand der Verhandlungen wurden, war die mitgliedstaatliche Repräsentanz in dieser Konstellation gegeben.

3.2. Verhandlungsinhalte, Positionen, Strategien und Demarkationslinien im Entscheidungsprozess

Ziel der nachfolgenden Untersuchung ist es vor dem Hintergrund der großen Ost-Erweiterung und unter Berücksichtigung der institutionellen Effekte den möglichen Einfluss der gewachsenen Gruppengröße auf die Entscheidungen innerhalb des gouvernementalen Rates zu erforschen. Gleichzeitig soll diese Analyseeinheit dazu dienen, die Handlungsfähigkeit im wichtigen Gesetzgebungsorgan der EU sowie die damit verbundene Konsensbereitschaft zwischen den Mitgliedstaaten auf einen realpolitischen Prüfstand zu stellen und in Ergänzung zur Fallstudie um die Agenda 2007 einem zweiten empirischen Test zu unterziehen. In einer abschließenden analytischen Bilanz werden die Ergebnisse dann miteinander verglichen.

Auf der Erkenntnisgrundlage eines Interviews mit einem Verhandlungsbeteiligten, der die EU-Jahreshaushaltsverhandlungen von deutscher Seite über mehrere Jahre geführt hat, lässt sich der verfahrensbezogene Ablauf der

Verhandlungen um das Budget 2011 wie folgt rekonstruieren: Nachdem die Kommission ihren Haushaltsentwurf vorgelegt hatte, wurde in unmittelbarer Zeitabfolge die Position des Rates im vorgeschalteten Wirtschafts- und Finanzausschuss des Rates (Ausschuss A.2) erörtert und beraten. Die Ausschussmitglieder diskutierten über den Gesamthaushalt, indem sie alle Ausgabenrubriken durchliefen. In diesem Rahmen wurden zunächst nur die Wünsche der mitgliedstaatlichen Delegationen eingesammelt. Im nächsten Schritt arbeitete die Ratspräsidentschaft auf Grundlage der eingebrachten Interessenschwerpunkte einen Gesamtentwurf des Haushaltsplanes aus. Damit sich diese Vorlage als kompromissfähig erweist, ist dieser stets ein Kürzungsvorschlag. Konkrete Forderungen in Hinblick auf Budgeterhöhungen werden im Jahreshaushaltsverfahren allein in Bezug auf die Hauptrubriken geltend gemacht und berücksichtigt. Dies gilt auch für Kürzungen, die anhand eines Tableauxs nachvollzogen werden und sich ebenfalls ausschließlich auf die Rubriken beziehen. In dieser Phase spielen die Haushaltslinien keine Rolle mehr. Eine Mittelverteilung auf die insgesamt einunddreißig Politikfelder zu diskutieren, wäre in diesem Verhandlungsrahmen zu komplex und nicht zielführend. Aufgrund etwaiger Kürzungen in den einzelnen Ausgabenkategorien können sich die Gesamtsummen des Haushaltsplanes noch einmal verändern. Die damit verbundenen Verhandlungshürden wurden im Wirtschafts- und Finanzausschuss des Rates debattiert. Die Positionen der mitgliedstaatlichen Delegationen werden in der Verfahrenspraxis somit nicht auf Ministerialebene der nationalen Mitgliedstaaten austariert, sondern auf der Ausschussebene des Rates beziehungsweise auf dem Weg formeller und informeller Gesprächskreise, die von Seiten der Ratspräsidentschaft initiiert werden. Die in diesem Rahmen entwickelte Haushaltsvorlage des Rates wurde im Fall des Jahreshaushaltes 2011 ohne besondere Vorkommnisse und Änderungen von dem zuständigen Ausschuss der Ständigen Vertreter bestätigt.

Eine wichtige Bedeutung kommt im Haushaltsverfahren der Ratspräsidentschaft zu, die den Verlauf und den Ausgang der Verhandlungen entscheidend steuern kann. Ihre Aufgabe ist es, im Zuge der Entwicklung einer gemeinsamen Ratsposition eine Verhandlungsstrategie zu entwickeln, die es ermöglicht, die singulären Einzelinteressen der Mitgliedstaaten in ein inneres Gleichgewicht zu bringen. Das Erreichen von Kompromissen im Rat sowie in den vorgeschalteten Ausschüssen hängt maßgeblich von ihrem diplomatischen Geschick ab. Ich gehe davon aus, dass in den Abläufen der Jahreshaushaltsverhandlungen standardisierte Verfahrensmuster eine weitaus größere Rolle spielen als etwa die Ausbildung von Autoritäten auf Ebene der mitgliedstaatlichen Delegationen. Der EU-Jahreshaushalt 2011, der in der Außenwahrnehmung schwierig zu verhandeln war, wurde letztinstanzlich auf Basis der entwickelten Vorlage der belgischen

Ratspräsidentschaft in einem schriftlichen Verfahren auf Ministerialebene ohne besondere Vorkommnisse abgestimmt. Im weiteren institutionenübergreifenden Entscheidungsverlauf musste die Präsidentschaft der Anforderung gerecht werden, die Verhandlungen mit dem Parlament, die sich im Fall der Aushandlung des EU-Budgets für 2011 als schwierig darstellten, in geordneten Bahnen zu halten. Dieser Prozess wurde im vorangegangenen Kapitel, das dem interinstitutionellen Entscheiden gewidmet ist, analysiert.

Im Nachfolgenden soll dem Forschungsdesiderat nachgegangen werden, ob und wenn ja inwiefern die veränderte Gruppengröße die Verhandlungen im Rat beeinflusst hat und welche Rolle die neuen Mitgliedstaaten im Prozess der Entscheidungsfindung eingenommen haben. Hierbei bietet sich zunächst eine Grobstrukturierung in die Gruppe der Nettoempfänger sowie in die Gruppe der Nettozahler an. Die neuen Mitgliedstaaten zählen vorbehaltlos zu den Kohäsionsländern. Im Kreis der Nettozahlerstaaten ist eine weitere Differenzierung erforderlich. Hierbei gilt es die sogenannten gemeinwohlorientierten Staaten, die gemäßigten Staaten und die Hardliner-Staaten voneinander zu unterscheiden. Hardliner-Staaten lassen sich als Mitgliedstaaten definieren, die auf supranationaler Ebene eine strikte nationale Interessenpolitik verfolgen und eigene Ziele auch gegen den Widerstand der Gemeinschaft mit allen Mitteln durchzusetzen versuchen (etwa über den Weg der Aushandlung von Package Deals oder über die Drohung, ihr Vetorecht geltend zu machen). Im Bereich der Haushaltspolitik gehören zu dieser Gruppe Großbritannien, die Niederlande und Schweden. Als gemeinwohlorientierte Staaten werden im inneren Zirkel des Rates die Unionsländer bezeichnet, deren Auftreten in supranationalen Verhandlungen nicht auf einem starren Beharren auf nationalen Positionen basiert, sondern im politischen Entscheiden auf diplomatischen Diskurs und Konsensfindung ausgerichtet ist. Zu diesem Kreis der Kompromissmacher zählen die beiden Gründerstaaten Deutschland und Frankreich, aber auch Belgien und Luxemburg. Die Gegenpole aus gemeinwohlorientierten Staaten und Hardlinern werden im Zwischenfeld durch einen Mitgliederkreis ergänzt, der eine gemäßigte Position einnimmt. Hierzu zählen die drei Nettozahler Dänemark, Finnland und Österreich. Über diese Differenzierung hinaus gibt es innerhalb des Kreises der Nettozahler Länder, die eine Sonderposition einnehmen. Dies gilt zum einen für den Südstaat Italien: Wenn es um Abstimmungen in wichtigen Finanzverhandlungen geht, stellt sich Italien in der Regel auf die Seite der Nettoempfänger. Die Ursache für dieses Auftreten ist darauf zurückzuführen, dass sich das Land Sorgen um die eigene Agrar- und Strukturförderung macht. Daher richtet der Nettozahler sein Hauptaugenmerk stärker auf die Rückflüsse aus Brüssel anstatt auf die eigenen Abführungen an den EU-Haushalt zu achten. Diese dualistische

Stellung teilt es sich mit einem anderen Mitgliedstaat, der originär in den Kreis der gemeinwohlorientierten Staaten einzuordnen ist: Frankreich ist einerseits in seiner Eigenschaft als Nettozahler an moderaten Haushaltsansätzen interessiert. Andererseits behält es aufgrund der ökonomischen Bedeutung des heimischen Landwirtschaftssektors stets die Rückflüsse an Agrarmitteln im Blick und setzt sich daher für eine ausreichende Mittelausstattung in der Rubrik 2 ein. Dies ist insbesondere nach der vollzogenen Ost-Erweiterung wichtig, da die Aufnahme der neuen Mitgliedstaaten zwangsläufig zu Umverteilung führt.

Den Auftakt der Verhandlungen im Wirtschafts- und Finanzausschuss des Rates bildete der Austausch der mitgliedstaatlichen Positionen. Die Vermutung, dass alte oder auch neue Nettoempfängerstaaten eine Budgetaufstockung zu Gunsten einzelner Rubriken vorgeschlagen haben, die über den Vorschlag der Kommission hinausgegangen ist, konnte mit Hilfe der geführten Interviews widerlegt werden. Nach Angaben von Verhandlungsbeteiligten steht diese Haltung in der Tradition früherer Jahreshaushaltsentscheidungen, in denen die Kohäsionsstaaten keine höheren Margen gefordert haben, sondern sich bereit erklärten, dem Kommissionsentwurf zu folgen. Die neuen Staaten aus Mittel- und Ost-Europa haben sich dieser Vorgehensweise angeschlossen. Im Rahmen der Verhandlungen um die Ratsposition ist es hingegen üblich, dass aus dem Lager der Nettozahler regelmäßig Kürzungswünsche in Bezug auf einzelne Haushaltskategorien geäußert werden. Hieraus können sich Konfliktlinien zwischen Nettozahlern und Nettoempfängern ergeben, die in der Regel im Haushaltsausschuss des Rates ausgehandelt werden.

Im Rahmen dieser Debatte um Budgetkürzungen spielen in den Ausschussverhandlungen Umverteilungen zwischen den Ausgabenrubriken keine Rolle. Die Ratspräsidentschaft achtet allein in der Rubrik 2 „Nachhaltiges Wachstum: natürliche Ressourcen (darunter marktbezogene Ausgaben und Direktzahlungen)" darauf, dass Kürzungen nicht gravierend ausfallen mit dem Ziel, die französischen Interessen zu wahren. Der Ratspräsidentschaft und allen Verhandlungsdelegationen ist bereits in dieser frühen Phase bewusst, dass Frankreich einer Ratsposition, die starke Kürzungen im Landwirtschaftsbereich vorsieht, niemals zustimmen würde. Da im Rahmen der späteren Abstimmung mit qualifizierter Mehrheit im Rat die Hardliner aus dem Lager der Nettozahler möglicherweise gegen die Position des Rates stimmen werden, ist die Zustimmung Frankreichs für einen Gesamtkompromiss unerlässlich. Die empirische Analyse hat in diesem Sinne bestätigt, dass bei der Entwicklung der gemeinsamen Ratsposition keine mitgliedstaatliche Delegation den Versuch unternommen hat, Einsparungen in dieser Rubrik auf den Weg zu bringen. Gleichwohl zeigte Frankreich bei der Verhandlung um den Etat für 2011 aufgrund der eigenen defizitären Haushaltslage

Interesse an einer Kürzung des Gesamtbudgetvolumens. Diese Haltung stellt im Vergleich zu früheren Verhandlungen eine Besonderheit dar: Die französische Delegation hatte sich in der Vergangenheit in Hinblick auf eine Steigerungsrate bei den Zahlungen immer tolerant gezeigt. In der Gesamtbewertung der Verhandlungsposition Frankreichs und deren Durchsetzung im Entscheidungsprozess bleibt festzuhalten, dass die französische Delegation dominanter als in den Vorjahren aufgetreten ist. Gleichwohl kann von einem signifikanten Abweichen von der traditionell moderaten Position nicht gesprochen werden.

Neben Frankreich zählt auch die Bundesrepublik Deutschland zum Kreis der gemeinwohlorientierten Staaten. Mit Blick auf die Historie deutscher Interessen und Positionen fällt auf, dass sich die Bundesregierung in den EU-Finanzverhandlungen in der Vergangenheit unabhängig von nationalen Regierungskonstellationen oder von gesamtwirtschaftlichen nationalen oder globalen Entwicklungen konstant kompromissorientiert gezeigt hat. Dies hat sich auch in Zeiten der Finanz- und Wirtschaftskrise, in die die Aushandlung des Jahreshaushaltes 2011 gefallen ist, nicht geändert. Der Versuch, über den EU-Haushalt eine nationale Sparleistung über Gebühr herbeizuführen, war von deutscher Seite nicht zu erkennen. Die Delegation zeigte im Krisenjahr 2010 großes Interesse und Bemühen, die Verhandlungen nicht aus dem Ruder laufen zu lassen. Gleichwohl trat auch Deutschland nicht frei von nationalen Eigeninteressen auf. Trotz der grundsätzlichen Kompromisshaltung der Bundesrepublik Deutschland in Finanzentscheidungen, die sich auch bei der Verhandlung um den Jahreshaushalt 2011 gezeigt hatte, war eine Bereitschaft, die finanziellen Leistungen zu erhöhen, nicht gegeben. Primäres Ziel war es, den Status quo zu wahren, so dass sich die eigene Position in Hinblick auf die Mittelabführungen an den EU-Haushalt nicht (weiter) verschlechtert.

An dieser Stelle gilt es anzumerken, dass der Aspekt einer etwaigen Veränderung der Nettoposition in den jährlichen Budgetverhandlungen keine tragende Rolle spielt. In diesen geht es primär um die Höhe der Zahlungen. Die Höhe der Rückflüsse, aber auch die Verteilung der Finanzierungslasten ergibt sich ausschließlich über die Berechnungen der Nettoposition der Mitgliedstaaten und ist daher eine feste Größe. Die Bemessungskriterien sind nur über den von den Mitgliedstaaten einstimmig zu beschließenden Eigenmittelbeschluss veränderbar. Deutschland setzte sich dafür ein, dass das Gesamtvolumen auf einem bestimmten Niveau fixiert und nicht überschritten wird. Dieses Interesse an einer Begrenzung des Ausgabenvolumens wurde im Lager der Nettozahler vor allem von den Hardliner-Staaten geteilt. Die Delegationen aus Großbritannien und den Niederlanden traten in die Ratsverhandlungen mit einer besonders unnachgiebigen Haltung und einer harten nationalen Interessenpolitik ein.

Die Durchsetzung ihrer Position zielte auf eine massive Kürzung des Kommissionsentwurfes in Hinblick auf die Zahlungen und einer damit verbundenen Limitierung der eigenen Mittelabführungen ab. Diese Haltung stellt keine neue Entwicklung dar, sondern steht traditionell für die vor allem von Großbritannien auf supranationaler Ebene geführte Hardliner-Politik.

Bisher hat es sich bei allen Ratspräsidentschaften eingebürgt, von Anbeginn der Beratungen Deutschland und Frankreich mit ins Boot zu holen. Deutschland ist einerseits der größte Nettozahler und damit grundsätzlich an einem gemäßigten Gesamtbudgetvolumen interessiert. Andererseits ist der Gründerstaat aufgrund seiner hohen integrationspolitischen Verantwortung und aus dem Interesse heraus, dass Lösungen in Europa gefunden werden, ein kompromissbereiter Verhandlungspartner. Des Weiteren ist die deutsche Wirtschaft aufgrund ihrer Exportorientierung darauf angewiesen, dass auch in den Importländern des europäischen Binnenmarktes langfristig eine solide Kaufkraft und Nachfrage gewährleistet bleibt. Auch Frankreich nimmt in den Jahresbudgetverhandlungen eine tendenziell weiche Position ein. Dies liegt zum einen an der Bereitschaft, die europäische Integration erfolgreich voranzutreiben und haushaltspolitische Pflichten zu übernehmen. Zum anderen ist das nationale Interesse groß, die Bedeutung der europäischen Agrarförderung am Leben zu halten. Die Verabschiedung des EU-Budgets als vorrangiges Ziel ist zudem auf das sicherheitspolitische Bedürfnis der beiden Nationen nach Stabilität und Frieden in Europa zurückzuführen, das für beide Gründerstaaten auch heute einen höchstmöglichen Stellenwert einnimmt.

Belgien und Luxemburg gehören rechnerisch ebenfalls zu den Nettozahlern in der Europäischen Union. Die beiden Staaten beziehen in ihrer Funktion als Residenz für die EU-Institutionen erhebliche Kostenerstattungen.[164] Dieser Sachverhalt, dass alle wichtigen europäischen Organe in den beiden Beneluxländern ihren Sitz haben, aber auch das Selbstverständnis als Gründerstaaten sind Erklärungen für ihr ebenfalls moderates Auftreten in den Finanzverhandlungen. Großbritannien, die Niederlande und Schweden bilden regelmäßig einen Gegenpol zu den gemäßigten Verhandlungspositionen der Nettozahlerstaaten Deutschland, Frankreich, Belgien und Luxemburg. Diese Tradition setzte sich auch bei den Jahreshaushaltsverhandlungen im Jahr 2010 fort. Die drei

---

164 Aufgrund dessen gab es kritische Stimmen, dass die Verwaltungsausgaben die Nettoposition zu Gunsten dieser Länder verzerren. Wird jedoch die Nettoposition pro Kopf als Berechnungsmethode zu Grunde gelegt und die Verwaltungsausgaben außen vor gelassen, ergibt sich ein anderes Bild: Vgl. Kapitel „Nettozahler und Nettoempfänger in der EU und die Debatte um die Politik des Juste-Retour“.

Mitgliedstaaten forderten eine deutliche Limitierung des Ausgabenvolumens über den Weg einer Begrenzung des Anstieges bei den Zahlungen. Im Zwischenfeld bewegten sich Dänemark, Finnland und Österreich.

Die Verhandlungen um den Jahreshaushalt 2011 im Ministerrat haben geraume Zeit nach der Ost-Erweiterung stattgefunden, so dass sich hieraus verlässliche Aussagen über die Verhandlungspositionen und -strategien der alten und neuen Mitgliedstaaten auf gouvernementaler Ebene zeichnen lassen. Ein interessantes Forschungsdesiderat war es zu prüfen, ob die Nettoempfängerstaaten, die am Meisten von der EU-Förderung profitieren, ihre Interessen in den Finanzverhandlungen am Vehementesten vertreten haben. Die Zuordnung in den Kreis der Nettozahler respektive Nettoempfänger bildete die ausschlaggebende Abgrenzungslinie, mit deren Hilfe sich die Entwicklung der nationalen Positionen und deren Vertretung im Entscheidungsprozess um den EU-Jahreshaushalt 2011 nachvollziehen ließ. Während das Lager der Nettozahler geteilt auftrat, stellt sich die Frage wie sich die Nettoempfänger in den Verhandlungen im Wirtschafts- und Finanzausschuss des Rates sowie im weiteren Verlauf verhalten haben und ob der Zuwachs an neuen Mitgliedstaaten, die vorbehaltlos zu den Empfängerländern zählen, das Konfliktpotential erhöht hat. Der Kreis der Nettoempfänger hat sich durch die Ost-Erweiterung erheblich vergrößert. Damit haben sich auch die Ansprüche zu Ungunsten der alten Kohäsionsländer verändert. Polen ist heute von allen Mitgliedstaaten größter Nettoempfänger. Daher lag in der empirischen Analyse ein besonderes Augenmerk auf dem Auftreten der polnischen Delegation. Tatsächlich ist das neue EU-Mitglied in den Ratsverhandlungen in Hinblick auf den Anstieg der Ausgaben tendenziell fordernd aufgetreten. Im Kreise der neuen Nettoempfänger ist Polen jedoch als Abweichler einzuordnen. Die neuen Mitgliedstaaten haben sich in den Verhandlungen zurückhaltend gezeigt. Unter den Ländern aus Mittel- und Ost-Europa gab es zudem Fälle, die Verständnis für die Situation der Nettozahlerstaaten aufgebracht und besonders moderat agiert haben. Zu diesem Kreis zählen Staaten, die sich aufgrund ihrer Nettoposition bereits an der Schwelle bewegt haben, vom Lager der Nettoempfänger in das Lager der Nettozahler zu wechseln. Dazu zählten Slowenien und die Tschechische Republik. Die beiden Staaten traten in den Gesprächen mit der Ratspräsidentschaft sehr kompromissbereit auf und hielten im gesamten Verfahren an dieser gemäßigten Verhandlungsposition fest. Die beiden neuen Mitgliedstaaten wurden des Weiteren zu den Treffen der Nettozahlerstaaten eingeladen. Diese verfolgten damit die Intention, diese beiden Länder für die Standpunkte der Geberländer zu sensibilisieren, aber auch, um diese an eine mögliche eigene Stellung als Nettozahler zu gewöhnen. Estland, das zu den am wirtschaftlich meist entwickelten Staaten zählt, hat in den Verhandlungen um den Jahreshaushalt 2011 keine besondere Rolle eingenommen. Vielmehr ist der baltische Staat im Chor der Nettoempfänger „untergegangen". Bei allen drei Ländern des Baltikums Estland, Lettland und Litauen konnte in der Analyse der Ausrichtung der nationalen Positionen keine geografisch bedingte Koalitionsbildung oder eine besondere gegenseitige Rücksichtnahme konstatiert werden. Aus diesen Feststellungen ergibt sich die Konklusion, dass im Zuge der Verabschiedung des EU-Jahreshaushaltes 2011 die geografische Verbundenheit der Staaten aus Mittel- und Ost-Europa keine Rolle gespielt hat. Die überwiegend unauffällige Haltung der neuen Mitgliedsländer lässt sich aus ihrer Stellung als Nettoempfänger ableiten, die per se eine Anpassung und ein moderates Auftreten begünstigt.

Auch unter den alten Nettoempfängern gab es einen Mitgliedstaat, der auf einem guten Weg war vom Lager der Nettoempfänger in das Lager der Nettozahler zu wechseln, nämlich der Südstaat Spanien. Die Finanz- und Wirtschaftskrise führte in Spanien zu einem massiven Einbruch der Wirtschaft. Hierdurch verschlechterte sich nicht nur die nationale Nettoposition, vielmehr wurde der Weg zum Nettozahler auf absehbare Zeit verstellt. Der Fall Spanien ist deshalb interessant, da die Vermutung nahelag, dass sich mit der Zuspitzung der ökonomischen Situation auch die Verhandlungsposition im Rat verändern wird. Trotz der prekären wirtschaftlichen Lage sind entschiedene Forderungen von Seiten der spanischen Delegation ausgeblieben. Auch eine plötzliche Besitzstandswahrung gegenüber den neuen Empfängerstaaten aus Mittel- und Ost-Europa ist nicht eingetreten.

Die Konfliktdimension zwischen alten Nettoempfängern und den Ländern aus Mittel- und Ost-Europa, die in Finanzverhandlungen zweifelsohne als Konkurrenz zu den alten Kohäsionsländern in Erscheinung treten, erwies sich im Rahmen der Jahreshaushaltsverhandlungen als unerheblich. Zwar konkurrieren die neuen und alten Nettoempfänger-Staaten grundsätzlich um eine höchstmögliche Förderung aus den Agrar- und Strukturfonds. Die Frage der Rückflüsse ist jedoch nicht Gegenstand der Jahreshaushaltsverhandlungen. In den jährlichen Auseinandersetzungen um das EU-Budget geht es primär um die Aushandlung des Gesamtbudgetvolumens, das über eine Steigerung der Höhe der Zahlungen sowie der Höhe der Verpflichtungen beeinflusst wird. Zur Verhandlungsmasse in den Entscheidungen um den Jahreshaushalt gehören vorrangig die Höhe der Zahlungen innerhalb der einzelnen Ausgabenrubriken. Aufgrund dessen lag die Vermutung nahe, dass es zu Reibungspunkten zwischen der Gruppe der Nettoempfänger und der Nettozahler kommen könnte. Auch dieser Konflikt ließ sich in der empirischen Analyse nicht nachweisen.

Die Verhandlungen im Rat wurden allein durch die Debatte zwischen den Nettozahlern über die Höhe der Zahlungen geprägt. Die Nettozahler verständigten sich darauf, den Anstieg der Ausgaben für die Zahlungen auf einem Niveau von 2,9 Prozent zu begrenzen. Einigen Nettozahlern wie etwa Großbritannien, den Niederlanden und Schweden ging selbst diese Ausgabenerhöhung zu weit. Gleichwohl einigten sich die Geberländer auf diese Zahlen, die es vor allem gegenüber dem Parlament durchzusetzen galt. Innerhalb des Kreises der Mitgliedstaaten wurde die Festlegung auf die Höhe der Zahlungen im Rat nicht weiter verhandelt. Eine Austarierung der Interessen zu diesem zentralen Verhandlungspunkt hatte somit zwischen Nettozahlern und Nettoempfängern im weiteren Verfahrensverlauf keinerlei Relevanz. Nach der Ablehnung der Ratsposition durch das Parlament kündigten sich hingegen Konflikte im interinstitutionellen Entscheiden mit dem Parlament an. Allen Entscheidungsträgern im Rat war bewusst, dass das Parlament seine Lesung mit einer Aufsattelung der Mittel für die Zahlungen abschließen wird. Hauptinteresse der Nettozahler im Rat war es daher, die offerierte Erhöhung der Zahlungen in Höhe von 2,9 Prozent zu halten und anders als in den Vorjahren ohne weitere Zugeständnisse gegenüber dem Parlament durchzusetzen. Trotz der zu erwartenden schwierigen Verhandlungen im Vermittlungsausschussverfahren sowie im weiteren interinstitutionellen Aushandlungsprozess mit dem Europa-Parlament galt diese Position des Rates als unverrückbar.

Das Vermittlungsausschussverfahren zwischen Rat und Parlament scheiterte am 15. November 2010. Ausgangsbasis für die weiteren Verhandlungen im Rat bildete der neu entwickelte Kompromissvorschlag der Kommission. Der Großteil der Delegationen im Rat insistierte auf dem angebotenen Ausgabenanstieg der Zahlungen in Höhe von 2,9 Prozent und machte gegenüber dem Parlament klar, dass es keine weitere Erhöhung geben wird. Einige Hardliner-Staaten versuchten ohne Einbringung eigener Vorschläge den von der Kommission eingebrachten Versuch einer Konsensauslotung zu konterkarieren. Ihre allgemeine Begründung lautete, dass selbst das angebotene Ausgabenniveau mit einem Zuwachs von knapp drei Prozent zu hoch sei und weiter nach unten korrigiert werden müsse. Mit der Forderung der Hardliner nach pauschalen Kürzungen in Bezug auf die Zahlungen haben es sich diese Staaten gegenüber der Ratspräsidentschaft sehr leicht gemacht. In der Folge versuchte die belgische Präsidentschaft zu eruieren, ob sich einige Mitgliedstaaten aus dieser Interessengruppierung herauslösen lassen. Ihr strategisches Ziel in jener Verhandlungsphase war es, sich auf Delegationen zu konzentrieren, die im Kreis der Hardliner eine weniger unnachgiebige Haltung einnehmen. In diesem Kontext stellt sich die Frage, wie es der Ratspräsidentschaft überhaupt möglich erscheint, diese Länder zu identifizieren. Grundsätzlich verfügt jede Präsidentschaft über eigene Verhandlungsstrategien und über ein individuelles Verhandlungsgeschick. Diese Eigenschaften gilt es in dieser schwierigen Phase des Abstimmungsprozesses erfolgreich einzusetzen. In der Regel erfolgen die Konsultationen auf einer informellen Ebene und nicht im Plenum des Rates. Diese Vorgehensweise liegt im strategischen Interesse der Präsidentschaft. Ziel ist es in persönlichen Gesprächen mit den Ansprechpartnern aus den mitgliedstaatlichen Delegationen in Erfahrung zu bringen, welche Staaten eine weiche, gemäßigte oder aber unnachgiebige Position vertreten. Diese Erkenntnisse sind für die Entwicklung der Ratsposition unverzichtbar. In der Auseinandersetzung mit den Nettozahlern hinterfragt die Präsidentschaft wie weit sie im Rahmen der Entwicklung eines neuen Kompromissvorschlages gehen kann. Im Zusammenspiel mit den Nettoempfängern muss sie ebenfalls Grenzen austarieren, um auch deren Interessen ausreichend zu berücksichtigen. Ziel der Ratspräsidentschaft ist es nicht ausschließlich, die unterschiedlichen Präferenzen der Nettoempfänger sowie der Nettozahler miteinander in Einklang zu bringen, damit ein Konsens im Rat erzielt werden kann. Bei der Entwicklung der Ratsposition oder einer Korrektur im weiteren Verfahren muss sie zugleich darauf achten, dass diese eine Perspektive auf Zustimmung im Parlament bietet.

Der zentrale Verhandlungspunkt, auf den es auch in dieser Etappe der Aushandlung angekommen ist, blieb allein die Höhe der Mittel für die Zahlungen. Während im Mehrjährigen Finanzrahmen vor allem über die Verpflichtungsermächtigungen beraten und verhandelt wird, geht es in den Verfahren um die Verabschiedung der Jahreshaushalte vorrangig um die Zahlungsermächtigungen. Dies ist der Wert, an dem bemessen wird, wie viele Abführungen letztlich an die Mitgliedstaaten geleistet werden. Bei den Verpflichtungsermächtigungen kann keine Aussage über eine Fälligkeit getroffen werden. Die Zahlungen stellen hingegen darauf ab, welche Summen in Mittelabführungen übersetzt und letztendlich zu Gunsten der Mitgliedstaaten ausgezahlt werden.

Die empirische Analyse hat gezeigt, dass sich die Verhandlungsmacht der Mitgliedstaaten, die zum Kreis der Nettozahler zählen, grundsätzlich größer als die der Nettoempfänger darstellt. Die Nettoempfänger sind darauf angewiesen, dass es einen Abschluss im Rat und in der Folge mit dem Parlament geben wird. Die gestärkte Position der Nettozahler ergibt sich aus folgendem Grund: Scheitern die Verhandlungen und es kommt zu keinem Abschluss, kommt dies den Nettozahlern aus budgetärer Perspektive grundsätzlich entgegen. In diesem Falle greift die sogenannte vorläufige Haushaltsführung. Diese Zwölftel-Regelung ist aus Sicht der Geberländer günstig, da hierbei weniger Mittel abfließen als dies bei der Aufstellung eines neuen Haushaltsplanes der Fall wäre. Vor diesem Hintergrund überrascht es nicht, dass das Lager der Nettoempfänger in Finanzverhandlungen gegenüber den

Nettozahlern geschlossenen auftritt wie dies auch im Untersuchungsfall festzustellen war. Dies erklärt auch, warum Auseinandersetzungen innerhalb des Lagers der Nettoempfänger ausgeblieben sind, obwohl sich die Zahl der Kohäsionsländer vergrößert hat, die sich die Fördermittel teilen müssen. Nennenswerte Konflikte gab es folglich allein im Lager der Nettozahler um die Frage des prozentualen Anstiegs des Budgetvolumens sowie insbesondere der Höhe der Zahlungen.

Die Verhandlungen im Rat als geschlossene Analyseeinheit zu betrachten war im Untersuchungsfall allerdings nicht möglich. In Entscheidungsprozessen kann ein Schatten der Gegenwart auf den Ablauf von Verhandlungen und deren Ausgang einwirken, der die Handlungsspielräume der beteiligten Akteure durch parallel stattfindende Aushandlungen möglicherweise beeinflussen kann. Im Untersuchungsfall wirkte sich der Gipfel des Europäischen Rates vom 28. und 29. Oktober 2010 auf den weiteren Verlauf der Verhandlungen im Rat sowie zwischen Rat und Parlament aus. Dieser Schatten der Gegenwart beeinflusste die Haltung der mitgliedstaatlichen Delegationen im Rat maßgeblich. Zugleich wirkte sich innerhalb der eigentlichen Entscheidung um das EU-Budget 2011 das Scheitern des Vermittlungsausschussverfahrens auf die Beratungen im Rat aus. Auch diese Entwicklung hat den Konsensdruck im Rat erhöht. Vor allem aber schränkten die Richtungsentscheidungen, die am Rande des Herbstgipfels auf oberster Regierungsebene getroffen und an die Entscheidungsträger im Rat adressiert wurden, die Verhandlungsführung und endgültige Positionsfindung der Nettozahlerstaaten sowohl auf der gouvernementalen Ebene im Rat als auch im interinstitutionellen Entscheidungsprozess mit dem Parlament massiv ein. Die Folgen des Gipfels wurden in der vorangegangen Untersuchungseinheit, die dem interinstitutionellen Entscheiden zwischen Rat und Parlament gewidmet ist, erforscht. Jene verhandlungsprägende Intervention stellt ein alles andere als übliches Vorkommnis dar. Zwar werden grundsätzlich alle mitgliedstaatlichen Positionen, die im Rat vertreten werden, auf nationaler Ebene abgestimmt. Keine Delegation vertritt auf EU-Ebene einen eigenmächtigen Standpunkt, der nicht auf Regierungsebene koordiniert und beschlossen wurde. Gleichwohl ist es unüblich, dass Staats- und Regierungschefs nach diesem abgeschlossenen Prozess intervenieren und sogar am Rande eines EU-Gipfels öffentlichkeitswirksam politische Signale setzen und damit Einfluss auf einen laufenden Verhandlungsprozess nehmen. Das Postulat der Staats- und Regierungschefs lautete unmissverständlich, dass eine Ausgabenaufstockung der Zahlungen über den ursprünglichen Ratsvorschlag von 2,9 Prozent nicht verhandelbar sein dürfe.

Auch wenn der Europäische Rat mit dem Vertrag von Lissabon erstmalig zu einem Organ der Europäischen Union geworden ist, bleibt seine maßgebliche

Aufgabe bestehen, als politisches Gremium vorwiegend Leitungsentscheidungen sowie strategische Entscheidungen zu treffen. Zuständige Entscheidungsinstanz im Jahreshaushaltsverfahren ist allein der Rat. Die öffentliche Einmischung der Staats- und Regierungschefs aus dem Kreis der Nettozahler erweist sich als unüblich und hatte vor allem symbolischen Charakter. Ziel der Regierungen war es, die nationale Haushaltskonsolidierung auch auf EU-Ebene fortzusetzen, um die rigiden Sparkurse zu legitimieren, die in den Mitgliedstaaten konsequent umgesetzt wurden. Diese Intervention hat den Handlungsspielraum der mitgliedstaatlichen Delegationen sowie der Ratspräsidentschaft enorm eingeschränkt und somit den weiteren Verlauf und den Ausgang der Verhandlungen im Rat nach dem gescheiterten Vermittlungsausschussverfahren unmittelbar beeinflusst sowie das Ergebnis der Höhe der Zahlungen präjudiziert. Der Rat ging in seinem ursprünglichen Vorschlag, den er auch im weiteren Verhandlungsprozess vertreten hat, von einer Kürzung des Kommissionsentwurfs um 50 Prozent aus. Diese Größenordnung stellt im Vergleich zu den Vorjahren eine beachtliche Dezimierung dar. Die Herabsetzung des Kommissionsvorschlages durch den Rat lag in Bezug auf die Steigerungsrate in den vorangegangenen Jahreshaushaltsverfahren bei circa minus zwei Prozent. Im Fall des Budgets für 2011 kürzte er den Vorschlag um exakt drei Prozent. Diese Besonderheit war zweifelsohne der Finanz- und Wirtschaftskrise sowie den zu erwartenden innenpolitischen Reaktionen auf der Ebene der nationalen Mitgliedstaaten geschuldet.

Auch der Verhandlungsspielraum der deutschen Delegation war im Untersuchungsfall limitiert. Während sich die Bundesrepublik Deutschland in vergangenen EU-Finanzverhandlungen (sowohl um die Jahreshaushalte als auch um den Mehrjährigen Finanzrahmen) entgegenkommend gezeigt hatte, erwiesen sich ihre Handlungsoptionen durch das erfolgte Zugeständnis gegenüber Großbritannien als stark eingeschränkt. Welche Konzessionen Deutschland in diesem Kontext erbracht hat und welche Forderungen es damit durchsetzen konnte, wurde im vorangegangenen Kapitel präzisiert. Die Absprache zwischen Großbritannien und Deutschland hat nicht nur die deutsche Verhandlungsposition beeinflusst, sondern den gesamten weiteren Entscheidungsverlauf im Rat maßgeblich geprägt. Allen Delegationen war bewusst, dass eine Budgetaufstockung der Zahlungen, die über die angebotene Erhöhung hinausgeht, bildlich gesprochen vom Verhandlungstisch war, insofern sich die deutsche Seite hierfür nicht gewinnen lässt.

Signifikante Konfliktlinien zwischen alten und neuen Kohäsionsländern sowie zwischen den Nettoempfängern und den Nettozahlern konnten auf der Grundlage der Auswertung der mir vorliegenden nicht-öffentlichen und öffentlichen

EU-Primärdokumente, unter besonderer Berücksichtigung der geführten Interviews mit den Ansprechpartnern aus der deutschen Delegation aus dem Bundesministerium der Finanzen (federführend zuständig für die Aushandlung des EU-Jahreshauhaltes) sowie aus dem Auswärtigen Amt (federführend zuständig für die Aushandlung des Mehrjährigen Finanzrahmens) sowie auf Basis der historischen Auswertung der medialen Berichterstattung ausgeschlossen werden. Die prägende Konfliktdimension drehte sich in den Verhandlungen um den Jahreshaushalt 2011 inhaltlich um die Gesamthöhe der Zahlungen. Insgesamt muss aus einer methodenkritischen Sicht jedoch angemerkt werden, dass das Verhalten einzelner Nettoempfänger und eine etwaige Einbringung von Partikularinteressen im Chor aller Nehmerländer und in der groben Struktur der Jahreshaushaltsverfahren unterzugehen droht. Das Entscheidungsgerüst im Rat, in dessen Rahmen es in letzter Instanz „nur noch" um eine Streichung der Zahlungen in den einzelnen Rubriken ging, erwies sich als zu grobmaschig, um Nuancen festmachen zu können. Allerdings kann festgehalten werden, dass in den vorbereitenden Gremien des Rates keine Auffälligkeiten zu beobachten waren, so dass von der Validität des Forschungsergebnisses ausgegangen werden kann, dass die neuen Mitgliedstaaten und auch die alten Nettoempfänger keinen besonderen Einfluss auf den Verlauf und den Ausgang des Haushaltsverfahrens für das Budget 2011 genommen haben. Richtungsweisende Entscheidungen gingen im Untersuchungsfall allein auf die Nettozahler-Staaten zurück.

3.3. Der Einfluss formeller Entscheidungsregeln: Die Wirkung der qualifizierten Mehrheit im Rat

Ziel der nachfolgenden Untersuchungseinheit ist es anhand der Empirie zu prüfen, ob mit der angewachsenen Gruppengröße neue Koalitionen (Gestaltungsmehrheiten oder Blockaden) entstanden sind, die sich auf das Zustandekommen von Entscheidungen mit qualifizierter Mehrheit im Rat auswirken. Vor der finalen Abstimmung im Rat eruiert die Ratspräsidentschaft auf informellem Weg wie das Meinungs- und Stimmungsbild der einzelnen Mitgliedstaaten tatsächlich aussieht. Im untersuchten Fall um die Verhandlung des Jahreshaushaltes 2011 war es die Aufgabe der belgischen Präsidentschaft auszuloten wie sie die erforderliche Anzahl an Stimmen generieren kann, um eine qualifizierte Mehrheit zu erreichen.

Die Reform des Primärrechts von Lissabon hat die Leftover von Nizza aufgearbeitet und die EU-Ost-Erweiterung institutionell konsolidiert. In Hinblick auf die Verteilung und die Gewichtung der Stimmen im Rat haben sich mit Lissabon institutionelle Anpassungen ergeben. Für die Jahreshaushaltsverhandlungen sind diese grundsätzlich ausschlaggebend, da in diesem Verfahren (anders als bei der Finalisierung des Mehrjährigen Finanzrahmens im Europäischen Rat) nicht einstimmig, sondern mit qualifizierter Mehrheit entschieden wird. Für den Untersuchungsfall um die Verhandlung des EU-Budgets für 2011 war die neue primärrechtliche Regelung nach Lissabon allerdings nicht maßgebend. Dennoch fiel die Auswahl der Fallstudie auf die Verhandlungen im Jahr 2010, da sich der Blick auf das interinstitutionelle Entscheiden zwischen Parlament und Rat in Folge des parlamentarischen Kompetenzzugewinns im ersten Jahreshaushaltsverfahren nach Lissabon als besonders interessant erwiesen hat.[165] Trotz des bereits in Kraft getretenen Vertrages von Lissabon erfolgte die Ratsentscheidung auf dem Weg eines qualifizierten Mehrheitsbeschlusses nach der alten Regel von Nizza. Dieser Abstimmungsmodus galt gemäß Artikel 3 Absatz 3 des Vertragsprotokolls Nr. 36 über die Übergangsbestimmungen zum Lissabon Vertrag noch zwingend bis zum 31. Oktober 2014.[166] Die Regelung der Stimmengewichtung nach Nizza gewährte innerhalb der EU-27 den großen Mitgliedstaaten siebenundzwanzig bis neunundzwanzig Stimmen, den mittelgroßen Staaten zwischen sieben und vierzehn Stimmen und den kleinen Staaten drei beziehungsweise vier Stimmen. Diese Bestimmung hat den Ressortministern aus den nationalen Mitgliedstaaten divergierender Größe unterschiedliche Entscheidungsmacht übertragen. Bei der erfolgten Anwendung der Regel von Nizza verfügten die mitgliedstaatlichen Delegationen, die im Herbst 2010 gegen die Ratsposition für den Haushaltsplan 2011 votierten, über keine Sperrminorität. Das Ergebnis der Abstimmung sah wie folgt aus: Im Rat entschieden sich Dänemark (7 Stimmen), Finnland (7 Stimmen), Großbritannien (29 Stimmen), die Niederlande (13 Stimmen), Österreich (10 Stimmen), Schweden (10 Stimmen) sowie die Tschechische Republik (12 Stimmen) gegen den intern verhandelten Standpunkt (Rat der Europäischen Union 2010a: Fußnote 1; Rat der Europäischen Union, Generalsekretariat des Rates 2010d). In der Summe

---

165 Diese Auswirkungen des Vertrages von Lissabon wurden im Kapitel „Erster Entscheidungsprozess über die EU-Finanzen nach Inkrafttreten des Vertrages von Lissabon: Ein neues Machtverhältnis zwischen Rat und Parlament?" untersucht.

166 Die Rechtsgrundlage findet sich in Titel II, Bestimmungen über die qualifizierte Mehrheit, Artikel 3, Absatz 3 im Protokoll Nr. 36 über die Übergangsbestimmungen der Konsolidierten Fassungen des Vertrags über die Europäische Union und des Vertrags über die Arbeitsweise der Europäischen Union (2012/C 326/01) vom 26. Oktober 2012: Vgl. Amtsblatt der Europäischen Union (2012).
Diese Regelung fand unbeschadet des Artikels 235 Absatz 1 Unterabsatz 2 des Vertrags über die Arbeitsweise der Europäischen Union noch bis zum 31. Oktober 2014 Anwendung.

hatten sich damit 88 Gegenstimmen ergeben. Für eine Sperrminorität, die in der EU-27 91 Stimmen erfordert hätte, fehlten somit drei Stimmen. Für eine qualifizierte Mehrheit waren 255 von insgesamt 345 Stimmen erforderlich. Der Jahreshaushalt 2011 wurde auf der Grundlage der Abstimmungsregel von Nizza mit einer knappen Mehrheit von 257 Stimmen im Rat angenommen.[167] Erst ab dem 1. November 2014 wird standardmäßig das Abstimmungsverfahren für qualifizierte Mehrheitsentscheide nach den neuen Modalitäten des Lissabon-Vertrages zugrunde gelegt.[168] Seit diesem Datum verfügt jeder Mitgliedstaat nur noch über eine einzige Stimme. Damit findet zugleich eine formal-rechtliche Gleichstellung aller Mitgliedstaaten statt. Demografische Faktoren werden jedoch auch weiterhin über die doppelte Mehrheit berücksichtigt. Qualifizierte Mehrheitsbeschlüsse beruhen nach Lissabon auf einer doppelten Mehrheit, die von mindestens 55 Prozent der EU-Mitglieder (mindestens 15 der bis zum Austritt Großbritanniens 28 Länder) getragen werden sowie durch mindestens 65 Prozent der Gesamtbevölkerung der EU repräsentiert sein muss. Eine Besonderheit besteht darin, dass die Abstimmungsregeln des Vertrages von Nizza auf Antrag eines jeden Ratsmitgliedes fakultativ bis zum 31. März 2017 angewandt werden konnten.[169] Gleichzeitig bleibt die Kompromissformel von Ioannina bestehen.[170]

Die Nettozahler füllten nach der Stimmengewichtung des Vertrages von Nizza ein hohes Machtvolumen im Rat aus. Die Mitgliedstaaten haben in ihrer

---

167 Vgl. dazu Tabelle 2 „Entwicklung der qualifizierten Mehrheit im Rat“ im Kapitel „Die Auswirkungen der Ost-Erweiterung auf die Entwicklung des Institutionengefüges der Europäischen Union: Die Vertragsreformen von Nizza und Lissabon“

168 Die Mitgliedstaaten konnten bei Abstimmungen mit qualifizierter Mehrheit noch bis zum 31. Oktober 2014 und sogar über diesen Zeitpunkt hinaus nach der Regel von Nizza entscheiden (Vgl. dazu das Kapitel „Reform der Stimmengewichtung im Rat: Qualifizierte Mehrheit und Sperrminorität.“ Dass von dieser Option auch nach diesem Datum in einigen Politikbereichen Gebrauch gemacht wurde, lässt auf den ersten Blick ein Misstrauen in Bezug auf die neuen Abstimmungsregeln vermuten. Diese Annahme ist jedoch unbegründet. Die Anwendung der alten Regeln ist insbesondere der Tatsache geschuldet, dass in der politischen Praxis so lange an bewährten Instrumenten festgehalten wird, bis die Verträge eine andere Vorgehensweise einfordern.

169 Nach diesem System gilt eine Sperrminorität nur dann, wenn mindestens drei Viertel der Mitgliedstaaten ihre Gegenstimme abgeben oder diejenigen Mitgliedstaaten eine Ablehnung erteilen, die mindestens drei Viertel der Unions-Bevölkerung vertreten.

170 Erklären Mitglieder des Rates, die mindestens 55 Prozent der Mitgliedstaaten oder mindestens 55 Prozent der EU-Bevölkerung vertreten, vor einer Abstimmung die gemeinsame Absicht, eine Entscheidung abzulehnen, so sind die Mitgliedstaaten verpflichtet so lange weiterzuverhandeln, bis ein Kompromiss erzielt wird.

Funktion als Herren der Verträge die verfahrensbezogene Verfasstheit ihrer Entscheidungsstrukturen dergestalt konzipiert, dass der Einfluss der Geberländer über die Ausdifferenzierung der Blockadeoptionen im Rat auch nach Lissabon gewahrt bleibt. Eine Reform der Abstimmungsregularien im Ministerrat sowie im Europäischen Rat kann nur mit einstimmiger Zustimmung aller Mitgliedstaaten erfolgen. Daher überrascht die Konzeption der neuen Abstimmungsmodalitäten sowie die erforderliche Anzahl der Stimmen, die nach Lissabon für eine Sperrminorität im Rat benötigt wird, nicht. So bewahren die Nettozahler in Ratsentscheidungen, die nach qualifizierter Mehrheit erfolgen, auch nach dem neuen Primärrecht ein erhebliches Gewicht. Eine Sperrminorität ist bereits erreicht, wenn mindestens vier Ratsmitglieder, die zusammen mehr als 35 Prozent der EU-Bevölkerung ausmachen, gegen einen Beschluss abstimmen.

Obwohl im Untersuchungsfall in den Beratungs- und Aushandlungsprozessen, die der eigentlichen Abstimmung vorausgehen, eine Übereinkunft zwischen den mitgliedstaatlichen Delegationen getroffen wurde, ist es nicht unüblich, dass innerhalb des Rates gegen ein bereits ausgehandeltes Ergebnis gestimmt wird. Die Verhandlungen im Herbst 2010 erfolgten inmitten der Kulisse der Finanz- und Wirtschaftskrise. Dieser globale Hintergrund und die ökonomischen und haushaltspolitischen Folgen für die Nationalstaaten haben das Verhalten der Nettozahler in der Entscheidungssituation massiv beeinflusst. Neben Großbritannien, den Niederlande und Schweden, die traditionell eine Hardliner-Position einnehmen, votierten in der Ratsabstimmung auch Dänemark, Finnland, Österreich sowie die Tschechische Republik gegen den intern verhandelten Standpunkt. Die Bundesrepublik Deutschland, die traditionell als Kompromissmacher in der EU auftritt, hätte in der Abstimmung um den Jahreshaushalt 2011 ihre Zustimmung verweigern müssen, damit eine Mehrheit im Rat scheitert. Dieses Abstimmungsverhalten ist erwartungsgemäß ausgeblieben.

Das positive Abstimmungsergebnis im Rat spiegelt nur teilweise die vertretenen Interessen wider und ist keinesfalls das Resultat einer einhelligen Übereinkunft zwischen den mitgliedstaatlichen Delegationen. Auch Deutschland, das den Kompromiss letztendlich mitgetragen hat, setzte sich in den Verhandlungen für eine moderate Entwicklung der Zahlungen ein. Im gouvernementalen EU-Organ zeichnete sich eine Spaltung der Mitgliedstaaten in zwei Interessenlager ab. Dänemark, Deutschland, Finnland, Großbritannien, die Niederlande, Österreich, Schweden sowie die Tschechische Republik forderten gegenüber der Vorlage der Kommission erhebliche Kürzungen bei den Zahlungen. Griechenland, Italien, Polen, Portugal, Spanien und Ungarn waren hingegen nicht bereit, drastische Einschnitte in Bezug auf die Mittel für die Strukturfonds hinzunehmen. Der EU-Haushaltsexperte Peter

Becker bezeichnete das im Rat mit qualifizierter Mehrheit verabschiedete Ergebnis als sehr labilen Kompromiss zwischen den beiden Lagern (Becker 2010: 2).

Ein Scheitern des Jahreshaushaltsverfahrens hat vor allem drastische Auswirkungen auf die Realisierbarkeit von EU-Programmen. Die informelle Koordinierungsfunktion der Ratspräsidentschaft führt dazu, dass auch zu schwierigen Verhandlungsthemen Mehrheiten realisierbar sind und politischer Stillstand in der Europäischen Union verhindert werden kann, ohne dass einzelne mitgliedstaatliche Delegationen mit abweichenden Politikzielen den eigenen Standpunkt verändern müssen. So eruiert und berechnet die Ratspräsidentschaft auf der Grundlage der für die Verabschiedung des Jahresbudgets geltenden Abstimmungsregel der qualifizierten Mehrheit bereits im Vorfeld, wie viele Stimmen für eine Mehrheit erforderlich sind. Auf dem Höhepunkt der Finanz- und Wirtschaftskrise erwies sich diese Tradition als besonders essentiell, da in allen EU-Ländern, darunter auch in den besser gestellten Nettozahlerstaaten, rigide Sparmaßnahmen umgesetzt und gegenüber der nationalen Öffentlichkeit vertreten werden mussten. Diese Vorgehensweise führt gegebenenfalls auch zu unerwünschten Effekten. Mitgliedstaaten können sich das Wissen über ein wahrscheinliches Abstimmungsverhalten anderer Staaten zu Nutze machen. So kann es je nach Verhandlungsmaterie hinter den Kulissen zwischen den Gegnern einer Ratsposition zu informellen Absprachen kommen mit dem Ziel, gemeinsam gegen eine Vorlage zu entscheiden. Die Möglichkeit respektive das Risiko von Blockaden bleibt im Abstimmungsprozess nach qualifizierter Mehrheit immer gegeben. Dieses Szenario ist im Fall der Verhandlungen um das Budget für 2011 ausgeblieben.

Im Rahmen der Auswertung der vertretenen mitgliedstaatlichen Positionen und deren Einbringung in den Entscheidungsprozess hat sich gezeigt, dass mit Ausnahme der Tschechischen Republik ausschließlich die Nettozahler-Staaten die interne Ratsposition blockiert haben. Somit stimmten die Tschechen als einzige Delegation aus dem Kreis der neuen Unions-Länder gegen den entwickelten Entwurf des Rates sowie gegen die Verabschiedung des EU-Haushalts für 2011. Obwohl die Tschechische Republik wie alle neuen Mitgliedstaaten aus dem mittel- und osteuropäischen Raum zu den sogenannten Empfängerstaaten zählt, stellte sie sich in den Verhandlungen auf die Seite der Nettozahlerstaaten und behielt diese Position bei. Alle anderen neuen sowie alle alten Nettoempfänger haben den ausgehandelten Kompromiss im Rat mitgetragen. Die deutsche Delegation, die sich in den Beratungen ebenfalls für Einschnitte stark gemacht hatte, schloss sich in der finalen Abstimmung der Interessengruppe der Hardliner-Staaten nicht an. Diese Haltung ist auf das Selbstverständnis und die Integrationsfunktion des Gründungsmitglieds zurückzuführen, im Rahmen europäischer Entscheidungen traditionsgemäß einen Ausgleich zu suchen und zu finden. Die Bundesrepublik Deutschland trat im Rahmen der Finanzverhandlungen nicht nur zwischen den Kohäsionsempfängern und den Nettozahlern als Bindeglied auf, sondern wirkte auch als Vermittler innerhalb des Lagers der Nettozahler. Mit der Übernahme dieser Funktion hat Deutschland als größter Nutznießer des Europäischen Binnenmarktes auch die eigene Rolle als Nettozahler bereitwillig akzeptiert. Zusammenfassend bleibt festzuhalten, dass die endgültige mitgliedstaatliche Entscheidung im Rat nicht auf einem Konsens beruhte, sondern die Überstimmung von insgesamt sieben Delegationen erforderlich gemacht hat, die sich mit ihrer Gegenstimme (zumindest offiziell) gegen den ausgehandelten Kompromiss gewandt haben.

Die empirische Analyse hat gezeigt, dass die Verhandlungen im gouvernementalen Entscheidungsorgan vorrangig durch die Nettozahlerstaaten geprägt und dominiert wurden. In der erweiterten Europäischen Union sind die Geberländer gegenüber den Nettoempfängern jedoch in der Unterzahl. Nach dem Verfahren von Nizza verfügten die Nettozahler über eine Sperrminorität. Mögliche Implikationen des Verfahrens von Lissabon waren in der Untersuchungseinheit im Rat nicht maßgebend, da die Abstimmungsregel nach Nizza gegriffen hat. Ausblickend sei an dieser Stelle betont, dass die Nettozahler auch nach Lissabon ihre Sperrminorität bewahren und somit das Jahreshaushaltsverfahren blockieren können, wenn ihnen das Budgetvolumen als zu hoch erscheint. Ihre starke Verhandlungsposition bleibt über ihre Sperrminorität nicht nur gewahrt. Vielmehr sind die Hürden, eine Ratsabstimmung innerhalb der erweiterten Union zu blockieren, mit dem neuen Verfahren nicht wie zu erwarten höher, sondern niedriger geworden. Eine Sperrminorität kommt nach dem Primärrecht von Lissabon bereits zustande, wenn mindestens vier Ratsmitglieder, die zusammen mehr als 35 Prozent der EU-Bevölkerung repräsentieren, gegen einen Beschluss abstimmen. Das Risiko für einzelne Mitgliedstaaten, Mehrheitsentscheidungen tragen zu müssen, die nicht mit dem nationalen Interesse konform sind, bleibt innerhalb der erweiterten Lissabonner Union damit überschaubar. Dies gilt somit auch für das Risiko der Nettozahler, in ihrer Eigenschaft als Geberländer im Rahmen von Haushaltsverhandlungen im Rat überstimmt zu werden. Die Nettozahler bewahren ihren Einfluss im gouvernementalen Gesetzgebungsorgan solange sie Einigkeit wahren und eine Sperrminorität (wenn gewünscht) geschlossen geltend machen. Auch nach dem Austritt Großbritanniens aus der EU bleibt diese Blockadeoption von Seiten der Nettozahler bestehen. Bei der Verabschiedung des Mehrjährigen Finanzrahmens im Europäischen Rat ist aufgrund des Einstimmigkeitsprinzips das Vetorecht aller Mitgliedstaaten ohnehin gewahrt. Die Nettozahler haben im Zuge der Vertragsänderung nach Lissabon als Herren der Verträge so viel Souveränität abgegeben wie nötig und so wenig wie möglich. Damit steht auch die jüngste Institutionenreform des Rates in der Tradition der bisher erfolgten Revisionen des europäischen Primärrechtes. In Bezug auf die Anwendung der neuen Abstimmungsregeln bleibt zu vermuten, dass auch in zukünftigen Finanzverhandlungen im Rat und im Europäischen Rat nach dem Leitsatz "business as usual" verhandelt und entschieden wird und die Nettozahler auch nach Lissabon weiterhin über die Höhe der Budgetmargen maßgeblich bestimmen werden.

3.4. Der Einfluss informeller Regeln im Entscheidungsverfahren

Im Nachfolgenden soll die Wirkung der unabhängigen Variable, der sogenannten informellen Entscheidungsregel, auf die Entscheidungsprozesse um den EU-Jahreshaushalt 2011 analysiert werden. Dabei soll ihr Einfluss auf Verhandlungsinhalte, politische Gestaltungsspielräume sowie auf die Durchsetzbarkeit partikularer Nationalinteressen geprüft werden. Diese Variable bedarf einer Kategorisierung in zweierlei Ausprägungen. Entscheidungen werden innerhalb der Europäischen Union maßgeblich von der Wirkung institutioneller Strukturen und Verfahrensregeln beeinflusst, die deren Verlauf und Ausgang steuern können. Sie unterliegen einem komplexen Aushandlungssystem, das möglicherweise vergangene, zukünftige oder parallel stattfindende Verhandlungssituationen auf supranationaler Ebene mit einschließt. Der Einfluss dieses Systems auf die Aushandlung und Entscheidung um das EU-Jahresbudget 2011 soll im Nachfolgenden überprüft werden. Die erste Ausprägung der informellen Entscheidungsregel stellen somit vergangene, zukünftige oder auch parallel verlaufende Entscheidungen dar. Die zweite Ausprägung der informellen Entscheidungsregel umfasst eine akteursspezifische Komponente. Hierbei geht es um die Wirkung der informellen Macht der Repräsentanten im Rat. Obwohl sich diese nicht einfach ergründen lässt, soll der Frage nachgegangen werden, ob die Reputation oder die Autorität der jeweiligen individuellen Verhandlungsführer in den Entscheidungssituationen im Rat eine Rolle gespielt und den Ausgang der Verhandlungen beeinflusst haben. Auf nationaler Regierungsebene können Ranghierarchien und Konkurrenzverhältnisse zwischen den Akteuren den Verlauf (etwa Kompromissfindung oder Unnachgiebigkeit in der Verhandlungsführung) und gegebenenfalls sogar den Ausgang von Verhandlungen beeinflussen. Ob diese Einflussfaktoren auch in Entscheidungen innerhalb der Europäischen Union eine Rolle spielen, gilt es zu prüfen. Im Rahmen der Untersuchung der Wirkung der unabhängigen Variablen der informellen Entscheidungsregel und ihrer jeweiligen Ausprägungen auf die Beschlussfähigkeit im Rat gilt es zugleich die Gültigkeit der folgenden Arbeitshypothese zu testen: Je länger der Schatten der Zukunft ist, desto schwieriger und langwieriger ist die Erzielung von Politikergebnissen in einer Verhandlungssituation (Hypothese 6). Fernerhin lege ich der Untersuchung die theoriebezogene These zugrunde, dass auf supranationaler Ebene verfahrensbezogene Routinen und „Gesetzmäßigkeiten" das Handeln der Institutionen sowie einzelner Akteure in einer Verhandlungssituation beeinflussen können. Das Prinzip der Pfadabhängigkeit kann dazu führen, dass Dissonanzen ausgeräumt und in einen Konsens überführt werden.

Alle mitgliedstaatlichen Delegationen, unabhängig davon, ob die individuellen Entscheidungsträger bereits an früheren Verhandlungen teilgenommen haben oder nicht, sind im Vorfeld über die grundsätzlichen Positionen der anderen Regierungen informiert. Zwar kann die jeweilige europapolitische Haltung der nationalen Mitgliedstaaten in Abhängigkeit von den aktuellen Regierungskonstellationen variieren. In der Regel zeichnen sich jedoch in der Europapolitik der Herkunftsländer tradierte Muster ab, auf die sich die Akteure einstellen können. Die parteipolitische Zugehörigkeit sowie unterschiedliche ideologische oder auch ökonomische Denkmuster der jeweiligen Delegationen machen sich vor allem in einem frühen Stadium der Genese der Positionen bemerkbar. Die Positionen der Mitgliedstaaten, die innerhalb des Rates vertreten werden, werden zuvor auf nationaler Ebene in einem meist schriftlichen Verfahren abgestimmt und finalisiert. Folglich kann davon ausgegangen werden, dass auch besondere persönliche Ressourcen der in die Verhandlungen einbezogenen Einzelakteure wie etwa individuelles Verhandlungsgeschick, die das Aushandeln zwischen den Gesandtschaften beeinflussen könnten, eine untergeordnete Rolle spielen. Interviews mit Verhandlungsbeteiligten haben die Annahme bestätigt, dass die Wirkung dieser Faktoren auf den Verlauf oder den Ausgang der Finanzverhandlungen im Rat zu vernachlässigen ist. Die empirische Analyse hat allerdings gezeigt, dass im späteren Entscheidungsverlauf die Autorität der nationalen Herkunftsländer das Verhandlungsergebnis mit Blick auf die gemeinsame finale Ratsposition beeinflussen kann.

Die Jahreshaushaltsverhandlungen im Rat fanden im Jahr 2010 auf dem Höhepunkt der Finanz- und Wirtschaftskrise statt. Neben dem omnipräsenten Krisenkontext spielte im Untersuchungsfall der Aspekt veränderter Regierungsverhältnisse und Mehrheitskonstellationen auf nationaler Ebene eine Rolle. Maßgeblichen Einfluss auf die Verhandlungen hatte ein Regierungswechsel im Vereinigten Königreich Großbritannien, der im Jahr 2010 vollzogen wurde. Premierminister David William Donald Cameron ging am 11. Mai 2010 mit seiner Partei, der Conservative Party (den sogenannten „Tories"), eine Koalition mit den liberalen Demokraten (Liberal Democrats) ein und übernahm die Regierungsverantwortung. Im Herbst 2010 hatte die neue Regierung unter Cameron auf nationaler Ebene einen Spending Review durchgeführt. Aufgrund der finanziellen Maßnahmen, die Großbritannien in Folge der Krise ergreifen musste, wurden alle Ausgaben auf den Prüfstand gestellt und massive Budgetkürzungen vorgenommen. Die nationale Haushaltsbelastung hat die Ausbildung der Verhandlungsposition zum EU-Jahreshaushalt 2011 stark beeinflusst. Zugleich hat die britische Haltung die Position der anderen Nettozahler, die genau wie Großbritannien mit den Folgen der Krise konfrontiert waren, affiziert. Das dominante Auftreten der Hardliner, zu denen im Untersuchungsfall neben dem Vereinigten Königreich Großbritannien auch die Niederlande und Schweden zählten, hat somit auch den weiteren Verlauf der Verhandlungen im Rat maßgeblich geprägt. Die empirische Analyse hat belegt, dass politisches Entscheiden in den gouvernementalen Organen stark an die Rückkopplung der Europapolitik der nationalen Mitgliedstaaten gebunden ist, die das Zepter des Regierens auf EU-Ebene letztinstanzlich in der Hand behalten. Zusammenfassend bleibt festzuhalten, dass die britische Delegation mit ihrer Argumentationsführung und ihrem harten Auftreten die Konzeption des Standpunktes der Nettozahler auf eine stringente Linie gebracht hat, die wenig Raum für Kompromisse zugelassen hat.

Grundsätzlich verfolgt jeder Mitgliedstaat auf supranationaler Ebene vorrangig die eigenen nationalen Interessen und bringt diese in den Entscheidungsprozess ein. Bei den Nettozahlern erschien eine grobe Differenzierung nach Präferenzen möglich: So ließen sich die Mitgliedstaaten in Gruppen einordnen, die eine konservative Haushaltspolitik proklamieren, die gemäßigt auftreten oder aber eine finanzpolitisch gemeinwohlorientierte Haltung vertreten. Bei den Nettoempfängern erwies sich eine solche Kategorisierung als nicht relevant. Obwohl die Vermutung naheliegt, dass ähnliche Präferenzen auf Ebene der Europäischen Union die Ausbildung von Koalitionen begünstigen, zeichnet die empirische Analyse ein anderes Bild: Zwar ist den Nettoempfängern das Interesse einer möglichst großzügigen Haushaltsausstattung gemein. An dieser Stelle gilt es jedoch anzumerken, dass die Bildung von Koalitionen nur dann Sinn macht, wenn sie Aussicht auf Erfolg hat. Im Untersuchungsfall spielte bei den Kohäsionsländern eine gemeinsame Präferenzbildung eine untergeordnete Rolle. Dies ist darauf zurückzuführen, dass sie gegenüber den Geberländern eine schwächere Position einnehmen. Die Haltung der Nettozahler, das Ausgabenvolumen zu begrenzen, wurde von den Nettoempfängern nicht angefochten, da eine Intervention keine Perspektive gehabt hätte. Der außerordentliche Sparzwang und der Druck zur Haushaltskonsolidierung in den nationalen Mitgliedstaaten haben die Handlungsspielräume aller Delegationen auf Ebene der Europäischen Union stark eingeengt. Daher überrascht es nicht, dass im Lager der Nettozahler in Bezug auf das wichtige Verhandlungssujet der Zahlungen eine Koalitionsbildung nachgewiesen werden konnte. Diese hatte das Einfrieren der Ausgabenaufstockung der Zahlungen in Höhe von 2,9 Prozent zum Ziel.

Die neuen Mitgliedstaaten aus Mittel- und Ost-Europa sind ausnahmslos den Nettoempfänger-Staaten zuzuordnen. Eine Identifizierung einer Gruppenbildung war auch im Kreis der neuen Kohäsionsländer nicht zu beobachten. In Hinblick auf eine Präferenzbildung konnten allenfalls Mitgliedstaaten ausgemacht werden, die von ihren finanzpolitischen Interessen eine Autoritätsposition vertreten. Dies war im Fallbeispiel zur Aushandlung des EU-Budgets 2011 allein bei einem Mitgliedstaat zu beobachten: Die Tschechische Republik hat den intern verhandelten Ratstandpunkt nicht mitgetragen. In der Gesamtbilanz bleibt festzuhalten, dass die neuen Mitgliedstaaten aus Mittel- und Ost-Europa weder gegenüber den alten Empfängerländern noch gegenüber den Nettozahlern mit besonderen Forderungen aufgetreten sind. Mit großem Abstand zur Ost-Erweiterung ergibt sich innerhalb der Gruppe der Nettoempfänger ein homogenes Bild, das ein moderates Auftreten in den Jahreshaushaltsverhandlungen zeichnet. Als einziger Abweichler ist Polen einzuordnen, da das Land im Aushandlungsprozess tendenziell fordernd aufgetreten ist. Auch in dieser Fallstudie hat sich gezeigt, dass ein Zusammenhang zwischen der Größe eines Mitgliedstaates und einem emanzipierten oder gar dominanten Auftreten in EU-Verhandlungen besteht. Allerdings muss an dieser Stelle der methodische Einwand vorgebracht werden, dass in den Jahreshaushaltsverfahren eine lückenlose präzise Ausdifferenzierung der mitgliedstaatlichen Präferenzen kaum möglich erscheint. Dies liegt an der Grobmaschigkeit des Verfahrens und der Fokussierung der Verhandlungen auf die Höhe der Zahlungen. Im Untersuchungsfall um das Jahresbudgetverfahren für 2011 bleibt festzuhalten, dass Koalitionsbildungen den Verlauf und die Ergebnisse der Verhandlungen nicht beeinflusst haben. Auch die Ausgangshypothese (Hypothese 1), dass der Verlauf von EU-Entscheidungen und das Zustandekommen von Politikergebnissen im Zuge der angewachsenen Zahl an Akteuren und Präferenzen schwerfälliger geworden ist, ließ sich in der vorliegenden empirischen Analyse um die Jahreshaushaltsverhandlungen im Rat nicht bestätigen.

In der Auswertung der historischen Quellen wurde zugleich darauf geachtet, ob über den Verhandlungen um den Jahreshaushalt 2011 ein sogenannter Schatten der Vergangenheit oder Zukunft lag, der diese möglicherweise beeinflusst hat. Die geführten Interviews mit Verhandlungsbeteiligten haben belegt, dass sich in den Jahresbudgetverhandlungen 2011 mögliche Querüberlegungen, welchen Einfluss eine kompromissorientierte Haltung oder eine Blockadehaltung in der gegenwärtigen Aushandlungssituation auf zukünftige Entscheidungen nehmen kann, als nicht relevant erwiesen haben. Auch die Rückschau in die Vergangenheit sowie damit verbundene Verknüpfungen aktueller materieller Forderungen an erfolgte frühere Zugeständnisse spielten im Untersuchungsfall um die EU-Finanzen keine Rolle. Die empirische Analyse hat somit gezeigt, dass für die beteiligten Akteure weder der Verlauf vergangener Haushaltsverhandlungen oder die dabei erzielten Ergebnisse noch die Erwartung und der Blick auf zukünftige Verhandlungen ein gängiges Entscheidungs- oder Handlungsmuster darstellen. Über den Haushalt der Europäischen Union wird sowohl im gouvernementalen Rat als auch im interinstitutionellen Entscheidungsverfahren zwischen Rat, Parlament und Kommission ausschließlich in der Gegenwart verhandelt: Im jährlichen Haushaltsverfahren zählt auf supranationaler Ebene allein das Hier und Jetzt. Eine Wirkung der zweiten Ausprägung der informellen Entscheidungsregel, des Schattens der Vergangenheit sowie des Schattens der Zukunft, konnte somit auf den Untersuchungsfall des EU-Jahreshaushaltes 2011 ausgeschlossen werden. Parallel verlaufende Entscheidungen, Ereignisse oder Entwicklungen auf nationaler oder auch auf supranationaler Ebene können Entscheidungssituationen innerhalb der EU hingegen gravierend beeinflussen. Die Wirkung dieser Ausprägung der informellen Entscheidungsregel konnte anhand des Beispiels des EU-Gipfels vom 28. und 29. Oktober 2010 nachgewiesen werden. Die aufgestellte Hypothese, dass die Erzielung von Politikergebnissen in einer Verhandlungssituation schwieriger und langwieriger erscheint, wenn ihre Folgen weit in die Zukunft reichen, hat sich im Fall der Verhandlung um den Jahreshaushalt 2011 im Umkehrschluss bestätigt (Hypothese 6). Die Budgetverhandlungen im Rat gestalteten sich weitestgehend konfliktfrei.

3.5. Zusammenfassung der Forschungsergebnisse und fallübergreifende Bewertung

Um mit hinreichendem Abstand zur vollzogenen Ost-Erweiterung Implikationen für die Entscheidungsfähigkeit des gouvernementalen Beschlussorgans der Europäischen Union zu ziehen, wurde in der Fallstudie zum Jahreshaushalt 2011 die Entwicklung und Aushandlung der Position im Rat untersucht, indem 27 Delegationen ihre Regierungen vertreten haben. Finanzverhandlungen stehen in dem Ruf, einer massiven Interessenorientierung zu folgen. Allen Gesandtschaften, unabhängig von der Größe ihrer Herkunftsländer, von einer Einordnung in die Gruppe der alten oder neuen Mitgliedstaaten oder aber in die Gruppe der Nettozahler oder Nettoempfänger, ist das Verfolgen einer grundsätzlichen Strategie gemein: Sie gehen den nationalen Interessen nach und versuchen diese erfolgreich in den Entscheidungsverlauf einzubringen. Die Entwicklung ihrer jeweiligen Verhandlungsposition zielt auf die individuelle mitgliedstaatliche Bilanz der Rückflüsse respektive Abführungen und deren Veränderung in den Aushandlungsprozessen ab. Während die Nettoempfänger ihre Position durch die Höhe der Rückflüsse verbessern möchten, versuchen die Nettozahler vor allem ihre Beitragslast zu reduzieren. In der Fallstudie zu den Jahreshaushaltsverhandlungen 2011 hat sich der Versuch, die Vielzahl der nationalen Positionen zu kategorisieren, allein mit Blick auf die Zuordnung der Mitgliedstaaten in den Kreis der Nettozahler sowie der Nettoempfänger als sinnvoll erwiesen. Während eine weitere Untergliederung im Lager der Nettoempfänger nicht möglich erschien, erwies sich innerhalb des Lagers der Nettozahler eine Einteilung nach Präferenzen als relevant: So standen mitgliedstaatliche Delegationen, die auf der gouvernementalen Beratungs- und Beschlussebene eine weiche, gemeinwohlorientierte oder gemäßigte Position vertreten haben, Repräsentanten gegenüber, die für ihre Regierungen eine konservativ-rigide Haushaltspolitik verfolgten.

Die Annahme, dass die nationalen Delegationen in EU-Finanzverhandlungen ihre singulären Eigeninteressen kategorisch ohne Rücksicht auf die Ziele und Präferenzen der Gemeinschaft verfolgen, ließ sich in der empirischen Analyse der Ratsverhandlungen im Jahr 2010 trotz widriger Rahmenbedingungen in Folge der Finanz- und Wirtschaftskrise allerdings nicht bestätigen. Vielmehr hat die Untersuchung gezeigt, dass die integrationspolitische Gesinnung der gemeinwohlorientierten Staaten einen Gesamtkompromiss im Rat begünstigt hat. Die Integrationsbefürworter erklärten sich bereit, innerhalb der Arena des Ringens um materielle Verhandlungsthemen auch altruistische Handlungsmuster in den Vordergrund zu rücken und in den zentralen Phasen für ihre Umsetzung zu werben. Dies galt insbesondere für die beiden Gründerstaaten Deutschland und Frankreich. Die beiden Länder hielten auf dem Höhepunkt der Finanz- und Wirtschaftskrise, in deren Verlauf die Aushandlung des Jahreshaushaltes 2011 gefallen ist, an ihrem Selbstverständnis fest, ihren finanziellen Beitrag in Europa zu leisten. Frankreich steht traditionell für eine tolerante Ausgabenpolitik. Diesen Kurs verfolgt die französische Regierung unabhängig von Regierungskonstellationen nicht nur auf nationaler, sondern zugleich auf supranationaler Ebene. Während Frankreich grundsätzlich an hohen Rückflüssen aus den Agrarfördertöpfen interessiert ist, hat es in den Verhandlungen im Herbst 2010 keine besonderen Forderungen gestellt, die Rubrik 2 „Nachhaltiges Wachstum: natürliche Ressourcen (darunter marktbezogene Ausgaben und Direktzahlungen)“ mit einem größeren Budgetvolumen auszustatten als dies der Entwurf der Kommission originär vorsah. Dieses Auftreten war im Vergleich zu früheren Haushaltsverhandlungen neu und zweifelsohne den Gegebenheiten der Finanz- und Wirtschaftskrise geschuldet. Im Vergleich zum Fall der Agenda 2007 fällt auf, dass das Land in jenen Verhandlungen in Bezug auf die Wahrung von Besitzständen in der Haushaltskategorie 2 über lange Episoden äußerst unnachgiebig aufgetreten war. Im Kreis der Nettozahler steht der Mitgliedstaat im Ruf, aufgrund des hohen Stellenwertes der französischen Landwirtschaft die Fördermittel in dieser Rubrik weiterhin hoch halten zu wollen. Damit hatten die neuen Staaten aus Mittel- und Ost-Europa einen zentralen Akteur an ihrer Seite, der die Aufrechterhaltung einer soliden Finanzausstattung zu Gunsten der traditionellen Gemeinschaftspolitiken forciert hat. Den Gegenpol zu den gemeinwohlorientierten Staaten bildeten in den Ratsverhandlungen im Jahr 2010 insbesondere Großbritannien, aber auch kleinere Staaten wie die Niederlande und Schweden. Ihr Interesse beruhte darauf, die Höhe der Zahlungen zu reduzieren.

Die Hypothese, dass Politikergebnisse im Entscheidungsgefüge der Europäischen Union durch sogenannte Package Deals teuer erkauft werden müssen, konnte anhand der Untersuchung der gouvernementalen Verhandlungen im Rat nachgewiesen werden (Hypothese 5). Verhandlungsprägender Kontext war der EU-Gipfel vom 28. und 29. Oktober 2010, anlässlich dessen auf höchster Regierungsebene Einfluss auf die laufenden Verhandlungen um den Jahreshaushalt 2011 genommen wurde. In diesem Rahmen hat es Vereinbarungen zu anderen aktuellen und vor allem brisanten Politikfeldern gegeben, die ihrerseits an eine Verständigung auf eine gemeinsame Ratsposition zum EU-Jahresbudget 2011 gebunden wurden. Diese Arrangements fanden auf bilateraler Ebene zwischen Deutschland und Frankreich auf der einen und zwischen Deutschland und Großbritannien auf der anderen Seite statt. Großbritannien machte sich das vorrangige Interesse Deutschlands zu Nutze, eine wirtschaftspolitische Koordinierungsklausel in die europäischen Verträge aufzunehmen. Hierbei knüpfte das Land seine Zustimmung an die deutsche Unterstützung in der Frage der Durchsetzung der Begrenzung eines Anstieges der Zahlungen um maximal 2,9 Prozent. Das zweite Zugeständnis leistete die deutsche Bundesregierung gegenüber Frankreich, indem sie das lang gehegte Ziel nach automatischen Sanktionen für Defizitsünder aufgab. Auch die von der deutschen Delegation initiierten Pläne, hartnäckigen Schuldensündern das Stimmrecht zu entziehen, wurden in diesem Verhandlungsrahmen endgültig bei Seite gelegt. Während sich die Bundesrepublik Deutschland für dieses Vorhaben mit Nachdruck eingesetzt hatte, traten hoch verschuldete Staaten wie Frankreich und Griechenland, aber auch kleinere Staaten wie etwa Finnland und Schweden gegen einen Stimmrechtsentzug für überschuldete EU-Länder ein. Im Jahreshaushaltsverfahren 2011 wurde das Instrument des Package Deals gezielt eingesetzt, um vor allem die

Interessen zwischen den großen Mitgliedstaaten auszutarieren. Anhaltspunkte, dass darüber hinaus EU-Politikfelder mit hoher nationaler Priorität besonders berücksichtigt wurden, um eine Zustimmung einzelner Mitgliedstaaten herbeizuführen, hat es hingegen nicht gegeben. Gleichwohl setzte sich das Vereinigte Königreich Großbritannien, indem die Landwirtschaft eine geringe ökonomische Bedeutung einnimmt, für die Förderung wachstumsorientierter Politikbereiche ein. An dieser Stelle muss jedoch erneut auf den Einfluss der Finanz- und Wirtschaftskrise hingewiesen werden. Zum Zeitpunkt der Verhandlungen im Jahr 2010 hat es kaum finanzielle Spielräume gegeben, um spezifische nationale Interessen in Hinblick auf eine Begünstigung ausgewählter EU-Politikbereiche selektiv zu bedienen. Im Untersuchungsfall um den Jahreshaushalt 2011 konnte ein Zusammenhang zwischen der Größe der Mitgliedstaaten und der Verhandlungsmacht im gouvernementalen Gesetzgebungsorgan der Europäischen Union festgestellt werden. Die empirische Analyse hat gezeigt, dass die drei Nettozahler Deutschland, Frankreich und Großbritannien die Verhandlungen im Rat dominiert haben. Dieser Schluss stützt sich auf die getroffenen informellen Absprachen der Staats- und Regierungschefs anlässlich des EU-Gipfeltreffens vom 28. und 29. Oktober 2010, die die Ausrichtung der gemeinsamen Position der Nettozahler im Rat vorgegeben haben. In diesem Sinne haben die Entscheidungsträger der drei Delegationen ihre Ratsposition nach den Vorgaben ihrer nationalen Regierungen entwickelt und in den Entscheidungsprozess eingebracht. Innerhalb des Kreises der Nettoempfänger hat sich der Zusammenhang zwischen der Größe eines Herkunftslandes und einem dominanten Auftreten der mitgliedstaatlichen Delegation im Rat ebenfalls bestätigt. Als größter Profiteur der EU-Förderung hat Polen seine Interessen im EU-Mitgliederkreis am Vehementesten vorgebracht und ist in den Jahreshaushaltsverhandlungen 2011 mit emanzipierten Forderungen aufgetreten. Dabei zeigte sich das Land als einziger Abweichler, da im Lager der neuen Nettoempfänger grundsätzlich von einer geschlossen moderaten Haltung gesprochen werden kann. Im Fall der Mehrjährigen Finanzplanung für die Jahre 2007 bis 2013, die unmittelbar nach der vollzogenen Ost-Erweiterung verhandelt wurde, ist Polen hingegen zurückhaltend aufgetreten. Die Ergebnisse der beiden Fallstudien weichen damit in Bezug auf das Agieren Polens, dem einzig großen EU-Mitglied im Zirkel der neuen Unionsstaaten, voneinander ab.

Der Fokus der Studie lag gleichermaßen auf den Positionen und Verhandlungsstrategien aller anderen neuen Mitgliedstaaten, die in den Kreis der kleinen und mittelgroßen Kohäsionsstaaten einzuordnen sind. Hierbei wurden die jeweiligen Standpunkte der nationalen Delegationen und deren Einbringung in den Entscheidungsprozess sowohl in Form einer Einzelanalyse als auch mit Blick auf eine etwaige gemeinsame Interessenkoalition erforscht. Im Untersuchungsfall um den Jahreshaushalt 2011 hat es keine Belege für eine Koalitionsbildung oder eine Blockadehaltung von Seiten der neuen Unionsländer gegeben. Dieser Erkenntnisgewinn sichert die Forschungsergebnisse zur Studie um die Agenda 2007 ab. Die Verhandlungen über die langjährige EU-Finanzplanung im Europäischen Rat, an denen Geberländer und Empfängerländer aufgrund des Einstimmigkeitsprinzips gleichberechtigt partizipiert haben, stellten eine ideale Untersuchungsarena bereit, um das Austarieren materieller Verteilungsinteressen im politischen Verhandeln und Entscheiden und damit die Stabilität und Handlungsfähigkeit der erweiterten Union auf einen inneren Prüfstand zu stellen. In den Verhandlungen um den Mehrjährigen Finanzrahmen für die Jahre 2007 bis 2013 brachten allein aus dem Kreis der alten Mitgliedstaaten zwei Nettozahler prononcierte Forderungen ein: Die Niederlande postulierten erhebliche Entlastungen ihrer nationalen Nettozahlungen. Finnland verlangte seinerseits ein faires und transparentes Beitragsrabattsystem. Während die holländische Regierung vor allem materielle Eigeninteressen verfolgte, diente die Forderung der Finnen insbesondere der Kompensation respektive der Eliminierung bestehender Ungleichgewichte bei der Finanzierung der Rabatte. Diese Haltung kam auch den neuen Staaten entgegen, da bei einer Aufrechterhaltung des damaligen Systems die ärmsten Staaten die Beitragsrabatte der reichsten EU-Länder hätten über Gebühr mitfinanzieren müssen. Vor allem die Abschaffung respektive Abschmelzung des VK-Ausgleiches wurde von allen Mitgliedstaaten (außer von Großbritannien selbst) unterstützt. Frankreich zeigte sich in dieser Frage besonders offensiv und setzte sich vehement für eine drastische Veränderung des Briten-Rabattes ein. Auf der Seite der alten Nettoempfängerstaaten versuchten in den Verhandlungen um die Agenda 2007 vor allem Griechenland, Portugal und Spanien die eigenen Besitzstände in der Strukturförderung zu wahren. Im Kreis der neuen Unionsländer sind allein die Tschechische Republik und Ungarn mit prononcierten Forderungen in Erscheinung getreten. Die Verhandlungspositionen der beiden Staaten zielten jedoch vorrangig auf die Implementierung von Fördergerechtigkeit ab.

Das Vereinigte Königreich Großbritannien stellt in Bezug auf die ihm gewährten Sonderrechte sowie auf die angewandten Aushandlungsstrategien im EU-Mitgliederkreis eine absolute Ausnahmeerscheinung dar: Der Inselstaat vertrat sowohl in den Verhandlungen um den Jahreshaushalt 2011 als auch um den Mehrjährigen Finanzrahmen für 2007 bis 2013 von Anbeginn den Verhandlungskurs „soviel Vergemeinschaftung wie nötig, so wenig wie möglich" mit allen damit verbundenen Konsequenzen für die Finanzausstattung der Europäischen Union. Das Land verfolgte in beiden gouvernementalen Entscheidungsverläufen wie kein anderer Mitgliedstaat die Haltung einer harten nationalen Interessenpolitik. In den Jahren 2004 und 2005 kämpfte die britische Regierung mit allen zur Verfügung stehenden Mitteln (etwa mit der Drohung des Einsatzes seines Vetorechtes) um eine Aufrechterhaltung des VK-Ausgleiches. Selbst im Rahmen der Verhandlungen um das Budget für 2011 versuchten die Briten trotz der Grobmaschigkeit des Jahreshaushaltsverfahrens die eigene Beitragslast über eine Reduzierung der Gesamthöhe der Zahlungen abzusenken.

Obwohl die alten Kohäsionsstaaten durch die Aufnahme der Länder aus Mittel- und Ost-Europa mit weniger Rückflüssen rechnen mussten, hat es in den Entscheidungen um den EU-Jahreshaushalt 2011 keine besonderen Zugeständnisse durch Absprachen oder Kompensationen zu Gunsten der alten Mitgliedstaaten gegeben. Im Kreis der Nettoempfänger fand das Instrument des Package Deals somit keine Anwendung. Diese Entwicklung ist auf zweierlei Faktoren zurückzuführen: Die europäische Struktur- und Kohäsionsförderung ist als Ausgleichssystem zwischen wohlhabenden und ärmeren Regionen konzipiert. Als Ausdruck des Solidaritätsprinzips fließt ein Großteil der Fördermittel vor allem in mitgliedstaatliche Regionen, deren Bruttoinlandsprodukt pro Kopf weniger als 75 Prozent des EU-Durchschnitts beträgt. Die Mittelverteilung beruht auf festgelegten und von allen Mitgliedstaaten akzeptierten Kennzahlen. Des Weiteren folgt die Kohäsionspolitik heute einer Nutzenorientierung, um den integrationspolitischen und gesamtökonomischen Entwicklungen innerhalb der Europäischen Union Rechnung zu tragen. Dies führt dazu, dass insbesondere über die Ziel 2 – Förderung „Regionale Wettbewerbsfähigkeit und Beschäftigung“ auch wohlhabendere Regionen in den Mitgliedstaaten unterstützt werden, beispielsweise mit der Zielsetzung, die Folgen der Globalisierung abzumildern. Dahinter steht die Intention, den Zusammenhalt innerhalb der erweiterten Europäischen Union zu fördern, so dass Mitgliedstaaten, die im Verhältnis zu den neuen Staaten aus Mittel- und Ost-Europa über eine vergleichweise prosperierende Wirtschaftskraft verfügen, nicht aus der Förderung fallen. Der zweite Aspekt, der die Konsensfähigkeit zwischen den Kohäsionsländern begünstigt hat, ist das Bewusstsein, dass auf dem Höhepunkt der Finanz- und Wirtschaftskrise kein Raum für besondere Begehrlichkeiten gegenüber den Nettozahlern bestanden hat. In den Verhandlungen um den Mehrjährigen Finanzrahmen fand hingegen das Instrument des Package Deals auch innerhalb des Kreises der alten Kohäsionsstaaten Anwendung. Hier besteht zwischen den beiden Untersuchungsfällen eine deutliche Divergenz. Vor allem die alten Nettoempfänger Griechenland, Irland, Portugal und Spanien wurden bei der Finanzplanung für 2007 bis 2013 mit hohen Ausgleichszahlungen befriedet.

Die Auswertung der mitgliedstaatlichen Positionen und deren Einbringung in den Entscheidungsprozess hat fernerhin gezeigt, dass es im Rahmen der Jahreshaushaltsverhandlungen 2011 keine Delegation gegeben hat, die in besonderem Maße auf die Interessen anderer Mitgliedstaaten beispielsweise in Form eines Engagements zu Gunsten unmittelbar angrenzender Nachbarstaaten geachtet hat. Eine Interessengruppierung bildete sich allein im Lager der Nettozahler mit Blick auf die Höhe der Zahlungen aus. Die Studie zur Agenda 2007 hat hingegen offengelegt, dass altruistische Muster im Rahmen von Finanzverhandlungen selten, gleichwohl jedoch möglich sind. Diese waren im Falle der Bundesrepublik Deutschland gegenüber Polen zu beobachten. Jene Haltung steht vermutlich im Zusammenhang mit der besonderen historischen Verantwortung und Schuld gegenüber dem östlichen Nachbarn mit Blick auf die begangenen Kriegsverbrechen im Zweiten Weltkrieg. In der Gesamtbewertung der Verhandlungen um den Mehrjährigen Finanzrahmen 2007 bis 2013 bleibt festzuhalten, dass das idealistische Auftreten der deutschen Delegation im Konzert der Eigeninteressen der europäischen Staatengemeinschaft eine absolute Ausnahmeerscheinung darstellt. Des Weiteren hat die Fallstudie zur Agenda 2007 bestätigt, dass auch in dieser Entscheidungssituation die Gefechtslinie im Europäischen Rat nicht innerhalb des Lagers der Nettoempfänger verlaufen ist. Vielmehr konzentrierte sich die Aushandlung innerhalb des Lagers der Nettozahler. Eine Abgrenzung zwischen alten und neuen Mitgliedstaaten war in beiden Entscheidungsverläufen nicht zu beobachten. Eine Divergenz besteht im Vergleich beider Fallstudien darin, dass bei der Aushandlung um die Agenda 2007 zugleich eine Abgrenzung zwischen Nettozahlern und Nettoempfängern feststellbar war, wohingegen im Jahreshaushaltsverfahren diese Line keine große Rolle gespielt hat. Im Fall der Agenda 2007 verlief des Weiteren eine leichte Trennung zwischen alten und neuen Kohäsionsstaaten, die jedoch durch eine eindimensionale Besitzstandswahrung von Seiten Griechenlands, Portugals und Spaniens gekennzeichnet war. In den Verhandlungen Ende 2010 war dies nicht zu beobachten.

Die Verhandlung um den Jahresetat 2011 fand geraume Zeit nach der großen Ost-Erweiterung statt. Die Forschungsergebnisse zu den Jahreshaushaltsverhandlungen im Rat ähneln den Resultaten aus der Fallstudie zur Entscheidung um die Agenda 2007, die unmittelbar nach der Ost-Integration verhandelt wurde. Die Einzelanalyse aller gouvernementalen Positionen und deren Einbringung in die Entscheidungsprozesse hat in beiden Untersuchungen folgendes Ergebnis hervorgebracht: Sowohl im Fall der Agenda 2007 als auch in den Verhandlungen um das EU-Budget für 2011 hat es keinerlei Hinweise auf ein besonders forsches Auftreten von Seiten der neuen Unionsländer gegeben. Bei der Aushandlung der gemeinsamen Ratsposition im Jahr 2010 zeigten sie keine unverhältnismäßige Anspruchshaltung oder traten in der finalen Abstimmung nach qualifizierter Mehrheit als Blockierer auf. Allein die Tschechische Republik lehnte gemeinsam mit den Nettozahlern Dänemark, Finnland, Großbritannien, den Niederlanden, Österreich und Schweden den zuvor ausgehandelten Kompromiss in der Ratsabstimmung ab. Auch im Fall der Agenda 2007 bildeten die „Neuen" weder eine Interessenkoalition aus, die über das Vertreten angemessener Forderungen hinausging, noch hat es in der Abstimmung im Europäischen Rat, die der Einstimmigkeit unterliegt, ein Veto gegeben. Sowohl die Auswertung der geführten Interviews mit Verhandlungsbeteiligten als auch die kritische Auseinandersetzung mit Kommentaren und Beiträgen von EU-Korrespondenten anlässlich wichtiger Tagungen der gouvernementalen Organe in Brüssel führten in beiden Untersuchungsfällen zum gleichen Schluss: Die neuen Mitgliedstaaten aus Mittel- und Ost-Europa haben keine unangemessenen Begehrlichkeiten gegenüber den Nettozahlern oder innerhalb des eigenen Zirkels der Nettoempfänger geltend gemacht. So forderten die vier Visegrád-Länder Polen, die Slowakische Republik, die Tschechische Republik und Ungarn in den Verhandlungen um die Agenda 2007 lediglich eine Gleichbehandlung der alten und der neuen Mitgliedstaaten in der Struktur- und Kohäsionsförderung. Malta verlangte eine Konzentration der Fördermittel auf die Beitrittsländer. Die drei Länder des Baltikums Estland, Lettland und Litauen setzten sich dafür ein, dass die am wenigsten entwickelten Staaten gemäß dem geltenden Prinzip der Kohäsion die höchsten Zuwendungen aus der Strukturförderung erhalten. Vor dem Hintergrund des langwierigen Beitrittsprozesses und des allgemeingültigen Gleichheitsprinzips innerhalb der Europäischen Union erweisen sich diese Forderungen weder als besonders ambitioniert noch als ungenügsam. Die empirische Forschung lässt daher die Konklusion zu, dass sich die neuen Länder innerhalb der Europäischen Staatengemeinschaft uneingeschränkt positiv adaptiert haben. Dies konnte mit Hilfe schwieriger Entscheidungsverfahren, der Verhandlungen der Europäischen Union um ihre Einnahmen und Ausgaben im Rahmen der Finanzplanung für die Jahre 2007 bis 2013 sowie um ihre Jahreshaushaltsplanung für 2011, belegt werden. Auf Grundlage der vorliegenden Forschung lässt sich die zweite Hypothese bestätigen, dass Staaten, die der Europäischen Union beitreten, aufgrund institutioneller (darunter auch bürokratischer) Zwänge in Entscheidungsprozessen diejenigen Verhandlungspraktiken und Verhaltensstandards der Alt-Mitglieder annehmen, die sich als rational und effektiv erweisen. Diese Adaption hat den Effekt reduziert, den eine Zunahme der Gruppengröße auf die Beschlussfähigkeit und die Politikstabilität hat. Beide Fallbeispiele um die EU-Finanzen haben belegt, dass sich die veränderte Gruppengröße sowie die zunehmende Uneinheitlichkeit in der Mitgliederstruktur in Folge der EU-Ost-Erweiterung weder auf das Verhandeln und Entscheiden noch auf die Handlungs- und Beschlussfähigkeit in den gouvernementalen EU-Organen negativ ausgewirkt haben. Die Ausgangshypothese, dass Verhandlungen in der Europäischen Union konfliktanfälliger und damit langwieriger werden, wenn die Zahl der Mitgliedstaaten und die Interessen-Heterogenität innerhalb der EU zunehmen, konnte in beiden Untersuchungsfällen widerlegt werden (Hypothese 1).

Die Mechanismen des Regierens haben sich innerhalb der erweiterten Europäischen Union nach dem Grundsatz business as usual nahtlos fortgesetzt. Während die Zahl der partizipierenden Akteure keinen signifikanten Einfluss auf den Verlauf und den Ausgang in den jeweiligen Verhandlungssituationen hatte, erwies sich innerhalb der Entscheidungsarena der gouvernementalen Organe allein die Differenzierung der Mitgliedstaaten in den Status als Nettoempfänger oder Nettozahler als verhandlungsprägend. Gleichzeitig war die Abgrenzung innerhalb des Lagers der Nettozahler zwischen den gemeinwohlorientierten Staaten, den gemäßigten Staaten und den EU-Regierungen, die eine rigide Haushaltspolitik vertreten, entscheidend. In beiden Untersuchungsbeispielen ist sowohl ein veritabler Konflikt zwischen neuen und alten Mitgliedstaaten als auch ein Konflikt zwischen alten und neuen Kohäsionsländern im Rat respektive im Europäischen Rat ausgeblieben. In beiden untersuchten Einzelstudien hat es seitens der neuen Nettoempfänger keine Interessenkoalitionen gegeben, über die eine Ausbremsung oder eine Blockade der Entscheidungen im Rat oder im Europäischen Rat beabsichtigt oder möglich gewesen wäre. Diese kompromissorientierte Haltung ist darauf zurückzuführen, dass die Nettoempfänger großes Interesse hegen, dass ein Haushalt zustande kommt. Erfolgt keine Einigung, profitieren von einer vorläufigen Haushaltsführung nach der Zwölftel-Regel vor allem die Hardliner aus dem Kreis der Nettozahler. Selbst in Krisenzeiten findet im Zuge der jährlichen Verabschiedung des EU-Haushalts eine Haushaltsaufstockung statt. Im Fall eines Scheiterns der Finanzverhandlungen kommt dies vor allem den finanzpolitisch konservativen Mitgliedstaaten entgegen. Da die Nettoempfänger ein Misslingen des Haushaltsverfahrens um jeden Preis verhindern möchten, lässt sich hieraus ihre konsensorientierte Haltung ableiten und begründen. Als auffällig erwies sich dagegen die Auseinandersetzung zwischen den Nettozahlern. In der Fallstudie zum EU-Jahreshaushalt 2011 konnte mit Blick auf die Konsensfindung und das Erzielen von Politikergebnissen im Rat die fünfte Hypothese bestätigt werden, dass sich das Instrument des Package Deals als bewährtes und probates Mittel erweist, um Kompromisse auch dann zu erzielen, wenn mitgliedstaatliche Interessen deutlich auseinanderdriften. Obgleich das Lager der Nettozahler im Rat zunächst zweigeteilt war, ermöglichte die

Abstimmungsregel der qualifizierten Mehrheit auf der einen Seite sowie bilaterale Abstimmungen zwischen den großen Mitgliedstaaten auf der anderen Seite, dass eine Mehrheit im Rat zustande gekommen ist. Dabei spiegelten die erzielten Politikergebnisse die Präferenzen und die relative Machtposition der Unionsländer im komplexen Verhandlungssystem der EU wider. Im Untersuchungsfall um den Jahreshaushalt 2011 hat sich die dritte Hypothese somit nicht bestätigt. Dieser Punkt markiert eine Divergenz zur ersten Fallstudie, die gezeigt hat, dass im Entscheidungsgefüge der Europäischen Union auch solche Politikergebnisse möglich sind, die der im Verhandlungssystem vorliegenden Machtverteilung nicht entsprechen.

Die geraume Zeit nach der Ost-Erweiterung vollzogenen Verhandlungen um das Budget 2011 haben bestätigt, dass der Rat seine Konsensfähigkeit sowohl nach Innen gewahrt als auch ein geschlossenes Auftreten gegenüber den supranationalen Institutionen im interinstitutionellen Entscheiden demonstriert hat. Während im Fall des EU-Jahreshaushaltes 2011 eine gravierende institutioneninterne Auseinandersetzung um die Verabschiedung der Position des Rates ausgeblieben ist, wurde diese hingegen auf einer interinstitutionellen Ebene ausgefochten. Dieser schwierige erstmalig unter den neuen primärrechtlichen Bedingungen von Lissabon ausgetragene Verhandlungsprozess zwischen Rat und Parlament wurde in einer eigenen Untersuchungseinheit erforscht. Auf Basis dieser ganzheitlichen Analyse ist eine abschließende Bewertung möglich, inwieweit politisches Entscheiden nach der Reform von Lissabon auf einer interinstitutionellen Ebene funktioniert und die Capacity der erweiterten EU gewahrt bleibt. Dass sich die Entscheidungen zur Verhandlung um den EU-Jahreshaushalt 2011 als kompliziert erwiesen haben, war nicht auf die veränderte Gruppengröße im Rat, sondern auf das Geltendmachen der neuen Kompetenzen des Parlamentes im Jahreshaushaltsverfahren zurückzuführen. Im interinstitutionellen Entscheiden zeigte sich, dass das Parlament massiv versucht hat, seine neuen Rechte zu nutzen, um Politikergebnisse nach eigenen Präferenzen zu beeinflussen und eine weitere Kompetenzausdehnung im Verfahren um die Mehrjährige Finanzplanung zu erreichen. Machtverschiebungen zu Gunsten des Parlamentes haben mit Lissabon zweifelsohne stattgefunden. Die verfahrensbezogene Umsetzung dieser primärrechtlichen Neuordnung enthält jedoch im Rahmen des jährlichen Haushaltsverfahrens Fallstricke bereit, die es den Mitgliedstaaten erlauben, im interinstitutionellen Entscheiden das Zepter weiterhin fest in den Händen zu halten. Die Einflussoptionen des Parlamentes, innerhalb des institutionellen Dezisionsgefüges der Europäischen Union eigene Interessen geltend zu machen, wurden zweifelsfrei auf einer formalen Ebene geschaffen. Wie weit der parlamentarische Einfluss tatsächlich gehen kann, hängt in der verfahrensbezogenen

Praxis jedoch nach wie vor von der Bereitschaft der Mitgliedstaaten ab, diese Handlungsspielräume auch tatsächlich zuzulassen. Dies ist auf die strukturellen Entscheidungswege im neu geschaffenen Vermittlungsausschussverfahren zurückzuführen, in dem der Rat aufgrund der paritätischen Ausschussbesetzung zwischen Vertretern aus Rat und Parlament auch weiterhin großen Einfluss bewahrt. Das Ergebnis um die Verabschiedung des EU-Jahreshaushaltes 2011 hat gezeigt, dass das Zusammenspiel zwischen Parlament und Rat im politischen Entscheiden auch nach der Vertragsreform von Lissabon grundsätzlich konfliktbehaftet bleibt. Da der Einigungsdruck zur Erzielung von Politikergebnissen gerade im Haushaltsverfahren bei den supranationalen Akteuren hoch ist, ist ein Interessenausgleich und eine Übereinkunft innerhalb der Haushaltsbehörde nach wie vor wahrscheinlich. In beiden untersuchten Finanzverhandlungen hat sich die vierte Hypothese bestätigt, dass die Möglichkeiten des Parlamentes, innerhalb des interinstitutionellen Entscheidungssystems der Europäischen Union Politikergebnisse nach eigenen Interessen zu beeinflussen, ansteigen, wenn für alle beteiligten Akteure die Kosten einer Nichteinigung gleich hoch sind. Dies ist in Verhandlungen um die EU-Finanzen aufgrund der Dominanz der Nettozahler und ihrem großen Interesse an Haushaltsdisziplin keineswegs der Fall und schränkt damit den Einfluss des Parlamentes gegenüber den Mitgliedstaaten ein. Des Weiteren konnte die sechste Hypothese empirisch belegt werden, dass die Erzielung von Politikergebnissen in einer Verhandlungssituation schwieriger und langwieriger erscheint, wenn ihre Folgen weit in die Zukunft reichen. Während die Verhandlung um den Jahreshaushalt 2011 im Rat wenig konfliktbehaftet verlaufen ist, lasteten die weit in die Zukunft reichenden Konsequenzen der zu treffenden Entscheidungen über die Agenda 2007 erheblich auf den gouvernementalen Verhandlungen. Die Befunde aus zweierlei Fallstudien, der Entscheidung zur Agenda 2007 sowie zum Jahreshaushalt 2011, die unterschiedlichen Verfahren unterliegen und mit zeitlichem Abstand zueinander verhandelt wurden, haben gezeigt, dass die Aufnahme der Staaten aus Mittel- und Ost-Europa die Entscheidungsabläufe innerhalb der EU weder erschwert noch verändert haben. Das Verhältnis zwischen Parlament und Rat bleibt auch nach Lissabon spannungsgeladen. Aufgrund des institutionenübergreifenden, gemeinsamen Willens, Politikergebnisse zu erzielen, ist auch in Zukunft ein interinstitutioneller Ausgleich zu erwarten. Der Europäischen Union ist der Spagat zwischen ihrer vollzogenen Erweiterung nach Mittel- und Ost-Europa und der Wahrung ihrer Capacity erfolgreich gelungen.

Teil 4: Fazit: Entscheidungsprozesse nach der Ost-Integration: Implikationen für die Handlungsfähigkeit der erweiterten Union

1. Bewertung des Theorieninstrumentariums und der methodischen Vorgehensweise

Die vorliegende Studie hat sich mit der empirisch-qualitativen Erforschung der Auswirkungen der Ost-Erweiterung auf die Entscheidungsprozesse innerhalb der Europäischen Union befasst. Um die Funktions- und Handlungsfähigkeit der erweiterten Union zu untersuchen, mussten zugleich die Umsetzung, die Wirkungsmechanismen und die Effizienz der notwendig gewordenen Institutionenreformen sowie die Reformen der Gemeinschaftspolitiken auf den Prüfstand gestellt werden. Hierzu wurde die Entwicklung des Europarechts in Hinblick auf die primärrechtlichen Veränderungen im institutionellen Kompetenz- und Entscheidungsgefüge der Union nach der großen Vertragsrevision von Nizza und Lissabon untersucht. Als methodisches Werkzeug diente die Auswahl zweier Fallstudien zu den Verhandlungen um den Mehrjährigen Finanzrahmen 2007 bis 2013 sowie um den Jahreshaushalt 2011 als erstem Entscheidungsprozess um die EU-Finanzen nach Inkrafttreten des Vertrages von Lissabon. Mit Hilfe dieser beiden Untersuchungseinheiten zu den wichtigen Haushaltsverhandlungen konnte nachgewiesen werden, dass die Neuaufnahme der postkommunistischen Staaten in den Mitgliederkreis und der damit verbundene Zuwachs an entscheidungsberechtigten Akteuren innerhalb der gouvernementalen Institutionen keine Auswirkung auf die Capacity der Europäischen Union hatte. Die Fallstudie zum Budget 2011 hat gezeigt, dass das neue Machtverhältnis zwischen Parlament und Rat im Jahreshaushaltsverfahren den interinstitutionellen Entscheidungsprozess auf einer verfahrensbezogenen Ebene eher erschwert als erleichtert hat.

Abschließend soll nun das theoretische Erklärungsgerüst fallübergreifend auf den Prüfstand gestellt werden. Hierbei gilt es zu bewerten, ob der rationalistische sowie der soziologische Institutionalismus den Verlauf und den Ausgang der Finanzverhandlungen zufriedenstellend erklären konnten. Zum Auftakt der vorliegenden Untersuchung wurde die Anwendbarkeit der beiden gängigen Großtheorien der Europäischen Integration auf die vorliegende Studie überprüft. Dabei hat sich gezeigt, dass das wesentliche Defizit sowohl des

Neofunktionalismus als auch des Intergouvernementalismus in deren Erklärungskraft in Bezug auf die in der Union zu beobachtende Koexistenz gouvernementaler und supranationaler Elemente besteht. Der Intergouvernementalismus unterschätzt die Kraft einer sich selbst verstärkenden europäischen Integrationsdynamik und überschätzt die Kategorien der Macht und Interessen gouvernementaler Akteure im komplexen EU-System. Im Neofunktionalismus findet hingegen eine augenscheinliche Vernachlässigung der Beständigkeit und Tragweite der Eigeninteressen der nationalen Mitgliedstaaten statt. Die Betrachtung der primärrechtlichen Entwicklung des Institutionen- und Entscheidungsgefüges der Europäischen Union sowie die empirisch-qualitative Analyse zweier Fallbeispiele um die wichtigen Finanzverhandlungen haben Folgendes gezeigt: Gerade die Anerkennung des Nebeneinanders gouvernementaler und supranationaler Komponenten im System der EU sind der Schlüssel, um das innere Wesen des europäischen Integrationsverbundes und dessen Beschluss- und Handlungsfähigkeit zu ergründen. Die vorliegende Studie hat die antizipierte theoriebezogene Vermutung bestätigt, dass sowohl der Intergouvernementalismus als auch der Neofunktionalismus die tatsächliche Struktur der EU, die Entscheidungsabläufe sowie spezifische Verhandlungsergebnisse weder vollständig noch zufriedenstellend erklären können. Das Interagieren zwischen den gouvernementalen Organen (Ministerrat, Europäischer Rat) und den supranationalen Organen (Kommission, Parlament) in den Dezisionsverfahren ist nicht nur primärrechtlich verankert, sondern spiegelt auch die empirische Wirklichkeit des politischen Entscheidens wider. Gerade die kontinuierliche Wechselwirkung aus Konflikt und Kooperation macht das einzigartige Wesen der Europäischen Union aus und beschleunigt das Voranschreiten in der Europäischen Integration. Dieser Prozess zeigt sich auch in den Politikergebnissen um die Aushandlung des Mehrjährigen Finanzrahmens 2007 bis 2013 und des Jahresbudgets 2011. Weder der Neofunktionalismus noch der Intergouvernementalismus vermag diese Resultate ausreichend zu erklären. Dieses Analyseergebnis schmälert keineswegs die Bedeutung der beiden Ansätze für die Explikation der großen Integrationsfortschritte im Prozess der Europäischen Integration. Allerdings legt es für die heutige theoriebezogene Europaforschung eine wichtige Erkenntnis offen: Die Anwendbarkeit des Neofunktionalismus respektive des Intergouvernementalismus in Reinform erweist sich in Anbetracht der komplexen Gestalt der Europäischen Union und ihrer Funktionsmechanismen heute als überholt. Auch die Dynamik der Europäischen Integration sowie singuläre Folgen dieser Entwicklung wie die große Ost-Erweiterung lassen sich weder mit einer alleinigen Fokussierung auf die Entscheidungsabläufe in den gouvernementalen Organen, einer einseitigen Analyse mitgliedstaatlicher Akteursinteressen und deren Durchsetzbarkeit, noch mit einem Integrationsautomatismus in spezifischen Politikfeldern explizieren. Ein für die heutige Europaforschung instrumentalisiertes Theorienkonzept erfordert eine uneingeschränkte Berücksichtigung der Institutionenstruktur sowie der institutionellen Regularien und Verfahren, die die politischen Prozesse und die Entscheidungsfindung in der Europäischen Union maßgeblich bestimmen. So musste auch das der vorliegenden Dissertation zu Grunde gelegte Theorieninstrumentarium dem Anspruch gerecht werden, die Interaktion zwischen allen entscheidungsrelevanten EU-Akteuren (innerhalb der Institutionen und interinstitutionell) sowie die Wirkung formeller Verfahren und informeller Regeln im komplexen Entscheidungssystem der Union zu erklären und diesen gleichzeitig einen gleichberechtigten Stellenwert einzuräumen.

Der Erwartungsdruck innerhalb der Europäischen Staatengemeinschaft, dass eine Einigung zu wichtigen EU-Entscheidungen nach der großen Ost-Erweiterung ohne besondere Widrigkeiten weiterhin möglich bleibt, war sowohl mit Blick auf die politische Entscheidungsebene, die vorrangig von den nationalen Mitgliedstaaten geprägt und dominiert wird, als auch mit Blick auf die interinstitutionelle sowie gesetzgeberische Beschlussebene groß. In der Untersuchung zweier zentraler Entscheidungssituationen um die EU-Finanzen hat sich gezeigt, dass "institutions matter". Das anzuwendende Theorieninstrumentarium musste mit der empirischen Entwicklung Schritt halten, denn die institutionelle Struktur der Europäischen Union beeinflusst die Verhandlungsprozesse und – Ergebnisse innerhalb des EU-Entscheidungssystems heute maßgeblich. Dieser Befund bedeutet jedoch nicht, dass die supranationalen Institutionen im Zuge der dynamischen Entwicklung der Europäischen Integration und der vollzogenen Erweiterungen zwangsläufig einen Zugewinn an Autonomie erfahren haben wie es der Funktionalismus vorausgesagt hat. Die vorliegende Studie hat gezeigt, dass die nationalen Staats- und Regierungschefs trotz fortgeschrittener Integrationsleistung und der damit einhergegangenen enormen Ausweitung des Gemeinschaftsrechts die „Herren der Verträge“ geblieben sind, die den Souveränitätstransfer an die Gemeinschaft und ihre Organe steuern und kontrollieren. Die Anwendbarkeit des theoretischen Modells des rationalistischen Institutionalismus sowie des soziologischen Institutionalismus in Kombination miteinander hat sich in beiden Untersuchungsfällen als schlüssig erwiesen. Demnach agieren die nationalen Mitgliedstaaten innerhalb des supranationalen Entscheidungsgefüges der EU als autonom handelnde Akteure, während ihr Handlungsradius gleichzeitig vom institutionellen Gerüst und von den geltenden Verfahren der EU beeinflusst wird. Diese steuern einerseits die Verhaltens- sowie Verhandlungsoptionen der nationalstaatlichen Akteure und begrenzen deren Entscheidungsspielräume. Andererseits weisen diese zugleich eine kooperationsfördernde Wirkung auf und tragen dazu bei, dass sich die exogenen Interessen der Mitgliedstaaten, die in der Regel materiell orientiert sind, einhegen und miteinander in Einklang bringen lassen.

In Hinblick auf das Verhalten der neuen Mitgliedstaaten in EU-Verhandlungen hat es nach der Erweiterung unterschiedliche Interpretationen gegeben. Einige Autoren führten Unsicherheiten im Umgang mit der Brüsseler Bürokratie als Erklärung für das zunächst zurückhaltende Agieren der mittel- und osteuropäischen Länder an und erwarteten für die Folgezeit eine drastische Verhaltensänderung (Vgl. Leuffen 2006: 3/4). Mit Hilfe der vorliegenden Studie konnte empiriegestützt nachgewiesen werden, dass es auch Jahre nach dem Beitritt von Seiten der neuen EU-Mitglieder zu keinen unangemessenen Forderungen gekommen ist. Die Ergebnisse beider Fallstudien spiegeln die theoriebezogenen Erwartungen des soziologischen Institutionalismus: Das Verhalten der neuen mitgliedstaatlichen Repräsentanten hat sich nach der Ost-Erweiterung innerhalb der europäischen Institutionen durch Prozesse der Isomorphie angeglichen. Diese Entwicklung ist auch auf deren grundsätzliche Verfasstheit als liberale Demokratien zurückzuführen und auf den gemeinsamen Wertekonsens, den alle EU-Länder teilen. Die empirische Analyse hat des Weiteren gezeigt, dass die Implikationen des rationalistischen Institutionalismus sowie rationalistischer Modelle der Entscheidungstheorie den Verhandlungsverlauf im Modus des Bargaining solide erklären können, wohingegen der soziologische Institutionalismus ein verlässliches Erklärungsgerüst für den weiteren Verlauf im Interaktionsmodus des Arguing, aber auch für den finalen Ausgang der Verhandlungen bietet. Dass auf einer argumentativen Ebene der Appell einzelner Mitgliedstaaten an die Gemeinschaftsnormen und die Verpflichtung der Solidargemeinschaft, die wirtschaftsschwachen Neumitglieder bei ihrer Entwicklung zu unterstützen, nicht nur eine reine Rhetorik darstellte, wird anhand der finalen Ergebnisse vom Dezember-Gipfel des Europäischen Rates im Jahr 2005 deutlich. Die letztlich nachgiebige Haltung Großbritanniens, einem Abschmelzen des Briten-Rabatts zuzustimmen, ist zum einen auf das Innehaben der Ratspräsidentschaft und der damit verbundenen Repräsentativfunktion zurückzuführen. Gleichzeitig beeinflusste das Drängen der anderen Mitgliedstaaten auf einen fairen Lastenausgleich den Ausgang der Verhandlungen. Der Kontext eines normativ-geprägten Verhandlungsumfeldes hat neben der Rolle des Ratsvorsitzes letztlich dazu geführt, dass es zu einem Positionswandel der britischen Regierung gekommen ist, der sich über einen langen Zeitraum nicht einstellen konnte. An diesem Beispiel wurde aber auch die besondere Bedeutung und der Einfluss der Ratspräsidentschaft deutlich, da Großbritannien zu Beginn dieser Funktionsübernahme die Verhandlungen um die Agenda 2007 zunächst ausgesetzt hatte. Das Innehaben des Vorsitzes kann also auch als Machtmittel instrumentalisiert werden, um eigene Interessen durchzusetzen. Im Untersuchungsfall um den Mehrjährigen Finanzrahmen 2007 bis 2013 spiegelt sich diese Führungsrolle in der Höhe des Gesamtbudgetvolumens sowie in der Höhe der einzelnen Ausgabenrubriken wider, die maßgeblich dem eigenen „Kompromiss"-Vorschlag der Briten entsprachen. Beide Fallstudien haben auf einer theoriebezogenen Analyseebene ein wichtiges Ergebnis offen gelegt: Der Verlauf der Verhandlungen und die Verhandlungsergebnisse lassen sich theorienbezogen nur erklären, wenn die Annahmen und analytischen Kategorien des rationalistischen Institutionalismus um die Erklärungsmuster des soziologischen Institutionalismus ergänzt werden. Diese Kombination hat ein innovatives Theorieninstrumentarium bereit gestellt, mit dessen Hilfe ein Durchdringen der komplexen Finanzverhandlungen innerhalb der erweiterten Europäischen Union möglich erschien.

Der Anspruch an den Reformvertrag von Lissabon, eine größere Transparenz herzustellen, wurde auch im Bereich der Haushaltspolitik erfüllt. Die hohe Komplexität in Bezug auf die Aushandlung der EU-Finanzen sowie das Verhandeln hinter verschlossenen Türen haben bis dato den Eindruck von Intransparenz im europäischen Entscheidungs- und Gesetzgebungsprozess suggeriert. Zwar ist es richtig, dass die Genese der Aushandlung und Verabschiedung des EU-Haushalts nur mit großer Mühe zu durchdringen ist. Das Forschungsziel, die gouvernementalen Einzelpositionen, die Aushandlungsstrategien sowie die Verhandlungsprozesse und – Ergebnisse um den Gemeinschaftshaushalt auf einer empirisch-analytischen Ebene aufzubrechen, setzte nicht nur eine genaue Kenntnis der primärrechtlichen Strukturen sowie der EU-Finanzverfassung voraus. Es machte auch eine Einsichtnahme in nicht-öffentliche Positionspapiere der mitgliedstaatlichen Delegationen sowie in Dokumente erforderlich, die Einblick in die Präferenzen aller entscheidungsrelevanter Einzelakteure und Institutionen gewähren. Die vorliegende Arbeit gründet auf der Auswertung einer Vielzahl nicht-öffentlicher und öffentlicher Quellen. Die Black Box der EU-Finanzverhandlungen ließ sich insoweit öffnen wie es die politischen Akteure selbst zugelassen haben. Absprachen im Rat und im Europäischen Rat fallen nicht selten in informeller Form. Diese Vereinbarungen ließen sich jedoch über Statements zentraler Entscheidungsakteure am Rande der Ratssitzungen respektive der großen EU-Gipfeltreffen sowie mit Hilfe der Auswertung der Untersuchungsergebnisse erschließen. Bei der Datenerhebung und Auswertung erschien es wichtig, Inhalte quellenkritisch zu betrachten und zu hinterfragen. Dies gilt nicht nur für die Vielzahl der ausgewerteten journalistischen Berichterstattung sowie für die von den EU-Organen herausgegebenen Pressemitteilungen. Es gilt fernerhin für die Auswertung von Primärdokumenten und die Erkenntnisse aus den geführten Interviews, die zwangsläufig ein perspektivisches Denken offengelegt haben. Daher war die Analyse der vorliegenden Aushandlungsergebnisse von besonderer Bedeutung, um eine valide Bewertung von Verhandlungspositionen, roten Linien und deren Einbringung in den Entscheidungsprozess vornehmen und letztlich Rückschlüsse auf die Beschlussfähigkeit der EU ziehen zu können.

> *„Es giebt* ***nur*** *ein perspektivisches Sehen,* ***nur*** *ein perspektivisches „Erkennen"; und je* ***mehr*** *Affekte wir über eine Sache zu Worte kommen lassen, je* ***mehr*** *Augen, verschiedne Augen wir uns für dieselbe Sache einzusetzen wissen, um so vollständiger wird unser „Begriff" dieser Sache, unsre „Objektivität" sein."*
>
> Friedrich Wilhelm Nietzsche (1887, Schreibweise und Hervorhebung im Original)

Methodisch hat sich das Instrument einer qualitativen Inhaltsanalyse anhand zweier Untersuchungsfälle um die Verabschiedung der EU-Finanzen bewährt. Dabei diente der Ansatz der Untersuchung weniger Fälle unter Berücksichtigung vieler Variablen als probates Mittel, um der Komplexität der Untersuchungsmaterie gerecht zu werden. Die Forschungsergebnisse ließen keinen Schluss zu, der große Abweichungen (most different results) begründet. Gleichwohl sind die Resultate der vorliegenden Untersuchung keineswegs deckungsgleich. Vielmehr ließen sich Ähnlichkeiten, aber auch kleinere Unterschiede feststellen (most similar results). Die zum Auftakt der Studie a priori erwartete Varianz über die Zeit ließ sich nicht nachweisen.

2. Schlussbetrachtung, State of the Art, Ausblick

Abschließend gilt es auch den Blick auf die Forschungsergebnisse anderer Autoren zu den Auswirkungen der Ost-Erweiterung zu richten. Hier ist insbesondere auf die Forschung der ETH Zürich zu den quantitativen Folgen der Ost-Integration zu verweisen (Vgl. Hertz et al. 2006–2011; Leuffen 2010). Die Forschungsgruppe unter Dirk Leuffen, die die Wirkung der veränderten Gruppengröße in Folge der Ost-Erweiterung auf den legislativen Output in der Europäischen Union untersucht hat, ist zu folgendem Ergebnis gekommen: Trotz eines kurzfristigen Rückgangs unmittelbar nach der Aufnahme der zehn Staaten aus Mittel- und Ost-Europa konnte kein direkter Zusammenhang zwischen der Anzahl der auf den Weg gebrachten Gesetze und der veränderten Gruppengröße nachgewiesen werden. Allerdings stellten die Wissenschaftler im Rahmen ihrer Erhebung fest, dass es in unmittelbarer Folge der Ost-Erweiterung nach 2004 einen Rückgang an Verordnungen sowie an Richtlinien, das heißt an Rechtsakten der Europäischen Union, die für alle Mitgliedstaaten gelten, gegeben hat. Dagegen nahmen Entscheidungen, die sich an einzelne oder nur wenige Mitgliedstaaten richten, über die Zeit hinweg zu. Dieses Ergebnis überrascht nicht, da eine

Vielzahl beschlossener und implementierter Integrationsschritte (etwa Regelungen betreffend des gemeinsamen Binnenmarktes) bereits auf den Weg gebracht wurden. Zudem stand diese Entwicklung im Einklang mit den Zielen der Barroso-Kommission, den Gesetzesausstoß insgesamt zu drosseln.

Gleichwohl spiegeln diese Resultate der ETH-Zürich zum quantitativen Gesetzgebungsoutput die Forschungsergebnisse der vorliegenden qualitativen Untersuchung: Die neuen Staaten aus Mittel- und Ost-Europa stimmen nicht häufiger als die alten Mitgliedstaaten gegen Legislativvorhaben respektive treten nicht häufiger als Blockierer auf. Sie bilden keine geschlossene Interessengruppierung oder einen Stimmenblock aus, mit dem sie Entscheidungen nach gemeinsamen Interessen beeinflussen. Dies bedeutet nicht, dass zu verschiedenen Gesetzesvorhaben ein kollektiver Nenner existiert und es in einzelnen Punkten zu einer Einbringung gemeinsamer Positionen in den Entscheidungsprozess oder einer gegenseitigen Unterstützung kommen kann. Diese Vorgehensweise gehört innerhalb der Europäischen Union zum politischen Tagesgeschäft. Auch die Bildung von Koalitionen ist eine gängige und auch notwendige Strategie der Verhandlungsführung und kann eine Entscheidungsfindung sogar erleichtern. Gespräche in EU-Kreisen sowie Interviews der Autorin mit Vertretern der Verhandlungsdelegationen haben gezeigt, dass die neuen Länder in den einzelnen Ausschüssen und Arbeitsgruppen des Rates sowie im Rat selbst sowohl zu Haushaltsfragen als auch zu anderen politischen Themen in der Regel mit Zurückhaltung aufgetreten sind und häufig eine beobachtende Haltung eingenommen haben. Gründe hierfür sind sicherlich die Größe der meisten neuen Mitgliedstaaten, die bis auf wenige Ausnahmen kleine Staaten sind und deren mangelnde Erfahrung auf der supranationalen Entscheidungsbühne, die es erschwert, sich zu allen Verhandlungspunkten informiert zu äußern. Die Ergebnisse der vorliegenden Analyse haben des Weiteren gezeigt, dass der Wille der neuen Staaten, sich als kooperative Mitglieder in das europäische Gemeinwesen einzufügen, ein ihrerseits harmonisches Auftreten in den grundsätzlich konfliktbehafteten EU-Finanzverhandlungen begünstigt hat. Dass es im Kreis der neuen Mitgliedstaaten mit den beiden größten Ländern Polen und der Tschechischen Republik auch Vertreter gibt, die prononcierte Positionen vertreten, ist Bestandteil des demokratischen Meinungsbildungs- und Entscheidungsfindungsprozesses und hat bis heute keine merklichen Auswirkungen auf das Brüsseler Tagesgeschehen.

Wesentliches Kennzeichen der Europäischen Union ist ihr immens hoher Vergemeinschaftungsgrad. Trotz dieser Entwicklung hat sich gezeigt, dass Verhandlungsprozesse über den EU-Haushalt auch heute maßgeblich von nationalstaatlicher Interessenpolitik bestimmt werden. Um die Dezisionsprozesse in den gouvernementalen Organen zu durchdringen, wurden die Partikularinteressen der nationalen Regierungen (vertreten durch die EU-Botschafter beziehungsweise die Finanzminister oder Europa-Minister im Ministerrat sowie durch die Staats- und Regierungschefs im Europäischen Rat) sowie die angewandten Verhandlungstaktiken und Konsensfindungsstrategien untersucht. In der Entscheidungsanalyse wurde dabei ein prüfender Blick auf mögliche Koalitionsbildungen gerichtet, die a priori etwa zwischen den neuen EU-Ländern aus Mittel- und Ost-Europa oder aber zwischen den Nettozahlern vorstellbar waren. Im Fall der Agenda 2007 war zu beobachten, dass jede mitgliedstaatliche Delegation ihre eigenen nationalen Interessen grundsätzlich autonom in den Verhandlungsprozess eingebracht hat. Allerdings ließ die Betrachtung der Verhandlungsstrategie der neuen Mitgliedstaaten die Erkenntnis zu, dass sich zumindest Anzeichen einer geografischen Interessenkoalition ablesen lassen. So verfolgten die vier Viségrad-Staaten sowie die drei Länder des Baltikums ähnliche Positionen. Um die eigenen Präferenzen bestmöglich zu vertreten, ist eine koordinierte Haltung von Delegationen eine schlüssige und keinesfalls ungewöhnliche Strategie. Im Untersuchungsfall um die Mehrjährige Finanzplanung der EU für 2007 bis 2013 haben die neuen Staaten aus Mittel- und Ost-Europa ihre einzelnen Nationalinteressen abgestimmt und mit der Vorlage gemeinsamer Positionspapiere in den Entscheidungsprozess eingebracht. Sie haben sich damit den üblichen Abläufen angepasst. Auch einzelne alte Mitgliedstaaten haben Positionspapiere vorgelegt, ohne jedoch bi- oder trilateral abgestimmte Standpunkte zu präsentieren. Allerdings haben die Nettozahler mit ihrem Schreiben an den Kommissionspräsidenten ihre gemeinsamen Interessen ebenfalls frühzeitig gebündelt und sich zum Auftakt der Verhandlungen geschlossen positioniert. Im weiteren Entscheidungsverlauf um die Agenda 2007 haben sich die neuen Länder auf dem politischen Parkett gemäßigt und tendenziell zurückhaltend bewegt und auf eine Koalitionsbildung in den eigentlichen Verhandlungen verzichtet. Dies gilt gleichermaßen für den Verhandlungsverlauf im Rat im Rahmen der Verabschiedung des Jahreshaushaltes 2011.

Wird eine Kategorisierung der Mitgliedstaaten angestrebt, so erwies sich allein die Zuordnung in den Kreis der Nettozahler respektive Nettoempfänger als sinnvoll. Dabei zeigte sich in beiden Fällen eine Abgrenzbarkeit innerhalb des Lagers der Nettozahler und zwar zwischen Ländern, die gemäßigt auftreten, eine finanzpolitisch gemeinwohlorientierte Haltung einnehmen oder eine rigide Haushaltspolitik vertreten. Die Tendenz hinsichtlich einer Spannungslinie zwischen alten und neuen Kohäsionsstaaten war nur im Fall der Agenda 2007 zu beobachten. Diese war allerdings durch eine eindimensionale Besitzstandswahrung von Seiten Griechenlands, Portugals und Spaniens geprägt. Die

Mutmaßung eines Konfliktes zwischen den neuen Staaten aus Mittel- und Ost-Europa in ihrer Position als neue Netto-Empfängerstaaten, die als Konkurrenz zu den alten Empfängerstaaten in Erscheinung treten, hat sich nach Sichtung und Auswertung aller öffentlichen und insbesondere aller nicht-öffentlichen EU-Dokumente, der umfassenden medialen Europa-Berichterstattung und unter Berücksichtigung der geführten Interviews mit Verhandlungsbeteiligten in beiden Fällen nicht bestätigt. Die neuen Staaten aus Mittel- und Ost-Europa haben sich in die (Entscheidungs-) Strukturen der Europäischen Union besonnen und konfliktfrei eingegliedert.

Die Verhandlungsergebnisse der Entscheidungen um die Mehrjährige Finanzplanung der EU für die Jahre 2007 bis 2013 sowie um den Jahreshaushalt 2011 ließen sich auf einer institutionell-prozessualen Ebene mit Hilfe der zu Grunde gelegten Theorien gut erklären. Die Abstimmungsregel der Einstimmigkeit im Europäischen Rat birgt grundsätzlich das Risiko von Blockaden. Sie führt jedoch gleichzeitig zu einem Konsenszwang, dessen sich die mitgliedstaatlichen Delegationen in allen Verhandlungsphasen bewusst sind und der somit zugleich eine disziplinierende Wirkung einnimmt. Die Studie hat verdeutlicht, dass sowohl in Abstimmungen des Rates, die in beiden Haushaltsverfahren (MFR und Jahreshaushalt) mit qualifizierter Mehrheit erfolgen, als auch in Abstimmungen des Europäischen Rates (MFR), die der Einstimmigkeit unterliegen, allein die Abgrenzung in die Gruppe der Nettozahler respektive der Nettoempfänger eine Rolle gespielt hat. Beide Fallstudien haben die gleiche Erkenntnis hervorgebracht, dass der Einigungsdruck für die Nettoempfänger größer ist als für die Nettozahler, da ein verzögerter Abschluss ein verspätetes Anlaufen von Programmen nach sich zieht und damit vor allem die Nettoempfänger benachteiligt. Nachteile ergeben sich im Falle eines Scheiterns zwar auch für die Nettozahler. Diese profitieren bei einem verspätet beschlossenen Gesamthaushalt jedoch gleichzeitig von einer niedrigeren Beitragslast. Auch nach Lissabon wahren die Nettozahler in Abstimmungen mit qualifizierter Mehrheit in zahlreichen Konstellationen ihre Sperrminorität gegenüber den Nettoempfängern (mindestens vier Gegenstimmen von Ländern, die 35 Prozent der EU-Gesamtbevölkerung repräsentieren).[171]

Auch die jüngste qualitative Forschung zu den Folgen der Ost-Erweiterung liefert eine klare Evidenz für eine gelungene Integration der mittel- und osteuropäischen Mitgliedstaaten. So kommt Duer in einer Untersuchung zu der Verhandlungsmacht und den Verhandlungstaktiken der Mitgliedstaaten im

---

171 Eine Sperrminorität ist beispielsweise bereits bei einem Konsens aller Nettozahler ohne Großbritannien und einer Abweichung Italiens durch Zustimmung erreicht.

Rahmen intergouvernementaler Aushandlungsprozesse auf EU-Ebene zu einem ähnlichen Ergebnis. Seine Forschung belegt, dass in wichtigen Regierungsverhandlungen vor allem die großen Mitgliedstaaten, Länder mit einer guten Alternative zu ausgehandelten Abkommen sowie Regierungen mit innerstaatlichen Zwängen zu einer harten Verhandlungsstrategie greifen. Leistungsschwächere Mitgliedstaaten treten hingegen tendenziell moderat auf. Seine Datenerhebung basiert auf einer Umfrage hochrangiger Beamter aus allen EU-Mitgliedstaaten, die für die Verhandlung der Agenda 2007 zuständig waren. Die Ergebnisse sind mit den vorliegenden Untersuchungsergebnissen daher gut vergleichbar. Duer lässt Zweifel an Studien aufkommen, die darauf hindeuten, dass es keine Unterschiede in den Verhandlungsstrategien der EU-Mitgliedsländer gibt oder aber die Hauptunterschiede zwischen alten und neuen Unionsstaaten bestehen (Duer 2010). Auch in den vorliegenden Untersuchungsfällen um die EU-Finanzen zeigten die Nettozahler (darunter vor allem Länder, die sich zum Verhandlungszeitraum starken innenpolitischen Zwängen ausgesetzt sahen wie etwa Großbritannien und die Niederlande) ein offensiveres Verhalten wohingegen bei den postkommunistischen Staaten in ihrer (schwächeren) Eigenschaft als Nettoempfänger ein zurückhaltendes und angepasstes Verhalten zu beobachten war. Auf der Seite der alten Nettoempfängerstaaten versuchten in den Verhandlungen um die Agenda 2007 insbesondere die Südländer Griechenland, Portugal und Spanien mit teilweise unangemessenen Forderungen die eigenen Besitzstände in der Strukturförderung zu wahren. Dieser Konflikt wurde mit dem Mittel der Ausgleichszahlung sowie zahlreicher Sonderregelungen über Gebühr befriedet. Die vorliegende Studie zum Jahreshaushalt 2011 hat hingegen gezeigt, dass die Veränderung der Rückflüsse kein primäres Aushandlungsziel markiert hat. In den jährlichen Budgetverhandlungen ist der ausschlaggebende Punkt vor allem die Höhe des Gesamtbudgetvolumens und der einzelnen Ausgabenrubriken sowie die Verteilung der Fördermittel auf diese Rubriken. Ein a priori erwartbarer Konflikt zwischen der Gruppe der Nettoempfänger und der Nettozahler sowie zwischen den Nettoempfängern untereinander hat sich auch aufgrund der Grobmaschigkeit im Jahreshauhaltsverfahren sowie in Angesicht des schwierigen Kontextes der Finanz- und Wirtschaftskrise nicht eingestellt. Der Schlüssel zu den Verhandlungen um die Mehrjährige Finanzplanung war hingegen die Untersuchung der Veränderung des nationalen Nettosaldos zu den jeweils eigenen Gunsten der mitgliedstaatlichen Akteure.

Auch Börzel et al. finden im Allgemeinen starke Belege für die Capacity der EU nach der großen Ost-Erweiterung. Im Untersuchungskontext bedeutet Capacity einerseits die Fähigkeit der Europäischen Union, die Beitrittsstaaten auf ihre Mitgliedschaft adäquat vorzubereiten (external integration capacity).

Der Begriff impliziert andererseits die Fähigkeit der Union, über eine Reform der Institutionen und Entscheidungsverfahren sowie der Gemeinschaftspolitiken ihre Handlungs- und Beschlussfähigkeit nach Innen zu wahren sowie eine bestmögliche Kohäsion herzustellen (internal integration capacity) (Börzel/Dimitrova/Schimmelfennig 2017). Mair und Zielonka appellierten bereits im Jahr 2002 dafür, die Erweiterung nicht als Bedrohung für die Europäische Union anzusehen. Vielmehr begünstige der Erweiterungsprozess um eine Vielzahl von Staaten und Präferenzen Anpassung und Zugeständnisse im Mitgliederkreis (Mair/Zielonka 2002). Börzel und Sedelmeier stellen fernerhin fest, dass die Erweiterung zwar die Präferenzvielfalt in der Europäischen Union erhöht, diese jedoch keineswegs zu einer Verschlechterung der Einhaltung des EU-Rechts geführt hat. Ihr Compliance-Vergleich hat gezeigt, dass die neuen Mitgliedstaaten bis dato dem Primärrecht sogar regeltreuer als die alten Mitgliedstaaten entsprechen. So hat die Süd-Erweiterung in den Achtzigerjahren zu einer erheblichen Zunahme der Non-Compliance geführt. Die gute Leistung der Länder aus Mittel- und Ost-Europa führen die Autoren auf die idealen Vorbeitrittsbedingungen im Assoziierungs- und Beitrittsprozess zurück (Börzel/Sedelmeier 2017). Meine Forschungsergebnisse spiegeln diese Erwartungen respektive Befunde weitestgehend. Als Beitrittskandidaten werden gemäß der Kopenhagener Kriterien nur Länder akzeptiert, die mit den Gemeinschaftswerten der Union konform gehen und bereit sind, den umfassenden Acquis Communautaire zu übernehmen. Das Verfahren der Aufnahme neuer Mitgliedstaaten bietet somit eine Absicherung gegen hartnäckiges Querulantentum und trägt zu dieser positiven Entwicklung bei.

Die vorliegenden empirischen Befunde sind in Bezug auf die Untersuchungsfälle eindeutig. Gleichwohl müssen sie im Lichte aktueller innenpolitischer Entwicklungen bewertet werden. In vielen alten und neuen Mitgliedstaaten ist seit circa 2015 ein Aufstieg systemkritischer Parteien zu beobachten. Während dieser wie etwa im Falle Österreichs veritable Chancen für einen fruchtbaren Politikwandel bietet, stellt er in einigen Staaten auch eine akute Bedrohung für die freiheitlich demokratische Werteordnung dar. Die Europäische Kommission kann (wie im Fall Polens geschehen) lediglich Verfahren gegen die Verletzung der Rechtsstaatlichkeit einleiten. Im größten postsozialistischen Mitgliedsland der EU, aber auch im kleinen Mitgliedstaat Rumänien, findet derzeit in justiziellen Bereichen eine Aushebelung der Rechtsstaatlichkeit statt. Der fulminante Wahlsieg der nationalkonservativen Partei Recht und Gerechtigkeit PiS bei der Parlamentswahl in Polen im Oktober 2015 hat dazu geführt, dass diese die erste Alleinregierung seit dem Umbruch im Jahr 1989 stellen konnte. Während das Land immer als Musterschüler postsozialistischer Transformation galt, zeichnete sich drei Jahre nach Übernahme der Regierungsverantwortung unter Staatspräsident Andrzej Duda eine Aufweichung der Gewaltenteilung sowie der Justizautonomie ab. So wurden Gesetze verabschiedet, die unter anderem die Unabhängigkeit des Verfassungstribunals, des Obersten Gerichtshofs und der Medien beeinträchtigen. Die Vermutung liegt nahe, dass das Parlament in seinem Handeln vom Verfassungsgericht nicht „gestört" werden soll. Obwohl Polen keinen Zweifel an seiner EU-Mitgliedschaft laut werden ließ, scheinen die demokratischen Grundwerte sowie die Grundsätze der Ausgestaltung der Demokratie in Gefahr. Einige Autoren prägen bereits den Begriff einer „illiberalen" Demokratie. Auch die Regierung Rumäniens unter Staatspräsident Klaus Johannis hat versucht, eine radikale Schwächung der Justiz im Bereich der Strafverfolgung von Korruption und organisiertem Verbrechen durchzusetzen. Ob durch jene Regierungswechsel die Rechtsstaatlichkeit innerhalb der beiden Mitgliedstaaten ausgehöhlt wird und sich Nachahmeffekte in anderen mittel- und osteuropäischen Staaten einstellen werden, gilt es heute kritisch zu beobachten. Mit Blick auf die behandelte Forschungsthematik und die vorliegenden positiven Untersuchungsergebnisse stellt sich vor dem Hintergrund der aktuellen Entwicklungen erneut die Frage, ob Regierungsvertreter aus diesen Ländern auf EU-Ebene in Zukunft besonders fordernd auftreten werden respektive Entscheidungen blockieren oder ob ein weiterhin angepasster Politikstil auf europäischer Ebene möglich bleiben wird.

Um zu prüfen, ob die EU nach der großen Ost-Erweiterung ihre Beschluss- und Handlungsfähigkeit gewahrt hat, wurden neben dem Einfluss der akteursspezifischen Interessen weitere unabhängige Variablen bestimmt, die sich aus der hohen Bedeutung des institutionellen Kontextes für den Untersuchungsgegenstand ableiten ließen. Aus der inzwischen erreichten Integrationstiefe ist eine apodiktische Rechtsstruktur hervorgegangen, in die sich alle Akteure einfügen müssen. Das auf dieser Rechtsgrundlage gewachsene Institutionen- sowie Verfahrensgerüst gewährt den Akteuren einerseits Spielraum, um ihre spezifischen Interessen dezidiert in den Entscheidungsprozess einzubringen. Andererseits fordert es zugleich eine enge Zusammenarbeit zwischen den Institutionen ein und nimmt dabei eine eindeutige Festlegung der jeweiligen Kompetenzen vor. Um Politikergebnisse zu erzielen, ist eine intergouvernementale sowie eine interinstitutionelle Kooperation sowie die Bereitschaft, Ausgleiche zu schaffen, unerlässlich. Das strategische Auftreten der gouvernementalen Entscheidungsträger sowie ihre (heterogenen) Einzelpräferenzen treffen in den Verhandlungssituationen nicht unangepasst aufeinander. Vielmehr ist das Agieren der Akteure engmaschig in das supranationale Verhandlungs- und Entscheidungssystem eingebunden. Politikergebnisse sind in der Europäischen Union somit nicht allein das Produkt des Ausgleiches nationaler Regierungsinteressen. Die Capacity der

Europäischen Union wird nicht nur maßgeblich vom institutionellen und verfahrensbezogenen Kontext geprägt, sondern auch von diesem gesteuert. Die vorgegebenen Abläufe im Jahreshaushaltsverfahren sowie im Verfahren um die Verabschiedung der Mehrjährigen Finanzplanung beeinflussen sowohl den Verlauf, den Ausgang als auch die Dauer der Entscheidungen. Ministerrat und Europäischer Rat dominieren als Repräsentativorgane der nationalen Mitgliedstaaten die EU-Haushaltspolitik und das Rechtsetzungsverfahren nicht vollständig, sondern müssen mit den supranationalen Organen Parlament und Kommission eng kooperieren. Die institutionellen und verfahrensbezogenen EU-Strukturen auf Grundlage des geltenden Primärrechts setzen dem Handeln der (Einzel-) Akteure klar definierte Grenzen.

Die Ausdehnung nach Mittel- und Ost-Europa hat eine Neuordnung der Institutionen und Entscheidungsverfahren notwendig gemacht, die die Mitgliedstaaten mit der Vertragsrevision von Nizza vorbereitet und mit der Reform von Lissabon zu Gunsten der Funktions- und Handlungsfähigkeit der Union effektiv implementiert haben. Die Ergebnisse der empirischen Forschung unter Berücksichtigung zweier Fallstudien, der Entscheidung zur Agenda 2007 sowie zum Jahreshaushalt 2011, die unterschiedlichen Verfahren unterliegen und mit zeitlichem Abstand zueinander verhandelt wurden, haben gezeigt, dass die Aufnahme der Staaten aus Mittel- und Ost-Europa die Entscheidungsabläufe innerhalb der EU weder erschwert noch verändert haben. Die Beschlussfähigkeit der gouvernementalen Organe, sei es innerhalb des Rates oder Europäischen Rates, ist durch den Zuwachs der neuen Mitgliedstaaten nicht beeinträchtigt worden. Das Regieren in der Europäischen Union zeichnet sich auch nach der Ost-Erweiterung durch Kontinuität aus. Eine Wirkung der veränderten Gruppengröße und Präferenzheterogenität auf die Beschluss- und Handlungsfähigkeit der Europäischen Union ist nicht festzustellen.

Im interinstitutionellen Entscheiden ergeben sich nach der Lissabonner Reform jedoch Besonderheiten. In der Jahresbudgetplanung wurde der Zuwachs an parlamentarischer Verantwortlichkeit und Gestaltungsmacht deutlich ausgeweitet. Mit der Vertragsanpassung entfiel im Haushaltsrecht die Abgrenzung der Aufwendungen in obligatorische Ausgaben und in nicht-obligatorische Ausgaben. Während die Entscheidung über die ausgabenintensiven Politikbereiche vor Lissabon weitgehend im Kompetenzfeld des Rates angesiedelt war, gibt es im jährlichen Haushaltsplan der Europäischen Union nach der Revision keine Budget-Linie mehr, die nicht die Zustimmung der Parlamentarier erfahren hat. Im Falle einer Nichtverständigung innerhalb der Haushaltsbehörde entschied vor Lissabon der Rat abschließend über die obligatorischen Ausgaben und das

Parlament letztinstanzlich über die nicht-obligatorischen Ausgaben. Hierdurch bot sich dem Parlament die Möglichkeit, den Haushalt über die nicht-obligatorischen Ausgaben in nicht unerheblicher Form nach oben zu korrigieren. Diese Option fällt nach Lissabon weg. Obwohl die Parlamentarier nun ohne Einschränkung über alle Ausgaben mit dem Rat gleichberechtigt mitentscheiden, kann diese Änderung je nach Lesart sogar als Verschlechterung der Stellung des supranationalen EU-Organs ausgelegt werden.

Innerhalb des Institutionen- und Entscheidungsgefüges der Europäischen Union hat sich die Stellung des Europäischen Parlamentes nach Lissabon insbesondere formal verbessert. Zwar ist eine Kompetenzausweitung des Parlamentes aufgrund der Anwendung des ordentlichen Gesetzgebungsverfahrens als Regelfall und der damit verbundenen Stärkung der parlamentarischen Einflussmöglichkeiten nicht zu leugnen. Gleichwohl ist eine solche Auslegung mit Bedacht zu interpretieren, da in der verfahrensbezogenen Praxis erhebliche Fallstricke bestehen bleiben, die den Einfluss des Europa-Parlamentes schmälern. Auch die Verabschiedung des Jahreshaushaltes obliegt heute dem ordentlichen Gesetzgebungsverfahren. Das Parlament verfügt über neue Rechte und kann den Rat im späteren Entscheidungsverlauf nach Einberufung des neu geschaffenen Vermittlungsausschusses und dessen Einigung sogar überstimmen. Allerdings bleibt mit der paritätischen Besetzung innerhalb des vorgeschalteten Vermittlungsausschusses ein verfahrensbezogener Hebel bestehen. Die gouvernementalen Vertreter repräsentieren im Ausschuss die Interessen des Rates. Diese treffen keine gemeinsame Entscheidung mit den parlamentarischen Repräsentanten, die den Präferenzen des Rates entgegensteht. Auch mit dem Ende 2010 praktizierten (bis heute einmaligen) Versuch des Parlamentes, die eigenen Kompetenzen im Jahresbudgetverfahren auf Grundlage des neuen Primärvertrages auf das Verfahren um den Mehrjährigen Finanzrahmen auszuweiten, ist diesem kein großer Wurf gelungen. Die Mitgliedstaaten zeigten keinerlei Bereitschaft, über das Festschreiben des Status quo hinauszugehen. Die Regierungen signalisierten die Einhaltung der in der Interinstitutionellen Vereinbarung vom 14. Juni 2006 sowie der im Vertrag von Lissabon (auf Grundlage von Artikel 311, 312 Absatz 5 sowie 324 AEUV) primärrechtlich festgeschriebenen Regelungen der Verpflichtung zur interinstitutionellen Konsultation und Zusammenarbeit. Die belgische Ratspräsidentschaft sowie die ihr folgenden Präsidentschaften sicherten dem Parlament im Laufe der Verhandlung des Jahresetats für 2011 zu, intensive Gespräche über die bevorstehende Mehrjährige Finanzplanung 2014 bis 2020 auf einer konsultativen Ebene zuzulassen. Aufgrund dieser Zusage zeigte sich das Parlament bereit, den Anstieg der Ausgaben für die Zahlungen auf dem vom Rat vorgeschlagenen Niveau von 2,9 Prozent zu begrenzen. Ein Zugeständnis in Hinblick auf eine institutionenübergreifende Beratung ist jedoch in der realpolitischen Praxis allein als Formelkompromiss zu werten. Das Zusammenspiel zwischen Parlament und Rat im interinstitutionellen Entscheiden bleibt auch nach der Vertragsreform von Lissabon grundsätzlich konfliktbehaftet. Da der Einigungsdruck zur Erzielung von Politikergebnissen gerade im Haushaltsverfahren bei den supranationalen Institutionen hoch ist, ist ein Interessenausgleich und eine Übereinkunft innerhalb der Haushaltsbehörde nach wie vor wahrscheinlich. Die vorliegende Studie hat gezeigt, dass auch dieser Ausgleich trotz gegebener Präferenzdiversität gelingen kann.

Nach der Realisierung des Austritts Großbritanniens aus der Gemeinschaft wird sich die EU stärker als je zuvor mit der Frage einer europäischen Identität befassen müssen. Gleichzeitig ist zu erwarten, dass die Entwicklung einer neuen integrationspolitischen Strategie auf die interne Agenda der EU-Institutionen sowie aller nationaler Mitgliedstaaten rücken wird. Über Jahrzehnte hinweg wurde die Europaforschung von einer konzeptionellen Debatte über den Stellenwert der Vertiefung der Integration und (respektive oder) der Erweiterung dominiert. Erstmalig erscheint eine Desintegration in Form eines veritablen Vertiefungsstopps denkbar. Dabei erweisen sich angesichts des für alle Unionsländer bindenden Europarechts Integrationsrückschritte in bereits vergemeinschafteten Politikfeldern (Abbau der Vertiefung) als juristisch ausgeschlossen. Allerdings könnte sich eine differenzierte Integration (Avantgarde) oder ein Europa à la Carte herausbilden. Im Falle eines akuten Handlungsbedarfes oder zu spezifischen Fragen ist es vorstellbar, dass von Seiten einzelner mitgliedstaatlicher Regierungen über den Weg einer geografisch und funktionell abgegrenzten Form der Zusammenarbeit Ad-hoc-Lösungen ohne einheitliche Entwicklungsrichtung gesucht und gefunden werden. Dies ist vor allem im Bereich der Außen- und Sicherheitspolitik sowie in justiziellen Fragen etwa in der inneren und äußeren Sicherheit zu erwarten (Bekämpfung des Terrorismus, Datenaustausch und Vorratsdatenspeicherung). Gleichwohl erscheint angesichts der ausdifferenzierten Rechtsarchitektur das Szenario einer Reduzierung der Europäischen Union auf ein Kerneuropa, in dem eine kleine Staatengruppe einen hohen Standard an Integration verwirklicht und dabei eine deutliche Distanz zu den anderen Mitgliedsländern aufbaut, als äußerst unwahrscheinlich. Die Zukunft der Staatengemeinschaft hängt heute mehr denn je vom Gestaltungswillen der demokratisch gewählten Entscheidungsträger ab. Mit diesen Herausforderungen und Fragen wird sich die Europäische Union selbst und die Europaforschung in den nächsten Jahren vorrangig auseinandersetzen müssen.

Anhang

Tabelle 13: Stimmenverteilung im Rat vor und nach der Reform von Nizza

Mitgliedstaat (MS)	Bevölkerung in Mio.	Bevölkerungsanteil in der EU-27 in %	Stimmen vor Nizza (fiktive Stimmen der neuen MS als theoretischer Berechnungsfaktor)	Stimmenverteilung nach Nizza	Stimmenaufwertung um den Faktor x	Stimmenanteil in der EU-27 in %
Belgien	10,213	2,12	5	12	2,4	3,48
Deutschland	82,038	17,05	10	29	2,9	8,41
Dänemark	5,313	1,10	3	7	2,3	2,03
Finnland	5,160	1,07	3	7	2,3	2,03
Frankreich	58,966	12,25	10	29	2,9	8,41
Griechenland	10,533	2,19	5	12	2,4	3,48
Großbritannien	59,247	12,31	10	29	2,9	8,41
Irland	3,744	0,78	3	7	2,3	2,03
Italien	57,612	11,97	10	29	2,9	8,41
Luxemburg	0,429	0,09	2	4	2,0	1,16
Niederlande	15,760	3,28	5	13	2,6	3,77
Österreich	8,082	1,68	4	10	2,5	2,90
Portugal	9,980	2,07	5	12	2,4	3,48
Schweden	8,854	1,84	4	10	2,5	2,90
Spanien	39,394	8,19	8	27	3,4	7,83
EU-15	**375,325**	**78,00**	**87**	**237**	**2,7**	**68,70**
Bulgarien	8,230	1,71	4	10	2,5	2,90
Estland	1,446	0,30	3	4	1,3	1,16
Lettland	2,439	0,51	3	4	1,3	1,16
Litauen	3,701	0,77	3	7	2,3	2,03
Malta	0,377	0,08	2	3	1,5	0,87
Polen	38,667	8,04	8	27	3,4	7,83
Rumänien	22,489	4,67	6	14	2,3	4,06
Slowakische Republik	5,393	1,12	3	7	2,3	2,03
Slowenien	1,978	0,41	3	4	1,3	1,16
Tschechische Republik	10,290	2,14	5	12	2,4	3,48
Ungarn	10,092	2,10	5	12	2,4	3,48
Zypern	0,752	0,16	2	4	2,0	1,16
EU-27	**481,179**	**100**	**134**	**345**	**2,6**	**100**

(fortgeführt)

Tabelle 13: Fortsetzung

Mitgliedstaat (MS)	Bevölkerung in Mio.	Bevölkerungsanteil in der EU-27 in %	Stimmen vor Nizza (fiktive Stimmen der neuen MS als theoretischer Berechnungsfaktor)	Stimmenverteilung nach Nizza	Stimmenaufwertung um den Faktor x	Stimmenanteil in der EU-27 in %
Kroatien	4,471	-	3	7	2,3	(2,03)
EU-28	**485,464**	**(100)**	**144**	**352**	**2,6**	**(100)**

Quelle: modifiziert nach Giering (2001: 77, Tabelle 3); eigene Berechnungen

Anmerkung: Die Bevölkerungszahlen beruhen auf dem Datenstand, die die Kommission im Vorfeld des Reformprozesses von Nizza erhoben und als Berechnungsgrundlage für die Stimmengewichtung zu Grunde gelegt hat.

Tabelle 14: Numerische Stimmenkoalitionen im Ministerrat der EU-27

Länderkoalitionen und Kriterien			Beschlussfassung mit qualifizierter Mehrheit[172]			
Mögliche Koalitionen	**Mitgliedstaat**	**Kriterien**	**Anzahl der Mitgliedstaaten**	**Stimmen[173]**	**Anteil der gewichteten Stimmen**	**Bevölkerungsanteil**
			(>= 14)	(>= 255)	(> 73,4%)[174]	(>= 62%)
Alte EU-Mitgliedstaaten (EU-15)	A, B, D, DK, E, F, FIN, GR, I, IRL, L, NL, P, S, VK		15	237	68,70%	78,00%
Nettozahler (Auswahl)	A, D, NL, S		4	62	17,97%	23,87%
Euro-Länder (Auswahl)	A, B, D, E, F, FIN, GR, I, IRL, L, NL, P		12	191[7]	55,36%	62,75%

172 Der mathematische Wert für den Anteil der gewichteten Stimmen zur Erreichung einer qualifizierten Mehrheit beträgt 73,9 %. Die Erklärung Nr. 21 des Vertrags von Nizza zur Schwelle für die qualifizierte Mehrheit und zur Mindestzahl der Stimmen für die Sperrminorität in einer erweiterten Union legt hingegen einen Prozentsatz von 73,4 % fest.

173 Stimmenzahl unterstrichen: ausreichend zur Bildung einer Sperrminorität. Eine Sperrminorität kommt mit mindestens 91 von 345 Stimmen zustande.

174 Angaben nach Bundesministerium für Wirtschaft

Tabelle 14: Fortsetzung

Länderkoalitionen und Kriterien			Beschlussfassung mit qualifizierter Mehrheit			
Mögliche Koalitionen	**Mitgliedstaat**	**Kriterien**	**Anzahl der Mitgliedstaaten**	**Stimmen**	**Anteil der gewichteten Stimmen**	**Bevölkerungsanteil**
			(>= 14)	**(>= 255)**	**(> 73,4%)**	**(>= 62%)**
Deutschland und seine wichtigsten Handelspartner[175]	D, A, B, DK, E, F, I, L, NL, S, VK, CZ, H, PL		14	250	72,46%	84,18%
Hauptexporteure in die MOE-10[176]	A, B, D, F, I, NL, VK + 10 MOEL		17	252	73,04%	82,45%
Exportorientierte Länder	A, B, D, DK, FIN, IRL, L, NL, S, VK	Staaten mit EU-Exportanteil > 8% des BSP[177]	10	128	37,10%	41,33%
Binnenmarktorientierte Länder	E, F, GR, I, P, BG, CY, CZ, EST, H, LT, LV, M, PL, RO, SK, SLO	Staaten mit EU-Exportanteil < 8% des BSP[178]	17	217	62,90%	58,67%
12 MOE-Staaten	BG, CY, CZ, EST, H, LT, LV, M, PL, RO, SK, SLO		12	108	31,30%	22,00%
12 MOE-Staaten + D, I, A	A, D, I, BG, CZ, H, LT, PL, RO, SK, SLO		11	161	46,67%	51,73%
Sechs Gründungsmitglieder der EWG	B, D, F, I, L, NL		6	116	33,62%	46,77%
NATO-Mitglieder	B, D, DK, E, F, GR, I, L, NL, P, VK, CZ, H, PL		14	254	73,62%	84,92%

(fortgeführt)

175 Angaben nach Bundesministerium für Wirtschaft
176 CCIP Report 2001
177 Stand 1999
178 ebenda

Tabelle 14: Fortsetzung

Länderkoalitionen und Kriterien			Beschlussfassung mit qualifizierter Mehrheit			
Mögliche Koalitionen	**Mitglied-staat**	**Kriterien**	**Anzahl der Mitglied-staaten**	**Stimmen**	**Anteil der gewichteten Stimmen**	**Bevölke-rungsanteil**
			(>= 14)	**(>= 255)**	**(> 73,4%)**	**(>= 62%)**
Länder mit Interesse an einer GAP – Reform	A, B, D, DK, FIN, I, L, NL, P, S, VK, CZ	Koalition, die sich aus Nettozahlern und / oder Ländern mit unbedeutendem Agrarsektor zusammensetzt	12	174	50,43%	56,76%
Nordländer	A, B, D, DK, F, FIN, I, IRL, L, NL, S, VK	Länder, die nach der Erweiterung den „neuen Norden" aufgrund ihres BIP pro Kopf bilden	12	186	53,91%	65,54%
Südländer	E, GR, P, BG, CY, CZ, EST, H, LT, LV, M, PL, RO, SK, SLO	Länder, die nach der Erweiterung den „neuen Süden" aufgrund ihres BIP pro Kopf bilden	15	159	46,10 %	34,00 %

Quelle: modifiziert nach Lippert (2002: 18, Tabelle 4), eigene Berechnungen

Tabelle 15: Revision der Interinstitutionellen Vereinbarung vom 17. Mai 2006 sowie des Mehrjährigen Finanzrahmens 2007 bis 2013

Korrektive Anpassung der Interinstitutionellen Vereinbarung vom 17. Mai 2006	
Rechtsgrundlage	**Zusätzlicher Finanzierungsbedarf / Themen und Projekte**
Feststellung vom 18. Dezember 2009 (Council 2008: 3), ändert: (Europäische Kommission/Europäisches Parlament/Rat 2006)	Aufstockung der Nahrungsmittelfazilität um knapp 480 Mio. Euro, um den Entwicklungsländern zu helfen, die Auswirkungen der gestiegenen Nahrungsmittelpreise abzumildern. → Diese Erhöhung hat keine Änderung des Mehrjährigen Finanzrahmens erfordert.
Korrektive Anpassungen des Mehrjährigen Finanzrahmens 2007 bis 2013	
Rechtsgrundlage	**Zusätzlicher Finanzierungsbedarf / Themen und Projekte**
Feststellung vom 18. Dezember 2007 (European Parliament / Council 2007: 7/8)	Bereitstellung zusätzlicher Mittel in Höhe von 1,6 Mrd. Euro: → für die Einrichtung des Europäischen Innovations- und Technologieinstituts (EIT); → für das Satellitennavigationsprogramm Galileo infolge gescheiterter Verhandlungen mit einem privaten Konsortium Anfang 2007
Feststellung vom 29. April 2008 (European Parliament / Council 2008: 8/9)	Übertragung von 2,034 Mrd. Euro an nicht gebundenen Mitteln der Jahre 2007 bis 2008 auf die nachfolgenden Haushaltsjahre zu Gunsten der Strukturfonds, des Kohäsionsfonds, der Entwicklung des ländlichen Raums und des Europäischen Fischereifonds
Feststellung vom 6. Mai 2009 (European Parliament / Council 2009a: 8/9)	Mittelaufstockung um 2,00 Mrd. Euro zur Finanzierung von Energie- und Breitbandprojekten (Europäisches Konjunkturprogramm) sowie von Projekten, mit denen die im Rahmen des Gesundheitschecks ermittelten Schwachstellen in der GAP behoben werden sollen.
Feststellung vom 17. Dezember 2009 (European Parliament / Council 2009b: 26/27)	Weitere Aufstockung um 1,78 Mrd. Euro zur Finanzierung von Projekten in den Bereichen: → Energie und Breitbandnetze (Europäisches Konjunkturprogramm); → Gemeinsame Agrarpolitik (Maßnahmen im Rahmen des sogenannten Gesundheitschecks)
Feststellung vom 16. April 2010 (Europäische Kommission 2010a: 1–11)	Anpassung der Mittel aus dem Kohäsionsfonds zu Gunsten oder zu Lasten derjenigen Mitgliedstaaten, deren kumuliertes BIP im Zeitraum 2007 bis 2009 um mehr als +/- 5 % von dem in der Interinstitutionellen Vereinbarung vom 14.06.2006 zu Grunde gelegten BIP abweicht.
Beschlussvorlage vom 20. Juli 2010 (Europäische Kommission 2010c: 1–10)	Aufstockung der Mittel für das Projekt ITER um 1,4 Mrd. Euro
Beschlussvorlage vom 7. Januar 2012 (Europäisches Parlament/Rat 2012: 12/13)	Aufstockung der Mittel für das Projekt ITER um zusätzlich 1,3 Mrd. Euro
Beschlussvorlage vom 22. Juli 2013 (Europäisches Parlament/Rat 2013: 14/15)	Anpassung des Mehrjährigen Finanzrahmens mit Berücksichtigung des Ausgabenbedarfs aufgrund des Beitritts Kroatiens.

Quelle: modifiziert nach Europäische Kommission (2015a)

Tabelle 16: Die beiden Mehrjährigen Finanzrahmen der EU 2007 bis 2013 sowie 2014 bis 2020 im Vergleich: Mittel für Verpflichtungen nach Rubriken in Preisen 2011 (Angaben in Mio. Euro)

		2007-2013	2014-2020
1.	*Wettbewerbsfähigkeit für Wachstum und Bechäftigung*	446.788	450.763
davon:	*Wettbewerbsfähigkeit für Wachstum und Beschäftigung (Forschung und Technologie)*	91.541	125.614
davon:	*Wirtschaftlicher, sozialer und territorialer Zusammenhalt (Strukturpolitik)*	355.248	325.149
2.	*Nachhaltiges Wachstum: Natürliche Ressourcen (Agrar)*	420.682	373.179
davon:	*Marktbezogene Ausgaben und Direktzahlungen*	336.685	277.851
3.	*Sicherheit und Unionsbürgerschaft*	12.396	15.686
4.	*Europa in der Welt (Außenpolitik)*	56.815	58.704
5.	*Verwaltung*	55.929	61.629
6.	*Ausgleichsbeträge (Beitrittsländer)*	992	27
	Summe Mittel für Verpflichtungen	**993.602**	**959.988**
	in % des erwarteten BNE zum Zeitpunkt der Verabschiedung	1,05	1,00
	Summe Mittel für Zahlungen	**943.137**	**908.400**
	in % des erwarteten BNE zum Zeitpunkt der Verabschiedung	1,00	0,95

Quelle: Bundesministerium der Finanzen (BRD) (2014a)

Tabelle 17: Mehrjähriger Finanzrahmen 2014 bis 2020: Mittel für Verpflichtungen nach Ausgabenkategorien und Mittel für Zahlungen (in Mio. Euro zu jeweiligen Preisen)

Mittel für Verpflichtungen in Mio. Euro	**2014**	**2015**	**2016**	**2017**	**2018**	**2019**	**2020**	**2014–2020 gesamt**
1. Intelligentes und integratives Wachstum	63.973	66.813	69.304	72.342	75.271	78.752	82.466	508.921
1a. Wettbewerbsfähigkeit für Wachstum und Beschäftigung	16.560	17.666	18.467	19.925	21.239	23.082	25.191	142.130
1b. Wirtschaftlicher, sozialer u. territorialer Zusammenhalt	47.413	49.147	50.837	52.417	54.032	55.670	57.275	366.791
2. Nachhaltiges Wachstum: natürliche Ressourcen	59.303	59.599	59.909	60.191	60.267	60.344	60.421	420.034
davon: marktbezogene Ausgaben und Direktzahlungen	44.130	44.368	44.628	44.863	44.889	44.916	44.941	312.735
3. Sicherheit und Unionsbürgerschaft	2.179	2.246	2.378	2.514	2.656	2.801	2.951	17.725
4. Europa in der Welt	8.335	8.749	9.143	9.432	9.825	10.268	10.510	66.262
5. Verwaltung	8.721	9.076	9.483	9.918	10.346	10.786	11.254	69.584
davon: Verwaltungsausgaben der Organe	7.056	7.351	7.679	8.007	8.360	8.700	9.0712	56.224
6. Ausgleichszahlungen	29	0	0	0	0	0	0	29
Mittel für Verpflichtungen insgesamt	**142.540**	**146.483**	**150.217**	**154.397**	**158.365**	**162.951**	**167.602**	**1.082.555**
Mittel für Verpflichtungen in % des BNE	1,03 %	1,02 %	1,00 %	1,00 %	0,99 %	0,98 %	0,98 %	1,00 %
Mittel für Zahlungen in Mio. Euro	**2014**	**2015**	**2016**	**2017**	**2018**	**2019**	**2020**	**2014–2020**
Mittel für Zahlungen insgesamt	**135.866**	**141.901**	**144.685**	**142.771**	**149.074**	**153.362**	**156.295**	**1.023.954**
Mittel für Zahlungen in % des BNE	0,98 %	0,98 %	0,97 %	0,92 %	0,93 %	0,93 %	0,91 %	0,95 %
Verfügbarer Spielraum	0,25 %	0,25 %	0,26 %	0,31 %	0,30 %	0,30 %	0,32 %	0,28 %
Eigenmittel-Obergrenze in % des BNE	1,23 %	1,23 %	1,23 %	1,23 %	1,23 %	1,23 %	1,23 %	1,23 %

Quelle: eigene Zusammenstellung auf der Datengrundlage von: Europäische Kommission (2014a: 8); Rat der Europäischen Union (2013: 891, Anlage I)

Tabelle 18: Mehrjähriger Finanzrahmen 2007 bis 2013: Mittel für Verpflichtungen nach Ausgabenkategorien und Mittel für Zahlungen (in Mio. Euro zu jeweiligen Preisen) (bereinigt um die Erweiterung: EU-28)

Vorschlag der Europäischen Kommission (angepasst an die Erweiterung: EU-28)								
Mittel für Verpflichtungen in Mio. Euro	**2007**	**2008**	**2009**	**2010**	**2011**	**2012**	**2013**	**2007–2013 gesamt**
1. Nachhaltiges Wachstum	53.979	57.653	61.696	63.555	63.974	67.614	70.644	439.115
1a. Wettbewerbsfähigkeit für Wachstum und Beschäftigung	8.918	10.386	13.269	14.167	12.987	14.853	15.67	90.250
1b. Kohäsion für Wachstum und Beschäftigung	45.061	47.267	48.427	49.388	50.987	52.761	54.974	348.865
2. Bewahrung und Bewirtschaftung der natürlichen Ressourcen	55.143	59.193	56.333	59.955	59.888	60.810	61.310	412.632
davon: marktbezogene Ausgaben und Direktzahlungen	45.759	46.217	46.679	47.146	47.617	48.093	48.583	330.094
3. Unionsbürgerschaft, Freiheit, Sicherheit und Recht	1.273	1.362	1.518	1.693	1.889	2.105	2.449	12.289
3a. Freiheit, Sicherheit und Recht	637	747	867	1.025	1.206	1.406	1.703	7.591
3b. Unionsbürgerschaft	636	615	651	668	683	699	746	4.698
4. Die EU als globaler Akteur	6.578	7.002	7.44	7.893	8.43	8.997	9.595	55.935
5. Verwaltung[179]	7.039	7.38	7.525	7.882	8.091	8.523	9.095	55.535
6. Ausgleichszahlungen	445	207	210	0	0	0	75	937
Mittel für Verpflichtungen insgesamt	**124.457**	**132.797**	**134.722**	**140.978**	**142.272**	**148.049**	**153.168**	**976.443**
Mittel für Verpflichtungen in Prozent des BNE	**1,02 %**	**1,08 %**	**1,16 %**	**1,18 %**	**1,15 %**	**1,13 %**	**1,15 %**	**1,12 %**

179 Ausgaben für Ruhegehälter: Die innerhalb der Obergrenze dieser Rubrik berücksichtigten Beträge sind Nettobeträge und beziehen die jeweiligen Beiträge des EU-Personals zur Versorgungsordnung bis zu einer Höhe von 500 Mio. Euro zu jeweiligen Preisen von 2004 für den Zeitraum 2007 bis 2013 nicht mit ein.

Tabelle 18: Fortsetzung

Mittel für Zahlungen in Mio. Euro	2007	2008	2009	2010	2011	2012	2013	2007–2013 gesamt
Mittel für Zahlungen insgesamt	**122.19**	**129.681**	**120.445**	**134.289**	**133.7**	**141.36**	**144.285**	**925.95**
Mittel für Zahlungen in % des BNE	**1,00 %**	**1,05 %**	**1,04 %**	**1,12 %**	**1,08 %**	**1,08 %**	**1,08 %**	**1,06 %**
Spielraum	0,24 %	0,19 %	0,20 %	0,11 %	0,15 %	0,15 %	0,15 %	0,17 %
Eigenmittel-Obergrenze in % des BNE	**1,24 %**	**1,24 %**	**1,24 %**	**1,23 %**	**1,23 %**	**1,23 %**	**1,23 %**	**1,23 %**

Mehrjähriger Finanzrahmen nach der technischen Anpassung im Jahr 2011 (einschließlich Aktualisierungen zu jeweiligen Preisen)

Mittel für Verpflichtungen in Mio. Euro	2007	2008	2009	2010	2011	2012	2013	2007–2013 gesamt
1. Nachhaltiges Wachstum	53.979	57.653	61.696	63.555	63.974	67.614	70.147	438.618
1a. Wettbewerbsfähigkeit für Wachstum und Beschäftigung	8.918	10.386	13.269	14.167	12.987	14.853	15.623	90.203
1b. Kohäsion für Wachstum und Beschäftigung	45.061	47.267	48.427	49.388	50.987	52.761	54.524	348.415
2. Bewahrung und Bewirtschaftung der natürlichen Ressourcen	55.143	59.193	56.333	59.955	59.888	60.810	61.289	412.611
davon: marktbezogene Ausgaben und Direktzahlungen	45.759	46.217	46.679	47.146	47.617	48.093	48.574	330.085
3. Unionsbürgerschaft. Freiheit. Sicherheit und Recht	1.273	1.362	1.518	1.693	1.889	2.105	2.376	12.216
3a. Freiheit. Sicherheit und Recht	637	747	867	1.025	1.206	1.406	1.661	7.549
3b. Unionsbürgerschaft	636	615	651	668	683	699	715	4.667
4. Die EU als globaler Akteur	6.578	7.002	7.440	7.893	8.430	8.997	9.595	55.935
5. Verwaltung[180]	7.039	7.380	7.525	7.882	8.091	8.523	9.095	55.535
6. Ausgleichszahlungen	445	207	210	0	0	0	0	862
Mittel für Verpflichtungen insgesamt	**124.457**	**132.797**	**134.722**	**140.978**	**142.272**	**148.049**	**152.502**	**975.777**
Mittel für Verpflichtungen in % des BNE	**1,02%**	**1,08%**	**1,16%**	**1,18%**	**1,15%**	**1,13%**	**1,15%**	**1,12%**

(fortgeführt)

Tabelle 18: Fortsetzung

Mittel für Zahlungen in Mio. Euro	2007	2008	2009	2010	2011	2012	2013	2007–2013 gesamt
Mittel für Zahlungen insgesamt	**122.190**	**129.681**	**120.445**	**134.289**	**133.700**	**141.360**	**143.911**	**925.576**
Mittel für Zahlungen in % des BNE	**1,00%**	**1,05%**	**1,04%**	**1,12%**	**1,08%**	**1,08%**	**1,08%**	**1,06%**
Spielraum	0,24%	0,19%	0,20%	0,11%	0,15%	0,15%	0,15%	0,17%
Eigenmittel-Obergrenze in % des BNE	**1,24%**	**1,24%**	**1,24%**	**1,23%**	**1,23%**	**1,23%**	**1,23%**	**1,23%**

Quelle: modifiziert nach Europäische Kommission (2015a)

Die Daten zum Mehrjährigen Finanzrahmen nach der technischen Anpassung im Jahr 2011 beruhen auf den technischen Änderungen für 2011 in Übereinstimmung mit den Entwicklungen der Bruttoinlandsprodukte und unter Berücksichtigung der geänderten Beträge aus dem Kohäsionsfonds. Von Korrekturen in Hinblick auf die Mittelausstattung aus dem Kohäsionsfonds waren Mitgliedstaaten betroffen, bei denen es in den Jahren zwischen 2007 und 2009 Abweichungen zwischen dem geschätztem und dem tatsächlichen Bruttoinlandsprodukt gegeben hat (Europäische Kommission 2015a). Diese Regelung geht zurück auf die Interinstitutionelle Vereinbarung zwischen dem Europäischen Parlament, dem Rat und der Kommission über die Haushaltsdisziplin und die wirtschaftliche Haushaltsführung (2006/C 139/01) vom 14.06.2006. Hier heißt es unter Ziffer 17: *„Wenn das kumulierte BIP eines Mitgliedstaats im Zeitraum 2007–2009 um mehr als +/- 5 % von dem in dieser Vereinbarung zugrunde gelegten BIP abweicht, passt die Kommission die Mittel, die der betreffende Mitgliedstaat in diesem Zeitraum aus Fonds zur Förderung der Kohäsion erhalten hat, bei der technischen Anpassung für das Jahr 2011 entsprechend an. Insgesamt darf die positive wie negative Nettowirkung dieser Anpassungen 3 Mrd. EUR nicht überschreiten. Bei positiver Nettowirkung wird der Gesamtbetrag der zusätzlichen Mittel begrenzt auf die Höhe der Minderverwendung gegenüber den Obergrenzen der Teilrubrik 1B in den Jahren 2007–2010. Die erforderlichen Anpassungen werden zu gleichen Teilen auf die Jahre 2011–2013 verteilt; die jeweiligen Obergrenzen werden entsprechend geändert"* (Europäische Kommission / Europäisches Parlament / Rat 2006: Nr. 17).

Tabelle 19: Mehrjähriger Finanzrahmen 2000 bis 2006: Mittel für Verpflichtungen nach Ausgabenkategorien und Mittel für Zahlungen (in Mio. Euro zu jeweiligen Preisen) (nach der technischen Anpassung im Jahr 2006)

Mittel für Verpflichtungen in Mio. Euro	2000	2001	2002	2003	2004	2005	2006	2000–2006 gesamt
1. Landwirtschaft	41.738	44.530	46.587	47.378	49.305	51.439	52.618	333.595
1a. Gemeinsame Agrarpolitik	37.352	40.035	41.992	42.680	42.769	44.598	45.502	294.928
1b. Ländliche Entwicklung	4.386	4.495	4.595	4.698	6.536	6.841	7.116	38.667
2. Strukturpolitische Maßnahmen	32.678	32.720	33.638	33.968	41.035	42.441	44.617	261.097
Strukturfonds	30.019	30.005	30.849	31.129	35.353	37.247	38.523	233.125
Kohäsionsfonds	2.659	2.715	2.789	2.839	5.682	5.194	6.094	27.972
3. Interne Politikbereiche	6.031	6.272	6.558	6.796	8.722	9.012	9.385	52.776
4. Externe Politikbereiche	4.627	4.735	4.873	4.972	5.082	5.119	5.269	34.677
5. Verwaltungsausgaben[180]	4.638	4.776	5.012	5.211	5.983	6.185	6.528	38.333
6. Reserven	906	916	676	434	442	446	458	4.278
Währungsreserve	500	500	250	0	0	0	0	1.250
Reserve für Soforthilfen	203	208	213	217	221	223	229	1.514
Reserve für Darlehensgarantien	203	208	213	217	221	223	229	1.514
7. Heranführungshilfe	3.174	3.240	3.328	3.386	3.455	3.472	3.566	23.621
8. Ausgleichsbeiträge	0	0	0	0	1.110	1.305	1.074	3.789
Mittel für Verpflichtungen insgesamt	**93.792**	**97.189**	**100.672**	**102.145**	**115.434**	**119.419**	**123.515**	**752.166**
Mittel für Zahlungen insgesamt	**91.322**	**94.730**	**100.078**	**102.767**	**111.380**	**114.060**	**119.112**	**733.449**
in % des BNE	**1,07**	**1,07**	**1,09**	**1,11**	**1,09**	**1,08**	**1,08**	**1,08**
Verfügbarer Spielraum	0,17 %	0,17 %	0,15 %	0,13 %	0,15 %	0,16 %	0,16 %	0,16 %
Eigenmittel-Obergrenze in Prozent des BNE	**1,24 %**	**1,24 %**	**1,24 %**	**1,24 %**	**1,24 %**	**1,24 %**	**1,24 %**	**1,24 %**

Quelle: modifiziert nach Europäische Kommission (2011a: 102, Anhang 1, Tabelle 1)

180 Ausgaben für Ruhegehälter: Die innerhalb der Obergrenzen dieser Rubrik berücksichtigten Beträge sind Nettobeträge, das heißt sie enthalten nicht die Beiträge des EU-Personals zur Versorgungsordnung (maximal 1.100 Mio. Euro für den Zeitraum 2000–2006 zu Preisen von 1999).

Tabelle 20: Eigenmittelbeschlüsse des Rates: Wesentliche Bestimmungen und Reformpunkte

Eigenmittelbeschluss (Rechtsgrundlage)	Wesentliche Bestimmungen und Reformpunkte
1. Eigenmittelbeschluss vom 21. April 1970 (Rat der Europäischen Gemeinschaften / Euratom / EGKS 1970: 19–22)	– Einführung der traditionellen Eigenmittel (Zölle, einschließlich Agrarabschöpfungen und Zuckerabgabe); – schrittweise Einführung der Mehrwertsteuer-Eigenmittel (max. 1 Prozent der harmonisierten Bemessungsgrundlage) zur Restfinanzierung des gemeinschaftlichen Haushalts
2. Eigenmittelbeschluss vom 7. Mai 1985 (Rat der Europäischen Gemeinschaften 1985: 15–17)	– Beibehaltung der Eigenmittelobergrenze; – Erhöhung der Obergrenze der Mehrwertsteuer-Eigenmittel auf 1,4 Prozent der harmonisierten Bemessungsgrundlage; – Einführung eines gesonderten Korrekturmechanismus zu Gunsten Großbritanniens (VK-Korrektur)
3. Eigenmittelbeschluss vom 24. Juni 1988 (Rat der Europäischen Union 1988: 24–28)	– Festlegung der Eigenmittelobergrenze auf 1,15 Prozent des EU-BSP und danach schrittweise Erhöhung der Obergrenze auf 1,20 Prozent des EU-BSP; – Einführung der neuen BSP-Eigenmittelquelle als „Auffüll-Finanzierung" des von den anderen Eigenmitteln nicht abgedeckten Finanzierungsbedarfs; – Kappung der harmonisierten Bemessungsgrundlage der Mehrwertsteuer-Eigenmittel auf maximal 55 Prozent des jeweiligen Bruttosozialprodukts als Ausgleich der regressiven Wirkung
4. Eigenmittelbeschluss vom 31. Oktober 1994 (Rat der Europäischen Union 1994: 9–13)	– Stufenweise Anhebung der Eigenmittelobergrenze auf 1,27 Prozent des EU-BSP; – Stufenweise Reduzierung der Kappungsgrenze der Bemessungsgrundlage der Mehrwertsteuer-Eigenmittel auf 50 Prozent zu Gunsten der Kohäsionsländer und schrittweise Senkung des maximalen Abrufsatzes auf 1 Prozent

Tabelle 20: Fortsetzung

Eigenmittelbeschluss (Rechtsgrundlage)	Wesentliche Bestimmungen und Reformpunkte
5. Eigenmittelbeschluss vom 29. September 2000 (Rat der Europäischen Union 2000: 42–46)	– Beibehaltung der Eigenmittelobergrenze, aber Umstellung von BSP auf BNE als Bemessungsgrundlage; – Weitere Reduzierung des Abrufsatzes der Mehrwertsteuer-Eigenmittel auf 0,5 Prozent der Bemessungsgrundlage; – Erhöhung des nationalen Einbehaltsatzes für die Erhebungskosten der traditionellen Eigenmittel von 10 Prozent auf 25 Prozent; – Anpassung des VK-Korrekturmechanismus (keine Einbeziehung der Kosten der EU-Ost-Erweiterung); – 25 Prozent-Rabatt zu Gunsten Deutschlands, Schwedens und der Niederlande auf die Finanzierung der VK-Korrektur
6. Eigenmittelbeschluss vom 7. Juni 2007 (Rat der Europäischen Union 2007: 17–21)	– Beibehaltung der Eigenmittelobergrenze von 1,24 Prozent des EU-BNE; – Reduzierung des Abrufsatzes der Mehrwertsteuer-Eigenmittel auf 0,3 Prozent der Bemessungsgrundlage; – Sonderregelungen für Österreich, Deutschland, Schweden und die Niederlande beim Abrufsatz der MwSt-Eigenmittel; – Pauschale Reduzierung der BNE-Eigenmittel zu Gunsten Schwedens und der Niederlande; – Modifizierung des VK-Korrekturmechanismus
7. Eigenmittelbeschluss vom 26. Mai 2014 (Rat der Europäischen Union (2014: 105–111)	– Eigenmittelobergrenze von 1,23 Prozent des EU-BNE; – Beibehaltung des Abrufsatzes der Mehrwertsteuer-Eigenmittel von 0,3 Prozent der Bemessungsgrundlage; – verringerter Abrufsatz von 0,15 Prozent für Deutschland, die Niederlande und Schweden (befristet auf MFR-Laufzeit) – Keine Veränderung des VK-Korrekturmechanismus; – Rabatte auf die Finanzierung des VK-Rabatts zu Gunsten Deutschlands, der Niederlande, Österreichs und Schwedens; – Befristete Rabatte auf BNE-Zahlungen für Dänemark, die Niederlande, Schweden und degressiver Rabatt für Österreich

Quelle: modifiziert nach Becker (2015: 5)

Tabelle 21: EU-Einnahmen im Haushaltsjahr 2013 nach Mitgliedstaaten (in Mio. Euro)

									p. m. Aufteilung der TEM		
Mitgliedstaat	**MwSt.-Eigenmittel**	**BNE-Eigenmittel**	**VK-Ausgleich**	**Reduzierung der BNE-Eigenmittel für Niederlande und Schweden**	**JI-Anpassung für Dänemark, Irland und Großbritannien**	**Nationaler Beitrag**	**Zu Gunsten der EU eingezogene traditionelle Eigenmittel (netto, 75 %)**	**Eigenmittel insgesamt**	**Zuckerabgaben (brutto, 100 %)**	**Zölle (brutto, 100 %)**	**Für die Erhebung der TEM einbehaltene Einnahmen (25 %)**
BE	476,9	3.198,0	229,1	25,5	1,7	3.931,3	1.359,5	5.290,8	11,9	1.800,8	−453,2
BG	60,0	336,0	24,0	2,6	0,2	422,8	54,7	477,6	0,5	72,4	−18,2
CZ	199,8	1.152,4	83,0	9,2	0,6	1.445,0	171,7	1.616,6	10,1	218,8	−57,2
DK	290,4	2.153,0	149,6	16,9	−3,9	2.606,0	293,3	2.899,4	6,8	384,3	−97,8
DE	1.804,1	23.848,5	278,8	181,1	12,6	26.125,1	3.251,1	29.376,2	64,1	4.270,7	-1.083,7
EE	24,9	154,0	10,1	1,1	0,1	190,3	21,7	211,9	0,0	28,9	−7,2
IE	202,2	1.234,2	78,4	8,8	−3,0	1.520,6	210,6	1.731,2	0,0	280,8	−70,2
EL	204,2	1.480,7	96,4	12,0	0,9	1.794,2	112,3	1.906,4	1,9	147,8	−37,4
ES	1.292,1	8.415,7	595,1	68,1	4,7	10.375,6	993,1	11.368,7	7,4	1.316,7	−331,0
FR	2.837,1	17.685,4	1.204,2	138,2	9,5	21.874,4	1.417,2	23.291,6	54,5	1.835,1	−472,4
HR	32,1	180,5	12,7	1,4	0,0	226,8	11,5	238,2	0,0	15,3	−3,8
IT	1.732,2	13.003,8	902,3	102,7	7,2	15.748,1	1.419,8	17.167,9	10,2	1.882,9	−473,3
CY	24,2	135,6	9,2	1,1	0,1	170,0	14,8	184,8	0,0	19,7	−4,9
LV	26,5	206,1	14,0	1,5	0,1	248,3	20,7	269,0	0,0	27,6	−6,9
LT	43,4	284,2	19,5	2,2	0,1	349,4	55,3	404,8	6,8	67,0	−18,4
LU	42,9	246,4	18,9	2,2	0,1	310,5	11,3	321,8	0,0	15,1	−3,8
HU	109,2	751,2	53,3	6,2	0,4	920,2	90,9	1.011,1	3,0	118,2	−30,3
MT	11,2	62,0	3,9	0,4	0,0	77,5	8,9	86,4	0,0	11,8	−3,0
NL	260,2	5.074,5	60,5	−653,4	2,8	4.744,6	1.807,6	6.552,1	17,9	2.392,2	−602,5
AT	333,8	2.639,1	32,2	21,0	1,4	3.027,5	163,9	3.191,4	4,2	214,3	−54,6
PL	501,4	3.083,2	219,7	24,6	1,7	3.830,6	383,8	4.214,4	41,4	470,4	−127,9
PT	225,6	1.347,4	94,6	10,5	0,7	1.678,9	114,0	1.793,0	0,1	151,9	−38,0
RO	153,8	1.122,0	83,3	9,2	0,6	1.369,0	105,3	1.474,3	6,8	133,7	−35,1
SI	52,2	293,3	20,1	2,3	0,2	368,1	57,5	425,6	0,0	76,7	−19,2
SK	67,9	598,7	41,8	4,8	0,3	713,4	85,9	799,3	4,7	109,8	−28,6
FI	285,3	1.614,5	117,6	13,2	0,9	2.031,5	127,6	2.159,1	4,0	166,2	−42,5
SE	198,6	3.664,3	47,0	−142,9	1,9	3.768,9	442,6	4.211,5	−1,3	591,4	−147,5
VK	2.527,3	16.230,0	−4.329,5	123,6	−41,9	14.509,5	2.558,8	17.068,4	13,9	3.397,8	−852,9
EU-28	**14.019,7**	**110.194,6**	**169,9**	**-5,8**	**-0,1**	**124.378,3**	**15.365,3**	**139.743,6**	**268,8**	**20.218,3**	**−5.121,8**

p. m. Betrag des VK-Ausgleiches 2012 (vorläufig)	4.072,4
Haushaltsüberschuss des Vorjahres	1.053,6
Überschuss EAGFL-Garantie	0,0
Überschuss Garantiefonds für externe Hilfe	0,0
Sonstige Einnahmen	8.706,4
Eigenmittel insgesamt	**149.503,7**

Quelle: modifiziert nach Europäische Kommission – Generaldirektion Haushalt (2014: 123, Anhang 2 c)

Tabelle 22: EU-Ausgaben im Haushaltsjahr 2013 nach Mitgliedstaaten und Rubriken (in Mio. Euro)

Mitgliedstaat / Rubrik	1a. Wettbewerbs-fähigkeit	1b. Kohäsion	2. Natürliche Ressourcen	3a. Freiheit, Sicherheit, Recht	3b. Unions-bürgerschaft	4. Die EU als globaler Akteur	5. Verwaltung	6. Ausgleichs-zahlungen	Summe
BE	1.101,0	465,0	736,8	88,7	83,3	0,0	4.734,7	0,0	7.209,5
BG	95,4	891,0	943,2	11,9	3,2	16,2	15,9	0,0	1.976,9
CZ	90,8	3.562,0	1.211,1	9,0	4,3	0,0	15,9	0,0	4.893,1
DK	252,2	71,6	1.046,7	2,5	12,0	0,0	49,8	0,0	1.434,8
DE	1.562,7	4.571,8	6.636,0	35,0	57,2	0,0	193,5	0,0	13.056,2
EE	26,3	681,2	236,8	19,9	1,6	0,0	7,6	0,0	973,3
IE	193,7	97,3	1.529,1	5,8	6,6	0,0	41,8	0,0	1.874,3
EL	244,8	4.232,0	2.651,1	36,6	8,9	0,0	41,1	0,0	7.214,6
ES	1.030,1	5.606,1	6.901,6	93,9	25,6	0,0	94,9	0,0	13.752,2
FR	1.508,6	2.603,4	9.619,4	85,8	82,4	0,0	339,7	0,0	14.239,3
HR	23,0	0,1	2,4	40,0	3,1	137,6	8,7	75,0	290,0
IT	931,7	5.585,9	5.600,0	68,0	111,6	0,0	257,0	0,0	12.554,3
CY	24,6	104,0	77,2	4,9	3,4	0,0	13,0	0,0	227,1
LV	38,7	657,2	351,2	5,9	2,0	0,0	8,3	0,0	1.063,2
LT	121,2	1.099,9	621,7	24,7	3,9	0,0	9,8	0,0	1.881,2
LU	163,1	19,1	51,4	4,2	9,9	0,0	1.350,4	0,0	1.598,2
HU	178,3	3.908,5	1.778,3	13,5	8,8	7,1	15,3	0,0	5.909,8
MT	10,8	109,9	17,4	27,0	2,1	0,0	6,5	0,0	173,7
NL	659,9	394,1	954,1	142,7	20,7	0,0	92,5	0,0	2.264,1
AT	240,5	291,1	1.262,8	35,6	11,0	0,0	21,0	0,0	1.862,0
PL	190,4	10.658,0	5.157,2	105,9	18,7	20,1	29,2	0,0	16.179,5
PT	133,3	4.435,0	1.532,9	26,6	4,0	0,0	31,0	0,0	6.162,8
RO	69,0	2.953,2	2.459,1	16,9	10,9	32,1	19,3	0,0	5.560,6
SI	44,5	535,8	194,8	6,9	20,4	2,9	8,3	0,0	813,6
SK	58,4	1.380,8	566,0	5,0	6,0	0,0	9,9	0,0	2.026,1
FI	180,3	368,1	893,7	20,7	8,5	0,0	25,5	0,0	1.496,8
SE	341,5	289,2	906,7	22,2	69,7	0,0	31,7	0,0	1.661,0
VK	1.441,6	665,3	3.958,2	82,0	33,1	0,0	128,1	0,0	6.308,3
EU-28	**10.956,5**	**56.236,5**	**57.897,0**	**1.041,7**	**633,0**	**216,0**	**75,0**	**7.600,4**	**134.656,1**
Nicht-EU	958,2	4,1	105,2	8,4	35,8	5 077,1	169,1	0,0	6.357,9
Sonstige	982,6	79,9	10,8	4,3	2,0	1 518,7	465,8	0,0	3.064,1
zweckgebunden	1.409,6	610,8	1.511,2	67,6	90,3	243,5	457,9	0,0	4.390,9
Summe	**14.306,9**	**56.931,3**	**59.524,2**	**1.122,0**	**761,1**	**7.055,2**	**8.693,2**	**75,0**	**148.468,9**

Quelle: modifiziert nach Europäische Kommission – Generaldirektion Haushalt (2014: 123, Anhang 2 c)

Tabelle 23: Sektorale Einkommensentwicklung in der Landwirtschaft von 2005 bis 2014: Index des realen Faktoreinkommens in der Landwirtschaft je Jahresarbeitseinheit

Indexentwicklung (Basisjahr 2005 = 100)										
Jahr / Mitgliedstaat	**2005**	**2006**	**2007**	**2008**	**2009**	**2010**	**2011**	**2012**	**2013**	**2014**
Deutschland	100,0	108,8	135,2	143,7	105,1	118,6	143,3	133,6	163,2	163,7 (e)
Frankreich	100,0	111,0	124,9	107,7	88,2	124,7	130,0	131,0	104,8	107,7 (e)
Großbritannien	100,0	100,2	105,3	132,0	133,5	125,4 (r)	144,0 (r)	136,7 (r)	148,6	157,0 (e)
Italien	100,0	97,2	96,0	98,3	93,9	83,1	97,5	96,3	111,4	100,3 (e)
Spanien	100,0	95,6	107,4	91,1	91,6	97,2	98,3	99,7	112,3	106,4 (e)
Polen	100,0	110,7	136,2	118,9	134,0	168,3	200,0	185,9	192,5	182,9 (e)
Niederlande	100,0	123,0	121,8	104,4	84,0	152,0	130,0	140,9	162,9	156,0 (e)
Griechenland	100,0	96,1	105,1	92,1	94,5	114,9 (p)	103,2 (p)	102,0 (p)	100,0	105,1 (e)
Belgien	100,0	123,1	132,5	106,9	100,9	130,9	116,4	141,4	121,1	104,6 (e)
Portugal	100,0	99,8	94,6	105,5	89,7	107,1	89,0	95,3	105,6	102,4 (e)
Tschechische Republik	100,0	105,2	118,9	129,2	105,8	124,9	170,0	168,3	170,4	185,7 (e)
Ungarn	100,0	107,2	114,7	151,5	103,1	120,6 (r)	178,6 (r)	164,4 (r)	180,0	200,6 (e)
Schweden	100,0	112,5	135,5	119,8	92,9	120,3	122,4	122,3	112,1	111,5 (e)
Österreich	100,0 (r)	112,4 (r)	127,8 (r)	124,7 (r)	95,2 (r)	113,9 (r)	131,7 (r)	123,7 (r)	109,5	106,2 (e)
Bulgarien	100,0	96,9	98,8	159,3	111,3	121,9	140,6	161,8	205,5	197,1 (e)
Dänemark	100,0	112,8	113,8	65,2	66,6	116,1	130,4 (p)	168,7	114,8	103,1 (e)
Slowakische Republik	100,0	122,1	128,9	143,4	110,5	168,5	199,9	225,3	219,5	221,7 (e)
Finnland	100,0	98,4	112,6	95,9	113,4 (p)	125,6	128,9	132,4	117,1	96,7 (e)
Irland	100,0	81,9	90,7	83,8	63,9	70,8	89,2	81,9	82,5	82,3 (e)
Kroatien	100,0	116,3	120,3	138,2	131,9	120,8	115,3	98,4	102,0	110,1 (e)
Litauen	100,0	88,9	133,2	123,4	105,9	120,2	153,4 (r)	191,8	172,9	161,0 (e)
Slowenien	100,0	97,4	109,5	97,2	92,4	100,4	113,5	89,2	88,6	100,5 (e)
Lettland	100,0	130,0	135,9	114,8	102,5	131,9	126,8	146,1	129,3	125,2 (e)
Estland	100,0	100,1	140,0	109,7	92,5	153,5	194,9	227,3	211,9	196,8 (e)
Zypern	100,0	90,0	90,1	85,8	89,9	91,9	68,4	94,6	97,5	98,5 (e)
Luxemburg	100,0	105,3	134,0	97,8	63,7	61,7	76,1	105,1	68,4	71,7 (e)
Malta	100,0	97,8	95,2	88,6	98,8	90,2	77,0	77,2	78,7	79,3 (e)
EU-28	100,0 (r)	103,8 (r)	115,6 (r)	111,6 (r)	100,0 (p)	122,7 (p)	134,2 (p)	131,7 (p)	136,0 (r)	134,6 (e)
EU-27	100,0 (r)	103,7 (r)	115,6 (r)	111,4 (r)	99,8 (p)	122,8 (p)	134,5 (p)	132,1 (p)	136,4 (r)	135,0 (e)
EU-25	100,0 (r)	103,4 (r)	114,0 (r)	107,4 (r)	97,1 (p)	115,8 (p)	124,9 (p)	124,0 (p)	126,8 (r)	124,3 (e)
EU-15	100,0 (r)	102,8 (r)	112,7 (r)	105,8 (r)	95,0 (p)	110,0 (p)	117,2 (p)	117,2 (p)	120,6 (r)	118,2 (e)
Euro-Raum (19 Länder)	100,0 (r)	103,2 (r)	114,0 (r)	105,3 (r)	93,2 (p)	109,8 (p)	115,6 (p)	115,8 (p)	119,3 (r)	115,9 (e)
Euro-Raum (16 Länder)	100,0 (r)	102,9 (r)	113,1 (r)	104,4 (r)	92,4 (p)	108,7 (p)	114,4 (p)	114,4 (p)	118,0 (r)	114,6 (e)
Euro-Raum (12 Länder)	100,0 (r)	102,8 (r)	113,0 (r)	104,2 (r)	92,2 (p)	108,1 (p)	113,9 (p)	113,8 (p)	117,6 (r)	114,1 (e)
Euro-Raum (11 Länder)	100,0 (r)	103,2 (r)	113,5 (r)	105,1 (r)	92,1 (p)	106,7 (r)	113,8 (r)	114,0 (r)	118,4 (r)	114,2 (e)

Tabelle 23: Fortsetzung

Indexentwicklung (Basisjahr 2005 = 100)										
Jahr / Mitgliedstaat	**2005**	**2006**	**2007**	**2008**	**2009**	**2010**	**2011**	**2012**	**2013**	**2014**
Republik Mazedonien	100,0	113,8	98,2	99,1	106,2	115,6	:	:	:	:
Norwegen	100,0	93,9	104,8	106,8	118,1	125,2	122,5	128,6	126,6	132,7 (e)
Schweiz	100,0	99,4	102,7	107,5	104,7	102,7	106,3	105,3	111,6	122,0 (e)

Legende:
e Schätzwert (estimated)
p provisorisch (provisional)
r revidiert / überarbeitet (revised)
: nicht verfügbar (not available)

Quelle: modifiziert nach Eurostat (Stand: 19.05.2015)

Tabelle 24: EU-Strukturförderung 2007 bis 2013: Allokation in der Förderrubrik 1 in den Zielen Konvergenz; Europäische territoriale Zusammenarbeit; Regionale Wettbewerbsfähigkeit und Beschäftigung in Mio. Euro (in laufenden Preisen)

Mitgliedstaat / Jahr	2007	2008	2009	2010	2011	2012	2013	Summe
BE – Belgien	366.756.008	353.108.905	338.863.166	324.002.185	308.411.217	291.967.309	274.742.281	**2.257.851.071**
BG – Bulgarien	514.438.665	737.395.668	991.807.428	1.044.073.826	1.116.078.360	1.188.427.401	1.260.634.072	**6.852.855.420**
CZ – Tschechische Republik	3.319.589.894	3.479.810.480	3.640.861.285	3.809.477.285	4.057.240.806	4.225.344.390	4.396.377.252	**26.928.701.392**
DK – Dänemark	82.161.566	83.852.733	85.627.577	87.489.746	89.392.151	91.283.768	93.215.294	**613.022.836**
DE – Deutschland	3.664.753.567	3.696.945.314	3.729.709.001	3.763.069.632	3.796.272.805	3.828.502.786	3.860.503.461	**26.339.756.566**
EE – Estland	376.530.806	409.974.514	446.440.649	486.201.729	530.028.620	577.833.149	628.833.031	**3.455.842.499**
IE – Irland	211.627.915	180.726.400	148.539.884	115.030.040	80.120.385	81.798.583	83.511.860	**901.355.068**
EL – Griechenland	3.085.468.135	3.027.319.246	2.965.710.147	2.900.527.687	2.831.551.641	2.814.192.926	2.795.007.242	**20.419.777.024**
ES – Spanien	6.295.188.222	5.754.627.342	5.190.294.719	4.713.797.783	4.445.327.644	4.421.932.298	4.395.823.006	**35.216.991.014**
FR – Frankreich	1.922.675.353	1.961.674.885	2.002.022.277	2.043.766.980	2.086.380.661	2.129.290.347	2.173.081.869	**14.318.892.372**
IT – Italien	4.003.583.380	4.035.089.698	4.066.774.676	4.098.643.256	4.130.159.869	4.202.150.123	4.275.367.920	**28.811.768.922**
CY – Zypern	167.460.708	139.211.883	109.772.622	79.106.741	47.170.316	48.127.526	49.104.156	**639.953.951**
LV – Lettland	508.251.651	554.225.772	603.897.966	655.705.280	709.399.722	765.395.661	823.567.165	**4.620.443.217**
LT – Litauen	767.739.912	833.413.967	902.450.438	975.204.911	1.052.169.488	1.134.996.616	1.219.008.747	**6.884.984.078**
LU – Luxemburg	8.756.085	8.935.185	9.122.005	9.316.863	9.515.866	9.714.797	9.917.880	**65.278.681**
HU – Ungarn	3.035.954.278	3.229.332.901	3.437.663.559	3.625.536.814	3.784.266.355	3.990.564.602	4.204.078.398	**25.307.396.907**
MT – Malta	114.475.490	117.159.482	119.794.709	122.608.368	125.071.775	127.157.676	129.091.993	**855.359.494**
NL – Niederlande	255.620.372	260.876.755	266.388.003	272.165.145	278.066.817	283.939.844	289.936.566	**1.906.993.503**
AT – Österreich	201.773.292	203.999.556	206.307.685	208.701.530	211.108.606	213.450.462	215.801.550	**1.461.142.682**
PL – Polen	8.129.584.408	8.664.528.632	9.213.686.770	9.441.366.926	10.234.156.602	10.815.826.970	11.417.491.612	**67.916.641.918**
PT – Portugal	2.971.583.274	3.005.027.735	3.038.715.641	3.072.645.239	3.106.716.534	3.140.821.551	3.175.048.081	**21.510.558.054**
RO – Rumänien	1.335.023.855	1.915.639.995	2.576.314.547	3.092.046.613	3.330.472.625	3.580.270.525	3.837.878.891	**19.667.647.051**
SL – Slowenien	554.581.636	569.325.543	584.455.521	599.981.474	615.894.683	632.185.174	648.880.924	**4.205.304.955**
SK – Slowakische Republik	1.299.788.508	1.407.175.683	1.526.146.266	1.662.255.913	1.831.029.868	1.952.729.633	2.046.490.160	**11.725.616.030**
FI – Finnland	263.006.045	257.565.814	251.850.072	245.850.925	239.511.072	232.769.085	225.661.615	**1.716.214.629**
SE – Schweden	253.908.701	259.066.457	264.410.131	269.946.722	275.599.013	281.283.274	287.084.668	**1.891.298.966**
UK – Vereinigtes Königreich	1.616.477.615	1.575.843.139	1.533.475.408	1.489.332.119	1.442.809.706	1.465.894.630	1.489.325.827	**10.613.158.443**
Technische Hilfe	46.390.400	49.483.100	54.889.100	62.743.800	70.890.800	76.995.300	83.315.500	**444.708.000**
Interregional	113.408.800	117.459.500	121.201.000	122.888.200	126.925.900	130.992.600	134.822.700	**867.698.700**
Summe	**45.486.558.541**	**46.888.796.284**	**48.427.192.253**	**49.393.483.733**	**50.961.739.907**	**52.735.839.006**	**54.523.603.719**	**348.417.213.443**

Quelle: EU-Finanzrahmen 2007 bis 2013, einschließlich Anpassung im August 2010 gemäß Nr. 17 IIV für CZ, PL, SK in den Jahren 2011 bis 2013, modifiziert nach Bundesministerium der Finanzen (BRD) (2012)

Tabelle 25: Agenda 2007: Positionen zu Einnahmen und Ausgaben (EU-Organe, Mitgliedstaaten)

Die Einnahmenseite

EU-Organe	Eigenmittelobergrenze	Eigenmittelbeschaffung	Briten-Rabatt / Korrekturmechanismus
Kommission	- Festhalten am bisherigen EU-Budget nur durch Absenkung der Zuflüsse an die alten Empfänger möglich[181] - Elf Kommissare, darunter Romano Prodi sowie die beiden Franzosen Michel Barnier und Pascal Lamy, sprachen sich für eine Eigenmittelobergrenze von 1,24 % des EU-BNE aus. - Die Kommissare aus Deutschland, Großbritannien und den Niederlanden wollten keine Verzögerung der Verhandlungen riskieren und forderten deshalb einen moderaten Ansatz in Form einer Ausgabenobergrenze von 1,15 % des EU-BNE[182] - Nach Bedarfsschätzungen der einzelnen Kommissionsabteilungen wären Ausgaben in Höhe von 1,30 % des EU-BNE möglich gewesen.[183] **Mitteilung der Kommission:** - Für Verpflichtungen in Höhe von insgesamt 1.025,035 Mrd. Euro[184]	- Gegen völlige Abhängigkeit von BSP-Eigenmitteln - Für Steuerfinanzierung der EU auf Basis bestehender harmonisierter Steuern[185] **Mitteilung der Kommission:** - Vorschläge über neue Einnahmequellen wurden im Eigenmittel-Bericht präsentiert - Für Finanzautonomie der EU - Für Stärkung steuerfinanzierter Einnahmequellen: etwa Rückgriff auf die Körperschaftssteuer, Mehrwertsteuer oder Energiesteuer - Gegen Einführung einer eigenen EU-Steuer in naher Zukunft - Für Stärkung der Transparenz gegenüber den EU-Bürgern[186] - Gegen Besteuerung grenzüberschreitender Finanztransaktionen und einer Harmonisierung der Unternehmenssteuer. Diese Vorschläge gingen zunächst auf die Initiative von Kommissar Fischler zurück.[187]	- Ablehnung des britischen Beitragsrabattes - Für Festlegung einer zumutbaren Obergrenze für alle Nettozahler gemessen am nationalen BSP[188] **Mitteilung der Kommission:** Für Korrekturmechanismus bei übermäßiger nationaler Haushaltsbelastung im Verhältnis zum relativen Wohlstand[189]

(fortgeführt)

181 Schreyer (2003)

182 Frankfurter Allgemeine Zeitung (2003c: 2); Le Monde (2004a: 5); Süddeutsche Zeitung (2003a: 1)

183 Frankfurter Allgemeine Zeitung (2004a: 12)

184 Vgl. Tabelle 6: „Der Weg zur Agenda 2007: Die Vorschläge von Kommission, Parlament, luxemburgischem und britischem Vorsitz sowie das Verhandlungsergebnis des Europäischen Rates in der vergleichenden Zusammenschau“

185 Handelsblatt (2003b: 6)

186 Die Zeit (2002: 21); Frankfurter Allgemeine Zeitung (2004a: 12)

187 Handelsblatt (2004: 1)

188 Handelsblatt (2003a: 8)

189 Frankfurter Allgemeine Zeitung (2004a: 12)

Tabelle 25: Fortsetzung

Die Einnahmenseite			
EU-Organe	**Eigenmittelobergrenze**	**Eigenmittelbeschaffung**	**Briten-Rabatt / Korrekturmechanismus**
Kommission	- Für Verpflichtungen in Höhe von 120,68 Mrd. Euro im Jahr 2006 bis zu 158,45 Mrd. Euro im Jahr 2013[190] - Für Beibehaltung der Ausgabenobergrenze von 1,24 % des EU-BNE, inklusive der Ausgaben für den Europäischen Entwicklungsfonds in Höhe von 0,03 % des EU-BNE - Für durchschnittliche Zahlungsermächtigungen in Höhe von 1,14 % des EU-BNE - Ausgabenobergrenze von 1 % des EU-BNE hätte Kürzungen bzw. ein Nicht-Erreichen der von den Mitgliedstaaten getragenen Ziele in den einzelnen Politikbereichen zur Folge - Ausgabenobergrenze von 1,30 % des EU-BNE würde der Erfüllung gemeinsamer Ziele und dem gewachsenen Bedarf im Zuge der Ost-Erweiterung am Ehesten gerecht werden[191] - Kommissare Michaele Schreyer (BRD), Günter Verheugen (BRD), Chris Patten (GB) und Margot Wallström (Schweden) äußerten kommissionsintern Vorbehalte.[192]		

190 Frankfurter Allgemeine Zeitung (2004a: 12)
191 Europäische Kommission (2004a)
192 Le Monde (2004b)

Tabelle 25: Fortsetzung

Die Einnahmenseite			
EU-Organe	**Eigenmittelobergrenze**	**Eigenmittelbeschaffung**	**Briten-Rabatt / Korrekturmechanismus**
Parlament	**Nach Mitteilung der Kommission:** **SPE** Wynn: Für flexible Eigenmittelobergrenze Wynn / Colom i Naval: Die beiden Parlamentarier warnten davor, dass es keine Finanzielle Vorausschau ohne eine Interinstitutionelle Vereinbarung geben werde. Colom i Naval: Eine Eigenmittelobergrenze von 1,24 % ist nicht ausreichend. Eine Festlegung auf diesen Wert könnte zu Zahlungsdifferenzen in Höhe von 7 Mrd. Euro führen. **EVP-DE** Elles: Stellt die Notwendigkeit der Finanziellen Vorausschau in Frage **ELDR** Watson: Für Erhöhung der Eigenmittelobergrenze **EDU** Bonde: Für Ausgaben-Stopp[193]	**Nach Mitteilung der Kommission:** **EVP-DE** Grossetête: Gegen die Erhebung einer EU-Steuer[194] **Grüne** Cohn-Bendit: Für Finanzierung der EU über Eigeneinnahmen, z.B. über eine Kerosinsteuer[195] **EDU** Bonde: Ärmere Mitgliedstaaten sollten gar keinen Mitgliedsbeitrag zahlen müssen[196]	**Nach Mitteilung der Kommission:** **EDU** Van Dam: - Für den von der Kommission vorgeschlagenen Korrekturmechanismus - Für eine Begrenzung der Zahlungen an den Unionshaushalt in Höhe von 1 % des EU-BNE für Länder, die auf einem Niveau von über 90 % des durchschnittlichen EU-BNE liegen[197]

(fortgeführt)

193 Sitzung des Europäischen Parlaments vom 10.02.2004
194 Grossetête (2004)
195 Die Welt (2004)
196 ebenda
197 Frankfurter Allgemeine Zeitung (2004a: 12)

Tabelle 25: Fortsetzung

Die Einnahmenseite			
EU-Organe	**Eigenmittelobergrenze**	**Eigenmittelbeschaffung**	**Briten-Rabatt / Korrekturmechanismus**
Ausschuss der Regionen	Baron / Delabarre: Für Beibehaltung der Eigenmittelobergrenze in Höhe von 1,24 % des EU-BNE **Nach Mitteilung der Kommission:** Erklärung von Sir Albert Bore, Präsident des ADR: Ausschuss der Regionen für die von der Kommission vorgeschlagene Erhöhung des EU-Haushalts[198]		

Die Einnahmenseite			
Mitgliedstaaten (EU-25)	**Eigenmittelobergrenze**	**Eigenmittelbeschaffung**	**Briten-Rabatt / Korrekturmechanismus**
Deutschland	Für Beibehaltung des gegenwärtigen Ausgabenniveaus von nicht mehr als 1 % des EU-BNE[199] **Nach Mitteilung der Kommission:** Weiterhin für Beibehaltung des gegenwärtigen Ausgabenniveaus von nicht mehr als 1 % des EU-BNE[200]	Gegen zusätzliche EU-Steuer[202]	**Nach Mitteilung der Kommission:** Bundesregierung steht Korrekturmechanismus offen gegenüber.
Frankreich	Für Beibehaltung des gegenwärtigen Ausgabenniveaus von nicht mehr als 1 % des EU-BNE.[201]		**Nach Mitteilung der Kommission:** Für Abschaffung des britischen Beitragsrabatts[203]

198 Bore (2004)
199 Balkenende/Blair/Chirac/Persson/Schröder/Schüssel (2003)
200 Blair/Chirac/Schröder (2004)
201 Balkenende et al. (2003)
202 Bury (2003)
203 Financial Times Deutschland (2005f)

Tabelle 25: Fortsetzung

Die Einnahmenseite			
Mitgliedstaaten (EU-25)	**Eigenmittelobergrenze**	**Eigenmittelbeschaffung**	**Briten-Rabatt / Korrekturmechanismus**
Frankreich	**Nach Mitteilung der Kommission:** Weiterhin für Beibehaltung des gegenwärtigen Ausgabenniveaus von nicht mehr als 1 % des EU-BNE[204]		
Großbritannien	Für Beibehaltung des gegenwärtigen Ausgabenniveaus von nicht mehr als 1 % des EU-BNE[205] **Nach Mitteilung der Kommission:** Weiterhin für Beibehaltung des gegenwärtigen Ausgabenniveaus von nicht mehr als 1 % des EU-BNE[206]		Für unveränderte Beibehaltung des britischen Beitragsrabatts[209] **Nach Mitteilung der Kommission:** Weiterhin für Beibehaltung des britischen Beitragsrabatts[210]
Italien	Gegen Ausschöpfung der Eigenmittelobergrenze von 1,27 % des EU-BNE[207] **Nach Mitteilung der Kommission:** Gegen Kürzung des EU-Haushalts mit Blick auf die Erweiterung und die gemeinsamen Ziele der Union[208]		

(fortgeführt)

204 Blair et al. (2004)
205 Balkenende et al. (2003)
206 Blair et al. (2004)
207 Süddeutsche Zeitung (2004b: 6)
208 Ehl et al. (2004: 21)
209 Financial Times Deutschland (2005c)
210 Berliner Zeitung (2005)

Tabelle 25: Fortsetzung

Die Einnahmenseite			
Mitgliedstaaten (EU-25)	**Eigenmittelobergrenze**	**Eigenmittelbeschaffung**	**Briten-Rabatt / Korrekturmechanismus**
Belgien		- Aussprache für eine neue und eigenständige Finanzierungsquelle der EU - Aussprache gegen ein Finanzierungssystem, das exklusiv auf dem Bruttonationaleinkommen basiert und das eine mögliche Abschaffung der Mehrwertsteuer-Eigenmittel impliziert.[214]	- Für Einführung eines Allgemeinen Korrekturmechanismus - Gegen jede Diskriminierung im europäischen Haushaltssystem - Für die Schaffung von Beitragsgerechtigkeit: Forderung nach vollständiger Abschaffung des Britenrabattes[215]
Niederlande	Für Beibehaltung des gegenwärtigen Ausgabenniveaus von nicht mehr als 1 % des EU-BNE[211] **Nach Mitteilung der Kommission:** Weiterhin für Beibehaltung des gegenwärtigen Ausgabenniveaus von nicht mehr als 1 % des EU-BNE[212]		**Nach Mitteilung der Kommission:** Für den von der Kommission vorgeschlagenen Korrekturmechanismus, wenn dadurch die Nettozahlungen der Niederlande sinken[216]
Dänemark	Gegen Ausschöpfung der Eigenmittelobergrenze von 1,27 % des EU-BNE **Nach Mitteilung der Kommission:** Für Beibehaltung des gegenwärtigen Ausgabenniveaus von nicht mehr als 1 % des EU-BNE[213]		Für Abschaffung des Briten-Rabattes[217]

211 Balkenende et al. (2003)
212 Government of the Netherlands (2004)
213 Politiken.dk (2004a)
214 Gouvernement de la Belgique (2005)
215 ebenda
216 Government of the Netherlands (2004)
217 Politiken.dk (2004b)

Tabelle 25: Fortsetzung

Die Einnahmenseite			
Mitgliedstaaten (EU-25)	**Eigenmittelobergrenze**	**Eigenmittelbeschaffung**	**Briten-Rabatt / Korrekturmechanismus**
Irland	Gegen Ausschöpfung der Eigenmittelobergrenze von 1,27 % des EU-BNE		
Schweden	Für Beibehaltung des gegenwärtigen Ausgabenniveaus von nicht mehr als 1 % des EU-BNE[218] **Nach Mitteilung der Kommission:** Weiterhin für Beibehaltung des gegenwärtigen Ausgabenniveaus von nicht mehr als 1 % des EU-BNE[219]		**Nach Mitteilung der Kommission:** Stellt Beibehaltung des britischen Beitragrabatts in Frage[224]
Österreich	Für Beibehaltung des gegenwärtigen Ausgabenniveaus von nicht mehr als 1 % des EU-BNE[220] **Nach Mitteilung der Kommission:** - Unterstützung der im Kommissionsentwurf vorgeschlagenen Ziele - Weiterhin für Beibehaltung des gegenwärtigen Ausgabenniveaus von nicht mehr als 1 % des EU-BNE[221]	Für eigene EU-Steuer, wenn durch diese die Steuerlast für die EU-Bürger nicht steigt[222] **Nach Mitteilung der Kommission:** Vorschlag einer Kerosinsteuer zur Erhöhung der Eigenmittel[223]	

(fortgeführt)

218 Balkenende et al. (2003)
219 Ministry of Finance (Sweden) (2004)
220 Balkenende et al. (2003)
221 Bundeskanzleramt Österreich (2004b)
222 Süddeutsche Zeitung (2004a: 1)
223 Bundeskanzleramt Österreich (2004a)
224 Svenska Dagbladet (2004)

Tabelle 25: Fortsetzung

Die Einnahmenseite			
Mitgliedstaaten (EU-25)	**Eigenmittelobergrenze**	**Eigenmittelbeschaffung**	**Briten-Rabatt / Korrekturmechanismus**
Spanien	- Gegen Deckelung der EU-Ausgaben auf 1 % des EU-BNE[225] - Für mehr finanzielle Solidarität[226] - Baron: für Beibehaltung der Eigenmittelobergrenze in Höhe von 1,24 % des EU-BNE **Nach Mitteilung der Kommission:** - Weiterhin gegen Deckelung der EU-Ausgaben auf 1 % des EU-BNE - Für Beibehaltung der Eigenmittelobergrenze in Höhe von 1,24 % des EU-BNE[227]		**Nach Mitteilung der Kommission:** - Gegen Beibehaltung des britischen Beitragsrabatts - Gegen den von der Kommission vorgeschlagenen Korrekturmechanismus[232]
Finnland	- Für restriktive Haushaltspolitik - Begrenzung des Ausgabenniveaus auf nicht mehr als 1,1 % des EU-BNE[228] **Nach Mitteilung der Kommission:** Für Beibehaltung der Eigenmittelobergrenze in Höhe von 1,24 % des EU-BNE[229]	**Nach Mitteilung der Kommission:** - Gegen Einführung einer EU-Steuer[230] - Für ein Finanzierungssystem, das auf dem Bruttonationaleinkommen basiert - Für Abschaffung der Mehrwertsteuer-Eigenmittel - Für Aufrechterhaltung der Einnahmequelle der traditionellen Eigenmittel[231]	- Forderung nach Grunderneuerung des EU-Finanzsystems und größerer Beitragsgerechtigkeit: Weiterführung des gegenwärtigen Systems hätte Missverhältnis zur Folge, da die ärmsten Mitgliedstaaten die Beitragsrabatte der wohlhabenden Mitgliedstaaten mitfinanzieren müssten[233] - Gegen jegliche Zahlungsrabatte

225 Süddeutsche Zeitung (2003a: 1)
226 Handelsblatt (2003d: 3)
227 Rodriguez-Spiteri Palazuelo (2004)
228 Vanhanen (2005)
229 Ministry of Finance (Finland) (2004)
230 Government of Finland (2004)
231 Ministry of Finance (Finland) (2004)
232 Handelsblatt (2003d: 3)
233 Ministry of Finance (Finland) (2004)

Tabelle 25: Fortsetzung

Die Einnahmenseite			
Mitgliedstaaten (EU-25)	**Eigenmittelobergrenze**	**Eigenmittelbeschaffung**	**Briten-Rabatt / Korrekturmechanismus**
Finnland			- Der von der Kommission vorgeschlagene Korrekturmechanismus würde das System weiter verkomplizieren und stünde dem Ziel einer stringenten Ausgabenpolitik sogar entgegen[239]
Polen	Verständnis für die Forderung der sechs Nettozahler, die EU-Ausgaben auf 1 % des EU-BNE zu begrenzen[234] **Nach Mitteilung der Kommission:** - Der Vorschlag der Kommission ist eine gute Ausgangsposition für die weiteren Verhandlungen[235] - Für Beibehaltung der Eigenmittelobergrenze in Höhe von 1,24 % des EU-BNE[236]		
Ungarn	- Für mehr finanzielle Solidarität von Seiten der Nettozahler[237] - Die Eigenmittelobergrenze in Höhe von 1,24 % des EU-BNE darf nicht unterschritten werden[238] - Für angemessene Finanzierung der gegenwärtigen Gemeinschaftspolitiken, vor allem der Kohäsionspolitik		- Für faire Lastenteilung zwischen den Mitgliedstaaten - Die Einführung eines Korrekturmechanismus verstößt gegen das Prinzip der proportionalen Finanzierung der EU und hätte ein regressives Verteilungssystem zur Folge.[240]

(*fortgeführt*)

234 Handelsblatt (2003c)
235 Embassy of the Republic of Poland (in the USA) (2004)
236 Gurbiel (2004), zitiert nach Ehl et al. (2004: 23)
237 The Financial Times (2004a: 2)
238 Government of Hungary (2004)
239 Government of Finland (2004)
240 Government of Hungary (2004)

Tabelle 25: Fortsetzung

Die Einnahmenseite			
Mitgliedstaaten (EU-25)	**Eigenmittelobergrenze**	**Eigenmittelbeschaffung**	**Briten-Rabatt / Korrekturmechanismus**
Ungarn	- Für Festhalten am Eigenmittelsystem unter Berücksichtigung der Prinzipien der Transparenz, Effizienz, Flexibilität und Proportionalität[241] - Für finanzielle Autonomie der EU - Administrationskosten müssen gering gehalten werden - Einleitung eines Reflexions- und Reformprozesses in Bezug auf die finanziellen Perspektiven der EU[242] - Für einen kürzeren Finanzplanungszeitraum von bislang sieben auf fünf Jahre, beginnend ab 2014[243]		
Tschechische Republik	**Nach Mitteilung der Kommission:** Die von der Kommission vorgeschlagene Beibehaltung der Eigenmittelobergrenze in Höhe von 1,24 % des EU-BNE ist eine gute Ausgangsposition für die weiteren Verhandlungen.[244]		

241 ebenda
242 Kiss (2005)
243 Government of Hungary (2004)
244 Government of Poland (2004), zitiert nach Ehl et al. (2004: 23)

Tabelle 25: Fortsetzung

Die Einnahmenseite			
Mitgliedstaaten (EU-25)	**Eigenmittelobergrenze**	**Eigenmittelbeschaffung**	**Briten-Rabatt / Korrekturmechanismus**
Slowakische Republik	**Nach Mitteilung der Kommission:** Für Anhebung der Eigenmittelobergrenze auf 1,3 % des EU-BNE aufgrund der angewachsenen Anzahl der Mitgliedstaaten innerhalb der erweiterten Union[245]	**Nach Mitteilung der Kommission:** Für Beibehaltung des bisherigen Eigenmittelsystems[247]	
Slowenien	Gegen Ausschöpfung der Eigenmittelobergrenze in Höhe von 1,27 % des EU-BNE[246]		

(fortgeführt)

245 Ehl et al. (2004: 23)
246 ebenda
247 ebenda

Tabelle 25: Fortsetzung

Die Ausgabenseite				
EU-Organe / Politikfelder	**Landwirtschaft**	**Strukturpolitik**	**Interne Politikbereiche**	**Externe Politikbereiche**
Kommission	- Für Beibehaltung der vom Europäischen Rat im Oktober 2002 festgelegten Obergrenze bis 2013[248]	- Gegen Anhebung des Schwellenwerts für den Erhalt der Ziel-1-Förderung in den alten Förderregionen	- Für einen Einsatz in Höhe von 5 % der Fördermittel zur Stärkung der grenzüberschreitenden Zusammenarbeit[254]	- Stärkung der Rolle der Union als vollwertiger Akteur auf der Weltbühne[257]
	- Gegen höhere Direktzahlungen für die Beitrittsländer[249] - Schreyer / Verheugen: Für Kürzung der Agrarausgaben bei Deckelung des EU-Budgets auf nicht mehr als 1 % des EU-BNE[250] **Mitteilung der Kommission:** - Für Beibehaltung der vom Europäischen Rat im Oktober 2002 festgelegten Obergrenze bis 2013	- Für Übergangslösungen für Regionen, die aus der Ziel-1-Förderung fallen - Für Konzentration der Strukturausgaben auf die Ziel-1-Förderung[251] - Für Vereinfachung und mehr Effizienz bei den Vergabeverfahren[252] - Für Einführung eines Wachstumsanpassungsfonds als wirtschaftspolitisches Instrument[253]	- Für signifikante Prioritätenverlagerung innerhalb des EU-Haushalts zu Gunsten der neuen Förderziele (etwa einer nachhaltigen Entwicklung) - Stärkere Berücksichtigung originärer Bürgerinteressen[255] Schreyer: - Für Erhöhung der Ausgaben für die Asyl- und Migrationspolitik - Für Erhöhung der Ausgaben zum Schutz der Außengrenzen[256] - Für Erhöhung der Forschungsförderung	- Für Erhöhung der Ausgaben für die GASP - Für Einbeziehung des Europäischen Entwicklungsfonds (EEF) in den Gemeinschaftshaushalt - Für Erhöhung der Ausgaben für die neuen Nachbarn - Für Erhöhung der Ausgaben zur Schaffung eines flexibleren Instrumentes für den Fall von Kriseninterventionen

248 Schreyer (2003)
249 Prager Zeitung (2002: 3), zitiert nach Ehl et al. (2004: 26)
250 Süddeutsche Zeitung (2003b: 6)
251 Handelsblatt (2003b: 6)
252 Frankfurter Allgemeine Zeitung (2003b: 23)
253 Europäische Kommission (2004a)
254 Frankfurter Allgemeine Zeitung (2004b: 1)
255 Europäische Kommission (2004a)
256 Schreyer (2003)
257 Europäische Kommission (2004a)

Tabelle 25: Fortsetzung

Die Ausgabenseite				
EU-Organe / Politikfelder	**Landwirtschaft**	**Strukturpolitik**	**Interne Politikbereiche**	**Externe Politikbereiche**
Kommission	- Für Beibehaltung der Beschlüsse des Rates von 2003 über die Reform der Gemeinsamen Agrarpolitik - Für konstante Verpflichtungen in Höhe von 56,01 Mrd. Euro im Jahr 2006 bis zu 57,8 Mrd. Euro im Jahr 2013[258]	**Gegensätzliche Positionen innerhalb der Kommission:** Regionalkommissar Michel Barnier: - Für zukünftige Finanzausstattung der Strukturpolitik in Höhe von mindestens 0,45 % des EU-BNE[259] - Für längere und substanziellere Übergangszahlungen für Regionen, die aus der Ziel-1-Förderung fallen[260] - Für Unterstützung territorialer Prioritäten außerhalb der Ziel-1-Förderung[261] Binnenmarkt Kommissar Frits Bolkestein: - Für radikale Umverteilung der Strukturhilfen auf die Beitrittsländer zu Lasten der bisherigen Empfänger; achtzehn Regionen hätten bei dieser Umsetzung ihren Ziel-1-Förderstatus verloren[262]	- Für Erhöhung der Förderung Erneuerbarer Energien - Für Erhöhung der Förderung für die Transeuropäischen Netze - Für Erhöhung der Ausgaben für die Beschäftigungspolitik[263] Prodi: Für Einrichtung eines Fonds zur Verbesserung der Wettbewerbsfähigkeit in Höhe von 22 Mrd. Euro[264] **Mitteilung der Kommission:** Für Erhöhung der Verpflichtungen zu Gunsten der Wettbewerbsfähigkeit durch Förderung der Rubrik Wachstum und Beschäftigung Hierunter fallen: - Die Förderung der Wettbewerbsfähigkeit europäischer Unternehmen im Binnenmarkt - Die Verdoppelung der Förderung von Forschungs- und Entwicklungsaktivitäten	- Für Erhöhung der Ausgaben für die militärische Forschung[265] **Mitteilung der Kommission:** Für Erhöhung der Verpflichtungen in der Rubrik „Die EU als globaler Partner" von 11,23 Mrd. Euro im Jahr 2006 auf 15,74 Mrd. Euro im Jahr 2013 Hierunter fallen: - Die Anbindung der Verkehrs-, Energie- und Kommunikationsnetze an die der angrenzenden Staaten - Verteidigung gegen äußere Bedrohungen in Form von Terrorismus, Massenvernichtungswaffen, Bürgerkriege, regionale Konflikte und Staatsbankrott - Gewährleistung der zivilen

(fortgeführt)

258 Frankfurter Allgemeine Zeitung (2004a: 12)
259 Handelsblatt (2003c: 6)
260 Neue Zürcher Zeitung (2003: 9); Frankfurter Allgemeine Zeitung (2003a: 13)
261 Handelsblatt (2003b: 6)
262 Handelsblatt (2003b: 6); The Financial Times (2003b: 1)
263 Der Tagesspiegel (2003: 5)
264 Frankfurter Allgemeine Zeitung (2003c: 2); Le Monde (2004: 5); Süddeutsche Zeitung (2003a: 1)
265 Schreyer (2003)

Tabelle 25: Fortsetzung

Die Ausgabenseite				
EU-Organe / Politikfelder	**Landwirtschaft**	**Strukturpolitik**	**Interne Politikbereiche**	**Externe Politikbereiche**
Kommission		- Für Wegfall der Ziel-2-Förderung[266] **Mitteilung der Kommission:** - Für Erhöhung der Verpflichtungen für regional- und kohäsionspolitische Maßnahmen von 38,79 Mrd. Euro im Jahr 2006 auf 50,96 Mrd. Euro im Jahr 2013 - Für Übergangszahlungen für diejenigen Regionen, deren Ziel-1-Förderung mit der Erweiterung entfällt - Für Beibehaltung der Absorptionsgrenze von 4 % des BIP's[267] - Für Konzentration von 80 % der Fördermittel auf die am wenigsten entwickelten Staaten und Regionen - Für einen Einsatz in Höhe von 15 % der Fördermittel zur Stärkung der regionalen Wettbewerbsfähigkeit und Beschäftigung	- Vervierfachung der EU-Hilfen für den Ausbau grenzüberschreitender Verkehrsverbindungen sowie die Vernetzung der Energieversorgung und der Telekommunikation - Verbesserung der allgemeinen und beruflichen Bildungssysteme in der EU - Unterstützung der Gesellschaft bei der Bewältigung des sozialen Wandels - Für Erhöhung der Verpflichtungen für die Bereiche Freiheit, Sicherheit, Bürgerliche Gesellschaft und Gerechtigkeit in Höhe von 1,38 Mrd. Euro im Jahr 2006 auf 3,62 Mrd. Euro im Jahr 2013 Dazu zählen: - Aufbau einer gemeinsamen Einwanderungs- und Asylpolitik - Bekämpfung von Kriminalität und Terrorismus	Sicherheit, Schutz der Bürger vor Gefährdung in Form von Naturkatastrophen, Gesundheits- und Umweltkrisen oder organisiertem Verbrechen - Für Einbeziehung des Europäischen Entwicklungsfonds in den EU-Haushalt[268]

266 Handelsblatt (2003b: 6); The Financial Times (2003a: 1)
267 Frankfurter Allgemeine Zeitung (2004a: 12)
268 ebenda

Tabelle 25: Fortsetzung

Die Ausgabenseite				
EU-Organe / Politikfelder	**Landwirtschaft**	**Strukturpolitik**	**Interne Politikbereiche**	**Externe Politikbereiche**
Kommission		- Für Einsatz von etwa der Hälfte der Strukturhilfen zu Gunsten der alten Mitgliedstaaten[270] **Nach Mitteilung der Kommission:** Haushaltskommissarin Schreyer droht Bundesregierung mit Stopp der EU-Regionalförderung bei Festhalten an der Forderung einer Budgetfixierung von 1 % des EU-BNE[271]	- Unterstützung bei Naturkatastrophen, Gesundheits- oder Umweltkrisen - Zugang zu öffentlichen Dienstleistungen sowie Verbraucherschutz und -Sicherheit[272]	
Parlament	**Nach Mitteilung der Kommission:** **EDU** Bonde: Für jährliche Senkung der GAP-Beiträge um 20 %[269]	- Gegen Senkung der Ausgabenobergrenze für die EU-Strukturpolitik in Höhe von 0,45 % des EU-BNE - Für Beibehaltung der Absorptionsgrenze von 4 % des BIP's - Für Beibehaltung von Übergangsregelungen für Regionen, die aus der Ziel-1-Förderung fallen	**Nach Mitteilung der Kommission:** **EVP-DE** Grossetête: Für Erhöhung der Ausgaben für die Forschung[273] Pöttering: - Gegen geplante Streichung der Mittel für Jugend- und Kulturprogramme (u. a. Erasmus) um circa drei Milliarden Euro[274] - Gegen zentral gesteuerte europäische Innovationspolitik[275]	**Nach Mitteilung der Kommission:** **Grüne** Buitenweg: Für mehr finanzielle Flexibilität in der Außenpolitik[276] **SPE** Colom i Naval: Für höhere Investitionen in die GASP, Förderfokus auf Lissabon-Zielen und Erweiterung

(*fortgeführt*)

269 Ehl et al. (2004: 28)
270 Frankfurter Allgemeine Zeitung (2004b: 1)
271 Financial Times Deutschland (2004)
272 Frankfurter Allgemeine Zeitung (2004a: 12)
273 Grossetête (2004)
274 Pöttering (2014: 264–267)
275 Pöttering (2004)
276 Frankfurter Allgemeine Zeitung (2004a: 12)

Tabelle 25: Fortsetzung

Die Ausgabenseite				
EU-Organe / Politikfelder	**Landwirtschaft**	**Strukturpolitik**	**Interne Politikbereiche**	**Externe Politikbereiche**
Parlament		- Für alternative Indikatoren neben dem BIP pro Kopf bei der Festsetzung der Förderungswürdigkeit - Gegen Renationalisierung der Kohäsionspolitik - Für fortlaufende Unterstützung von Regionen in der EU-15 nach der Erweiterung[277] **Nach Mitteilung der Kommission:** **EDU** Van Dam: Gegen Ausschüttung von 50 % der Strukturfördermittel zu Gunsten der Regionen in den alten Mitgliedstaaten Bonde: Gegen weitere Strukturförderung für die „reichen" Mitgliedstaaten[278] **EVP-DE** Grossetête: Für die von der Kommission vorgeschlagene Neuregelung[279]		
Ausschuss der Regionen			**Nach Mitteilung der Kommission:** Für die Förderung der interregionalen Zusammenarbeit[280]	

277 Europäisches Parlament (2002)
278 Frankfurter Allgemeine Zeitung (2004a: 12)
279 Grossetête (2004)
280 Frankfurter Allgemeine Zeitung (2004a: 12)

Tabelle 25: Fortsetzung

Die Ausgabenseite				
Mitglied-staaten / Politikfelder	**Landwirtschaft**	**Strukturpolitik**	**Interne Politikbereiche**	**Externe Politikbereiche**
Deutschland	- Für Beibehaltung der vom Europäischen Rat im Oktober 2002 festgelegten Obergrenze bis 2013[281] - Für Beibehaltung der beschlossenen stufenweisen Heranführung der Beitrittsländer an die Direktzahlungen[282] - Gegen Erhöhung des gesamten Agrarbudgets zu Gunsten der Entwicklung des ländlichen Raums[283]	- Für Senkung der bisherigen Ausgabenobergrenze für die EU-Strukturpolitik in Höhe von 0,45 % des EU-BNE - Für intensivere Förderung zukunftsträchtiger Ziele[284] - Für Finanzierung der Fördermaßnahmen in den Beitrittsländern durch Konzentration der Fördermittel in den alten Mitgliedstaaten[285] - Für Absorptionsgrenze von maximal 4 % des BIP's - Für Konzentration der EU-Strukturmittel auf die Ziel-1-Gebiete unter Beibehaltung des Schwellenwerts von 75 % des BIP's pro Kopf gemessen am EU-Durchschnitt	- Für ausreichenden finanziellen Spielraum zu Gunsten von Zukunftsaufgaben und Innovationen[286] - Für Erhöhung der Ausgaben zum Schutz der Außengrenzen - Für Erhöhung der Ausgaben für die Migrationspolitik[287]	Für Erhöhung der Ausgaben für die GASP[288]

(fortgeführt)

281 Bore (2004)
282 Bundesregierung der BRD (2003)
283 Frankfurter Allgemeine Zeitung (2003b: 23)
284 Schröder (2003)
285 Handelsblatt (2003c: 6)
286 Schröder (2003)
287 Bore (2004)
288 ebenda

Tabelle 25: Fortsetzung

Die Ausgabenseite				
Mitgliedstaaten / Politikfelder	**Landwirtschaft**	**Strukturpolitik**	**Interne Politikbereiche**	**Externe Politikbereiche**
Deutschland		- Für Verwendung von maximal 5 bis 10 % der EU-Strukturfondsmittel für Maßnahmen außerhalb des Ziels 1, insbesondere Förderung von Maßnahmen mit hohem europäischem Mehrwert - Für Wegfall der Ziel-2- und Ziel-3-Förderung als eigenständige Ziele - Für zeitlich eng begrenzte, faire Übergangsregelungen für Regionen, deren Förderung mit der Erweiterung entfällt - Für Beibehaltung der Festlegung der Förderhöhe pro Kopf nach dem jeweiligen regionalen BIP - Für ausreichenden beihilferechtlichen Spielraum für die nationale Strukturpolitik - Für grundlegende Reform der Verfahren zur Umsetzung der EU-Strukturpolitik[289] **Nach Mitteilung der Kommission:** - Für Beibehaltung der Interreg-Förderung beidseits der neuen Binnengrenzen der erweiterten Union[290]		

289 Ehl et al. (2004: 29/30)
290 Gloser (2004)

Tabelle 25: Fortsetzung

Die Ausgabenseite				
Mitglied-staaten / Politikfelder	**Landwirtschaft**	**Strukturpolitik**	**Interne Politikbereiche**	**Externe Politikbereiche**
Deutschland		- Für faire Übergangs-regelungen für die ost-deutschen Länder, deren Ziel-1-Förderung mit der Erweiterung entfällt - Für einheitliches Regio-nalbeihilfenregime - Für Konzentration der Gemeinschaftsmittel auf die strukturschwachen Regionen[291] - Für Gleichbehandlung der Regionen - Für Programme mit hohem europäischem Mehrwert - Gegen Einrichtung flächendeckender und dauerhafter Förderinstru-mente - Für Erreichung der Lissabonziele durch eine Verbesserung der Rah-menbedingungen und nicht durch Anwendung ausgaben intensiver Förderinstrumente[292]		

(fortgeführt)

291 Stolpe (2004)
292 Stotz (2004)

Tabelle 25: Fortsetzung

Die Ausgabenseite				
Mitgliedstaaten / Politikfelder	**Landwirtschaft**	**Strukturpolitik**	**Interne Politikbereiche**	**Externe Politikbereiche**
Frankreich	Für Beibehaltung der vom Europäischen Rat im Oktober 2002 festgelegten Obergrenze bis 2013[293] **Nach Mitteilung der Kommission:** Weiterhin für Beibehaltung der vereinbarten Agrarausgaben[294]	- Für Konzentration der Strukturmittel auf die Ziel-1-Förderung - Für Beibehaltung des Schwellenwertes von 75 % des BIP's pro Kopf gemessen am EU-Durchschnitt - Für Vereinfachung der Vergabeverfahren[297]	- Für Erhöhung der Ausgaben zum Schutz der Außengrenzen - Für Erhöhung der Ausgaben für die Migrationspolitik[298]	Für Erhöhung der Ausgaben für die GASP[301]
Großbritannien	Für Beibehaltung der vom Europäischen Rat im Oktober 2002 festgelegten Obergrenze bis 2013[295] **Nach Mitteilung der Kommission:** Finanzminister Gordon Brown stellt Höhe der Agrarsubventionen bis 2013 in Frage[296]	- Gegen höhere Belastungen für die Nettozahler - Für Konzentration der Strukturmittel auf die bedürftigsten Mitgliedstaaten - Für ausschließlich nationale strukturpolitische Maßnahmen in Mitgliedstaaten mit einem BIP von über 90 % gemessen am EU-Durchschnitt; zeitlich begrenzte Übergangszahlungen möglich	- Für Erhöhung der Ausgaben zum Schutz der Außengrenzen - Für Erhöhung der Ausgaben für die Migrationspolitik[299] **Nach Mitteilung der Kommission:** Bildung, Gesundheit und Verbraucherschutz sind Politikbereiche, die der nationalen Zuständigkeit der Mitgliedstaaten unterliegen sollten.[300]	Für Erhöhung der Ausgaben für die GASP[302]

293 ebenda
294 Clarisse (2004)
295 Bore (2004)
296 The Financial Times (2004b: 2)
297 Government of France (2002)
298 Bore (2004)
299 ebenda
300 ebenda
301 ebenda
302 ebenda

Tabelle 25: Fortsetzung

Die Ausgabenseite				
Mitgliedstaaten / Politikfelder	**Landwirtschaft**	**Strukturpolitik**	**Interne Politikbereiche**	**Externe Politikbereiche**
Großbritannien		- Für vereinfachte Vergabe und Überprüfung von Strukturfördermaßnahmen - Für mehr Dezentralisierung gemäß dem Prinzip der Subsidiarität[303]		
Italien		- Gegen Überschreitung der bisherigen Ausgabenobergrenze für die EU-Strukturpolitik von 0,45 % des EU-BNE - Für Konzentration der Strukturmittel auf die Ziel-1-Förderung; Anhebung des bisherigen Förderniveaus um mindestens 5 % - Für vorläufige Beibehaltung des Schwellenwerts von 75 % des BIP's pro Kopf gemessen am EU-Durchschnitt - Für Festlegung der Höhe der Ziel-1-Förderung nach dem jeweiligen regionalen BIP und der Beschäftigungsrate - Für höhere Übergangszahlungen für Regionen, deren Ziel-1-Förderung mit der Erweiterung entfällt - Für Beibehaltung der Absorptionsgrenze von 4 % des BIP's - Für Vereinfachung der Vergabeverfahren - Für Dezentralisierung gemäß dem Prinzip der Subsidiarität[304]		

(fortgeführt)

303 Government of the United Kingdom (2003)
304 Government of Italy (2002)

Tabelle 25: Fortsetzung

Die Ausgabenseite				
Mitgliedstaaten / Politikfelder	**Landwirtschaft**	**Strukturpolitik**	**Interne Politikbereiche**	**Externe Politikbereiche**
Belgien		- Gegen Senkung der bisherigen Ausgabenobergrenze für die EU-Strukturpolitik von 0,45 % des EU-BNE - Für Konzentration der Strukturausgaben auf die Ziel-1-Förderung - Für Beibehaltung des Schwellenwerts von 75 % des BIP's pro Kopf gemessen am EU-Durchschnitt - Für Übergangsregelungen für diejenigen Regionen, deren Förderung mit der Erweiterung entfällt - Für Beibehaltung der Absorptionsgrenze von 4 % des BIP's - Für mehr Dezentralisierung gemäß dem Prinzip der Subsidiarität[307]	Klärung der Frage der Verteilung der Verwaltungskosten der EU auf die Mitgliedstaaten[308]	
Niederlande	Für Beibehaltung der vom Europäischen Rat im Oktober 2002 festgelegten Obergrenze bis 2013[305] **Nach Mitteilung der Kommission:** Für Einsparungen in der Landwirtschaftspolitik[306]	- Für beträchtliche Senkung der bisherigen Ausgabenobergrenze für die EU-Strukturpolitik von 0,45 % des EU-BNE	- Für Beibehaltung von Maßnahmen mit europäischem Mehrwert, insbesondere in Hinblick auf die grenzüberschreitende Kooperation[309]	Für Erhöhung der Ausgaben für die GASP[310]

305 Bore (2004)
306 Foreign Ministry of the Netherlands (2004)
307 Government of Belgium (2003)
308 Gouvernement de la Belgique (2005)
309 Government of the Netherlands (2003)
310 Bore (2004)

Tabelle 25: Fortsetzung

Die Ausgabenseite				
Mitgliedstaaten / Politikfelder	**Landwirtschaft**	**Strukturpolitik**	**Interne Politikbereiche**	**Externe Politikbereiche**
Niederlande		- Für Verringerung des Wohlstandsgefälles zwischen den Mitgliedstaaten, nicht mehr zwischen den Regionen (Kohäsions-Ansatz) - Für Beibehaltung der Absorptionsgrenze von 4 % des BIP's - Für Vereinfachung und Dezentralisierung der Vergabe von Strukturmitteln gemäß dem Prinzip der Subsidiarität[311] **Nach Mitteilung der Kommission:** Für Einsparungen in der Strukturpolitik[312]	- Für Erhöhung der Ausgaben zum Schutz der Außengrenzen - Für Erhöhung der Ausgaben für die Migrationspolitik[314] **Nach Mitteilung der Kommission:** Gegen Erhöhung der Ausgaben in den Bereichen Bildung und Arbeitsmöglichkeiten. Diese Aufgaben können besser auf nationaler Ebene bewältigt werden.[315]	
Griechenland		- Strikte Ablehnung der Phasing-out-Planungen - Ablehnung des von der Kommission geforderten neuen Verteilungsschlüssels mit Verweis auf die im Konsens beschlossene Berliner Methode und deren Verbindlichkeit[313]		

(fortgeführt)

311 Government of the Netherlands (2003)
312 Bore (2004)
313 Ministry of Finance (Greece), Task Force (2005)
314 Bore (2004)
315 ebenda

Tabelle 25: Fortsetzung

Die Ausgabenseite				
Mitgliedstaaten / Politikfelder	**Landwirtschaft**	**Strukturpolitik**	**Interne Politikbereiche**	**Externe Politikbereiche**
Schweden	Für Beibehaltung der vom Europäischen Rat im Oktober 2002 festgelegten Obergrenze bis 2013[316]	- Für beträchtliche Senkung der bisherigen Ausgabenobergrenze für die EU-Strukturpolitik von 0,45 % des EU-BNE - Für Konzentration der Fördermittel auf die Beitrittsländer - Für Verringerung des Wohlstandsgefälles zwischen den Mitgliedstaaten, nicht mehr zwischen den Regionen (Kohäsions-Ansatz) - Für Beibehaltung der Absorptionsgrenze von 4 % des BIP's - Für Beibehaltung des Schwellenwerts von 75 % des EU-BNE für die Ziel-1-Förderung, falls die Regionalförderung entgegen eigener Reformabsichten in der bisherigen Form bestehen bleibt - Für Verwendung von maximal 5 bis 10 % der Strukturmittel für Maßnahmen außerhalb des Ziels 1, zum Beispiel für die Ziel-2-Förderung und die grenzüberschreitende Kooperation[317]	- Für Erhöhung der Ausgaben zum Schutz der Außengrenzen - Für Erhöhung der Ausgaben für die Migrationspolitik[318] **Nach Mitteilung der Kommission:** Für Erhöhung der Ausgaben zum Erreichen der Ziele von Lissabon durch Investitionen in Forschung, Entwicklung, Bildung und Technologie[319]	Für Erhöhung der Ausgaben für die GASP[320] **Nach Mitteilung der Kommission:** Für höhere Ausgaben für die PJZS und die GASP[321]

316 Bore (2004)
317 Government of Sweden (2003)
318 Bore (2004)
319 Ministry of Finance (Sweden) (2004)
320 Bore (2004)
321 Government of Sweden (2003)

Tabelle 25: Fortsetzung

Die Ausgabenseite				
Mitglied-staaten / Politikfelder	**Landwirtschaft**	**Strukturpolitik**	**Interne Politikbereiche**	**Externe Politikbereiche**
Schweden		**Nach Mitteilung der Kommission:** - Griechenland, Portugal und Spanien sollten nur für Regionen, die unter 75 % des EU-BNE liegen, Strukturhilfen bekommen. - Die Förderung ärmerer Regionen in reicheren Mitgliedstaaten sollte vornehmlich in nationaler Verantwortung liegen[323]		
Österreich	Für Beibehaltung der vom Europäischen Rat im Oktober 2002 festgelegten Obergrenze bis 2013[322]		- Für Erhöhung der Ausgaben zum Schutz der Außengrenzen - Für Erhöhung der Ausgaben für die Migrationspolitik[324] **Nach Mitteilung der Kommission:** - Für Erhöhung der Ausgaben für Forschung, Technologieentwicklung, nachhaltiges Wachstum und Bildung - Gegen starken Anstieg der Verwaltungskosten	Für Erhöhung der Ausgaben für die GASP[325]

(fortgeführt)

322 Bore (2004)
323 Petersson (2004)
324 Bore (2004)
325 ebenda

Tabelle 25: Fortsetzung

Die Ausgabenseite				
Mitglied-staaten / Politikfelder	**Landwirtschaft**	**Strukturpolitik**	**Interne Politikbereiche**	**Externe Politikbereiche**
Österreich			- Gegen exorbitanten Budgetanstieg in der Unternehmensförderung[330]	
Spanien	**Nach Mitteilung der Kommission:** Für Beibehaltung der vom Europäischen Rat im Oktober 2002 festgelegten Obergrenze bis 2013[326]	**Nach Mitteilung der Kommission:** - Für Strukturförderausgaben in Höhe von 0,41 % des EU-BNE[327] - Für Beibehaltung der bisher gängigen Ausgestaltung der Strukturförderung zum Abbau regionaler Disparitäten[328] - Für Übergangsregelung in Höhe von 90 % der bisher gewährten Mittel für Regionen, deren Ziel-1-Förderung mit der Erweiterung entfällt[329]	**Nach Mitteilung der Kommission:** - Für die von der Kommission beschlossene Erhöhung der Ausgaben für mehr Wachstum und Beschäftigung - Für die von der Kommission vorgeschlagene Erhöhung der Ausgaben für die PJZS[331]	**Nach Mitteilung der Kommission:** Für die von der Kommission vorgeschlagene Erhöhung der Ausgaben für die GASP[332]

326 Handelsblatt (2003d: 3)
327 ebenda
328 Government of Spain (2001); Frankfurter Allgemeine Zeitung (2003a: 13)
329 Frankfurter Rundschau (2004: 2)
330 Bore (2004)
331 Handelsblatt (2003d: 3)
332 ebenda

Tabelle 25: Fortsetzung

Die Ausgabenseite				
Mitgliedstaaten / Politikfelder	**Landwirtschaft**	**Strukturpolitik**	**Interne Politikbereiche**	**Externe Politikbereiche**
Finnland	Für Erhöhung der Ausgaben für die Entwicklung des ländlichen Raums um 10 %[333]	- Für Ausgaben von ca. 40 % des EU-Haushalts zu Gunsten der Strukturförderung[334] - Für eine faire und ausgeglichene Strukturpolitik zwischen alten und neuen Mitgliedstaaten[335] - Für Beibehaltung der Ziel-1-Förderung für Gebiete in Nord- und Ost-Finnland auf dem höchsten Förderniveau über den gesamten Finanzplanungszeitraum 2007 bis 2013[336] - Gegen Überschreitung der bisherigen Ausgabenobergrenze für die EU-Strukturpolitik von 0,45 % des EU-BNE - Für Konzentration der Fördermittel auf die Ziel-1-Förderung - Für Ausweitung der Kriterien zur Bestimmung der Ziel-1-Förderung - Für Beibehaltung der Absorptionsgrenze von 4 % des BIP's	- Größeres finanzielles Gewicht für den Bereich Justiz und Inneres - Unterstützung des Kommissionsvorschlags für die Einführung einer eigenen Haushaltsrubrik für diesen Politikbereich[337] - Für Stärkung der grenzüberschreitenden Zusammenarbeit[338]	- Stärkung der aktiven Rolle der EU als globaler Partner[339] - Priorität der Finanzierung des Northern Dimension Action Plan über die vorhandenen Instrumente der GASP[340]

(fortgeführt)

333 Vanhanen (2005)
334 Government of Finland (2004)
335 ebenda
336 ebenda
337 ebenda
338 Ehl et al. (2004: 34)
339 Vanhanen (2005)
340 Government of Finland (2004)

Tabelle 25: Fortsetzung

Die Ausgabenseite				
Mitgliedstaaten / Politikfelder	**Landwirtschaft**	**Strukturpolitik**	**Interne Politikbereiche**	**Externe Politikbereiche**
Finnland		- Für Übergangsregelungen für Regionen, deren Ziel-1-Förderung mit der Erweiterung entfällt - Für ¼ der Strukturmittel für Maßnahmen außerhalb des Ziels 1 - Für Vereinfachung und Dezentralisierung bei der Vergabe und Durchführung von Strukturmaßnahmen[341] - Ausrichtung der Strukturpolitik an den Zielen von Lissabon[342] - Gegen die von der Kommission geforderte Ausweitung der Fördermittel in der Rubrik 1a „Wettbewerbsfähigkeit für Wachstum und Beschäftigung“: stattdessen stärkere Konzentration auf Ausgaben in Programme für Forschung und Entwicklung und Verbesserung der Regulierung[343] - Für mehr Produktivität und Transparenz sowie für die Einrichtung besserer Kontrollkriterien - Verwaltungsausgaben müssen auf dem Niveau des Finanzrahmens 2000 bis 2006 konsolidiert werden.		

341 Ehl et al. (2004: 34)
342 Government of Finland (2004)
343 Vanhanen (2005)

Tabelle 25: Fortsetzung

Die Ausgabenseite				
Mitgliedstaaten / Politikfelder	**Landwirtschaft**	**Strukturpolitik**	**Interne Politikbereiche**	**Externe Politikbereiche**
Finnland		- Die Zahl der Programme muss reduziert werden und administrative Strukturen sowie Entscheidungsstrukturen rationalisiert werden.[345]		
Irland	Größere Flexibilität bei der Mittelaufwendung im Bereich der ländlichen Entwicklung[344]	- Implementierung spezieller Übergangsregelungen für die Phasing-out Regionen[346] - Größere Flexibilität bei der Mittelaufwendung in der Rubrik 1b „Kohäsion für Wachstum und Beschäftigung" - Stärkerer Fokus in der Rubik 1b auf Investitionen in die Infrastruktur für Phasing-in Regionen - Loslösung vom starren System der Ausgabenrubriken - Ermöglichung eines flexiblen Einsatzes von Haushaltsmitteln und Priorisierung durch Schaffung individueller Haushaltslinien, vor allem in Politikfeldern, für die noch keine Legislativvorschläge vorliegen[347]		

(fortgeführt)

344 Government of Ireland (2004)
345 Government of Finland (2004)
346 Government of Ireland (2005)
347 Government of Ireland (2004)

Tabelle 25: Fortsetzung

Die Ausgabenseite				
Mitgliedstaaten / Politikfelder	**Landwirtschaft**	**Strukturpolitik**	**Interne Politikbereiche**	**Externe Politikbereiche**
Portugal		- Für Minimum an Ausgaben für die EU-Strukturpolitik in Höhe von 0,45 % des EU-BNE - Für Beibehaltung der bisherigen Förderhöhe für Regionen, deren Ziel-1-Förderung mit der Erweiterung entfällt - Für Konzentration der Strukturmittel auf die Ziel-1-Förderung bei Anhebung des bisherigen Förderniveaus um mindestens 5 % - Für Beibehaltung des Kohäsionsfonds sowie für eine Mittelerhöhung - Für Vereinfachung, mehr Transparenz und Dezentralisierung bei der Vergabe von Strukturmitteln[349]		
Polen	- Für schrittweisen Abbau der Agrarsubventionen zu Gunsten von EU-Projekten in den Bereichen Bildung und Verteidigungspolitik[348] - Ungleichbehandlung der neuen Mitgliedstaaten bei den Direktzahlungen, die bereits auf dem Berlin Gipfel festgelegt wurden, soll über den Bereich der ländlichen Entwicklung kompensiert werden.	- Für Gleichbehandlung der alten und der neuen Mitgliedstaaten der EU in der Struktur- und Kohäsionsförderung[350] - Gegen eine Absorptionsgrenze von 4 % des BIP's auf der Grundlage der geltenden Berechnungsmethoden (Vernachlässigung ökonomischer Effekte wie etwa schwankende Wechselkurse)[351]		

348 Handelsblatt (2003d: 3)
349 Government of Portugal (2003)
350 Berényi et al. (2005)
351 Berényi et al. (2005); Government of Poland (2005)

Tabelle 25: Fortsetzung

Die Ausgabenseite				
Mitgliedstaaten / Politikfelder	**Landwirtschaft**	**Strukturpolitik**	**Interne Politikbereiche**	**Externe Politikbereiche**
Polen	- Förderhöhe im Bereich der ländlichen Entwicklung sollte sich zumindest auf dem Niveau von 2006 bewegen. - Befürwortung des Kommissionsvorschlags zur Einrichtung eines eigenen Europäischen Landwirtschaftsfonds für die Entwicklung des ländlichen Raums - Für eine eigenständige Entscheidung der Mitgliedstaaten über eine Umschichtung von Mitteln aus der Rubrik 1 in die Rubrik 2 in Abstimmung mit der Kommission[352]	**Nach Mitteilung der Kommission:** Für die von der Kommission vorgeschlagene Höhe der Strukturausgaben von 0,41 % des EU-BNE[353]		
Ungarn	- Ungleichbehandlung der neuen Mitgliedstaaten bei den Direktzahlungen, die bereits auf dem Berlin Gipfel festgelegt wurden, soll über den Bereich der ländlichen Entwicklung kompensiert werden. - Förderhöhe im Bereich der ländlichen Entwicklung sollte sich zumindest auf dem Niveau von 2006 bewegen	- Die von der Kommission vorgelegte Mitteilung ist eine gute Ausgangsposition für die weiteren Verhandlungen.[354] - Für Gleichbehandlung der alten und der neuen Mitgliedstaaten der EU in der Struktur- und Kohäsionsförderung - Implementierung neuer Förderziele muss sich auf wenige zentrale Themen konzentrieren.	- Sicherung der Außengrenzen und Migrationsströme - Unterstützung von grenzüberschreitenden Initiativen sowie Stärkung der ökonomischen und sozialen Kooperation mit den Nachbarregionen[355]	

(fortgeführt)

352 Berényi et al. (2005)
353 Gurbiel (2004), zitiert nach Ehl et al. (2004: 36)
354 Government of Hungary (2004)
355 ebenda

Tabelle 25: Fortsetzung

Die Ausgabenseite				
Mitgliedstaaten / Politikfelder	**Landwirtschaft**	**Strukturpolitik**	**Interne Politikbereiche**	**Externe Politikbereiche**
Ungarn	- Befürwortung des Kommissionsvorschlags zur Einrichtung eines eigenen Europäischen Landwirtschaftsfonds für die Entwicklung des ländlichen Raums - Für eine eigenständige Entscheidung der Mitgliedstaaten über eine Umschichtung von Mitteln aus der Rubrik 1 in die Rubrik 2 in Abstimmung mit der Kommission[356] - Der Ausgabenschwerpunkt des MFR 2007 bis 2013 sollte auf der Struktur- und der Agrarförderung liegen.[357]	- Die Umsetzung neuer Förderziele darf nicht zu Lasten der bestehenden Politikfelder gehen.[358] - Gegen eine Absorptionsgrenze von 4 % des BIP's auf der Grundlage der geltenden Berechnungsmethoden (Vernachlässigung ökonomischer Effekte wie etwa schwankende Wechselkurse)[359] - Für Erhöhung der bisherigen Ausgabenobergrenze für die EU-Strukturpolitik von 0,45 % des EU-BNE - Für Konzentration der Fördermittel auf die bedürftigsten Regionen - Für Beibehaltung und Stärkung des Kohäsionsfonds - Für Vereinfachung der Vergabeverfahren - Für mehr regionalpolitischen Handlungsspielraum für die Regionen gemäß dem Prinzip der Subsidiarität - Für Beibehaltung des Schwellenwerts von 75 % des EU-BNE für die Ziel-1-Förderung[360]	- Für Erhöhung der Ausgaben für die interregionale Kooperation, insbesondere mit Blick auf die neuen EU-Nachbarstaaten - Für Etablierung eines finanziellen Instruments zur Einbindung des gesamten westlichen Balkans in die europäische Politik[361]	

356 Berényi et al. (2005)
357 Government of Hungary (2004)
358 ebenda
359 Berényi et al. (2005)
360 Government of Hungary (2003)
361 ebenda

Tabelle 25: Fortsetzung

Die Ausgabenseite				
Mitgliedstaaten / Politikfelder	**Landwirtschaft**	**Strukturpolitik**	**Interne Politikbereiche**	**Externe Politikbereiche**
Tschechische Republik	- Ungleichbehandlung der neuen Mitgliedstaaten bei den Direktzahlungen, die bereits auf dem Berlin Gipfel festgelegt wurden, soll über den Bereich der ländlichen Entwicklung kompensiert werden. - Förderhöhe im Bereich der ländlichen Entwicklung sollte sich zumindest auf dem Niveau von 2006 bewegen. - Befürwortung des Kommissionsvorschlags zur Einrichtung eines eigenen Europäischen Landwirtschaftsfonds für die Entwicklung des ländlichen Raums - Für eine eigenständige Entscheidung der Mitgliedstaaten über eine Umschichtung von Mitteln aus der Rubrik 1 in die Rubrik 2 in Abstimmung mit der Kommission[362]	- Für Gleichbehandlung der alten und der neuen Mitgliedstaaten der EU in der Struktur- und Kohäsionsförderung - Gegen eine Absorptionsgrenze von 4 % des BIP's auf der Grundlage der geltenden Berechnungsmethoden (Vernachlässigung ökonomischer Effekte wie etwa schwankende Wechselkurse)[363] - Für Bereitstellung ausreichender Finanzmittel zur Erfüllung der Kohäsionsziele - Für Beibehaltung des Schwellenwerts von 75 % des EU-BNE für die Ziel-1-Förderung - Für Konzentration der Fördermittel auf die bedürftigsten Regionen; - Aufwendung von ¾ der Strukturmittel für die Ziel-1-Förderung - Für Beschränkung der Höhe und Dauer von Übergangszahlungen für Regionen, deren Ziel-1-Förderung wegen der oder auch ohne die Erweiterung entfällt		

(*fortgeführt*)

362 Berényi et al. (2005)
363 ebenda

Tabelle 25: Fortsetzung

Die Ausgabenseite				
Mitglied-staaten / Politikfelder	**Landwirtschaft**	**Strukturpolitik**	**Interne Politikbereiche**	**Externe Politikbereiche**
Tschechische Republik		- Für Zusammenlegung der Ziel-1- und Ziel-2-Förderung - Für Vereinfachung, mehr Transparenz und Dezentralisierung bei der Vergabe von Strukturmitteln - Für unterschiedliche Modelle nationaler Kofinanzierung entsprechend dem Entwicklungsstand der Mitgliedstaaten - Für Beibehaltung des Kohäsionsfonds mit einem Drittel der gesamten Strukturausgaben[364]		
Slowakische Republik	- Ungleichbehandlung der neuen Mitgliedstaaten bei den Direktzahlungen, die bereits auf dem Berlin Gipfel festgelegt wurden, soll über den Bereich der ländlichen Entwicklung kompensiert werden. - Förderhöhe im Bereich der ländlichen Entwicklung sollte sich zumindest auf dem Niveau von 2006 bewegen.	- Für Gleichbehandlung der alten und der neuen Mitgliedstaaten der EU in der Struktur- und Kohäsionsförderung - Gegen eine Absorptionsgrenze von 4 % des BIP's auf der Grundlage der geltenden Berechnungsmethoden (Vernachlässigung ökonomischer Effekte wie etwa schwankende Wechselkurse)[365]		

364 Government of the Czech Republic (2003)
365 Berényi et al. (2005)

Tabelle 25: Fortsetzung

Die Ausgabenseite				
Mitgliedstaaten / Politikfelder	**Landwirtschaft**	**Strukturpolitik**	**Interne Politikbereiche**	**Externe Politikbereiche**
Slowakische Republik	- Befürwortung des Kommissionsvorschlags zur Einrichtung eines eigenen Europäischen Landwirtschaftfonds für die Entwicklung des ländlichen Raums - Für eine eigenständige Entscheidung der Mitgliedstaaten über eine Umschichtung von Mitteln aus der Rubrik 1 in die Rubrik 2 in Abstimmung mit der Kommission[366] **Nach Mitteilung der Kommission:** Für Beibehaltung der vom Europäischen Rat im Oktober 2002 festgelegten Obergrenze bis 2013[367]			
Slowenien		- Für Beibehaltung der Ziel-1- und Ziel-2-Förderung bis 2013 - Für Konzentration der Fördermittel auf die Ziel-1-Förderung - Für Übergangszahlungen zu Gunsten der Regionen in den neuen Mitgliedsländern, deren Ziel-1-Förderung aufgrund der formalen Bemessungskriterien regulär entfallen würde	Für Stärkung der Gemeinschaftsinitiativen, insbesondere im Hinblick auf die grenzüberschreitende Kooperation[368]	

(fortgeführt)

366 Berényi et al. (2005)
367 Ehl et al. (2004: 37)
368 Government of Slovenia (2003)

Tabelle 25: Fortsetzung

Die Ausgabenseite				
Mitgliedstaaten / Politikfelder	**Landwirtschaft**	**Strukturpolitik**	**Interne Politikbereiche**	**Externe Politikbereiche**
Slowenien		- Für Beibehaltung des Kohäsionsfonds mit einem Drittel der gesamten Strukturausgaben - Für Vereinfachung bei der Vergabe von Strukturmitteln[369]		
Estland		- Besorgnis über die von der Kommission vorgeschlagene Kappung der Fördermittel für die Kohäsionspolitik, die ländliche Entwicklung und die Fischerei bis zu einer Grenze von vier Prozent des Bruttoinlandsproduktes[370] - Die am wenigsten entwickelten Staaten (Länder des Baltikums) sollten gemäß dem Prinzip der Kohäsion die höchsten Zuwendungen aus der Strukturförderung erhalten.[371] - Für Berücksichtigung der hohen Wachstumsraten in den neuen Mitgliedstaaten und der daraus resultierenden Effekte im Rahmen der Vergabe von Fördermitteln bei Anwendung der Absorptionsgrenze von 4 % des BIP's[372,373]		

369 Government of Slovenia (2003)
370 Ministers of Finance of Estonia, Latvia and Lithuania (2005)
371 Governments of Estonia, Latvia and Lithuania (2005)
372 ebenda
373 Ministers of Finance of Estonia, Latvia and Lithuania (2005)

Tabelle 25: Fortsetzung

Die Ausgabenseite				
Mitgliedstaaten / Politikfelder	**Landwirtschaft**	**Strukturpolitik**	**Interne Politikbereiche**	**Externe Politikbereiche**
Lettland		- Besorgnis über die von der Kommission vorgeschlagene Kappung der Fördermittel für die Kohäsionspolitik, die ländliche Entwicklung und die Fischerei bis zu einer Grenze von vier Prozent des Bruttoinlandsproduktes[374] - Die am wenigsten entwickelten Staaten (Länder des Baltikums) sollten gemäß dem Prinzip der Kohäsion die höchsten Zuwendungen aus der Strukturförderung erhalten.[375] - Für Berücksichtigung der hohen Wachstumsraten in den neuen Mitgliedstaaten und der daraus resultierenden Effekte im Rahmen der Vergabe von Fördermitteln bei Anwendung der Absorptionsgrenze von 4 % des BIP's[376, 377]		

(fortgeführt)

374 Ministers of Finance of Estonia, Latvia and Lithuania (2005)
375 Governments of Estonia, Latvia and Lithuania (2005)
376 ebenda
377 Ministers of Finance of Estonia, Latvia and Lithuania (2005)

Tabelle 25: Fortsetzung

Die Ausgabenseite				
Mitgliedstaaten / Politikfelder	**Landwirtschaft**	**Strukturpolitik**	**Interne Politikbereiche**	**Externe Politikbereiche**
Litauen		- Besorgnis über die von der Kommission vorgeschlagene Kappung der Fördermittel für die Kohäsionspolitik, die ländliche Entwicklung und die Fischerei bis zu einer Grenze von vier Prozent des Bruttoinlandsproduktes[378] - Die am wenigsten entwickelten Staaten (Länder des Baltikums) sollten gemäß dem Prinzip der Kohäsion die höchsten Zuwendungen aus der Strukturförderung erhalten.[379] - Für Berücksichtigung der hohen Wachstumsraten in den neuen Mitgliedstaaten und der daraus resultierenden Effekte im Rahmen der Vergabe von Fördermitteln bei Anwendung der Absorptionsgrenze von 4 % des BIP's[380, 381] - Für Konzentration der Strukturausgaben auf die Ziel-1-Förderung - Für bisherige Festlegung der Höhe der Ziel-1-Förderung nach dem jeweiligen regionalen BIP	Für Stärkung der grenzüberschreitenden Kooperation[382]	Stärkung des finanziellen Fokus zu Gunsten der Europäischen Nachbarschaftspolitik sowie zu Gunsten der Europäischen Entwicklungshilfe[383]

378 ebenda
379 Governments of Estonia, Latvia and Lithuania (2005)
380 ebenda
381 Ministers of Finance of Estonia, Latvia and Lithuania (2005)
382 Government of Lithuania (2003)
383 Government of Lithuania (2005)

Tabelle 25: Fortsetzung

Die Ausgabenseite				
Mitglied-staaten / Politikfelder	**Landwirtschaft**	**Strukturpolitik**	**Interne Politikbereiche**	**Externe Politikbereiche**
Litauen		- Für klare Begrenzung der Dauer und Höhe von Übergangszahlungen für das Ausscheiden aus der Ziel-1-Förderung - Gegen Übergangs-regelungen für das Ausscheiden aus dem Kohäsionsfonds - Für Erweiterung der Aufgaben des Kohä-sionsfonds[384]		
Malta		- Für Konzentration der Fördermittel auf die Bei-trittsländer - Auslaufen der Ziel-1-Förderung in den Beitrittsländern erst nachdem diese die volle Förderung eine Zeit lang erhalten haben - Für Beibehaltung der Absorptionsgrenze von 4 % des BIP's - Für Vereinfachung der Vergabeverfahren[385]		

Quelle: modifiziert nach Ehl et al. (2004: 19–47)

384 Government of Lithuania (2003)
385 Government of Malta (2003)

Tabelle 26: Der Jahreshaushaltsentwurf der Europäischen Kommission für 2011 in Zahlen: Vergleich zum Vorjahresetat 2010 (in Mio. Euro)

	Haushaltsplan für 2010		**Haushaltsentwurf EK für 2011**		**Differenz**	
	MfV*	**MfZ****	**MfV***	**MfZ****	**MfV***	**MfZ****
Rubrik						
1. Nachhaltiges Wachstum	64.249,4	47.727,1	64.406,9	54.650,5	0,2 %	14,5 %
Ohne Energievorhaben zur Konjunkturbelebung (Europäisches Konjunkturprogramm)	*62.269,4*	*46.669,7*	*64.406,9*	*53.575,7*	*3,4 %*	*14,7 %*
Spielraum (1)			*67,0*			
1a. Wettbewerbsfähigkeit für Wachstum und Beschäftigung	14.862,9	11.343,3	13.436,9	12.109,7	-9,6 %	6,8 %
Ohne Energievorhaben zur Konjunkturbelebung (Europäisches Konjunkturprogramm)	*12.882,9*	*10.315,8*	*13.436,9*	*11.034,9*	*4,4 %*	*7,0 %*
Spielraum (1)			*50,1*			
1b. Kohäsion für Wachstum und Beschäftigung	49.386,6	36.383,9	50.970,1	42.540,8	3,2 %	16,9 %
Spielraum			*16,9*			
2. Bewahrung und Bewirtschaftung der natürlichen Ressourcen	**59.498,8**	**58.135,6**	**59.486,2**	**58.136,0**	**0,0 %**	**0,0 %**
Spielraum			*851,8*			
3. Unionsbürgerschaft, Freiheit, Sicherheit und Recht	**1.674,5**	**1.398,0**	**1.801,9**	**1.490,4**	**7,7 %**	**6,7 %**
Spielraum			*87,1*			
3a. Freiheit, Sicherheit und Recht	1.006,5	738,6	1.135,3	852,4	12,8 %	15,4 %
Spielraum			*70,7*			
3b. Unionsbürgerschaft	668,0	659,4	667,8	639,0	0,0 %	-3,1 %
Spielraum			*15,2*			
4. Die EU als globaler Akteur	**8.160,2**	**7.787,7**	**8.613,5**	**7.601,8**	**5,6 %**	**-2,4 %**
Spielraum (2)			*70,3*			
5. Verwaltungsausgaben	**7.909,0**	**7.908,5**	**8.255,4**	**8.256,5**	**4,4 %**	**4,4 %**
Spielraum (3)			*160,6*			
insgesamt	**141.491,9**	**122.956,9**	**142.565,2**	**130.136,0**	**0,8 %**	**5,8 %**

Tabelle 26: Fortsetzung

	Haushaltsplan für 2010		**Haushaltsentwurf EK für 2011**		**Differenz**	
Ohne Energievorhaben zur Konjunkturbelebung (Europäisches Konjunkturprogramm	*139.511,9*	*121.929,4*	*142.565,2*	*129.061,2*	*2,2 %*	*5,9 %*
Spielraum			*1.235,6*	*4.429,0*		
Mittel in % des BNE	**1,17 %**	**1,02 %**	**1,14 %**	**1,04 %**		

Legende:

*: MfV = Mittel für Verpflichtungen

**: MfZ = Mittel für Zahlungen

(1) Im Spielraum für die Teilrubrik 1a sind die Mittel für den Europäischen Fonds zur Anpassung an die Globalisierung (500 Millionen Euro) nicht berücksichtigt.

(2) Im Spielraum für die Rubrik 4 sind die Mittel für die Soforthilfereserve (253,9 Millionen Euro) nicht berücksichtigt.

(3) Bei der Berechnung des in der Rubrik 5 verbleibenden Spielraums wurde ein Betrag von 82 Millionen Euro an Beiträgen des Personals zur Versorgungsordnung berücksichtigt.

Quelle: modifiziert nach Europäische Kommission (2010f: 9/10, politische Darstellung)

Tabelle 27: Neuer Haushaltsentwurf der Kommission und Standpunkt des Rates: Aufschlüsselung der Differenz nach den Rubriken des Finanzrahmens (in Mio. Euro)

Bezeichnung	1		2		2/1		3		3/1		3–2	
	Haushaltsplan 2010 (einschl. BH 1–7)		Neuer HE 2011		Differenz (in %)		Neuer HE 2011 Standpunkt des Rates		Differenz (in %)		Differenz (Betrag)	
	MV/VE	MZ/ZE	MV/VE	MZ/ZE	MV/VE	MZ/ZE	MV/VE	MZ/ZE	MV/VE	MZ/ZE	MV/VE	MZ/ZE
RUBRIK 1 – NACHHALTIGES WACHSTUM												
Teilrubrik 1a – Wettbewerbsfähigkeit für Wachstum und Beschäftigung												
– Siebtes Rahmenprogramm für Forschung (einschließlich Abschluss des Sechsten Rahmenprogramms)	7 542 425 000	6 373 875 000	8 608 667 000	6 750 440 568	14,14	5,91	8 608 667 000	6 740 230 537	14,14	5,75	0	-10 210 031
02 – Unternehmen	476 333 008	376 078 662	540 939 000	407 377 224	13,56	8,32	540 939 000	406 715 763	13,56	8,15	0	-661 461
06 – Mobilität und Verkehr	101 687 889	95 117 235	70 505 000	73 174 310	-30,67	-23,07	70 505 000	73 064 734	-30,67	-23,18	0	-109 576
08 – Forschung	4 595 576 000	3 840 460 000	5 324 258 000	4 112 700 972	15,86	7,09	5 324 258 000	4 106 235 246	15,86	6,92	0	-6 465 726
09 – Informationsgesellschaft und Medien	1 328 764 000	1 290 436 000	1 340 185 000	1 148 143 040	0,86	-11,03	1 340 185 000	1 146 318 943	0,86	-11,17	0	-1 824 097
10 – Direkte Forschung	356 421 000	358 547 000	368 708 000	367 711 719	3,45	2,56	368 708 000	367 643 863	3,45	2,54	0	-67 856
15 – Bildung und Kultur	536 202 000	286 012 000	767 407 000	489 441 167	43,12	71,13	767 407 000	488 611 289	43,12	70,84	0	-829 878
32 – Energie	147 441 103	127 224 103	196 665 000	151 892 136	33,39	19,39	196 665 000	151 640 699	33,39	19,19	0	-251 437
– Rückbau (10 – Direkte Forschung)	26 900 000	33 000 000	26 270 000	28 614 186	-2,34	-13,29	26 270 000	28 565 370	-2,34	-13,44	0	-48 816
– TEN	1 083 900 000	931 794 000	1 266 150 000	892 732 421	16,81	-4,19	1 266 150 000	891 232 946	16,81	-4,35	0	-1 499 475

Tabelle 27: Fortsetzung

Bezeichnung	1		2		2/1		3		3/1		3–2	
	Haushaltsplan 2010 (einschl. BH 1–7)		**Neuer HE 2011**		**Differenz (in %)**		**Neuer HE 2011 Standpunkt des Rates**		**Differenz (in %)**		**Differenz (Betrag)**	
	MV/VE	**MZ/ZE**	**MV/VE**	**MZ/ZE**	**MV/VE**	**MZ/ZE**	**MV/VE**	**MZ/ZE**	**MV/VE**	**MZ/ZE**	**MV/VE**	**MZ/ZE**
06 – Mobilität und Verkehr	1 062 440 000	913 594 000	1 241 400 000	871 625 588	16,84	-4,59	1 241 400 000	870 161 098	16,84	-4,75	0	-1 464 490
32 – Energie	21 460 000	18 200 000	24 750 000	21 106 833	15,33	15,97	24 750 000	21 071 848	15,33	15,78	0	-34 985
– Energievorhaben zur Konjunkturbelebung (32 – Energie)	1 980 000 000	1 027 482 000	p.m.	1 025 119 056	-100,00	-0,23	p.m.	1 023 370 183		-0,40	0	-1 748 873
– Galileo (02 – Unternehmen)	894 400 000	453 500 000	195 941 800	528 593 415	-78,09	16,56	195 941 800	527 698 449	-78,09	16,36	0	-894 966
– Marco Polo (06 – Energie und Verkehr)	63 940 000	36 675 000	65 865 000	30 279 186	3,01	-17,44	65 865 000	30 230 370	3,01	-17,57	0	-48 816
– Lebenslanges Lernen (15 – Bildung und Kultur)	1 107 288 500	1 075 812 000	1 155 635 000	1 047 052 852	4,37	-2,67	1 155 635 000	1 045 320 196	4,37	-2,83	0	-1 732 656
– Rahmenprogramm für Wettbewerbsfähigkeit und Innovation (CIP), davon	525 708 000	359 685 500	568 644 000	306 016 030	8,17	-14,92	568 644 000	305 531 535	8,17	-15,06	0	-484 495
– CIP – Unternehmerische Initiative und Innovation	302 113 000	198 622 200	326 044 000	156 138 775	7,92	-21,39	326 044 000	155 894 654	7,92	-21,51	0	-244 122
01 – Wirtschaft und Finanzen	161 000 000	126 900 000	165 000 000	28 614 185	2,48	-77,45	165 000 000	28 565 370	2,48	-77,49	0	-48 816
02 – Unternehmen	141 113 000	71 722 200	161 044 000	127 524 590	14,12	77,80	161 044 000	127 329 284	14,12	77,53	0	-195 306

(fortgeführt)

Tabelle 27: Fortsetzung

Bezeichnung	1		2		2/1		3		3/1		3–2	
	Haushaltsplan 2010 (einschl. BH 1–7)		Neuer HE 2011		Differenz (in %)		Neuer HE 2011 Standpunkt des Rates		Differenz (in %)		Differenz (Betrag)	
	MV/VE	MZ/ZE	MV/VE	MZ/ZE	MV/VE	MZ/ZE	MV/VE	MZ/ZE	MV/VE	MZ/ZE	MV/VE	MZ/ZE
– CIP – Unterstützung der IKT-Politik	112 400 000	95 160 000	120 600 000	98 691 929	7,30	3,71	120 600 000	98 526 083	7,30	3,54	0	-165 846
09 – Informationsgesellschaft und Medien	112 400 000	95 160 000	120 600 000	98 691 929	7,30	3,71	120 600 000	98 526 083	7,30	3,54	0	-165 846
– CIP – Intelligente Energie (32 – Energie)	111 195 000	65 903 300	122 000 000	51 185 325	9,72	-22,33	122 000 000	51 110 798	9,72	-22,45	0	-74 527
– Sozialpolitische Agenda (04 – Beschäftigung und Soziales)	214 550 000	180 510 000	192 990 000	172 108 423	-10,05	-4,65	192 990 000	171 824 797	-10,05	-4,81	0	-283 626
– Zoll 2013 und Fiscalis 2013 (14 – Steuern und Zollunion)	75 450 000	47 432 000	81 932 000	56 261 998	8,59	18,62	81 932 000	56 167 946	8,59	18,42	0	-94 052
– Rückbau kerntechnischer Anlagen (32 – Energie)	255 000 000	220 000 000	258 000 000	190 761 242	1,18	-13,29	258 000 000	190 435 799	1,18	-13,44	0	-325 443
– Sonstige Maßnahmen und Programme	342 210 000	356 107 500	361 253 000	330 865 162	5,56	-7,09	361 253 000	330 367 250	5,56	-7,23	0	-497 912
01 – Wirtschaft und Finanzen	22 000 000	22 045 000	5 500 000	5 722 837	-75,00	-74,04	5 500 000	5 713 074	-75,00	-74,08	0	-9763
02 – Unternehmen	58 040 000	56 770 000	63 860 000	54 010 700	10,03	-4,86	63 860 000	53 945 204	10,03	-4,98	0	-65 496

Tabelle 27: Fortsetzung

Bezeichnung	1		2		2/1		3		3/1		3–2	
	Haushaltsplan 2010 (einschl. BH 1–7)		Neuer HE 2011		Differenz (in %)		Neuer HE 2011 Standpunkt des Rates		Differenz (in %)		Differenz (Betrag)	
	MV/VE	MZ/ZE	MV/VE	MZ/ZE	MV/VE	MZ/ZE	MV/VE	MZ/ZE	MV/VE	MZ/ZE	MV/VE	MZ/ZE
03 – Wettbewerb	—	p.m.	—	p.m.			—	p.m.			0	0
04 – Beschäftigung und Soziales	7500000	8400000	7000000	7950000	-6,67	-5,36	7000000	7950000	-6,67	-5,36	0	0
06 – Mobilität und Verkehr	19201000	22211280	19245000	18708511	0,23	-15,77	19245000	18679222	0,23	-15,90	0	-29289
08 – Forschung	p.m.	1500000	p.m.	476903		-68,21	p.m.	476089		-68,26	0	-814
09 – Informationsgesellschaft und Medien	13970000	46387000	19690000	31653374	40,94	-31,76	19690000	31602767	40,94	-31,87	0	-50607
12 – Binnenmarkt	15500000	14300000	18950000	17467016	22,26	22,15	18950000	17439435	22,26	21,95	0	-27581
13 – Regionalpolitik	15000000	15000000	p.m.	14307093	-100,00	-4,62	p.m.	14282685	-100,00	-4,78	0	-24408
14 – Steuern und Zollunion	2600000	2600000	3120000	2504516	20,00	-3,67	3120000	2500447	20,00	-3,83	0	-4069
15 – Bildung und Kultur	32700000	29900000	66700000	51077649	103,98	70,83	66700000	50994434	103,98	70,55	0	-83215
17 – Gesundheit und Verbraucherschutz	1000000	1600000	p.m.	300000	-100,00	-81,25	p.m.	300000	-100,00	-81,25	0	0
24 – Betrugsbekämpfung	20500000	16200000	22000000	15833183	7,32	-2,26	22000000	15806171	7,32	-2,43	0	-27012
26 – Verwaltung der Kommission	38200000	38100000	39800000	36796945	4,19	-3,42	39800000	36735193	4,19	-3,58	0	-61752
29 – Statistik	65174000	44750000	67950000	47255086	4,26	5,60	67950000	47180234	4,26	5,43	0	-74852
32 – Energie	30825000	36344220	27438000	26801349	-10,99	-26,26	27438000	26762295	-10,99	-26,36	0	-39054

(fortgeführt)

Tabelle 27: Fortsetzung

Bezeichnung	1		2		2/1		3		3/1		3–2	
	Haushaltsplan 2010 (einschl. BH 1–7)		Neuer HE 2011		Differenz (in %)		Neuer HE 2011 Standpunkt des Rates		Differenz (in %)		Differenz (Betrag)	
	MV/VE	MZ/ZE	MV/VE	MZ/ZE	MV/VE	MZ/ZE	MV/VE	MZ/ZE	MV/VE	MZ/ZE	MV/VE	MZ/ZE
– Dezentrale Ämter und Agenturen	251 081 753	247 397 803	239 218 470	239 218 470	-4,72	-3,31	239 218 470	239 218 470	-4,72	-3,31	0	0
02 – Unternehmen	40 285 000	40 285 000	8 200 000	8 200 000	-79,65	-79,65	8 200 000	8 200 000	-79,65	-79,65	0	0
04 – Beschäftigung und Soziales	39 750 593	39 750 593	42 056 000	42 056 000	5,80	5,80	42 056 000	42 056 000	5,80	5,80	0	0
06 – Energie und Verkehr	108 588 360	104 904 410	108 386 970	108 386 970	-0,19	3,32	108 386 970	108 386 970	-0,19	3,32	0	0
09 – Informationsgesellschaft und Medien	10 758 200	10 758 200	10 766 500	10 766 500	0,08	0,08	10 766 500	10 766 500	0,08	0,08	0	0
12 – Binnenmarkt	p.m.	p.m.	16 124 000	16 124 000			16 124 000	16 124 000			0	0
15 – Bildung und Kultur	16 920 000	16 920 000	15 742 000	15 742 000	-6,96	-6,96	15 742 000	15 742 000	-6,96	-6,96	0	0
17 – Gesundheit und Verbraucherschutz	32 779 600	32 779 600	32 943 000	32 943 000	0,50	0,50	32 943 000	32 943 000	0,50	0,50	0	0
32 – Energie	2 000 000	2 000 000	5 000 000	5 000 000	150,00	150,00	5 000 000	5 000 000	150,00	150,00	0	0
Teilrubrik 1a insgesamt	**14 362 853 253**	**11 343 270 803**	**13 020 566 270**	**11 598 063 009**	**-9,35**	**2,25**	**13 020 566 270**	**11 580 193 848**	**-9,35**	**2,09**	**0**	**-17 869 161**
Spielraum			***-33 566 270***				***-33 566 270***					

Tabelle 27: Fortsetzung

Bezeichnung	1		2		2/1		3		3/1		3–2	
	Haushaltsplan 2010 (einschl. BH 1–7)		Neuer HE 2011		Differenz (in %)		Neuer HE 2011 Standpunkt des Rates		Differenz (in %)		Differenz (Betrag)	
	MV/VE	MZ/ZE	MV/VE	MZ/ZE	MV/VE	MZ/ZE	MV/VE	MZ/ZE	MV/VE	MZ/ZE	MV/VE	MZ/ZE
Teilrubrik 1b – Kohäsion für Wachstum und Beschäftigung												
– Strukturfonds	39 191 847 212	29 508 912 500	39 891 497 591	34 036 009 920	1,79	15,34	39 891 497 591	34 009 802 293	1,79	15,25	0	-26 207 627
– Konvergenz	30 255 996 999	22 506 777 500	31 406 373 076	25 831 400 000	3,80	14,77	31 406 373 076	25 831 400 000	3,80	14,77	0	0
04 – Beschäftigung und Soziales	7 473 667 217	5 527 477 500	7 748 847 361	5 992 500 000	3,68	8,41	7 748 847 361	5 992 500 000	3,68	8,41	0	0
13 – Regionalpolitik	22 782 329 782	16 979 300 000	23 657 525 715	19 838 900 000	3,84	16,84	23 657 525 715	19 838 900 000	3,84	16,84	0	0
– Regionale Wettbewerbsfähigkeit und Beschäftigung	7 604 832 146	6 095 900 000	7 084 823 108	7 162 150 657	-6,84	17,49	7 084 823 108	7 138 434 927	-6,84	17,10	0	-23 715 730
04 – Beschäftigung und Soziales	3 343 826 311	2 661 400 000	3 204 966 611	2 752 914 955	-4,15	3,44	3 204 966 611	2 743 950 522	-4,15	3,10	0	-8 964 433
13 – Regionalpolitik	4 261 005 835	3 434 500 000	3 879 856 497	4 409 235 702	-8,95	28,38	3 879 856 497	4 394 484 405	-8,95	27,95	0	-14 751 297
– Europäische territoriale Zusammenarbeit	1 242 911 613	818 200 000	1 312 201 407	969 559 263	5,57	18,50	1 312 201 407	967 067 366	5,57	18,19	0	-2 491 897
13 – Regionalpolitik	1 152 279 167	755 100 000	1 195 966 628	883 559 263	3,79	17,01	1 195 966 628	881 067 366	3,79	16,68	0	-2 491 897
19 – Außenbeziehungen	90 632 446	63 100 000	116 234 779	86 000 000	28,25	36,29	116 234 779	86 000 000	28,25	36,29	0	0
– Technische Unterstützung	88 106 454	88 035 000	88 100 000	72 900 000	-0,01	-17,19	88 100 000	72 900 000	-0,01	-17,19	0	0
04 – Beschäftigung und Soziales	26 971 454	31 000 000	26 500 000	24 000 000	-1,75	-22,58	26 500 000	24 000 000	-1,75	-22,58	0	0
13 – Regionalpolitik	61 135 000	57 035 000	61 600 000	48 900 000	0,76	-14,26	61 600 000	48 900 000	0,76	-14,26	0	0

(fortgeführt)

Tabelle 27: Fortsetzung

Bezeichnung	1		2		2/1		3		3/1		3–2	
	Haushaltsplan 2010 (einschl. BH 1–7)		Neuer HE 2011		Differenz (in %)		Neuer HE 2011 Standpunkt des Rates		Differenz (in %)		Differenz (Betrag)	
	MV/VE	MZ/ZE	MV/VE	MZ/ZE	MV/VE	MZ/ZE	MV/VE	MZ/ZE	MV/VE	MZ/ZE	MV/VE	MZ/ZE
– Sonstige Maßnahmen und Programme	4 500 000	7 000 000	10 500 000	12 046 740	133,33	72,10	10 500 000	12 046 740	133,33	72,10	0	0
13 – Regionalpolitik	4 500 000	7 000 000	10 500 000	12 046 740	133,33	72,10	10 500 000	12 046 740	133,33	72,10	0	0
– Kohäsionsfonds (13 – Regionalpolitik)	10 190 244 880	6 854 950 000	11 078 596 193	7 634 414 068	8,72	11,37	11 078 596 193	7 630 245 593	8,72	11,31	0	-4 168 475
Teilrubrik 1b insgesamt	**49 386 592 092**	**36 370 862 500**	**50 980 593 784**	**41 682 470 728**	**3,23**	**14,60**	**50 980 593 784**	**41 652 094 626**	**3,23**	**14,52**	**0**	**-30 376 102**
Spielraum			***6 406 216***				***6 406 216***					
RUBRIK 1 INSGESAMT	**63 749 445 345**	**47 714 133 303**	**64 001 160 054**	**53 280 533 737**	**0,39**	**11,67**	**64 001 160 054**	**53 232 288 474**	**0,39**	**11,57**	**0**	**-48 245 263**
Spielraum			***-27 160 054***				***-27 160 054***					
– Europäischer Fonds für die Anpassung an die Globalisierung	500 000 000	p.m.	500 000 000	47 690 310			500 000 000	47 608 950	0,00		0	-81 360
GESAMTBETRAG RUBRIK 1	**64 249 445 345**	**47 714 133 303**	**64 501 160 054**	**53 328 224 047**	**0,39**	**11,77**	**64 501 160 054**	**53 279 897 424**	**0,39**	**11,66**	**0**	**-48 326 623**

Tabelle 27: Fortsetzung

Bezeichnung	1		2		2/1		3		3/1		3–2	
	Haushaltsplan 2010 (einschl. BH 1–7)		Neuer HE 2011		Differenz (in %)		Neuer HE 2011 Standpunkt des Rates		Differenz (in %)		Differenz (Betrag)	
	MV/VE	MZ/ZE	MV/VE	MZ/ZE	MV/VE	MZ/ZE	MV/VE	MZ/ZE	MV/VE	MZ/ZE	MV/VE	MZ/ZE
RUBRIK 2 – BEWAHRUNG UND BEWIRTSCHAFTUNG DER NATÜRLICHEN RESSOURCEN												
– Marktbezogene Ausgaben und Direktzahlungen	43 819 801 768	43 701 207 586	42 891 201 900	42 788 600 102	-2,12	-2,09	42 891 201 900	42 788 499 841	-2,12	-2,09	0	-100 261
– Agrarmärkte (05 – Landwirtschaft und Entwicklung des ländlichen Raums)	43 417 420 000	43 416 522 586	42 508 305 132	42 509 087 269	-2,09	-2,09	42 508 305 132	42 509 045 911	-2,09	-2,09	0	-41 358
– Fischereimärkte (11 – Maritime Angelegenheiten und Fischerei)	30 496 768	31 000 000	29 996 768	25 827 833	-1,64	-16,68	29 996 768	25 768 930	-1,64	-16,87	0	-58 903
– Tier- und Pflanzengesundheit (17 – Gesundheit und Verbraucherschutz)	371 885 000	253 685 000	352 900 000	253 685 000	-5,11	0,00	352 900 000	253 685 000	-5,11	0,00	0	0
– Entwicklung des ländlichen Raums (05 – Landwirtschaft und Entwicklung des ländlichen Raums)	14 363 564 633	13 399 280 000	14 436 116 552	12 589 630 652	0,51	-6,04	14 436 116 552	12 560 931 005	0,51	-6,26	0	-28 699 647
– Europäischer Fischereifonds (11 – Maritime Angelegenheiten und Fischerei)	644 028 678	481 080 000	658 285 042	459 151 152	2,21	-4,56	658 285 042	458 105 943	2,21	-4,78	0	-1 045 209

(fortgeführt)

Tabelle 27: Fortsetzung

Bezeichnung	1		2		2/1		3		3/1		3–2	
	Haushaltsplan 2010 (einschl. BH 1–7)		Neuer HE 2011		Differenz (in %)		Neuer HE 2011 Standpunkt des Rates		Differenz (in %)		Differenz (Betrag)	
	MV/VE	MZ/ZE	MV/VE	MZ/ZE	MV/VE	MZ/ZE	MV/VE	MZ/ZE	MV/VE	MZ/ZE	MV/VE	MZ/ZE
– Fischereipolitik und internationale Fischereiabkommen (11 – Maritime Angelegenheiten und Fischerei)	277 530 000	252 460 000	263 175 000	235 399 299	-5,17	-6,76	263 175 000	234 868 316	-5,17	-6,97	0	-530 983
– Life+ (07 – Umwelt)	306 855 000	215 820 000	340 200 000	262 225 000	10,87	21,50	340 200 000	262 225 000	10,87	21,50	0	0
– Sonstige Maßnahmen und Programme	44 100 000	42 680 000	22 500 000	30 518 184	-48,98	-28,50	22 500 000	30 518 184	-48,98	-28,50	0	0
05 – Landwirtschaft und Entwicklung des ländlichen Raums	4 500 000	4 500 000	7 500 000	2 750 000	66,67	-38,89	7 500 000	2 750 000	66,67	-38,89	0	0
07 – Umwelt	24 500 000	16 980 000	15 000 000	12 120 000	-38,78	-28,62	15 000 000	12 120 000	-38,78	-28,62	0	0
11 – Maritime Angelegenheiten und Fischerei	5 600 000	11 200 000	p.m.	7 148 184	-100,00	-36,18	p.m.	7 148 184	-100,00	-36,18	0	0
17 – Gesundheit und Verbraucherschutz	2 000 000	3 000 000	p.m.	3 500 000	-100,00	16,67	p.m.	3 500 000	-100,00	16,67	0	0
23 – Humanitäre Hilfe	7 500 000	7 000 000	p.m.	5 000 000	-100,00	-28,57	p.m.	5 000 000	-100,00	-28,57	0	0
– Dezentrale Ämter und Agenturen	42 953 223	43 113 223	47 769 895	43 769 895	11,21	1,52	47 769 895	43 769 895	11,21	1,52	0	0
07 – Umwelt	35 258 000	35 418 000	35 105 327	35 105 327	-0,43	-0,88	35 105 327	35 105 327	-0,43	-0,88	0	0

Tabelle 27: Fortsetzung

Bezeichnung	1		2		2/1		3		3/1		3–2	
	Haushaltsplan 2010 (einschl. BH 1–7)		Neuer HE 2011		Differenz (in %)		Neuer HE 2011 Standpunkt des Rates		Differenz (in %)		Differenz (Betrag)	
	MV/VE	MZ/ZE	MV/VE	MZ/ZE	MV/VE	MZ/ZE	MV/VE	MZ/ZE	MV/VE	MZ/ZE	MV/VE	MZ/ZE
11 – Maritime Angelegenheiten und Fischerei	7695223	7695223	12664568	8664568	64,58	12,60	12664568	8664568	64,58	12,60	0	0
RUBRIK 2 INSGESAMT	**59498833302**	**58135640809**	**58659248389**	**56409294284**	**-1,41**	**-2,97**	**58659248389**	**56378918184**	**-1,41**	**-3,02**	**0**	**-30376100**
Spielraum			***1678751611***				***1678751611***					
Davon: Marktbezogene Ausgaben und Direktzahlungen			*1575388100*		64,45		*1575388100*					
RUBRIK 3 – UNIONSBÜRGERSCHAFT, FREIHEIT, SICHERHEIT UND RECHT												
Teilrubrik 3a – Freiheit, Sicherheit und Recht												
– Solidarität und Steuerung der Migrationsströme (18 – Raum der Freiheit, der Sicherheit und des Rechts)	517150000	349290000	612090000	411294711	18,36	17,75	612090000	410596703	18,36	17,55	0	-698008
– Sicherheit und Schutz der Freiheitsrechte (18 – Raum der Freiheit, der Sicherheit und des Rechts)	106900000	73729000	134000000	59559081	25,35	-19,22	134000000	59459008	25,35	-19,35	0	-100073

(fortgeführt)

Tabelle 27: Fortsetzung

Bezeichnung	**1**		**2**		**2/1**		**3**		**3/1**		**3–2**	
	Haushaltsplan 2010 (einschl. BH 1–7)		**Neuer HE 2011**		**Differenz (in %)**		**Neuer HE 2011 Standpunkt des Rates**		**Differenz (in %)**		**Differenz (Betrag)**	
	MV/VE	**MZ/ZE**	**MV/VE**	**MZ/ZE**	**MV/VE**	**MZ/ZE**	**MV/VE**	**MZ/ZE**	**MV/VE**	**MZ/ZE**	**MV/VE**	**MZ/ZE**
– Grundrechte und Justiz (18 – Raum der Freiheit, der Sicherheit und des Rechts)	77 500 000	58 690 000	81 300 000	58 118 236	4,90	-0,97	81 300 000	58 021 302	4,90	-1,14	0	-96 934
– Sonstige Maßnahmen und Programme	65 100 000	43 024 000	63 700 000	48 738 698	-2,15	13,28	63 700 000	48 660 592	-2,15	13,10	0	-78 106
18 – Raum der Freiheit, der Sicherheit und des Rechts	65 100 000	43 024 000	63 700 000	48 738 698	-2,15	13,28	63 700 000	48 660 592	-2,15	13,10	0	-78 106
– Dezentrale Ämter und Agenturen (18 – Raum der Freiheit, der Sicherheit und des Rechts)	239 837 370	213 837 370	247 864 740	236 539 740	3,35	10,62	247 864 740	236 539 740	3,35	10,62	0	0
Teilrubrik 3a insgesamt	**1 006 487 370**	**738 570 370**	**1 138 954 740**	**814 250 466**	**13,16**	**10,25**	**1 138 954 740**	**813 277 345**	**13,16**	**10,12**	**0**	**-973 121**
Spielraum			***67 045 260***				***67 045 260***					

Tabelle 27: Fortsetzung

Bezeichnung	1		2		2/1		3		3/1		3–2	
	Haushaltsplan 2010 (einschl. BH 1–7)		Neuer HE 2011		Differenz (in %)		Neuer HE 2011 Standpunkt des Rates		Differenz (in %)		Differenz (Betrag)	
	MV/VE	MZ/ZE	MV/VE	MZ/ZE	MV/VE	MZ/ZE	MV/VE	MZ/ZE	MV/VE	MZ/ZE	MV/VE	MZ/ZE
Teilrubrik 3b – Unionsbürgerschaft												
– Programm für öffentliche Gesundheit und Verbraucherschutz (17 – Gesundheit und Verbraucherschutz)	73 290 000	63 300 000	75 350 000	73 850 000	2,81	16,67	75 350 000	73 850 000	2,81	16,67	0	0
– Kultur 2007–2013 (15 – Bildung und Kultur)	54 165 000	44 529 000	57 572 000	49 550 000	6,29	11,28	57 572 000	49 550 000	6,29	11,28	0	0
– Jugend in Aktion (15 – Bildung und Kultur)	124 886 000	122 380 000	129 888 000	119 780 000	4,01	-2,12	129 888 000	119 780 000	4,01	-2,12	0	0
– Media 2007 (15 – Bildung und Kultur)	102 078 500	93 500 000	110 035 000	101 210 000	7,79	8,25	110 035 000	101 210 000	7,79	8,25	0	0
– Europa für Bürgerinnen und Bürger	32 505 000	23 365 000	28 530 000	21 700 000	-12,23	-7,13	28 530 000	21 700 000	-12,23	-7,13	0	0
16 – Kommunikation	32 505 000	23 365 000	28 530 000	21 700 000	-12,23	-7,13	28 530 000	21 700 000	-12,23	-7,13	0	0
– Finanzierungsinstrument für den Katastrophenschutz (23 – Humanitäre Hilfe)	18 450 000	12 450 000	18 350 000	18 350 000	-0,54	47,39	18 350 000	18 350 000	-0,54	47,39	0	0
– Kommunikationsmaßnahmen	95 280 000	86 540 000	94 665 000	86 890 000	-0,65	0,40	94 665 000	86 890 000	-0,65	0,40	0	0

(fortgeführt)

Tabelle 27: Fortsetzung

Bezeichnung	1		2		2/1		3		3/1		3–2	
	Haushaltsplan 2010 (einschl. BH 1–7)		Neuer HE 2011		Differenz (in %)		Neuer HE 2011 Standpunkt des Rates		Differenz (in %)		Differenz (Betrag)	
	MV/VE	MZ/ZE	MV/VE	MZ/ZE	MV/VE	MZ/ZE	MV/VE	MZ/ZE	MV/VE	MZ/ZE	MV/VE	MZ/ZE
16 – Kommunikation	95 280 000	86 540 000	94 665 000	86 890 000	-0,65	0,40	94 665 000	86 890 000	-0,65	0,40	0	0
– Solidaritätsfonds der Europäischen Union (13 – Regionalpolitik)	13 022 500	13 022 500	0	0	-100,00	-100,00	0	0	-100,00	-100,00	0	0
– Sonstige Maßnahmen und Programme	42 049 500	96 766 500	43 404 000	49 334 000	3,22	-49,02	43 404 000	49 334 000	3,22	-49,02	0	0
04 – Beschäftigung und Soziales	p.m.	150 000	p.m.	0		-100,00	0	0		-100,00	0	0
09 – Informationsgesellschaft und Medien	1 500 000	1 750 000	1 600 000	1 350 000	6,67	-22,86	1 600 000	1 350 000	6,67	-22,86	0	0
15 – Bildung und Kultur	28 639 500	30 549 500	22 644 000	25 134 000	-20,93	-17,73	22 644 000	25 134 000	-20,93	-17,73	0	0
16 – Kommunikation	9 410 000	9 320 000	18 660 000	15 220 000	98,30	63,30	18 660 000	15 220 000	98,30	63,30	0	0
17 – Gesundheit und Verbraucherschutz	1 000 000	1 347 000	500 000	1 247 000	-50,00	-7,42	500 000	1 247 000	-50,00	-7,42	0	0
18 – Raum der Freiheit, der Sicherheit und des Rechts	1 500 000	1 500 000	p.m.	p.m.	-100,00	-100,00	p.m.	p.m.	-100,00	-100,00	0	0
22 – Erweiterung	—	49 900 000	0	6 383 000		-87,21	0	6 383 000		-87,21	0	0

Tabelle 27: Fortsetzung

Bezeichnung	1		2		2/1		3		3/1		3–2	
	Haushaltsplan 2010 (einschl. BH 1–7)		Neuer HE 2011		Differenz (in %)		Neuer HE 2011 Standpunkt des Rates		Differenz (in %)		Differenz (Betrag)	
	MV/VE	MZ/ZE	MV/VE	MZ/ZE	MV/VE	MZ/ZE	MV/VE	MZ/ZE	MV/VE	MZ/ZE	MV/VE	MZ/ZE
23 – Humanitäre Hilfe	p.m.	2 250 000	p.m.	p.m.		-100,00	0	0		-100,00	0	0
– Dezentrale Ämter und Agenturen (17 – Gesundheit und Verbraucherschutz)	125 296 000	116 557 000	125 103 000	125 305 000	-0,15	7,51	125 103 000	125 305 000	-0,15	7,51	0	0
Teilrubrik 3b insgesamt	**681 022 500**	**672 410 000**	**682 897 000**	**645 969 000**	**0,28**	**-3,93**	**682 897 000**	**645 969 000**	**0,28**	**-3,93**	**0**	**0**
Spielraum			***103 000***				***103 000***					
RUBRIK 3 INSGESAMT	**1 687 509 870**	**1 410 980 370**	**1 821 851 740**	**1 460 219 466**	**7,96**	**3,49**	**1 821 851 740**	**1 459 246 345**	**7,96**	**3,42**	**0**	**-973 121**
Spielraum			***67 148 260***				***67 148 260***					
RUBRIK 4 – DIE EU ALS GLOBALER AKTEUR												
– Instrument für Heranführungshilfe (IPA, einschl. Hilfe für Kosovo)	1 587 100 000	1 782 174 400	1 796 793 000	1 446 154 750	13,21	-18,85	1 796 793 000	1 443 776 610	13,21	-18,99	0	-2 378 140
04 – Beschäftigung und Soziales	88 475 000	30 810 000	103 798 000	61 487 791	17,32	99,57	103 798 000	61 385 277	17,32	99,24	0	-102 514
05 – Landwirtschaft und Entwicklung des ländlichen Raums	170 000 000	131 700 000	215 220 000	71 660 085	26,60	-45,59	215 220 000	71 538 207	26,60	-45,68	0	-121 878
13 – Regionalpolitik	362 133 079	596 625 000	431 421 141	430 639 143	19,13	-27,82	431 421 141	429 912 153	19,13	-27,94	0	-726 990
22 – Erweiterung	963 303 671	1 019 851 150	1 043 414 856	879 564 492	8,32	-13,76	1 043 414 856	878 142 516	8,32	-13,90	0	-1 421 976
32 – Energie	3 188 250	3 188 250	2 939 003	2 803 239	-7,82	-12,08	2 939 003	2 798 457	-7,82	-12,23	0	-4 782

(fortgeführt)

Tabelle 27: Fortsetzung

Bezeichnung	1		2		2/1		3		3/1		3–2	
	Haushaltsplan 2010 (einschl. BH 1–7)		Neuer HE 2011		Differenz (in %)		Neuer HE 2011 Standpunkt des Rates		Differenz (in %)		Differenz (Betrag)	
	MV/VE	MZ/ZE	MV/VE	MZ/ZE	MV/VE	MZ/ZE	MV/VE	MZ/ZE	MV/VE	MZ/ZE	MV/VE	MZ/ZE
– Europäisches Nachbarschafts- und Partnerschaftsinstrument (ENPI)	1 672 867 627	1 359 833 000	1 827 993 000	1 364 206 588	9,27	0,32	1 827 993 000	1 361 956 153	9,27	0,16	0	-2 250 435
19 – Außenbeziehungen	1 672 867 627	1 359 833 000	1 827 993 000	1 364 206 588	9,27	0,32	1 827 993 000	1 361 956 153	9,27	0,16	0	-2 250 435
– Finanzierungsinstrument für Entwicklungszusammenarbeit (DCI)	2 467 932 439	2 061 364 301	2 646 693 240	2 163 900 986	7,24	4,97	2 646 693 240	2 160 387 978	7,24	4,80	0	-3 513 008
07 – Umwelt	—	1 000 000	0	238 452		-76,15	0	238 045		-76,20	0	-407
19 – Außenbeziehungen	1 319 983 500	1 170 439 871	1 381 332 240	1 161 791 671	4,65	-0,74	1 381 332 240	1 159 912 243	4,65	-0,90	0	-1 879 428
21 – Entwicklung und Beziehungen zu den AKP-Staaten	1 147 948 939	888 924 430	1 265 361 000	1 001 775 482	10,23	12,70	1 265 361 000	1 000 142 472	10,23	12,51	0	-1 633 010
32 – Energie	—	1 000 000	0	95 381		-90,46	0	95 218		-90,48	0	-163
– Stabilitätsinstrument	219 559 000	191 405 160	290 188 000	197 904 674	32,17	3,40	290 188 000	197 581 185	32,17	3,23	0	-323 489
19 – Außenbeziehungen	219 559 000	191 405 160	290 188 000	197 904 674	32,17	3,40	290 188 000	197 581 185	32,17	3,23	0	-323 489
– Humanitäre Hilfe	800 518 000	800 518 000	824 693 000	787 031 526	3,02	-1,68	824 693 000	785 704 871	3,02	-1,85	0	-1 326 655
23 – Humanitäre Hilfe	800 518 000	800 518 000	824 693 000	787 031 526	3,02	-1,68	824 693 000	785 704 871	3,02	-1,85	0	-1 326 655

Tabelle 27: Fortsetzung

Bezeichnung	1		2		2/1		3		3/1		3–2	
	Haushaltsplan 2010 (einschl. BH 1–7)		Neuer HE 2011		Differenz (in %)		Neuer HE 2011 Standpunkt des Rates		Differenz (in %)		Differenz (Betrag)	
	MV/VE	MZ/ZE	MV/VE	MZ/ZE	MV/VE	MZ/ZE	MV/VE	MZ/ZE	MV/VE	MZ/ZE	MV/VE	MZ/ZE
– Makrofinanzielle Hilfe (01 – Wirtschaft und Finanzen)	98985000	90000000	104868567	88703977	5,94	-1,44	104868567	88552647	5,94	-1,61	0	-151330
– Gemeinsame Außen- und Sicherheitspolitik (GASP) (19 – Außenbeziehungen)	281541000	225650000	327374000	272857560	16,28	20,92	327374000	272393337	16,28	20,71	0	-464223
– Garantien der Europäischen Gemeinschaft für Darlehenstransaktionen (01 – Wirtschaft und Finanzen)	93810000	93810000	138880000	138880000	48,04	48,04	138880000	138880000	48,04	48,04	0	0
– Instrument für die Zusammenarbeit mit Industrieländern (ICI) (19 – Außenbeziehungen)	23740000	17063000	25121000	19176124	5,82	12,38	25121000	19143580	5,82	12,19	0	-32544
– Europäisches Instrument für Demokratie und Menschenrechte (EIDHR) (19 – Außenbeziehungen)	164198200	157974000	166983000	142298257	1,70	-9,92	166983000	142073702	1,70	-10,07	0	-224555

(fortgeführt)

Tabelle 27: Fortsetzung

Bezeichnung	1		2		2/1		3		3/1		3–2	
	Haushaltsplan 2010 (einschl. BH 1–7)		Neuer HE 2011		Differenz (in %)		Neuer HE 2011 Standpunkt des Rates		Differenz (in %)		Differenz (Betrag)	
	MV/VE	MZ/ZE	MV/VE	MZ/ZE	MV/VE	MZ/ZE	MV/VE	MZ/ZE	MV/VE	MZ/ZE	MV/VE	MZ/ZE
– Instrument für Zusammenarbeit im Bereich der nuklearen Sicherheit (INSC) (19 – Außenbeziehungen)	70 452 882	61 800 000	75 813 000	68 034 734	7,61	10,09	75 813 000	67 920 830	7,61	9,90	0	-113 904
– Instrument für die Zusammenarbeit mit Industrieländern (ICI+)	34 500 000	9 500 000	45 000 000	6 733 872	30,43	-29,12	45 000 000	6 722 384	30,43	-29,24	0	-11 488
– Sonstige Maßnahmen und Programme	358 638 322	669 439 322	209 689 570	433 246 923	-41,53	-35,28	209 689 570	432 584 243	-41,53	-35,38	0	-662 680
01 – Wirtschaft und Finanzen	—	—	34 460 570	4 108 997			34 460 570	4 101 987			0	-7 010
05 – Landwirtschaft und Entwicklung des ländlichen Raums	6 275 322	6 275 322	6 360 000	6 066 207	1,35	-3,33	6 360 000	6 055 858	1,35	-3,50	0	-10 349
07 – Klima- und Umweltpolitik	5 300 000	6 355 000	4 300 000	4 661 418	-18,87	-26,65	4 300 000	4 656 537	-18,87	-26,73	0	-4 881
14 – Steuern und Zollunion	2 000 000	2 000 000	2 300 000	1 239 948	15,00	-38,00	2 300 000	1 237 833	15,00	-38,11	0	-2 115
15 – Bildung und Kultur	9 662 000	6 642 000	9 680 000	7 179 031	0,19	8,09	9 680 000	7 170 895	0,19	7,96	0	-8 136

Tabelle 27: Fortsetzung

Bezeichnung	1		2		2/1		3		3/1		3–2	
	Haushaltsplan 2010 (einschl. BH 1–7)		Neuer HE 2011		Differenz (in %)		Neuer HE 2011 Standpunkt des Rates		Differenz (in %)		Differenz (Betrag)	
	MV/VE	MZ/ZE	MV/VE	MZ/ZE	MV/VE	MZ/ZE	MV/VE	MZ/ZE	MV/VE	MZ/ZE	MV/VE	MZ/ZE
17 – Gesundheit und Verbraucherschutz	400 000	400 000	200 000	190 761	-50,00	-52,31	200 000	190 436	-50,00	-52,39	0	-325
19 – Außenbeziehungen	65 320 000	82 170 000	39 121 000	50 818 953	-40,11	-38,15	39 121 000	50 768 574	-40,11	-38,22	0	-50 379
20 – Handel	13 930 000	16 930 000	13 930 000	13 306 384	0,00	-21,40	13 930 000	13 284 416	0,00	-21,53	0	-21 968
21 – Entwicklung und Beziehungen zu den AKP-Staaten	237 501 000	457 726 000	55 838 000	259 680 684	-76,49	-43,27	55 838 000	259 263 505	-76,49	-43,36	0	-417 179
22 – Erweiterung	10 250 000	84 941 000	33 500 000	81 679 315	226,83	-3,84	33 500 000	81 545 486	226,83	-4,00	0	-133 829
23 – Humanitäre Hilfe	8 000 000	6 000 000	10 000 000	4 315 225	25,00	-28,08	10 000 000	4 308 716	25,00	-28,19	0	-6 509
– Dezentrale Ämter und Agenturen	18 282 000	18 282 000	20 350 000	19 850 000	11,31	8,58	20 350 000	19 850 000	11,31	8,58	0	0
15 – Bildung und Kultur	18 282 000	18 282 000	20 350 000	19 850 000	11,31	8,58	20 350 000	19 850 000	11,31	8,58	0	0
RUBRIK 4 INSGESAMT	**7 892 124 470**	**7 538 813 183**	**8 500 439 377**	**7 148 979 971**	**7,71**	**-5,17**	**8 500 439 377**	**7 137 527 520**	**7,71**	**-5,32**	**0**	**-11 452 451**
Spielraum			*-70 439 377*				*-70 439 377*					
– Soforthilfereserve (40 – Reserven)	248 882 000	248 882 000	253 860 000	100 000 000	2,00	-59,82	253 860 000	100 000 000	2,00	-59,82	0	0
GESAMTBETRAG RUBRIK 4	**8 141 006 470**	**7 787 695 183**	**8 754 299 377**	**7 248 979 971**	**7,53**	**-6,92**	**8 754 299 377**	**7 237 527 520**	**7,5**	**-7,06**	**0**	**-11 452 451**
RUBRIK 5 – VERWALTUNG												

(*fortgeführt*)

Tabelle 27: Fortsetzung

Bezeichnung	1		2		2/1		3		3/1		3–2	
	Haushaltsplan 2010 (einschl. BH 1–7)		Neuer HE 2011		Differenz (in %)		Neuer HE 2011 Standpunkt des Rates		Differenz (in %)		Differenz (Betrag)	
	MV/VE	MZ/ZE	MV/VE	MZ/ZE	MV/VE	MZ/ZE	MV/VE	MZ/ZE	MV/VE	MZ/ZE	MV/VE	MZ/ZE
– Kommission (außer Ruhegehälter)	3 614 143 362	3 613 638 362	3 280 456 795	3 279 261 795	-9,23	-9,25	3 316 358 499	3 315 163 499	-8,24	-8,26	35 901 704	35 901 704
– Versorgungsbezüge (alle Organe)	1 192 789 000	1 192 789 000	1 233 944 000	1 233 944 000	3,45	3,45	1 261 614 000	1 261 614 000	5,77	5,77	27 670 000	27 670 000
– Europäische Schulen	154 212 044	154 212 044	166 462 991	166 462 991	7,94	7,94	166 462 991	166 462 991	7,94	7,94	0	0
Gesamt Kommission (einschl. Ruhegehälter) (Einzelplan 3)	4 961 144 406	4 960 639 406	4 680 863 786	4 679 668 786	-5,65	-5,66	4 744 435 490	4 743 240 490	-4,37	-4,38	63 571 704	63 571 704
– Europäisches Parlament (Einzelplan 1)	1 616 760 399	1 616 760 399	1 674 797 277	1 674 797 277	3,59	3,59	1 685 829 393	1 685 829 393	4,27	4,27	11 032 116	11 032 116
– Rat (Einzelplan 2)	633 552 000	633 552 000	557 678 000	557 678 000	-11,98	-11,98	563 262 600	563 262 600	-11,09	-11,09	5 584 600	5 584 600
– Gerichtshof (Einzelplan 4)	329 300 000	329 300 000	337 506 600	337 506 600	2,49	2,49	341 229 998	341 229 998	3,62	3,62	3 723 398	3 723 398
– Rechnungshof (Einzelplan 5)	147 945 731	147 945 731	142 641 336	142 641 336	-3,59	-3,59	144 330 944	144 330 944	-2,44	-2,44	1 689 608	1 689 608
– Wirtschafts- und Sozialausschuss (Einzelplan 6)	123 173 749	123 173 749	127 598 437	127 598 437	3,59	3,59	128 573 837	128 573 837	4,38	4,38	975 400	975 400
– Ausschuss der Regionen (Einzelplan 7)	79 660 950	79 660 950	83 393 584	83 393 584	4,69	4,69	84 080 903	84 080 903	5,55	5,55	687 319	687 319
– Europäischer Bürgerbeauftragter (Einzelplan 8)	9 332 275	9 332 275	9 313 304	9 313 304	-0,20	-0,20	9 427 395	9 427 395	1,02	1,02	114 091	114 091

Tabelle 27: Fortsetzung

Bezeichnung	1		2		2/1		3		3/1		3–2	
	Haushaltsplan 2010 (einschl. BH 1–7)		Neuer HE 2011		Differenz (in %)		Neuer HE 2011 Standpunkt des Rates		Differenz (in %)		Differenz (Betrag)	
	MV/VE	MZ/ZE	MV/VE	MZ/ZE	MV/VE	MZ/ZE	MV/VE	MZ/ZE	MV/VE	MZ/ZE	MV/VE	MZ/ZE
– Europäischer Datenschutzbeauftragter (Einzelplan 9)	7104351	7104351	7506630	7506630	5,66	5,66	7564137	7564137	6,47	6,47	57507	57507
Europäischer Auswärtiger Dienst (Einzelplan 10)	p.m.	p.m.	460412041	460312041			464104592	464004592			3692551	3692551
Gesamt: andere Organe	2946829455	2946829455	3400847209	3400747209	15,41	15,40	3428403799	3428303799	16,34	16,34	27556590	27556590
RUBRIK 5 INSGESAMT	**7907973861**	**7907468861**	**8081710995**	**8080415995**	**2,20**	**2,19**	**8172839289**	**8171544289**	**3,35**	**3,34**	**91128294**	**91128294**
Spielraum			***334289005***				***243160711***					
INSGESAMT	**141484768848**	**122955918526**	**141818270555**	**126527133763**	**0,24**	**2,90**	**141909398849**	**126527133762**	**0,30**	**2,90**	**91128294**	**99999**
Spielraum			***1982589445***				***1891461151***					
Mittel für Zahlungen in % des BNE		**1,02 %**		**1,01 %**				**1,01 %**				

Quelle: modifiziert nach Rat der Europäischen Union, Generalsekretariat des Rates (2010: 17–24, Anlage 5)

Abbildung 4: Gesetzgebungsakte über die Eigenmittel der EU

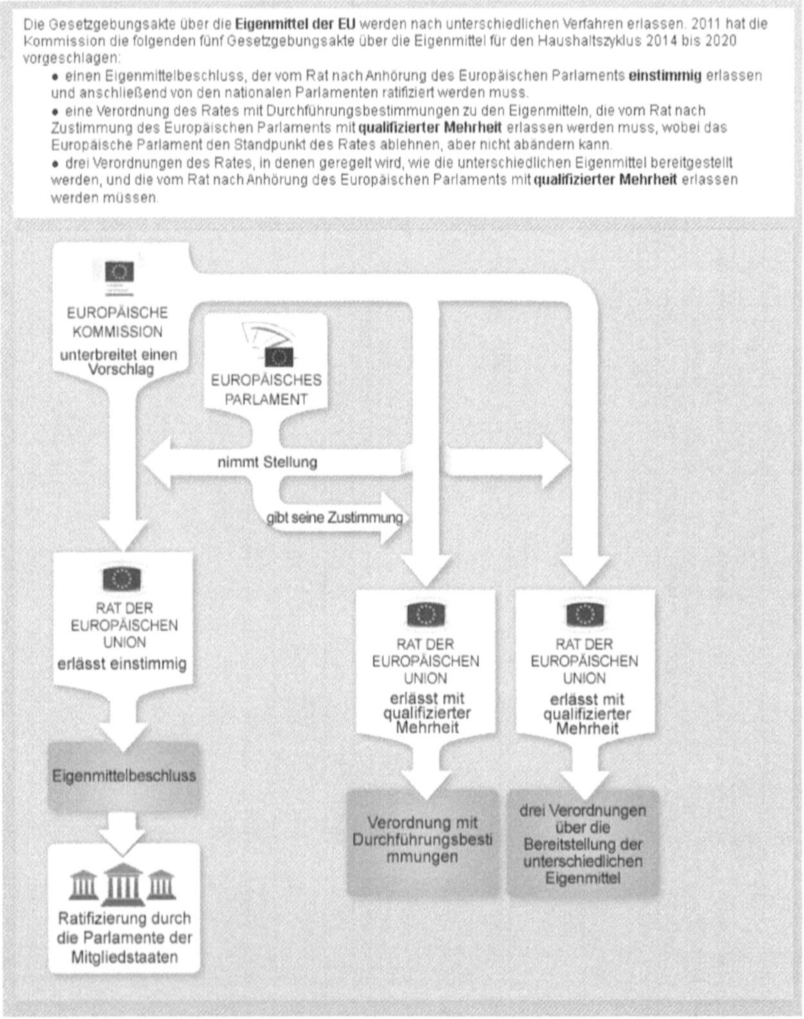

Quelle: Rat der Europäischen Union (2017)

Abbildung 5: Die beiden Mehrjährigen Finanzplanungen der EU 2007 bis 2013 sowie 2014 bis 2020 im Vergleich: Änderungsraten nach Rubriken in Prozent

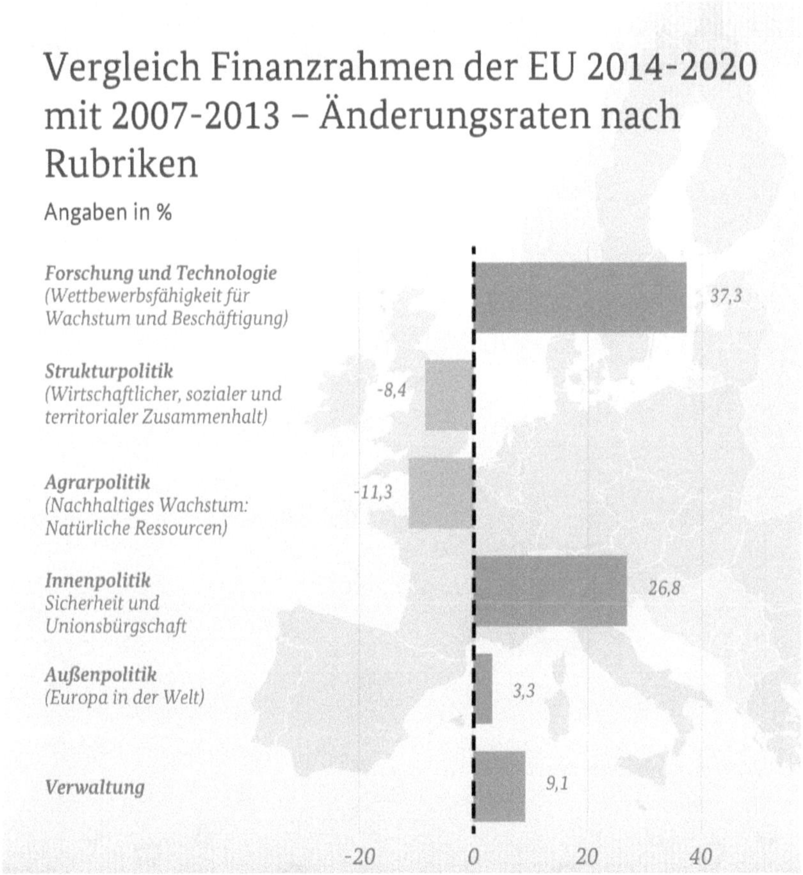

Quelle: Bundesministerium der Finanzen (BRD) (2014a)

Abbildung 6: Der Mehrjährige Finanzrahmen der EU 2014 bis 2020: Ausgabenverteilung auf Rubriken in Prozent

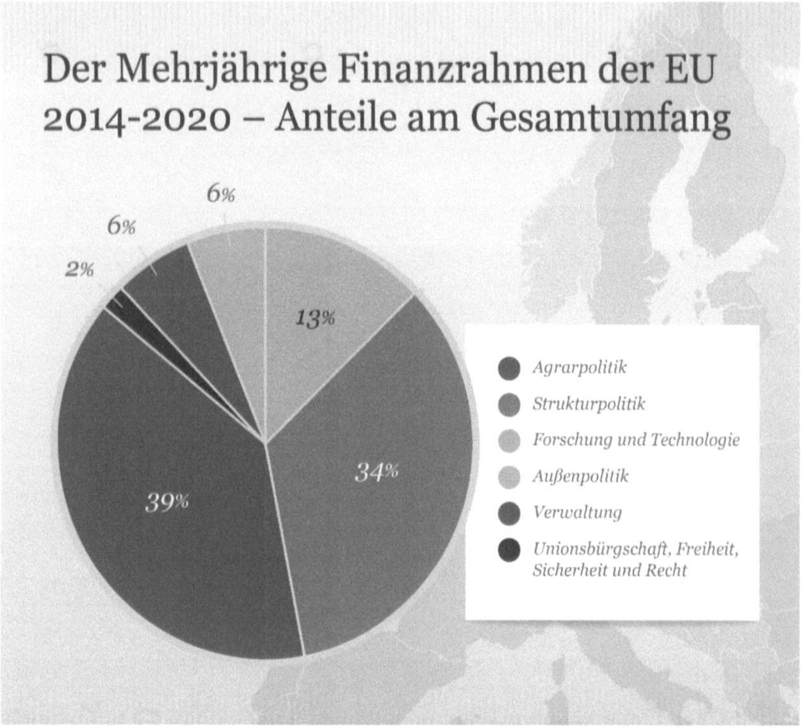

Quelle: Bundesministerium der Finanzen (BRD) (2014a)

Abbildung 7: Das Ordentliche Gesetzgebungsverfahren

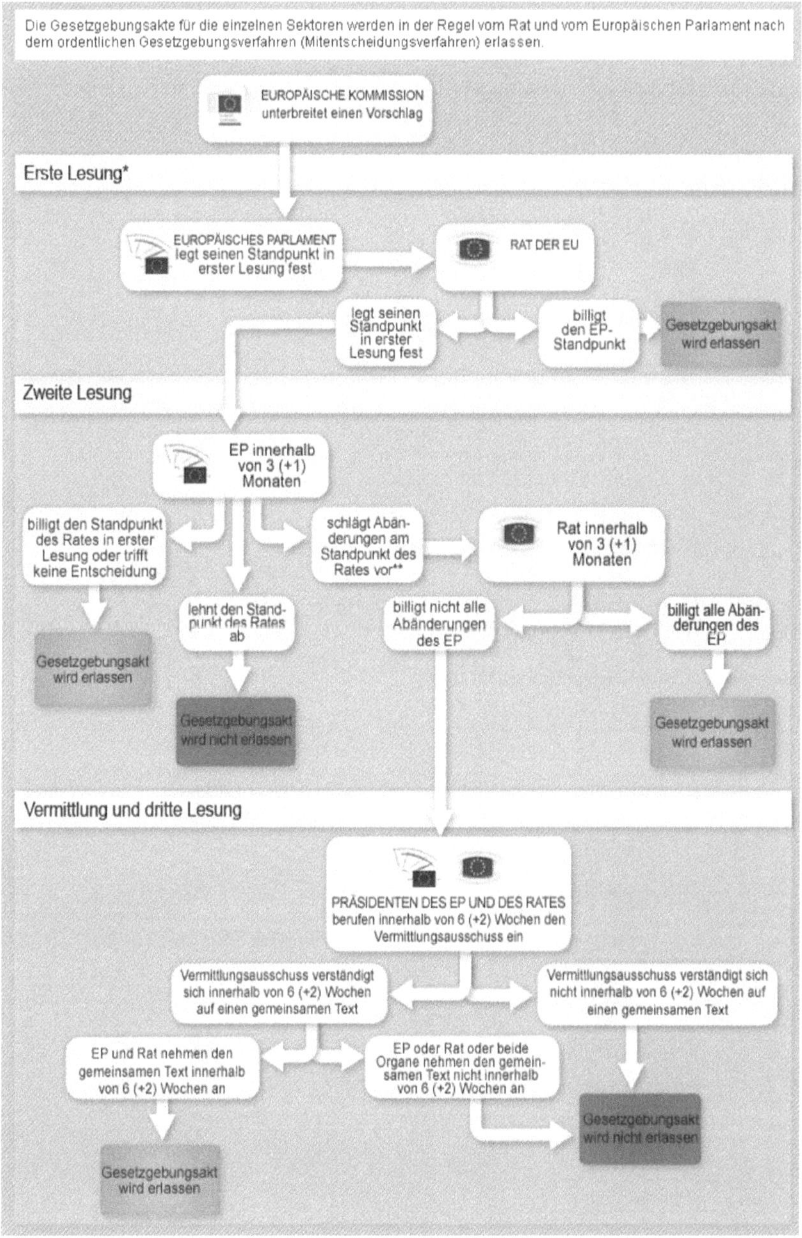

(fortgeführt)

Abbildung 7: Fortsetzung

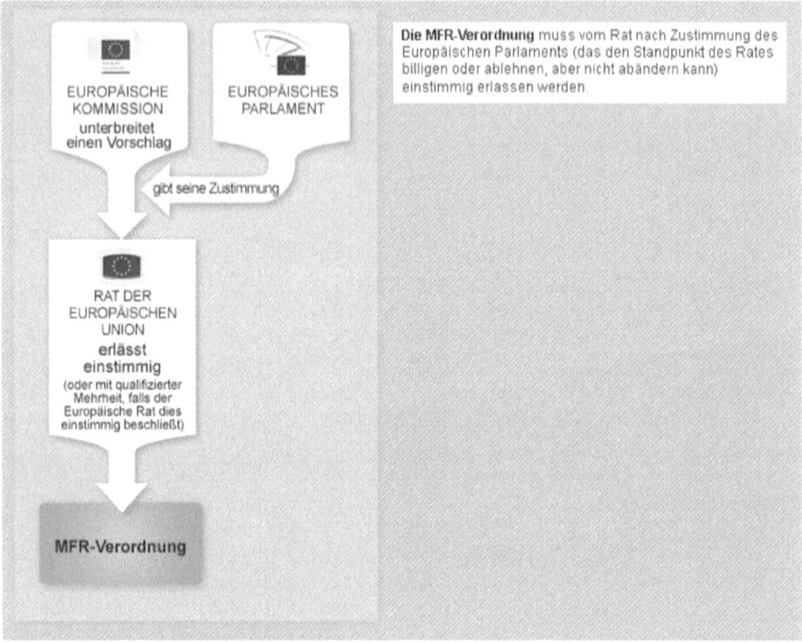

Quelle: Rat der Europäischen Union (2017)

Abbildung 8: Erster Haushaltsentwurf der Europäischen Kommission: Aufteilung der Mittel für Verpflichtungen nach Rubriken des Finanzrahmens (Aggregat)

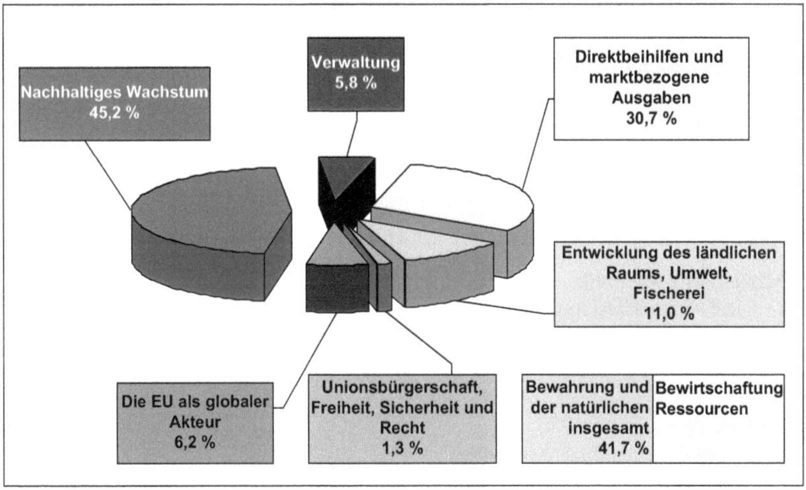

Quelle: Nachbildung und Modifikation nach Europäische Kommission (2010f: 73)

Abbildung 9: Verhandlung des EU-Jahreshaushaltes 2011: Übersicht der mitgliedstaatlichen Vertreter im Rat Wirtschaft und Finanzen, Haushalt[386]

3044. Tagung des Rates Wirtschaft und Finanzen, Haushalt vom 11. November 2010

Präsident Melchior WATHELET
Staatssekretär für Haushalt (Belgien)

Belgien:
Melchior WATHELET: Staatssekretär für Haushalt

Bulgarien:
Boriana PENCHEVA: Stellvertreterin des Ministers für Finanzen

Tschechische Republik:
Jan GREGOR: Stellvertreter des Ministers, Ministerium der Finanzen

Dänemark:
Claus HJORT FREDERIKSEN: Minister der Finanzen

Deutschland:
Peter TEMPEL: Ständiger Vertreter

Estland:
Raul MALK: Ständiger Vertreter

Irland:
Martin MANSEARGH: Staatsminister im Ministerium der Finanzen

Griechenland:
Theodoros SOTIROPOULOS: Ständiger Vertreter

Spanien:
Luis PLANAS PUCHADES: Ständiger Vertreter

Frankreich:
Philippe ETIENNE: Ständiger Vertreter

Italien:
Ferdinando NELLI FEROCI: Ständiger Vertreter

Zypern:
Christos PATSALIDES: Staatssekretär im Ministerium der Finanzen

Lettland:
Martinš BIČEVSKIS: Staatssekretär im Ministerium der Finanzen

386 Die hier aufgeführte Reihenfolge der mitgliedstaatlichen Vertretung im Rat lehnt sich an die Darstellung des Rates an. Eine spezifische Systematik ist nicht zu erkennen.

Litauen:
Raimundas KAROBLIS: Ständiger Vertreter

Luxemburg:
Christian BRAUN: Ständiger Vertreter

Ungarn:
Peter BANAI: Unterstaatssekretär, Ministerium für nationale Wirtschaft

Malta:
Richard CACHIA CARUANA: Ständiger Vertreter

Niederlande:
Ben KNAPEN: Minister für europäische Angelegenheiten und internationale Zusammenarbeit

Österreich:
Hans-Dietmar SCHWEISGUT: Ständiger Vertreter

Polen:
Jacek DOMINIK: Unterstaatssekretär, Ministerium der Finanzen

Portugal:
Emanuel SANTOS: Staatssekretär für den Haushaltsplan

Rumänien:
Mihnea MOTOC: Ständiger Vertreter

Slowenien:
Rado GENORIO: Ständiger Vertreter

Slowakei:
Ivan KORČOK: Ständiger Vertreter

Finnland:
Tapani TOLLI: Minister für öffentliche Verwaltung und örtliche Selbstverwaltung

Schweden:
Hans LINDBLAD: Staatssekretär beim Minister der Finanzen

Vereinigtes Königreich:
Justine GREENING: Economic Secretary, Schatzamt

Kommission:
Janusz LEWANDOWSKI: Mitglied der Kommission, Kommissar für Finanzplanung und Haushalt (2010–2014)

Quelle: Rat der Europäischen Union (2010a)

(*fortgeführt*)

Fortsetzung der 3044. Tagung des Rates
Wirtschaft und Finanzen, Haushalt vom 15. November 2010

Präsident Melchior WATHELET
Staatssekretär für Haushalt (Belgien)

Belgien:
Melchior WATHELET: Staatssekretär für Haushalt

Bulgarien:
Boriana PENCHEVA: Stellvertreterin des Ministers der Finanzen

Tschechische Republik:
Milena VICENOVA: Ständige Vertreterin

Dänemark:
Claus HJORT FREDERIKSEN: Minister der Finanzen

Deutschland:
Peter TEMPEL: Ständiger Vertreter

Estland:
Raul MALK: Ständiger Vertreter

Irland:
Martin MANSERGH: Staatsminister im Ministerium der Finanzen

Griechenland:
Theodoros SOTIROPOULOS: Ständiger Vertreter

Spanien:
Luis PLANAS PUCHADES: Ständiger Vertreter

Frankreich:
Philippe ETIENNE: Ständiger Vertreter

Italien:
Ferdinando NELLI FEROCI: Ständiger Vertreter

Zypern:
Christos PATSALIDES: Staatssekretär im Ministerium der Finanzen

Lettland:
Martinš BIČEVSKIS: Staatssekretär im Ministerium der Finanzen

Litauen:
Raimundas KAROBLIS: Ständiger Vertreter

Luxemburg:
Christian BRAUN: Ständiger Vertreter

Ungarn:
Peter GYORKOS: Ständiger Vertreter

Malta:
Richard CACHIA CARUANA: Ständiger Vertreter

Niederlande:
Ben KNAPEN: Minister für europäische Angelegenheiten und internationale Zusammenarbeit

Österreich:
Hans-Dietmar SCHWEISGUT: Ständiger Vertreter

Polen:
Jacek DOMINIK: Unterstaatssekretär, Ministerium der Finanzen

Portugal:
Manuel LOBO ANTUNES: Ständiger Vertreter

Rumänien:
Mihnea MOTOC: Ständiger Vertreter

Slowenien:
Rado GENORIO: Ständiger Vertreter

Slowakei:
Ivan KORČOK: Ständiger Vertreter

Finnland:
Jan STORE: Ständiger Vertreter

Schweden:
Hans LINDBLAD: Staatssekretär beim Minister der Finanzen

Vereinigtes Königreich:
Justine GREENING: Economic Secretary, Schatzamt

Kommission:
Janusz LEWANDOWSKI: Mitglied der Kommission, Kommissar für Finanzplanung und Haushalt (2010–2014)

Quelle: Rat der Europäischen Union (2010b)

Bibliografie

Primärquellen

Balkenende, Jan Peter/Blair, Tony/Chirac, Jacques/Persson, Göran/Schröder, Gerhard/Schüssel, Wolfgang 2003: Letter to Roman Prodi, President of the European Commission, 15.12.2003, Berlin, London, Paris, Stockholm, The Hague, Vienna.

Barroso, José Manuel 2005: Letter by José Manuel Barroso to Prime Minister Tony Blair, in his function as President of the Council of the European Union, on the Financial Perspectives, 12.12.2005, Brussels.

Berényi, József/Gottfried, Péter/Müller, Vladimír/Pietras, Jaroslav 2005: Non-Paper of the Visegrad Group Countries to Nicolas Schmit, Minister Delegate of Foreign Affairs and Immigration, 06.04.2005.

Blair, Tony/Chirac, Jaques/Schröder, Gerhard 2004: Gemeinsamer Brief von Bundeskanzler Gerhard Schröder, Präsident Jaques Chirac und Premierminister Tony Blair an den Präsidenten des Europäischen Rates, Ministerpräsident Bertie Ahern, und den Präsidenten der Europäischen Kommission, Romano Prodi, vom 18.02.2004, Berlin/London/Paris.

Bore, Sir Albert 2004: Präsident des ADR: Erklärung zu den Vorschlägen der Kommission über die finanziellen und politischen Perspektiven der erweiterten Union im Zeitraum 2007–2013.

Bundeskanzleramt Österreich 2004a: Schüssel verteidigt EU-Nettozahler-Haltung, Pressemitteilung vom 16.02.2004.

Bundeskanzleramt Österreich 2004b: Bundeskanzler Schüssel: Österreich für Deckelung des EU-Budgets auf 1 % des BNP, Pressemitteilung vom 17.02.2004.

Bundesregierung der BRD 2003: Schröder und Chirac wollen EU-Reformen entschlossen vorantreiben, Pressemitteilung vom 10.06.2003.

Bury, Hans Martin 2003: Europäische Finanzverfassung, Erklärung von Hans Martin Bury im Plenum des Europäischen Konvents am 04.04.2003.

Christlich Demokratische Union 2003: Vertane Chance, EU-Agrarreform bringt deutschen Landwirten Nachteile, Pressemitteilung vom 07.10.2003.

Council 2008: Amendment of the Interinstitutional Agreement of 17 May 2006 between the European Parliament, the Council and the Commission on budgetary discipline and sound financial management (2008/C 326/02), in: Official Journal of the European Union (C 326) of 20.12.2008, 3.

Council of the European Union 2010: Council adopts its Position on the EU Draft Budget 2011, 12464/10, Press Release 212.

Council of the European Union, General Secretariat 2010: Communication, PROCED BUDGET, CM 4152/10, 12.08.2010, Brussels.

CSU-Landesgruppe im Deutschen Bundestag 2004: Nein zur eigenen EU-Steuer – Europa muss sich begrenzen, Pressemitteilung vom 19.01.2004.

Dzurinda, Mikuláš/Gyurcsány, Ferenc/Marcinkiewicz, Kazimierz/Paroubek, Jiří 2005: Letter by the Prime Ministers of the Visegrád 4 Countries addressed to Tony Blair, Prime Minister of the UK in his Capacity as President of the European Council, 25.11.2005.

Embassy of the Republic of Poland (in the USA) 2004: Gov.t: EC Proposal is good Springboard for further Discussion, in: News Bulletin, 12.02.2004, Washington, D.C.

Europäische Kommission 1992: Mitteilung der Kommission zur Korrektur der Haushaltsungleichgewichte zugunsten des Vereinigten Königreichs, Pressemitteilung vom 22.07.1992, (IP/92/616).

Europäische Kommission 1997: Agenda 2000 – Band I: Eine stärkere und erweiterte Union, DOK/97/6,15.07.1997, Brüssel.

Europäische Kommission 2000: Adapting the Institutions to make a Success of Enlargement, Commission Opinion, COM (2000) 34, Brussels.

Europäische Kommission 2004a: Mitteilung der Kommission an den Rat und das Europäische Parlament, Unsere gemeinsame Zukunft aufbauen, Politische Herausforderungen und Haushaltsmittel der erweiterten Union – 2007–2013, KOM(2004) 101 endgültig/3, 12.03.2004, Brüssel.

Europäische Kommission 2004b: Mitteilung der Kommission an den Rat und das Europäische Parlament, Finanzielle Vorausschau 2007–2013, KOM(2004) 487 endgültig, 14.07.2004, Brüssel.

Europäische Kommission 2004c: Vorschlag für einen Beschluss des Rates über das System der Eigenmittel der Europäischen Gemeinschaft; Vorschlag für eine Verordnung des Rates mit Durchführungsmaßnahmen für die Korrektur der Haushaltsungleichgewichte gemäß den Artikeln 4 und 5 des Beschlusses des Rates vom (...) über das System der Eigenmittel der Europäischen Gemeinschaften, KOM(2004) 501 endgültig, 2004/0170 (CNS), 2004/0171 (CNS), 14.07.2004, Brüssel.

Europäische Kommission 2004d: Arbeitsdokument der Kommission, Vorschlag zur Erneuerung der Interinstitutionellen Vereinbarung über die Haushaltsdisziplin und die Verbesserung des Haushaltsverfahrens, KOM(2004) 498 endgültig, 14.07.2004, Brüssel.

Europäische Kommission 2008: Landwirtschaft: GAP-Gesundheitscheck hilft Landwirten, neue Herausforderungen zu bewältigen, Pressemitteilung vom 20.11.2008, (IP/08/1749), Brüssel.

Europäische Kommission 2009a: Jeder kann sich an der Gestaltung der EU-Finanzvorschriften beteiligen!, Pressemitteilung vom 19.10.2009, (IP/09/1542), Brüssel.

Europäische Kommission 2009b: Die Finanzverfassung der Europäischen Union, 4. Ausgabe, Luxemburg: Amt für amtliche Veröffentlichungen der Europäischen Gemeinschaften.

Europäische Kommission 2010a: Mitteilung der Kommission an das Europäische Parlament und den Rat über die technische Anpassung des Finanzrahmens 2011 an die Entwicklung des BNE sowie über die Anpassung der Beträge, die die von Abweichungen zwischen geschätztem und tatsächlichem BNE betroffenen Mitgliedstaaten für den Zeitraum 2007–2009 aus Fonds zur Förderung der Kohäsion erhalten haben, Vorlage gemäß den Nummern 16 und 17 der Interinstitutionellen Vereinbarung vom 17. Mai 2006, KOM(2010)160 endgültig, 16.04.2010, Brüssel, S. 1–11.

Europäische Kommission 2010b: Mitteilung der Kommission an das Europäische Parlament und den Rat, Anpassung der Eigenmittelobergrenze und der Obergrenze für Mittel für Verpflichtungen nach Inkrafttreten des Beschlusses zur Berücksichtigung der FISIM für die Zwecke der Eigenmittel, KOM(2010)162 endgültig, 16.04.2010, Brüssel, S. 1–6.

Europäische Kommission 2010c: Vorschlag für einen Beschluss des Europäischen Parlamentes und des Rates zur Änderung der Interinstitutionellen Vereinbarung vom 17. Mai 2006 über die Haushaltsdisziplin und die wirtschaftliche Haushaltsführung im Hinblick auf den mehrjährigen Finanzrahmen: Deckung eines zusätzlichen Finanzierungsbedarfs für das ITER-Projekt, KOM(2010)403 endgültig, 20.07.2010, Brüssel, S. 1–10.

Europäische Kommission 2010d: Vorschlag für eine Verordnung des Rates zur Festlegung des mehrjährigen Finanzrahmens für die Jahre 2007–2013, KOM(2010)72 endgültig, 2010/0048 (APP), 03.03.2010, Brüssel.

Europäische Kommission 2010e: Haushaltsplan 2011: Frühzeitiger neuer Kommissionsvorschlag soll Kompromiss zwischen Rat und Parlament erleichtern, Pressemitteilung vom 26.11.2010, (IP-10-1612), Brüssel.

Europäische Kommission 2010f: Haushaltsvoranschlag der Europäischen Kommission für das Haushaltsjahr 2011 (Vorbereitung des Haushaltsentwurfs für 2011), SEK (2010) 473, 05/2010.

Europäische Kommission 2010g: Letter by President Barroso to Jerzy Buzek, President of the European Parliament and Yves Leterme, President of the Council, on the Commission's new Proposal for the 2011 Budget, Memorandum vom 26.11.2010, (MEMO/10/620), Brüssel.

Europäische Kommission 2010h: EU-Kommissionspräsident José Manuel Barroso bedauert zutiefst das Scheitern des Vermittlungsverfahrens zum Haushalt 2011 zwischen Mitgliedstaaten und EU-Parlament, Memorandum vom 16.11.2010, (MEMO/10/580), Brüssel.

Europäische Kommission 2010i: Überprüfung des EU-Haushalts, Mitteilung der Kommission an das Europäische Parlament, den Rat, den Europäischen Wirtschafts- und Sozialausschuss, den Ausschuss der Regionen und die nationalen Parlamente, KOM(2010)700 endgültig, 19.10.2010, Brüssel.

Europäische Kommission 2011a: EU-Haushalt 2011 – Finanzbericht, Luxemburg: Amt für Veröffentlichungen der Europäischen Union.

Europäische Kommission 2011b: EU-Haushalt 2011, Nach der Krise auf zu neuen Zielen, Luxemburg: Amt für Veröffentlichungen der Europäischen Union.

Europäische Kommission 2011c: Vorschlag für Beschluss des Rates über das Eigenmittelsystem der Europäischen Union (EG, Euratom), SEK(2011) 876 endgültig, KOM(2011) 510 endgültig, 2011/0183 (CNS) vom 29.06.2011.

Europäische Kommission 2013a: Haushaltsordnung für den Gesamthaushaltsplan der Union und Anwendungsbestimmungen, Synoptische Darstellung, Luxemburg: Amt für Veröffentlichungen der Europäischen Union.

Europäische Kommission 2013b: EU-Haushalt 2012 – Finanzbericht, Luxemburg: Amt für Veröffentlichungen der Europäischen Union.

Europäische Kommission 2014a: Mehrjähriger Finanzrahmen 2014–2020 und EU-Haushalt 2014, Übersicht in Zahlen, Luxemburg: Amt für Veröffentlichungen der Europäischen Union.

Europäische Kommission 2014b: Einführung in die EU-Kohäsionspolitik 2014–2020, Luxemburg: Amt für Veröffentlichungen der Europäischen Union.

Europäische Kommission – Generaldirektion Erweiterung 2007: Die Erweiterung verstehen – Die Erweiterungspolitik der Europäischen Union, Luxemburg: Amt für amtliche Veröffentlichungen der Europäischen Gemeinschaften.

Europäische Kommission – Generaldirektion Haushalt 2007: Der EU-Haushalt 2006, Finanzbericht, Luxemburg: Amt für amtliche Veröffentlichungen der Europäischen Gemeinschaften.

Europäische Kommission – Generaldirektion Haushalt 2008: EU-Haushalt 2007, Finanzbericht, Luxemburg: Amt für amtliche Veröffentlichungen der Europäischen Gemeinschaften.

Europäische Kommission – Generaldirektion Haushalt 2014: EU-Haushalt 2013, Finanzbericht, einschließlich des mehrjährigen Finanzrahmens 2007–2013, Luxemburg: Amt für Veröffentlichungen der Europäischen Union.

Europäische Kommission – Generaldirektion Kommunikation 2009: Ihr Wegweiser durch den Lissabon-Vertrag, Generaldirektion Kommunikation, Luxemburg: Amt für amtliche Veröffentlichungen der Europäischen Union.

Europäische Kommission / Europäisches Parlament / Rat 2006: Interinstitutionelle Vereinbarung zwischen dem Europäischen Parlament, dem Rat und der Kommission über die Haushaltsdisziplin und die wirtschaftliche Haushaltsführung (2006/C 139/01), in: Amtsblatt der Europäischen Union (C 139/1) vom 14.06.2006.

Europäischer Rat Fontainebleau 1984: Entschließung zum Gipfeltreffen in Fontainebleau, ABl. C 239 vom 10.09.1984, S. 48.

Europäischer Rat Kopenhagen 1993: Schlussfolgerungen des Vorsitzes, 21–22. Juni 1993, SN 180/1/93, Kopenhagen.

Europäischer Rat Berlin 1999: Schlussfolgerungen des Vorsitzes, 24–25. März 1999, D/99/1, Berlin.

Europäischer Rat Lissabon 2000: Schlussfolgerungen des Vorsitzes, 23./24. März 2000, Lissabon.

Europäischer Rat 2009: Überarbeitete Fassung der Schlussfolgerungen des Vorsitzes zu der Tagung des Europäischen Rates in Brüssel (11./12. Dezember 2008), Übermittlungsvermerk des Vorsitzes für die Delegationen, (17271/1/08 REV 1), 13.02.2009, Brüssel.

Europäischer Rat 2012: Rechtsakt, Beschluss des Europäischen Rates über die Anzahl der Mitglieder der Europäischen Kommission vom 2. Oktober 2012 (EUCO 176/12).

Europäisches Parlament 2002: Entschließung des Europäischen Parlaments zu dem zweiten Bericht der Kommission an den Rat, das Europäische Parlament, den Wirtschafts- und Sozialausschuss und den Ausschuss der Regionen über den wirtschaftlichen und sozialen Zusammenhalt (C 284 E/329) vom 07.02.2002.

Europäisches Parlament 2005a: Entschließung des Europäischen Parlaments zu den politischen Herausforderungen und Haushaltsmitteln der erweiterten Union 2007–2013 (2004/2209(INI)), P6_TA(2005)0224.

Europäisches Parlament 2005b: Entschließung des Europäischen Parlaments zu der Interinstitutionellen Vereinbarung über die Haushaltsdisziplin und die Verbesserung des Haushaltsverfahrens (2005/2237(INI)), P6_TA(2005)0453.

Europäisches Parlament 2008: Überwältigende Mehrheit für Vertrag von Lissabon, Pressemitteilung vom 20.02.2008.

Europäisches Parlament 2010a: Bericht über die Zukunft der Gemeinsamen Agrarpolitik nach 2013, Ausschuss für Landwirtschaft und ländliche Entwicklung (2009/2236(INI)), Plenarsitzungsdokument, 21.06.2010, Straßburg.

Europäisches Parlament 2010b: Abgeordnete legen moderaten Haushalt 2011 vor und verlangen Verhandlungen über die Zukunft, Pressemitteilung vom 20.10.2010, Straßburg.

Europäisches Parlament 2010c: Entschließung des Europäischen Parlaments vom 20. Oktober 2010 zu dem Standpunkt des Rates zu dem Entwurf des Gesamthaushaltsplans der Europäischen Union für das Haushaltsjahr 2011 – alle Einzelpläne (12699/2010 – C7-0202/2010 – 2010/2001(BUD)), 20.10.2010, Straßburg.

Europäisches Parlament 2010d: Statement from Commissioner Lewandowski on the Failure of the Conciliation Procedure on Budget 2011, Memorandum of 16.11.2010, (MEMO/10/580), Straßburg.

Europäisches Parlament 2010e: Wortmeldung des Europaabgeordneten Reimer Böge, 13. Überprüfung des Haushalts (Aussprache), Plenardebatte vom 19. Oktober 2010, Straßburg.

Europäisches Parlament 2010f: Wortmeldung des Europaabgeordneten Reimer Böge, 13. Haushaltsplan 2011 (Aussprache), Plenardebatte vom 23. November 2010, Straßburg.

Europäisches Parlament 2010g: Parlament verabschiedet den Haushalt 2011, Pressemitteilung vom 15.12.2010, Straßburg.

Europäisches Parlament 2010h: Endgültiger Erlass des Gesamthaushaltsplans der Europäischen Union für das Haushaltsjahr 2011 (2011/125/EU, Euratom), Haushaltspläne (Gesetzgebungsakte), in: Amtsblatt der Europäischen Union vom 15.03.2011, S. 1–549.

Europäisches Parlament 2013a: Wie viele EU-Abgeordnete entsendet jedes EU-Land nach den Europawahlen 2014?, Pressemitteilung vom 20.02.2013.

Europäisches Parlament 2013b: Sitzverteilung nach 2014: Deutschland verliert 3 Abgeordnete im Europaparlament; Pressemitteilung vom 13.03.2013.

Europäisches Parlament 2014: Pressemappe des Europäischen Parlamentes zur Europawahl 2014.

Europäisches Parlament/Rat 2012: Beschluss des Europäischen Parlamentes und des Rates vom 13. Dezember 2011 zur Änderung der Interinstitutionellen Vereinbarung vom 17. Mai 2006 über die Haushaltsdisziplin und die wirtschaftliche Haushaltsführung im Hinblick auf den mehrjährigen Finanzrahmen: Deckung eines zusätzlichen Finanzierungsbedarfs für das ITER-Projekt (2012/5/EU), in: Amtsblatt der Europäischen Union, 50. Jahrgang, Nr. L 4 vom 07.01.2012, S. 12/13.

Europäisches Parlament/Rat 2013: Beschluss des Europäischen Parlamentes und des Rates vom 22. Juli 2013 zur Änderung der Interinstitutionellen Vereinbarung vom 17. Mai 2006 über die Haushaltsdisziplin und die wirtschaftliche

Haushaltsführung in Bezug auf den mehrjährigen Finanzrahmen, um dem aufgrund des Beitritts Kroatiens zur Europäischen Union entstehenden Ausgabenbedarf Rechnung zu tragen (2013/419/EU), in: Amtsblatt der Europäischen Union, 50. Jahrgang, Nr. L 209 vom 03.08.2013, S. 14/15.

European Parliament / Council 2007: Decision of the European Parliament and of the Council of 18 December 2007 amending the Interinstitutional Agreement of 17 May 2006 on budgetary discipline and sound financial management as regards the multiannual financial framework (2008/29/EC), in: Official Journal of the European Union (L 6) of 10.01.2008, 7/8.

European Parliament / Council 2008: Decision of the European Parliament and of the Council of 29 April 2008 amending the Interinstitutional Agreement of 17 May 2006 on budgetary discipline and sound financial management as regard adjustment of the multiannual financial framework (2008/371/EC), in: Official Journal of the European Union (L 128) of 16.05.2008, 8/9.

European Parliament / Council 2009a: Decision of the European Parliament and of the Council of 6 May 2009 amending the Interinstitutional Agreement of 17 May 2006 on budgetary discipline and sound financial management as regards the multiannual financial framework (2007 to 2013) (2009/407/EC), in: Official Journal of the European Union (L 132) of 29.05.2009, 8/9.

European Parliament / Council 2009b: Decision of the European Parliament and of the Council of 17 December 2009 amending the Interinstitutional Agreement of 17 May 2006 on budgetary discipline and sound financial management as regards the multiannual financial framework – Financing projects in the field of energy in the context of the European Economic Recovery Plan (2009/1005/EU), in: Official Journal of the European Union (L 347) of 24.12.2009, 26/27.

Foreign Ministry of the Netherlands 2004: Commissie wil meer Geld voor EU-Begroting, Press Release, 11.02.2004.

Gouvernement de la Belgique 2005: Le Système des Ressources propres, Non Paper Belgique, 16.02.2005.

Government of Belgium 2003: The Outlook for the European Cohesion Policy after 2006, Contribution of Belgium with a View to the informal Council of Chalkidiki on 16 May 2003.

Government of Czech Republic 2003: Memorandum of the Czech Republic on the Reform of the EU's Economic and Social Cohesion Policy, 10/2003.

Government of Denmark 2003: Enabling Cohesion in an enlarged EU of 25, Memorandum by the Danish Government, 5/2003.

Government of Finland 2004: The Position of the Finnish Government regarding the European Commission's Communication on the new Financial Framework issued on 10 February 2004, Helsinki, 11.02.2014.

Government of France 2002: Memorandum on the Reform of the EU Regional Cohesion Policy 2007–2013, 10/2002.

Government of Hungary 2003: Memorandum of the Hungarian Government on the Future of the Cohesion Policy of the European Union, 7/2003.

Government of Hungary 2004: Reflection Paper of Hungary on the Financial Framework post-2006, 19.02.2004.

Government of Ireland 2004: Financial Perspectives: Issues for first Phase of Luxembourg Presidency, December 2004.

Government of Ireland 2005: Irish suggested Drafting Changes 2 Heading 1b of Presidency Document, 7054/05, April 2005.

Government of Italy 2002: Second Italian Memorandum on the Reform of the EU Regional Cohesion Policy 2007–2013, 10/2002.

Government of Lithuania 2003: Lithuanian Non-Paper on the future EU Cohesion Policy, Summary of essential Statements from the Lithuanian Position regarding the Role of Cohesion Policy in the enlarged EU, 5/2003.

Government of Lithuania 2005: Non-Paper, Financial perspectives 2007–2013, Heading 4: EU as Global Partner, 06.04.2005.

Government of Malta 2003: Memorandum on the Future Cohesion Policy of the European Union, Malta, 21.08.2003.

Government of Poland 2004: Meeting of the Prime Ministers of the Visegrad Group, 08.03.2004, Warschau.

Government of Poland 2005: Poland's Non-Paper on Exchange Rate Assumptions in the "4 % Capping" Methodology, May 2005.

Government of Portugal 2003: Portuguese Position on economic and social Cohesion Policy Reform, 09/2003.

Government of Slovenia 2003: Reform of economic and social Cohesion Policy: the Contribution of the Republic of Slovenia, 5/2003.

Government of Spain 2001: Memorandum, Regional Policy and Enlargement, 19.04.2001.

Government of Sweden 2003: Non-Paper, Basic Position on the future EU Cohesion Policy, 05/2003.

Government of the Netherlands 2003: Contribution of the Netherlands, Key Document on the Future of economic and social Cohesion Policies, 5/2003.

Government of the Netherlands 2004: Government Position, Notitie Agenda 2007, De Nieuwe Financiële Perspectieven 2007–2013, 23.02.2004.

Government of the United Kingdom 2003: UK Government Position on the Future of EU Regional Policy, Statement to Parliament, 17.10.2003.

Governments of Estonia, Latvia and Lithuania 2005: Non-Paper of Estonia, Latvia and Lithuania, 25.01.2005.

Grossetête, Francoise 2004: Budget UE pour 2007/2013: Favoriser les politiques durables et créatrices de croissance, pas d'impôt européen, communiqué de presse 10.02.2004.

Gurbiel, Krystyna 2004: Michel Barnier's EU regional aid Package for 2007 to 2013 is in line with polish Expectations, Press Release, 19.02.2004.

Havel, Václav 1996: Rede von Václav Havel im Mai 1996 vor dem Karlsplenum der Europäischen Akademie der Wissenschaft und Künste Aachen, in: ZEIT-Punkte, Nr. 4, S. 17/18.

Kiss, Tibor 2005: Letter from the Ambassador Tibor Kiss, Permanent Representative of the Republic of Hungary to the European Union, to Pierre de Boissieu, Deputy Secretary General Council of the European Union, A proposal by Hungary to carry forward the discussion on the next financial perspective of the European Union, 28.06.2005, Brussels.

Lammert, Norbert 2009: „Europa der Bürger – parlamentarische Perspektiven der Union nach dem Lissabon-Vertrag"; Festvortrag zum Inkrafttreten des Vertrags von Lissabon am 1. Dezember 2009 an der Humboldt-Universität in Berlin.

Ministers of Finance of Estonia, Latvia and Lithuania 2005: Joint Statement of the Ministers of Finance of Estonia, Latvia and Lithuania on Financing of the Cohesion Policy 2007–2013, 11.02.2005, Riga.

Ministry of Finance (Denmark) 2004: EU's flerårige finansielle rammer efter 2006, Press Release.

Ministry of Finance (Finland) 2004: The Finnish Model to reform the own Resources System, Helsinki, 01.04.2004.

Ministry of Finance (Greece), Task Force 2005: Financial Perspectives 2007–2013, Hellenic Position Paper, May 2005.

Ministry of Finance (Sweden) 2004: Finansminister Bosse Ringholm: EU kommissionens nya förslag till långtidsbudget er helt orealistiskt, Press Release, 10.02.2004.

Pöttering, Hans-Gert 2004: CDU-Europapolitik, Pöttering fordert mehr Klarheit in den EU-Finanzen, Pressemitteilung vom 21.01.2004.

Rat der Europäischen Gemeinschaften / Euratom / EGKS 1970: Beschluss des Rates vom 21. April 1970 über die Ersetzung der Finanzbeiträge der Mitgliedstaaten durch eigene Mittel der Gemeinschaften (Beschluss 70/243/EGKS, EWG, Euratom), in: Amtsblatt der Europäischen Gemeinschaften, 13. Jahrgang, Nr. L 94 vom 28.04.1970, S. 19–22.

Rat der Europäischen Gemeinschaften 1977: Sechste Richtlinie des Rates vom 17. Mai 1977 zur Harmonisierung der Rechtsvorschriften der Mitgliedstaaten über die Umsatzsteuern – Gemeinsames Mehrwertsteuersystem: einheitliche steuerpflichtige Bemessungsgrundlage (77/388/EWG) in: Amtsblatt der Europäischen Gemeinschaften, Nr. L 145 vom 13.06.1977, S. 1–40.

Rat der Europäischen Gemeinschaften 1985: Beschluss des Rates vom 7. Mai 1985 über das System der eigenen Mittel der Gemeinschaften, in Amtsblatt der Europäischen Gemeinschaften, L 128 (85/257/EWG, Euratom) vom 14.05.1985, S. 15–17.

Rat der Europäischen Union 1988: Beschluss des Rates vom 24. Juni 1988 über das System der Eigenmittel der Gemeinschaften (88/376/EWG, Euratom), in: Amtsblatt der Europäischen Gemeinschaften, 31. Jahrgang, Nr. L 185 vom 15.07.1988, S. 24–28.

Rat der Europäischen Union 1994: Beschluss des Rates vom 31. Oktober 1994 über das System der Eigenmittel der Europäischen Gemeinschaften (94/728/EG, Euratom), in: Amtsblatt der Europäischen Gemeinschaften, 37. Jahrgang, Nr. L 293 vom 12.11.1994, S. 9–13.

Rat der Europäischen Union 2000: Beschluss des Rates vom 29. September 2000 über das System der Eigenmittel der Europäischen Gemeinschaften (2000/597/EG, Euratom), in: Amtsblatt der Europäischen Gemeinschaften, 43. Jahrgang, Nr. L 253 vom 07.10.2000, S. 42–46.

Rat der Europäischen Union 2005a: Vermerk des Vorsitzes für den Europäischen Rat, Finanzielle Vorausschau 2007–2013, CADREFIN 130, 10090/05,15.06.2005.

Rat der Europäischen Union 2005b: Verordnung (EG) Nr. 1290/2005 des Rates vom 21. Juni 2005 über die Finanzierung der Gemeinsamen Agrarpolitik, Nr. L 209 vom 11.08.2005, in: Amtsblatt der Europäischen Union, S. 1–25.

Rat der Europäischen Union 2005c: Vermerk des Vorsitzes für den Europäischen Rat, Finanzielle Vorausschau 2007–2013, CADREFIN 264, 15649/05,14.12.2005.

Rat der Europäischen Union 2005d: Vermerk des Vorsitzes für den Europäischen Rat, Finanzielle Vorausschau 2007–2013, CADREFIN 268, 15915/05,19.12.2005 (20.12).

Rat der Europäischen Union 2007: Beschluss des Rates vom 7. Juni 2007 über das System der Eigenmittel der Europäischen Gemeinschaften (2007/436/EG, Euratom), in: Amtsblatt der Europäischen Union, 50. Jahrgang, Nr. L 163 vom 23.06.2007, S. 17–21.

Rat der Europäischen Union 2009a: Verordnung (EG) Nr. 72/2009 des Rates vom 19. Januar 2009 zur Anpassung der gemeinsamen Agrarpolitik durch Änderung der Verordnungen (EG) Nr. 247/2006, (EG) Nr. 320/2006, (EG) Nr. 1405/2006, (EG) Nr. 1234/2007, (EG) Nr. 3/2008 und (EG) Nr. 479/2008 und zur Aufhebung der Verordnungen (EWG) Nr. 1883/78, (EWG) Nr. 1254/89, (EWG) Nr. 2247/89, (EWG) Nr. 2055/93, (EG) Nr. 1868/94, (EG) Nr. 2596/97, (EG) Nr. 1182/2005 und (EG) Nr. 315/2007, Nr. L 30/1 vom 31.01.2009, in: Amtsblatt der Europäischen Union.

Rat der Europäischen Union 2009b: Verordnung (EG) Nr. 73/2009 des Rates vom 19. Januar 2009 mit gemeinsamen Regeln für Direktzahlungen im Rahmen der gemeinsamen Agrarpolitik und mit bestimmten Stützungsregelungen für Inhaber landwirtschaftlicher Betriebe und zur Änderung der Verordnungen (EG) Nr. 1290/2005, (EG) Nr. 247/2006, (EG) Nr. 378/2007 sowie zur Aufhebung der Verordnung (EG) Nr. 1782/2003, Nr. L 30/16 vom 31.01.2009, in: Amtsblatt der Europäischen Union.

Rat der Europäischen Union 2009c: Verordnung (EG) Nr. 74/2009 des Rates vom 19. Januar 2009 zur Änderung der Verordnung (EG) Nr. 1698/2005 über die Förderung der Entwicklung des ländlichen Raums durch den Europäischen Landwirtschaftsfonds für die Entwicklung des ländlichen Raums (ELER), Nr. L 30/100 vom 31.01.2009, in: Amtsblatt der Europäischen Union, Brüssel.

Rat der Europäischen Union 2009d: Beschluss des Rates vom 19. Januar 2009 zur Änderung des Beschlusses 2006/144/EG über strategische Leitlinien der Gemeinschaft für die Entwicklung des ländlichen Raums (Programmplanungszeitraum 2007–2013), (2009/61/EG), Nr. L 30/112 vom 31.01.2009, in: Amtsblatt der Europäischen Union.

Rat der Europäischen Union 2010a: 3044. Tagung des Rates Wirtschaft und Finanzen, Haushalt und Tagung des Vermittlungsausschusses, Mitteilung an die Presse vom 11. November 2010, 16150/10, Presse 298.

Rat der Europäischen Union 2010b: Fortsetzung der 3044. Tagung des Rates Wirtschaft und Finanzen, Haushalt und der Tagung des Vermittlungsausschusses, Mitteilung an die Presse vom 15. November 2010, 16368/10, Presse 300.

Rat der Europäischen Union, Generalsekretariat des Rates 2010: Vermerk des Generalsekretariats des Rates für den Ausschuss der Ständigen Vertreter/Rat, Neuer Entwurf des Haushaltsplans für 2011, 17569/1/10 REV 1, FIN 709, 9. Dezember 2010, Brüssel.

Rat der Europäischen Union 2011: Entwurf eines Protokolls (17843/10), 3057. Tagung des Rates der Europäischen Union (Wettbewerbsfähigkeit (Binnenmarkt, Industrie, Forschung und Raumfahrt)) vom 10. Dezember 2010, 22. März 2011, Brüssel.

Rat der Europäischen Union 2013: Verordnung (EU, EURATOM) Nr. 1311/2013 des Rates vom 2. Dezember 2013 zur Festlegung des mehrjährigen Finanzrahmens für die Jahre 2014–2020, Nr. L 347 vom 20.12.2013, in: Amtsblatt der Europäischen Union, S. 884–891.

Rat der Europäischen Union 2014: Beschluss des Rates vom 26. Mai 2014 über das Eigenmittelsystem der Europäischen Union (2014/335/EU, Euratom), in: Amtsblatt der Europäischen Union, Nr. L 168 vom 07.06.2014, S. 105–111.

Ringholm, Bosse 2004: Finansminister Bosse Ringholm: EU kommissionens nya förslag till långtidsbudget er helt orealistiskt, Press Release, 10.02.2004.

Rodriguez-Spiteri Palazuelo, José 2004: The Reform of EU Structural Policy and Enlargement: do the Structural Funds will continue to be the main Instrument of European Solidarity after 2006, Statement des spanischen Botschafters in Deutschland anlässlich einer Tagung der Heinrich Böll Stiftung und des Arbeitskreises Europäische Integration zur EU-Strukturpolitik nach 2006: Perspektiven für die Reform, 13.03.2004, Berlin.

Schreyer, Michaele 2003: Herausforderungen an den EU-Haushalt nach 2006, Rede vom 14.10.2003 anlässlich einer Veranstaltung des Centre for European Policy Studies (CEPS) in Brüssel.

Schröder, Gerhard 2003: Rede des Bundeskanzlers Gerhard Schröder anlässlich des Europa-Forums am 05.11.2003.

Stolpe, Manfred 2004: EU fördert auch in Zukunft den Aufbau Ost, Pressemitteilung des Bundesministeriums für Verkehr und digitale Infrastruktur (BMVI) vom 18.02.2004.

Stotz, Rüdiger 2004: Statement von Rüdiger Stotz (Unterabteilungsleiter im Bundesministerium der Finanzen) anlässlich der Tagung der Heinrich Böll Stiftung und des Arbeitskreises Europäische Integration, Berlin, 12.03.2004.

Vanhanen, Matti 2005: Letter from the Prime Minister of Finland to Jean-Claude Juncker, Prime Minister and Minister of Finance of Luxembourg, 11.02.2005, Helsinki.

Gesetzestexte und Jurisdiktion

Vertrag über die Gründung der Europäischen Gemeinschaft für Kohle und Stahl (EGKS), unterzeichnet am 18.04.1951, in Kraft getreten am 23.07.1952, ausgelaufen am 23.07.2002; nicht im Amtsblatt veröffentlicht.

Vertrag zur Gründung der Europäischen Atomgemeinschaft (EURATOM), unterzeichnet am 25.03.1957, in Kraft getreten am 01.01.1958; Vgl. Konsolidierte Fassung des Vertrags zur Gründung der Europäischen Atomgemeinschaft (2010/C 84/01), in: Amtsblatt der Europäischen Union, 53. Jahrgang, Nr. C 84 vom 30.03.2010, S. 1–112.

Vertrag zur Gründung der Europäischen Wirtschaftsgemeinschaft (EWG), unterzeichnet am 25.03.1957, in Kraft getreten am 01.01.1958; Vgl. Konsolidierte

Fassung des Vertrags zur Gründung der Europäischen Gemeinschaft, in: Amtsblatt der Europäischen Gemeinschaften, Nr. C 325 vom 24.12.2002, S. 33–184.

Vertrag von Brüssel (Fusionsvertrag), in: Amtsblatt der Europäischen Gemeinschaften, Nr. 152 vom 13.07.1967; unterzeichnet am 08.04.1965; in Kraft getreten am 01.07.1967.

Vertrag zur Änderung bestimmter Haushaltsvorschriften der Verträge zur Gründung der Europäischen Gemeinschaften und des Vertrages zur Einsetzung eines gemeinsamen Rates und einer gemeinsamen Kommission der Europäischen Gemeinschaften, in: Amtsblatt der Europäischen Gemeinschaften, Nr. L 2 vom 02.01.1971; unterzeichnet am 22.04.1970; in Kraft getreten am 01.01.1971.

Vertrag zur Änderung bestimmter Finanzvorschriften der Verträge zur Gründung der Europäischen Gemeinschaften und des Vertrages zur Einsetzung eines gemeinsamen Rates und einer gemeinsamen Kommission der Europäischen Gemeinschaften, in: Amtsblatt der Europäischen Gemeinschaften, Nr. L 359 vom 31.12.1977; unterzeichnet am 22.07.1975; in Kraft getreten am 01.06.1977.

Einheitliche Europäische Akte, in: Amtsblatt der Europäischen Gemeinschaften, Nr. L 169 vom 29.06.1987; unterzeichnet am 28.02.1986; in Kraft getreten am 01.07.1987.

Vertrag über die Europäische Union (Vertrag von Maastricht) (92/C 191/01), in: Amtsblatt der Europäischen Gemeinschaften, 35. Jahrgang, Nr. C 191 vom 29.07.1992, S. 1–112; unterzeichnet am 07.02.1992; in Kraft getreten am 01.11.1993.

Bundesverfassungsgericht 1993, BVerfGE 89, 155 vom 12. Oktober 1993, Az: 2 BvR 2134, 2159/92.

Vertrag von Amsterdam zur Änderung des Vertrags über die Europäische Union, der Verträge zur Gründung der Europäischen Gemeinschaften sowie einiger damit zusammenhängender Rechtsakte (97/C 340/01), in: Amtsblatt der Europäischen Gemeinschaften, Nr. C 340 vom 10.11.97, S. 1–144; unterzeichnet am 02.10.1997; in Kraft getreten am 01.05.1999.

Vertrag von Nizza zur Änderung des Vertrags über die Europäische Union, der Verträge zur Gründung der Europäischen Gemeinschaften sowie einiger damit zusammenhängender Rechtsakte (2001/C 80/01), in: Amtsblatt der Europäischen Gemeinschaften, Nr. C 80 vom 10.03.2001, S. 1–87; unterzeichnet am: 26.02.2001; in Kraft getreten am 01.02.2003.

Vertrag über eine Verfassung für Europa, in: Amtsblatt der Europäischen Union, 47. Jahrgang, Nr. C 310/01 vom 16.12.2004.

Vertrag von Lissabon zur Änderung des Vertrags über die Europäische Union und des Vertrags zur Gründung der Europäischen Gemeinschaft, unterzeichnet in Lissabon am 13. Dezember 2007 (2007/C 306/01), in: Amtsblatt der Europäischen Union, 50. Jahrgang, Nr. C 306 vom 17.12.2007, S. 1–271; unterzeichnet am 13. Dezember 2007; in Kraft getreten am 1. Dezember 2009; Konsolidierte

Fassungen des Vertrags über die Europäische Union und des Vertrags über die Arbeitsweise der Europäischen Union, ABl. 2010, Nr. C 83/01.

Bundesverfassungsgericht 2009, BVerfG, 2 BvE 2/08 vom 30.06.2009, Absatz-Nr. 1–421; http://www.bverfg.de/entscheidungen/es20090630_2bve000208.html (Zugriff: 16.01.2012).

Amtsblatt der Europäischen Union 2012, Konsolidierte Fassungen des Vertrags über die Europäische Union und des Vertrags über die Arbeitsweise der Europäischen Union (2012/C 326/01), Mitteilungen und Bekanntmachungen, in: Amtsblatt der Europäischen Union, 55. Jahrgang, Nr. C 326 vom 26. Oktober 2012.

Sekundärliteratur

Abels, Gabriele/Eppler, Annegret/Träsch, Jennifer 2010: Zum „Demokratiedefizit" der EU – und wie es sich (nicht) abbauen lässt, in: Landeszentrale für politische Bildung Baden-Württemberg (Hrsg.), Der Bürger im Staat, Themenheft: Europa konkret – Wie die EU funktioniert, 60. Jahrgang, Heft 3, Stuttgart, S. 256–266.

Abromeit, Heidrun 1998a: Democracy in Europe: Legitimising Politics in a non-state Polity, New York/Oxford: Berghahn Books.

Abromeit, Heidrun 1998b: Ein Vorschlag zur Demokratisierung des europäischen Entscheidungssystems, in: Politische Vierteljahresschrift 39: 1, Opladen: Westdeutscher Verlag, S. 80–90.

Abromeit, Heidrun 1998c: How to democratise a multi-level, multi-dimensional Polity, in: Nentwich, Michael/Weale, Albert (Eds.), Political Theory and the European Union: Legitimacy, constitutional Choice and Citizenship, ECPR Studies in European Political Science, London: Routledge, 112–124.

Achen, Christopher H./König, Thomas/Stokman, Frans N./Thomson, Robert 2006: The European Union decides, Cambridge: Cambridge University Press.

Aggarwal, Vinod K. 1985: Liberal Protectionism: The International Politics of organized Textile Trade, Berkeley/London: University of California Press.

Algieri, Franco/Emmanouilidis, Janis A./Maruhn, Roman 2003: Europas Zukunft, 5 EU-Szenarien, Bertelsmann Stiftung / Centrum für angewandte Politikforschung (C·A·P) (Hrsg.), Gütersloh/München.

Allison, Graham T. 1971: Essence of Decision: Explaining the Cuban Missile Crisis, Boston: Little, Brown.

Auel, Katrin 2010: Missing the Point: The Decision of the German Constitutional Court on the Lisbon Treaty and the Democratic Deficit of the EU, in: Auel, Katrin/Baquero Cruz, Julio (Eds.), Karlsruhe's Europe, Notre Europe Studies and Research 78, 23–45.

Axelrod, Robert 1984: The Evolution of Cooperation, New York: Basic Books.

Bailer, Stefanie 2006: Nationale Interessen in der Europäischen Union, Macht und Verhandlungserfolg im Ministerrat, Campus Forschung, Band 895, Frankfurt am Main/New York/N.Y.: Campus Verlag.

Baldwin, David A. (Ed.) 1993: Neorealism and Neoliberalism – the contemporary Debate, New York/N.Y.: Columbia University Press.

Becker, Peter 2004: Die Agenda 2007, Die erste Etappe der europäischen Finanzverhandlungen 2007–2013, Stiftung Wissenschaft und Politik / Deutsches Institut für Internationale Politik und Sicherheit (Hrsg.), SWP-Aktuell, Nr. 34, 08/2004, Berlin.

Becker, Peter 2005: Der EU-Finanzrahmen 2007–2013, Auf dem Weg zu einer europäischen Finanzverfassung oder Fortsetzung der nationalen Nettosaldopolitik?, Stiftung Wissenschaft und Politik / Deutsches Institut für Internationale Politik und Sicherheit (Hrsg.), SWP-Studie, Nr. 36, 11/2005, Berlin.

Becker, Peter 2006a: Mehr Geld für Europa, Die Verständigung auf einen neuen EU-Finanzrahmen 2007–2013, Stiftung Wissenschaft und Politik / Deutsches Institut für Internationale Politik und Sicherheit (Hrsg.), SWP-Aktuell, Nr. 4, 01/2006, Berlin.

Becker, Peter 2006b: Fortschreibung des Status Quo – Die EU und ihr neuer Finanzrahmen Agenda 2007, in: integration 2, S. 106–121.

Becker, Peter 2007: EU-Reform frühzeitig gestalten!, Optionen der deutschen Europapolitik bei der Revision der europäischen Finanzverfassung 2008/09, Stiftung Wissenschaft und Politik / Deutsches Institut für Internationale Politik und Sicherheit (Hrsg.), SWP-Studie, Nr. 2, 01/2007, Berlin.

Becker, Peter 2010: Kräftemessen zwischen EP und Rat um den EU-Haushalt 2011, Vorspiel zu schwierigen Verhandlungen über den EU-Finanzrahmen 2014–2020, Stiftung Wissenschaft und Politik / Deutsches Institut für Internationale Politik und Sicherheit (Hrsg.), SWP-Aktuell, Nr. 83, 12/2010, Berlin.

Becker, Peter 2014: Das Finanz- und Haushaltssystem der Europäischen Union: Grundlagen und Reformen aus deutscher Perspektive, Wiesbaden: Verlag Springer VS.

Becker, Peter 2015: Das Eigenmittelsystem der Europäischen Union, Schriftliche Stellungnahme zur Anhörung des Ausschusses für die Angelegenheiten der Europäischen Union des Deutschen Bundestages, 29. Sitzung, 16. März 2015, Ausschussdrucksache 18(21)0046, Berlin.

Beichelt, Timm 2006: Die Europäische Union nach der Osterweiterung, Wiesbaden: VS Verlag für Sozialwissenschaften.

Bertelsmann Europa-Kommission (Hrsg.) 2000: Europas Vollendung vorbereiten, Forderungen an die Regierungskonferenz 2000, Gütersloh: Verlag Bertelsmann Stiftung.

Best, Edward/Christiansen, Thomas/Settembri, Pierpaolo 2008: The Institutions of the enlarged European Union, Continuity and Change, Cheltenham: Edward Elgar Publishing.

Birdsall, Andrea/Peterson, John 2008: The European Commission: Enlargement as Reinvention?, in: Best, Edward/Christiansen, Thomas/Settembri, Pierpaolo, The Institutions of the enlarged European Union, Continuity and Change, Cheltenham: Edward Elgar Publishing.

Borbély, Dora/Welfens, Paul J.J. 2009: EU-Osterweiterung, IKT und Strukturwandel, Europäisches Institut für Internationale Wirtschaftsbeziehungen e.V. an der Bergischen Universität zu Wuppertal, Band 4, Stuttgart: Lucius & Lucius Verlagsgesellschaft.

Breuss, Fritz 2001: Makroökonomische Auswirkungen der EU-Erweiterung auf alte und neue Mitglieder, Österreichisches Institut für Wirtschaftsforschung (WIFO), Forschungsprogramm "Preparity", 07.11.2001; http://publikationen.wifo.ac.at (Zugriff: 28.06.2011).

Brown, Drusilla/Deardoff, Alan/Djankov, Simeon/Stern, Robert 1997: An economic Assessment of the Integration of Czechoslovakia, Hungary, and Poland into the European Union, in: Black, Stanley W. (Ed.), Europe's Economic looks East, Implications for Germany and the European Union, Cambridge: Cambridge University Press, 23–60.

Bruck, H. W./Sapin, Burton/Snyder, Richard C. (Eds.) 1962: Foreign Policy Decision-Making, An Approach to the Study of International Politics, New York: Free Press of Glencoe.

Bruck, H. W./Sapin, Burton/Snyder, Richard C. 1975: Entscheidungsanalyse und Internationale Beziehungen, in: Haftendorn, Helga (Hrsg.), Theorie der Internationalen Politik. Gegenstand und Methoden der Internationalen Beziehungen, Hamburg: Hoffmann und Campe, S. 227–243.

Brücker, Herbert et al. 2009: Labour Mobility within the EU in the Context of Enlargement and the Functioning of the transitional Arrangements, European Commission – Directorate-General for Employment, Social Affairs and Equal Opportunities (DG-EMPL) (Ed.), European Integration Consortium (IAB, CMR, fRDB, GEP, WIFO, wiiw), Final Report, Nuremberg.

Cauley, Jon T./Loehr, William/Sandler, Todd M. 1978: The Political Economy of public Goods and international Cooperation, in: World Affairs, 15, Book 3, Denver: University of Denver.

Chan, Steve/Sylvan, Donald A. (Eds.) 1984: Foreign Policy Decision Making: Perception, Cognition and artificial Intelligence, New York: Praeger Publishers.

Chayes, Abram/Handler Chayes, Antonia 1995: The new Sovereignty: Compliance with International Regulatory Agreements, Cambridge: Harvard University Press.

Christiansen, Thomas/Jorgensen, Knud Erik/Wiener, Antje 2001: The social Construction of Europe, London/New Delhi/Thousand Oaks: Sage Publications.

Clarisse, Yves 2004: L'Union Européenne entame un Débat explosif sur son Financement, 10.02.2004.

Club von Florenz (Hrsg.) 1996: Europa: Der unmögliche Status quo, Baden-Baden: Nomos Verlagsgesellschaft.

Conceição-Heldt, Eugénia da 2006: Verhandlungssituationen in der EU: Eine theoriegeleitete Analyse der Gemeinsamen Fischereipolitik, in: Swiss Political Science Review 12:1, S. 73–103.

Dauderstädt, Michael 2009: Kohäsion mit Defiziten – Das europäische Wachstumsmodell in der Krise, Friedrich-Ebert-Stiftung (Hrsg.), Abteilung Wirtschafts- und Sozialpolitik, Schriftenreihe „WISO direkt", 11/2009, Bonn.

Dauderstädt, Michael 2010: Europas unterschätzte Ungleichheit, Friedrich-Ebert-Stiftung (Hrsg.), Abteilung Wirtschafts- und Sozialpolitik, Schriftenreihe „WISO direkt", 09/2010, Bonn.

Dehousse, Renaud/Deloche-Gaudez, Florence/Duhamel, Olivier (Eds.) 2006: Elargissement: Comment l'Europe s'adapte, Paris: Presses de Science Po.

Dehousse, Renaud/Majone, Giandomenico 1994: The Institutional Dynamics of European Integration: From the Single Act to the Maastricht Treaty, in: Martin, Stephen (Ed.), The Construction of Europe: Essays in Honour of Emile Noël, Boston/Dordrecht: Kluwer Academic Publishers, 91–112.

Diedrichs, Udo 2002: Europäische Kommission, in: Weidenfeld, Werner/Wessels, Wolfgang (Hrsg.), Europa von A bis Z, Taschenbuch der europäischen Integration, 8. Auflage, Bonn: Europa Union Verlag, S. 142–151.

Diekmann, Andreas 2009: Spieltheorie: Einführung, Beispiele, Experimente, 2. Auflage, Reinbek bei Hamburg: Rowohlt Taschenbuchverlag.

Dietz, Barbara 2006: Osteuropäische Migranten in Deutschland: Neue Aspekte der Ost-West-Wanderung, in: Gellner, Winand/Reichinger, Martin (Hrsg.), Deutschland nach der Bundestagswahl 2005: Fit für die globalen Aufgaben der erweiterten EU?, Baden-Baden: Nomos Verlagsgesellschaft, S. 125–134.

Dietz, Wolfgang A./Glatthaar, Christiane 1994: Das Räderwerk der Europäischen Kommission, 2. Auflage, Bonn: Economica Verlag.

Dorsch, Monique/Strunz, Herbert 2001: Management, München/Oldenbourg/Wien: Oldenbourg Wissenschaftsverlag.

Ehl, Miriam/Maurer, Andreas/Schroff, Wolfram 2004: Solidarität und Finanzgerechtigkeit in der EU-25 – Die Positionen europäischer und deutscher Akteure zur Finanziellen Vorausschau 2007–2013, Stiftung Wissenschaft und Politik / Deutsches Institut für Internationale Politik und Sicherheit (Hrsg.), Diskussionspapier der Forschungsgruppe EU-Integration, Berlin.

Elster, Jon 1991: Arguing and Bargaining in two Constituent Assemblies, The Storrs Lectures, Yale Law School (Ms.), Chicago.

Emmanouilidis, Janis A./Maruhn, Roman 2005: Agenda 2007 – Der Konflikt um den Finanzrahmen 2007–2013, Bertelsmann Stiftung / Centrum für angewandte Politikforschung (C·A·P) (Hrsg.), C·A·P Aktuell, Nr. 1/2005, Gütersloh/München.

Esser, Hartmut 2004: Die „Logik" der Verständigung, Zur Debatte um „Arguing" und „Bargaining" in internationalen Verhandlungen, in: Pappi, Franz Urban/Riedel, Eibe/Thurner, Paul W./Vaubel, Roland (Hrsg.), Die Institutionalisierung internationaler Verhandlungen, Mannheimer Jahrbuch für Europäische Sozialforschung, Band 8, Frankfurt/New York: Campus Verlag, S. 33–68.

Faber, Anne 2005: Europäische Integration und politikwissenschaftliche Theoriebildung: Neofunktionalismus und Intergouvernementalismus in der Analyse, 1. Auflage, Wiesbaden: VS Verlag für Sozialwissenschaften/GWV Fachverlage.

Faust, Jörg/Vogt, Thomas 2010: Politikfeldanalyse und internationale Kooperation, in: Lauth, Hans-Joachim (Hrsg.), Vergleichende Regierungslehre, Eine Einführung, 3. Auflage, Wiesbaden: VS Verlag für Sozialwissenschaften/GWV Fachverlage, S. 396–420.

Frech, Siegfried 2010: Europa konkret – Wie die EU funktioniert, in: Landeszentrale für politische Bildung Baden-Württemberg (Hrsg.), Der Bürger im Staat, Themenheft: Europa konkret – Wie die EU funktioniert, 60. Jahrgang, Heft 3, Stuttgart, S. 242–243.

Friis, Lykke 1997: When Europe negotiates: From Europe Agreements to Eastern Enlargement, Dissertation, University of Copenhagen, Institute of Political Science, Copenhagen.

Fritzler, Marc/Unser, Günther 2001: Die Europäische Union, 2. Auflage, Bonn.

Gehring, Thomas 2002: Die Europäische Union als komplexe internationale Organisation, Wie durch Kommunikation und Entscheidung soziale Ordnung entsteht, Baden-Baden: Nomos Verlagsgesellschaft.

Gehring, Thomas/Kerler, Michael/Krapohl, Sebastian/Stefanova, Sachka 2005: Rationalität durch Verfahren, Europäische Arzneimittelzulassung und Normung technischer Güter, 1. Auflage, Baden-Baden: Nomos Verlagsgesellschaft.

Giering, Claus 1999: Institutionelle Reformchancen, in: Bertelsmann Stiftung (Hrsg.), Forschungsgruppe Europa, Kosten, Nutzen und Chancen der Osterweiterung für die Europäische Union, 3. Auflage, Gütersloh: Verlag Bertelsmann Stiftung, S. 55–68.

Giering, Claus 2001: Die institutionellen Reformen von Nizza, in: Weidenfeld, Werner (Hrsg.), Nizza in der Analyse, Gütersloh: Verlag Bertelsmann Stiftung, S. 51–144.

Glenn, John K. 2003: EU Enlargement, in: Cini, Michelle (Ed.), European Union Politics, New York/Oxford: Oxford University Press, 211–228.

Gloser, Günther 2004: Förderung der bayerischen Grenzregionen: Interreg-Programm soll fortgesetzt werden, 17.02.2004.

Groom, A.J.R./Taylor, Paul 1975: Functionalism. Theory and Practice in International Relations, London: University of London Press.

Gu, Xuewu 2010: Theorien der internationalen Beziehungen, Einführung, 2. Auflage, München: Oldenbourg Wissenschaftsverlag.

Haas, Ernst B. 1964: Beyond the Nation-State, Functionalism and International Organization, Stanford: Stanford University Press.

Haas, Ernst B. 1968: The Uniting of Europe. Political, Social, and Economic Forces 1950–1957, Stanford: Stanford University Press.

Haftendorn, Helga 1990: Zur Theorie außenpolitischer Entscheidungsprozesse, in: Rittberger, Volker (Hrsg.), Theorien der Internationalen Beziehungen, Bestandsaufnahme und Forschungsperspektiven, Politische Vierteljahresschrift, Sonderheft 21, Opladen, S. 401–423.

Hagemann, Sara 2008: Voting, Statements and Coalition – Building in the Council from 1999 to 2006, in: Naurin, Daniel/Wallace, Helen (Eds.), Unveiling the Council of the European Union, Games Governments Play in Brussels, Basingstoke/Hampshire/Houndmills: Palgrave Macmillan.

Hartwig, Ines/Umbach, Gaby 2002: Rat der EU, in: Weidenfeld, Werner/Wessels, Wolfgang (Hrsg.), Europa von A bis Z, Taschenbuch der europäischen Integration, 8. Auflage, Bonn: Europa Union Verlag, S. 315–320.

Hayek, Friedrich August von 2005: Die Verfassung der Freiheit, 4. Auflage, Tübingen: Mohr Siebeck.

Hertz, Robin/Jensen, Thomas/Leuffen, Dirk/Schimmelfennig, Frank 2006–2011: Does Group Size Matter? European Governance after Enlargement, Project Summary.

Hishow, Ognian N. 2004a: Wachstums- und Einkommensperspektiven in der EU-25, Kaum Wohlfahrtsgewinne in der kurzen Zeit, Stiftung Wissenschaft und Politik / Deutsches Institut für Internationale Politik und Sicherheit (Hrsg.), SWP-Aktuell, Nr. 1, 01/2004, Berlin.

Hishow, Ognian N. 2004b: Arbeitsplätze, Steuern und Subventionen, Volkswirtschaftliche Überlegungen zur EU-Erweiterung, Stiftung Wissenschaft und Politik / Deutsches Institut für Internationale Politik und Sicherheit (Hrsg.), SWP-Aktuell, Nr. 23, 05/2004, Berlin.

Hishow, Ognian N. 2004c: Ökonomische Auswirkungen der EU-Osterweiterung, Höheres Wachstum in den Beitrittsökonomien bei anhaltendem Wohlstandsgefälle, Stiftung Wissenschaft und Politik / Deutsches Institut für Internationale Politik und Sicherheit (Hrsg.), SWP-Studie, Nr. 26, 07/2004, Berlin.

Hishow, Ognian N. 2004d: Anpassungsdruck aus den osteuropäischen Mitgliedstaaten, Abgabenlast, Standortwettbewerb und Reformzwang in der EU-25, Stiftung Wissenschaft und Politik / Deutsches Institut für Internationale Politik und Sicherheit (Hrsg.), SWP-Aktuell, Nr. 40, 08/2004, Berlin.

Hix, Simon 2008: What's wrong with the European Union and how to fix it?, Cambridge/Malden, MA: Polity Press.

Hoffmeister, Onno 2006: Dimensionen sozialer Ungleichheit in der erweiterten Europäischen Union: Statistische, wirtschaftliche und politische Effekte der Osterweiterung auf die Einkommensverteilung in der EU, in: Kutter, Amelie/Trappmann, Vera (Hrsg.), Das Erbe des Beitritts, Europäisierung in Mittel- und Osteuropa, Institut für Europäische Politik, Europäische Schriften 85, 1. Auflage, Baden-Baden: Nomos Verlagsgesellschaft, S. 271–293.

Joerges, Christian 2000: Die Europäische „Komitologie“: Kafkaeske Bürokratie oder Beispiel „deliberativen Regierens“ im Binnenmarkt; Zusammenfassung und Perspektiven: „Gutes Regieren“ im Binnenmarkt, in: Falke, Josef/Joerges, Christian, Das Ausschusswesen der Europäischen Union, Praxis der Risikoregulierung im Binnenmarkt und ihre rechtliche Verfassung, Baden-Baden: Nomos Verlagsgesellschaft, S. 17–44; 349–381.

Joerges, Christian/Neyer, Jürgen 1998: Vom intergouvernementalen Verhandeln zu deliberativer Politik, Gründe und Chancen für eine Konstitutionalisierung der europäischen Komitologie, in: Kohler-Koch, Beate (Hrsg.), Regieren in entgrenzten Räumen, Opladen: Westdeutscher Verlag, S. 207–234.

Jung, Christian/Weidenfeld, Werner 1997: Osterweiterung und Handlungsfähigkeit der Europäischen Union: Zwang zur Reform, in: Weidenfeld, Werner (Hrsg.), Europa öffnen, Anforderungen an die Erweiterung, Gütersloh: Verlag Bertelsmann Stiftung, S. 11–23.

Keohane, Robert O. 1989: International Institutions and State Power, Essays in International Relations Theory, Boulder/Colorado: Westview Press.

Keohane, Robert O. 1993a: The Analysis of International Regimes: Towards a European-American Research Programme, in: Rittberger, Volker (Ed.), Regime Theory and International Relations, Oxford: Oxford University Press, 23–45.

Keohane, Robert O. 1993b: Institutional Theory and the Realist Challenge after the Cold War, in: Baldwin, David A. (Ed.), Neorealism and Neoliberalism: The Contemporary Debate, New York/N.Y.: Columbia University Press, 269–300.

Kietz, Daniela/Ondarza, Nicolai von 2010: Das neue Selbstbewusstsein des Europäischen Parlaments, Stiftung Wissenschaft und Politik / Deutsches Institut für Internationale Politik und Sicherheit (Hrsg.), SWP-Aktuell, Nr. 57, 07/2010, Berlin.

Kiewiet, D. Roderick/McCubbins, Matthew D. 1991: The Logic of Delegation: Congressional Parties and the Appropriation Process, Chicago: University of Chicago Press.

Kohler-Koch, Beate/Rittberger, Berthold (Eds.) 2007: Debating the democratic Legitimacy of the European Union, Lanham: Rowman & Littlefield Publishers.

Krätschell, Hermann/Renner, Günter 2000: Politik und Wirtschaft im Gemeinsamen Markt, in: Bundeszentrale für politische Bildung (Hrsg.), Europäische Union, Informationen zur politischen Bildung, Ausgabe 213, Neuauflage, Bonn, S. 12–44.

Kramer, Heinz 2005: Die Zukunft der EU: Weniger Wunschdenken, mehr Realismus, in: Stiftung Wissenschaft und Politik / Deutsches Institut für Internationale Politik und Sicherheit (Hrsg.), Ausblick: Deutsche Außenpolitik nach Christoph Bertram, 09/2005, Berlin, S. 30–33.

Läufer, Thomas (Hrsg.) 2005: Verfassung der Europäischen Union, Verfassungsvertrag vom 29. Oktober 2004, Protokolle und Erklärungen zum Vertragswerk, Schriftenreihe Band 474, Bundeszentrale für politische Bildung: Bonn.

Lang, Kai-Olaf 2006: Ostmitteleuropa nach dem Beitritt, Entwicklungen, Herausforderungen, Potentiale, Stiftung Wissenschaft und Politik / Deutsches Institut für Internationale Politik und Sicherheit (Hrsg.), SWP-Studie, Nr. 2, 02/2006, Berlin.

Laux, Helmut 2005: Entscheidungstheorie, 6. Auflage, Berlin/Heidelberg/New York: Springer-Verlag.

Lindahl, Rutger/Naurin, Daniel 2008: East-North-South: Coalition-Building in the Council before and after Enlargement, in: Naurin, Daniel/Wallace, Helen (Eds.), Unveiling the Council of the European Union, Games Governments Play in Brussels, Basingstoke/Hampshire/Houndmills: Palgrave Macmillan.

Lindberg, Leon N./Scheingold, Stuart A. (Eds.) 1971: Regional Integration. Theory and Research, Cambridge/Mass.: Harvard University Press.

Lippert, Barbara 2002: Eine neue Agenda 2007 für die erweiterte Union, Bonn: Friedrich-Ebert-Stiftung, International Policy Analysis Unit.

Malanowski, Nikolai/Nagel, Jens 2005: Konsequenzen der EU-Osterweiterung für deutsche Großhandelsunternehmen – Ergebnisse einer Studie des Bundesverbandes für Groß- und Außenhandel (BGA), in: Koch, Eckart (Hrsg.), Osterweiterung der EU – Neue Chancen für interkulturelle Kooperation, Beiträge zum Dritten Internationalen Tag, Band 3, Mering/München: Rainer Hampp Verlag, S. 79–94.

March, James G./Olsen, Johan P. 1989: Rediscovering Institutions: The Organizational Basis of Politics, New York: Free Press.

March, James G./Olsen, Johan P. 1995: Democratic Governance, New York: The Free Press.

Mattila, Mikko 2008: Voting and Coalitions in the Council after the Enlargement, in: Naurin, Daniel/Wallace, Helen (Eds.), Unveiling the Council of the European Union, Games Governments Play in Brussels, Basingstoke/Hampshire/Houndmills: Palgrave Macmillan.

Maurer, Andreas 2000: Die institutionelle Ordnung einer größeren Europäischen Union – Optionen zur Wahrung der Handlungsfähigkeit, in: Lippert, Barbara (Hrsg.), Osterweiterung der Europäischen Union – Die doppelte Reifeprüfung, Institut für Europäische Politik, Analysen zur Europapolitik, Band 15, Bonn: Europa Union Verlag, S. 31–59.

Maurer, Andreas 2005: Die Europäische Union zwischen Dauerkrise und Dauerreform, in: Stiftung Wissenschaft und Politik / Deutsches Institut für Internationale Politik und Sicherheit (Hrsg.), Ausblick: Deutsche Außenpolitik nach Christoph Bertram, 09/2005, Berlin, S. 26–29.

Maurer, Andreas 2009: Mehrebenendemokratie und Mehrebenenparlamentarismus, Das Europäische Parlament und die nationalen Parlamente nach Lissabon, in: Kadelbach, Stefan (Hrsg.), Europäische Integration und parlamentarische Demokratie, Schriftenreihe zur Europäischen Integration und Internationalen Wirtschaftsordnung, Band 12, Baden-Baden: Nomos Verlagsgesellschaft, S. 19–58.

Mayntz, Renate 2002: Zur Theoriefähigkeit makro-sozialer Analysen, in: Mayntz, Renate 2002 (Hrsg.), Akteure – Mechanismen – Modelle, Zur Theoriefähigkeit makro-sozialer Analysen, Schriften des Max-Planck-Instituts für Gesellschaftsforschung Köln, Band 42, Frankfurt am Main/New York/N.Y.: Campus Verlag, S. 7–43.

Mayntz, Renate/Scharpf, Fritz W. 1995: Der Ansatz des akteurzentrierten Institutionalismus, in: Mayntz, Renate/Scharpf, Fritz W. (Hrsg.): Gesellschaftliche Selbstregelung und politische Steuerung, Schriften des Max-Planck-Instituts für Gesellschaftsforschung Köln, Band 32, Frankfurt am Main/New York/N.Y.: Campus Verlag, S. 39–72.

Meyers, Reinhard 2000: Theorien internationaler Kooperation und Verflechtung, in: Woyke, Wichard (Hrsg.), Handwörterbuch, Internationale Politik, Opladen: Leske + Budrich, S. 448–489.

Meyers, Reinhard 2010: Kooperationstheorien, in: Woyke, Wichard (Hrsg.), Handwörterbuch, Internationale Politik, 11. Auflage, Opladen: Verlag Barbara Budrich, S. 275–290.

Mill, John Stuart 1844: Essays on some unsettled Questions of Political Economy, London: J. W. Parker.

Milward, Alan S. 1992: The European Rescue of the Nation-State, London: Routledge.

Milward, Alan S./Ranieri, Ruggero/Sorensen, Vibeke et al. 1993: The Frontier of national Sovereignty: History and Theory, 1945–1992, London: Routledge.

Mitrany, David 1943: A working Peace System, London: Royal Institute of International Affairs.

Mitrany, David 1975: The Functional Theory of Politics, London: London School of Economics & Political Science.

Moravcsik, Andrew 1998: The Choice for Europe, Social Purpose and State Power from Messina to Maastricht, Ithaca/New York/N.Y.: Cornell University Press.

Morgenthau, Hans J. 1963: Macht und Frieden, Grundlegung einer Theorie der internationalen Politik, Gütersloh: Verlag Bertelsmann Stiftung.

Münch, Ursula 1996: Ergebnis deutscher Geschichte und mögliches Modell für Europa: Der bundesrepublikanische Föderalismus, in: Ammon, Günther/Hickmann, Thorsten/Stemmermann, Klaus (Hrsg.), Föderalismus und Zentralismus: Europas Zukunft zwischen dem deutschen und dem französischen Modell, Schriftenreihe des Europäischen Zentrums für Föderalismus-Forschung, Band 11, Baden-Baden: Nomos Verlagsgesellschaft, S. 54–75.

Nietzsche, Friedrich Wilhelm 1887: Zur Genealogie der Moral, Eine Streitschrift, Verlag C.G. Naumann.

Nowicka, Magdalena 2007: Migration als Herausforderung für Europa, in: Nowicka, Magdalena (Hrsg.), Von Polen nach Deutschland und zurück, Die Arbeitsmigration und ihre Herausforderungen für Europa, Bielefeld: transcript Verlag, S. 7–22.

Nugent, Neill (Ed.) 2004: European Union Enlargement, Basingstoke/Hampshire/Houndmills: Palgrave Macmillan.

Ohr, Renate 2007: Europäische Union ohne Grenzen?, Schriften des Vereins für Sozialpolitik, Gesellschaft für Wirtschafts- und Sozialwissenschaften, Band 315, Berlin: Duncker & Humblot.

Oye, Kenneth A. 1986: Explaining Cooperation under Anarchy: Hypotheses and Strategies, in: Oye, Kenneth A. (Ed.), Cooperation under Anarchy, Princeton: Princeton University Press, 1–24.

Petersson, Sven-Olof 2004: How can the future EU Budget be limited to 1 % of GDP? The View of the Gang of Six, Centre for European Policy Studies, 03/2004.

Phinnemore, David 2002: Preparing for Enlargement, in: Gower, Jackie (Ed.), The European Union Handbook, Second Edition, London: Fitzroy Dearborn Publishers, 85–100.

Piepenschneider, Melanie 2012: Vertragsgrundlagen und Entscheidungsverfahren, in: Bundeszentrale für politische Bildung (Hrsg.), Europäische Union, Informationen zur politischen Bildung, Heft 279, S. 16–32.

Pöttering, Hans-Gert 2014: Wir sind zu unserem Glück vereint: Mein europäischer Weg, Köln/Weimar/Wien: Böhlau Verlag.

Pollak, Johannes/Slominski, Peter 2006: Das politische System der EU, Wien: Facultas Verlags- und Buchhandels AG.

Quaisser, Wolfgang/Wegner, Manfred 2004: Welche Zukunft hat die EU?, Gefahren für die wirtschaftliche Integration Europas, Europäische Politik, Schriftenreihe „Internationale Politikanalyse", 05/2004, Bonn.

Reichart, Susanne 2005: Zum Konvergenzprozess der mittel- und osteuropäischen EU-Beitrittsländer, Hohenheimer Volkswirtschaftliche Schriften, Band 51, Frankfurt am Main: Peter Lang, Europäischer Verlag der Wissenschaften.

Rittberger, Berthold/Schimmelfennig, Frank 2005: Integrationstheorien: Entstehung und Entwicklung der EU, in: Holzinger, Katharina/Knill, Christoph/Peters, Dirk et al. (Hrsg.), Die Europäische Union – Theorien und Analysekonzepte, Reihe „Studienschwerpunkte Politikwissenschaft", Paderborn: Verlag Ferdinand Schöningh.

Rittberger, Volker/Zangl, Bernhard 2003: Internationale Organisationen, Politik und Geschichte, 3. Auflage, Wiesbaden: VS Verlag für Sozialwissenschaften.

Sandholtz, Wayne/Stone Sweet, Alec 1998: European Integration and Supranational Governance, Oxford: Oxford University Press.

Sandholtz, Wayne 2001: The Institutionalization of European Space, in: Fligstein, Neil/Sandholtz, Wayne/Stone Sweet, Alec, The Institutionalization of Europe, Oxford: Oxford University Press, 1–28.

Saretzki, Thomas 1996: Wie unterscheiden sich Argumentieren und Verhandeln?, Definitionsprobleme, funktionale Bezüge und strukturelle Differenzen von zwei verschiedenen Kommunikationsmodi, in: Prittwitz, Volker von, Verhandeln und Argumentieren, Dialog, Interessen und Macht in der Umweltpolitik, Opladen: Westdeutscher Verlag, S. 19–39.

Scharpf, Fritz W. 1999: Regieren in Europa, effektiv und demokratisch?, Frankfurt am Main/New York/N.Y.: Campus Verlag.

Schimmelfennig, Frank 2003: The EU, NATO and the Integration of Europe – Rules and Rhetoric, Cambridge: Cambridge University Press.

Schmidt, Manfred G. 2003: Vergleichende Policy-Forschung, in: Berg-Schlosser, Dirk/Müller-Rommel, Ferdinand (Hrsg.): Vergleichende Politikwissenschaft, Ein einführendes Studienhandbuch, 4. Auflage, Wiesbaden: VS Verlag für Sozialwissenschaften/GWV Fachverlage, S. 261–276.

Schmitter, Philippe C. 1971: A revised Theory of regional Integration, in: Lindberg, Leon N./Scheingold, Stuart A., Regional Integration, Theory and Research, Cambridge: Harvard University Press, 232–264.

Schmitter, Philippe C. 2004: Neo-Neofunctionalism, in: Diez, Thomas/Wiener, Antje (Eds.), European Integration Theory, Oxford: Oxford University Press, 45–74.

Scholz, Eva 2007: Agglomeration, Konzentration und Spezialisierung als Folge der EU-Erweiterung, Duisburg: WiKu-Verlag Dr. Stein, Wissenschaftsverlag und Kulturedition.

Sedelmeier, Ulrich 1998: The European Union's Association Policy towards the Countries of Central and Eastern Europe, Collective EU Identity and Policy Paradigms in a composite Policy, Ph.D. Dissertation, Sussex European Institute, University of Sussex.

Sedelmeier, Ulrich 2000: Eastern Enlargement: Risk, Rationality, and Role-Compliance, in: Crowles Green, Maria/Smith, Michael (Eds.), The State of the European Union – Risks, Reform, Resistance, and Revival, European Community Studies Association, Vol. 5, Oxford: Oxford University Press, 164–185.

Sedelmeier, Ulrich 2005: Constructing the Path to Eastern Enlargement – the uneven Policy Impact of EU Identity, Europe in Change, Manchester: Manchester University Press.

Seidelmann, Reimund 2000: Außenpolitischer Entscheidungsprozess, in: Woyke, Wichard (Hrsg.), Handwörterbuch, Internationale Politik, Opladen: Leske + Budrich, S. 7–10.

Thalheimer, Frank 2014: Baden-Württemberg mit drei Regierungsbezirken unter den wirtschaftsstärksten EU-Regionen, in: Statistisches Landesamt Baden-Württemberg (Hrsg.), Statistisches Monatsheft Baden-Württemberg 10/2014, S. 40–45.

Thurner, Paul W. 2006: Die graduelle Konstitutionalisierung der Europäischen Union: Eine quantitative Fallstudie am Beispiel der Regierungskonferenz 1996, Tübingen: Mohr Siebeck.

Velzen, Wim G. van 1998: Die Osterweiterung der Europäischen Union aus der Sicht Brüssels, in: Döhrn, Roland (Hrsg.), Osterweiterung der EU – Neue Chance für Europa?!, Schriftenreihe des Rheinisch-Westfälischen Instituts für Wirtschaftsforschung Essen, Heft 62, Berlin: Duncker & Humblot, S. 27–30.

Wallace, Helen 2000: EU Enlargement: A neglected Subject, in: Crowles Green, Maria/Smith, Michael (Eds.), The State of the European Union – Risks, Reform, Resistance, and Revival, European Community Studies Association, Vol. 5, Oxford: Oxford University Press, 150–163.

Weidenfeld, Werner 2004: Die Bilanz der Europäischen Integration 2003/2004, in: Weidenfeld, Werner/Wessels, Wolfgang (Hrsg.), Jahrbuch der Europäischen Integration 2003/2004, Nomos Verlagsgesellschaft, Baden-Baden, S. 13–26.

Weidenfeld, Werner 2005: Die Europäische Verfassung in der Analyse, Verlag Bertelsmann Stiftung, Gütersloh.

Wilhelm, Andreas 2006: Außenpolitik: Grundlagen, Strukturen und Prozesse, München: Oldenbourg Wissenschaftsverlag.

Wolf, Dieter 1995: Europäische Union, in: Ackermann, Paul/Becker, Horst/Feick, Jürgen/Hartmann, Eva-Maria/Hufnagel, Gerhard/Probst-Dobler, Christine/Uhl, Herbert/Wagner, Jürgen/Wolf, Dieter, Grundwissen Politik, Düsseldorf/Leipzig/Stuttgart: Klett Verlag, S. 253–276.

Fachzeitschriften

Baldwin, Richard E. 1995: The Eastern Enlargement of the European Union, in: European Economic Review, 39:3/4, 474–482.

Barr, Jason/Passarelli, Francesco 2007: Preferences, the Agenda Setter, and the Distribution of Power in the EU, Rutgers University Newark Working Paper, in: Social Choice and Welfare, Zeitschrift für Wirtschafts- und Sozialwissenschaften, Vol. 28, Berlin/Heidelberg: Springer-Verlag, 41–60.

Börzel, Tanja 2010: European Governance – Negotiation and Competition in the Shadow of Hierarchy, in: Journal of Common Market Studies, 48 (2), 191–219.

Börzel, Tanja/Dimitrova, Antoaneta/Schimmelfennig, Frank 2017: European Union Enlargement and Integration Capacity: Concepts, Findings, and Policy Implications, in: Journal of European Public Policy 24 (2), 157–176.

Börzel, Tanja/Sedelmeier, Ulrich 2017: Larger and more Law-abiding? The Impact of Enlargement on Compliance in the European Union, in: Journal of European Public Policy 24 (2), 197–217.

Browning, Christopher S./Joenniemi, Pertti 2003: The European Union's two Dimensions: The Eastern and the Northern, in: Security Dialogue 34:4, 463–478.

Crum, Ben/Fossum, John E. 2009: The multi-level parliamentary Field: a Framework for theorizing representative Democracy in the EU, in: European Political Science Review 1–2, 249–271.

De Witte, Bruno 2002: Anticipating the institutional Consequences of expanded Membership of the European Union, in: International Political Science Review 23:3, 235–248.

Duer, Andreas 2010: Bargaining Power and Negotiation Tactics: The Negotiations on the EU's Financial Perspective, 2007–13, in: Journal of Common Market Studies, 48: 3, 557–578.

Ersboell, Niels 1994: The European Union: The immediate Priorities, in: International Affairs 70:3, 413–419.

Fearon, James D. 1998: Bargaining, Enforcement, and International Cooperation, in: International Organization 52:2, Cambridge: MIT Press, 269–305.

Follesdal, Andreas 2006: The Legitimacy Deficits of the European Union, in: Journal of Political Philosophy 14:4, 441–468.

Friis, Lykke/Murphy, Anna 1999: The European Union and Central and Eastern Europe: Governance and Boundaries, in: Journal of Common Market Studies 37:2, 211–232.

Garrett, Geoffrey/Tsebelis, George 1996: An Institutional Critique of Intergovernmentalism, in: International Organization 50:2, Cambridge: MIT Press Journals, 269–299.

Garrett, Geoffrey/Tsebelis, George 2001: The Institutional Foundations of Intergovernmentalism and Supranationalism in the European Union, in: International Organization 55:2, Cambridge: MIT Press Journals, 357–390.

Grabbe, Heather 2002: European Union Conditionality and the Acquis Communautaire, in: International Political Science Review 23:3, 249–268.

Grande, Edgar 1996: The State and Interest Groups in a Framework of Multilevel Decision-Making: The Case of the European Union, in: Journal of European Public Policy 3:3, 318–338.

Habermas, Jürgen 1995: Remarks on Dieter Grimm's "Does Europe need a Constitution?", in: European Law Journal 1:3, 303–307.

Habermas, Jürgen 2011: Wie demokratisch ist die EU? Die Krise der Europäischen Union im Licht einer Konstitutionalisierung des Völkerrechts, in: Blätter für deutsche und internationale Politik 8/2011, S. 37–48.

Hellmann, Gunther/Wolf, Reinhard 1993: Systemische Theorien nach dem Ende des Ost-West-Konflikts: Bilanz und Perspektiven der Neorealismus-Institutionalismus-Debatte, in: Österreichische Zeitschrift für Politikwissenschaft, Band 22, Nr. 2, S. 153–167.

Hix, Simon/Noury, Abdul G. 2009: After Enlargement: Voting Patterns in the sixth European Parliament, in: Legislative Studies Quarterly 34:2, 159–174.

Hoffmann, Stanley 1966: Obstinate or obsolete?, The Fate of the Nation-State and the Case of Western Europe, in: Daedalus 95:3, 862–915.

Holzinger, Katharina 2004: Bargaining through Arguing: An empirical Analysis based on Speech Act Theory, in: Political Communication 21:2, 195–222.

Kaiser, Robert/Prange-Gstöhl Heiko 2010: Die Überprüfung des EU-Haushalts 2009: Reformperspektiven für eine zukunftsorientierte Ausgabenstruktur, in: integration 1, S. 36–49.

Ketelhut, Jörn/Lhotta, Roland 2009: Integrationsverantwortung und parlamentarische Demokratie: Das Bundesverfassungsgericht als Agent des „verfassten politischen Primärraums"?, in: Zeitschrift für Parlamentsfragen, 40. Jahrgang, Heft 4, S. 864–888.

Kirchhof, Paul 1999: Fünf Bewährungsproben für das Recht in Europa, in: „Ruperto Carola", Forschungsmagazin der Ruprecht-Karls-Universität zu Heidelberg, Ausgabe 03, Heidelberg;
http://www.uni-heidelberg.de/presse/ruca/ruca99_3/kirchhof.html
(Zugriff: 29.04.2013).

Kohler-Koch, Beate 1996: Catching up with Change: The Transformation of Governance in the European Union, in: Journal of European Public Policy 3:3, 359–380.

Kotzian, Peter 2007: Arguing and Bargaining in international Negotiations: On the Application of the Frame-Selection Model and its Implications, in: International Political Science Review 28: 1, 79–99.

Krasner, Stephen D. 1982: Structural Causes and Regime Consequences: Regimes as intervening Variables, in: International Organization 36:2, 185–205.

Lewis, Jeffrey 2003: Institutional Environments and everyday EU Decision-Making, Rationalist or Constructivist?, in: Comparative Political Studies 36:1/2, 97–124.

Mair, Peter/Zielonka, Jan 2002: Introduction: Diversity and Adaptation in the Enlarged Union, in: West European Politics, 25: 2, 1–18.

March, James G./Olsen, Johan P. 1984: The New Institutionalism: Organizational Factors in Political Life, in: American Political Science Review 78:4, 734–749.

March, James G./Olsen, Johan P. 1998: The Institutional Dynamics of international political Orders, in: International Organization 52:4, 943–969.

Mattila, Mikko 2009: Roll Call Analysis of Voting in the EU Council of Ministers after the 2004 Enlargement, in: European Journal of Political Research 48:6, 840–857.

Moravcsik, Andrew 1991: Negotiating the Single European Act, National Interests and Conventional Statecraft in the European Community, in: International Organization 45:1, 19–56.

Moravcsik, Andrew 1993: Preferences and Power in the European Community: A liberal Intergovernmentalist Approach, in: Journal of Common Market Studies 31:4, 473–524.

Moravcsik, Andrew 1999: Is something rotten in the State of Denmark?', Constructivism and European Integration, in: Journal of European Public Policy 6:4 Special Issue, 669–681.

Moravcsik, Andrew 2002: In Defence of the "Democratic Deficit": Reassessing Legitimacy in the European Union, in: Journal of Common Market Studies (JCMS) 40:4, 603–624.

Moravcsik, Andrew/Vachudova, Milada Anna 2003: National Interests, State Power, and EU Enlargement, in: East European Politics and Societies 17:1, 42–57.

Müller, Harald 1994: Internationale Beziehungen als kommunikatives Handeln, Zur Kritik der utilitaristischen Handlungstheorien, in: Zeitschrift für Internationale Beziehungen, 1. Jahrgang, Heft 1, S. 15–44.

Müller, Harald 2004: Arguing, Bargaining and all that: Communicative Action, Rationalist Theory and the Logic of Appropriateness in International Relations, in: European Journal of International Relations 10: 3, 395–435.

Pollack, Mark A. 1997: Delegation, Agency, and Agenda Setting in the European Community, in: International Organization 51:1, 99–134.

Pollack, Mark A. 2009: Europe united?, The Impact of the EU's Eastern Enlargement, five Years on, in: European View 8:2, 239–254.

Prittwitz, Volker von 1996: Verständigung über die Verständigung, Anmerkungen und Ergänzungen zur Debatte über Rationalität und Kommunikation in den Internationalen Beziehungen, in: Zeitschrift für Internationale Beziehungen (ZIB), Nomos Verlagsgesellschaft (Hrsg.), 3. Jahrgang, Heft 1, Juni 1996, S. 133–147.

Risse, Thomas 2000: Let's Argue!, Communicative Action in World Politics, in: International Organization 54:1, 1–39.

Sandholtz, Wayne/Sweet Stone, Alec 1997: European Integration and Supranational Governance, in: Journal of European Public Policy 4:3, 297–317.

Scharpf, Fritz W. 2006: The Joint-Decision Trap revisited, in: Journal of Common Market Studies 44:4, 845–864.

Schimmelfennig, Frank 2002: Liberal Community and Enlargement: An Event History Analysis, in: Journal of European Public Policy 9:4, 598–626.

Schimmelfennig, Frank/Sedelmeier, Ulrich 2002: Theorizing EU Enlargement: Research Focus, Hypotheses, and the State of Research, in: Journal of European Public Policy 9:4, 500–528.

Schmidt, Susanne K. 2000: Only an Agenda Setter?, The European Commission's Power over the Council of Ministers, in: European Union Politics 1:1, London/New Delhi/Thousand Oaks: Sage Publications, 37–61.

Schmidt, Susanne K. 2001: Die Einflussmöglichkeiten der Europäischen Kommission auf die europäische Politik, in: Politische Vierteljahresschrift 42:2, S. 173–192.

Schmitter, Philippe C. 1969a: Three neo-functional Hypotheses about International Integration, in: International Organization 23:1, 161–166.

Schmitter, Philippe C. 1969b: Further Notes on Operationalizing some Variables related to regional Integration, in: International Organization 23:2, 327–336.

Sedelmeier, Ulrich 2002: Sectoral Dynamics of EU Enlargement: Advocacy, Access and Alliances in a composite Policy, in: Journal of European Public Policy 9:4, 627–649.

Terhechte, Jörg Philipp 2008: Der Vertrag von Lissabon: Grundlegende Verfassungsurkunde der europäischen Rechtsgemeinschaft oder technischer Änderungsvertrag, in: EuR, Heft 2, Baden-Baden: Nomos Verlagsgesellschaft, S. 143–189.

Thomson, Robert 2009: Actor Alignments in the European Union before and after Enlargement, in: European Journal of Political Research 48, 756–781.

Tsebelis, George 2000: Veto Players and Institutional Analysis, in: Governance 13:4, Malden/Oxford: Blackwell Publishers, 441–474.

Wimmel, Andreas 2008: Demokratische Legitimität europäischen Regierens: ein Labyrinth ohne Ausgang?, in: integration 1, S. 48–64.

Zangl, Bernhard/Zürn, Michael 1996: Argumentatives Handeln bei internationalen Verhandlungen, Moderate Anmerkungen zur post-realistischen Debatte, in: Zeitschrift für Internationale Beziehungen 3:2, S. 341–366.

Konferenz-, Positions- und Diskussions-Papiere

Bailer, Stefanie/Hertz, Robin/Leuffen, Dirk 2008: Oligarchization, Formalization, Adaptation?, Linking Sociological Theory and EU Enlargement Research, CIS Working Paper, No. 33, Center for Comparative and International Studies, ETH Zurich / University of Zurich, Zurich.

Bal, Leendert Jan 1995: Decision-Making and Negotiations in the European Union, Discussion Paper No. 7, University of Leicester, Centre for the Study of Diplomacy, Leicester.

Follesdal, Andreas/Hix, Simon 2005: Why there is a Democratic Deficit in the EU: A Response to Majone and Moravcsik, European Governance Papers (EUROGOV), No. C-05-02.

Friis, Lykke/Murphy, Anna 1997: EU Governance and Central and Eastern Europe – Where are the Boundaries?, Paper presented at the Fifth Biennial International Conference of the European Community Studies Association (ECSA), 29.05.–01.06.1997, Seattle/Washington.

Heidenreich, Martin 2004: The Decision-Making Capacity of the European Union after the fifth Enlargement, Bamberg Centre for European Studies (BACES), Otto-Friedrich University of Bamberg, Discussion Paper, No. 1, Bamberg; http://www.uni-bamberg.de/fileadmin/uni/wissenschaft_einricht/baces/pdf/Discussion_Paper/discussion_paper_1.pdf (Zugriff: 29.03.2011).

Henning, Christian H.C.A./Pappi, Franz Urban 2001: Die Logik des Entscheidens im EU-System, Working Paper of Agricultural Policy 5, Lehrstuhl für Agrarpolitik an der Universität zu Kiel, Kiel.

Hertz, Robin/Leuffen, Dirk 2007: Anticipation in Legislative Politics: The Case of EU Enlargement, CIS Working Paper, No. 32, Center for Comparative and International Studies, ETH Zurich / University of Zurich, Zurich.

Hertz, Robin/Leuffen, Dirk 2008: Business as usual?, Analyzing the Effects of Enlargement on EU Legislative Output, CIS Working Paper, No. 38, Center for Comparative and International Studies, ETH Zurich / University of Zurich, Zurich.

Hertz, Robin/Leuffen, Dirk 2009: Gridlock after Enlargement?, An Analysis of Legislative Output in the European Union, Paper presented at EUSA Conference 2009, 23.–25.04.2009, Los Angeles.

Hertz, Robin/Leuffen, Dirk 2010: Comparing European Union Decision – Making before and after Eastern Enlargement, Paper presented at MPSA Political Science Conference 2010, 22.04.2010, Chicago.

Hommers, Ina 2009: Die Migrationspolitik der EU, Herausforderung zwischen nationaler Selbstbestimmung und europäischer Konvergenz, Zentrum für Europäische Integrationsforschung an der Rheinischen Friedrich-Wilhelms-Universität zu Bonn (Hrsg.), ZEI-Discussion Paper, C196/2009, Bonn.

Leuffen, Dirk 2006a: Die Folgen der Osterweiterung für das Regieren in der EU: Rationales Handeln in angemessenen Bahnen?, Beitrag für den Workshop „Die Konsequenzen der Osterweiterung für die Europaforschung“,

Wissenschaftszentrum Berlin, 31.03.–01.04.2006, Center for Comparative and International Studies, ETH Zürich / Universität Zürich, Berlin/Zürich.

Leuffen, Dirk 2006b: Breaking the Camel's Back?, Eastern Enlargement and EU Governance, Paper for Presentation at the ECPR's Third Pan-European Conference on EU Politics, ECPR Paper No. 853, 21.–23.09.2006, Istanbul.

Leuffen, Dirk 2008: Ever more complex?, Domestic Politics in the enlarged European Union, Paper for the UACES Conference on "Exchanging Ideas on Europe 2008, Rethinking the European Union", 01.–03.09.2008, Edinburgh.

Leuffen, Dirk 2010: The Impact of Eastern Enlargement on the internal Functioning of the EU: Why so much Continuity?, Paper for Presentation at the Conference "Europe Twenty Years after the Cold War, The New Europe, New Europes?", Graduate Institute Geneva, 14.–15.10.2010, Geneva.

Leuffen, Dirk/Schimmelfennig, Frank 2004: Efficient and legitimate Governance in the New European Union, Paper presented at the European Research Colloquium, 30.11.2004, Rotterdam.

Maier, Johannes 2007: Der EU-Reformvertrag, Argumentationspapier vom 07.11.2007; http://www.ktn.gv.at/31370_DE-Word-Dokumente-Reformvertrag_Argumente_Maier (Zugriff: 10.07.2012).

March, James G./Olsen, Johan P. 2005: Elaborating the "New Institutionalism", in: ARENA (Advanced Research on the Europeanization of the Nation-State) Working Paper, No. 11, Oslo.

Maruhn, Roman 2004: Agenda 2007, Die EU vor den Finanzverhandlungen, Centrum für angewandte Politikforschung (C·A·P) (Hrsg.), 10.02.2004, München; http://www.cap.uni-muenchen.de/aktuell/positionen/2004_02_agenda2007.htm (Zugriff: 12.10.2011).

Mayring, Philipp A. E. 2015: Qualitative Inhaltsanalyse, Grundlagen und Techniken, 12. Auflage, Julius Beltz Verlag, Weinheim.

Moravcsik, Andrew 1992: Liberalism and International Relations Theory, CFIA Working Paper No. 92–6, Harvard University.

Müller, Harald/Risse, Thomas/Ulbert, Cornelia 2004: Arguing and Bargaining in multilateral Negotiations, Paper presented to the Conference on "Empirical Approaches to deliberative Politics", European University Institute, Department of Political and Social Sciences "Swiss Chair", 21.–22.05.2004, Florence.

Pierson, Paul 1994: The Path to European Integration: A historical institutionalist Perspective, Program for the Study of Germany and Europe, Working Paper No. 5.2, Harvard University and Russell Sage Foundation.

Pohl, Carsten 2004: Makroökonomische Auswirkungen der EU-Osterweiterung, ifo Institut für Wirtschaftsforschung (Hrsg.), ifo Diskussionsbeiträge, Discussion

Papers, Nr. 87, 02/2004, Dresden; http://www.ifo.de/portal/page/portal/DocBase_Content/WP/WP-Ifo_Working_Papers/wp-ifo-2000-2004/ifodpaper87.pdf (Zugriff: 29.03.2011).

Schmitter, Philippe C./Torreblanca, José I. 1997: Old “Foundations” and New “Rules” – For an enlarged European Union, European Integration online Papers (EIoP), 1:1; http://www.eiop.or.at/eiop/texte/1997-001a.htm (Zugriff am 18.02.2004).

Taschowsky, Peter 2001: Neuer Institutionalismus und die europäische Sozialpolitik, Universität Hannover, Diskussionspapier 250.

Torreblanca, José I. 2005: Farewell to Funds?, Keys to understanding Spain’s Position when negotiating the 2007–2013 EU Budget, Working Paper 21/2005, Real Instituto Elcano, 10.05.2005.

Presse

Berliner Zeitung 2005: Das Nein von oben, Autoren: Berger, Alois/Büchner, Gerold, Online-Beitrag vom 20.06.2005; http://www.berlinonline.de (Zugriff: 04.12.2010).

Der Spiegel 2005: Europa, Historischer Fehlschlag, Autoren: Dohmen, Frank/Schlamp, Hans-Jürgen, Print-Ausgabe Nr. 25/2005 vom 20.06.2005, S. 122/123.

Der Spiegel 2010: Währungs-Krisengipfel: Europa kommt der Eisernen Kanzlerin entgegen, 29.10.2010, Berichterstatter: Carsten Volkery; http://www.spiegel.de/politik/ausland/waehrungs-krisengipfel-europa-kommt-der-eisernen-kanzlerin-entgegen-a-726014.html (Zugriff: 23.09.2015).

Der Tagesspiegel 2003: Schreyer ist mit EU-Verfassung noch unzufrieden, Print-Ausgabe vom 11.07.2003. S. 5.

Die Welt 2004: Solche Krisen sind nicht neu in Europa, Interview mit Daniel Cohn-Bendit, 02.03.2004.

Die Zeit 2002: Zickzack in die Zukunft, Print-Ausgabe vom 12.12.2002, S. 21.

Financial Times Deutschland 2004: Schreyer droht mit Stopp der EU-Förderung in Ostdeutschland, Autor: Marschall, Birgit, Online-Beitrag vom 13.02.2004.

Financial Times Deutschland 2005a: Harte Verhandlungen über EU-Finanzen, Print-Ausgabe vom 12.06.2005.

Financial Times Deutschland 2005b: Juncker sieht EU-Gipfel vor dem Scheitern, Print-Ausgabe vom 15.06.2005.

Financial Times Deutschland 2005c: Juncker verliert Hoffnung auf EU-Finanzkompromiss, Print-Ausgabe vom 16.06.2005.

Financial Times Deutschland 2005d: Hoffnung auf Halbmast, Dossier, Autor: Proissl, Wolfgang, Print-Ausgabe vom 16.06.2005.

Financial Times Deutschland 2005e: Alt-Europa fordert Tony Blair heraus, Dossier, Autoren: Ehrlich, Peter/Schieritz, Mark, Print-Ausgabe vom 06.06.2005.

Financial Times Deutschland 2005f: London drängt auf niedrigere Beihilfen für EU-Bauern, Online-Beitrag vom 13.06.2005.

Financial Times Deutschland 2005g: Was ist der „Briten-Rabatt" im EU-Haushalt?, Autor: Klimm, Leo, Online-Beitrag vom 17.06.2005.

Frankfurter Allgemeine Zeitung 2000: Telefondiplomatie zwischen Warschau und Nizza, Wie Polen den Rang Spaniens erreicht, Autor: Bünder, Helmut, Print-Ausgabe vom 11.12.2000, Nr. 288, S. 3.

Frankfurter Allgemeine Zeitung 2003a: EU ignoriert Sparaufrufe Deutschlands, Print-Ausgabe vom 27.01.03, S. 13.

Frankfurter Allgemeine Zeitung 2003b: Weniger Landwirtschaft, mehr regionale Wirtschaftsförderung, Print-Ausgabe vom 18.11.2003, S. 23.

Frankfurter Allgemeine Zeitung 2003c: Streit über den Brief der Sechs, Print-Ausgabe vom 17.12.2003, S. 2.

Frankfurter Allgemeine Zeitung 2004a: Konflikt mit EU-Geberländern droht, Print-Ausgabe vom 08.01.2004, S. 12.

Frankfurter Allgemeine Zeitung 2004b: Brüssel besteht auf höheren EU-Ausgaben, Print-Ausgabe vom 11.02.2004, S. 1.

Frankfurter Allgemeine Zeitung 2010a: Streit über EU-Haushalt – Cameron und Merkel wollen Ausgaben begrenzen, Autor: Kafsack, Hendrik, Online-Beitrag vom 29.10.2010.

Frankfurter Allgemeine Zeitung 2010b: Parlament verlangt Debatte über eigene Steuer – keine Einigung auf EU-Haushalt für 2011, Autoren: Busse, Nikolas/Kafsack, Hendrik, Online-Beitrag vom 16.11.2010.

Frankfurter Rundschau 2004: Spanien kämpft um Schadensbegrenzung, Print-Ausgabe vom 09.02.2004, S. 2.

Hamburger Abendblatt 2010: Regierungen drohen mit Blockade des Haushalts, Online-Beitrag vom 28.10.2010; http://www.abendblatt.de/politik/article1678506/Regierungen-drohen-mit-Blockade-des-Haushalts.html (Zugriff: 29.10.2010).

Handelsblatt 2003a: Deutschlands Beitrag zum EU-Etat sinkt leicht, Print-Ausgabe vom 19.09.2003, S. 8.

Handelsblatt 2003b: Nachgefragt: Michaele Schreyer, Wir brauchen ein gerechteres System, Print-Ausgabe vom 30.09.2003, S. 6.

Handelsblatt 2003c: Bundesregierung gerät im Streit um EU-Strukturhilfe unter Druck, Print-Ausgabe vom 10.11.2003, S. 6.

Handelsblatt 2003d: Polen äußert Verständnis für Nettozahler, Print-Ausgabe vom 18.12.2003, S. 3.

Handelsblatt 2004: Kommission geht mit Konzept für EU-Steuer in die Offensive, Print-Ausgabe vom 02.02.2004, S. 1.

Handelsblatt 2005: Barroso fordert nach Streit um EU-Haushalt „völlig neues Verfahren"; Autor: Scheerer, Michael; Online-Beitrag vom 20.12.2005.

Le Monde 2004a: Pacte, budget: la Commission hésite face aux Etats, 09.01.2004, S. 5.

Le Monde 2004b: L'Union Européenne se dote d'un Projet de Budget ambitieux pour la Période 2007–2013, 10.02.2004; http://www.lemonde.fr/archives/article/2004/02/10/l-union-europeenne-se-dote-d-un-projet-de-budget-ambitieux-pour-la-periode-2007-2013_352512_1819218.html?xtmc=l_union_europeenne_se_dote_d_un_projet_de_budget_ambitieux_pour_la_periode_2007_2013&xtcr=1 (Zugriff am 14.04.2016).

Leuffen, Dirk 2009: Die Osterweiterung der Europäischen Union im Rückblick – Europa ist auch als Großverband handlungsfähig geblieben, in: Neue Zürcher Zeitung vom 30.04.2009.

Neue Zürcher Zeitung 2003: Muss die EU die Strukturhilfen erhöhen?, Print-Ausgabe vom 31.01.2003, S. 9.

Politiken.dk 2004a: Danmarks bidrag til EU vil stige med milliarder, 10.02.2004; http://politiken.dk/udland/ECE79202/danmarks-bidrag-til-eu-vil-stige-med-milliarder/ (Zugriff: 14.04.2016).

Politiken.dk 2004b: Kommissærer vil afskaffe britisk EU-rabat, 14.07.2004; http://politiken.dk/udland/ECE90348/kommissaerer-vil-afskaffe-britisk-eu-rabat/ (Zugriff: 14.04.2016).

Prager Zeitung 2002: Wir haben keine Chance, also nutzen wir sie, Print-Ausgabe vom 14.11.2002, S. 3.

Stern 2003: EU-Haushalt: Geberländer wollen nach EU-Erweiterung nicht mehr zahlen, Online-Beitrag vom 16.12.2003; http://www.stern.de/politik/ausland/eu-haushalt-geberlaender-wollen-nach-eu-erweiterung-nicht-mehr-zahlen-517507.html (Zugriff: 04.12.2010).

Süddeutsche Zeitung 2003a: Prodi: Ich bin nicht der Weihnachtsmann, Print-Ausgabe vom 17.12.2003, S. 1.

Süddeutsche Zeitung 2003b: Zank um EU-Finanzen weitet sich aus, Print-Ausgabe vom 18.12.2003, S. 6.

Süddeutsche Zeitung 2004a: Brüssel will mehr Geld, Berlin wehrt sich, Print-Ausgabe vom 20.01.2004, S. 1.

Süddeutsche Zeitung 2004b: Eichel gewinnt Verbündete im Streit über den EU-Haushalt, Print-Ausgabe vom 21.01.2004, S. 6.

Svenska Dagbladet 2004: EU vill ha nya miljarder av Sverige, 11.02.2004.

The Financial Times 2003a: Commissioners launch bid to scale back Aid to poor EU Regions, 30.09.2003, S. 1.

The Financial Times 2003b: Brussels to delay EU Budget Paper, 13.11.2003, S. 1.

The Financial Times 2004a: Hungary urges big EU Nations to be generous, 14.01.2004, 2.

The Financial Times 2004b: EU-Finances: Prodi opens Way for 16 Months of fierce Squabbles, 11.02.2004, 2.

Online-Quellen

Bundesministerium der Finanzen (BRD) 2012: EU-Kohäsions- und Strukturpolitik; http://www.bundesfinanzministerium.de (Zugriff: 05.06.2015).

Bundesministerium der Finanzen (BRD) 2014a: Der Mehrjährige Finanzrahmen der EU 2014–2020; https://www.bundesfinanzministerium.de/Content/DE/Standardartikel/Themen/Europa/EU_auf_einen_Blick/EU_Haushalt/2012-02-26-mehrjaehriger-finanzrahmen-der-eu-2014-2020.html (Zugriff: 20.05.2015).

Bundesministerium der Finanzen (BRD) 2014b: Entwurf eines Gesetzes zu dem Beschluss des Rates vom 26. Mai 2014 über das Eigenmittelsystem der Europäischen Union (Stand: 04.12.2014); http://www.bundesfinanzministerium.de (Zugriff: 26.05.2015).

Bundesministerium für Ernährung und Landwirtschaft (BRD) 2014: Geschichte der Gemeinsamen Agrarpolitik; https://www.bmel.de/DE/Landwirtschaft/Agrarpolitik/_Texte/GAP-Geschichte.html (Zugriff: 20.05.2015).

Bundesministerium für Ernährung und Landwirtschaft (BRD) 2015: Sektorale Einkommensentwicklung der Landwirtschaft in der EU 2012, Statistik und Berichte des Bundesministeriums für Ernährung und Landwirtschaft, Sektorale Gesamtrechnung; http://www.bmelv-statistik.de/de/sektorale-gesamtrechnung/ (Zugriff: 20.06.2015).

Bundeszentrale für politische Bildung 2014: Top 5: Nettozahler und Nettoempfänger der EU, 29.01.2014; http://www.bpb.de/nachschlagen/zahlen-und-fakten/europa/70580/nettozahler-und-nettoempfaenger (Zugriff: 17.12.2015).

Calliess, Christian/Schoenfleisch, Christopher 2012: Vom Fiskalpakt zur „Fiskalunion"? – Europa- und verfassungsrechtliche Überlegungen zur Reform der Wirtschafts- und Währungsunion, in: Berliner Online-Beiträge zum Europarecht, Nr. 75 vom 24.04.2012.

Central Intelligence Agency 2014: The World Fact Book: Kroatia; https://www.cia.gov/library/publications/the-world-factbook/geos/hr.html (Zugriff: 07.08.2014).

Destatis 2015: Glossar zur volkswirtschaftlichen Gesamtrechnung; https://www.destatis.de/DE/ZahlenFakten/GesamtwirtschaftUmwelt/VGR/_Doorpage/Glossar_VGR.html (Zugriff: 25.08.2015).

Europäische Kommission 2015a: Finanzrahmen 2007–2013 (Stand: 05.03.2015); http://ec.europa.eu/budget/figures/fin_fwk0713/fwk0713_de.cfm#cf07_13 (Zugriff: 04.05.2015).

Europäische Kommission 2015b: Europäischer Auswärtiger Dienst (EAD); http://europa.eu/about-eu/institutions-bodies/eeas/index_de.htm (Zugriff: 28.09.2015).

Europäischer Rat 2015a: Der Rat „Wirtschaft und Finanzen" (Rat ECOFIN) (Stand: 29.01.2014); http://www.consilium.europa.eu/de/council-eu/configu rations/ecofin/ (Zugriff: 07.12.2015).

Europäischer Rat 2015b: AStV (1. Teil) / AStV (2. Teil); http://www.consilium.europa.eu/de/council-eu/preparatory-bodies/ (Zugriff: 08.12.2015).

Europäisches Parlament 2011: Das Europäische Parlament & der Lissabon-Vertrag, Mehr Macht und mehr Verantwortung für das neue Europaparlament; http://www.europarl.europa.eu/parliament/public/staticDisplay.do?id=66&language=DE (Zugriff: 17.06.2011).

Grzebieluch, Beata 2015: Das Haushaltsverfahren, Kurzdarstellungen über die Europäische Union, Europäisches Parlament, Policy Department D: Budgetary Affairs (Hrsg.) (Stand: 06/2015); http://www.europarl.europa.eu/ftu/pdf/de/FTU_1.4.3.pdf (Zugriff: 04.09.2015).

Heinen, Nicolaus 2011: EU-Haushalt: Debatte um Nettozahler und Nettoempfänger, DB Research, Kommentar vom 19.05.2011; http://www.dbresearch.de (Zugriff: 02.01.2014).

Rat der Europäischen Union 2017: Regeln für den Erlass des MFR-Pakets; http://www.consilium.europa.eu/en/policies (Zugriff: 18.09.2017).

Ständige Vertretung der Bundesrepublik Deutschland bei der Europäischen Union 2014: Die Rolle der Ständigen Vertretung; http://www.bruessel-eu.diplo.de (Zugriff: 08.01.2015).

Stratenschulte, Eckart D. 2014a: Regional- und Strukturpolitik, Bundeszentrale für politische Bildung, Online-Dossier vom 01.04.2014; http://www.bpb.de/themen/ERG1AB,0,Regional_und_Strukturpolitik.html (Zugriff: 07.06.2015).

Stratenschulte, Eckart D. 2014b: Europäische Kommission, Bundeszentrale für politische Bildung, Online-Dossier vom 04.12.2014; http://www.bpb.de/internationales/europa/europaeische-union/42952/europaeische-kommission (Zugriff: 13.01.2015).

www.ingramcontent.com/pod-product-compliance
Ingram Content Group UK Ltd.
Pitfield, Milton Keynes, MK11 3LW, UK
UKHW041828290926
8980IPUK00002B/135

9 783631 791110